제3판

SAS와 R을 활용한

선형회귀분석

염준근 · 김대경 · 장인홍 지음

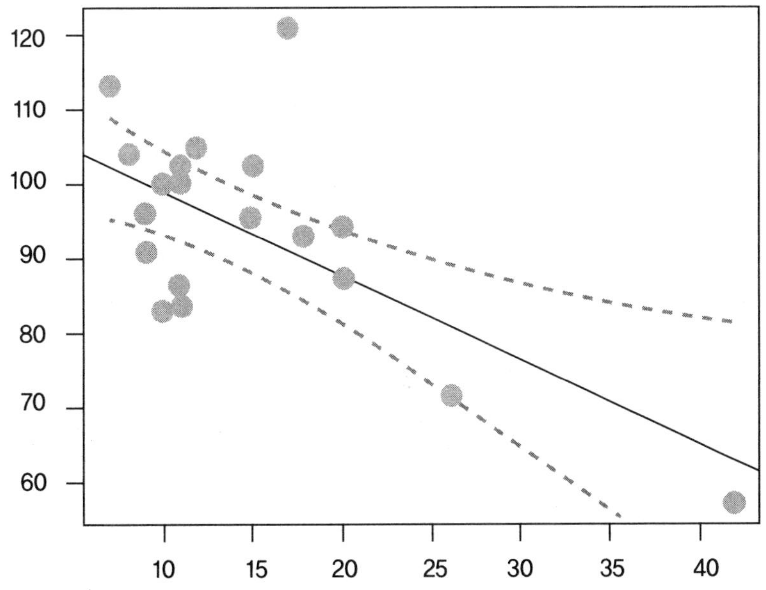

자유아카데미

머리말

이 책이 처음 출판된 후 두 번째 개정판을 내었고, 그 개정판의 수정판을 내기까지 이 책을 아껴주고 조언해 주신 많은 독자들에게 감사의 말씀을 드립니다.

회귀분석은 경제 · 사회 · 자연과학 등 거의 모든 분야에서 응용되고 있는 기법입니다. 그러나 많은 독자들이 회귀분석의 이해에 어려움을 겪고 있어, 회귀분석에 대한 깊은 이론보다는 기초 개념을 이해하고 실제 자료를 분석하는 데 필요하다고 생각되는 내용들을 쉽게 설명하는 데 역점을 두었습니다.

대부분의 통계적 기법의 응용은 많은 계산을 요구하므로 컴퓨터의 활용은 필수적이라고 할 수 있으며, 개인 컴퓨터의 발달로 그 활용 또한 더욱 커지고 있습니다. 따라서 이 책에서는 통계패키지인 SAS(Statistical Analysis System)를 이용하여 회귀분석을 하는 과정을 문제풀이에 수록하였습니다. 또한 부록에는 SAS를 이용하는 데 어려움이 많은 독자들을 위하여 컴퓨터에서 SAS를 이용하는 절차를 설명하여 놓았습니다.

이 책은 한 학기 정도의 기초통계학과 선형대수학을 공부한 대학 3, 4학년 학생을 대상으로 하였으며, 경제 · 경영 또는 사회과학을 공부하는 대학생이나 대학원생들이 계량적 분석의 입문서로서 활용할 수 있을 것입니다. 통계학이나 선형대수학의 기초지식이 부족한 독자들을 위하여 1장에서는 회귀분석을 이해하는 데 필요한 선형대수의 기초이론을, 2장에서는 통계이론을 설명하여 전공분야가 통계학이 아닌 독자들도 쉽게 회귀분석을 공부할 수 있도록 하였습니다.

끝으로 이 책이 나오기까지 도움을 주신 많은 분들과 내용 오류를 바로잡아 주신 김대경 교수에게 감사를 드리며, 또한 자유아카데미 관계자 여러분에게 감사를 드립니다.

2005년 2월

清圓 (서명)

제3판을 내면서

저자들은 염준근 교수님의 선형회귀분석 교재의 3판을 내게 되어 영광으로 생각한다. 개정 수정판이 출간된 지 10여 년이 지나도록 추가 수정이 이뤄지지 못했는데, 저자들은 이 교재로 강의해 오면서 컴퓨터 및 통계소프트웨어의 발달로 인해 수정을 해야 할 필요성을 느끼게 되었다.

3판에서는 회귀분석에 대한 통계분석적인 부분을 강조하였다. 기존 책에서 사용한 통계소프트웨어 SAS의 최신 9.4 버전과 함께, 무료 패키지인 R의 3.3 버전을 같이 활용하여 본문에서 취급한 모든 예제에 대해 SAS와 R의 프로그램을 제시하였다. 또한 프로그램 실행결과의 해설을 추가함으로써 이론뿐만 아니라 실습을 통해 회귀분석에 대한 이해와 활용을 할 수 있도록 하였다.

회귀분석에 대한 새로운 이론들이 지속적으로 연구되고 있으나 3판에서는 소프트웨어의 실습을 보완하는 정도에서 수정을 마치고자 하며 추가적인 이론적 접근은 다음 기회에 하고자 한다.

좋은 책을 위해 최선을 다했지만 부족한 부분이 있을 수 있다. 출간 후에라도 수정사항이 있을 경우에는 자유아카데미 홈페이지(www.freeaca.com) 자료실에 제공할 예정이다.

끝으로 3판을 내는 데 도움을 준 반일학 대학원생에게 감사의 말을 전하며, 자유아카데미 관계자 여러분께도 진심으로 감사드린다.

2017년 2월

저자 씀

차례

2장 기초적 통계이론 29

3장 단순회귀분석 59

6장 기타 논제 185

7장 중회귀모형 221

8장 중회귀모형에 관한 추론 251

9장 다항회귀 345

10장 지시변수 379

부록 II R과 회귀분석 479

부록 III 분포표 489

1장

행렬의 기초이론

1.1 행렬

일반적으로 통계적인 분석에서 **행렬**(matrix)을 사용하면 그 표현이나 계산을 함에 있어 많이 편리하다. 특히 회귀분석에 있어서는 행렬의 사용이 필수적이라고 할 수 있는데, 3장에서 다루는 **단순회귀모형**(simple regression model)에서는 행렬을 이용하지 않고도 쉽게 분석할 수 있으나 7장부터 다루게 되는 **중회귀모형**(multiple regression model)에서는 행렬의 개념이 반드시 필요한 도구이다. 이 장에서는 회귀분석을 공부하는 데 필요한 행렬의 기초개념을 소개하며 행렬의 기초지식을 갖춘 독자들은 다음 장부터 공부하면 좋을 것이다.

mn 개의 원소(element)들이 m 개의 행과 n 개의 열에 장방형(rectangular)으로 배열되어 있을 때 $\boldsymbol{m \times n}$ 행렬이라고 하고, i 번째 행과 j 번째 열에 배열되어 있는 원소를 a_{ij} 라고 하면 $m \times n$ 행렬은 다음과 같이 표현된다.

$$\boldsymbol{A} = \underbrace{\begin{bmatrix} a_{11} & a_{12} & \cdots & a_{1n} \\ a_{21} & a_{22} & \cdots & a_{2n} \\ \vdots & \vdots & & \vdots \\ a_{n1} & a_{n2} & \cdots & a_{mn} \end{bmatrix}}_{n} m$$

일반적으로 행렬은 $\boldsymbol{A}$, $\boldsymbol{X}$, $\boldsymbol{Z}$와 같은 기호로 표시하며 다음과 같이 간단히 쓰기도 한다.

$$\boldsymbol{A} = (a_{ij})\,,\ i = 1, 2, \cdots, m\,,\quad j = 1, 2, \cdots, n.$$

행렬에서 행과 열의 수를 나타내는 $m \times n$ 을 **차원**(dimension)이라고 하며 위 행렬

$\boldsymbol{A}$는 $m \times n$차원 행렬이다. 특히 1×1 행렬을 **스칼라**(scalar)라고 하며 이 책에서는 모든 행렬의 원소가 **실수**(real number)라고 가정한다.

벡터(vector)는 단 하나의 열이나 행을 갖는 행렬을 말하며, 예제 1.1에서와 같이 $1 \times n$ 행렬을 **행벡터**(row vector)라고 하고 $n \times 1$ 행렬을 **열벡터**(column vector)라고 한다.

예제 1.1

다음과 같은 $\boldsymbol{X}$와 $\boldsymbol{X}'$은 각각 $n \times 1$ 열벡터와 $1 \times n$ 행벡터이다.

$$\boldsymbol{X} = \begin{bmatrix} x_1 \\ x_2 \\ \vdots \\ x_n \end{bmatrix} ; \ n \times 1 \text{ 열벡터}$$

$$\boldsymbol{X}' = (x_1, x_2, \cdots, x_n) ; 1 \times n \text{ 행벡터.}$$

그러나 다음과 같은 경우에는 숫자들이 행과 열에 배열되어 있지 않으므로 행렬이라고 하지 않는다.

$$\begin{bmatrix} & 14 & \\ & 8 & \\ 10 & & 15 \\ 9 & & 16 \end{bmatrix}$$

1.1.1 정방행렬

행과 열의 수가 같은 행렬, 즉 $n \times n$ 행렬을 **정방행렬**(square matrix)이라고 하고 n을 이 행렬의 **차수**(order)라고 한다.

예제 1.2

다음과 같은 행렬은 차수가 3인 정방행렬이다.

$$A = \begin{bmatrix} a_{11} & a_{12} & a_{13} \\ a_{21} & a_{22} & a_{23} \\ a_{31} & a_{32} & a_{33} \end{bmatrix} \quad : 3 \times 3 \text{ 정방행렬.}$$

1.1.2 전치행렬

행렬 $\boldsymbol{A}$ 의 ij번째 원소를 ji번째로 바꾼 행렬, 즉 행을 열로 하고 열을 행으로 하는 행렬을 $\boldsymbol{A}'$ 이라 놓으면 행렬 $\boldsymbol{A}'$ 를 행렬 $\boldsymbol{A}$ 의 **전치행렬**(transpose matrix)이라고 한다. 즉 행렬 $\boldsymbol{A}$ 의 첫째 행은 $\boldsymbol{A}'$ 의 첫째 열이 되고 둘째 행은 둘째 열이 된다. 같은 방법으로 행과 열을 모두 바꾸면 전치행렬을 얻을 수 있으며, 따라서 행렬 $\boldsymbol{A}$ 는 행렬 $\boldsymbol{A}'$ 의 전치행렬이다.

예제 1.3

다음과 같은 행렬

$$\underset{3\times 2}{\boldsymbol{A}} = \begin{bmatrix} 2 & 5 \\ 7 & 10 \\ 3 & 4 \end{bmatrix}$$

의 전치행렬은 다음과 같다.

$$\underset{2\times 3}{\boldsymbol{A}'} = \begin{bmatrix} 2 & 7 & 3 \\ 5 & 10 & 4 \end{bmatrix}$$

특히 $\boldsymbol{A} = \boldsymbol{A}'$ 일 때 $\boldsymbol{A}$ 를 **대칭행렬**(symmetric matrix)이라고 한다. 또한 대칭행렬에서는 $a_{ij} = a_{ji}$ 이므로 대칭행렬 $\boldsymbol{A}$ 는 정방행렬이다.

예제 1.4

다음 행렬 $\boldsymbol{A}$ 는 대칭행렬이다.

$$\boldsymbol{A} = \begin{bmatrix} 1 & -2 & 3 \\ -2 & 0 & 1 \\ 3 & 1 & 5 \end{bmatrix}$$

1.1.3 대각행렬

정방행렬에서 **주대각선**(principal diagonal)상에 있는 원소 a_{ii}, $i=1,2,\cdots,n$를 제외한 모든 원소가 0인 행렬을 **대각행렬**(diagonal matrix)이라고 한다. 즉, 어떤 정방행렬 $\boldsymbol{A}$의 원소를 a_{ij}라고 할 때 이 행렬 $\boldsymbol{A}$의 원소 중 $a_{ij}=0,\ i\neq j$인 행렬을 말한다.

예제 1.5

다음 행렬 $\boldsymbol{A}$는 대각행렬이다.

$$\boldsymbol{A}=\begin{bmatrix} a_{11} & 0 & 0 \\ 0 & a_{22} & 0 \\ 0 & 0 & a_{33} \end{bmatrix}$$

대각행렬의 특별한 경우로서 대각선상의 원소들이 모두 1일 때 이 행렬을 **단위행렬**(identitiy or unit matrix)이라고 하고 $\boldsymbol{I}$로 표시한다.

$$\boldsymbol{I}_3=\begin{bmatrix} 1 & 0 & 0 \\ 0 & 1 & 0 \\ 0 & 0 & 1 \end{bmatrix} : \text{3차 단위행렬}$$

1.2 행렬의 연산

1.2.1 행렬의 합과 차

두 행렬의 합 또는 차의 계산은 두 행렬의 차원이 동일해야만 가능하며 대응되는 두 행렬의 원소의 합 또는 차의 계산에 의하여 얻어진다. 즉 두 개의 $m\times n$ 행렬 $\boldsymbol{A}=(a_{ij})$와 $\boldsymbol{B}=(b_{ij})$의 합과 차는 다음과 같다.

$$\boldsymbol{A}\pm\boldsymbol{B}=\begin{bmatrix} a_{11}\pm b_{11} & a_{12}\pm b_{12} & \cdots & a_{1n}\pm b_{1n} \\ a_{21}\pm b_{21} & a_{22}\pm b_{22} & \cdots & a_{2n}\pm b_{2n} \\ \vdots & \vdots & \vdots & \vdots \\ a_{m1}\pm b_{m1} & a_{m2}\pm b_{m2} & \cdots & a_{mn}\pm b_{mn} \end{bmatrix} \tag{1.1}$$

$$= (a_{ij} \pm b_{ij}) \qquad , i = 1, \cdots, m$$
$$j = 1, \cdots, n$$

예 $\begin{bmatrix} 3 & 1 & -1 \\ 2 & 2 & -3 \end{bmatrix} + \begin{bmatrix} 1 & 2 & 1 \\ 1 & 3 & 0 \end{bmatrix} = \begin{bmatrix} 4 & 3 & 0 \\ 3 & 5 & -3 \end{bmatrix}$

동일한 차원의 행렬 $\boldsymbol{A}, \boldsymbol{B}, \boldsymbol{C}$ 사이에는 다음과 같은 관계가 성립된다.

정리 1.1 $\boldsymbol{A} + \boldsymbol{B} = \boldsymbol{B} + \boldsymbol{A}$
$(\boldsymbol{A} + \boldsymbol{B}) + \boldsymbol{C} = \boldsymbol{A} + (\boldsymbol{B} + \boldsymbol{C})$
$(\boldsymbol{A} + \boldsymbol{B})' = \boldsymbol{A}' + \boldsymbol{B}'$.

1.2.2 행렬의 스칼라 곱(scalar multiplication)

$m \times n$ 행렬 $\boldsymbol{A} = (a_{ij})$에 임의의 상수 λ를 곱하는 식은 다음과 같다.

$$\lambda \boldsymbol{A} = \lambda \begin{bmatrix} a_{11} & a_{12} & \cdots & a_{1n} \\ a_{21} & a_{22} & \cdots & a_{2n} \\ \vdots & \vdots & & \vdots \\ a_{m1} & a_{m2} & \cdots & a_{mn} \end{bmatrix}$$
$$= \begin{bmatrix} \lambda a_{11} & \lambda a_{12} & \cdots & \lambda a_{1n} \\ \lambda a_{21} & \lambda a_{22} & \cdots & \lambda a_{2n} \\ \vdots & \vdots & & \vdots \\ \lambda a_{m1} & \lambda a_{m2} & \cdots & \lambda a_{mn} \end{bmatrix} = (\lambda a_{ij}), \quad \begin{matrix} i = 1, 2, \cdots, m \\ j = 1, 2, \cdots, n \end{matrix}$$

이와 같은 식에 의하여 행렬 $\boldsymbol{A}$ 의 모든 원소에 공통이 되는 요인(factor)이 있으면 그 공통되는 요인을 상수로 표시할 수 있다.

$$\begin{bmatrix} 9 & 27 \\ 15 & 18 \end{bmatrix} = \begin{bmatrix} 3 \times 3 & 3 \times 9 \\ 3 \times 5 & 3 \times 6 \end{bmatrix}$$
$$= 3 \begin{bmatrix} 3 & 9 \\ 5 & 6 \end{bmatrix}$$

1.2.3 행렬의 곱

행렬의 곱셈에서는 피승수 행렬의 차원이 $m \times r$ 이면 승수 행렬의 행의 차수는 r 이 되어야 한다. 즉 피승수 행렬의 열의 수는 승수 행렬의 행의 수와 일치되어야 한다.

예제 1.6

A, B, C 세 행렬 간에는 다음과 같은 곱셈관계가 성립한다.

$$\underset{2\times 3}{\boldsymbol{A}} \cdot \underset{3\times 2}{\boldsymbol{B}} = \underset{2\times 2}{\boldsymbol{C}}$$

$$\underset{2\times 3}{\boldsymbol{A}} \cdot \underset{2\times 3}{\boldsymbol{B}} \neq \boldsymbol{C} \qquad \text{(곱셈식이 성립되지 않음).}$$

곱한 결과 얻어진 행렬 $\boldsymbol{C}$의 차원은 피승수 행렬의 행의 수와 승수 행렬의 열의 수가 된다. 위의 예에서 2×3 행렬 $\boldsymbol{A}$와 3×2 행렬 $\boldsymbol{B}$를 곱한 결과 얻어진 행렬 $\boldsymbol{C}$의 차원은 2×2가 된다. 곱셈 순서는 다음과 같다.

$$\overset{\boldsymbol{A}}{\begin{bmatrix} a_{11} & a_{12} & a_{13} \\ a_{21} & a_{22} & a_{23} \end{bmatrix}} \cdot \overset{\boldsymbol{B}}{\begin{bmatrix} b_{11} & b_{12} \\ b_{21} & b_{22} \\ b_{31} & b_{32} \end{bmatrix}} = \overset{\boldsymbol{C}}{\begin{bmatrix} c_{11} & c_{12} \\ c_{21} & c_{22} \end{bmatrix}}$$

$\boldsymbol{A}$ 행렬의 첫째 행과 $\boldsymbol{B}$ 행렬의 첫째 열을 대응되는 것끼리 곱하여 합하면 $\boldsymbol{C}$ 행렬의 첫째 행과 첫째 열의 원소 c_{11} 이 얻어진다. 즉 다음과 같다.

$$c_{11} = a_{11}b_{11} + a_{12}b_{21} + a_{13}b_{31} \ .$$

같은 방법으로 $\boldsymbol{A}$의 첫째 행과 $\boldsymbol{B}$의 둘째 행을 곱하면 $\boldsymbol{C}$ 행렬의 첫째 행과 둘째 열의 원소 c_{12}가 된다. 즉 다음과 같다.

$$c_{12} = a_{11}b_{12} + a_{12}b_{22} + a_{13}b_{32}$$
$$c_{21} = a_{21}b_{11} + a_{22}b_{21} + a_{23}b_{31}$$
$$c_{22} = a_{21}b_{12} + a_{22}b_{22} + a_{23}b_{32} \ .$$

일반적으로 $r \times c$ 행렬 $\boldsymbol{A}$와 $c \times s$ 행렬 $\boldsymbol{B}$의 곱 $\boldsymbol{A} \cdot \boldsymbol{B} = \boldsymbol{C}$의 차원은 $r \times s$ 이고 $\boldsymbol{C}$의 i 번째 행과 j 번째 열의 원소 c_{ij} 는

$$c_{ij} = a_{i1}b_{1j} + a_{i2}b_{2j} + \cdots + a_{ic}b_{cj}$$
$$= \sum_{k=1}^{c} a_{ik} b_{kj} \ .$$

따라서

$$A \cdot B = \left(\sum_{k=1}^{c} a_{ik} b_{kj} \right), \quad \begin{matrix} i = 1, \cdots, r \\ j = 1, \cdots, s \end{matrix} \ .$$

정리 1.2 일반적으로 $A \cdot B \neq B \cdot A$.

정리 1.3 $(A \cdot B)' = B' \cdot A'$.

정리 1.4 모든 정방행렬에 대하여 $A \cdot I = I \cdot A = A$가 성립한다.

정리 1.5 $(A \cdot B) \cdot C = A \cdot (B \cdot C)$
$C(A + B) = C \cdot A + C \cdot B$.

1.2.4 행렬식

$n \times n$ 정방행렬 $A = (a_{ij})$의 **행렬식**(determinant)은 $|A|$ 혹은 $\det(A)$로 표시하며, 하나의 실수값으로 표현된다. 3차 행렬까지의 행렬식은 다음과 같은 방법으로 구할 수 있다.

$$|a_{11}| = a_{11}$$

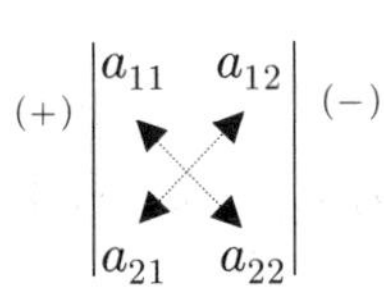

$$= a_{11} a_{22} - a_{12} a_{21}$$

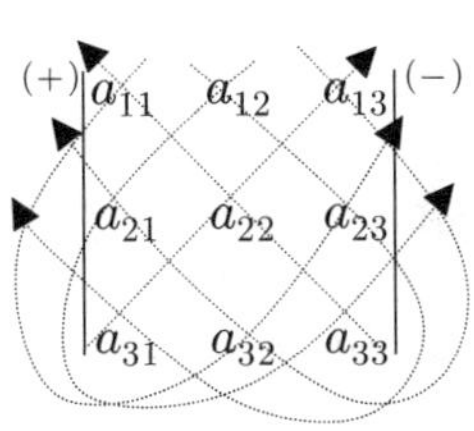

$$= a_{11}a_{22}a_{33} + a_{12}a_{23}a_{31} + a_{13}a_{32}a_{21}$$
$$- a_{13}a_{22}a_{31} - a_{12}a_{21}a_{33} - a_{11}a_{32}a_{23}$$

그러나 4차 이상의 행렬식은 복잡하게 되는데 $(n\times n)$ 행렬 $\boldsymbol{A}=(a_{ij})$에서 i 번째 행과 j 번째 열을 빼고 나머지 $(n-1)\times(n-1)$ 행렬의 행렬식을 $\boldsymbol{M}_{ij}$ 라고 쓰면 이 $\boldsymbol{M}_{ij}$ 를 원소 a_{ij} 의 소행렬식(minor)이라고 하며 소행렬식 $\boldsymbol{M}_{ij}$ 에 $(-1)^{i+j}$ 를 곱한 값을 $\boldsymbol{A}_{ij}$ 로 놓으면 다음과 같다.

$$\boldsymbol{A}_{ij}=(-1)^{i+j}\boldsymbol{M}_{ij}\ .$$

이 $\boldsymbol{A}_{ij}$ 를 원소 a_{ij} 의 **여인수**(cofactor)라고 한다. 행렬식은 여인수로 표시할 수 있으며 다음과 같이 정의된다.

$$\begin{aligned}|\boldsymbol{A}| &= a_{i1}\boldsymbol{A}_{i1}+a_{i2}\boldsymbol{A}_{i2}+\cdots+a_{in}\boldsymbol{A}_{in},\ i=1,2,\cdots,n \quad (i\text{행에 관한 여인수 전개})\\ &= a_{1j}\boldsymbol{A}_{1j}+a_{2j}\boldsymbol{A}_{2j}+\cdots+a_{nj}\boldsymbol{A}_{nj},\ j=1,2,\cdots,n\ .(j\text{열에 관한 여인수 전개})\end{aligned} \quad \textbf{(1.2)}$$

예제 1.7

3차 행렬 $\boldsymbol{A}$ 의 행렬식을 여인수로 표시하면

$$|\boldsymbol{A}|=\begin{vmatrix}a_{11}a_{12}a_{13}\\ a_{21}a_{22}a_{23}\\ a_{31}a_{32}a_{33}\end{vmatrix}\begin{aligned}&=a_{11}\boldsymbol{A}_{11}+a_{12}\boldsymbol{A}_{12}+a_{13}\boldsymbol{A}_{13}\\ &=a_{21}\boldsymbol{A}_{21}+a_{22}\boldsymbol{A}_{22}+a_{23}\boldsymbol{A}_{23}\\ &=a_{31}\boldsymbol{A}_{31}+a_{32}\boldsymbol{A}_{32}+a_{33}\boldsymbol{A}_{33}\end{aligned}$$

그런데

$$\boldsymbol{A}_{11}=(-1)^{1+1}\begin{vmatrix}a_{22} & a_{23}\\ a_{32} & a_{33}\end{vmatrix}=(a_{22}a_{33}-a_{23}a_{32})$$

$$\boldsymbol{A}_{12}=(-1)^{1+2}\begin{vmatrix}a_{21} & a_{23}\\ a_{31} & a_{33}\end{vmatrix}=(a_{21}a_{33}-a_{23}a_{31})$$

$$\boldsymbol{A}_{13}=(-1)^{1+3}\begin{vmatrix}a_{21} & a_{22}\\ a_{31} & a_{32}\end{vmatrix}=(a_{21}a_{32}-a_{22}a_{31})$$

이므로,

$$\begin{aligned}|\boldsymbol{A}| &= a_{11}\boldsymbol{A}_{11}+a_{12}\boldsymbol{A}_{12}+a_{13}\boldsymbol{A}_{13}\\ &= a_{11}(a_{22}a_{33}-a_{23}a_{32})-a_{12}(a_{21}a_{33}-a_{23}a_{31})\end{aligned}$$

$$+ a_{13}(a_{21}a_{32} - a_{22}a_{31})$$

$$= a_{11}a_{22}a_{33} + a_{12}a_{23}a_{31} + a_{13}a_{21}a_{32} - a_{11}a_{23}a_{32}$$

$$- a_{12}a_{21}a_{33} - a_{13}a_{22}a_{31}\ .$$

따라서 이 결과는 앞에서 계산한 결과와 동일하다.

정리 1.6 행렬 $\boldsymbol{A}$와 $\boldsymbol{B}$가 모두 정방행렬이면

$$|\boldsymbol{AB}| = |\boldsymbol{BA}| = |\boldsymbol{A}||\boldsymbol{B}|\ .$$

정리 1.7 행렬 $\boldsymbol{A}$가 정방행렬이면

$$|\boldsymbol{A}| = |\boldsymbol{A}'|\ .$$

정리 1.8 행렬 $\boldsymbol{A}$가 $n\times n$ 정방행렬이면 상수 k에 대하여

$$|k\boldsymbol{A}| = k^n|\boldsymbol{A}|\ .$$

1.2.5 트레이스

정방행렬 $\boldsymbol{A}$의 트레이스(trace)를 $\mathrm{tr}(\boldsymbol{A})$와 같이 표시하고 $\mathrm{tr}(\boldsymbol{A})$는 행렬 $\boldsymbol{A}$의 대각선 원소들의 합을 나타내는 것으로 정의한다. 즉, $n\times n$ 행렬 $\boldsymbol{A}=(a_{ij})$의 트레이스는 다음과 같다.

$$\mathrm{tr}(\boldsymbol{A}) = a_{11} + a_{22} + \cdots + a_{\mathrm{nn}} = \sum_{i=1}^{n} a_{ii}\ . \quad (1.3)$$

예제 1.8

$$\boldsymbol{A} = \begin{bmatrix} 1 & 2 & 3 \\ 4 & 5 & 6 \\ 7 & 8 & 9 \end{bmatrix} \text{이면,}$$

$$\mathrm{tr}(\boldsymbol{A}) = 1 + 5 + 9 = 15\ .$$

정리 1.9 $\mathrm{tr}(\boldsymbol{AB}) = \mathrm{tr}(\boldsymbol{BA})$.

$\mathrm{tr}(\boldsymbol{A} \pm \boldsymbol{B}) = \mathrm{tr}(\boldsymbol{A}) \pm \mathrm{tr}(\boldsymbol{B})$.

$\mathrm{tr}(\boldsymbol{ABC}) = \mathrm{tr}(\boldsymbol{BCA}) = \mathrm{tr}(\boldsymbol{CAB})$.

정리 1.10 $\boldsymbol{I}$를 $n \times n$ 단위행렬이라고 하면

$$\mathrm{tr}(\boldsymbol{I}) = \mathrm{n} .$$

정리 1.11 상수 k에 대하여,

$$\mathrm{tr}(k\boldsymbol{A}) = k\,\mathrm{tr}(\boldsymbol{A}) .$$

1.3 특수한 행렬

1.3.1 역행렬

일반적으로 대수학에서 어떤 수의 역수는 둘을 서로 곱하여 1이 되는 성질을 갖는 수이다. 이러한 성질을 행렬에서도 그대로 적용하여 $n \times n$ 정방행렬 $\boldsymbol{A}$의 행렬식이 0이 아닐 때

$$\boldsymbol{A}\boldsymbol{A}^{-1} = \boldsymbol{A}^{-1}\boldsymbol{A} = \boldsymbol{I}_n$$

을 만족시키는 $\boldsymbol{A}^{-1}$가 존재하면 $\boldsymbol{A}^{-1}$를 $\boldsymbol{A}$의 **역행렬**(inverse matrix)이라고 한다. 역행렬은 앞에서 살펴본 여인수를 이용하여 구할 수 있다. 행렬 $\boldsymbol{A}$의 모든 원소에 대응되는 여인수의 행렬을 $\boldsymbol{C}$라고 놓으면 다음과 같다.

$$\boldsymbol{C} = \begin{bmatrix} \boldsymbol{A}_{11} \boldsymbol{A}_{12} \cdots \boldsymbol{A}_{1n} \\ \boldsymbol{A}_{21} \boldsymbol{A}_{22} \cdots \boldsymbol{A}_{2n} \\ \vdots \quad \vdots \quad \vdots \\ \boldsymbol{A}_{n1} \boldsymbol{A}_{n2} \cdots \boldsymbol{A}_{nn} \end{bmatrix}$$

여기서 $\boldsymbol{A}_{ij}$는 원소 a_{ij}의 여인수이다.

행렬 $\boldsymbol{A}$의 역행렬은 여인수의 행렬 $\boldsymbol{C}$의 전치행렬 $\boldsymbol{C}'$을 $\boldsymbol{A}$의 행렬식 $|\boldsymbol{A}|$로 나누면 된다. 즉

$$A^{-1} = \frac{1}{|A|} C' \quad . \tag{1.4}$$

3차 행렬 $A = \begin{bmatrix} a_{11} & a_{12} & a_{13} \\ a_{21} & a_{22} & a_{23} \\ a_{31} & a_{32} & a_{33} \end{bmatrix}$의 역행렬은 다음과 같다.

$$A^{-1} = \frac{1}{|A|} \begin{bmatrix} A_{11} & A_{21} & A_{31} \\ A_{12} & A_{22} & A_{32} \\ A_{13} & A_{23} & A_{33} \end{bmatrix}$$

예제 1.9

2차 행렬 $A = \begin{bmatrix} a & b \\ c & d \end{bmatrix}$의 역행렬을 구하여라.

풀이 A의 여인수행렬 C는 $C = \begin{bmatrix} d & -c \\ -b & a \end{bmatrix}$이므로

식 (1.4)에서

$$A^{-1} = \frac{1}{|A|} \begin{bmatrix} d & -b \\ -c & a \end{bmatrix} = \frac{1}{ad-bc} \begin{bmatrix} d & -b \\ -c & a \end{bmatrix}.$$

정리 1.12 전치행렬 표시와 그 역행렬 표시는 순서를 바꾸어도 된다.

$$(A')^{-1} = (A^{-1})'.$$

정리 1.13 행렬 A와 B가 모두 정방행렬이고, $|A| \neq 0$, $|B| \neq 0$이면

$$(AB)^{-1} = B^{-1}A^{-1}.$$

정리 1.14 행렬 A의 행렬식 $|A| \neq 0$이면

$$|A^{-1}| = \frac{1}{|A|} \quad .$$

정리 1.15 상수 k가 0이 아니고 행렬 $\boldsymbol{A}$가 역행렬이 존재한다면

$$(k\boldsymbol{A})^{-1} = \frac{1}{k}\boldsymbol{A}^{-1}.$$

1.3.2 직교행렬

정방행렬 $\boldsymbol{A}$의 역행렬 $\boldsymbol{A}^{-1}$이 전치행렬 $\boldsymbol{A}'$와 같으면, 즉

$$\boldsymbol{A}' = \boldsymbol{A}^{-1} \tag{1.5}$$

이 성립할 때 행렬 $\boldsymbol{A}$를 **직교행렬**(orthogonal matrix)이라고 하며 $\boldsymbol{A}$가 직교행렬이면

$$\boldsymbol{A}\boldsymbol{A}' = \boldsymbol{A}'\boldsymbol{A} = \boldsymbol{I}$$

가 성립한다.

예제 1.10

$\boldsymbol{A} = \begin{bmatrix} \frac{1}{\sqrt{2}} & \frac{1}{\sqrt{2}} \\ -\frac{1}{\sqrt{2}} & \frac{1}{\sqrt{2}} \end{bmatrix}$가 직교행렬임을 보여라.

풀이 $\boldsymbol{A}$의 역행렬은

$$\boldsymbol{A}^{-1} = \begin{bmatrix} \frac{1}{\sqrt{2}} & -\frac{1}{\sqrt{2}} \\ \frac{1}{\sqrt{2}} & \frac{1}{\sqrt{2}} \end{bmatrix} = \boldsymbol{A}'$$

이므로 $\boldsymbol{A}$는 직교행렬이다.

일반적으로 $n \times n$ 행렬 $\boldsymbol{A}$의 각 열벡터를 $a_1, a_2, \cdots, a_n$이라고 하면 행렬 $\boldsymbol{A}$가 직교행렬이기 위한 필요충분조건은

$$a_i' a_j = 0,\ \text{모든 } i \neq j$$

$$a_i{}'a_j = 1,\ \text{모든 } i = j$$

이며 이 성질은 행 벡터의 경우에도 성립한다.

정리 1.16 모든 대칭행렬 $\boldsymbol{A}$에 대하여

$$\boldsymbol{P}'\boldsymbol{A}\boldsymbol{P} = \boldsymbol{D},\quad \boldsymbol{D}\text{는 대각행렬} \tag{1.6}$$

이 되는 직교행렬 $\boldsymbol{P}$가 반드시 존재한다.

정리 1.17 직교행렬 $\boldsymbol{P}$에 대하여 다음 관계식이 성립한다.

1) $\mathrm{tr}(\boldsymbol{P}'\boldsymbol{A}\boldsymbol{P}) = \mathrm{tr}(\boldsymbol{A})$
2) $|\boldsymbol{P}'\boldsymbol{A}\boldsymbol{P}| = |\boldsymbol{A}|$
3) $|\boldsymbol{P}| = 1$ 또는 -1

1.3.3 멱등행렬

$n \times n$ 행렬 $\boldsymbol{A}$가 다음과 같은 성질을 만족할 때 행렬 $\boldsymbol{A}$를 **대칭멱등행렬**(symmetric idempotent matrix)이라고 한다.

1) $\boldsymbol{A} = \boldsymbol{A}'$
2) $\boldsymbol{A}\boldsymbol{A} = \boldsymbol{A}$.

앞으로는 대칭이라는 말을 빼고 그냥 **멱등행렬**(idempotent matrix)이라고 하겠다. 멱등행렬은 뒤에서 다루게 되는 2차형식(quadratic form)에 대한 통계량의 확률분포 이론을 확인하는 데 중요한 역할을 한다.

예제 1.11

중회귀모형에서 다루게 되는 $n \times p$ 행렬 $\boldsymbol{X}$에서 $\boldsymbol{A} = \boldsymbol{X}(\boldsymbol{X}'\boldsymbol{X})^{-1}\boldsymbol{X}'$과 $\boldsymbol{B} = \boldsymbol{I} - \boldsymbol{X}(\boldsymbol{X}'\boldsymbol{X})^{-1}\boldsymbol{X}'$은 모두 멱등행렬임을 보여라.

풀이

① $\boldsymbol{A} = \boldsymbol{A}'$이고 $\boldsymbol{B} = \boldsymbol{B}'$이 성립한다.

② $\boldsymbol{A}\boldsymbol{A} = (\boldsymbol{X}(\boldsymbol{X}'\boldsymbol{X})^{-1}\boldsymbol{X}')(\boldsymbol{X}(\boldsymbol{X}'\boldsymbol{X})^{-1}\boldsymbol{X}')$

$\quad = (\boldsymbol{X}(\boldsymbol{X}'\boldsymbol{X})^{-1}\boldsymbol{X}') = \boldsymbol{A}$

이고

$$BB = [I - X(X'X)^{-1}X'][I - X(X'X)^{-1}X']$$
$$= I - X(X'X)^{-1}X' - X(X'X)^{-1}X' +$$
$$X(X'X)^{-1}X'X(X'X)^{-1}X'$$
$$= I - X(X'X)^{-1}X' = B.$$

정리 1.18 두 개의 행렬 A와 B가 모두 멱등행렬이고 $AB = BA$이면 행렬 AB도 멱등행렬이다.

1.4 선형독립과 행렬의 계수

1.4.1 선형독립

k개의 $n \times 1$ 벡터 $C_1, C_2, \cdots, C_k$ 중 하나의 벡터가 나머지 $(k-1)$벡터들의 선형결합으로 다음 두 식 중 하나로 표현될 수 있을 때, 즉

$$C_i = \lambda_1 C_1 + \lambda_2 C_2 + \cdots + \lambda_{i-1} C_{i-1} + \lambda_{i+1} C_{i+1} + \cdots + \lambda_k C_k$$

또는

$$\sum_{i=1}^{k} \lambda_i C_i = 0. \tag{1.7}$$

식 (1.7)이 상수 $\lambda_i, i = 1, 2, \cdots, i-1, i+1, \cdots, k$가 모두 0이 아닌 경우 벡터 $C_1, C_2, \cdots, C_k$는 선형종속(linear dependence) 관계가 있다고 하고, 모두 0인 경우 벡터들은 선형독립(linear independence) 관계가 있다고 한다.

예제 1.12

$$\begin{matrix} & C_1 & C_2 & C_3 & C_4 \end{matrix}$$

$$A = \begin{bmatrix} 1 & 2 & 5 & 1 \\ 2 & 2 & 10 & 6 \\ 3 & 4 & 15 & 1 \end{bmatrix}$$

행렬 $\boldsymbol{A}$의 열을 벡터들로 생각해 보자. 즉, $\boldsymbol{C}_1$, $\boldsymbol{C}_2$, $\boldsymbol{C}_3$, $\boldsymbol{C}_4$ 벡터에 대하여 $\boldsymbol{C}_3 = 5\boldsymbol{C}_1 + 0\boldsymbol{C}_2 + 0\boldsymbol{C}_4$가 성립하므로 ,즉 λ_i가 모두 0이 아닌 데도 성립하므로 위의 네 벡터는 선형 종속관계에 있다고 말할 수 있다.

1.4.2 행렬의 계수

어떤 행렬 $m \times n$ 행렬 $\boldsymbol{A}$에서 선형독립인 열(또는 행)의 최대갯수를 행렬 $\boldsymbol{A}$의 계수(rank)라고 하며, $r(A)$로 표현한다. $p \times q$ 장방행렬(rectangle matrix) $\boldsymbol{A}$에서의 계수는 p 또는 q의 작은 수보다 더 작거나 같다. 예제 1.12에서 행렬 $\boldsymbol{A}$의 계수는 $r(\boldsymbol{A}) = 3$이 됨을 알 수 있다. 왜냐하면 $\boldsymbol{C}_3$와 $\boldsymbol{C}_1$은 종속관계에 있으나 $\boldsymbol{C}_2$나 $\boldsymbol{C}_4$와는 선형독립관계가 있으므로 계수는 3이 된다. 즉, $\lambda_1 = \lambda_2 = \lambda_4 = 0$인 경우가 아니므로 $\lambda_1 \boldsymbol{C}_1 + \lambda_2 \boldsymbol{C}_2 + \lambda_4 \boldsymbol{C}_4 = 0$을 만족하는 λ_1, λ_2, λ_4가 존재하지 않는다.

정리 1.19 $r(\boldsymbol{A}') = r(\boldsymbol{A}) = r(\boldsymbol{A}'\boldsymbol{A}) = r(\boldsymbol{A}\boldsymbol{A}')$.

정리 1.20 $r(\boldsymbol{A} \cdot \boldsymbol{B}) \leqq r(\boldsymbol{A})$ 또는 $r(\boldsymbol{B})$

$$r(\boldsymbol{A} \vdots \boldsymbol{B}) \leqq r(\boldsymbol{A}) + r(\boldsymbol{B})\ .$$

$r(\boldsymbol{A} \vdots \boldsymbol{B})$는 $\boldsymbol{A}$ 행렬의 오른쪽에 $\boldsymbol{B}$ 행렬을 덧붙인 것으로 $m \times (n_1 + n_2)$인 추가행렬을 의미한다. 예를 들면

$$A = \begin{pmatrix} 1 & 2 & 3 \\ 4 & 5 & 6 \end{pmatrix}, \qquad B = \begin{pmatrix} 7 & 8 \\ 9 & 10 \end{pmatrix}$$

일 때

$$A \vdots B = \begin{pmatrix} 1 & 2 & 3 & 7 & 8 \\ 4 & 5 & 6 & 9 & 10 \end{pmatrix}$$

이다.

$n \times n$ 정방행렬 $\boldsymbol{A}$에서 $r(\boldsymbol{A}) = n$이면, 즉 계수가 차수와 같으면 행렬 $\boldsymbol{A}$를 **정칙행렬**(nonsingular matrix)이라고 하고, $r(\boldsymbol{A}) < n$이면 **비정칙행렬**(singular matrix)이라고 한다.

행렬 $\boldsymbol{A}$가 비정칙행렬이면 A^{-1}는 존재하지 않는다. ($|A|=0$)

예제 1.13

$$A = \begin{array}{c} \begin{matrix} C_1 & C_2 & C_3 \end{matrix} \\ \begin{bmatrix} 1 & 2 & 0 \\ -1 & 0 & 2 \\ 2 & -1 & -5 \end{bmatrix} \end{array}$$

에서 $2C_1 - C_2 + C_3 = 0$이므로, 즉 $C_3 = 2C_1 - C_2$이므로 선형종속이다. 그러나 C_1과 C_2는 선형독립이므로 $r(\boldsymbol{A}) = 2$이고 행렬 $\boldsymbol{A}$의 계수는 차수 3보다 작으므로 행렬 $\boldsymbol{A}$는 비정칙행렬이다.

1.4.3 연립선형방정식(simultaneous linear equations)

미지수 $x_1, x_2, \cdots, x_n$에 대해 다음과 같은 방정식을 생각해 보자.

$$\begin{aligned} a_{11}x_1 + a_{12}x_2 + \cdots + a_{1n}x_n &= c_1 \\ a_{21}x_1 + a_{22}x_2 + \cdots + a_{2n}x_n &= c_2 \\ \vdots \qquad \vdots \qquad\qquad &\vdots \quad \vdots \\ a_{m1}x_1 + a_{m2}x_2 + \cdots + a_{mn}x_n &= c_m \ . \end{aligned} \tag{1.8}$$

이 방정식을 행렬로 표시하면

$$\begin{bmatrix} a_{11} & a_{12} & \cdots & a_{1n} \\ a_{21} & a_{22} & \cdots & a_{2n} \\ \vdots & \vdots & & \vdots \\ a_{m1} & a_{m2} & \cdots & a_{mn} \end{bmatrix} \begin{bmatrix} x_1 \\ x_2 \\ \vdots \\ x_n \end{bmatrix} = \begin{bmatrix} c_1 \\ c_2 \\ \vdots \\ c_m \end{bmatrix} \tag{1.9}$$

$$\boldsymbol{A}x = \boldsymbol{C} \ .$$

식 (1.9)에서 행렬 $\boldsymbol{A}$가 정칙행렬이면 역행렬 $\boldsymbol{A}^{-1}$가 존재하므로 $\boldsymbol{x}$에 관한 유일한 해(solution)를 구할 수 있다. 즉,

$$\boldsymbol{A}^{-1}\boldsymbol{A}\boldsymbol{x} = \boldsymbol{A}^{-1}\boldsymbol{C}$$

이므로

$$x = A^{-1}C$$

그러나 A 가 비정칙행렬이면 $(r(A) < n)$ 유일한 해는 존재하지 않으나 A 의 행렬에 C를 첨가시킨 행렬 $A^* = [AC]$의 계수가 $r(A^*) = r(A)$이면 무수히 많은 해가 존재하며, $r(A^*) < r(A)$이면 해는 존재하지 않는다.

예제 1.14

$$x_1 + x_2 - x_3 = 1$$
$$-x_1 + x_2 + x_3 = -1$$
$$x_1 - x_2 + x_3 = -1$$

에 대하여

$$A = \begin{bmatrix} 1 & 1 & -1 \\ -1 & 1 & 1 \\ 1 & -1 & 1 \end{bmatrix}$$

이므로 $r(A) = 3$ 이다.

따라서 A 는 정칙행렬이므로 유일한 해 $x = A^{-1}C$를 구할 수 있다. 그런데

$$A^* = [AC] = \left[\begin{array}{ccc|c} 1 & 1 & -1 & 1 \\ -1 & 1 & 1 & -1 \\ 1 & -1 & 1 & -1 \end{array}\right]$$
$$\qquad\qquad A \qquad\qquad C$$

이므로 $r(A^*) = 3$이 되어 $r(A^*) = r(A)$이 성립되어 무수히 많은 해가 존재 한다.

1.5 고유치와 고유벡터

$p \times p$ 정방행렬 A 의 고유치(eigen value or characteristic root)는 다음과 같은 행렬식 방정식(determinental equation)을 만족시키는 스칼라 λ를 말한다.

$$|\boldsymbol{A}-\lambda \boldsymbol{I}|=0. \qquad (1.10)$$

이 방정식은 λ에 관하여 p차 다항식이므로 행렬 $\boldsymbol{A}$는 p개의 고유치를 가지며 다음과 같은 라플라스(Laplace) 전개에 의하여 특성다항식(characteristic polynomial)으로 표시할 수 있다.

$$|\boldsymbol{A}-\lambda \boldsymbol{I}|=(-\lambda)^{p}+s_{1}(-\lambda)^{p-1}+s_{2}(-\lambda)^{p-2}+\cdots+s_{p-1}(-\lambda)+|\boldsymbol{A}| \qquad (1.11)$$

식 (1.11)에서 s_i는 $i\times i$ 소행렬식의 모든 합이다. 따라서 s_1은 행렬 $\boldsymbol{A}$의 대각원소들의 합이 된다. 즉, $\mathrm{tr}(\boldsymbol{A})$이다.

정리 1.21 대칭행렬 $\boldsymbol{A}$의 고유치는 모두 실수(real number)이다.

정리 1.22 $n\times n$ 대칭행렬 $\boldsymbol{A}$의 고유치를 λ_1, λ_2, $\cdots$, λ_n이라고 하면 다음 식이 성립한다.

① $\mathrm{tr}(\boldsymbol{A})=\sum_{i=1}^{n}\lambda_i$

② $\mathrm{tr}(\boldsymbol{A}'\boldsymbol{A})=\sum_{i=1}^{n}\lambda_i^2$

③ $\mathrm{tr}(\boldsymbol{A}^{-1})=\sum_{i=1}^{n}\lambda_i^{-1}$

④ $|\boldsymbol{A}|=\lambda_1\lambda_2\cdots\lambda_n=\prod_{i=1}^{n}\lambda_i$.

정리 1.23 대칭행렬 $\boldsymbol{A}$의 0이 아닌 고유치의 개수는 $r(\boldsymbol{A})$와 같다.

정리 1.24 멱등행렬의 고유치는 0 또는 1이다. 따라서

$$\mathrm{tr}(\boldsymbol{A})=\mathrm{r}(\boldsymbol{A}).$$

대칭행렬 $\boldsymbol{A}$의 어떤 고유치 λ_i에 대하여

$$(\boldsymbol{A}-\lambda \boldsymbol{I})\boldsymbol{x}=0,\ 즉\ \boldsymbol{A}\boldsymbol{x}=\lambda_i\boldsymbol{x}$$

와 같은 연립방정식을 만족시키는 벡터 $\boldsymbol{x}$를 주어진 λ_i의 고유벡터(eigen vector or characteristic vector)라고 하며 p개의 고유치에 대하여 p개의 고유벡터가 존재한다.

예제 1.15

$$A = \begin{bmatrix} 2 & 1 & 1 \\ 1 & 2 & 1 \\ 1 & 1 & 2 \end{bmatrix}$$ 의 고유치와 고유벡터를 구하여라.

풀이 식 (1.11)에서

$$|A - \lambda I| = (-\lambda)^3 + s_1(-\lambda)^2 + s_2(-\lambda) + |A|$$

여기서 $s_1 = \text{tr}(A) = 6$이고

$s_2 = 2 \times 2$ 소행렬식의 합

$= 3\begin{vmatrix} 2 & 1 \\ 1 & 2 \end{vmatrix} = 9$

$|A| = 4$

따라서

$$|A - \lambda I| = (-\lambda)^3 + 6(-\lambda)^2 + 9(-\lambda) + 4 = 0$$

를 풀면 고유치는

$$\lambda = 1,\ 1,\ 4\ .$$

$\lambda_1 = 1, \lambda_2 = 1, \lambda_3 = 4$ 등 3개의 고유치 중 $\lambda_3 = 4$에 대한 고유벡터를 구해 보면

$$(A - \lambda_3 I)\begin{bmatrix} x_1 \\ x_2 \\ x_3 \end{bmatrix} = \begin{bmatrix} -2 & 1 & 1 \\ 1 & -2 & 1 \\ 1 & 1 & -2 \end{bmatrix}\begin{bmatrix} x_1 \\ x_2 \\ x_3 \end{bmatrix}$$

$$= \begin{bmatrix} -2x_1 + x_2 + x_3 \\ x_1 - 2x_2 + x_3 \\ x_1 + x_2 - 2x_3 \end{bmatrix} = \begin{bmatrix} 0 \\ 0 \\ 0 \end{bmatrix}$$

이 식에서 $x_3 = a$, a는 0이 아닌 임의의 실수라고 하면 $x_2 = a$이고 $x_1 = a$이다. 즉, $x' = (a\ \ a\ \ a)$는 $\lambda_3 = 4$의 고유벡터이다.

1.6 2차형식

$\boldsymbol{y}$는 i 번째 원소가 y_i 인 $n\times 1$ 벡터이고 $n\times n$ 대칭행렬 $\boldsymbol{A} = (a_{ij})$에 대하여

$$\begin{aligned} \boldsymbol{y}'\boldsymbol{A}\boldsymbol{y} &= \sum_{i=1}^{n}\sum_{j=1}^{n} y_i y_j a_{ij} \\ &= \sum_{i=1}^{n} a_{ii} y_i^2 + 2\sum_{i=1}^{n-1}\sum_{j=i+1}^{n} a_{ij} y_i y_j \end{aligned} \tag{1.12}$$

를 $\boldsymbol{y}$의 2차형식(quadratic form)이라고 한다.

예 3×3 대칭행렬 $\boldsymbol{A}$의 2차형식은 다음과 같다.

$$\begin{aligned} \boldsymbol{y}'\boldsymbol{A}\boldsymbol{y} &= (y_1\ y_2\ y_3)\begin{bmatrix} a_{11} & a_{12} & a_{13} \\ a_{21} & a_{22} & a_{23} \\ a_{31} & a_{32} & a_{33} \end{bmatrix}\begin{bmatrix} y_1 \\ y_2 \\ y_3 \end{bmatrix} \\ &= a_{11}y_1^2 + a_{22}y_2^2 + a_{33}y_3^2 + 2(a_{12}y_1y_2 + a_{13}y_1y_3 + a_{23}y_2y_3) \end{aligned}$$

이때 2차형식 $\boldsymbol{y}'\boldsymbol{A}\boldsymbol{y}$의 계수는 행렬 $\boldsymbol{A}$의 계수로 정의되며 가장 간단한 경우의 2차형식은 $\boldsymbol{y}'\boldsymbol{A}\boldsymbol{y} = a_{11}\,y^2$으로 주어진다. $\boldsymbol{y} \neq 0$ 인 모든 벡터 $\boldsymbol{y}$에 대하여 $\boldsymbol{y}'\boldsymbol{A}\boldsymbol{y} > 0$가 성립하면 대칭행렬 $\boldsymbol{A}$와 2차형식 $\boldsymbol{y}'\boldsymbol{A}\boldsymbol{y}$를 **양정치**(positive definite)라고 하고 $\boldsymbol{y}'\boldsymbol{A}\boldsymbol{y} \geqq 0$이 성립하면 $\boldsymbol{A}$와 $\boldsymbol{y}'\boldsymbol{A}\boldsymbol{y}$를 **양반정치**(positive semidefinite)라고 한다. 이때는 $\boldsymbol{y}'\boldsymbol{A}\boldsymbol{y} = 0$를 만족시키는 0이 아닌 벡터 $\boldsymbol{y}$가 존재하는 경우이다. 또한 $\boldsymbol{y}'\boldsymbol{A}\boldsymbol{y} < 0$이 성립하면 $\boldsymbol{A}$와 $\boldsymbol{y}'\boldsymbol{A}\boldsymbol{y}$를 **음정치**(negative definite)라고 하고 $\boldsymbol{y}'\boldsymbol{A}\boldsymbol{y} \leqq 0$이 성립하면 $\boldsymbol{A}$와 $\boldsymbol{y}'\boldsymbol{A}\boldsymbol{y}$를 **음반정치**(negative semidefinite)라고 한다.

예제 1.16

다음의 2차형식

$$\begin{aligned} \boldsymbol{y}'\boldsymbol{A}\boldsymbol{y} &= (y_1\,y_2\,y_3)\begin{bmatrix} 2 & 1 & 1 \\ 1 & 2 & 1 \\ 1 & 1 & 2 \end{bmatrix}\begin{bmatrix} y_1 \\ y_2 \\ y_3 \end{bmatrix} \\ &= 2y_1^2 + 2y_2^2 + 2y_3^2 + 2\,y_1y_2 + 2\,y_1y_3 + 2\,y_2y_3 \end{aligned}$$

$$= (y_1+y_2)^2 + (y_1+y_3)^2 + (y_2+y_3)^2$$

$$> 0$$

에서 $\boldsymbol{y}' \neq 0$일 때 $\boldsymbol{y}'\boldsymbol{A}\boldsymbol{y} > 0$이 항상 성립하므로 $\boldsymbol{A}$와 $\boldsymbol{y}'\boldsymbol{A}\boldsymbol{y}$는 양정치가 된다.

정리 1.25 대칭행렬 $\boldsymbol{A}$가 양정치행렬이 되기 위한 필요충분조건은 어떤 정칙행렬 $\boldsymbol{C}$가 존재하여 $\boldsymbol{A} = \boldsymbol{C}\boldsymbol{C}'$와 같이 되는 것이다.

정리 1.26 $n \times m$ 행렬 $\boldsymbol{A}$의 계수가 $m(m < n)$일 때 $\boldsymbol{A}'\boldsymbol{A}$는 양정치행렬이고 $\boldsymbol{A}\boldsymbol{A}'$은 양반정치행렬이다.

정리 1.27 $n \times m(m < n)$ 행렬 $\boldsymbol{A}$의 계수가 $k(k < m)$일 때 $\boldsymbol{A}'\boldsymbol{A}$와 $\boldsymbol{A}\boldsymbol{A}'$은 모두 양반정치행렬이다.

정리 1.28 양(음)정치행렬 $\boldsymbol{A}$의 고유치는 모두 양(음)수이고 양(음)반정치행렬 $\boldsymbol{B}$의 고유치는 0 또는 양(음)수이다.

정리 1.29 어떤 정칙행렬 $\boldsymbol{C}$에 대하여 만약 행렬 $\boldsymbol{A}$가 양정치이면 $\boldsymbol{C}'\boldsymbol{A}\boldsymbol{C}$도 양정치이고 만약 $\boldsymbol{A}$가 양반정치이면 $\boldsymbol{C}'\boldsymbol{A}\boldsymbol{C}$도 양반정치이다.

정리 1.30 $n \times n$ 행렬 $\boldsymbol{A} = (a_{ij})$가 양정치행렬이기 위한 필요충분조건은 다음과 같다.

$$a_{11} > 0, \quad \begin{vmatrix} a_{11} & a_{12} \\ a_{21} & a_{22} \end{vmatrix} > 0, \cdots, \quad \begin{vmatrix} a_{11} & a_{12} & \cdots & a_{1n} \\ a_{21} & a_{22} & \cdots & a_{2n} \\ \vdots & \vdots & & \vdots \\ a_{n1} & a_{n2} & \cdots & a_{nn} \end{vmatrix} > 0$$

1.7 행렬의 분할

행렬의 행과 열을 몇 개씩 묶어서 다루는 것이 행렬의 계산을 용이하게 하는 경우가 많다. 예를 들어 $m \times n$ 행렬 $\boldsymbol{A}$와 $\boldsymbol{B}$를 다음과 같이 분할(partition)하였다고 하자.

$$\boldsymbol{A}_{m\times n} = \begin{bmatrix} \boldsymbol{A}_{11} & \boldsymbol{A}_{12} \\ \boldsymbol{A}_{21} & \boldsymbol{A}_{22} \end{bmatrix}, \quad \boldsymbol{B}_{m\times n} = \begin{bmatrix} \boldsymbol{B}_{11} & \boldsymbol{B}_{12} \\ \boldsymbol{B}_{21} & \boldsymbol{B}_{22} \end{bmatrix} \tag{1.13}$$

여기서 $\boldsymbol{A}_{11}$은 $m_1 \times n_1$, $\boldsymbol{A}_{12}$는 $m_1 \times n_2$, $\boldsymbol{A}_{21}$은 $m_2 \times n_1$, $\boldsymbol{A}_{22}$는 $m_2 \times n_2$ 행렬이며 $m_1 + m_2 = m$, $n_1 + n_2 = n$이다. 마찬가지로 행렬 $\boldsymbol{B}$를 분할하여 $\boldsymbol{A}+\boldsymbol{B}$, $\boldsymbol{A}\cdot\boldsymbol{B}$를 분할된 행렬의 식으로 표현할 수 있다. 즉,

$$\boldsymbol{A}+\boldsymbol{B} = \begin{bmatrix} \boldsymbol{A}_{11}+\boldsymbol{B}_{11} & \boldsymbol{A}_{12}+\boldsymbol{B}_{12} \\ \boldsymbol{A}_{21}+\boldsymbol{B}_{21} & \boldsymbol{A}_{22}+\boldsymbol{B}_{22} \end{bmatrix}$$

$$\boldsymbol{A}\cdot\boldsymbol{B} = \begin{bmatrix} \boldsymbol{A}_{11}\boldsymbol{B}_{11}+\boldsymbol{A}_{12}\boldsymbol{B}_{21} & \boldsymbol{A}_{11}\boldsymbol{B}_{12}+\boldsymbol{A}_{12}\boldsymbol{B}_{22} \\ \boldsymbol{A}_{21}\boldsymbol{B}_{11}+\boldsymbol{A}_{22}+\boldsymbol{B}_{21} & \boldsymbol{A}_{21}\boldsymbol{B}_{12}+\boldsymbol{A}_{22}\boldsymbol{B}_{22} \end{bmatrix}$$

예제 1.17

$$\boldsymbol{A} = \left[\begin{array}{cc|c} 1 & 0 & 3 \\ -2 & 3 & 1 \\ \hline 1 & 1 & 2 \end{array}\right] \quad \boldsymbol{B} = \left[\begin{array}{cc} 1 & 1 \\ 2 & 0 \\ \hline 3 & 1 \end{array}\right]$$

에서 $\boldsymbol{A}_{11} = \begin{bmatrix} 1 & 0 \\ -2 & 3 \end{bmatrix} \boldsymbol{A}_{12} = \begin{bmatrix} 3 \\ 1 \end{bmatrix} \boldsymbol{A}_{21} = [1\ 1\ ]\ \boldsymbol{A}_{22} = [2\ ]$

이고 $\boldsymbol{B}_1 = \begin{bmatrix} 1 & 1 \\ 2 & 0 \end{bmatrix} \boldsymbol{B}_2 = [3\ \ 1\ ]$일 때

$$\boldsymbol{A}\cdot\boldsymbol{B} = \begin{bmatrix} \boldsymbol{A}_{11}+\boldsymbol{B}_1 & \boldsymbol{A}_{12}+\boldsymbol{B}_2 \\ \boldsymbol{A}_{21}+\boldsymbol{B}_1 & \boldsymbol{A}_{22}+\boldsymbol{B}_2 \end{bmatrix} = \begin{bmatrix} 10 & 1 \\ 7 & -1 \\ 9 & 3 \end{bmatrix}$$

분할된 행렬을 이용하여 역행렬을 구할 수 있으며 행렬 $\boldsymbol{A}$의 전치행렬은

$$\boldsymbol{A}' = \begin{bmatrix} \boldsymbol{A}_{11}' & \boldsymbol{A}_{21}' \\ \boldsymbol{A}_{12}' & \boldsymbol{A}_{22}' \end{bmatrix}$$

이다.

$n \times n$ 행렬 $\boldsymbol{A}$가 정칙이고 (1.13)과 같이 분할되었을 때 $\boldsymbol{A}_{11}$과 $\boldsymbol{A}_{22}$가 모두 정방행렬이면 $\boldsymbol{A}$의 역행렬은 다음과 같이 주어진다.

$$\boldsymbol{A}^{-1} = \begin{bmatrix} \boldsymbol{A}_{11} & \boldsymbol{A}_{21} \\ \boldsymbol{A}_{12} & \boldsymbol{A}_{22} \end{bmatrix}^{-1}$$

$$= \begin{bmatrix} (\boldsymbol{A}_{11} - \boldsymbol{A}_{12}\boldsymbol{A}_{22}^{-1}\boldsymbol{A}_{21})^{-1} & -(\boldsymbol{A}_{11} - \boldsymbol{A}_{12}\boldsymbol{A}_{22}^{-1}\boldsymbol{A}_{21})^{-1}\boldsymbol{A}_{12}\boldsymbol{A}_{22}^{-1} \\ -\boldsymbol{A}_{22}^{-1}\boldsymbol{A}_{21}(\boldsymbol{A}_{11} - \boldsymbol{A}_{12}\boldsymbol{A}_{22}^{-1}\boldsymbol{A}_{21})^{-1} & \boldsymbol{A}_{22}^{-1} + \boldsymbol{A}_{22}^{-1}\boldsymbol{A}_{21}(\boldsymbol{A}_{11} - \boldsymbol{A}_{12}\boldsymbol{A}_{22}^{-1}\boldsymbol{A}_{21})^{-1}\boldsymbol{A}_{12}\boldsymbol{A}_{22}^{-1} \end{bmatrix}$$

$$= \begin{bmatrix} \boldsymbol{G} & -\boldsymbol{G}\boldsymbol{A}_{12}\boldsymbol{A}_{22}^{-1} \\ -\boldsymbol{A}_{22}^{-1}\boldsymbol{A}_{21}\boldsymbol{G} & \boldsymbol{A}_{22}^{-1} + \boldsymbol{A}_{22}^{-1}\boldsymbol{A}_{21}\boldsymbol{G}\boldsymbol{A}_{12}\boldsymbol{A}_{22}^{-1} \end{bmatrix} \tag{1.14}$$

여기서 $\boldsymbol{G} = (\boldsymbol{A}_{11} - \boldsymbol{A}_{12}\boldsymbol{A}_{22}^{-1}\boldsymbol{A}_{21})^{-1}$.

식 (1.14)는 상당히 복잡해 보이나 계산은 차수가 적어지므로 훨씬 쉽게 된다. 또한 행렬 $\boldsymbol{A}$의 행렬식은 $\boldsymbol{A}_{11}$이 정칙일 때

$$|\boldsymbol{A}| = \begin{vmatrix} \boldsymbol{A}_{11} & \boldsymbol{A}_{12} \\ \boldsymbol{A}_{21} & \boldsymbol{A}_{22} \end{vmatrix} = |\boldsymbol{A}_{11}||\boldsymbol{A}_{22} - \boldsymbol{A}_{21}\boldsymbol{A}_{11}^{-1}\boldsymbol{A}_{12}| \tag{1.15}$$

이고 만약 $\boldsymbol{A}_{22}$가 정칙이면

$$|\boldsymbol{A}| = |\boldsymbol{A}_{22}|\,|\boldsymbol{A}_{11} - \boldsymbol{A}_{12}\boldsymbol{A}_{22}^{-1}\boldsymbol{A}_{21}| \tag{1.16}$$

이 된다.

1.8 행렬의 미분

$p\times 1$ 벡터 $\boldsymbol{x}'=(x_1 x_2 \cdots x_p)$와 $p\times 1$ 벡터 $\boldsymbol{a}'=(a_1 \cdots a_p)$에 대하여 $\boldsymbol{z}=\boldsymbol{x}'\boldsymbol{a}$라고 놓으면, 즉

$$\boldsymbol{z}=(x_1 x_2 \cdots x_p)\begin{bmatrix} a_1 \\ a_2 \\ \vdots \\ a_p \end{bmatrix}=\sum_{i=1}^{p} x_i a_i$$

$\boldsymbol{z}$의 $\boldsymbol{x}$에 대한 편도함수(partial derivative)는 다음과 같이 주어진다.

$$\frac{\partial \boldsymbol{z}}{\partial \boldsymbol{x}}=\frac{\partial(\boldsymbol{x}'\boldsymbol{a})}{\partial \boldsymbol{x}}$$

$$=\begin{bmatrix} \dfrac{\partial(\boldsymbol{x}'\boldsymbol{a})}{\partial x_1} \\ \vdots \\ \dfrac{\partial(\boldsymbol{x}'\boldsymbol{a})}{\partial x_p} \end{bmatrix}=\begin{bmatrix} a_1 \\ a_2 \\ \vdots \\ a_p \end{bmatrix}=\boldsymbol{a} \tag{1.17}$$

또한 2차형식 $\boldsymbol{y}'\boldsymbol{A}\boldsymbol{y}$의 $\boldsymbol{y}$에 대한 편도함수는 $\boldsymbol{A}$가 대칭행렬일 때

$$\frac{\partial(\boldsymbol{y}'\boldsymbol{A}\boldsymbol{y})}{\partial y_k}=\frac{\partial\left(\sum_{i=1}^{p} y_i^2 a_{ii}+2\sum_{i=1}^{p-1}\sum_{j=i+1}^{p} y_i y_j p_{ij}\right)}{\partial y_k}$$

$$=2y_k a_{kk}+2\sum_{i=1,i\neq k}^{p} y_i a_{ki}$$

$$=2\sum_{i=1}^{p} y_i a_{ki}=2\boldsymbol{a}_k\boldsymbol{y}$$

이므로

$$\frac{\partial(\boldsymbol{y}'\boldsymbol{A}\boldsymbol{y})}{\partial \boldsymbol{y}} = \begin{bmatrix} \dfrac{\partial(\boldsymbol{y}'\boldsymbol{A}\boldsymbol{y})}{\partial y_1} \\ \vdots \\ \dfrac{\partial(\boldsymbol{y}'\boldsymbol{A}\boldsymbol{y})}{\partial y_p} \end{bmatrix} = \begin{bmatrix} 2\boldsymbol{a}_1\boldsymbol{y} \\ 2\boldsymbol{a}_2\boldsymbol{y} \\ \vdots \\ 2\boldsymbol{a}_p\boldsymbol{y} \end{bmatrix}$$

$$= 2\boldsymbol{A}\boldsymbol{y} \ . \tag{1.18}$$

만약 $\boldsymbol{A}$가 대칭행렬이 아니면

$$\frac{\partial(\boldsymbol{y}'\boldsymbol{A}\boldsymbol{y})}{\partial \boldsymbol{y}} = (\boldsymbol{A}+\boldsymbol{A}')\boldsymbol{y} \ .$$

연습문제

1.1 다음의 행렬들에 대하여 $A+B$, $A-B$, AC, AB', $B'A$를 구하여라.

$$A = \begin{bmatrix} 1 & 4 \\ 2 & 5 \\ 3 & 6 \end{bmatrix}, \qquad B = \begin{bmatrix} 1 & 5 \\ 1 & 4 \\ 2 & 3 \end{bmatrix}, \qquad C = \begin{bmatrix} 3 & 6 & 1 \\ 5 & 2 & 0 \end{bmatrix}$$

1.2 다음 행렬의 역행렬을 여인수행렬을 이용하여 구하여라.

$$A = \begin{bmatrix} 2 & 0 & 0 & 0 \\ 0 & 4 & 0 & 0 \\ 0 & 0 & 3 & 2 \\ 0 & 0 & 1 & 2 \end{bmatrix}$$

1.3 다음 행렬에 대하여 $\mathrm{r}(A)=\mathrm{r}(A')=\mathrm{r}(A'A)=\mathrm{r}(AA')$이 됨을 보여라.

$$A = \begin{bmatrix} 1 & 2 & 3 \\ 6 & 1 & 4 \\ 2 & -7 & -8 \end{bmatrix}$$

1.4 두 행렬 A와 B에 대하여

$$A = \begin{bmatrix} 1 & 2 & 4 \\ 6 & -3 & -1 \\ 8 & 1 & 7 \end{bmatrix} \qquad B = \begin{bmatrix} 2 & 1 & 4 \\ 2 & 2 & 1 \\ 4 & 3 & 5 \end{bmatrix}$$

[정리 1.2] [징리 1.19], [정리 1.20]이 성립함을 보여라.

1.5 연습문제 1.4의 행렬 A와 B에 대하여 [정리 1.6], [정리 1.7], [정리 1.9]가 성립함을 보여라.

1.6 다음 행렬이 직교행렬임을 보여라.

$$C = \begin{bmatrix} \frac{1}{\sqrt{2}} & -\frac{1}{\sqrt{2}} \\ \frac{1}{\sqrt{2}} & \frac{1}{\sqrt{2}} \end{bmatrix}$$

1.7 다음 방정식의 해를 구하여라.

$$\begin{aligned} 2x_1 - x_2 + x_3 &= 2 \\ x_1 + 4x_2 - 2x_3 &= -1 \\ 2x_1 + 2x_2 + x_3 &= 0 \end{aligned}$$

1.8 다음의 행렬에서

$$A = \begin{bmatrix} \frac{1}{3} & \frac{1}{3} & \frac{1}{3} \\ \frac{1}{3} & \frac{1}{3} & \frac{1}{3} \\ \frac{1}{3} & \frac{1}{3} & \frac{1}{3} \end{bmatrix}$$

① 행렬 A가 멱등행렬임을 보여라.

② A의 고유치를 구하고 $\mathrm{tr}(A)$, $\mathrm{r}(A)$를 구하여 [정리 1.21], [정리 1.22], [정리 1.23], [정리 1.24]가 성립함을 보여라.

1.9 다음의 2차형식

$$y'Ay = 6y_1^2 + 3y_2^2 + 4y_1y_2 + y_3^2 + 2y_1y_3 + y_4^2 + y_1y_4 + 2y_2y_4$$

에서 대칭행렬 A를 구하고, $\frac{\partial(y'Ay)}{\partial y}$를 구하여라.

1.10 연습문제 1.8에서 2차형식 $y'Ay$가 양정치행렬인지 양반정치행렬인지를 결정하여라.

1.11 $p\times 1$ 벡터 $\boldsymbol{y}' = (y_1 y_2 \cdots y_p)$에 대하여 다음의 2차형식에서 대칭행렬 $\boldsymbol{A}$를 구하여라.

① $\boldsymbol{y}'\boldsymbol{A}\boldsymbol{y} = \left(\frac{1}{p}\sum_{i=1}^{p} y_i\right)^2$

② $\boldsymbol{y}'\boldsymbol{A}\boldsymbol{y} = \sum_{i=1}^{p} y_i^2$

③ $\boldsymbol{y}'\boldsymbol{A}\boldsymbol{y} = \sum_{i=1}^{p} y_i^2 - p\bar{y}^2, \quad \bar{y} = \frac{1}{p}\sum_{i=1}^{p} y_i$

2장

기초적 통계이론

앞 장에서는 회귀모형을 분석하는 데 필수적인 행렬에 대해 다루었으며 이 장에서는 기초적인 통계이론을 살펴보고자 한다.

통계학(statistics)의 기원은 17세기에 독일, 영국, 프랑스 등지에서 정치, 행정, 사회, 인구, 경제, 군비 등에 관한 사항을 수량화하여 기술하는 도구로서 출발하였고, 현대에서는 불확실한 상황에서 주어진 조건으로 최량의 의사결정을 내리기 위한 방법론을 연구하는 의사결정과학(decision making science)으로 발전하고 있다. 이와 같은 불확실한 상황의 문제를 다루기 위해서는 확률의 개념에 바탕을 두어야 하므로 통계학은 확률과 밀접한 관계에 있는 것이다.

통계학의 정의

통계학(statistics)이란 불확실한 상황에서 현명한 의사결정을 내리기 위한 이론과 방법의 체계이며 자료의 선택, 관찰, 분석 및 해석의 체계를 갖는다.

2.1 모집단과 표본

통계학은 집단현상을 연구대상으로 한다. 예를 들면 대입학력고사에서 학생들의 성적이라든가 수돗물의 오염도 등이 있는데 이 집단들을 모두 조사하고 분석하기 위해서는 막대한 경비와 시간이 소요될 것이다. 따라서 경비와 시간을 줄이기 위해서 이들 집단으로부터 일부분만을 조사하여 전체에 관한 지식을 획득하려고 하는 것이 현대 통계적 방법의 가장 일반적인 특징이다.

모집단과 표본

연구자의 관심의 대상이 되는 집단전체를 모집단(population)이라고 하고 모집단에서 조사 대상으로 추출하여 얻은 집단을 표본(sample)이라고 한다.

앞에서 대입학력고사에 응시한 모든 사람과 수원지의 모든 물이 모집단이 되며 조사하기 위하여 택한 일부가 표본이 된다. 모집단에 속하는 개체들의 총수를 모집단의 크기라고 하고 모집단의 크기가 유한할 경우를 **유한모집단**(finite population)이라고 한다. 이와 같이 모집단의 특성을 조사하기 위해 모집단 전체를 대상으로 하는 경우와 표본을 조사하여 얻은 정보를 이용하여 모집단의 특성을 추정하는 경우로 구분할 수 있다.

모수 및 통계량

모집단의 특성을 수치로 나타낸 것을 모수(parameter)라고 하고 표본의 특성을 수치로 나타낸 것을 통계량(statistic)이라고 한다.

어떤 모집단이 N개의 개체로 구성되어 있고 그 모집단으로부터 n개의 표본을 추출한다고 할 때 모수와 통계량은 다음과 같이 구분되어 표현된다.

$$\text{모평균} \quad \mu = \frac{1}{N}\sum_{i=1}^{N} X_i$$

$$\text{모분산} \quad \sigma^2 = \frac{1}{N}\sum_{i=1}^{N} (X_i - \mu)^2$$

$$\text{표본평균} \quad \overline{x} = \frac{1}{n}\sum_{i=1}^{n} X_i$$

$$\text{표본분산} \quad s_*^2 = \frac{1}{n}\sum_{i=1}^{n} (x_i - \overline{x})^2$$

모집단의 모수는 그 모집단의 전체변량을 대상으로 계산된 값이므로 변하지 않는 일정한 값이고 통계량은 모집단의 일부분인 표본에 근거를 두고 계산되는 값이므로 표본에 따라 변하는 값이다.

2.2 확률변수

실험의 결과가 우연에 의하여 결정된다면 이 실험을 동일한 조건에서 수회 반복하여도 같은 결과가 얻어지는 것은 아니지만 어떤 규칙성은 발견할 수가 있다. 따라서 이러한 실험으로부터 얻은 정보를 이용한다면 다음에 실시될 실험의 결과를 확실히 예측할 수는 없으나 가능성의 정도는 알 수 있을 것이다. 그런데 일상생활이나 여러 가지 실험 연구 또는 연구조사에 있어서 그 결과를 처음부터 단정할 수 없는 경우가 많기 때문에 실험을 통하여 가능성을 예측하려고 한다. 동일한 조건에서 반복하여 실험을 행하는 것을 **시행**(trial)이라고 하는데 주사위를 던진다든지 주머니로부터 공을 꺼내는 실험을 예로 들 수 있으며 그 결과는 우연에 의하여 결정된다.

표본공간

시행에 의하여 일어날 수 있는 가능한 모든 결과의 집합(set)을 표본공간(sample space)이라고 한다.

표본공간의 부분집합(subset)을 **사상**(event)이라고 하며 특히 표본공간의 단 하나의 원소로 된 부분집합을 **근원사상**(elementary event)이라고 한다. 어떤 실험에서 사상 A가 일어날 것이라고 기대되는 확실성을 수량화한 값을 사상 A의 확률(probability)이라고 하며 $P(A)$로 표시하고 모든 확률은 다음의 공리를 만족한다.

확률의 공리

(1) 임의의 사상 A에 대하여 $0 \leqq P(A) \leqq 1$

(2) $P(S)=1$, S는 표본공간

(3) $A \subset B = \varnothing$ 이면 $P(A \bigcup B) = P(A) + P(B)$

동전을 던지는 시행에서 표본공간이 $S=\{H, T\}$로 되는 경우나 주사위를 던지는 시행에서 표본공간이 $S=\{1,2,3,4,5,6\}$로 되는 경우와 같이 표본공간의 원소들은 실수일 수도 있고 아닐 수도 있다. 이러한 표본공간의 임의의 원소를 w라고 하고 w에 어떤 실수값을 대응시키는 관계를 $X(w)$라 표시하면 $X(w)$는 함수가 된다. 예를 들면 동전을 던지는 시험에서 X가 H이면 0의 값을 대응시키고 T이면 1의 값을 대응시키는 함수라고 하자. 즉, $X(H)=0$이고, $X(T)=1$의 값으로 대응시키는 경우 X를 확률변수라고 한다.

확률변수

표본공간S의 각각의 원소 w에 하나의 실수값 $X(w) = x$를 대응시키는 함수 X를 확률변수(random variable)라고 한다.

일반적으로 확률변수는 X, Y, Z 등과 같이 대문자로 표시하며 **이산형확률변수**(discrete random variable)와 **연속형확률변수**(continuous random variable)로 나눈다. 동전을 여러 번 던졌을 때 앞면의 수라든가 불량품의 개수 등과 같이 확률변수가 어떤 구간 내의 특정값만을 취하는 경우를 이산형 확률변수라고 하고 수돗물의 오염도라든가 소요되는 시간 등과 같이 어떤 구간 내의 임의의 값을 취할 수 있는 경우를 연속형 확률변수라고 한다.

이산확률변수 X가 취할 수 있는 값 x_i, $i = 1,2,\cdots,n$에 다음의 성질을 만족하는 확률 $P(X = x_i) = f(x_i)$가 대응될 때 $f(x_i)$를 **확률질량함수**(probability mass function)라고 하고 pmf로 표시한다.

1) $f(x_i) \geq 0$

2) $\sum_{i=1}^{n} f(x_i) = 1$

또한 연속확률변수 X에 대하여 다음의 성질을 만족하는 $f(x)$를 **확률밀도함수**(probability density function)라고 하고 pdf로 표시한다.

1) $f(x) \geq 0$

2) $\int_{-\infty}^{\infty} f(x)dx = 1$

일반적으로 확률질량함수, 확률밀도함수를 구분하지 않고 p.d.f로 표시하기도 하며 연속확률변수인 경우는 한 점 x에서의 확률은 0이므로, 즉 $P(X = x) = 0$, 확률계산은 구간 $a \leq x \leq b$에서만 가능하다. 따라서 폐구간 $[a,b]$에서의 확률계산은 다음과 같다.

$$P[a \leq x \leq b] = \sum_{a<x<b} f(x) \text{ : 이산형인 경우} \quad (2.1)$$
$$= \int_a^b (x)dx \text{ : 연속형인 경우.}$$

특히 다음과 같이 정의되는 확률 $F(x)$를 **누적분포함수**(cumulative distribution function) 또는 **확률분포함수**(probability distribution function)라고 하고 cdf로 표

시한다.

$$F(x) = P[X \leq x] = \sum_{x_i \leq x} f(x_i)\text{: 이산형} \tag{2.2}$$

$$= \int_{-\infty}^{x} f(t)dt \text{ : 연속형.}$$

확률분포함수의 특징

1) 만일 $x_1 < x_2$이면, $F(x_1) \leq F(x_2)$이다.
2) $F(-\infty) = 0$이고, $F(\infty) = 1$이다.
3) $F(x)$는 우측으로부터 연속이다.
4) X가 연속확률변수이면, $f(x) = \dfrac{dF(x)}{dx}$이다.

예제 2.1

2개의 주사위를 동시에 던지는 시행에서 나타난 두 눈 중 같거나 큰 것을 나타내는 확률변수를 X라고 하고 두 눈의 합을 나타내는 확률변수를 Y라고 할 때 X, Y의 확률분포를 구하여라.

풀이 주사위 2개를 동시에 던지는 시행에서의 표본공간 S는

$$S = \{(1,1), (1,2), \cdots, (6,6)\}$$

이고 확률변수 X가 취할 수 있는 값은 1, 2, 3, 4, 5, 6이다.
따라서 X의 확률함수를 $f(x)$라고 할 때 다음과 같이 나타낼 수 있다.

$$f(1) = P[X = 1] = P[\{(1,1)\}] = \frac{1}{36}$$

$$f(2) = P[X = 2] = P[\{(1,2), (2,2), (2,1)\}] = \frac{3}{36}$$

$$\vdots$$

$$f(6) = P[X = 6] = P[\{(1,6), (2,6), \cdots, (6,6)\}] = \frac{1}{36}$$

이것을 표로 나타내 보면 〈표 2.1〉과 같다.

〈표 2.1〉 X의 확률함수와 확률분포함수

x	1	2	3	4	5	6
$f(x)$	$\frac{1}{36}$	$\frac{3}{36}$	$\frac{5}{36}$	$\frac{7}{36}$	$\frac{9}{36}$	$\frac{11}{36}$
$F(x)$	$\frac{1}{36}$	$\frac{4}{36}$	$\frac{9}{36}$	$\frac{16}{36}$	$\frac{25}{36}$	$\frac{36}{36}$

확률변수 Y가 취할 수 있는 값은 2, 3, 4, 5, 6, 7, 8, 9, 10, 11, 12이므로 Y의 확률함수를 $g(y)$라고 할 때

$$g(2) = P[Y=2] = P[\{(1,1)\}] = \frac{1}{36}$$

$$g(3) = P[Y=3] = P[\{(1,2),(2,1)\}] = \frac{2}{36}$$

$$\vdots$$

$$g(12) = P[Y=12] = P[\{(6,6)\}] = \frac{1}{36}$$

이것을 표로 나타내면 〈표 2.2〉와 같다.

〈표 2.2〉 Y의 확률함수와 확률분포함수

y	2	3	4	5	6	7	8	9	10	11	12
$g(y)$	$\frac{1}{36}$	$\frac{2}{36}$	$\frac{3}{36}$	$\frac{4}{36}$	$\frac{5}{36}$	$\frac{6}{36}$	$\frac{5}{36}$	$\frac{4}{36}$	$\frac{3}{36}$	$\frac{2}{36}$	$\frac{1}{36}$
$G(y)$	$\frac{1}{36}$	$\frac{3}{36}$	$\frac{6}{36}$	$\frac{10}{36}$	$\frac{15}{36}$	$\frac{21}{36}$	$\frac{26}{36}$	$\frac{30}{36}$	$\frac{33}{36}$	$\frac{25}{36}$	$\frac{36}{36}$

2.3 기댓값과 분산

기댓값(expected value)이란 확률변수가 취할 수 있는 모든 값들의 평균(average)을 말하는 것으로서 미래에 발생할 확률이 제일 큰 값도 아니고 또한 기댓값이 나타날 확률이 꼭 있는 것도 아니다. 확률변수 X의 기댓값은 보통 $E(X)$로 표시한다.

기댓값

$$E(X) = \sum_x x \cdot f(x): \text{ 이산형}$$

$$= \int_{-\infty}^{\infty} x \cdot f(x)dx: \text{ 연속형} \qquad (2.3)$$

정리 2.1 X와 Y를 확률변수, k를 임의의 상수라고 할 때 다음이 성립한다.

(1) $E(kX) = kE(X)$ (2) $E(X+k) = E(X)+k$

(3) $E(X+Y) = E(X)+E(Y)$

기댓값은 어느 한 집단을 대표해서 나타내는 대푯값이며 그 집단에서 각 개체들의 크기의 변동을 나타내는 척도로서 **분산**(variance)과 **표준편차**(standard deviation)를 정의한다.

분산과 표준편차

$$\text{분산 : } Var(X) = E\left[(X-\mu)^2\right] = \sum_x (x-\mu)^2 f(x): \text{ 이산형}$$

$$= \int_{-\infty}^{\infty} (x-\mu)^2 f(x)dx: \text{ 연속형} \qquad (2.4)$$

$Var(X) = \sigma^2$로 표시하기도 하며, $\mu = E(X)$

표준편차: $\sigma = \sqrt{Var(X)}$

정리 2.2 X를 확률변수, k를 상수라고 하면 다음이 성립한다.

1) $Var(X+k) = Var(X)$ 2) $Var(kX) = k^2 Var(X)$

예제 2.2

확률변수 X의 기댓값을 μ_X, 분산을 σ_X^2이라고 할 때 새로운 확률변수 $Z = \dfrac{X-\mu_X}{\sigma_X}$는 기댓값이 0이고 분산이 1이다. 이때 Z를 **표준화확률변수**(standardized random variable)라고 한다.

풀이 $E(X) = \mu_X$이고 $Var(X) = \sigma_X^2$이므로

$$E(Z) = E\left[\frac{X-\mu_X}{\sigma_X}\right] = \frac{1}{\sigma_X}E(X-\mu_X) = \frac{1}{\sigma_X}E(X) - \frac{1}{\sigma_X}\mu_X = 0$$

$$Var(Z) = Var\left[\frac{X-\mu_X}{\sigma_X}\right] = \frac{1}{\sigma_X^2}Var(X) = 1$$

2.4 결합확률분포

두 개의 확률변수 X와 Y에 관한 두 개의 사상$\{X \leqq x\}$과 $\{Y \leqq y\}$을 동시에 만족시키는 확률을 $F(x,y)$로 표시하면

$$F(x,y) = P[X \leqq x, Y \leqq y] \tag{2.5}$$

이 되고 이것을 **결합확률분포함수**(joint probability distribution function)라고 하며 **결합확률밀도함수**(joint probability density function)는 $f(x,y)$로 표현한다. 두 개의 확률변수 X와 Y의 평균과 분산을 각각 μ_Y, μ_X, μ_X^2, μ_Y^2이라 하면

$$\begin{aligned} E(X-\mu_x)(Y-\mu_Y) &= E[XY-\mu_X Y-\mu_Y X+\mu_X\mu_Y] \\ &= E(XY)-\mu_X\mu_Y \end{aligned}$$

와 같은 관계식을 얻을 수 있으며 이것을 **공분산**(covariance)이라고 한다. 공분산은 일반적으로 σ_{XY}로 표시하며, 공분산을 이용하여 X와 Y의 선형관계를 나타내는 **상관계수**(coefficient of correlation) ρ_{XY}를 정의한다.

상관계수

두 변량 X와 Y의 직선관계를 나타내는 척도로서, 상관계수는 다음과 같이 정의되며 $-1 \leqq \rho_{XY} \leqq 1$의 값을 갖는다.

$$\rho_{XY} = \frac{E[(X-\mu_X)(Y-\mu_Y)]}{\sqrt{E(X-\mu_X)^2 E(Y-\mu_Y)^2}} = \frac{\sigma_{XY}}{\sigma_X\sigma_Y} \tag{2.6}$$

정리 2.3 X와 Y가 서로 독립인 확률변수이면, 다음 식이 성립한다.

1) $Var(X \pm Y) = Var(X) + Var(Y)$
2) $E(XY) = E(X)E(Y)$
3) $\rho_{XY} = 0$, $\sigma_{XY} = 0$

2.5 확률벡터의 기댓값

k개의 확률변수 $X_1, X_2, \cdots, X_k$의 기댓값과 분산을 각각 $E(X_1) = \mu_1$, $E(X_2) = \mu_2$, $\cdots$, $E(X_k) = \mu_k$와 $Var(X_1) = \sigma_1^2$, $Var(X_2) = \sigma_2^2$, $\cdots$, $Var(X_k) = \sigma_k^2$이라고 하고 X_i와 X_j의 공분산을 μ_{ij}라고 하자. 또한

$$\boldsymbol{x} = \begin{bmatrix} X_1 \\ X_2 \\ \vdots \\ X_k \end{bmatrix}$$

를 확률벡터라고 하면, 그 기댓값과 분산은 다음과 같다.

$$E(\boldsymbol{x}) = E\begin{bmatrix} X_1 \\ X_2 \\ \vdots \\ X_k \end{bmatrix} = \begin{bmatrix} \mu_1 \\ \mu_2 \\ \vdots \\ \mu_k \end{bmatrix} = \boldsymbol{\mu} \tag{2.7}$$

$$\begin{aligned} Var(\boldsymbol{x}) &= E(\boldsymbol{x} - \boldsymbol{\mu})(\boldsymbol{x} - \boldsymbol{\mu})' \\ &= \begin{bmatrix} Var(X_1) & Cov(X_1, X_2) & \cdots & Cov(X_1, X_k) \\ & Var(X_2) & & \vdots \\ (\text{대칭}) & & & \\ & & & Var(X_k) \end{bmatrix} \\ &= \begin{bmatrix} \sigma_1^2 & \sigma_{12} \cdots \sigma_{1k} \\ & \sigma_2^2 \cdots \sigma_{2k} \\ (\text{대칭}) & \\ & \sigma_k^2 \end{bmatrix} = \boldsymbol{\Sigma}. \end{aligned} \tag{2.8}$$

식 (2.8)의 $Var(\boldsymbol{x}) = \boldsymbol{\Sigma}$를 **분산공분산행렬**(variance covariance matrix)이라고 한다.

정리 2.4 상수벡터 $\boldsymbol{a}' = (a_1, a_2, \cdots, a_k)$에 대한 확률변수 $X_1, X_2, \cdots, X_k$의 선형결합 $\boldsymbol{a}'\boldsymbol{x} = a_1X_1 + a_2X_2 + \cdots + a_kX_k$의 기댓값과 분산은 다음과 같다.

$$E(\boldsymbol{a}'\boldsymbol{x}) = \boldsymbol{a}'E(\boldsymbol{x}) = \boldsymbol{a}'\boldsymbol{\mu} \tag{2.9}$$

$$\begin{aligned} Var(\boldsymbol{a}'\boldsymbol{x}) &= \boldsymbol{a}'\,Var(\boldsymbol{x})\boldsymbol{a} = \boldsymbol{a}'\boldsymbol{\Sigma}\boldsymbol{a} \\ &= \sum_{i=1}^{k} a_i^2\mu_i^2 + 2\sum_{i=1}^{k}\sum_{j=1,j>i}^{k} a_i a_j \sigma_{ij} \end{aligned} \tag{2.10}$$

만약 X_i들이 서로 독립이면 $\sigma_{ij} = 0$이 된다. 또한 변수 X_i들이 두 개의 선형식 $\sum_{i=1}^{k} a_iX_i$와 $\sum_{i=1}^{k} b_iX_i$에서 X_i들이 서로 독립이면 다음과 같은 공분산 식이 성립한다.

$$cov\left(\sum_{i=1}^{k} a_iX_i, \sum_{i=1}^{k} b_iX_i\right) = \sum_{i=1}^{k} a_ib_i\sigma_i^2. \tag{2.11}$$

2.6 정규분포와 그 관련 분포

확률변수의 분포를 정의하여 주는 분포의 종류는 무수히 존재하지만 회귀모형을 분석함에 있어서 관측값 $y_1, y_2, \cdots, y_n$이 정규분포(normal distribution)를 따른다고 가정하는 경우가 많이 있다. 설혹 정규분포를 따르지 않더라도 n이 크면 다음에서 다루는 중심극한정리에 의하여 정규분포이론을 적용할 수 있기 때문에 여기서는 정규분포와 정규분포로부터 유도되는 t 분포, F 분포, χ^2 분포에 대하여 살펴보고자 한다.

2.6.1 정규분포

연속확률변수 X의 확률밀도함수가

$$f(x) = \frac{1}{\sqrt{2\pi\sigma}} e^{-\frac{1}{2}\left(\frac{x-\mu}{\sigma}\right)^2}, \quad -\infty < x < \infty \tag{2.12}$$

로 주어질 때 X는 정규분포(normal distribution)를 한다고 하고 $N(\mu, \sigma^2)$으로 표시한다. 여기서 μ와 σ^2는 X의 기댓값과 분산이며 e는 자연대수의 밑(base)으로 $e = 2.718$을 의미한다.

표준정규분포

확률변수 X가 $N(\mu, \sigma^2)$인 정규분포를 따를 때, 새로운 변수 $Z = \dfrac{X-\mu}{\sigma}$는 $E(Z) = 0$이고 $Var(Z) = 1$인 정규분포를 따른다. 이때 Z를 표준화 변수라고 하고, $N(0,1)$인 정규분포를 **표준정규분포**(standard normal distribution)라고 하며 확률밀도함수는 다음과 같다.

$$\phi(z) = \frac{1}{\sqrt{2\pi}} e^{-\frac{1}{2}z^2}, \quad -\infty < z < \infty \tag{2.13}$$

$\phi(z)$를 z에 대하여 그리면 〈그림 2.1〉과 같이 기댓값 0에 대하여 완전 대칭 모양이 된다. 또한 누적확률(cumulative probability)이 $1-\alpha$가 되는 z의 값 z_α에 관한 관계식은 다음과 같으며 〈그림 2.1〉에 z_α의 위치가 표시되어 있다.

부록 〈표 A-1〉은 α와 z_α의 관계를 나타내는 표이다.

$$P[Z \leq z_\alpha] = \int_{-\infty}^{z_\alpha} \phi(z)dz = 1 - \alpha \tag{2.14}$$

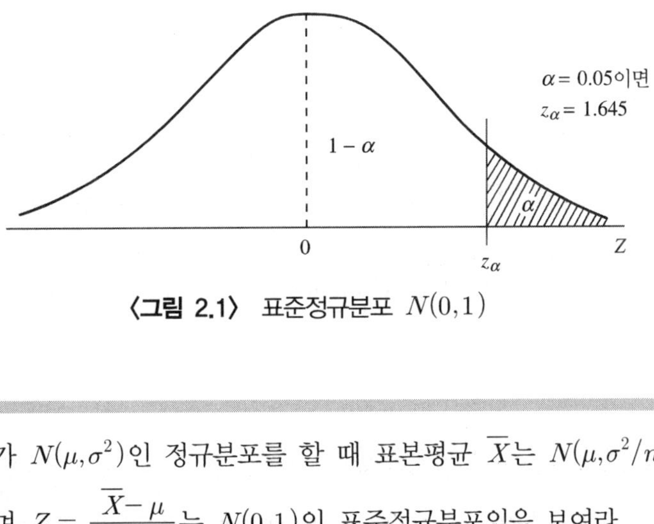

〈그림 2.1〉 표준정규분포 $N(0,1)$

예제 2.3

확률변수 X가 $N(\mu, \sigma^2)$인 정규분포를 할 때 표본평균 $\overline{X}$는 $N(\mu, \sigma^2/n)$인 정규분포를 따르며 $Z = \dfrac{\overline{X}-\mu}{\sigma/\sqrt{n}}$는 $N(0,1)$인 표준정규분포임을 보여라.

풀이 $\overline{X} = \dfrac{1}{n}(X_1 + \cdots + X_n)$이고 $X_1, \cdots, X_n$는 서로 독립이므로

$$E(\overline{X}) = E[\frac{1}{n}(X_1 + \cdots + X_n)] = \frac{1}{n}E(X_1 + \cdots + X_n) = \mu$$

$$Var(\overline{X}) = Var[\frac{1}{n}(X_1 + \cdots + X_n)] = \frac{1}{n^2} Var(X_1 + \cdots + X_n) = \frac{\sigma^2}{n}$$

따라서

$$\overline{X} \sim N\left(\mu, \frac{\sigma^2}{n}\right)$$

이고

$$Z = \frac{\overline{X} - \mu}{\frac{\sigma}{\sqrt{n}}} \sim N(0,1) \qquad (2.15)$$

정리 2.5 만약 확률변수 X가 $N(\mu, \sigma^2)$인 정규분포를 하고 임의의 상수 $a, c, c \neq 0$가 존재하여 $Y = a + cX$라는 관계가 성립하면

$$Y \sim N(a + c\mu,\ c^2\sigma^2)$$

과 같은 분포를 따른다.

정리 2.6 $X_1, X_2, \cdots, X_n$이 서로 독립이고 정규분포를 하는 확률변수라면 X_i들의 선형결합 $Y = \sum_{i=1}^{n} a_i X_i$($a_i$는 상수)은 다음과 같은 정규분포를 한다.

$$Y \sim N(\sum_{i=1}^{n} a_i E(X_i), \quad \sum_{i=1}^{n} a_i^2\ Var(X_i))$$

중심극한정리(central limit theorem)

평균이 μ이고 분산이 σ^2인 모집단(임의의 분포)으로부터 추출한 크기 n인 표본 $X_1, X_2, \cdots, X_n$으로부터 얻어지는 표본평균 $\overline{X}$의 확률분포는 n이 충분히 크면 근사적으로 $N\left(\mu, \frac{\sigma^2}{n}\right)$인 정규분포를 한다.

중심극한정리는 모집단의 분포에 관계없이 표본의 수 n이 상당히 크면 표본평균 $\overline{X}$

가 정규분포를 한다는 것으로 통계학에 있어서 중요한 정리이다. 물론 모집단이 정규분포이면 $\overline{X}$의 분포는 정확히 정규분포를 따르게 된다.

2.6.2 χ^2 분포

표준정규분포로부터 유도되는 분포 중 회귀분석에서 많이 이용되는 것으로 χ^2 분포(chi-square distribution)가 있다.

χ^2 분포

확률변수 Z가 표준 정규분포를 따르면 Z^2의 분포는 자유도(degree of freedom)가 1인 χ^2 분포를 따르며 $\chi^2_{(1)}$로 표현한다. 일반적으로, 자유도가 r인 $\chi^2_{(r)}$ 분포의 기댓값과 분산은

$$E(\chi^2(r)) = r,\ Var(\chi^2(r)) = 2r,\ \text{단 } r\text{은 자유도}$$

이다.

표준정규분포를 하는 k개의 서로 독립인 확률변수 $Z_1, Z_2, \cdots, Z_K$에 대하여

$$\chi^2 = Z_1^2 + Z_2^2 + \cdots + Z_K^2 \tag{2.16}$$

은 자유도 k인 $\chi^2(k)$ 분포를 따른다.

$\chi^2(k)$ 분포의 확률밀도함수를 χ^2의 크기에 따라 그림을 그리면 〈그림 2.2〉와 같으며 다음과 같은 누적확률식에서의 $\chi^2(k:\alpha)$ 점이 표시되어 있다.

$$P[\chi^2 \leq \chi^2(k:\alpha)] = 1-\alpha \tag{2.17}$$

부록 〈표 A-3〉에 누적확률이 $1-\alpha$가 되는 $\chi^2(k:\alpha)$값이 수록되어 있다.

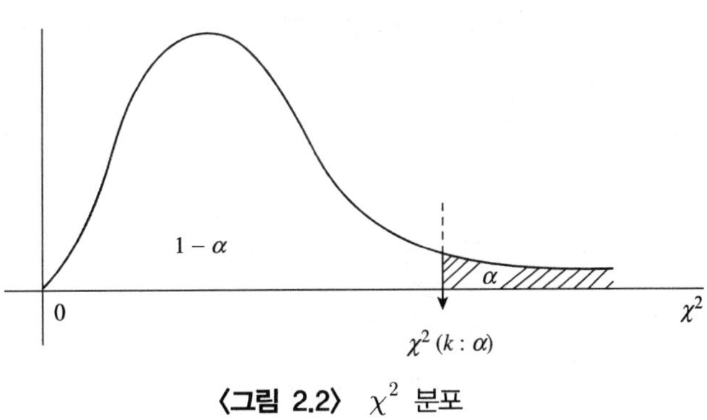

〈그림 2.2〉 χ^2 분포

정리 2.7 $N(\mu,\sigma^2)$의 모집단으로부터 n개의 표본을 뽑아 표본분산을 $S_*^2 = \frac{1}{n}\sum_{i=1}^{n}(X_i - \overline{X})^2$이라고 하면 X와 S_*^2은 서로 독립이고

$$\frac{nS_*^2}{\sigma^2} \sim \chi^2(n-1). \tag{2.18}$$

식 (2.18)에서 S_*^2 대신에 불편분산 $S^2 = \frac{1}{n-1}\sum_{i=1}^{n}(X_i - \overline{X})^2$을 이용하면

$$\frac{(n-1)S^2}{\sigma^2} \sim \chi^2(n-1) \tag{2.19}$$

이다.

2.6.3 t 분포

식 (2.15)에서 모표준편차 σ를 모르면 표준정규분포를 이용할 수 없게 된다. 이때 이용할 수 있는 분포로서 표준정규분포와 비슷한 성질을 갖는 t 분포가 있다.

t 분포

만약 두 개의 확률변수 Z와 χ^2은 서로 독립이고 Z는 표준정규분포를 따르며 χ^2은 자유도가 r인 $\chi^2(r)$ 분포를 따를 때 다음과 같은 확률변수 T

$$T = \frac{Z}{\sqrt{\chi^2/r}} \tag{2.20}$$

는 자유도 r인 t 분포(student's distribution)를 한다고 하며 $t(r)$으로 표시하고 이때 T의 기댓값은 다음과 같다.

$$E(T) = 0$$

〈그림 2.3〉은 $t(n)$ 분포의 그림을 나타내며 누적확률이 $1-\alpha$인 t의 값 $t(n;\alpha)$가 표시되어 있다.

$$P[T \leq t(n;\alpha)] = 1-\alpha \tag{2.21}$$

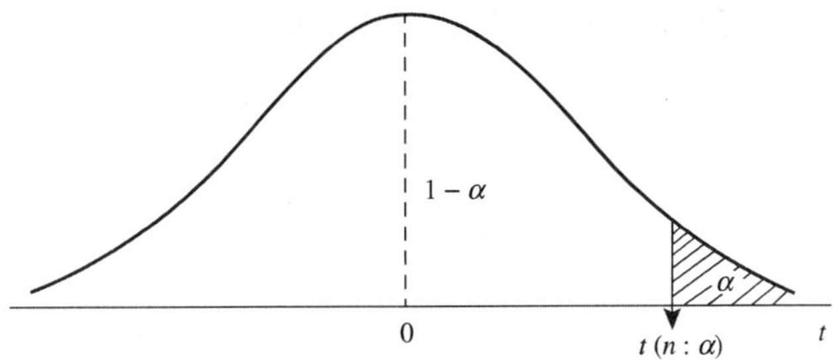

〈그림 2.3〉 t 분포

부록 〈표 A-2〉에 누적확률이 $1-\alpha$가 되는 $t(n;\alpha)$의 값이 수록되어 있으며 n이 충분히 크면 t 분포는 표준정규분포와 일치한다. 즉,

$$\lim_{n\to\infty} t(n;\alpha) = z_a \tag{2.22}$$

정리 2.8 $X_1, X_2, \cdots, X_n$이 $N(\mu, \sigma^2)$ 모집단으로부터의 표본이라고 하면

$$\frac{\overline{X}-\mu}{\dfrac{S}{\sqrt{n}}} \sim t(n-1) \tag{2.23}$$

여기서, $S^2 = \dfrac{1}{n-1}\sum_{i=1}^{n}(X_i - \overline{X})^2$.

2.6.4 F 분포

회귀모형에 대한 가설을 검정할 때 이용되는 분포로서 F 분포가 있다.

F 분포

두 개의 확률변수 χ_1^2과 χ_2^2는 서로 독립이고 각각의 자유도가 n_1, n_2인 χ^2 분포를 할 때 새로운 확률변수

$$F = \frac{\chi_1^2/n_1}{\chi_2^2/n_2} \tag{2.24}$$

은 분자의 자유도가 n_1이고 분모의 자유도가 n_2인 F 분포(F-distribution)를 한다고 하고

$F(n_1, n_2)$로 표현한다. F의 기댓값은 다음과 같다.

$$E[F] = \frac{n_2}{n_2 - 2}$$

〈그림 2.4〉는 $F(n_1, n_2;\alpha)$의 그림을 나타내며 누적확률이 $1-\alpha$인 F의 값 $F(n_1, n_2;\alpha)$가 표시되어 있다.

$$P[F \leqq F(n_1, n_2;\alpha)] = 1-\alpha \tag{2.25}$$

부록 〈표 A-4〉에 누적확률이 $1-\alpha$가 되는 $F(n_1, n_2;\alpha)$의 값이 수록되어 있다.

$1-\alpha$가 0.5 이하일 때는 다음과 같은 관계식으로부터 $F(n_2, n_1;\alpha)$의 값을 구할 수 있다.

$$F(n_2, n_1;\alpha) = \frac{1}{F(n_1, n_2;1-\alpha)} \tag{2.26}$$

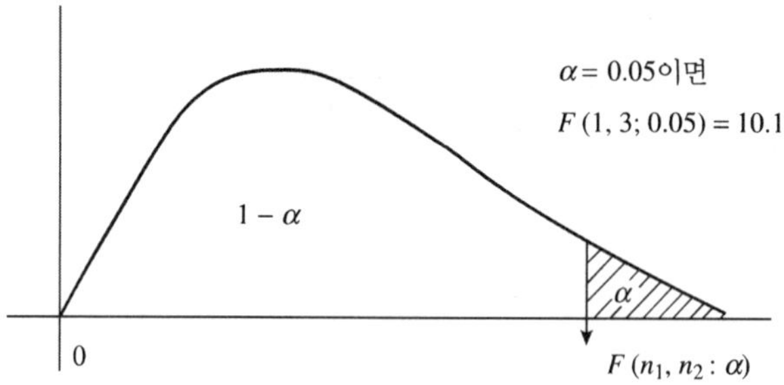

〈그림 2.4〉 F 분포

예제 2.4

$$F(3,2;0.10) = \frac{1}{F(2,3;0.9)} = 0.183$$

t 분포와 F 분포의 관계

F 분포에서 분자의 자유도가 1인 경우는 F 분포와 t 분포의 사이에 다음 관계식이 성립한다.

$$F(1,k;\alpha) = \left[t\left(k;\frac{\alpha}{2}\right)\right]^2 \tag{2.27}$$

2.7 통계적 추정

모집단에는 모평균, 분산, 모비율, 모상관계수 등과 같이 모집단의 특징을 나타내는 모수가 존재한다. 그런데 대개의 경우 모수의 값을 모르거나 알 수 있다 하더라도 많은 경비와 시간을 요한다. 따라서 모수에 대한 추측 또는 결정을 하기 위하여 표본을 택하고 분석하는 통계적 절차를 이용하게 되는데 이와 같은 통계적 절차를 **통계적 추정**(statistical estimation)이라고 하며 표본으로부터 계산한 하나의 수로서 모수를 추정하고자 하는 것을 **점추정**(point estimation)이라고 한다. 그러나 모수의 참값과 점추정값은 일치하는 경우가 거의 없으므로 모수가 포함되리라고 생각되는 구간을 추정하여 점추정값에 대신할 수 있다. 이와 같이 모수가 어떤 구간에 있다고 추정하는 것을 **구간추정**(interval estimation)이라고 한다.

2.7.1 점추정

모수를 θ라고 하고, θ를 추정하기 위하여 모집단으로부터 크기 n인 표본 $X_1, X_2, \cdots, X_n$을 추출하자. 점추정은 이들 표본으로부터 통계량 $T(X_1, X_2, \cdots, X_n)$을 계산하여 θ의 참값이라고 추정하는 방법을 말한다. 이때 통계량 $T(X_1, X_2, \cdots, X_n)$을 **점추정량**(point estimator) 또는 **추정량**(estimator)이라고 하며 흔히 $\hat{\theta}$로 표시한다. 점추정량은 확률변수나 표본의 관측값을 $X_1 = x_1$, $X_2 = x_2$, $\cdots$, $X_n = x_n$이라고 하면 추정량의 관측값은 $T(x_1, x_2, \cdots, x_n)$이 되고 이 추정값을 모수 θ의 **추정값**(estimate)이라고 한다.

> 미지의 모수 θ에 대한 추정량 $\hat{\theta}$은 확률변수의 함수로서 관측될 수 있는 **통계량**(statistic)이고, 그 자신의 확률분포를 갖는다. 또한 관측에 의하여 얻어지는 추정량 $\hat{\theta}$를 추정값이라고 하며 일정한 값으로 주어진다.

미지의 모수 θ에 대한 추정량은 무수히 존재할 수 있으며 이들 중 좋은 추정량을 선택하게 되는데 이 선택의 기준으로는 '추정량의 바람직한 성질'에 따른다. 추정량이 갖추어야 할 바람직한 성질 중의 하나는 추정량 θ의 분포가 참값 θ를 균형점으로 갖는 성질로 이와 같은 성질을 **불편성**(unbiasedness)이라고 한다.

불편추정량

추정량 θ에 대하여 $E(\hat{\theta}) = \theta$가 성립되면 $\hat{\theta}$를 θ의 **불편추정량**(unbiased estimator)이라고 한다.

표본평균 $\overline{X}$는 평균 μ의 불편추정량이며 $S^2 = \frac{1}{n-1}\sum_{i=1}^{n}(X_i - \overline{X})^2$도 분산 σ^2의 불편추정량이다. 이러한 불편성을 갖지 않는 추정량을 **편향추정량**(biased estimator)이라고 한다. 추정량의 성질로 불편성은 바람직한 성질이기는 하나 모수에 가까운 정도를 나타내는 척도는 아니다. 이러한 정도를 나타내는 척도로 분산을 이용하는 데 분산이 작은 추정량일수록 **유효**(efficient)하다고 한다.

최소분산불편추정량

추정량 $\hat{\theta}$가 불편추정량이며, 모든 다른 불편추정량 θ^*에 비하여 가장 작은 분산을 가질 때 $\hat{\theta}$를 **최소분산불편추정량**(minimum variance unbiased estimator) 또는 **유효추정량**(efficient estimator)이라고 한다. 즉

1) $E(\hat{\theta}) = \theta$, $E(\theta^*) = \theta$
2) 모든 불편추정량 θ^*에 대하여 $Var(\hat{\theta}) \leq Var(\theta^*)$

또 다른 추정량의 바람직한 성질로서 **일치성**(consistency)이 있다. 일치성이란 표본의 크기 n이 증가함에 따라 추정량의 값이 모수에 접근해 가는 성질을 말한다.

일치추정량

임의의 양수 ϵ에 대하여

$$\lim_{n\to\infty} P[|\hat{\theta}_n - \theta| \geq \epsilon] = 0$$

을 만족시키는 $\hat{\theta}_n$ 을 **일치추정량**(consistent estimator)이라고 한다.

위에서 살펴본 성질 이외에도 다른 바람직한 성질이 있으나 이 책의 범위를 벗어나므로 이 책에서는 다루지 않겠다. 다음에는 위와 같은 성질들을 대체로 만족하는 추정량을 구하는 방법으로서 **최우추정법**(method of maximum likelihood)과 **최소제곱추정법**(method of least squares)에 대하여 살펴보기로 하자.

모집단의 확률밀도 함수가 $f(x;\theta)$이고 이 모집단으로부터 n개의 확률표본 $X_1, X_2 \cdots, X_n$을 추출하면 이들의 결합확률 밀도함수는

$$g(x_1, x_2, \cdots, x_n; \theta) = \prod_{i=1}^{n} f(x_i; \theta) \quad \textbf{(2.28)}$$

이다. 이 함수를 θ의 함수로 보고 $x_1, x_2, \cdots, x_n$을 주어진 값이라고 할 때 이와 같은 θ의 함수를 **우도함수**(likelihood function)라고 하며 $L(\theta)$로 표시한다.

$$L(\theta) = \prod_{i=1}^{n} f(x_i; \theta) \quad \textbf{(2.29)}$$

이때 식 (2.28)과 식 (2.29)는 같아 보이나 그 의미는 서로 다르다. 즉 식 (2.28)에서는 x_i들의 함수이나 식 (2.29)에서는 θ의 함수이다. 식 (2.29)의 우도함수를 최대로 만드는 θ의 값을 $\hat{\theta}$으로 놓으면 $\hat{\theta}$를 θ의 **최우추정량**(maximum likelihood estimator)이라고 하며 이와 같은 방법에 의하여 θ의 추정량을 구하는 방법을 최우추정법이라고 한다. 최우추정량은 일반적으로 불편성은 만족하지 않으나 일치성은 만족하는 추정량이다.

다음으로 최소제곱법에 대하여 살펴보자. 지금 i번째 관측값 y_i는 모수 θ의 함수 $f_i(\theta)$와 오차 ϵ_i의 합으로 표시할 수 있다고 하자. 즉

$$y_i = f_i(\theta) + \epsilon_i \qquad i = 1, 2, \cdots, n$$

여기서 ϵ_i는 확률변수이고 $E(\epsilon_i) = 0$이라 가정한다. 이때 다음과 같은 오차제곱합을 생각하자.

$$Q = \sum_{i=1}^{n} \epsilon_i^2 = \sum_{i=1}^{n} (y_i - f_i(\theta))^2 \quad \textbf{(2.30)}$$

최소제곱추정량(least square estimator)은 오차제곱합 Q를 최소로 하여주는 $\hat{\theta}$를 말하며 최소제곱추정량은 일반적으로 불편성과 일치성을 만족하는 추정량이다. 최우추정법을 적용하기 위해서는 확률밀도함수를 알고 있어야 하지만 최소제곱법에서는 확률밀도함수에 관한 정보가 없어도 된다.

2.7.2 구간추정

앞에서 점추정량을 구하는 방법과 바람직한 성질에 대하여 살펴보았다. 그러나 점추정량은 반드시 모수와 일치한다고는 볼 수가 없으므로 "모수의 참값은 어떤 구간 내에 있다."라고 하는 편이 더 실제적일 것이며 이와 같은 추정법을 **구간추정**(interval estimation)이라고 한다. 일반적으로 구간을 결정하는 데 이용이 되는 통계량은 점추

정량이며 여기서는 평균 μ와 분산 σ^2에 관한 구간추정 절차를 살펴보기로 하겠다. 평균 μ에 관한 점추정량으로는 앞에서 살펴본 바람직한 성질을 모두 만족시키는 산술평균 $\overline{X}$를 많이 이용하며 분산 σ^2에 대해서는 불편추정량인 $S^2 = \frac{1}{n-1}\sum_{i=1}^{n}(X_i - \overline{X})^2$을 많이 이용한다.

평균 μ는 미지(unknown)이고 분산 σ^2은 기지(known)인 정규모집단에서 얻어진 임의의 표본 $X_1, X_2, \cdots, X_n$으로부터 구한 산술평균 $\overline{X}$는 예제 2.3에서 살펴본 바와 같이 평균 μ, 분산 $\frac{\sigma^2}{n}$인 정규분포를 따른다. 따라서 식 (2.15)에 의하여

$$P\left[-z_{\alpha/2} \leqq \frac{\overline{X}-\mu}{\frac{\sigma}{\sqrt{n}}} \leqq z_{\alpha/2}\right] = 1-\alpha \qquad (2.31)$$

임을 알 수 있고 식 (2.31)을 μ에 관해 변형하면 다음과 같다.

$$P\left[\overline{X} - z_{\alpha/2}\frac{\sigma}{\sqrt{n}} \leqq \mu \leqq \overline{X} + z_{\alpha/2}\frac{\sigma}{\sqrt{n}}\right] = 1-\alpha\ . \qquad (2.32)$$

식 (2.32)는 표본평균 $\overline{X}$를 중심으로 한 구간

$$\left[\overline{X} - z_{\alpha/2}\frac{\sigma}{\sqrt{n}}\ ,\ \overline{X} + z_{\alpha/2}\frac{\sigma}{\sqrt{n}}\right] \qquad (2.33)$$

에 모평균 μ가 포함된 확률은 $1-\alpha$라는 뜻이며 구간 (2.33)을 **확률구간**(random interval)이라고 한다. 이 확률구간에 확률변수의 실측값 $X_1 = x_1$, $X_2 = x_2$,$\cdots$, $X_n = x_n$을 대입한 구간

$$\left[\overline{x} - z_{\alpha/2}\frac{\sigma}{\sqrt{n}}\ ,\ \overline{x} + z_{\alpha/2}\frac{\sigma}{\sqrt{n}}\right] \qquad (2.34)$$

을 모평균 μ의 $100(1-\alpha)\%$ **신뢰구간**(confidence interval)이라고 하고$(1-\alpha)$를 **신뢰계수**(confidence coefficient) 또는 **신뢰수준**(confidence level)이라고 한다. 또한 신뢰구간의 상한과 하한을 **신뢰한계**(confidence limit)라고 하며 신뢰수준 $1-\alpha$는 확률구간에 모수 μ가 포함될 확률과 그 크기는 같으나 확률은 아니다. 즉 신뢰구간은 실측값에 의하여 계산되므로 신뢰구간에 모수 μ를 포함할 확률은 0 아니면 1이 되므로 신뢰수준은 확률을 나타내지는 않음을 유의하여야 한다.

모평균의 구간추정(모집단이 정규분포이고 표준편차 σ가 기지인 경우)

크기 n인 표본으로부터 모평균 μ에 관한 $100(1-\alpha)\%$ 신뢰구간은 다음과 같다.

$$\left(\overline{x} - z_{\alpha/2}\frac{\sigma}{\sqrt{n}}\ ,\ \overline{x} + z_{\alpha/2}\frac{\sigma}{\sqrt{n}}\right)$$

모집단이 정규분포를 하지 않더라도 n이 상당히 크면 중심극한정리에 의하여 위와 같은 방법으로 신뢰구간을 구할 수 있다. 지금까지는 분산 σ^2을 안다고 가정하였으나 실제 문제에서는 σ^2을 모르는 경우가 허다하다. 따라서 이런 경우에는 식 (2.15)의 표준정규분포의 성질을 이용할 수 없고 식 (2.23)의 t 분포를 이용하여야 한다. 즉 식 (2.23)으로부터

$$P\left[-t\left(n-1\,;\frac{\alpha}{2}\right) \leqq \frac{X-\mu}{\dfrac{S}{\sqrt{n}}} \leqq t\left(n-1\,;\frac{\alpha}{2}\right)\right] = 1-\alpha \tag{2.35}$$

이며 식 (2.35)를 μ에 관해 정리하면

$$P\left[\overline{X}-t\left(n-1\,;\frac{\alpha}{2}\right)\frac{S}{\sqrt{n}} \leqq \mu \leqq \overline{X}+t\left(n-1\,;\frac{\alpha}{2}\right)\frac{S}{\sqrt{n}}\right] = 1-\alpha \tag{2.36}$$

이므로 실측값으로부터 $\overline{x}$ 와 S를 계산하면 μ의 $100(1-\alpha)\%$ 신뢰구간을 구할 수 있다.

모평균의 구간추정(모집단이 정규분포이고 표준편차 σ가 미지인 경우)

모평균 μ에 관한 $100(1-\alpha)\%$ 신뢰구간은 다음과 같다.

$$\left(\overline{x}-t\left(n-1\,;\frac{\alpha}{2}\right)\frac{S}{\sqrt{n}}\ ,\ \overline{x}+t\left(n-1\,;\frac{\alpha}{2}\right)\frac{S}{\sqrt{n}}\right) \tag{2.37}$$

단, 표본의 크기는 n이다.

식 (2.37)에서 신뢰한계는 통계량이 아니고 일정한 값을 나타낸다. 식 (2.22)에서와 같이 n이 크면 식 (2.37)의 $t\left(n-1\,;\frac{\alpha}{2}\right)$을 $z_{\alpha/2}$로 해도 된다. 즉 n이 상당히 클 때 μ의 $100(1-\alpha)\%$ 신뢰구간은 σ^2를 모르는 경우에도

$$\left[\bar{x} - z_{\alpha/2}\frac{S}{\sqrt{n}},\ \bar{x} + z_{\alpha/2}\frac{S}{\sqrt{n}}\right] \tag{2.38}$$

로 표현할 수 있다.

분산 σ^2에 관한 신뢰구간은 다음과 같이 구할 수 있다.

모평균 μ를 알 때 식 (2.16)에서

$$\sum_{i=1}^{n}\frac{(X_i-\mu)^2}{\sigma^2} \sim \chi^2(n) \tag{2.39}$$

이므로

$$P\left[\chi^2\left(n;1-\frac{\alpha}{2}\right) \leq \frac{\sum_{i=1}^{n}(X_i-\mu)^2}{\sigma^2} \leq \chi^2\left(n;\frac{\alpha}{2}\right)\right] = 1-\alpha. \tag{2.40}$$

식 (2.40)을 σ^2에 대하여 정리하면 다음과 같다.

$$P\left[\frac{\sum_{i=1}^{n}(X_i-\mu)^2}{\chi^2\left(n;\frac{\alpha}{2}\right)} \leq \sigma^2 \leq \frac{\sum_{i=1}^{n}(X_i-\mu)^2}{\chi^2\left(n;1-\frac{\alpha}{2}\right)}\right] = 1-\alpha. \tag{2.41}$$

따라서 실측값 $X_1 = x_1$, $X_2 = x_2$, $\cdots$, $X_n = x_n$을 대입하여 σ^2의 신뢰구간을 구할 수 있다.

모분산의 구간추정(모평균 μ를 알 때)

모분산 σ^2의 $100(1-\alpha)\%$ 신뢰구간은 n개의 표본으로부터 다음과 같다.

$$\left[\frac{\sum_{i=1}^{n}(X_i-\mu)^2}{\chi^2\left(n;\frac{\alpha}{2}\right)},\ \frac{\sum_{i=1}^{n}(X_i-\mu)^2}{\chi^2\left(n;1-\frac{\alpha}{2}\right)}\right] \tag{2.42}$$

모평균 μ를 모를 때는 식 (2.19)로부터

$$P\left[\chi^2\left(n-1;1-\frac{\alpha}{2}\right) \leq \frac{(n-1)S^2}{\sigma^2} \leq \chi^2\left(n-1;\frac{\alpha}{2}\right)\right] = 1-\alpha \tag{2.43}$$

이므로 앞에서와 같은 방법으로 신뢰구간을 구할 수 있다.

모분산의 신뢰구간(표본평균 μ를 모를 때)

모분산 σ^2의 $100(1-\alpha)\%$ 신뢰구간은 다음과 같다.

$$\left[\frac{\sum_{i=1}^{n}(X_i - \overline{x})^2}{\chi^2\left(n-1;\frac{\alpha}{2}\right)},\ \frac{\sum_{i=1}^{n}(X_i - \overline{x})^2}{\chi^2\left(n-1;1-\frac{\alpha}{2}\right)} \right] \tag{2.44}$$

2.8 통계적 가설검정

모집단의 어떤 특성에 관하여 알고자 할 때 미리 그 특성에 관한 가설을 설정하고 그 가설을 확인하기 위해서는 모집단 전체를 조사하면 될 것이다. 그러나 그것은 불가능하고, 가능하더라도 많은 경비와 시간이 필요하게 되므로 표본을 선택하여 분석함으로써 가설의 타당성을 검토할 수 있을 것이다. 이러한 목적에 사용되는 통계적 방법이 가설검정이다.

가설검정

모집단의 모수의 값이나 확률분포에 관하여 사전에 설정된 가설(hypothesis)이 옳은지를 표본의 자료에 의해 주어진 확률의 범위 안에서 **통계적 결정**을 내리는 것을 **통계적 가설검정**(statistiscal hypothesis test) 또는 **가설검정**이라고 한다.

앞 절에서 살펴본 통계적 추정은 모수를 추측해 내는 사전적 분석 과정임에 반하여 가설검정은 사전에 설정된 모수에 대한 가설을 표본에서 구한 통계량을 이용하여 그 가설이 옳은가의 여부를 판정하는 사후적 분석 과정이다. 모집단의 특성에 관한 가설에는 두 가지가 있는데 검정의 대상이 되는 가설을 **귀무가설**(null hypothesis)이라고 하고 이에 대립되거나 부정하는 가설을 **대립가설**(alternative hypothesis)이라고 한다.

이러한 가설들은 사실일 수도 있고 아닐 수도 있으므로 일정한 확률의 범위에서 결정되며 가설을 부정할 때에는 그 가설을 **기각**(reject)한다고 하고 가설을 부정하지 못할 때는 그 가설을 **채택**(accept)한다고 한다. 귀무가설을 채택하게 되는 경우는 반드시 귀무가설이 옳다는 것은 아니다. 단지 얻어진 표본으로 볼 때, 귀무가설을 부정할 만한 이유가 없기 때문에 결정을 보류한 것으로 해석할 수 있다. 이와 같은 가설에 관한 결정은 표본으로부터 얻어진 통계량을 이용하게 되는데 이 통계량을 **검정통계량**(test statistic)이라고 하고 표본으로 뽑힌 자료에 의해서만 가설의 채택과 기각이 결정되므로 잘못 판정될 수도 있다. 즉 귀무가설이 옳은 데도 불구하고 틀렸다고 하는 경우와 귀무가설이 틀렸는 데도 불구하고 옳다고 판정하는 경우가 있는데 전자를 **제1종 오류**(type 1 error)라고 하며 제1종 오류를 범할 확률을 α로 표시하고 **유의수준**(significance level)이라고 한다. 또한 후자를 **제2종 오류**(type 2 error)라고 하고 제2종 오류를 범할 확률을 β로 표시하고, $(1-\beta)$를 **검정력**(power of test)이라고 한다. 검정력이란 검정하려는 귀무가설이 틀린 경우에 귀무가설을 기각하는 확률이므로 귀무가설의 잘못을 검출해 내는 확률이 된다. 따라서 좋은 검정 방법은 α와 β가 가장 작아지도록 하는 방법이다. 그러나 두 개의 오류를 동시에 줄이는 것은 불가능하므로 제1종 오류를 범할 확률 α를 적당히 작게 고정시키고 β가 가장 작게 되도록, 즉 검정력 $1-\beta$는 크게 되도록 하는 방법을 가장 좋은 검정(best test)이라고 한다.

가설검정의 절차

(1) 검정하려고 하는 대상으로부터 귀무가설 H_0와 대립가설 H_1을 설정하고 유의수준 α를 정한다.

(2) 검정통계량을 결정하고 귀무가설 H_0가 옳다는 가정하에서 검정통계량이 $(1-\alpha)$의 확률로서 포함될 구간을 결정한다. 이 구간을 **채택역**(acceptance region)이라고 하고 나머지 구간을 **기각역**(rejection region)이라고 하며 채택역과 기각역의 경계를 **기각값**(critical value)이라고 한다.

(3) 표본을 추출하고 검정통계량에 대입하여 기각값과 비교한다. 만약 기각역에 있으면 H_0를 기각하고 채택역에 있으면 기각하지 않는다.

대립가설이 귀무가설의 어느 한쪽에만 있어서 검정의 기각역이 채택역의 어느 한쪽에만 있는 경우를 **단측검정**(one-tailed test)이라고 하고, 기각역이 채택역의 양쪽에 있는 경우를 **양측검정**(two-tailed test)이라고 한다.

2.8.1 모평균의 검정

모집단의 평균 μ가 어떤 특정한 값 μ_0인지 아닌지를 검정하고자 하는 경우에 귀무가설 H_0는

$$H_0 : \mu = \mu_0$$

로 표현되고 대립가설 H_1은 양측검정이냐 단측검정이냐에 따라 다음과 같이 표현된다.

$$H_1 : \mu \neq \mu_0 : \text{ 양측검정}$$
$$H_1 : \mu > \mu_0 : \text{ 단측검정}$$
$$H_1 : \mu < \mu_0 : \text{ 단측검정.}$$

모평균에 관한 검정에서는 모평균 μ의 추정량 $\overline{X}$를 이용하여 검정통계량을 결정하면 될 것이다. 식 (2.15)에서 살펴본 바와 같이 모집단이 정규분포를 하면 표본평균 $\overline{X}$의 분포는 $N\left(\mu, \frac{\sigma^2}{n}\right)$이며 모집단이 정규분포가 아니더라도 중심극한정리에 의해 n을 상당히 크게 하면 $\overline{X}$는 근사정규분포를 한다. 따라서 모분산 σ^2을 알고 있고 귀무가설 $H_0 : \mu = \mu_0$가 옳을 때는 다음 식이 성립한다.

$$\frac{\overline{X}-\mu}{\frac{\sigma}{\sqrt{n}}} = \frac{\overline{X}-\mu_0}{\frac{\sigma}{\sqrt{n}}} \sim N(0,1). \tag{2.45}$$

그러므로

$$P\left[\left|\frac{\overline{X}-\mu_0}{\frac{\sigma}{\sqrt{n}}}\right| > z_{\alpha/2}\right] = \alpha\text{, 양측검정} \tag{2.46a}$$

$$P\left[\frac{\overline{X}-\mu_0}{\frac{\sigma}{\sqrt{n}}} > z_{\alpha}\right] = \alpha\text{, 우측검정} \tag{2.46b}$$

$$P\left[\frac{\overline{X}-\mu_0}{\frac{\sigma}{\sqrt{n}}} < -z_{\alpha}\right] = \alpha\text{, 좌측검정} \tag{2.46c}$$

식 (2.46)을 이용하여 귀무가설에 대한 유의수준 α인 경우의 채택역과 기각역은 다음의 〈그림 2.5〉, 〈그림 2.6〉과 같으며 기각값은 양측검정인 경우는 $-z_{\alpha/2}$와 $z_{\alpha/2}$이며 우측검정인 경우는 z_{α}, 좌측검정인 경우는 $-z_{\alpha}$임을 알 수 있다.

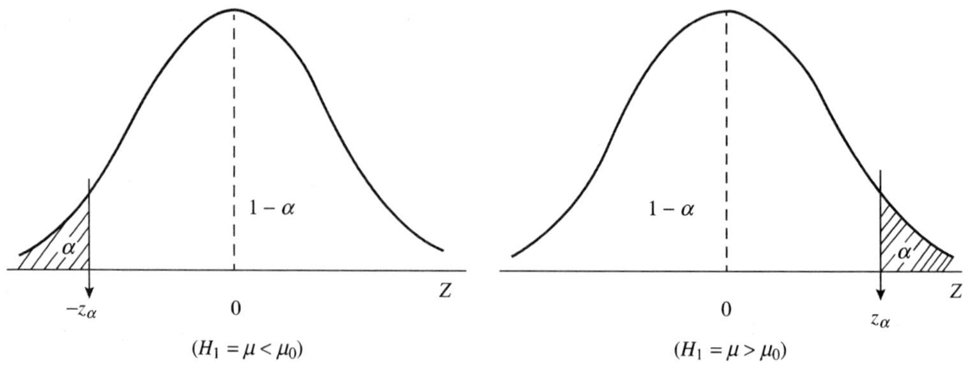

〈그림 2.5〉 채택역과 기각역(단측검정)

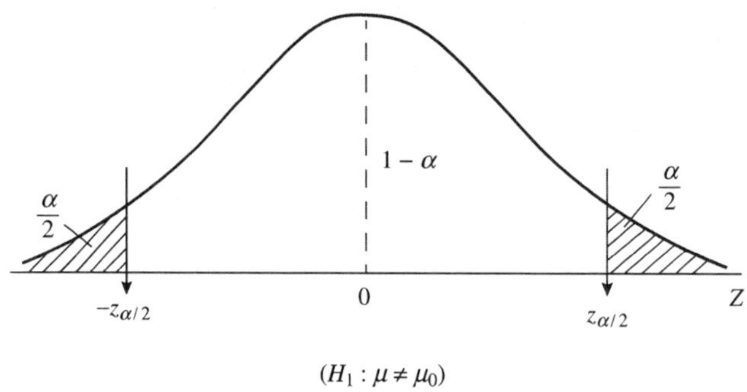

〈그림 2.6〉 채택역과 기각역(양측검정)

모평균의 검정순서(σ^2를 아는 경우)

1) 귀무가설과 대립가설을 세우고 유의수준 α를 정한다.

$H_0 : \mu = \mu_0$

$H_1 : \mu \neq \mu_0$ (양측검정인 경우)

$\mu > \mu_0$ 또는 $\mu < \mu_0$ (단측검정인 경우)

2) 귀무가설을 검정하는 데 필요한 검정통계량을 정하고 기각역을 설정한다.

$$z_0 = \frac{\overline{x} - \mu_0}{\frac{\sigma}{\sqrt{n}}}$$

기각역 : $(-\infty, -z_{\alpha/2})$와 $(z_{\alpha/2}, \infty)$(양측검정)

$(-\infty, -z_{\alpha})$ 또는 (z_{α}, ∞)(단측검정)

3) 양측검정인 경우: $z_0 < -z_{\alpha/2}$이거나 $z_0 > z_{\alpha/2}$이면 귀무가설을 기각하고 아니면 채택한다.

우측검정인 경우: $z_0 > z_\alpha$이면 귀무가설을 기각하고 아니면 채택한다.

좌측검정인 경우: $z_0 < -z_\alpha$이면 귀무가설을 기각하고 아니면 채택한다.

예제 2.5

어떤 통조림공장에서 생산되는 통조림의 무게는 $N(15.5$온스, $(0.75$온스$)^2)$와 같은 분포를 한다고 한다. 새로운 공정법을 도입하여 생산하여 보았더니 표준편차의 변화는 없어 보이나 평균무게는 차이가 있어 보인다. 이 사실을 확인하기 위해 새로운 공정에서 생산된 25개의 통조림을 표본으로 뽑아 조사하여 보았더니 표본평균이 16온스가 되었다. 새로운 공정법을 도입함으로써 평균무게가 달라졌다고 볼 수 있는지를 유의수준 $\alpha = 0.05$로 검정하여라.

풀이 1) 귀무가설과 대립가설은

$H_0: \mu = 15.5$

$H_1: \mu \neq 15.5$ (무게가 커지는지 작아지는지 모르므로)

2) 검정통계량

$$z_0 = \frac{\overline{X} - \mu_0}{\dfrac{\sigma}{\sqrt{n}}} = \frac{\overline{X} - 15.5}{\dfrac{0.75}{\sqrt{n}}} \sim N(0,1)$$

기각값 : $z_{\alpha/2} = 1.96$과 $-z_{\alpha/2} = -1.96$

3) $z_0 = \dfrac{16 - 15.5}{\dfrac{0.75}{\sqrt{25}}} = 3.33 > 1.96 = z_{\alpha/2}$

z_0는 $z_{\alpha/2}$보다 크므로 H_0는 기각된다. 즉, 통조림의 무게는 새로운 공정 도입으로 달라졌다고 할 수 있다.

지금까지는 표준편차 σ를 아는 경우에 모평균을 검정하는 절차를 살펴보았으나 실제에 있어서는 σ를 모르는 경우가 많으며 σ를 모르는 경우에는 식 (2.23)에서와 같이 $t_{(n-1)}$ 분포를 이용한다.

모평균 μ의 검정순서(σ^2를 모르는 경우)

(1) σ^2를 아는 경우와 동일

(2) 검정통계량 $t_0 = \dfrac{\overline{x} - \mu_0}{\dfrac{S}{\sqrt{n}}}$, $S^2 = \dfrac{1}{n-1}\sum_{i=1}^{n}(X_i - \overline{X})^2$

기각역: $\left(-\infty, -t\left(n-1; \dfrac{\alpha}{2}\right)\right)$ 와 $t\left(\left(n-1; \dfrac{\alpha}{2}\right), \infty\right)$ (양측검정)

$(-\infty, -t(n-1;\alpha))$ 또는 $(t(n-1;\alpha), \infty)$ (단측검정)

(3) 양측검정인 경우:

$$t_0 = \frac{\overline{x} - \mu_0}{\dfrac{S}{\sqrt{n}}} < -t\left(n-1; \frac{\alpha}{2}\right) \text{ 이거나 } t_0 > \left(n-1; \frac{\alpha}{2}\right)$$

이면 귀무가설을 기각하고 아니면 채택한다.

(4) 단측검정인 경우:

우측검정인 경우: $t_0 > t(n-1;\alpha)$면 귀무가설을 기각하고 아니면 채택한다.

좌측검정인 경우: $t_0 < -t(n-1;\alpha)$이면 귀무가설을 기각하고 아니면 채택한다.

2.1 두 개의 동전을 던지는 시행에서 표면이 나오면 1, 뒷면이 나오면 0으로 표시한다고 하자.

1) 이 시행에 대한 표본공간을 정의하여라.
2) 적어도 한 개의 동전이 표면이 나오는 사상을 A라고 할 때 사상 A의 확률을 계산하여라.

2.2 확률변수 X의 평균은 25이고 분산은 5이다. 다음 확률변수의 기댓값과 분산을 구하여라.

1) $X-1$
2) $-2X$
3) $3X+6$

2.3 A과의 회귀분석 중간시험 점수는 평균 74이고 분산 36인 정규분포를 따른다고 한다. 금년도 49명이 치른 중간고사에서

1) 68점 이상이고 80점 이하인 학생수는 몇 명이 되겠는가?
2) A과에서 임의로 한 학생을 뽑았을 때 그 학생이 68점 이하를 받을 확률은?

2.4 어느 지역의 30세 이상 남자의 체중은 평균 65kg이고 표준편차가 3kg인 정규분포를 따른다고 한다. 이 모집단으로부터 100명을 임의로 추출하여 체중을 조사했을 때 평균이 70kg 이상일 확률은?

2.5 어느 약품의 B성분 함량은 평균 21mg인 정규분포를 한다고 한다. 그런데 소비자들로 부터 함량이 부족하다는 고발을 접수한 보건사회부가 시중에서 임의로 이 약품 9개를 수거하여 조사한 결과는 다음과 같다. 9개의 평균이 21mg 이상일 확률은?

24　18　23　23　17　20　22　18

2.6 임의로 추출한 81세대의 평균소득 $\overline{x}=29.6$(천 원)이었고 표본분산 $S^2=14.7$(천 원)이었다. 소득의 모평균 μ의 95% 신뢰구간을 구하여라.

2.7 A공장에서 생산되는 전구 수명의 표준편차는 15시간으로 알려져 있다. 이 공장에서 생산되는 전구 중 임의로 25개를 추출하여 조사하였더니, 평균 수명이 1,800시간이었다. 모평균 수명의 95% 신뢰구간을 구하여라.

2.8 어떤 제품을 구입하려고 한다. 납품서에 의하면 이 제품의 무게는 평균 12.70g으로 되어 있다. 납품서와 같은지를 검사하기 위하여 이 제품 중 임의로 9개의 부품을 추출하여 조사하였더니 다음과 같이 되었다. 납품서의 기재 사항은 사실이라고 할 수 있는지를 유의수준 0.05로 검정하여라.

12.64	12.83	12.67	12.65	12.79	
12.68	12.85	12.79	12.74	12.80	(단위 g)

2.9 연습문제 2.8에서 이 제품은 12.70g 이상 무거울수록 좋다고 한다. 이 제품이 불량품은 아닌지를 유의수준 0.05로 검정하고 그 결과를 연습문제 2.8의 결과와 비교하여라.

2.10 품종 A 벼의 단위당 쌀 수확량은 300kg이라고 한다. 지금 새로운 품종 B를 개발하여 품종 A보다 우수한지를 검토하기 위하여 임의로 36농가를 선정하여 평균 쌀 수확량을 조사하였더니 363kg이었다. 새로운 품종 B는 품종 A보다 쌀 수확량이 많다고 할 수 있는지를 유의수준 0.05로 검정하여라. 단, 품종 A 벼의 표준편차는 42kg이고 품종 B도 표준편차는 같다고 한다.

3장

단순회귀분석

일상생활이나 학문 연구에서 둘 또는 그 이상의 변수들이 서로 관계를 가지고 변화할 때 그 관련성을 규명해야 할 경우가 많이 있다. 예를 들면 지능지수를 하나의 변수로 보고 수학점수를 또 다른 하나의 변수로 보았을 때 지능지수와 수학점수 간에 어떤 관계가 있는지 혹은 상품의 수요량은 상품의 가격 및 소비자들의 소득과 어떤 관계를 가지고 있는지를 알아보고자 하는 경우가 있다. 이와 같이 변수들 간의 관련성을 자료를 통하여 알 수 있다면 한 변수의 변화를 관찰하여 다른 변수의 변화를 예측할 수도 있을 것이며 관심 있는 변수의 **최적점**(optimal point)은 다른 변수들이 어떤 값들을 취할 때 얻어질 것인가를 결정하는 데 도움을 줄 수 있을 것이다.

위의 예에서 지능지수나 상품의 가격 및 소비자들의 소득과 같이 다른 변수, 즉 수학점수나 상품의 수요량에 영향을 주는 변수도 있고 수학점수나 상품의 수요량과 같이 영향을 받는 변수도 있다.

독립변수와 종속변수

서로 관계를 가지고 있는 둘 또는 그 이상의 변수들 중에서 다른 변수에 영향을 주는 변수를 **독립변수**(independent variable) 또는 **설명변수**(explanatory variable)라고 하며 x로 표시하고 독립변수에 의하여 영향을 받는 변수를 **종속변수**(dependent variable) 또는 **반응변수**(response variable)라고 하며 y로 표시한다.

지능지수나 상품의 가격 및 소비자들의 소득은 독립변수들이고 수학점수나 상품의 수요량은 종속변수에 해당된다. 앞으로 변수를 나타내는 데 있어 편의상 알파벳의 소문자로 표시하기로 하겠다.

두 개 또는 그 이상의 변수들 간의 관계를 분석하는 데 사용되는 통계분석방법에는 **회귀분석**(regression analysis)방법과 **상관분석**(correlation analysis)방법이 있다. 회귀분석이란 위의 예에서와 같이 독립변수와 종속변수들 간의 관련성을 수학적 모형을 이용하여 측정된 변수들의 자료로부터 추정하고 분석하는 통계적 방법을 말한다. 회귀란 말은 영국의 우생학자 프란시스 갈톤(Francis Gallon, 1822~1911)이 처음 사용하였다. 그는 아버지의 키 x와 아들의 키 y 사이에는 직선관계가 존재하나 신장이 매우 큰(또는 작은) 아버지를 가진 아들의 신장은 전체적인 평균 신장보다는 크나(또는 작으나) 아버지의 신장보다는 작아서(또는 커서) 결국 평균 신장으로 되돌아가려는 경향(regression toward mediocrity), 즉 회귀하는 경향이 있다고 말하였다. 상관분석은 변수들이 서로 얼마나 밀접하게 관련되어 있는가 하는 정도를 분석하는 방법을 말한다. 넓은 의미에서 회귀분석은 상관분석의 개념도 포함하고 있으나 좁은 의미에서 회귀분석이라 할 때는 변수 사이의 관계식을 알아보기 위한 통계적 분석을 의미한다.

일반적으로 회귀분석은 하나의 독립변수와 하나의 종속변수 사이의 관계뿐만 아니라 여러 개의 변수들 간의 함수관계를 규명하는 데에도 이용되는데 이 장에서는 제일 간단한 경우인 하나의 독립변수와 하나의 종속변수 간의 함수관계를 분석하는 **단순회귀분석**(simple regression analysis)에 대해 다루도록 하겠다.

3.1 상관분석

3.1.1 상관관계

2개의 변량 x와 y 사이에 있어서 한쪽의 변화가 다른 쪽의 변화에 어떤 영향을 주는 경향이 있을 때 x와 y 사이에는 **상관관계**(correlation)가 있다고 한다. 함수관계와 상관관계를 엄밀히 구별해 보면 함수관계는 어떤 변량 y가 다른 변량 x에 의해 일정하게 결정되나 상관관계는 일정하게 정해지는 것이 아니라 평균적으로 어떤 폭을 가지고 정해짐을 의미한다. 이 관계를 식으로 표시하면 다음과 같다.

$$\text{함수관계: } y = f(x)$$
$$\text{상관관계: } \bar{y} = f(x)$$

두 변량 사이의 상관관계를 규명하기 위해서는 먼저 도표상에 관찰점을 표시해 보면 개략적인 관계를 알 수 있을 것이다. 이러한 그림을 **산점도**(scatter diagram) 또는 **상관도**라고 한다. 〈표 3.1〉은 어느 (A)은행에서 각 지점을 중심으로 홍보비용이 예금유치액에 미치는 영향을 알아보기 위해 임의로 10개의 지점을 표본으로 추출하여 연간 홍보비용과 예금유치액을 조사하여 기재한 표이다.

〈표 3.1〉 표본지점의 홍보비용과 예금유치액(변환된 자료임)

지점번호	홍보비용	예금유치액
1	40	87
2	50	108
3	30	69
4	60	135
5	70	148
6	60	132
7	30	73
8	60	128
9	20	50
10	80	170

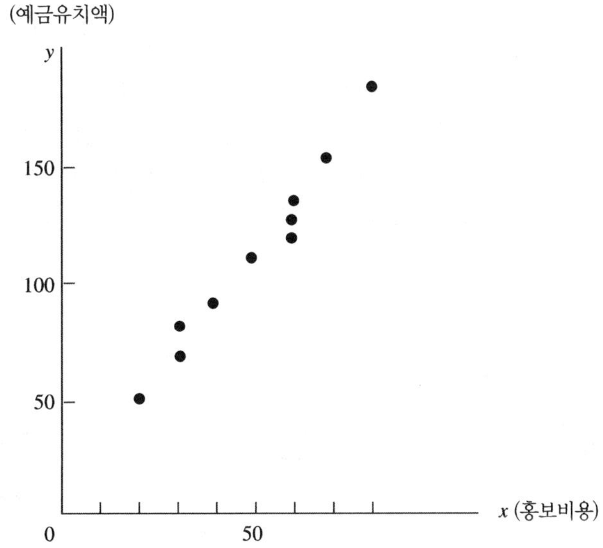

〈그림 3.1〉 홍보비용과 예금유치액의 산점도

홍보비용을 독립변수 x로, 예금유치액을 종속변수 y로 놓고 산점도를 그려 보면 〈그림 3.1〉과 같이 된다. 이 그림으로부터 x가 증가하면 일반적으로 y도 증가한다는 사실을 쉽게 알 수 있고, 그 상관관계가 대략 직선의 형태를 지님을 알 수 있을 것이다.

또 어떤 경우에는 x와 y의 관계를 그림으로 표현했을 때 직선관계보다는 〈그림 3.2〉와 같이 곡선적인 관계를 나타내는 경우도 있다.

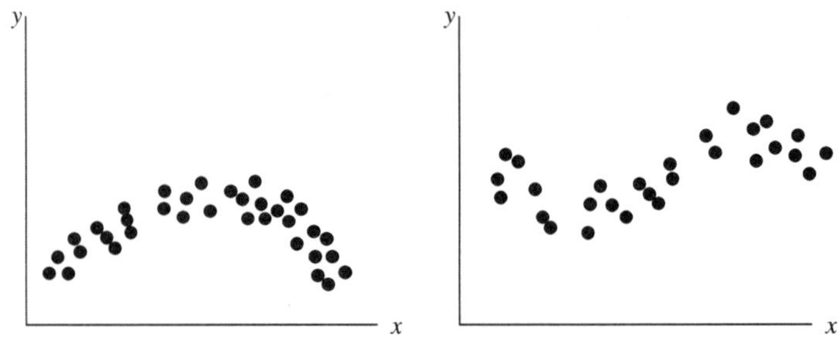

〈그림 3.2〉 곡선관계 산점도

이 장에서는 직선적인 관계만을 나타내는 경우에 대하여 살펴보기로 하겠다. 두 변량 사이의 상관관계를 나타내는 산점도의 점들이 어떤 직선 주위에 밀집하여 있고 이 밀집된 직선의 방향계수가 양일 때 두 변량 x와 y 사이에는 **양의 상관**(positive correlation)이 있다고 하고(〈그림 3.3(a)〉) 산점도의 점들이 음의 방향계수를 갖는 직선 주위에 밀집되어 있을 때 두 변량 x와 y 사이에 **음의 상관**(negative correlation)이 있다고 한다(〈그림 3.3(b)〉). 또한 (〈그림 3.3(c)〉)와 같이 산점도의 점들이 어떠한 경향을 나타내지 않고 고르게 흩어져 있으면 두 변량 x와 y 사이에는 **상관이 없다**(또는 **무상관**)고 한다.

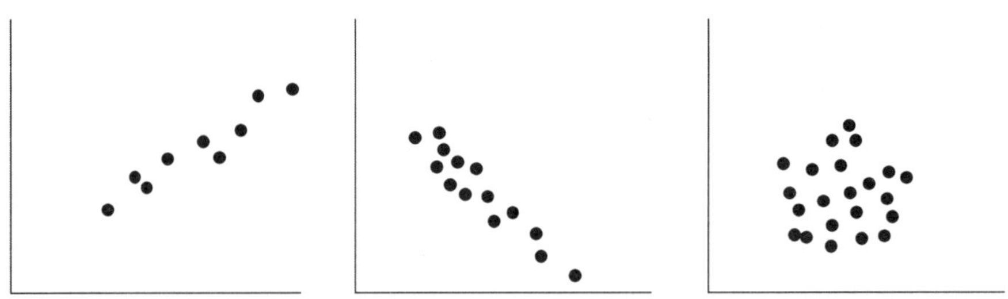

(a) 양의 상관　　(b) 음의 상관　　(c) 무상관

〈그림 3.3〉 산점도

3.1.2 상관계수

앞에서 말한 두 변량 x와 y 사이의 직선적인 상관관계의 정도를 표본으로부터 수량적으로 표현한 값을 **표본상관계수**(sample coefficient of correlation)라고 하고 다음과 같이 정의한다.

$$r_{xy} = \frac{\sum_{i=1}^{n}(x_i - \overline{x})(y_i - \overline{y})}{\sqrt{\sum_{i=1}^{n}(x_i - \overline{x})^2 \sum_{i=1}^{n}(y_i - \overline{y})^2}}$$

$$= \frac{\frac{1}{n}\sum_{i=1}^{n}(x_i - \overline{x})(y_i - \overline{y})}{\sqrt{\frac{1}{n}\sum_{i=1}^{n}(x_i - \overline{x})^2 \frac{1}{n}\sum_{i=1}^{n}(y_i - \overline{y})^2}}$$

$$= \frac{S_{xy}}{S_x S_y} \tag{3.1}$$

여기서 S_{xy}는 표본공분산이며 S_x, S_y는 각각 x와 y의 표본표준편차이다. 모집단 상관계수(population coefficient of correlation)는 식 (2.6)에서와 같이

$$\rho_{xy} = \frac{E[(x-\mu_x)(y-\mu_y)]}{\sqrt{E(x-\mu_x)^2 E(y-\mu_y)^2}} = \frac{\sigma_{xy}}{\sigma_x \sigma_y}$$

로 주어진다.

상관계수의 성질

1) r_{xy}의 값은 항상 다음과 같은 범위 안에 있다.

   $-1 \leqq r_{xy} \leqq 1$

2) x와 y 사이에 상관이 없으면 $r_{xy} = 0$이 된다.

3) $0 < r_{xy} \leqq 1$일 때 두 변량의 상관은 **양상관**이 된다〈그림 3.3(a)〉.
   즉 한 변량이 증가(또는 감소)하면 다른 변량도 증가(또는 감소)하는 관계를 가지며 $r_{xy} = 1$ 일 때 **완전양상관**(complete positive correlation)이라고 하며 일정한 비율로 증가 또는 감소한다. 즉 상관도의 점들이 기울기가 양인 직선 위에 모두 있게 된다.

4) $-1 \leqq r_{xy} < 0$일 때 두 변량의 상관은 **음상관**이 된다〈그림 3.3(b)〉. 즉 한 변량이 증가(또는 감소)하면 다른 변량은 감소(또는 증가)하는 관계를 가지며 $r_{xy} = -1$일 때 **완전음상관**(complete negative correlation)이라고 하며 상관도 상의 점은 기울기가 음인 직선 위에 있게 된다.

5) 상관계수는 두 변량 간의 선형관계를 나타내는 척도이지 함수관계를 알아보는 척도는 아니다.

예제 3.1

〈표 3.1〉에서 홍보비용과 예금유치액 사이의 상관계수를 구하여라.

풀이

$$r_{xy} = \frac{\sum_{i=1}^{n}(x_i - \bar{x})(y_i - \bar{y})}{\sqrt{\sum_{i=1}^{n}(x_i - \bar{x})^2 \sum_{i=1}^{n}(y_i - \bar{y})^2}}$$

$$= \frac{6800}{\sqrt{(3400)(13600)}} = 0.99$$

상관계수 r의 값이 1에 가까우므로 〈그림 3.1〉에서와 같이 완전양상관에 가깝다고 할 수 있다.

3.2 단순회귀모형

독립변수 x와 종속변수 y 사이의 관계를 식으로 나타낸 것을 **회귀식**(regression equation)이라고 하고 회귀식의 형태를 일반화하여 나타낸 것을 회귀모형이라고 한다. 회귀식은 경우에 따라서 여러 형태로 나타낼 수 있으나 가장 간단한 형태는 독립변수 x와 y 사이에 직선적인 비례관계가 있다고 보는 것이다. 즉

$$y = \alpha + \beta x \tag{3.2}$$

와 같은 관계가 있다고 생각하는 것이다. 식 (3.2)에서 독립변수 x는 확률변수(random variable)인 경우도 있으나 여기서는 오차(error) 없이 측정할 수 있는 수학변수(mathematical variable)로 가정한다. 그러나 종속변수 y는 주어진 x에서 항상 일정하게 측정되는 것이 아니고 변하게 되는데 이 변동은 측정오차 때문이라고 생각하여 종속변수 y는 측정오차를 수반하는 확률변수이며 측정오차들은 모든 x에 대하여 서로 독립이라고 가정한다.

회귀분석에서의 가정

1) 오차 ϵ은 정규분포를 따른다.

2) 오차 ϵ은 그 평균값이 0이다.

3) 서로 다른 두 개의 오차는 서로 독립적이다.

4) 오차 ϵ 은 모든 x_i, $i = 1,2,\cdots,n$의 값에서 동일한 분산을 갖는다.

5) 독립변수 x 는 확률변수가 아니다.

이와 같은 가정하에서 회귀모형은 다음과 같이 표시할 수 있다.

단순회귀모형

$$y_i = \beta_0 + \beta_1 x_i + \epsilon_i \tag{3.3}$$

여기서

y_i : i번째 측정된 y 의 값

β_0, β_1 : 모집단회귀계수이며 β_0는 절편이 되고 β_1은 기울기

x_i : i번째 주어진 고정된 값

ϵ_i : i번째 측정된 y_i의 오차항으로 서로 독립($Cov(\epsilon_i, \epsilon_j) = 0, i \neq j$)

이며 $E(\epsilon_i) = 0$이고 $Var(\epsilon_i) = \sigma^2$인 확률변수이다. 일반적으로 정규분포 $N(0, \sigma^2)$라고 가정하는 경우가 많다.

단순회귀모형(simple regression model)이라고 하는 모형 (3.3)은 하나의 독립변수 x_i를 가지며 모수 β_0와 β_1은 지수형태도 아니고 곱의 형태도 아닌 선형함수로 주어지므로 회귀계수로 볼 때 선형(linear in the regression coefficient)이 된다. 또한 독립변수 x의 차수가 1차이므로 독립변수로 볼 때도 선형(linear in the independent variable)이 되어 단순회귀모형이라고 하는 것이며 독립변수가 하나인 1차 모형(first-order model)이라고 한다. 예를 들어 회귀모형이

$$y = \beta_0 + \beta_1 \frac{1}{x} + \epsilon$$

로 주어지면 y와 x는 직선 관계를 가진다고 볼 수 없다. 그러나

$$x^* = \frac{1}{x}$$

으로 놓으면

$$y = \beta_0 + \beta_i x^* + \epsilon$$

이 되어 y와 x^*는 선형관계에 있다고 할 수 있다. 모형 (3.3)에서 첨자 i를 빼고 일반형으로 나타내면

$$y = \beta_0 + \beta_1 x + \epsilon \tag{3.4}$$

으로 표현되고 $\boldsymbol{\beta} = \begin{pmatrix} \beta_0 \\ \beta_1 \end{pmatrix}$, $\boldsymbol{x}' = (1 \;\; x)$라고 놓으면 식 (3.4)는

$$y = \boldsymbol{x}'\boldsymbol{\beta} + \epsilon \tag{3.5}$$

로 쓸 수 있다.

관측값 y는 상수항 $\beta_0 + \beta_1 x$와 확률변수항 ϵ의 합으로 표현되므로 y도 확률변수가 되며 주어진 x의 값에서 $E(y) = \beta_0 + \beta_1 x$, $Var(y) = \sigma^2$이 된다.

특히 오차항 ϵ이 정규분포를 따르면 y도 정규분포를 따르게 된다. 이것으로부터 주어진 x에 대하여 y의 기댓값과 분산을 구하면 다음과 같이 된다.

$$E(\epsilon) = 0\text{이고 } Var(\epsilon) = \sigma^2\text{이므로}$$

$$\begin{aligned} E(y) &= E(\beta_0 + \beta_1 x + \epsilon) \\ &= \beta_0 + \beta_1 x + E(\epsilon) \\ &= \beta_0 + \beta_1 x \\ &= \mu_{y,x} \end{aligned} \tag{3.6a}$$

$$\begin{aligned} Var(y) &= Var(\beta_0 + \beta_1 x + \epsilon) \\ &= Var(\epsilon) \\ &= \sigma^2 \end{aligned} \tag{3.6b}$$

오차항 $\epsilon = y - (\beta_0 + \beta_1 x)$이 정규분포 $N(0, \sigma^2)$을 따르면 관측값 y는 정규분포 $N(\beta_0 + \beta_1 x, \sigma^2)$을 따른다.

식 (3.6a)를 **모집단회귀식**이라고 하는데 x의 값에 따라 변하며 식 (3.6b)의 분산은 x의 값에 관계없이 일정한 값, 즉 등분산(homoscedastic)을 갖는다.

이분산(heteroscedastic)인 경우에는 뒤에서 다시 설명하기로 하겠다.

모집단회귀식

$$\mu_{y,x} = \beta_0 + \beta_1 x \tag{3.7}$$

식 (3.6)의 관계를 알기 쉽게 설명하기 위하여 〈표 3.1〉의 홍보비용(x)과 예금유치액(y) 사이의 관계를

$$y_i = 9.5 + 2.1x_i + \epsilon_i$$
$$E(y) = \mu_{y,x} = 9.5 + 2.1x$$

로 가정하면 x에서의 y의 분포는 〈그림 3.4〉에 나타나 있다.

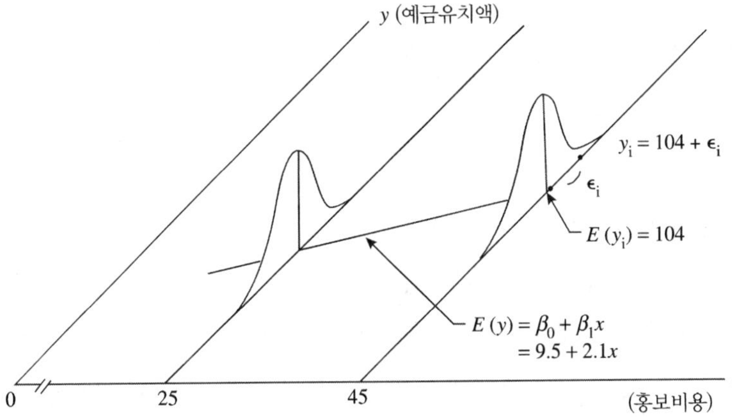

〈그림 3.4〉 $y \sim N(\mu_{y,x}, \sigma^2)$

즉 $x = 45$에서 y는 기댓값이 $E(y) = 104$, 측정오차는 ϵ_i이고 분산은 σ^2인 정규분포를 한다.

위 모형 (3.3)에서 독립변수 x는 수학변수로 가정하였으나 실제로는 x가 확률변수인 경우가 많이 있다. 그러나 x의 확률분포가 β_0, β_1, σ^2과 아무런 관련이 없다면 모형 (3.3)으로 분석해도 되며 이 경우 y에 관한 x의 회귀(regression of x on y)를 구하여도 의미를 찾을 수 있다.

식 (3.4)의 직선 모형을 다음과 같이 변형된 **대체모형**(alternative model)으로 사용

하는 것이 편리한 경우가 있다.

$$
\begin{aligned}
y &= \beta_0 + \beta_1 x + \epsilon \\
&= (\beta_0 + \beta_1 \bar{x}) + (\beta_1 x - \beta_1 \bar{x}) + \epsilon \\
&= \beta_0' + \beta_1 (x - \bar{x}) + \epsilon, \ (\beta_0' = \beta_0 + \beta_1 \bar{x}) \\
&= \beta_0' + \beta_1 x' + \epsilon. (x' = x - \bar{x})
\end{aligned}
\tag{3.8}
$$

3.3 회귀선의 추정

모집단회귀식 (3.7)의 회귀계수 β_0와 β_1을 구하기 위하여 모집단 전체를 조사하는 것은 불가능하다. 가능하더라도 경제적으로 손실이 크므로 표본으로부터 얻은 자료를 이용하여 β_0와 β_1을 추정하여야 한다. 이와 같이 추정된 회귀계수를 이용하여 얻어진 회귀식을 **표본회귀식** 또는 **추정된 회귀직선**이라고 하며 다음과 같이 표시한다.

표본회귀식

$$\hat{y} = b_0 + b_1 x \tag{3.9}$$

식 (3.9)에서 b_0, b_1, $\hat{y}$는 각각 식 (3.7)에서의 β_0, β_1 그리고 $\mu_{y,x}$의 추정값이며 b_0와 b_1의 값만 알 수 있다면 어떤 x의 값에서 $\mu_{y,x}$의 추정값 $\hat{y}$을 얻을 수 있을 것이다. 여기에서 b_0를 표본회귀식 (3.9)의 **절편**(intercept)이라고 하고 b_1을 **기울기**(slope)라고 한다. 즉 b_0는 $x = 0$에서 $\hat{y}$ 값이며 b_1은 x가 한 단위 증가할 때마다 증가하는 $\hat{y}$의 증가량이다. 그런데 어떤 x의 값 x_i에서 추정된 $\hat{y}_i$는 관측값 y_i와 반드시 일치하는 것은 아니며 이때 발생하는 차, 즉 실제값과 추정값과의 차를 **잔차**(residual)라고 하고 e_i로 표시한다.

잔차

$$e_i = y_i - \hat{y}_i \tag{3.10}$$

표본회귀식을 구하기 위하여 n개의 표본(x_1, y_1), (x_2, y_2), $\cdots$, (x_n, y_n)으로부터 회귀계수를 추정하는 방법들을 살펴보기로 하자.

3.3.1 최소제곱법

표본자료로부터 회귀계수를 추정하는 방법 중 자주 이용되는 방법인 최소제곱법에 대하여 살펴보기로 하자. 이 방법은 회귀모형 (3.3)으로부터 모든 표본점 (x_i, y_i), $i = 1, 2, \cdots, n$에서의 오차(error)

$$\epsilon_i = y_i - (\beta_0 + \beta_1 x_i)$$

의 제곱합(sum of squares)

$$Q = \sum_{i=1}^{n} \epsilon_i^2 = \sum_{i=1}^{n} [y_i - (\beta_0 + \beta_1 x_i)]^2 \tag{3.11}$$

를 최소로 하는 β_0와 β_1의 값을 추정값으로 택하는 방법이다.

정리 3.1 $f(x_1, x_2, \cdots, x_n)$이 n개의 서로 독립인 변량들 $x_1, x_2, \cdots, x_n$의 함수로서 1차, 2차 편미분이 존재하며 **2차편미분행렬**(second order partial derivative)을

$$K = \begin{bmatrix} \dfrac{\partial^2 f}{\partial x_1^2} & \dfrac{\partial^2 f}{\partial x_1 \partial x_2} & \cdots\cdots & \dfrac{\partial^2 f}{\partial x_1 \partial x_n} \\ \cdots & \cdots & \cdots & \cdots \\ \dfrac{\partial^2 f}{\partial x_n \partial x_1} & \dfrac{\partial^2 f}{\partial x_n \partial x_2} & \cdots & \dfrac{\partial^2 f}{\partial x_n^2} \end{bmatrix}$$

라고 할 때

$$\frac{\partial f}{\partial x_1} = \frac{\partial f}{\partial x_2} = \frac{\partial f}{\partial x_n} = 0$$

을 만족시키는 점 $x_1, x_2, \cdots, x_n$에서

1) K가 양정치(positive definite)이면 $f(x_1, x_2, \cdots, x_n)$은 최소가 되고,
2) K가 음정치(negative definite)이면 $f(x_1, x_2, \cdots, x_n)$은 최대가 된다.

단순회귀모형에서 식 (3.11)의 오차제곱합 Q는 2개의 서로 독립인 변량 β_0, β_1의 함수로서 2차편미분행렬 K는

$$\boldsymbol{K} = \begin{bmatrix} 2n & 2\sum_{i=1}^{n} x_i \\ 2\sum_{i=1}^{n} x_i & 2\sum_{i=1}^{n} x_i^2 \end{bmatrix}$$

이므로

$$\frac{\partial^2 Q}{\partial \beta_0^2} = 2n > 0.$$

또한

$$\begin{aligned} |\boldsymbol{K}| &= 4n\sum_{i=1}^{n} x_i^2 - 4\left(\sum_{i=1}^{n} x_i\right)^2 \\ &= 4n\sum_{i=1}^{n}(x_i - \bar{x})^2 > 0 \end{aligned}$$

이 성립하므로 [정리 1.30]에 의하여 $\boldsymbol{K}$는 양정치행렬이다. 따라서 [정리 3.1]에 의하여 Q를 β_0와 β_1으로 편미분한 방정식

$$\frac{\partial Q}{\partial \beta_0} = -2\sum_{i=1}^{n}(y_i - \beta_0 - \beta_1 x_i) \tag{3.12}$$

$$\frac{\partial Q}{\partial \beta_1} = -2\sum_{i=1}^{n} x_i(y_i - \beta_0 - \beta_1 x_i)$$

을 0으로 만드는 β_0와 β_1을 b_0와 b_1이라고 하고 식 (3.12)를 정리하면

$$b_0 n + b_1\sum_{i=1}^{n} x_i = \sum_{i=1}^{n} y_i \tag{3.13a}$$

$$b_0\sum_{i=1}^{n} x_i + b_1\sum_{i=1}^{n} x_i^2 = \sum_{i=1}^{n} x_i y_i \tag{3.13b}$$

이 된다. 식 (3.13)을 **정규방정식**(normal equation)이라고 하고 이 식을 b_0와 b_1에 대하여 풀면

$$b_1 = \frac{\sum_{i=1}^{n} x_i y_i - \frac{\sum_{i=1}^{n} x_i \sum_{i=1}^{n} y_i}{n}}{\sum_{i=1}^{n} x_i^2 - \frac{\left(\sum_{i=1}^{n} x_i\right)^2}{n}} = \frac{\sum_{i=1}^{n}(x_i - \overline{x})(y_i - \overline{y})}{\sum_{i=1}^{n}(x_i - \overline{x})^2} \tag{3.14a}$$

$$b_0 = \frac{\sum_{i=1}^{n} y_i}{n} - b_1 \frac{\sum_{i=1}^{n} x_i}{n} = \overline{y} - b_1 \overline{x}. \tag{3.14b}$$

이와 같은 방법을 **최소제곱법**(method of least square)이라고 하고 b_0와 b_1을 모수 β_0, β_1의 **최소제곱추정량**(least square estimator)이라고 한다.

최소제곱법

관측값 y_i, $i = 1, 2, \cdots, n$과 모집단회귀식 $\mu_{y,x}$와의 차(오차) ϵ_i의 제곱합을 최소로 하는 표본회귀식 $\hat{y}_i$을 찾는 방법으로 다음 조건을 만족시킨다.

$$\begin{aligned} \min_{\beta_0, \beta_1} \sum_{i=1}^{n}(y_i - \mu_{y,x})^2 &= \sum_{i=1}^{n}(y_i - \hat{y}_i)^2 \\ &= \sum_{i=1}^{n}(y_i - b_0 - b_1 x_i)^2 \end{aligned}$$

표현을 간단하게 하기 위하여 다음과 같은 식을 정의하자.

$$S_{xx} = \sum_{i=1}^{n}(x_i - \overline{x})^2 \tag{3.15a}$$

$$S_{yy} = \sum_{i=1}^{n}(y_i - \overline{y})^2 \tag{3.15b}$$

$$S_{xy} = \sum_{i=1}^{n}(x_i - \overline{x})(y_i - \overline{y}). \tag{3.15c}$$

식 (3.15)를 이용하면 기울기 b_1은 다음과 같다.

$$b_1 = \frac{S_{xy}}{S_{xx}}$$

식 (3.14a), (3.14b)로부터 모집단회귀식 $\mu_{y,x} = \beta_0 + \beta_1 x$의 추정회귀식 $\hat{y}$을 구하면,

$$\hat{y} = b_0 + b_1 x \tag{3.16}$$

이 되며 이 식을 **적합된 회귀직선**(fitted regression line)이라고도 한다.

식 (3.8)의 대체모형을 사용하면 오차제곱합 Q는

$$Q = \sum_{i=1}^{n} \epsilon_i^2 = \sum_{i=1}^{n} [y_i - \beta_0{}' - \beta_1 (x_i - \bar{x})]^2 \tag{3.17}$$

이고 앞에서와 같은 방법으로 Q를 최소로 하는 $\beta_0{}'$과 β_1을 추정하여 $b_0{}'$과 b_1을 구하면 다음과 같다.

$$b_0{}' = \bar{y} \tag{3.18a}$$

$$b_1 = \frac{S_{xy}}{S_{xx}} \tag{3.18b}$$

따라서 적합된 회귀직선은

$$\hat{y} = b_0{}' + b_1 (x - \bar{x}) \tag{3.19}$$

$$= \bar{y} + b_1 (x - \bar{x})$$

또는

$$\hat{y} - \bar{y} = b_1 (x - \bar{x}). \tag{3.20}$$

$b_0{}'$으로부터 b_0는

$$b_0 = b_0{}' - b_1 \bar{x} = \bar{y} - b_1 \bar{x}$$

로 얻어진다.

예제 3.2

〈표 3.1〉에 있는 홍보비용과 예금유치액 사이의 자료를 이용하여 최소제곱법에 의한 적합된 회귀직선을 구하고 〈그림 3.1〉의 산점도 위에 이 직선을 그려라.

풀이 주어진 자료로부터 b_0와 b_1을 구하기 위하여 정리하면 〈표 3.2〉와 같이 된다.

〈표 3.2〉 b_0와 b_1을 구하기 위한 계산

	y_i	x_i	x_iy_i	x_i^2	y_i^2
	73	30	2,190	900	5,329
	50	20	1,000	400	2,500
	128	60	7,680	3,600	16,384
	170	80	13,600	6,400	28,900
	87	40	3,480	1,600	7,569
	108	50	5,400	2,500	11,664
	135	60	8,100	3,600	18,225
	69	30	2,070	900	4,761
	148	70	10,360	4,900	21,904
	132	60	7,920	3,600	17,424
계	1,100	500	61,800	28,400	134,660

〈표 3.2〉로부터

$$n = 10$$

$$\sum_{i=1}^{n} y_i = 1,100$$

$$\sum_{i=1}^{n} x_i = 500$$

$$\sum_{i=1}^{n} x_iy_i = 61,800$$

$$\sum_{i=1}^{n} x_i^2 = 28,400$$

이므로 식 (3.14)에 의하여

$$b_1 = \frac{\sum_{i=1}^{n} x_iy_i - \frac{\left(\sum_{i=1}^{n} x_i\right)\left(\sum_{i=1}^{n} y_i\right)}{n}}{\sum_{i=1}^{n} x_i^2 - \frac{\left(\sum_{i=1}^{n} x_i\right)}{n}}$$

$$= \frac{61,800 - \frac{(500)(1,100)}{10}}{28,400 - \frac{(500)^2}{10}} = 2.0$$

$$b_0 = \bar{y} - b_1\bar{x} = \frac{1,100}{10} - (2.0)\cdot\frac{500}{10} = 10.0$$

이므로 적합된 회귀직선은

$$\begin{aligned}\hat{y} &= b_0 + b_1 x \\ &= 10.0 + 2.0x\end{aligned}$$

이고 이 직선을 산점도 위에 그리면 〈그림 3.5〉와 같이 된다. 또한 적합된 회귀직선을 식 (3.19)의 대체모형으로 표시하면

$$\begin{aligned}\hat{y} &= \bar{y} + b_1(x - \bar{x}) \\ &= 110 + 2(x - 50)\end{aligned}$$

이 된다.

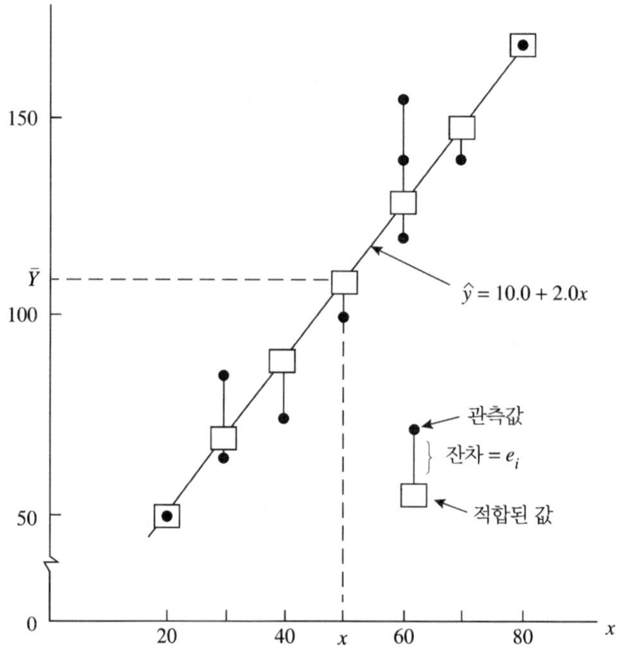

〈그림 3.5〉 적합된 회귀직선

SAS를 이용한 풀이

SAS를 이용하여 예제 3.2를 해결하여라.

[예제 3.2 SAS 프로그램]

```
DATA EX1;
INPUT Y X;
CARDS;
73   30
50   20
128  60
170  80
87   40
108  50
135  60
69   30
148  70
132  60
RUN;
PROC REG DATA=EX1;
MODEL Y=X;
RUN;
```

SAS 회귀분석을 수행하기 위하여 종속변수 Y(예금 유치액)와 설명변수 X(홍보비용)를 갖는 SAS 데이터 셀 EX1을 생성하는 프로그램

단순회귀분석을 수행하는 프로시저
종속변수와 독립변수를 설정

[예제 3.2 SAS 실행결과]

SAS 시스템

The REG Procedure
Model: MODEL1
Dependent Variable: Y

Number of Observations Read	10
Number of Observations Used	10

Analysis of Variance					
Source	DF	Sum of Squares	Mean Square	F Value	Pr > F
Model	1	13600	13600	1813.33	<.0001
Error	8	60.00000	7.50000		
Corrected Total	9	13660			

Root MSE	2.73861	R-Square	0.9956
Dependent Mean	110.00000	Adj R-Sq	0.9951
Coeff Var	2.48965		

Parameter Estimates					
Variable	DF	Parameter Estimate	Standard Error	t Value	Pr > |t|
Intercept	1	10.00000	2.50294	4.00	0.0040
X	1	2.00000	0.04697	42.58	<.0001

해설 위의 SAS 결과에 의해 회귀계수들의 추정값을 이용하여 적합된 회귀직선(추정된 회귀식)은 다음과 같다. $\hat{y} = b_0 + b_1 x = 10.0 + 2.0x$ 이고, 회귀계수에 대한 의미를 해석하면, $\widehat{\beta_0} = 10.0$ 으로 홍보비용이 없을 때 예금유치액의 추정값을 의미한다. $\widehat{\beta_1} = 2.0$ 으로 홍보비용을 1단위 만큼 증가할 때마다 예금유치액은 2배씩 증가할 것으로 추정한다.

참고. 위의 프로그램 실행결과는 위에 나타난 결과들과 그 밖의 모형진단을 위한 도표, 잔차도표, 신뢰도 등이 제공된다. 이들에 대하여는 뒤의 장들에서 다루기로 한다.

R을 이용한 풀이

R을 이용하여 예제 3.2를 해결하여라.

[예제 3.2 R 프로그램]

C:₩Users₩USER₩Desktop₩회귀분석 수정₩Ex3_2.txt - R 편집기

```
x<-c(30,20,60,80,40,50,60,30,70,60)                           # x : 홍보비용
y<-c(73,50,128,170,87,108,135,69,148,132)                     # y : 예금유치액
(Ex3_2.lm<-lm(y~x))
(summary(Ex3_2.lm))
(anova(Ex3_2.lm))

plot(x,y)                                                     # 산점도
abline(Ex3_2.lm)                                              # 회귀직선추가

(fitted(Ex3_2.lm))                                            # x값들에 대한 적합값
(residuals(Ex3_2.lm))                                         # 잔차

(coeffs<-coefficients(Ex3_2.lm))                              # 절편과 기울기 백터
(confint(Ex3_2.lm,coeffs[2],level=0.90))                      # 기울기의 90% 신뢰구간
(confint(Ex3_2.lm,level=0.95))                                # 절편의 95% 신뢰구간

# x=55에 대한 E(y)의 90% 신뢰구간 #                            # 주석

new_data<-data.frame(x=55))
(predict(confint(Ex3_2.lm,new.data,level=0.95,interval="confidence"))

# x의 모든 값에서의 예측값에 대한 신뢰구간 #

x_range<-seq(min(x),max(x),0.1)
y_pred<-predict(Ex3_2.lm, newdata=data.frame(x=x_range),
                interval="confidence")
matplot(x_range,y_pred,type="l")

# x=55에 대한 y의 예측구간 #

newdata<-data.frame(x=55)
predict(Ex3_2.lm, newdata, level=0.90, interval="predict")

(Ex3_2.res<-resid(Ex3_2.lm))                                  # 잔차
```

```
Call:
lm(formula = y ~ x)

Residuals:
   Min     1Q Median     3Q    Max
  -3.0   -2.0   -0.5    1.5    5.0

Coefficients:
            Estimate Std. Error t value Pr(>|t|)
(Intercept) 10.00000    2.50294   3.995  0.00398 **
x            2.00000    0.04697  42.583 1.02e-10 ***
---
Signif. codes:  0 '***' 0.001 '**' 0.01 '*' 0.05 '.' 0.1 ' ' 1

Residual standard error: 2.739 on 8 degrees of freedom
```

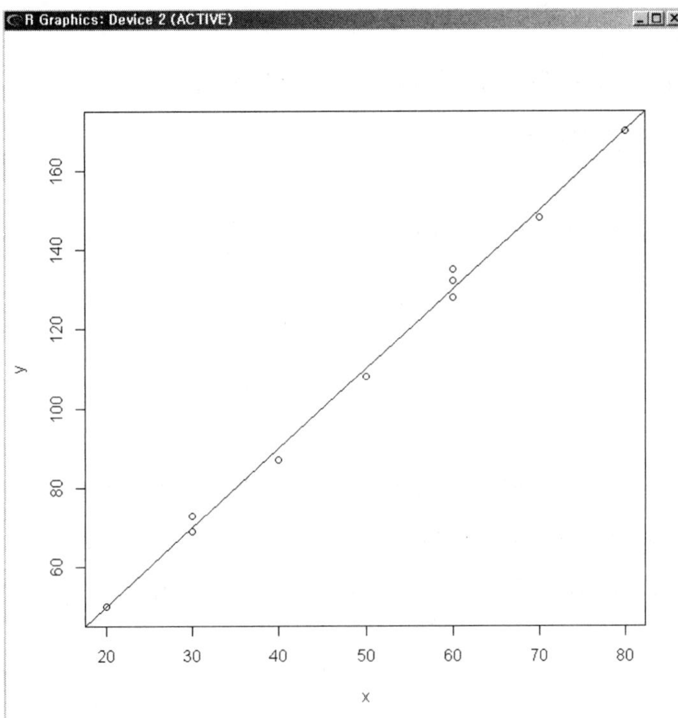

해설 적합된 회귀직선은 $\hat{y} = b_0 + b_1 x = 10.0 + 2.0x$이고 산점도는 위와 같다.

3.3.2 최우추정법

앞에서는 회귀계수 β_0, β_1을 추정하기 위한 방법으로 최소제곱법을 살펴보았다. 이 방법은 오차항 ϵ의 분포에 관계없이 적용될 수 있는 방법이나 ϵ의 분포를 아는 경우에는 최우추정법을 사용할 수 있다. 여기에서는 ϵ이 정규분포를 하는 확률변수로서 평균이

0이고 분산이 σ^2이라고 가정한다. 즉

$$\epsilon \sim N(0, \sigma^2)$$

최우추정법은 n개의 관찰점 $\epsilon_1, \epsilon_2, \cdots, \epsilon_n$의 결합확률분포를 이용하는 방법으로서 ϵ_i의 확률밀도함수(probability density function)는

$$f(\epsilon_i) = \frac{1}{\sqrt{2\pi}\,\sigma} exp\left(-\frac{\epsilon_i^2}{2\sigma^2}\right)$$

$$= \frac{1}{\sqrt{2\pi}\,\sigma} exp\left(-\frac{(y_i - \beta_0 - \beta_1 x_i)^2}{2\sigma^2}\right)$$

이고 $\epsilon_1, \epsilon_2, \cdots, \epsilon_n$은 서로 독립이므로 결합확률밀도함수(joint probability density function)는 다음과 같다.

$$f(\epsilon_1, \epsilon_2, \cdots, \epsilon_n) = \prod_{i=1}^{n} f(\epsilon_i)$$

$$= \frac{1}{(2\pi\sigma^2)^{\frac{n}{2}}} exp\left[-\frac{\sum_{i=1}^{n}(y_i - \beta_0 - \beta_1 x_i)^2}{2\sigma^2}\right] \quad (3.21)$$

특히 $\epsilon_1, \epsilon_2, \cdots, \epsilon_n$이 주어졌을 때 결합확률밀도함수 $f(\epsilon_1, \epsilon_2, \cdots, \epsilon_n)$은 모수 β_0, β_1, σ^2의 함수로 생각할 수 있으며 이때 $f(\epsilon_1, \epsilon_2, \cdots, \epsilon_n)$을 **우도함수**(likelihood function)라고 하고 다음과 같이 표현한다.

$$L(\beta_0, \beta_1, \sigma^2 \mid \epsilon_1, \epsilon_2, \cdots, \epsilon_n) = L$$

$$= \frac{1}{(2\pi\sigma^2)^{\frac{n}{2}}} exp\left[-\frac{\sum_{i=1}^{n}(y_i - \beta_0 - \beta_1 x_i)^2}{2\sigma^2}\right] \quad (3.22)$$

최우추정량(maximum likelihood estimator)이라 함은 우도함수 식 (3.22)를 최대로 하는 β_0, β_1, σ(σ를 모르는 경우)를 말하며 이와 같은 방법으로 모수를 추정하는 방법을 **최우추정법**(method of maximum likelihood estimation)이라고 한다.

최우추정법

우도함수 $L(\beta_0,\ \beta_1,\ \sigma^2 \mid \epsilon_1,\ \epsilon_2,\ \cdots,\ \epsilon_n)$를 최대로 하는 β_0와 β_1을 구하는 방법으로 다음 조건을 만족시킨다.

$$\max_{\beta_0,\ \beta_1,\ \sigma^2} L(\beta_0,\ \beta_1,\ \sigma \mid \epsilon_1,\ \epsilon_2,\ \cdots,\ \epsilon_n) = L(\widetilde{b_0},\ \widetilde{b_1},\ \widetilde{\sigma^2} \mid \epsilon_1,\ \epsilon_2,\ \cdots,\ \epsilon_n)$$

우도함수 (3.22)를 최대로 하는 β_0, β_1, σ^2를 찾기 위하여 편의상 식 (3.22)를 대수변환(logarithmic transformation)하여 정리하면 다음과 같다.

$$\ln L = -\frac{n}{2} ln 2\pi\sigma^2 - \frac{1}{2\sigma^2}\sum_{i=1}^{n}(y_i - \beta_0 - \beta_1 x_i)^2 \tag{3.23}$$

따라서 [정리 1.30]과 [정리 3.1]에 의하여 식 (3.23)을 β_0, β_1, σ^2으로 각각 편미분한 식이 0이 되도록 해주는 β_0, β_1, σ^2을 구하면 된다. 즉

$$\frac{\partial \ln L}{\partial \beta_0} = \frac{1}{\sigma^2}\sum_{i=1}^{n}(y_i - \beta_0 - \beta_1 x_i) \tag{3.24a}$$

$$\frac{\partial \ln L}{\partial \beta_1} = \frac{1}{\sigma^2}\sum_{i=1}^{n}x_i(y_i - \beta_0 - \beta_1 x_i) \tag{3.24b}$$

$$\frac{\partial \ln L}{\partial \sigma^2} = -\frac{n}{2\sigma^2} + \frac{1}{2\sigma^4}\sum_{i=1}^{n}(y_i - \beta_0 - \beta_i x_i)^2 \tag{3.24c}$$

식 (3.24)를 0이라 놓고 β_0, β_1, σ^2 각각의 추정량을 $\widetilde{b_0}$, $\widetilde{b_1}$, $\widetilde{\sigma}^2$라 놓으면 식 (3.24)는 다음과 같이 된다.

$$\sum_{i=1}^{n}(y_i - \widetilde{b_0} - \widetilde{b_1} x_i) = 0 \tag{3.25a}$$

$$\sum_{i=1}^{n}x_i(y_i - \widetilde{b_0} - \widetilde{b_1} x_i) = 0 \tag{3.25b}$$

$$\frac{\sum_{i=1}^{n}(y_i - \widetilde{b_0} - \widetilde{b_1} x_i)^2}{n} = \widetilde{\sigma^2} \tag{3.25c}$$

식 (3.25a)와 식 (2.25b)를 정리하면 최소제곱법에서의 정규방정식 (3.13a), (3.13b)와 동일하게 된다. 따라서 최우추정량인 $\widetilde{b_0}$와 $\widetilde{b_1}$는 최소제곱추정량 b_0, b_1과 동일하게 됨을 알 수 있다. 즉

$$\widetilde{b_1} = b_1 = \frac{S_{xy}}{S_{xx}}$$

$$\widetilde{b_0} = b_0 = \overline{y} - b_1\overline{x}$$

$$\widetilde{\sigma^2} = \frac{1}{n}\sum_{i=1}^{n}(y_i - \hat{y}_i)^2 = \frac{1}{n}\sum_{i=1}^{n}e_i^2$$

여기서 유의할 점은 최우추정량 $\widetilde{b_0}$, $\widetilde{b_1}$는 오차항 ϵ_i의 분포를 정규분포 $N(0,\ \sigma^2)$라고 가정하여 얻어진 추정량이고 최소제곱추정량 b_0, b_1은 오차항의 가정에 관계없이 얻어진 추정량이라는 점이다.

3.3.3 최소제곱추정량과 적합된 회귀선의 특성

식 (3.14a)와 (3.14b)로 추정되는 회귀계수 β_0, β_1의 최소제곱추정량 b_0, b_1은 **최량선형불편추정량**(best linear unbiased estimator: BLUE)이 됨을 고려해 보자.

> **최량선형불편추정량**은 모든 추정량 중에서 관측값들의 선형결합으로 이루어진 추정량이어야 하고 불편성을 만족하며 최소분산을 갖는 추정량을 말한다.

최량선형불편추정량과 다른 추정량과의 관계를 그림으로 도시해 보면 (그림 3.6)과 같다.

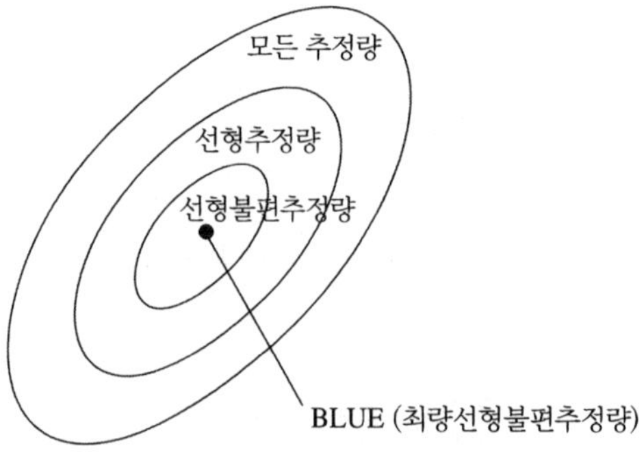

〈그림 3.6〉 추정량들의 관계

(1) b_0, b_1의 선형성

식 (3.14a)와 식 (3.14b)에서 b_0와 b_1이 y_i의 선형함수가 됨을 확인하면 된다.

$$b_1 = \frac{\sum_{i=1}^{n}(x_i - \overline{x})(y_i - \overline{y})}{\sum_{i=1}^{n}(x_i - \overline{x})^2}$$

$$= \frac{\sum_{i=1}^{n}(x_i - \overline{x})y_i}{\sum_{i=1}^{n}(x_i - \overline{x})^2} - \frac{\sum_{i=1}^{n}(x_i - \overline{x})\overline{y}}{\sum_{i=1}^{n}(x_i - \overline{x})^2}$$

그런데 독립변수 x_i의 값은 고정된 값이므로 하나의 상수가 된다. 따라서 $\sum_{i=1}^{n}(x_i - \overline{x}) = 0$이 되고

$$\frac{(x_i - \overline{x})}{\sum_{i=1}^{n}(x_i - \overline{x})^2} = w_i$$

라 놓으면 다음과 같은 식이 주어진다.

$$b_1 = \sum_{i=1}^{n} w_i y_i \tag{3.26}$$

w_i는 고정된 상수이므로 b_1은 y_i의 **선형함수**(linear function)가 된다. 같은 방법으로 b_0에 대하여 살펴보면 다음과 같다.

$$b_0 = \overline{y} - b_1\overline{x}$$

$$= \frac{1}{n}\sum_{i=1}^{n} y_i - \left(\sum_{i=1}^{n} w_i y_i\right)\overline{x}$$

$$= \sum_{i=1}^{n}\left(\frac{1}{n} - w_i\overline{x}\right)y_i$$

따라서 b_0도 y_i의 선형함수가 된다.

(2) b_0, b_1의 불편성

$$E(b_0) = \beta_0, \quad E(b_1) = \beta_1$$

이 성립하면 b_0, b_1은 β_0, β_1의 불편추정량이므로 [정리 2.1]을 이용하여 b_1의 기댓값을 구해 보자.

$$\begin{aligned} E(b_1) &= E\left(\sum_{i=1}^{n} w_i y_i\right) \\ &= \sum_{i=1}^{n} w_i E(y_i) = \sum_{i=1}^{n} w_i E[\beta_o{}' + \beta_1 (x_i - \overline{x}) + \epsilon_i] \\ &= \beta_0{}' \sum_{i=1}^{n} w_i + \beta_1 \sum_{i=1}^{n} w_i (x_i - \overline{x}) \end{aligned}$$

그런데 $\sum_{i=1}^{n} w_i = 0$이고 $\sum_{i=1}^{n} w_i (x_i - \overline{x}) = 1$이므로

$$E(b_1) = \beta_1 \tag{3.27}$$

따라서 b_1은 β_1의 불편추정량이다. 한편

$$b_0 = \overline{y} - b_1 \overline{x}$$

이므로

$$\begin{aligned} E(b_0) &= E(\overline{y}) - E(b_1 \overline{x}) \\ &= (\beta_0 + \beta_1 \overline{x}) - \overline{x} E(b_1) \\ &= \beta_0 \end{aligned} \tag{3.28}$$

따라서 b_0는 β_0의 불편추정량이다.

(3) b_0, b_1의 최소분산성

우선 b_0, b_1이 분산을 구해 보자.

$$
\begin{aligned}
Var(b_1) &= Var\left(\sum_{i=1}^{n} w_i y_i\right) \\
&= \sum_{i=1}^{n} w_i^2\, Var(y_i) \\
&= \sum_{i=1}^{n}\left[\frac{(x_i-\bar{x})^2}{\left[\sum_{i=1}^{n}(x_i-\bar{x})^2\right]^2}\right]\sigma^2 \\
&= \frac{1}{\sum_{i=1}^{n}(x_i-\bar{x})^2}\sigma^2
\end{aligned}
\tag{3.29}
$$

$$
\begin{aligned}
Var(b_0) &= Var(\bar{y}-b_1\bar{x}) \\
&= Var(\bar{y}) + (\bar{x})^2\, Var(b_1) - 2\,Cov(\bar{y}, b_1\bar{x})
\end{aligned}
\tag{3.30}
$$

여기서

$$
\begin{aligned}
\bar{y} &= \sum_{i=1}^{n} a_i y_i, \quad a_i = \frac{1}{n} \\
b_1 &= \sum_{i=1}^{n} c_i y_i, \quad c_i = \frac{(x_i-\bar{x})}{\sum_{i=1}^{n}(x_i-\bar{x})^2} \\
Var(y_i) &= \sigma^2
\end{aligned}
$$

이므로 식 (2.11)을 이용하여

$$
\begin{aligned}
Cov(\bar{y},\ b_1\bar{x}) &= Cov\left(\sum_{i=1}^{n} a_i y_i,\ \bar{x}\sum_{i=1}^{n} c_i y_i\right) \\
&= \bar{x}\sum_{i=1}^{n} a_i c_i\, Var(y_i) \\
&= \frac{\bar{x}}{n}\cdot\frac{\sum_{i=1}^{n}(x_i-\bar{x})}{\sum_{i=1}^{n}(x_i-\bar{x})^2}\sigma^2 \\
&= 0
\end{aligned}
\tag{3.31}
$$

따라서 식 (3.30)은

$$Var(b_0) = \frac{\sigma^2}{n} + \frac{(\overline{x})^2}{\sum_{i=1}^{n}(x_i - \overline{x})^2}\sigma^2$$

$$= \sigma^2\left(\frac{1}{n} + \frac{(\overline{x})^2}{\sum_{i=1}^{n}(x_i - \overline{x})^2}\right) \tag{3.32}$$

$$= \frac{\left[\sum_{i=1}^{n} x_i^2\right]\sigma^2}{n\sum_{i=1}^{n}(x_i - \overline{x})^2}$$

이제 식 (3.29)와 식 (3.32)로 얻어지는 분산이 다른 어떤 선형불편추정량의 분산들보다 작음을 보이기 위해 다음과 같은 가상적인 선형불편추정량을 생각하자.

$$b_1^0 = \sum_{i=1}^{n} k_i y_i$$

여기서 $k_i = w_i + d_i$이며 w_i는 앞에서 정의한 값이고 d_i는 가상적인 상수이다. 따라서

$$E(b_1^0) = E\left[\sum_{i=1}^{n} k_i\{\beta_0{}' + \beta_1(x_i - \overline{x}) + \epsilon_i\}\right]$$

$$= \beta_0{}'\sum_{i=1}^{n} k_i + \beta_1\sum_{i=1}^{n} k_i(x_i - \overline{x})$$

$$= \beta_0{}'\sum_{i=1}^{n} k_i + \beta_1\sum_{i=1}^{n} w_i(x_i - \overline{x}) + \beta_1\sum_{i=1}^{n} d_i(x_i - \overline{x})$$

그런데 b_1^0는 불편추정량이므로 $E(b_1^0) = \beta_1$이 되기 위해서는 다음의 조건이 성립하여야 한다.

$$\sum_{i=1}^{n} k_i = 0,\ \ \sum_{i=1}^{n} d_i = 0,\ \ \sum_{i=1}^{n} d_i x_i = 0 \tag{3.33}$$

또한 가상적인 불편추정량 b_1^0의 분산을 구해 보면

$$Var(b_1^0) = Var\left(\sum_{i=1}^{n} k_i y_i\right)$$
$$= \sum_{i=1}^{n} k_i^2 \, Var(y_i) = \sigma^2 \sum_{i=1}^{n} k_i^2$$

그런데

$$\sum_{i=1}^{n} k_i^2 = \sum_{i=1}^{n} (w_i + d_i)^2$$
$$= \sum_{i=1}^{n} w_i^2 + \sum_{i=1}^{n} d_i^2 + 2\sum_{i=1}^{n} w_i d_i$$

이며 제일 마지막 항을 살펴보면

$$\sum_{i=1}^{n} w_i d_i = \frac{\sum_{i=1}^{n} (x_i - \overline{x}) d_i}{\sum_{i=1}^{n} (x_i - \overline{x})^2} = \frac{\sum_{i=1}^{n} x_i d_i - \overline{x} \sum_{i=1}^{n} d_i}{\sum_{i=1}^{n} (x_i - \overline{x})^2}$$

$= 0$ ($\because$ 식 (3.33)에 의하여)

따라서

$$Var(b_1^0) = \sigma^2 \sum_{i=1}^{n} w_i^2 + \sigma^2 \sum_{i=1}^{n} d_i^2$$
$$= Var(b_1) + \sigma^2 \sum_{i=1}^{n} d_i^2 \tag{3.34}$$

그런데 $\sigma^2 \sum_{i=1}^{n} d_i^2 \geq 0$이므로 식 (3.34)로부터 $Var(b_1^0)$는 $Var(b_1)$보다 $\sigma^2 \sum_{i=1}^{n} d_i^2$ 만큼 더 큼을 알 수 있다. 만일 $\sum_{i=1}^{n} d_i^2 = 0$이라면

$$Var(b_1^0) = Var(b_1)$$

이 성립되지만 그렇지 않은 경우, 항상 $Var(b_1^0)$는 $Var(b_1)$보다 크고 $\sum_{i=1}^{n} d_i^2 = 0$이기 위해서는 모든 $d_i = 0$이 되어야 한다. 그러므로 최소제곱추정량 b_1은 최소분산(minimum variance: best)을 갖는 추정량이다. 같은 방법에 의해서 b_0도 β_0의 최소분산추정량임을 증명할 수 있으나 그 증명은 독자에게 맡긴다.

이로서 최소제곱추정량 b_0와 b_1은 β_0와 β_1의 최량선형불편추정량(B.L.U.E)이라는 성질을 증명할 수 있다. 이 성질을 Gauss-Markov 정리라 하는데 7장에서 다시 살펴보기로 하겠다.

최소제곱추정량 b_0와 b_1은 회귀계수 β_0와 β_1의 최량선형불편추정량이다.

최소제곱법에 의하여 얻어진 최량선형불편추정량 b_0, b_1으로부터 얻어지는 적합된 회귀직선

$$\hat{y} = b_0 + b_1 x$$

는 다음과 같은 성질을 갖는다.

(1) 잔차 $e_i = y_i - \hat{y}_i$의 합은 0이다. 즉

$$\sum_{i=1}^{n} e_i = 0. \tag{3.35}$$

증명

$$\begin{aligned}\sum_{i=1}^{n} e_i &= \sum_{i=1}^{n}(y_i - b_0 - b_1 x_i)\\ &= \sum_{i=1}^{n} y_i - n b_0 - b_1 \sum_{i=1}^{n} x_i\\ &= 0 (\text{정규방정식 (3.13a)에 의하여})\end{aligned}$$

대체모형 식 (3.19)를 이용하면

$$\begin{aligned}y_i - \hat{y}_i &= y_i - \left[b_0{}' + b_1(x_i - \bar{x})\right]\\ &= (y_i - \bar{y}) - b_1(x_i - \bar{x})\end{aligned}$$

이므로

$$\begin{aligned}\sum_{i=1}^{n} e_i &= \sum_{i=1}^{n}(y_i - \hat{y}_i)\\ &= \sum_{i=1}^{n}(y_i - \bar{y}) - b_1 \sum_{i=1}^{n}(x_i - \bar{x})\\ &= 0\end{aligned}$$

또한 잔차의 합 $\sum_{i=1}^{n} e_i = 0$이므로

$$\sum_{i=1}^{n} y_i = \sum_{i=1}^{n} \hat{y}_i \tag{3.36}$$

(2) 잔차제곱의 합 $\sum_{i=1}^{n} e_i^2$은 최소가 된다.

이 사실은 최소제곱법에 의해서 b_0, b_1을 구할 때 요구하는 성질이므로 명백하다.

(3) 잔차들의 x_i에 의한 가중합(weighted sum)은 0이다. 즉

$$\sum_{i=1}^{n} x_i e_i = 0. \tag{3.37}$$

증명

$$\begin{aligned}\sum_{i=1}^{n} x_i e_i &= \sum_{i=1}^{n} x_i (y_i - \hat{y}_i) \\ &= \sum_{i=1}^{n} x_i (y_i - b_0 - b_1 x_i) \\ &= \sum_{i=1}^{n} x_i y_i - b_0 \sum_{i=1}^{n} x_i - b_1 \sum_{i=1}^{n} x_i^2 \\ &= 0 \ (\text{정규방정식 (3.13b)에 의하여})\end{aligned}$$

(4) 잔차들의 $\hat{y}_i$에 의한 가중합은 0이다. 즉

$$\sum_{i=1}^{n} \hat{y}_i e_i = 0 \tag{3.38}$$

증명

$$\begin{aligned}\sum_{i=1}^{n} \hat{y}_i e_i &= \sum_{i=1}^{n} (b_0 + b_1 x_i) e_i \\ &= b_0 \sum_{i=1}^{n} e_i + b_1 \sum_{i=1}^{n} x_i e_i \\ &= 0\end{aligned}$$

(5) 적합된 회귀선 $\hat{y_i} = b_0 + b_1 x_i$는 항상 점 $(\overline{x}, \overline{y})$를 지난다.

증명 식 (3.20)의 대체모형

$$\hat{y} - \overline{y} = b_1(x - \overline{x})$$

에서 $x = \overline{x}$일 때 $\hat{y} = \overline{y}$가 되며 〈그림 3.5〉는 이와 같은 관계를 잘 설명해 주고 있다.

3.3.4 분산 σ^2의 추정

앞에서 선형회귀모형 $y = \beta_0 + \beta_1 x + \epsilon$을 표본으로부터 적합시킬 때 오차항 ϵ은 서로 독립이며 평균이 0이고 표준편차가 σ인 정규분포를 따르고 이는 독립변수 x에 관계없이 항상 성립한다고 가정하였다. 그런데 오차항 ϵ의 분산 σ^2은 회귀모형을 분석하는 과정에서 중요한 역할을 하지만 실제의 경우에는 알려져 있지 않은 경우가 많으므로 σ^2을 추정하는 방법을 생각해 보기로 하자.

회귀모형에서 분산을 추정하는 방법을 살펴보기 전에 보다 간단한 경우인 단순모집단(single population)에서의 분산을 생각해 보기로 하자.

일반적으로 모집단의 산포도를 나타내는 모분산 σ^2은 식 (2.4)와 같이 주어지나 표본으로부터의 모분산의 불편추정량 s^2은 다음과 같이 정의된다.

$$s^2 = \frac{1}{n-1} \sum_{i=1}^{n} (x_i - \overline{x})^2 \tag{3.39}$$

($n-1$이 아니고 n으로 나누는 경우도 있으나 이때는 s^2이 불편추정량이 아니다.)

여기서 $n-1$을 **자유도**(degree of freedom)라고 하며 하나를 뺀 것은 모집단 평균 μ 대신에 추정량 $\overline{x}$를 계산함으로써 $\sum(x_i - \overline{x}) = 0$인 제약식이 존재하여 자유도 하나가 상실되었기 때문이며 식 (3.39)로 정의되는 추정량은 σ^2의 불편추정량이다.

자유도란?

자유도란 자유로 선택될 수 있는 요소의 수 또는 자유로 변할 수 있는 변수의 수, 즉 독립변수의 수를 말한다. 예를 들면 세 개의 변수 x_1, x_2, x_3의 합이 6일 때 세 개의 변수 중 두 개의 값만 결정되면 나머지 하나의 값은 자동적으로 결정되므로 이 경우의 자유도는 3 − 1 = 2가 된다.

같은 방법으로 회귀모형에서 오차항 ϵ의 분산 σ^2을 추정하여 보자. 오차항 ϵ의 분산 σ^2은 식 (3.6b)에서 알 수 있는 바와 같이 관측값 y의 분산과 동일하므로 y의 분산을 추정하는 절차를 생각하겠다. 회귀모형에서 관측값 y의 분산이 크다는 것은 측정값들이 회귀선으로부터 멀리 떨어져 있다는 것을 의미하고 분산이 작다는 것은 측정값들이 회귀선 주위에 모여 있다는 것을 의미하므로 분산 σ^2은 측정값 y와 이때 대응되는 회귀직선의 값 $\mu_{y,x}$와의 차(ϵ_i)의 함수로 주어질 것이다. 따라서 σ^2의 추정값 $\hat{\sigma}^2$은 측정값 y와 회귀직선의 추정값 $\hat{y}$의 차

$$e_i = y_i - \hat{y}_i$$

의 함수로 표현될 것이므로 **잔차제곱합**(residual sum of squares)을 SSE라고 표시하면 다음과 같다.

$$SSE = \sum_{i=1}^{n}(y_i - \hat{y}_i)^2 = \sum_{i=1}^{n}(y_i - b_0 - b_1 x_i)^2 \tag{3.40}$$

이때 SSE의 자유도는 $n-2$가 된다. 왜냐하면 식 (3.40)에서 b_0와 b_1은 추정된 값이므로 자유도가 각각 하나씩 줄어들기 때문이다. 따라서 다음과 같은 **잔차제곱평균**(residual mean squares)을 정의하면

$$MSE = \frac{SSE}{n-2} = \frac{\sum_{i=1}^{n}(y_i - \hat{y}_i)^2}{n-2} = \frac{\sum_{i=1}^{n}(y_i - b_0 - b_1 x_i)^2}{n-2} \tag{3.41}$$

MSE는 σ^2의 불편추정량이 됨을 보일 수 있다(증명은 4장에서). 즉

$$E(MSE) = \sigma^2 \tag{3.42}$$

따라서 표준편차(standard deviation) σ의 추정량은 MSE의 양의 평방근(positive square root)으로 표시할 수 있다.

$$\hat{\sigma} = \sqrt{MSE} = \sqrt{\frac{\sum_{i=1}^{n}(y_i - \hat{y}_i)^2}{n-2}} \tag{3.43}$$

> 모형 (3.3)에서 분산 σ^2의 불편추정량은 MSE이다.

최우추정법으로 추정된 σ^2의 추정량 $\tilde{\sigma}^2$은

$$\tilde{\sigma}^2 = \frac{1}{n}\sum_{i=1}^{n}(y_i - \hat{y}_i)^2$$
$$= \frac{n-2}{n} \cdot \frac{1}{n-2}\sum_{i=1}^{n}(y_i - \hat{y}_i)^2$$
$$= \frac{n-2}{n} \cdot MSE$$

이므로 불편추정량이 아니고

$$E\left(\frac{n}{n-2}\tilde{\sigma}^2\right) = \sigma^2$$

이므로 $\frac{n}{n-2}\tilde{\sigma}^2$은 σ^2의 불편추정량이다.

예제 3.3

〈표 3.1〉에 있는 표본자료에 대하여 σ^2의 불편추정량 MSE를 구하여라.

풀이 예제 3.3에서 추정된 회귀직선은

$$\hat{y} = 10 + 2.0x$$

이므로 잔차 e_i를 계산하면 〈표 3.3〉으로 주어진다.

〈표 3.3〉 추정값, 잔차, 잔차제곱

i	x_i	y_i	$\hat{y}_i$	$(y_i - \hat{y}_i) = e_i$	$(y_i - \hat{y}_i)^2 = e_i^2$
1	30	73	70	+3	9
2	20	50	50	0	0
3	60	128	130	−2	4
4	80	170	170	0	0
5	40	87	90	−3	9
6	50	108	110	−2	4
7	60	135	130	+5	25
8	30	69	70	−1	1
9	70	148	150	−2	4
10	60	132	130	+2	4
계	500	1,100	1,100	0	60

〈표 3.3〉에서

$$\sum_{i=1}^{n} e_i^2 = \sum_{i=1}^{n} (y_i - \hat{y}_i)^2 = 60$$

이므로

$$MSE = \frac{\sum_{i=1}^{n} (y_i - \hat{y}_i)^2}{n-2} = \frac{60}{8} = 7.5$$

$$\hat{\sigma}^2 = MSE = 7.50$$

$$\hat{\sigma} = \sqrt{MSE} = 2.73861$$

만약 추정된 회귀선이 모든 관찰점들을 지난다면 $y_i - \hat{y}_i = 0$이므로 $MSE = 0$이 됨을 알 수 있다. 다시 말해서 $MSE = 0$이면 모든 점들이 회귀선 위에 있게 된다. 실제 문제에서 이런 경우는 거의 없으나 MSE의 값이 0에 근접하는 경우는 흔히 있는데 이 경우는 모든 점들이 추정된 회귀선 주변에 모여 있음을 나타내는 경우로 표본에 의해 회귀선을 잘 추정하였다고 볼 수 있다. SSE를 계산하는 식 (3.40)을 변형하면 다음과 같은 식들을 얻을 수 있다.

$$SSE = \sum_{i=1}^{n} y_i^2 - b_0 \sum_{i=1}^{n} y_i - b_1 \sum_{i=1}^{n} x_i y_i \qquad (3.44a)$$

$$SSE = \sum_{i=1}^{n} (y_i - \bar{y})^2 - \frac{\left[\sum_{i=1}^{n} (x_i - \bar{x})(y_i - \bar{y})\right]^2}{\sum_{i=1}^{n} (x_i - \bar{x})^2} \qquad (3.44b)$$

$$SSE = \left[\sum_{i=1}^{n} y_i^2 - \frac{\left(\sum_{i=1}^{n} y_i\right)^2}{n}\right] - \frac{\left[\sum_{i=1}^{n} x_i y_i - \frac{\sum_{i=1}^{n} x_i \sum_{i=1}^{n} y_i}{n}\right]^2}{\sum_{i=1}^{n} x_i^2 - \frac{\left(\sum_{i=1}^{n} x_i\right)^2}{n}} \qquad (3.44c)$$

SAS를 이용한 풀이

SAS를 이용하여 예제 3.3을 해결하여라.

SAS 프로그램은 예제 3.2와 동일하다.

[예제 3.3 SAS 실행결과]

SAS 시스템

The REG Procedure
Model: MODEL1
Dependent Variable: Y

Number of Observations Read	10
Number of Observations Used	10

Analysis of Variance					
Source	DF	Sum of Squares	Mean Square	F Value	Pr > F
Model	1	13600	13600	1813.33	<.0001
Error	8	60.00000	7.50000		
Corrected Total	9	13660			

Root MSE	2.73861	R-Square	0.9956
Dependent Mean	110.00000	Adj R-Sq	0.9951
Coeff Var	2.48965		

Parameter Estimates					
Variable	DF	Parameter Estimate	Standard Error	t Value	Pr > |t|
Intercept	1	10.00000	2.50294	4.00	0.0040
X	1	2.00000	0.04697	42.58	<.0001

해설 위의 결과에 의하여 σ^2의 불편추정량 MSE는 아래와 같다.

$$\hat{\sigma}^2 = MSE = 7.50$$

R을 이용한 풀이

R을 이용하여 예제 3.3을 해결하여라.

예제 3.3을 위한 R 프로그램은 예제 3.2와 동일하다.

[예제 3.3 R 실행결과]

```
R Console
Analysis of Variance Table

Response: y
          Df Sum Sq Mean Sq F value    Pr(>F)
x          1  13600 13600.0  1813.3 1.02e-10 ***
Residuals  8     60     7.5
---
Signif. codes:  0 '***' 0.001 '**' 0.01 '*' 0.05 '.' 0.1 ' ' 1
> 
```

해설 ANOVA 도표에서 보는 바와 같이 σ^2의 불편추정량은 7.5라는 것을 알 수 있다.

연습문제

3.1 어떤 종합상사에서 상사건물의 난방에 필요한 연료의 양과 이것에 영향을 미치는 요인(factor)과의 관계를 파악하려고 한다. 다음은 과거 8주간의 자료로 y는 매주의 석탄소비량(ton)이고 x는 여러 요인들 중 시간당 평균온도($^\circ F$)만을 나타낸 것이다.

주	1	2	3	4	5	6	7	8
x	28.0	28.0	32.5	39.0	45.9	57.8	58.1	62.5
y	12.4	11.7	12.4	10.8	9.4	9.5	8.0	7.5

1) 데이터의 산점도를 그려라.
2) $y = \beta_0 + \beta_1 x + \epsilon$을 가정하여 최소제곱법에 의한 회귀직선을 추정하고 그 결과를 산점도 위에 도시하여라.
3) 가정된 회귀모형 $y = \beta_0 + \beta_1 x_i + \epsilon_i$에서 $E(y_i) = \beta_0 + \beta_1 x_i$와 ϵ_i는 무엇을 의미하는가?
4) 추정된 회귀직선에서 b_0와 b_1값의 의미를 설명하여라.
5) 상관계수를 계산하고 그 값의 의미를 설명하여라.
6) 시간당 평균온도가 $x_5 = 45.9$일 때 석탄소비량의 값을 추정하여라.
7) 잔차제곱합 SSE를 구하여라.
8) 추정된 회귀직선에서 b_0와 b_1의 값을 각각 16.22, −0.1152로 가정하여 잔차제곱합을 구하고 7)의 그것과 비교하라. 비교의 결과가 갖는 의미는 무엇인가?

3.2 어떤 제조업체에서 생산되는 제품의 판매액 (y)에 광고비(x)가 미치는 영향을 조사하기 위해 10개 지역에서 다음의 자료를 얻었다.

판매지역	1	2	3	4	5	6	7	8	9	10
x	5	6	7	8	9	10	11	12	13	14
y	89	87	98	110	103	114	116	110	126	130

1) 데이터의 산점도를 그려라.
2) 주어진 자료에 대한 회귀모형으로 $y = \beta_0 + \beta_1 x_i + \epsilon_i$를 가정할 때 $\beta_0 + \beta_1 x_i$의 의미를 설명하고 β_0와 β_1을 최소제곱법에 의해 추정하여라.

3) β_1의 추정값 b_1의 의미를 설명하여라.
4) x = 10일 때 판매액을 추정하고 추정된 값의 의미를 해석하여라.
5) 상관계수를 계산하고 그 값의 뜻을 설명하여라.

3.3 어느 증권회사에서 A회사의 주가와 종합주가지수를 10개월간 조사하였더니 다음과 같았다.

월	1	2	3	4	5	6	7	8	9	10
A주가(원): x	650	670	690	650	660	650	670	660	690	710
종합주가지수: y	210	212	217	215	216	214	220	218	220	224

1) A주식의 주가와 종합주가지수 사이의 표본상관계수 r을 계산하여라.
2) 최소제곱법에 의하여 y의 x에 관한 단순회귀직선을 추정하여 산점도 위에 그림을 그리고 실제 관측값과 비교하여라.
3) MSE를 계산하고 MSE의 크기와 위 그림에서 나타난 결과를 비교하여라.
4) 잔차 $e_i = y_i - \hat{y}_i$을 구하고 그 합이 0이 되는 것을 확인하여라.
5) 잔차들의 x_i에 의한 가중합 $\sum_{i=1}^{n} x_i e_i$이 0이 됨을 보여라.
6) 잔차들의 $\hat{y}_i$에 의한 가중합 $\sum_{i=1}^{n} \hat{y}_i e_i$이 0이 됨을 보여라.

3.4 다음표는 밀의 생산량(y)과 비료량(x) 간에 어떤 관계가 있는가를 알기 위하여 10개의 경작지를 표본으로 취하여 비료량을 변화시켰을 때 단위면적당 밀의 생산량이다.

x(pound/acre)	2	2	3	3	4	4	5	5	6	6
y(bushel/acre)	12	13	13	14	15	15	14	16	17	18

1) 이 데이터의 산점도를 그려라.
2) 최소제곱법에 의한 회귀직선을 추정하고 산점도 위에 표시하여라.
3) 적합된 회귀직선에서 추정의 표준오차 $\hat{\sigma}$를 구하여라.
4) 상관계수를 계산하여라.
5) 생산량을 15.85로 하려면 비료량을 몇 파운드 주어야 하겠는가?

3.5 어떤 컴퓨터 회사에서는 판매정책의 일환으로 애프터서비스를 정기적으로 하고 있다. 다음은 서비스의 요구건수와 이에 대한 수리시간을 조사하기 위해 11개 대리점을 대상으로 해서 얻은 자료이다.

대리점	1	2	3	4	5	6	7	8	9	10	11
서비스 수(x건)	4	2	5	7	1	3	4	5	2	4	6
수리시간(y분)	109	58	138	189	37	82	103	134	68	112	154

1) 데이터의 산점도를 그려라.

2) $y = \beta_0 + \beta_1 x + \epsilon$를 가정하고 최소제곱추정량 b_0와 b_1을 구하여라.

3) 추정치 b_1의 의미를 설명하여라.

4) 서비스 수가 4일 때 수리시간을 추정하고 추정값의 의미를 설명하여라.

5) 산점도 위에 추정된 회귀직선을 도시하고 잔차를 나타내어라.

6) 상관계수를 구하여라.

3.6 화공약품을 생산하는 공장에서 온도가 생산량에 미치는 영향을 연구하기 위하여 다음과 같은 자료를 얻었다.

온도 x	생산량 y	온도 x	생산량 y
−5	1	0	8
−4	5	1	9
−3	4	2	13
−2	7	3	14
−1	10	4	13
		5	18

1) 이 데이터의 산점도를 그려라.

2) x와 y의 관계를 $y = \beta_0 + \beta_1 x + \epsilon$으로 가정하고 최소제곱법에 의한 회귀직선을 추정하여라.

3) 오차항 ϵ의 분산 σ^2의 추정량 MSE를 구하여라.

4) x와 y의 표본상관계수를 계산하여라.

3.7 다음은 학생 9명의 통계학성적(y)과 과제물성적(x)의 자료이다.

x	4.2	3.8	4.8	3.4	4.5	4.6	4.3	3.7	3.9
y	2.8	2.5	3.1	2.1	2.9	2.6	2.4	2.4	2.5

1) 자료에 대해 $y = \beta_0 + \beta_1 x + \epsilon$이 성립한다고 가정하고 최소제곱추정량 b_0와 b_1을 구하여라.
2) $\hat{y} = b_0 + b_1 x$를 산점도 위에 나타내어라.
3) 상관계수를 구하고 그 값의 의미를 설명하여라.

3.8 다음은 6일부터 16일까지 관찰된 병아리 태아(embryo)의 체중에 관한 자료이다.

연령(x: 일)	6	7	8	9	10	11	12	13	14	15	16
체중(y: g)	0.029	0.052	0.079	0.125	0.181	0.261	0.425	0.738	1.130	1.882	2.812

1) x에 대한 y의 산점도를 그려라.
2) $y = \beta_0 + \beta_1 x + \epsilon$를 가정하고 최소제곱법에 의해 회귀적선을 추정하고 그것을 산점도 위에 나타내어라.
3) 상관계수 r_{xy}를 계산하고 의미를 설명하여라.
4) $z_i = \log_{10} y_i$를 계산하고 x에 대한 z의 산점도를 그리고 1)의 결과와 비교하여라. 두개의 산점도 중 어느것이 선형에 더 가까운가?
5) x와 z의 상관계수 r_{xz}를 계산하고 r_{xy}와 크기를 비교하여라.

3.9 어느 학급에서 시험점수(y)와 결석일수(x) 사이의 관계를 알아보기 위하여 그 학급 학생 50명으로부터 다음 자료를 얻었다.

$n = 50$ $\qquad \sum x_i = 18$ $\qquad \sum y_i = 3{,}000$

$\sum xy = 8{,}800$ $\qquad \sum x^2 = 680$ $\qquad \sum y_i^2 = 196{,}000$

1) 시험점수와 결석일수 사이의 표본상관계수를 구하여라.

2) 대체모형 $y_i = \beta_0' + \beta_1(x_i - \bar{x}) + \epsilon_i$에서 β_0', β_1의 최소제곱추정량을 계산하여라.

3) 결석을 3번한 학생에 대한 평균성적의 추정량을 계산하여라.

4) 오차항 ϵ의 표준편차 σ를 추정하여라.

3.10 단순회귀모형 $y = \beta_0 + \beta_1 x + \epsilon$ 에서 MSE가 ϵ의 분산 σ^2의 불편추정량이 됨을 증명하여라.

3.11 식 (3.44a), (3.44b), (3.44c)가 성립함을 보여라.

4장

단순회귀모형에 관한 추론

앞 장에서는 두 변수 x와 y 사이에 단순회귀 관계가 성립한다고 가정하여 다음과 같은 모집단회귀선(population regression line)

$$\mu_{y,x} = \beta_0 + \beta_1 x$$

을 가정하고 최소제곱법과 최우추정법을 이용하여 모집단 회귀계수 β_0와 β_1의 점추정량을 구하는 절차와 이 추정량으로부터 모집단회귀선을 추정하는 절차를 살펴보았다. 그런데 β_0와 β_1의 추정량 b_0와 b_1은 모두 관측값 y의 선형결합이고 y가 확률변수이므로 b_0와 b_1도 확률변수가 된다. 이 장에서는 모회귀계수 β_0와 β_1에 관한 구간추정(interval estimation)을 구하고 x가 주어졌을 때 $E(y)$에 관한 구간추정과 새로운 측정값 y에 관한 예측구간(prediction interval)을 구하며 각각의 모수들에 대한 가설검정(hypothesis test)을 행하는 절차를 살펴보겠다. 또한 회귀분석에 분산분석(analysis of variance)기법을 도입하여 분석하는 절차를 살펴보겠는데 이 장에서의 모든 모형은 식 (3.3)에서 가정한 모든 조건을 만족하고 $\epsilon \sim N(0, \sigma^2)$인 모형이다.

4.1 구간추정

4.1.1 β_1의 신뢰구간

회귀모형 (3.3)에서 오차항 ϵ이 정규분포 $N(0, \sigma^2)$를 하면 관측값 y는 $N(\beta_0 + \beta_1 x, \sigma^2)$를 따른다는 것을 3장에서 살펴보았다. 그런데 식 (3.14a)로 주어지는 회귀계수 β_1의 추정량 b_1은 식 (3.26)에 의하여

$$b_1 = \frac{\sum_{i=1}^{n}(x_i - \bar{x})y_i}{\sum_{i=1}^{n}(x_i - \bar{x})^2} = \sum_{i=1}^{n} w_i y_i$$

이므로 b_1은 관측값 y의 선형결합으로 주어진다. 또한 식 (3.27)과 식 (3.29)에서

$$E(b_1) = \beta_1$$

$$Var(b_1) = \frac{1}{\sum_{i=1}^{n}(x_i - \bar{x})^2}\sigma^2$$

이므로 σ^2를 아는 경우 b_1의 확률분포는 다음과 같다.

$$b_1 \sim N\left(\beta_1, \frac{1}{\sum_{i=1}^{n}(x_i - \bar{x})^2}\sigma^2\right) \tag{4.1}$$

따라서 정규분포의 성질에 의하여

$$z_0 = \frac{b_1 - \beta_1}{\sqrt{\frac{1}{\sum_{i=1}^{n}(x_i - \bar{x})^2}\sigma^2}} \quad \sim \quad N(0, 1) \tag{4.2}$$

이므로 다음과 같은 확률식을 얻을 수 있다.

$$P\left(-z_{\alpha/2} \leq \frac{b_1 - \beta_1}{\sqrt{\frac{1}{\sum_{i=1}^{n}(x_i - \bar{x})^2}\sigma^2}} \leq z_{\alpha/2}\right) = 1 - \alpha$$

이 식을 변형하면

$$P\left(b_1 - z_{\alpha/2}\frac{1}{\sqrt{\sum_{i=1}^{n}(x_i - \bar{x})^2}}\sigma \leq \beta_1 \leq b_1 + z_{\alpha/2}\frac{1}{\sqrt{\sum_{i=1}^{n}(x_i - \bar{x})^2}}\sigma\right)$$

$$= 1 - \alpha \tag{4.3}$$

식 (4.3)은 β_1의 모든 가능한 값에 대하여 성립하므로 σ^2를 아는 경우 신뢰계수 $(1-\alpha)$를 가지는 β_1의 $100(1-\alpha)\%$ 신뢰구간은

$$b_1 - z_{\alpha/2}\frac{\sigma}{\sqrt{\sum_{i=1}^{n}(x_i-\overline{x})^2}} \le \beta_1 \le b_1 + z_{\alpha/2}\frac{\sigma}{\sqrt{\sum_{i=1}^{n}(x_i-\overline{x})^2}} \tag{4.4a}$$

또는

$$\left[b_1 - z_{\alpha/2}\frac{\sigma}{\sqrt{S_{xx}}},\, b_1 + z_{\alpha/2}\frac{\sigma}{\sqrt{S_{xx}}}\right] \tag{4.4b}$$

이 된다. 여기서 유의해야 될 사항은 식 (4.3)의 괄호 속의 식과 식 (4.4)가 동일하게 보이지만 식 (4.3)에서는 통계량 b_1이 확률변수이고 식 (4.4)에서는 실제로 얻어진 표본으로부터 계산된 값이므로 확률변수가 아니라는 것이다. 이 사실은 모든 구간추정에 적용되는 내용이다. 위의 경우는 σ^2를 아는 것으로 가정하였으나 실제 문제에서는 모르는 경우가 더 많다.

이와 같이 σ^2를 모르는 경우는 σ^2의 추정량이 MSE로 얻어지므로 b_1의 분산의 추정값은 다음과 같다.

$$\widehat{Var}(b_1) = \frac{MSE}{\sum_{i=1}^{n}(x_i-\overline{x})^2} = S^2(b_1) \tag{4.5}$$

따라서 b_1의 표준편차 $\sigma(b_1) = \sqrt{Var(b_1)}$의 추정값으로

$$\hat{\sigma}(b_1) = S(b_1) = \sqrt{\frac{MSE}{\sum_{i=1}^{n}(x_i-\overline{x})^2}} \tag{4.6}$$

을 생각하여도 좋을 것이다. 그런데

$$\frac{\hat{\sigma}^2(b_1)}{\sigma^2(b_1)} = \frac{\widehat{Var}(b_1)}{Var(b_1)} = \frac{\dfrac{MSE}{\sum_{i=1}^{n}(x_i-\overline{x})^2}}{\dfrac{\sigma^2}{\sum_{i=1}^{n}(x_i-\overline{x})^2}} = \frac{MSE}{\sigma^2} = \frac{SSE}{\sigma^2(n-2)}$$

이고 $\dfrac{SSE}{\sigma^2}$는 식 (2.18)에 의하여 자유도 $(n-2)$인 χ^2 분포를 한다. 따라서 t 분포의 성질에 의해 다음과 같은 통계량 t_0는 자유도가 $(n-2)$인 t 분포를 한다.

$$t_0 = \frac{b_1 - \beta_1}{S(b_1)} \quad \sim \quad t_{(n-2)} \tag{4.7}$$

식 (4.7)로부터 다음을 구할 수 있다.

$$P\left[-t(n-2\,;\frac{\alpha}{2}) \leqq \frac{b_1-\beta_1}{S(b_1)} \leqq t(n-2\,;\frac{\alpha}{2})\right] = 1-\alpha \tag{4.8}$$

이 식을 변형하면 다음과 같다.

$$P\left[b_1 - t(n-2\,;\frac{\alpha}{2})S(b_1) \leqq \beta_1 \leqq b_1 + t(n-2\,;\frac{\alpha}{2})S(b_1)\right] = 1-\alpha \tag{4.9}$$

따라서 σ^2를 모르는 경우 β_1에 관한 $100(1-\alpha)\%$ 신뢰구간은 다음과 같다.

$$b_1 - t(n-2\,;\frac{\alpha}{2})S(b_1) \leqq \beta_1 \leqq b_1 + t(n-2\,;\frac{\alpha}{2})S(b_1) \tag{4.10}$$

또는 $b_1 - t_{\alpha/2}(n-2)\sqrt{\dfrac{MSE}{\sum_{i=1}^{n}(x_i-\overline{x})^2}} \leqq \beta_1 \leqq b_1 + t_{\alpha/2}(n-2)\sqrt{\dfrac{MSE}{\sum_{i=1}^{n}(x_i-\overline{x})^2}}$

으로 주어진다.

이 경우에도 식 (4.9)에서의 b_1은 확률변수이고 식 (4.10)에서의 b_1은 표본으로부터 계산된 실제값이다.

β_1의 $100(1-\alpha)\%$ 신뢰구간

① σ^2를 아는 경우

$$b_1 - z_{\alpha/2}\sigma(b_1) \leqq \beta_1 \leqq b_1 + z_{\alpha/2}\sigma(b_1)$$

② σ^2를 모르는 경우

$$b_1 - t(n-2\,;\frac{\alpha}{2})S(b_1) \leqq \beta_1 \leqq b_1 + t(n-2\,;\frac{\alpha}{2})S(b_1)$$

4.1.2 β_0의 신뢰구간

모집단회귀선의 절편 β_0의 추정량은 식 (3.14b)에서

$$b_0 = \bar{y} - b_1\bar{x} = \sum_{i=1}^{n}\left(\frac{1}{n} - \frac{\bar{x}(x_i - \bar{x})}{\sum(x_i - \bar{x})^2}\right)y_i \tag{4.11}$$

이며 b_0의 기댓값과 분산은 각각 식 (3.28)과 (3.32)에서

$$E(b_0) = \beta_0$$

$$Var(b_0) = \left(\frac{1}{n} + \frac{(\bar{x})^2}{\sum(x_i - \bar{x})^2}\right)\sigma^2 = \sigma^2(b_0)$$

이다. b_0는 식 (4.11)에서 정규분포를 따르는 확률변수 y의 선형결합이므로 b_0의 분포는 다음과 같다.

$$b_0 \quad \sim \quad N(\beta_0, \sigma^2(b_0)) \tag{4.12}$$

따라서 정규분포의 성질에 의하여

$$\frac{b_0 - \beta_0}{\sigma(b_0)} \quad \sim \quad N(0, 1) \tag{4.13}$$

만약 오차 ϵ의 분산 σ^2를 모르는 경우는 σ^2의 추정값으로 MSE를 이용하면 $\sigma^2(b_0)$의 추정값은

$$\begin{aligned}\widehat{\sigma^2}(b_0) = S^2(b_0) &= MSE\frac{\sum x_i^2}{n\sum(x_i - \bar{x})^2} \\ &= MSE\left(\frac{1}{n} + \frac{(\bar{x})^2}{\sum(x_i - \bar{x})^2}\right)\end{aligned} \tag{4.14}$$

이 되고 b_1에서의 식 (4.7)과 같은 이론에 의해

$$\frac{b_0 - \beta_0}{S(b_0)} \quad \sim \quad t(n-2) \tag{4.15}$$

이 된다. 따라서 β_1에 대한 신뢰구간을 구하는 방법과 동일한 절차에 의하여 β_0의 $100(1-\alpha)\%$의 신뢰구간은 다음과 같다.

β_0의 $100(1-\alpha)\%$ 신뢰구간

① σ^2를 아는 경우

$$b_0 - z_{\alpha/2}\sqrt{\sigma^2\left(\frac{1}{n}+\frac{(\bar{x})^2}{\sum(x_i-\bar{x})^2}\right)} \le \beta_0 \le b_0 + z_{\alpha/2}\sqrt{\sigma^2\left(\frac{1}{n}+\frac{(\bar{x})^2}{\sum(x_i-\bar{x})^2}\right)} \tag{4.16a}$$

② σ^2를 모르는 경우

$$b_0 - t\left(n-2:\frac{\alpha}{2}\right)\sqrt{MSE\left(\frac{1}{n}+\frac{(\bar{x})^2}{\sum(x_i-\bar{x})^2}\right)} \le \beta_0 \tag{4.16b}$$

$$\le b_0 + t\left(n-2:\frac{\alpha}{2}\right)\sqrt{MSE\left(\frac{1}{n}+\frac{(\bar{x})^2}{\sum(x_i-\bar{x})^2}\right)}$$

예제 4.1

〈표 3.1〉의 홍보비용과 예금유치액의 표본자료가 얻어진 모집단에서 y와 x 사이에 $\mu_{y,x}=\beta_0+\beta_1 x$의 관계가 성립한다고 가정할 때 β_1의 95% 신뢰구간과 β_0의 90% 신뢰구간을 구하여라(단 σ^2은 미지).

풀이 3장의 예제에서 얻어진 자료를 정리해 보면 〈표 4.1〉과 같다.

〈표 4.1〉 3장에서 얻어진 〈표 3.1〉의 자료에 대한 결과

$n=10$	$\bar{x}=50$
$b_0=10.0$	$b_1=2.0$
$\hat{y}=10.0+2.0x$	$SSE=\sum_{i=1}^{n}(y_i-\hat{y}_i)^2=60$
$\sum_{i=1}^{n}x_i^{\,2}=28{,}400$	$MSE=7.5$

$$\sum_{i=1}^{n}(x_i-\bar{x})^2=\sum_{i=1}^{n}x_i^{\,2}-\frac{(\sum_{i=1}^{n}x_i)^2}{n}=3,400$$

$$\sum_{i=1}^{n}(x_i-\bar{x})(y_i-\bar{y})=\sum_{i=1}^{n}x_iy_i-\frac{\sum_{i=1}^{n}x_i\sum_{i=1}^{n}y_i}{n}=6,800$$

$$\sum_{i=1}^{n}(y_i-\bar{y})^2=\sum_{i=1}^{n}y_i^{\,2}-\frac{(\sum_{i=1}^{n}y_i)^2}{n}=13,660$$

β_1에 관한 $100(1-\alpha)\%$ 신뢰구간을 구하기 위하여 위 자료로부터 $S^2(b_1)$을 구해 보면

$$S^2(b_1)=\frac{MSE}{\sum_{i=1}^{n}(x_i-\bar{x})^2}=\frac{7.5}{3.400}=0.002206$$

이므로

$$S(b_1)=0.04697$$

또한 부록 표 A-2로부터 $t(8;0.025)=2.306$이므로 β_1의 95% 신뢰구간은 식 (4.10)에 의해

$$2.0-(2.306)(0.04697)\leqq\beta_1\leqq2.0+(2.306)(0.04697)$$
$$1.89\leqq\beta_1\leqq2.11$$

즉 홍보비용을 한 단위(백만 원) 늘리면 예금유치액은 1.89와 2.11 사이의 어느 한 값의 배수만큼 평균적으로 증가함을 신뢰계수 0.95로 예측할 수 있을 것이다.

β_0의 신뢰구간을 구하기 위하여 $S^2(b_0)$을 구해 보면

$$S^2(b_0)=MSE\frac{\sum_{i=1}^{n}x_i^{\,2}}{n\sum_{i=1}^{n}(x_i-\bar{x})^2}=(7.5)\frac{28,400}{10(3,400)}=6.26471$$

이 되고

$$S(b_0) = 2.50294$$

따라서 β_0의 90% 신뢰구간은 식 (4.16b)에 의하여 $t(8;0.05) = 1.860$이므로

$$10.0 - (1.860)(2.50294) \leqq \beta_0 \leqq 10.0 + (1.860)(2.50294)$$
$$5.34 \leqq \beta_0 \leqq 14.66$$

로 얻어지지만 β_0에 관한 신뢰구간이 반드시 의미 있는 정보를 제공하는 것은 아니다. 왜냐하면 가정된 선형회귀모형이 $x = 0$, 즉 홍보를 전혀 하지 않았을 때에도 성립하는지 확실하지 않기 때문이다.

4.1.3 평균반응량 $E(y) = \mu_{y,x}$의 신뢰구간

회귀분석을 행하는 중요한 목적 중 하나는 어떤 주어진 독립변수 x에 대하여 평균반응량 $E(y \mid x)$를 추정하는 일이다. 지금 x_0를 추정하고자 하는 평균반응량 $E(y \mid x)$에 대응되는 독립변수 x의 값이라고 하자. 이때 x_0는 회귀모형을 적합시키기 위하여 이용된 표본자료(original data)의 범위 안에 있는 값이다. 따라서 식 (3.16)으로부터 $E(y \mid x_0)$의 추정값은 다음과 같다.

$$\hat{E}(y \mid x_0) = \hat{y}_0 = b_0 + b_1 x_0 \tag{4.17}$$

여기서 b_0와 b_1은 앞에서 살펴본 바와 같이 관측값 y의 선형결합이고 정규분포를 하므로 $\hat{y}_0$도 y의 선형결합이고 다음과 같은 평균과 분산을 갖는 정규분포를 한다.

$$E(\hat{y}_0) = E(b_0 + b_1 x_0) = \beta_0 + \beta_1 x_0 = \mu_{y,x_0} \tag{4.18}$$

식 (3.19)로부터

$$\begin{aligned}\hat{y}_0 &= b'_0 + b_1(x_0 - \bar{x}) \\ &= \bar{y} + b_1(x_0 - \bar{x})\end{aligned}$$

이므로

$$Var(\hat{y}_0) = Var[\bar{y} + b_1(x_0 - \bar{x})]$$
$$= Var(\bar{y}) + (x_0 - \bar{x})^2 Var(b_1) + 2(x_0 - \bar{x}) Cov(\bar{y}, b_1)$$

그런데 식 (3.31)로부터 $Cov(\bar{y}, b_1) = 0$이므로

$$Var(\hat{y}_0) = Var(\bar{y}) + (x_0 - \bar{x})^2 Var(b_1) \tag{4.19}$$
$$= \sigma^2\left(\frac{1}{n} + \frac{(x_0 - \bar{x})^2}{\sum(x_i - \bar{x})^2}\right)$$

식 (4.19)에서 $x_0 = \bar{x}$이면 $(x_0 - \bar{x})^2 = 0$이 되므로 y_0의 분산은 $x_0 = \bar{x}$에서 최소가 되며 $x_0 = \bar{x}$를 대칭으로 x_0의 값이 평균 $\bar{x}$로부터 멀어질수록 $(x_0 - \bar{x})^2$의 값이 커지므로 분산은 점점 커지게 된다. 식 (4.19)에서 σ^2를 모르는 경우 표본으로부터의 추정값 MSE를 σ^2의 추정값으로 생각하여 $Var(\hat{y}_0)$의 추정값 $\widehat{Var}(\hat{y}_0)$를 구할 수 있다. 즉

$$\widehat{Var}(\hat{y}_0) = MSE(\frac{1}{n} + \frac{(x_0 - \bar{x})^2}{\sum(x_i - \bar{x})^2}) \tag{4.20}$$
$$= S^2(\hat{y}_0)$$

σ^2를 아는 경우에는 $\hat{y}_0$가

$$\hat{y}_0 \sim N(\mu_{y,x_0}, Var(\hat{y}_0))$$

이므로 정규분포의 성질에 의하여 다음과 같다.

$$\frac{\hat{y}_0 - \mu_{y,x_0}}{\sqrt{Var(\hat{y}_0)}} \sim N(0,1) \tag{4.21}$$

σ^2를 모르는 경우에는 b_1에서의 식 (4.7)과 같은 이론에 의하여 다음과 같다.

$$\frac{\hat{y}_0 - \mu_{y,x_0}}{\sqrt{S^2(\hat{y}_0)}} \sim t(n-2) \tag{4.22}$$

따라서 주어진 x_0에서 μ_{y,x_0}의 $100(1-\alpha)\%$ 신뢰구간은 다음과 같다.

μ_{y,x_0}의 $100(1-\alpha)\%$ 신뢰구간

① σ^2를 아는 경우

$$\hat{y}_0 - z_{\alpha/2}\sqrt{\sigma^2\left(\frac{1}{n}+\frac{(x_0-\overline{x})^2}{\sum(x_i-\overline{x})^2}\right)} \leqq \mu_{y,x_0} \leqq \hat{y}_0 + z_{\alpha/2}\sqrt{\sigma^2\left(\frac{1}{n}+\frac{(x_0-\overline{x})^2}{\sum(x_i-\overline{x})^2}\right)} \quad \textbf{(4.23a)}$$

② σ^2를 모르는 경우

$$\hat{y}_0 - t(n-2:\frac{\alpha}{2})\sqrt{MSE\left(\frac{1}{n}+\frac{(x_0-\overline{x})^2}{\sum(x_i-\overline{x})^2}\right)} \leqq \mu_{y,x_0} \quad \textbf{(4.23b)}$$

$$\leqq \hat{y}_0 + t(n-2:\frac{\alpha}{2})\sqrt{MSE\left(\frac{1}{n}+\frac{(x_0-\overline{x})^2}{\sum(x_i-\overline{x})^2}\right)}$$

예제 4.2

〈표 3.1〉의 홍보비용과 예금 유치액 관계에 관한 예에서 홍보비용이 $x_0=55$ (백만원)일 때 $E(y \mid x_0)$의 90% 신뢰구간을 그림으로 표시하여라.

풀이 앞에서 계산된 $b_0=10.0$과 $b_1=2.0$을 식 (4.17)에 대입하면 $x_0=55$에서

$$\hat{y}_0 = 10.0 + 2.0(55) = 120$$

이고 식 (4.20)에서

$$S^2(\hat{y}_0) = 7.5\left[\frac{1}{10}+\frac{(55-50)^2}{3400}\right] = 0.80515$$

따라서 다음과 같다.

$$S(\hat{y}_0) = 0.89730$$

또한 부록 표 A-2로부터 $t(8\ ;\ 0.05) = 1.860$이므로 식 (4.23b)에 의하여 $\mu_{y,x_0} = E(y \mid x_0)$의 90% 신뢰구간은

$$120-(1.860)(0.89730) \leqq E(y \mid x_0 = 55) \leqq 120+(1.860)(0.89730)$$

$$118.3 \leqq E(y \mid x_0 = 55) \leqq 121.7$$

위와 같은 방법으로 $x_0 = 30$일 때의 신뢰구간은 다음과 같다.

$$70-(1.860)(1.27763) \leqq E(y \mid x_0 = 30) \leqq 70+(1.860)(1.27763)$$

$$67.7 \leqq E(y \mid x_0 = 30) \leqq 72.3$$

$x_0 = 50$일 때의 신뢰구간은 다음과 같다.

$$110-(1.860)(0.866) \leqq E(y \mid x_0 = 50) \leqq 110+(1.860)(0.866)$$

$$108.4 \leqq E(y \mid x_0 = 50) \leqq 111.6$$

$x_0 = 70$일 때의 신뢰구간은 다음과 같다.

$$150-(1.860)(1.2776) \leqq E(y \mid x_0 = 70) \leqq 150+(1.860)(1.2776)$$

$$147.7 \leqq E(y \mid x_0 = 70) \leqq 152.3$$

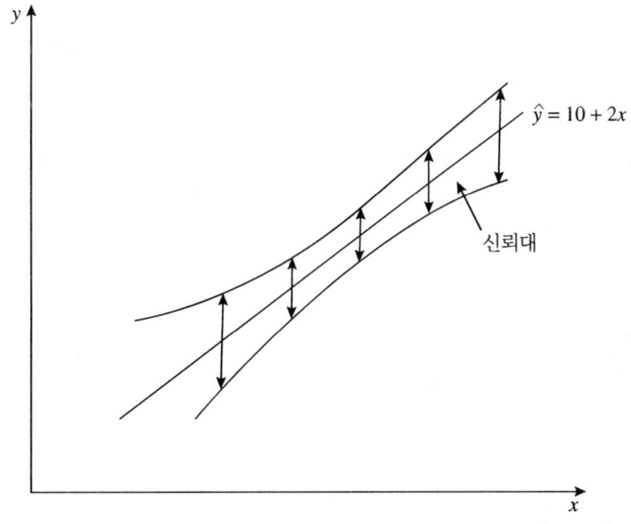

〈그림 4.1〉 신뢰대

〈표 4.2〉 x_0의 여러 값에서 $E(y \mid x_0)$의 90% 신뢰구간

x_0	$\hat{y}$	신뢰구간
30	70	(67.7, 72.3)
40	90	(88.2, 91.8)
50	110	(108.4, 111.6)
60	130	(128.2, 131.8)
70	150	(147.7, 152.3)
80	170	(166.9, 173.1)

〈표 4.2 〉는 x_0의 값에서 $E(y \mid x_0)$의 90% 신뢰한계를 구해 놓은 값이다. 추정된 회귀직선 $\hat{y}_0 = b_0 + b_1 x_0$를 중심으로 $x_0 = 40$, 50, 60에서의 신뢰구간을 화살표로 표시하고 각 신뢰한계를 연결하면 그림 4.1과 같고 $x_0 = \bar{x} = 50$에서 신뢰구간이 가장 작으며 x로부터 멀어질수록 점점 더 커지고 있음을 알 수 있는데 이러한 신뢰영역을 **신뢰대**(confidence band)라고 한다(그림 4.1).

SAS를 이용한 풀이

SAS를 이용하여 예제 4.1, 예제 4.2를 해결하여라.

[예제 4.1, 4.2 SAS 프로그램]

예제 4.1, 4.2

```
DATA EX1;
INPUT Y X;
CARDS;
73   30
50   20
128  60
170  80
87   40
108  50
135  60
69   30
148  70
132  60
RUN;
PROC REG DATA=EX1;
MODEL Y=X/CLB CLM ALPHA=0.1;      /95% 신뢰구간은 디폴트로 자동 설정된다.
RUN;
```

[예제 4.1, 4.2 SAS 실행결과]

Analysis of Variance					
Source	DF	Sum of Squares	Mean Square	F Value	Pr > F
Model	1	13600	13600	1813.33	<.0001
Error	8	60.00000	7.50000		
Corrected Total	9	13660			

Root MSE	2.73861	R-Square	0.9956
Dependent Mean	110.00000	Adj R-Sq	0.9951
Coeff Var	2.48965		

Parameter Estimates							
Variable	DF	Parameter Estimate	Standard Error	t Value	Pr > |t|	90% Confidence Limits	
Intercept	1	10.00000	2.50294	4.00	0.0040	5.34566	14.65434
X	1	2.00000	0.04697	42.58	<.0001	1.91266	2.08734

Output Statistics						
Obs	Dependent Variable	Predicted Value	Std Error Mean Predict	90% CL Mean		Residual
1	73	70.0000	1.2776	67.6242	72.3758	3.0000
2	50	50.0000	1.6539	46.9245	53.0755	-7.11E-15
3	128	130.0000	0.9852	128.1680	131.8320	-2.0000
4	170	170.0000	1.6539	166.9245	173.0755	0
5	87	90.0000	0.9852	88.1680	91.8320	-3.0000
6	108	110.0000	0.8660	108.3896	111.6104	-2.0000
7	135	130.0000	0.9852	128.1680	131.8320	5.0000
8	69	70.0000	1.2776	67.6242	72.3758	-1.0000
9	148	150.0000	1.2776	147.6242	152.3758	-2.0000
10	132	130.0000	0.9852	128.1680	131.8320	2.0000

Sum of Residuals	0
Sum of Squared Residuals	60.00000
Predicted Residual SS (PRESS)	83.22578

해설 위의 결과에 의해 β_0의 90% 신뢰구간은 $5.34 \leq \beta_0 \leq 14.66$이고 β_1의 90% 신뢰구간은 $1.91 \leq \beta_1 \leq 2.08$이다.

또한 $x_0 = 50$(백만 원)일 때 평균반응량 $E(y \mid x_0)$의 90% 신뢰구간은 $108.4 \leq E(y \mid x_0 = 50) \leq 111.6$이다.

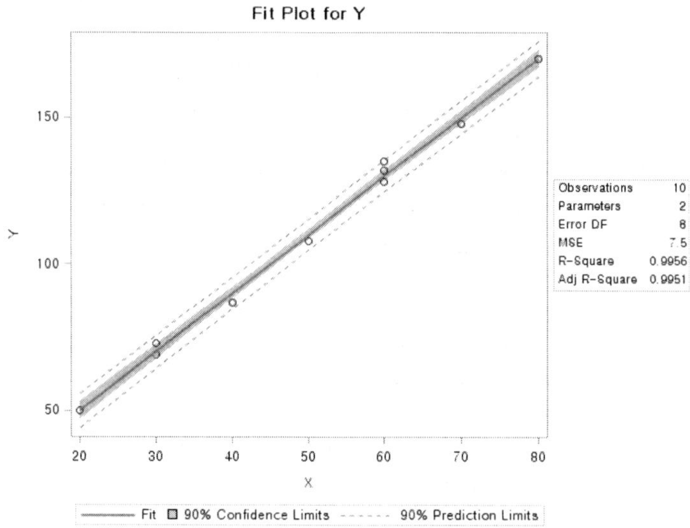

R을 이용한 풀이

R을 이용하여 예제 4.1, 예제 4.2를 해결하여라.

R 프로그램은 예제 3.2에서와 동일하다.

[예제 4.1, 4.2 R 프로그램]

```
R C:\Users\USER\Desktop\회귀분석 수정\Ex3_2.txt - R 편집기
x<-c(30,20,60,80,40,50,60,30,70,60)                        # x : 홍보비용
y<-c(73,50,128,170,87,108,135,69,148,132)                  # y : 예금유치액
(Ex3_2.lm<-lm(y~x))
(summary(Ex3_2.lm))
(anova(Ex3_2.lm))

plot(x,y)                                                  # 산점도
abline(Ex3_2.lm)                                           # 회귀직선추가

(fitted(Ex3_2.lm))                                         # x값들에 대한 적합값
(residuals(Ex3_2.lm))                                      # 잔차

(coeffs<-coefficients(Ex3_2.lm))                           # 절편과 기울기 백터
(confint(Ex3_2.lm,coeffs[2],level=0.90))                   # 기울기의 90% 신뢰구간
(confint(Ex3_2.lm,level=0.95))                             # 절편의 95% 신뢰구간

# x=55에 대한 E(y)의 90% 신뢰구간 #                         # 주석

new_data<-data.frame(x=55))
(predict(confint(Ex3_2.lm,new.data,level=0.95,interval="confidence"))

# x의 모든 값에서의 예측값에 대한 신뢰구간 #

x_range<-seq(min(x),max(x),0.1)
y_pred<-predict(Ex3_2.lm, newdata=data.frame(x=x_range),
                interval="confidence")
matplot(x_range,y_pred,type="l")

# x=55에 대한 y의 예측구간 #

newdata<-data.frame(x=55)
predict(Ex3_2.lm, newdata, level=0.90, interval="predict")

(Ex3_2.res<-resid(Ex3_2.lm))                                # 잔차
```

```
> (confint(Ex3_2.lm,coeffs[2],level=0.95))            # 기울기의 95% 신뢰구간
    2.5 %   97.5 %
x 1.891694 2.108306
> (confint(Ex3_2.lm,level=0.95))                      # 절편의 95% 신뢰구간
                2.5 %    97.5 %
(Intercept) 4.228211 15.771789
x           1.891694  2.108306
> |
```

해설 기울기의 90% 신뢰구간은 $1.892 \le \beta_1 \le 2.108$이고 절편의 95% 신뢰구간은 $4.228 \le \beta_1 \le 15.772$임을 알 수 있다.

```
  fit      lwr      upr
1 120 118.3314 121.6686
> |
```

해설 $x_0 = 55$에서 90% $E(y|x_0)$의 신뢰구간은 $118.331 \le E(y|x_0 = 55) \le 121.669$이다.

아래 그림은 $20 \le x_0 \le 80$의 값을 가질 때 $E(y|x_0)$의 신뢰구간인 신뢰영역인 신뢰대를 보여 준다.

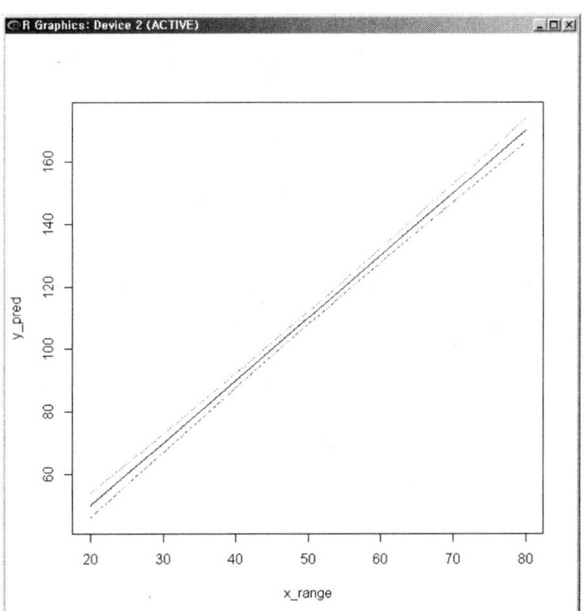

4.1.4 새로운 관측값의 예측

앞에서 독립변수 $x = x_0$에서 y의 기댓값에 대한 신뢰구간을 구하는 절차를 살펴보았다. 여기에서는 $x = x_0$에서 새로운 관측값 y_0를 예측하는 문제를 생각해 보자. 새로운 관측값 y_0는 회귀분석을 위해 얻어진 자료에서의 관측값의 아닌 새로운 시험에 의해서 얻어지는 관측값을 말한다. 예를 들면 새로 개점된 은행 지점에 홍보비용으로 $x_0 = 55$ 백만 원을 지급하였을 때 예금유치액 y_0가 얼마가 될 것인가 하는 것을 예측하고자 하는 경우 〈표 3.1〉에 있는 과거의 자료로부터 y_0의 점추정값은

$$\hat{y}_0 = b_0 + b_1 x_0 = 10.0 + 2.0(55) = 120 \tag{4.24}$$

이 된다. 이것은 물론 x, y의 관계가 표본에서의 관계와 똑같다는 가정하에서 얻어지는 값이므로 $\hat{y}_0$는 새로운 관측값 y_0와 일치하지 않을 것이다. 여기서 $\hat{y}_0$의 **예측구간**(prediction interval)을 구하는 문제를 생각해 보자. 먼저 $\hat{y}_0$와 y_0의 차 $\hat{y}_0 - y_0$의 분포를 살펴보면

$$E(\hat{y}_0 - y_0) = E(\hat{y}_0) - E(y_0) = 0 \tag{4.25}$$

이고

$$\begin{aligned} Var(\hat{y}_0 - y_0) &= Var(\hat{y}_0) + Var(y_0) \\ &= \sigma^2\left(\frac{1}{n} + \frac{(x_0 - \bar{x})^2}{\sum(x_i - \bar{x})^2}\right) + \sigma^2 \\ &= \sigma^2\left(1 + \frac{1}{n} + \frac{(x_0 - \bar{x})^2}{\sum(x_i - \bar{x})^2}\right) \end{aligned} \tag{4.26}$$

인 정규분포를 하고 식 (4.26)에서 σ^2를 모르는 경우에는 MSE를 쓰면 된다. 따라서 y_0의 $100(1-\alpha)\%$의 예측구간은 다음과 같다.

새로운 관측값 y_0의 100(1 − α)% 신뢰구간

① σ^2를 아는 경우

$$\hat{y}_0 - z_{\alpha/2}\sqrt{\sigma^2\left(1+\frac{1}{n}+\frac{(x_0-\bar{x})^2}{\sum(x_i-\bar{x})^2}\right)} \leq y_0 \qquad \text{(4.27a)}$$

$$\leq \hat{y}_0 + z_{\alpha/2}\sqrt{\sigma^2\left(1+\frac{1}{n}+\frac{(x_0-\bar{x})^2}{\sum(x_i-\bar{x})^2}\right)}$$

② σ^2를 모르는 경우

$$\hat{y}_0 - t\left(n-2:\frac{\alpha}{2}\right)\sqrt{MSE\left(1+\frac{1}{n}+\frac{(x_0-\bar{x})^2}{\sum(x_i-\bar{x})^2}\right)} \leq y_0 \qquad \text{(4.27b)}$$

$$\leq \hat{y}_0 + t\left(n-2:\frac{\alpha}{2}\right)\sqrt{MSE\left(1+\frac{1}{n}+\frac{(x_0-\bar{x})^2}{\sum(x_i-\bar{x})^2}\right)}$$

식 (4.23)과 식 (4.27)을 비교해 보면 x_0에서 새로운 관측값 y_0의 예측구간이 기댓값 μ_{y,x_0}의 신뢰구간보다 항상 크다는 것을 알 수 있다. 그 이유는 예측구간이 추정된 회귀직선 $\hat{y}_0$으로부터 생기는 오차와 새로운 관측값에 기인되는 오차에 모두 영향을 받기 때문이다. 여기서 유의할 점은 표본의 크기 n이 크면 t 분포는 표준정규분포를 따르고

$$\left(1+\frac{1}{n}+\frac{(x_0-\bar{x})^2}{\sum(x_i-\bar{x})^2}\right) \rightarrow 1$$

이므로 식 (4.27b)는 다음과 같이 쓸 수 있다.

$$\hat{y}_0 - z_{\alpha/2}\sqrt{MSE} \leq y_0 \leq \hat{y}_0 + z_{\alpha/2}\sqrt{MSE} \qquad \text{(4.28)}$$

〈그림 4.2〉는 μ_{y,x_0}의 신뢰구간과 새로운 관측값 y_0의 예측구간을 도시한 그림이고 실선은 신뢰구간을 나타내며 파선은 예측구간을 나타낸다.

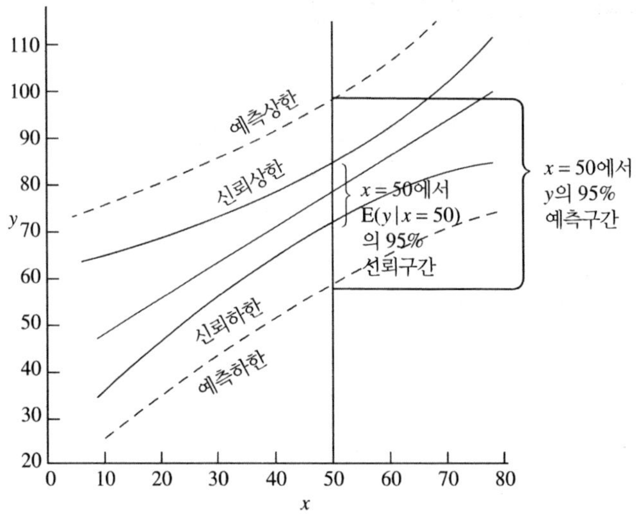

〈그림 4.2〉 예측구간과 신뢰구간

예제 4.3

〈표 3.1〉의 은행에서 새로 개설된 지점에 홍보비용으로 55백만 원을 지급하였을 때 예상되는 예금유치액을 90% 신뢰구간으로 추정하여라.

풀이 〈표 3.1〉의 과거 자료로부터 $x_0 = 55$일 때의 $\hat{y}_0$을 예측하면 예제 4.2의 결과에서

$$\hat{y}_0 = 120 \qquad S^2(\hat{y}_0) = 0.80515$$

$$MSE = 7.5$$

식 (4.26)에서 σ^2 대신 MSE를 이용하면

$$\widehat{Var}(\hat{y_0} - y_0) = S^2(\hat{y}_0 - y_0) = 8.30515$$

따라서 식 (4.27b)로부터 $\hat{y}_0$의 90% 예측구간은 다음과 같다.

$$120 - (1.860)(2.88187) \leq y_0 \leq 120 + (1.860)(2.88187)$$

$$114.6 \leq y_0 \leq 125.4$$

SAS를 이용한 풀이

SAS를 이용하여 예제 4.3을 해결하여라.

[예제 4.3 SAS 프로그램]

```
DATA EX1;
INPUT Y X;
CARDS;
73   30
50   20
128  60
170  80
87   40
108  50
135  60
69   30
148  70
132  60
.    55
RUN;
PROC REG DATA=EX1;
MODEL Y=X/P CLM CLI;
ID X;
RUN;
```

X가 55일때 Y를 예측

예측값 계산,
평균반응량에 대한 95% 신뢰구간,
각 예측값에 대한 95% 신뢰구간
X기준 정렬

[예제 4.3 SAS 실행결과]

Output Statistics									
Obs	X	Dependent Variable	Predicted Value	Std Error Mean Predict	95% CL Mean		95% CL Predict		Residual
1	30	73	70.0000	1.2776	67.0538	72.9462	63.0313	76.9687	3.0000
2	20	50	50.0000	1.6539	46.1862	53.8138	42.6225	57.3775	-7.11E-15
3	60	128	130.0000	0.9852	127.7282	132.2718	123.2885	136.7115	-2.0000
4	80	170	170.0000	1.6539	166.1862	173.8138	162.6225	177.3775	0
5	40	87	90.0000	0.9852	87.7282	92.2718	83.2885	96.7115	-3.0000
6	50	108	110.0000	0.8660	108.0029	111.9971	103.3765	116.6235	-2.0000
7	60	135	130.0000	0.9852	127.7282	132.2718	123.2885	136.7115	5.0000
8	30	69	70.0000	1.2776	67.0538	72.9462	63.0313	76.9687	-1.0000
9	70	148	150.0000	1.2776	147.0538	152.9462	143.0313	156.9687	-2.0000
10	60	132	130.0000	0.9852	127.7282	132.2718	123.2885	136.7115	2.0000
11	55	.	120.0000	0.8973	117.9308	122.0692	113.3544	126.6456	.

Sum of Residuals	0
Sum of Squared Residuals	60.00000
Predicted Residual SS (PRESS)	83.22578

해설 $x_0 = 55$일 때의 평균반응량의 95% 신뢰구간은 $117.93 \leqq E(y|x_0 = 55) \leqq 122.06$이고, $\hat{y}_0$의 95% 예측구간은 $113.35 \leqq y_0 \leqq 126.64$이다.

R을 이용한 풀이

R을 이용하여 예제 4.3을 해결하여라.

R 프로그램은 예제 3.2에서와 동일하다.

[예제 4.3 R 실행결과]

```
R Console
  fit      lwr      upr
1 120 118.3314 121.6686
> |
```

해설 $x_0 = 55$에서 $\hat{y}_0$의 예측구간 $118.331 \leq y_0 \leq 121.669$이다.

4.2 가설검정

3장에서 두 변량 x와 y 사이의 선형관계가 성립한다고 가정하고 모집단회귀직선 $\mu_{y,x} = \beta_0 + \beta_1 x$을 세울 수가 있었다. 그러나 실제로는 모집단 전체를 관찰하기 전에 x와 y 사이의 관계가 선형인지 정확히 알지 못하며 선형이라고 하더라도 회귀계수 β_0, β_1을 정확히 알 수 없다. 따라서 표본으로 얻어진 자료를 이용하여 $\mu_{y,x}$, β_0, β_1이 특수한 값을 취하는지 확인할 필요가 있다. 이러한 가설검정의 결과는 곧 추정량의 통계적 신빙성을 말하는 것이고 이 신빙성은 또 해당 변수들의 통계적 중요성을 나타내 주는 결과이다.

먼저 회귀모형의 가설검정에서 귀무가설과 대립가설을 결정하는 일반적인 방법을 살펴보자.

첫째, 귀무가설은 대부분 $H_0 : \theta = \theta_0$(θ는 검정하고자 하는 모수, θ_0는 측정된 값)라 놓고 대립가설을 $H_1 : \theta \neq \theta_0$라 놓고 양측검정한다.

둘째, 가격(x)과 수요량(y)의 관계 $\mu_{y,x} = \beta_0 + \beta_1 x$와 같이 회귀계수 β_1의 값은 0보다 크지 않음이 분명한 경우는 $H_0 : \beta_1 = 0$라 놓고 $H_1 : \beta_1 < 0$이라 생각하여 단측검

정을 행한다.

단측검정을 할 것이냐 양측검정을 할 것이냐 하는 문제는 결과에 중요한 영향을 미치므로 귀무가설에 대한 검정을 행하기 위해 자료를 수집하기 전에 결정하여야 되며 유의수준 α는 보통 α = 0.05 또는 0.01로 한다. 귀무가설과 대립가설이 결정되면 표본으로부터 자료를 수집하여 검정통계량을 계산하고 기각역과 채택역을 결정한다. 일반적으로 검정하려는 θ의 추정량 $\hat{\theta}$이 불편추정량이고 정규분포를 하면 2장에서 설명한 바와 같이 검정통계량은 σ^2를 아는 경우

$$Z_0 = \frac{\hat{\theta} - \theta_0}{\sqrt{Var(\hat{\theta})}} \tag{4.29}$$

이고 σ^2를 모르는 경우

$$T_0 = \frac{\hat{\theta} - \theta_0}{\sqrt{\widehat{Var}(\hat{\theta})}} \tag{4.30}$$

이 된다. 여기서 θ_0는 귀무가설에서의 특정된 값이며 만약 귀무가설 H_0가 옳다면 $(\theta = \theta_0)$ Z_0는 표준정규분포를 하고 T_0는 자유도가 $n-2$인 t 분포를 하므로 채택역과 기각역은 〈표 4.3〉과 〈표 4.4〉이다.

가설을 채택할 것이냐 기각할 것이냐 하는 결정은 검정통계량의 값이 채택역 안에 있으면 H_0가 옳다고 하고 기각역 안에 있으면 H_1이 옳다고 판정한다. 이때 실제로는 H_0가 옳은 데도 불구하고 H_1이 옳다고 잘못 판정할 확률(Type I error)이 α이며 이것을 **유의수준**(significance level)이라고 한다. 여기서 H_0가 옳다고 판정하는 경우는 H_1이 틀렸다는 말이 아니고 수집된 표본 정보에 의하면 H_0가 옳다는 한정적 의미에 유의하여야 한다.

〈표 4.3〉 σ^2를 아는 경우의 채택역과 기각역 $(H_0: \theta = \theta_0)$

	채택역	기각역
양측검정 $H_1: \theta \neq \theta_0$	$-z_{\alpha/2} < z_0 < z_{\alpha/2}$	$z_0 \geqq z_{\alpha/2}$ 또는 $z_0 \leqq -z_{\alpha/2}$
단측검정 $H_1: \theta > \theta_0$	$z_0 < z_\alpha$	$z_0 \geqq z_\alpha$
$H_1: \theta < \theta_0$	$z_0 > -z_\alpha$	$z_0 \leqq -z_\alpha$

〈표 4.4〉 σ^2를 모르는 경우의 채택역과 기각역 ($H_0: \theta = \theta_0$)

	채택역	기각역
양측검정 $H_1: \theta \neq \theta_0$	$-t(n-2;\frac{\alpha}{2}) < t_0 < t(n-2;\frac{\alpha}{2})$	$t_0 \geq t(n-2;\frac{\alpha}{2})$ 또는 $t_0 \leq -t(n-2;\frac{\alpha}{2})$
단측검정 $H_1: \theta > \theta_0$	$t_0 < t(n-2;\alpha)$	$t_0 \geq t(n-2;\alpha)$
$H_1: \theta < \theta_0$	$t_0 > -t(n-2;\alpha)$	$t_0 \leq -t(n-2;\alpha)$

4.2.1 β_1의 가설검정

모집단의 회귀선 (3.7)에서 기울기 β_1이 과거의 자료로부터 얻어진 어떤 특정한 값 β_{10}인지를 확인하고자 하는 경우에 다음과 같은 귀무가설과 대립가설을 설정할 수 있다.

$$H_0: \beta_1 = \beta_{10}$$
$$H_1: \beta_1 \neq \beta_{10} \quad (\text{양측검정})$$

만약 β_1이 β_{10}보다 작지(또는 크지) 않다는 사실이 확실한 경우에는 대립가설을 다음과 같이 설정한다.

$$H_0: \beta_1 = \beta_{10}$$
$$H_1: \beta_1 > \beta_{10} \quad \text{또는} \quad \beta_1 < \beta_{10} \quad (\text{단측검정})$$

가설을 설정한 후에는 표본 (x_i, y_i), $i = 1, 2, \cdots, n$을 관찰하여 β_1의 불편추정량 b_1을 식 (3.14a)에 의해 구하면 b_1은 σ^2을 아는 경우에는 식 (4.1)과 같은 정규분포를 한다. 따라서 검정통계량은 식 (4.29)에 의하여

$$Z_0 = \frac{b_1 - \beta_{10}}{\sqrt{Var(b_1)}} = \frac{b_1 - \beta_{10}}{\sqrt{\dfrac{\sigma^2}{\sum_{i=1}^{n}(x_i - \bar{x})^2}}} \tag{4.31}$$

이고 만약 σ^2을 모르는 경우에는 σ^2의 추정량 MSE를 사용하여 $Var(b_1)$의 추정량을

식 (4.5)에 의하여 구하면 검정통계량은 식 (4.30)에 의하여

$$T_0 = \frac{b_1 - \beta_{10}}{\sqrt{\widehat{Var}(b_1)}} = \frac{b_1 - \beta_{10}}{\sqrt{\dfrac{MSE}{\sum_{i=1}^{n}(x_i - \overline{x})^2}}} \tag{4.32}$$

이 된다. 따라서 검정통계량 Z_0 또는 T_0의 값이 〈표 4.3〉 또는 〈표 4.4〉의 기각역에 있으면 귀무가설을 기각하고 채택역에 있으면 귀무가설을 채택하게 되며 이때 유의수준은 α이다.

특히 회귀분석에서 $\beta_{10} = 0$인 경우가 중요하며 다음과 같은 귀무가설과 대립가설

$$H_0 : \beta_1 = 0$$

$$H_1 : \beta_1 \neq 0$$

에 대한 검정통계량은

$$T_0 = \frac{b_1}{\sqrt{\dfrac{MSE}{\sum_{i=1}^{n}(x_i - \overline{x})^2}}} \tag{4.33}$$

이고 H_0가 기각되면 x와 y 사이에는 선형관계가 있다고 한다. H_0가 기각되지 않을 때 x와 y 사이에는 선형관계가 있다고 할 수 없으며 〈그림 4.3〉과 같은 경우가 된다.

검정에 대한 기각역은 검정통계량 Z_0 또는 T_0의 값이 〈표 4.3〉 또는 〈표 4.4〉의 기각역에 있으면 귀무가설을 기각하고 채택역에 있으면 귀무가설을 채택하게 되며 이때 유의수준은 α이다.

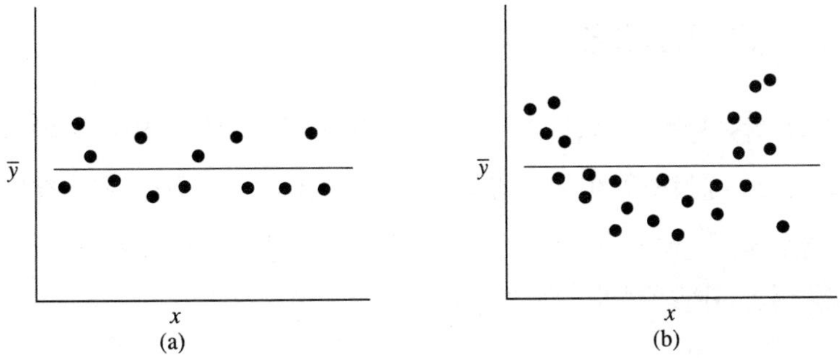

〈그림 4.3〉 $H_0 : \beta_1 = 0$가 기각되지 않을 때의 선형관계

예제 4.4

A은행에서 각 지점의 예금유치액이 홍보비용에 영향을 받고 있는지를 알고자 하여 표본으로 선택된 10개의 지점에서 〈표 3.1〉과 같은 자료를 얻었다고 하자. 유의수준 0.05로 검정하여라.

풀이 홍보비용의 영향 유무를 알고자 하는 경우이다. 음의 영향은 주지 않을 것이므로 귀무가설과 대립가설은

$$H_0: \beta_1 = 0$$

$$H_1: \beta_1 > 0$$

이고 앞의 자료로부터 $b_1 = 2.0$, $\widehat{Var}(b_1) = 0.002206$이므로 검정통계량은 H_0가 옳다는 가정하에서

$$t_0 = \frac{b_1 - \beta_{10}}{\sqrt{\widehat{Var}(b_1)}}$$

$$= \frac{2.0 - 0}{\sqrt{0.002206}} = 42.6$$

그런데 부록 A-2에서 $t(8\,;0.05) = 1.860$이므로

$$t_0 = 42.6 > 1.860 = t(8;0.05)$$

따라서 t_0는 기각역에 있으므로 귀무가설을 기각하고 대립가설 $H_1: \beta_1 > 0$이 채택된다. 즉 홍보비용은 예금유치액에 영향을 미친다고 결론을 내리며 이때 유의수준은 0.05이다.

4.2.2 β_0의 가설검정

모집단의 회귀선의 y 절편 β_0가 어떤 특정한 값 β_{00}와 같은지를 확인하는 검정에 대해서는 β_1의 검정법을 따르면 된다. 일반적으로 β_0의 값이 큰지 작은지를 확실히 모르는 경우에는 양측검정이 되고 크고 작음이 확실한 경우에는 단측검정이 된다. 양측검정일 때의 귀무가설과 대립가설은

$$H_0: \beta_0 = \beta_{00}$$

$$H_1: \beta_0 \neq \beta_{00}$$

이고 단측검정인 경우는

$$H_0: \beta_0 = \beta_{00} \qquad \text{또는} \qquad H_0: \beta_0 = \beta_{00}$$

$$H_1: \beta_0 > \beta_{00} \qquad\qquad\quad H_1: \beta_0 < \beta_{00}$$

그런데 β_0의 불편추정량은 b_0이고 b_0는 정규분포를 하므로 검정통계량은 σ^2를 아는 경우에는

$$Z_0 = \frac{b_0 - \beta_{00}}{\sqrt{Var(b_0)}} \tag{4.34}$$

$$Var(b_0) = \sigma^2\left(\frac{1}{n} + \frac{(\bar{x})^2}{\sum_{i=1}^{n}(x_i - \bar{x})^2}\right)$$

이고 σ^2를 모르는 경우에는 σ^2의 추정량 MSE를 이용하면

$$\widehat{Var}(b_0) = MSE\left(\frac{1}{n} + \frac{(\bar{x})^2}{\sum_{i=1}^{n}(x_i - \bar{x})^2}\right)$$

이므로 σ^2를 모르는 경우에 검정통계량은

$$T_0 = \frac{b_0 - \beta_{00}}{\sqrt{\widehat{Var}(b_0)}} \tag{4.35}$$

이다. 따라서 표본으로부터 검정통계량 Z_0 또는 T_0를 계산하여 〈표 4.3〉 또는 〈표 4.4〉의 기각역 또는 채택역 중 어느 영역에 있느냐에 따라 귀무가설 H_0를 채택할 것이냐 대립가설 H_1을 채택할 것이냐를 결정하면 된다.

4.3 분산분석

앞 절에서 $H_0: \beta_1 = 0$를 검정하는 절차를 살펴보았다. 이 절에서는 **분산분석**(analysis of variance)기법을 이용하여 $H_0: \beta_1 = 0$를 검정하는 절차를 살펴보기로 하겠으며 이 분산분석기법은 회귀분석에서 많이 이용되는 기법이다.

4.3.1 제곱합의 분할

관측값 y_i의 변동을 나타내는 편차 $(y_i - \bar{y})$는 다음과 같이 두 개의 편차의 합으로 표시할 수 있다.

$$\underset{\{\text{총편차}\}}{(y_i - \bar{y})} = \underset{\left\{\substack{\text{회귀선에 의하여} \\ \text{설명되지 않는 편차}}\right\}}{(y_i - \hat{y}_i)} + \underset{\left\{\substack{\text{회귀선에 의하여} \\ \text{설명되는 편차}}\right\}}{(\hat{y}_i - \bar{y})} \tag{4.36}$$

이 관계를 그림으로 표현하면 〈그림 4.4〉와 같이 된다.

식 (4.36)을 제곱하고 모든 i에 대하여 합하면

$$\sum_{i=1}^{n}(y_i - \bar{y})^2 = \sum_{i=1}^{n}(y_i - \hat{y}_i)^2 + \sum_{i=1}^{n}(\hat{y}_i - \bar{y})^2 + 2\sum_{i=1}^{n}(y_i - \hat{y}_i)(\hat{y}_i - \bar{y})$$

가 되는데 오른쪽의 마지막 항은 다음과 같다.

$$\begin{aligned}\sum_{i=1}^{n}(y_i - \hat{y}_i)(\hat{y}_i - \bar{y}) &= \sum_{i=1}^{n} e_i(\hat{y}_i - \bar{y}) \\ &= \sum_{i=1}^{n} e_i \hat{y}_i - \bar{y}\sum_{i=1}^{n} e_i\end{aligned}$$

그런데 식 (3.38)에서 $\sum_{i=1}^{n} e_i \hat{y}_i = 0$이고, 식 (3.35)에 의하면 $\sum_{i=1}^{n} e_i = 0$이므로 $\sum_{i=1}^{n}(y_i - \hat{y}_i)(\hat{y}_i - \bar{y}) = 0$이 된다.

따라서 총편차의 제곱합은 다음과 같이 두 개의 제곱합으로 분할된다.

$$\sum_{i=1}^{n}(y_i - \bar{y})^2 = \sum_{i=1}^{n}(y_i - \hat{y}_i)^2 + \sum_{i=1}^{n}(\hat{y}_i - \bar{y})^2 \tag{4.37}$$

이 식에서 $\sum_{i=1}^{n}(y_i-\bar{y})^2$를 **총변동**(total variation) 또는 **총제곱합**(total sum of squares)이라고도 하며 SST로 표시한다. 또한 $\sum_{i=1}^{n}(y_i-\hat{y}_i)^2$를 회귀선에 의하여 설명되지 않는 변동으로 **잔차제곱합**(residual sum of squares)이라고 하며 SSE로 표시하고 $\sum_{i=1}^{n}(\hat{y}_i-\bar{y})^2$을 회귀선에 의하여 설명되는 변동이라고 하고 SSR(regression sum of squares)로 표시한다.

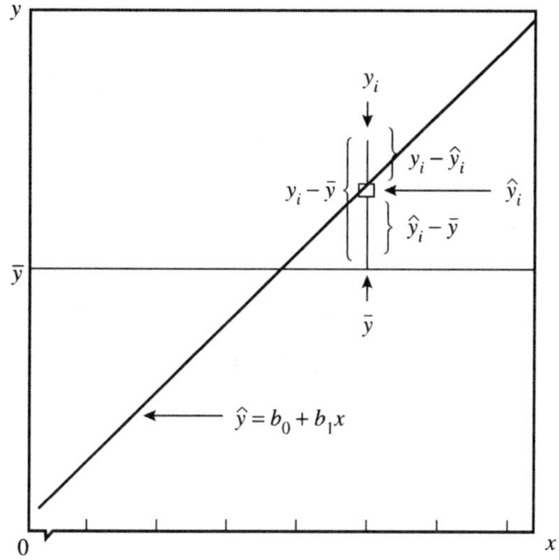

〈그림 4.4〉 편차 $y_i-\bar{y}$의 분해

제곱합의 분할

$$\underset{(\text{총변동})}{SST} = \underset{\left(\substack{\text{회귀선에 의해}\\ \text{설명되지 않는 변동}}\right)}{SSE} + \underset{\left(\substack{\text{회귀선에 의해}\\ \text{설명되는 변동}}\right)}{SSR} \tag{4.38}$$

식 (4.38)에서 SST, SSE, SSR을 다음과 같이 표시하기도 한다.

$$SST=\sum_{i=1}^{n}(y_i-\bar{y})^2=\sum_{i=1}^{n}y_i^2-\frac{\left(\sum_{i=1}^{n}y_i\right)^2}{n}=\sum_{i=1}^{n}y_i^2-n(\bar{y})^2 \tag{4.38a}$$

$$SSR = \sum_{i=1}^{n}(\hat{y}_i - \bar{y})^2 = \sum_{i=1}^{n}(b_0 + b_1 x_i - \bar{y})^2 \tag{4.38b}$$

$$= \sum_{i=1}^{n}(\bar{y} - b_1\bar{x} + b_1 x_i - \bar{y})^2$$

$$= \sum_{i=1}^{n}(b_1 x_i - b_1\bar{x})^2$$

$$= b_1^2 \sum_{i=1}^{n}(x_i - \bar{x})^2$$

$$SSE = SST - SSR \tag{4.38c}$$

4.3.2 자유도의 배분

총변동 SST가 식 (4.38)에서처럼 두 개의 변동 SSE와 SSR로 분할됨에 따라 각 변동에 대응되는 자유도가 어떻게 결정되는지를 살펴보기로 하자. 먼저 총변동의 자유도는 제약조건

$$\sum_{i=1}^{n}(y_i - \bar{y}) = 0$$

이 성립하므로 자유도 하나를 상실하여 $(n-1)$이 된다. SSE는 식 (3.40)에서 정의된 값과 같은 값으로서 자유도가 $(n-2)$가 되는데 잔차$(y_i - \hat{y}_i)$는 모수 β_0와 β_1을 추정하기 위한 정규방정식 (3.13a)와 (3.13b)에 의하여 다음과 같은 두 개의 제약식을 가지므로 자유도 두 개를 잃게 되기 때문이다.

$$\sum_{i=1}^{n}(y_i - \hat{y}_i) = 0$$

$$\sum_{i=1}^{n}x_i(y_i - \hat{y}_i) = 0$$

SSR은 식 (4.38b)에서 보는 바와 같이 하나의 모수에 의하여 결정되므로 자유도는 1이 된다. 위와 같은 관계를 정리해 보면 가법관계가 성립함을 알 수 있다. 즉

$$df_T = df_E + df_R$$
$$(n-1) = (n-2) + 1 \tag{4.39}$$

제곱합을 대응되는 자유도로 나눈 것을 **제곱평균**(mean square)이라고 하고 MS로 표시한다. 즉

$$MSR = \frac{SSR}{1} = SSR$$

$$MSE = \frac{SSE}{n-2}$$

여기서 MSE는 오차분산 σ^2의 불편추정량이다.

4.3.3 분산분석표

앞에서 살펴본 분할된 제곱합, 자유도, 제곱평균을 **분산분석표**(analysis of variance table)에 표시하면 〈표 4.5〉와 같이 된다.

〈표 4.5〉 분산분석표

요인	자유도	제곱합	제곱평균	F_0
회귀	1	SSR	MSR	$\frac{MSR}{MSE}$
잔차	$n-2$	SSE	MSE	
계	$n-1$	SST		

〈표 4.5〉에서 마지막 열의 F_0는 회귀의 제곱평균 MSR과 잔차의 제곱평균 MSE와의 비율로서 이 비율이 상당히 크면 회귀에 의한 제곱합이 잔차에 의한 제곱합보다 상대적으로 많이 커져 x와 y 사이의 관계가 유의하다는 의미가 된다. 즉 귀무가설 $H_0: \beta_1 = 0$이 옳지 않다는 의미가 된다. 그렇다면 F_0의 값이 어느 정도 커야 유의하다고 할 수 있는지에 대한 통계적 의미를 살펴보기로 하자.

정리 4.1 코크란(Cochran)의 정리

n개의 관측값 y_i, $i = 1, \cdots, n$이 평균이 μ이고 분산이 σ^2인 동일한 정규 모집단으로부터 관찰되었고 총제곱합 SST가 자유도 df_r인 k개의 제곱합 SS_r, $r = 1, \cdots, k$로 분할되고 $\sum_{r=1}^{k} df_r = n-1$이면 $\frac{SS_r}{\sigma^2}$은 서로 독립이며 자유도 df_r을 갖는 χ^2 분포를 한다.

〈표 4.5〉로부터 SST는 SSR과 SSE로 분할되었으며 $df_r + df_e = n-1$임을 알 수 있다. 그런데 만약 $\beta_1 = 0$이라면 모든 y_i는 평균이 $\mu = \beta_0$이고 분산이 σ^2인 정규분포를 한다. 따라서 [정리 4.1]에 의하여

$$\frac{SSE}{\sigma^2} \sim \chi^2(n-2) \text{ 이고 } \quad \frac{SSR}{\sigma^2} \sim \chi^2(1) \tag{4.40}$$

이며 서로 독립이다.

식 (2.24) F분포의 성질에 의하면 $\beta_1 = 0$이면

$$F_0 = \frac{\dfrac{SSR}{\sigma^2}/1}{\dfrac{SSE}{\sigma^2}/(n-2)} = \frac{MSR}{MSE} \sim F(1, n-2) \tag{4.41}$$

⇒ $H_0 : \beta_1 = 0$을 검정하기 위해서

$F_0 \geqq F(1, n-2; \alpha)$이면 귀무가설 H_0를 유의수준 α에서 기각할 수 있다.

따라서 $H_0 : \beta_1 = 0$을 검정하기 위해서는 표본으로부터 검정통계량 F_0를 계산하고 부록 표 A-4의 F 분포표를 이용하여 $F_0 \geqq F(1, n-2; \alpha)$이면 H_0를 기각하는 경우 회귀선이 '유의'하다고 하고, 특히 α = 0.01일 때는 '매우 유의'하다고 하며 이것을 분산분석표에서 구분하기 위하여 F_0의 값 오른쪽 위에 **를 붙이고 유의한 경우에는 *를 붙인다.

〈단순선형회귀모형에서 F 검정〉

가설: $H_0 : \beta_1 = 0$ vs $H_1 : \beta_1 \neq 0$ (양측검정)

검정: $F_0 = = \dfrac{MSR}{MSE} > F_\alpha(1, n-2)$이면

귀무가설 H_0를 유의수준 α에서 기각할 수 있다.

이제 $H_0 : \beta_1 = 0$에 대한 F 검정과 t 검정에 대하여 비교하고자 한다.

귀무가설 $H_0 : \beta_1 = 0$에 대한 검정법으로서 위에서 살펴본 분산분석법에 의한 검정과 앞 절에서 살펴본 t 검정과는 다음과 같은 관계가 성립한다. 식 (4.38b)로부터

$$SSR = b_1^2 \sum_{i=1}^{n} (x_i - \overline{x})^2$$
$$= MSR$$

이므로 식 (4.41)에서

$$F_0 = \frac{MSR}{MSE} = \frac{b_1^2 \sum_{i=1}^{n} (x_i - \overline{x})^2}{MSE}$$

그런데

$$S^2(b_1) = \frac{MSE}{\sum_{i=1}^{n} (x_i - \overline{x})^2}$$

이므로

$$F_0 = \frac{b_1^2}{S^2(b_1)} = \left[\frac{b_1}{S(b_1)} \right]^2 \tag{4.42}$$

그런데 식 (4.33)으로부터 $\beta_1 = 0$인지 아닌지를 검정하기 위한 검정통계량 T_0는

$$T_0 = \frac{b_1}{\sqrt{\frac{MSE}{\sum_{i=1}^{n} (x_i - \overline{x})^2}}} = \frac{b_1}{S(b_1)}$$

이므로 다음 관계식이 성립한다.

$$(T_0)^2 = \left(\frac{b_1}{S(b_1)} \right)^2 = F_0 \tag{4.43}$$

제곱합이나 제곱평균은 모두 통계량이어서 기댓값을 구할 수 있으므로 회귀직선의 대체 모형을 이용하여 구해 보도록 하자.

식 (3.8)의 대체 모형으로부터 데이터의 구조식은

$$y_i = \beta_0{}' + \beta_1 (x_i - \overline{x}) + \epsilon_i \qquad i = 1, 2, \cdots, n, \tag{4.44}$$
$$\epsilon_i \sim N(0, \sigma^2)$$

이며 오차분산 σ^2은 다음과 같이 정의된다.

$$\sigma^2 = E\left[\frac{\sum_{i=1}^{n}(\epsilon_i - \overline{\epsilon})^2}{n-1}\right], \quad \overline{\epsilon} = \frac{\sum_{i=1}^{n}\epsilon_i}{n}$$

또한 식 (4.44)에서 y_i들의 평균은

$$\overline{y} = \frac{\sum_{i=1}^{n} y_i}{n} = \beta_0{}' + \overline{\epsilon}$$

이므로 다음과 같다.

$$Var(\overline{y}) = \frac{\sigma^2}{n}.$$

따라서 총 제곱합 SST의 기댓값은 다음과 같다.

$$\begin{aligned}
E(SST) &= E[\sum_{i=1}^{n}(y_i - \overline{y})^2] \\
&= E[\sum_{i=1}^{n}\left\{\beta_0{}' + \beta_1(x_i - \overline{x}) + \epsilon_i - \beta_0{}' - \overline{\epsilon}\right\}^2] \\
&= E[\sum_{i=1}^{n}\left\{\beta_1^2(x_i - \overline{x})^2 + (\epsilon_i - \overline{\epsilon})^2\right\}] \\
&= \beta_1^2\sum_{i=1}^{n}(x_i - \overline{x})^2 + E[\sum_{i=1}^{n}(\epsilon_i - \overline{\epsilon})^2] \\
&= \beta_1^2\sum_{i=1}^{n}(x_i - \overline{x})^2 + (n-1)\sigma^2 \qquad (4.45)
\end{aligned}$$

이 된다. SSR의 기댓값을 구해 보자.

$$
\begin{aligned}
E(SSR) &= E[\sum_{i=1}^{n}(\hat{y}_i - \bar{y})^2] \\
&= E[\sum_{i=1}^{n}\left\{b_0' + b_1(x_i - \bar{x}) - b_0'\right\}^2] \\
&= E[\sum_{i=1}^{n} b_1^2 (x_i - \bar{x})^2] \\
&= \sum_{i=1}^{n}(x_i - \bar{x})^2 E(b_1^2)
\end{aligned}
$$

그런데 b_1의 분산은

$$
Var(b_1) = E(b_1^2) - \beta_1^2
$$

이므로

$$
\begin{aligned}
E(SSR) &= \sum_{i=1}^{n}(x_i - \bar{x})^2 [Var(b_1) + \beta_1^2] \\
&= \sum_{i=1}^{n}(x_i - \bar{x})^2 \left[\frac{\sigma^2}{\sum_{i=1}^{n}(x_i - \bar{x})^2} + \beta_1^2\right] \\
&= \sigma^2 + \beta_1^2 \sum_{i=1}^{n}(x_i - \bar{x})^2 .
\end{aligned}
\tag{4.46}
$$

또한 $SST = SSR + SSE$이므로 다음과 같다.

$$
\begin{aligned}
E(SSE) &= E(SST) - E(SSR) \\
&= (n-2)\sigma^2 .
\end{aligned}
\tag{4.47}
$$

따라서 제곱평균 MSR과 MSE의 기댓값은

$$
E(MSR) = E\left[\frac{SSR}{1}\right] = \sigma^2 + \beta_1^2 \sum_{i=1}^{n}(x_i - \bar{x})^2 \tag{4.48}
$$

$$
E(MSE) = E\left[\frac{SSE}{n-2}\right] = \sigma^2 \tag{4.49}
$$

이므로 $E(MSR)$과 $E(MSE)$를 비교해 보면

$$\frac{E(MSR)}{E(MSE)} = \frac{\sigma^2 + \beta_1^2 \sum_{i=1}^{n} (x_i - \bar{x})^2}{\sigma^2} = 1 + \beta_1^2 \left[\frac{\sum_{i=1}^{n} (x_i - \bar{x})^2}{\sigma^2} \right] \tag{4.50}$$

이다. 따라서 $\beta_1 = 0$이면 $\frac{E(MSR)}{E(MSE)} = 1$이 되고, β_1이 크면 클수록 $\frac{E(MSR)}{E(MSE)}$가 더 커짐을 알 수 있다.

MSE의 기댓값은 $\beta_1 = 0$이든 아니든 항상 σ^2이지만 MSR의 기댓값은 $\beta_1^2 \sum_{i=1}^{n} (x_i - \bar{x})^2 \geq 0$이므로 MSR의 기댓값은 σ^2보다 작지 않다. 따라서 $\beta_1 = 0$이냐 아니냐에 관한 검정은 MSR과 MSE를 비교함으로써 검정할 수 있다.

예제 4.5

예제 4.4의 문제에서 분산분석표를 작성하여 귀무가설 $H_0: \beta_1 = 0$를 유의수준 0.05로 검정하고 예제 4.4의 결과와 비교하여라.

〈표 4.1〉의 자료로부터 $b_1 = 2.0$

$$SSE = \sum_{i=1}^{n} (y_i - \hat{y}_i)^2 = 60$$

$$SSR = \sum_{i=1}^{n} (\hat{y}_i - \bar{y})^2 = b_1^2 \sum_{i=1}^{n} (x_i - \bar{x})^2$$

$$= (2.0)^2 (3,400) = 13,600$$

$$SST = \sum_{i=1}^{n} (y_i - \bar{y})^2 = 13,660$$

따라서 분산분석표를 작성하면 다음과 같다.

요인	자유도	제곱합	제곱평균	F_0	$F(1, 8 ; 0.05)$	$F(1, 8 ; 0.01)$
회귀	1	13,600	13,600	1,813**	5.32	11.3
잔차	8	60	7.5			
계	9	13,660				

분산분석표에서 $F_0 = 1{,}813$이고 유의수준 $\alpha = 0.05$에서 F의 기각값은 $F(1, 8\ ;\ 0.05) = 5.32$, 유의수준 $\alpha = 0.01$에서 $F(1, 8\ ;\ 0.01) = 11.3$이므로 $F_0 = 1{,}813 > F(1, 8\ ;\ 0.01) > F(1, 8\ ;\ 0.05) = 5.32$ 이다. 따라서 $\beta_1 \neq 0$이 되고 예제 3.2에서 구한 회귀직선 $\hat{y} = 10.0 + 2.0x$는 매우 유의함을 알 수 있다.

또한 예제 4.4에서 구한 검정통계량 t_0를 제곱하면

$$t_0^2 = \left[\frac{2.0}{0.04697}\right]^2 = 1{,}813 = F_0$$

임을 알 수 있다. 이 경우에는

$$\left[t\left(n-2;\frac{\alpha}{2}\right)\right]^2 = F(1, n-2; \alpha) \tag{4.51}$$

으로 양측검정($H_1: \beta_1 \neq 0$)에서는 t 검정이나 F 검정의 결과가 동일하지만 단측검정($H_1: \beta_1 > 0$ 또는 $\beta_1 < 0$)에서는 F 검정, 즉 분산분석법을 이용할 수 없다.

SAS를 이용한 풀이

SAS를 이용하여 예제 4.4와 예제 4.5를 해결하여라.

프로그램은 3장의 예제 3.2와 동일하다.

[예제 4.4와 4.5 SAS 실행결과]

Analysis of Variance					
Source	DF	Sum of Squares	Mean Square	F Value	Pr > F
Model	1	13600	13600	1813.33	<.0001
Error	8	60.00000	7.50000		
Corrected Total	9	13660			

Root MSE	2.73861	R-Square	0.9956
Dependent Mean	110.00000	Adj R-Sq	0.9951
Coeff Var	2.48965		

Parameter Estimates					
Variable	DF	Parameter Estimate	Standard Error	t Value	Pr > |t|
Intercept	1	10.00000	2.50294	4.00	0.0040
X	1	2.00000	0.04697	42.58	<.0001

해설 F 검정법에 의하여 A 은행에서 각 지점의 예금유치액이 홍보비용에 영향을 받고 있는지에 대한 검정절차는 다음과 같다.

1. 가설 $H_0 : \beta_1 = 0\ vs\ H_1 : \beta_1 \neq 0$
2. 검정통계량은 $F_0 = 1{,}813.33$이다.
3. 의사결정

   유의확률 $p = 0.0001$이고 유의수준 $\alpha = 0.05$보다 작으므로

   즉, $p = 0.0001 < \alpha = 0.05$이므로

   $\alpha = 0.05$에서 귀무가설 $H_0 : \beta_1 = 0$를 기각할 수 있다.

따라서 적합된 회귀직선은 $\hat{y} = 10.0 + 2.0\,x$은 '매우 유의함'을 알 수 있다. 즉 X와 Y의 관계를 단순회귀모형으로 나타내는 것이 매우 유의하다고 결론을 내릴 수 있다.

해설 T검정법에 의해 예제 4.4를 해결하자.

A 은행에서 각 지점의 예금유치액이 홍보비용에 영향을 받고 있는지를 알고자 하여 표본으로 선택된 10개의 지점에서 〈표 3.1〉과 같은 자료를 얻었다 하자. 유의수준 0.05로 검정하여라.

위의 SAS 결과에 의해 검정절차는 다음과 같다.

1. 가설 $H_0 : \beta_1 = 0 \ vs \ H_1 : \beta_1 \neq 0$
2. 검정통계량은 $t_0 = 42.58$이다.
3. 의사결정
   유의확률 $p = 0.0001$이고 유의수준 $\alpha = 0.05$보다 작으므로
   즉, $p = 0.0001 < \alpha = 0.05$이므로
   $\alpha = 0.05$에서 귀무가설 $H_0 : \beta_1 = 0$를 기각할 수 있다.

즉, 홍보비용은 예금유치액에 영향을 미친다고 말할 수 있다.

R을 이용한 풀이

R을 이용하여 예제 4.4와 예제 4.5를 해결하여라.

R 프로그램은 예제 3.2에서와 동일하다. [예제 4.4 R 실행결과]

```
R Console

Call:
lm(formula = y ~ x)

Residuals:
   Min     1Q Median     3Q    Max 
  -3.0   -2.0   -0.5    1.5    5.0 

Coefficients:
            Estimate Std. Error t value Pr(>|t|)    
(Intercept) 10.00000    2.50294   3.995  0.00398 ** 
x            2.00000    0.04697  42.583 1.02e-10 ***
---
Signif. codes:  0 '***' 0.001 '**' 0.01 '*' 0.05 '.' 0.1 ' ' 1

Residual standard error: 2.739 on 8 degrees of freedom
```

해설 기울기 β_1에 대한 가설검정 $H_0 : \beta_1 = 0$에 대한 $H_1 : \beta_1 \neq 0$에 대해여 유의확률 $p = 0.000$이므로 H_0를 채택할 수 없기 때문에 홍보비용이 예금유치액에 영향을 미친다고 말할 수 있다.

[예제 4.5 R 실행결과]

```
Analysis of Variance Table

Response: y
          Df Sum Sq Mean Sq F value    Pr(>F)
x          1  13600 13600.0  1813.3 1.02e-10 ***
Residuals  8     60     7.5
---
Signif. codes:  0 '***' 0.001 '**' 0.01 '*' 0.05 '.' 0.1 ' ' 1
> |
```

해설 분산분석표에서 β_1에 대한 $H_0: \beta_1 = 0$에 대한 $H_1: \beta_1 \neq 0$에 대해여 유의확률 $p = 0.000$으로 β_1 계수 추정에 대한 유의확률값과 같음을 알 수 있다.

4.4 결정계수

결정계수(coefficient of determination)란 표본으로부터 추정된 회귀선이 표본관측값에 얼마나 적합한가를 나타내는 척도로서 다음과 같이 정의된다.

결정계수

$$R^2 = \frac{SSR}{SST} = 1 - \frac{SSE}{SST} \tag{4.52}$$

식 (4.52)에서 알 수 있듯이 결정계수란 y의 전체 변동 SST 중에서 x와 y 사이에 존재하는 회귀식에 의하여 설명되는 변동 SSR의 비율(proportion)을 말하며 $0 \leqq SSE \leqq SST$이므로 R^2의 한계는 다음과 같다.

$$0 \leqq R^2 \leqq 1. \tag{4.53}$$

결정계수 R^2은 다음과 같은 특성을 갖는다.

결정계수의 성질

① 모든 관찰점들이 추정된 회귀선 위에 존재한다면 $SSE = 0$이 되므로 $R^2 = 1$이 된다(그림 4.5a).

② 추정된 회귀선의 기울기가 $b_1 = 0$이면 $\hat{y_i} = \overline{y}$이므로 $SSE = SST$이다. 따라서 $R^2 = 0$이 된다(그림 4.5b). 이 경우는 x와 y 사이에 아무런 관계가 성립되지 않는 경우이다.

③ 독립변수 x가 하나인 단순회귀모형에서 상관계수와 결정계수 사이에 다음 관계가 성립한다.

$$R^2 = \frac{SSR}{SST} = \frac{b_1^2 \sum_{i=1}^{n} (x_i - \overline{x})^2}{\sum_{i=1}^{n} (y_i - \overline{y})^2}$$

$$= \left[\frac{\sum_{i=1}^{n} (x_i - \overline{x})(y_i - \overline{y})}{\sum_{i=1}^{n} (x_i - \overline{x})^2} \right]^2 \left[\frac{\sum_{i=1}^{n} (x_i - \overline{x})^2}{\sum_{i=1}^{n} (y_i - \overline{y})^2} \right]$$

$$= \frac{\left[\sum_{i=1}^{n} (x_i - \overline{x})(y_i - \overline{y}) \right]^2}{\sum_{i=1}^{n} (x_i - \overline{x})^2 \sum_{i=1}^{n} (y_i - \overline{y})^2}$$

$$= r^2$$

④ R^2의 값은 회귀선의 기울기 b_1에 관한 크기의 척도는 아니다. 즉 R^2의 값이 크다고 해서 기울기가 급해지는 것은 아니다. 실제 문제에서는 R^2가 0이거나 1인 경우는 거의 없고 x와 y 사이에 높은 상관관계가 성립될수록 1에 가까우며 상관관계가 희박할수록 0에 가까이 간다.

즉 R^2의 값이 0에 가까워지는 회귀선은 의미가 없는 회귀선이고 1에 가까울수록 더 유용한 회귀선이라고 할 수 있다.

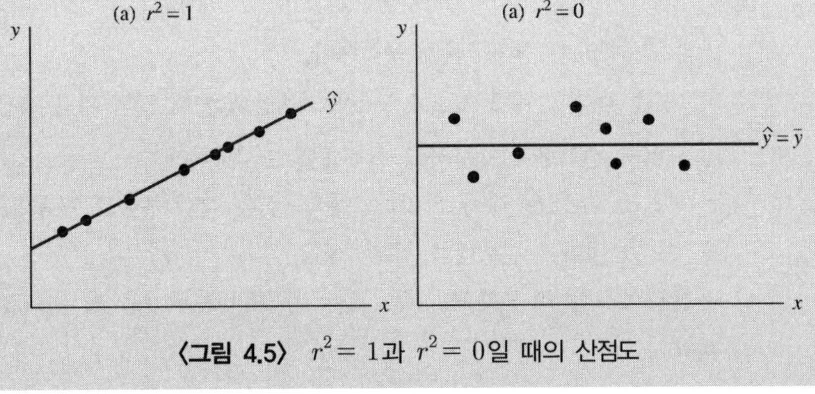

〈그림 4.5〉 $r^2 = 1$과 $r^2 = 0$일 때의 산점도

연습문제

4.1 연습문제 3.1의 자료에 대하여 $y = \beta_0 + \beta_1 x + \epsilon$을 가정하고 다음의 질문에 답하여라.

1) β_0와 β_1의 95% 신뢰구간을 구하여라.
2) 1)에서 얻은 β_1에 대한 신뢰구간의 의미를 설명하여라.
3) $H_0: \beta_1 = 0$, $H_1: \beta_1 \neq 0$을 유의수준 $\alpha = 0.05$로 검정하여라 (t 분포 이용).
4) $H_0: \beta_1 = 0$, $H_1: \beta_1 \neq 0$을 검정하여라(t 분포 이용).
5) 분산분석표를 작성하여 $H_0: \beta_1 = 0$, $H_1: \beta_1 \neq 0$을 검정하고 그 결과를 3)과 비교하여라 $\alpha = 0.05$.
6) 시간당 평균 온도가 $x_0 = 40\,^\circ\mathrm{F}$일 때 석탄소비량의 값을 추정하고 μ_{y, x_0}의 95% 신뢰구간을 구하여라. 또한 그 값들이 지니는 의미를 설명하여라.
7) $x_0 = 40\,^\circ\mathrm{F}$일 때 y_0의 값을 예측하고 y_0의 95% 예측구간을 구하여라.
8) 7)에서 얻은 값들의 의미를 6)과 비교해서 설명하여라.
9) 결정계수 R^2를 구하여라. 또 상관계수 r을 계산하고 r과 R^2값의 의미를 설명하여라.

4.2 연습문제 3.6에서 β_0, β_1와 $\mu_{y,x}$의 95% 신뢰구간을 구하여라. ($x_0 = 3$에서).

4.3 연습문제 3.4의 자료에 대하여 $y = \beta_0 + \beta_1 x + \epsilon$을 가정하고 다음의 질문에 답하여라.

1) β_0와 β_1의 95% 신뢰구간을 구하여라.
2) 비료량을 각각 $x_0 = 2, 3, 4, 5, 6$파운드 적용했을 때 밀의 평균 생산량 μ_{y, x_0}에 대한 90% 신뢰한계를 구하고 신뢰대를 도시하여라.
3) $x_0 = 2, 3, 4, 5, 6$일 때 y_0의 90% 예측구간을 각각 구하고 예측대를 도시하여라. 또 그 결과를 신뢰대와 비교하여라.
4) 분산분석표를 작성하고 $H_0: \beta_1 = 0$, $H_1: \beta_1 \neq 0$을 $\alpha = 0.05$로 검정하여라.

4.4 어느 냉장고 회사의 수리점에서 하루 접수되는 고장제품의 수(x)와 고장제품을 수리하는 데 드는 시간(y)과의 관계를 분석하고자 최근 10일간의 자료를 수집한 것이 다음과 같다.

i	1	2	3	4	5	6	7	8	9	10
x_i	5	2	4	7	1	8	2	5	7	1
y_i	78	31	62	110	15	125	25	66	98	12

1) 고장제품이 하나 증가할 때 필요한 수리시간의 95% 신뢰구간을 구하여라.
2) 고장제품이 10개가 접수되는 날의 수리시간은 얼마나 되는지를 예측하여라.
3) $H_0: \beta_1 = 0$, $H_1: \beta_1 \neq 0$을 유의수준 $\alpha = 0.05$로 검정하여라(t 분포 이용).

4.5 연습문제 4.4에서 $H_0: \beta_1 = 0$, $H_1: \beta_1 \neq 0$의 검정을 분산분석표를 이용하여 검정하고 그 결과를 t 분포를 이용한 경우와 비교하여라.

4.6 연습문제 3.3의 자료를 이용하여 다음에 답하여라.

1) 결정계수 R^2를 계산하고 표본상관계수 r의 제곱과 비교하여라.
2) $H_0: \beta_1 = 0$, $H_1: \beta_1 \neq 0$의 가설을 유의수준 $\alpha = 0.01$로 검정하여라.
3) 회귀선의 절편 β_0에 관한 95% 신뢰구간을 구하여라.
4) A회사 주가(x)가 670일 때 종합주가지수(y)의 95% 신뢰구간을 구하여라.
5) 분산분석표를 작성하고 유의수준 $\alpha = 0.01$로 $H_0: \beta_1 = 0$, $H_1: \beta_1 \neq 0$를 검정하여라.

4.7 연습문제 3.3의 자료를 이용하여 x = 210, 213, 216, 219, 221에서 $\mu_{y,x}$의 95% 신뢰구간을 구하고 이 결과를 이용하여 신뢰대를 도시하여라.

4.8 연습문제 3.2의 자료에 대해 다음 질문에 답하여라.

1) β_0의 95% 신뢰구간을 구하고 $H_0: \beta_0 = 0$, $H_1: \beta_0 \neq 0$을 검정하여라.
   $\alpha = 0.05$(t 분포 이용)

2) β_1의 95% 신뢰구간을 구하고 $H_0: \beta_1 = 0$, $H_1: \beta_1 \neq 0$을 검정하여라.

$\alpha = 0.05$(t 분포 이용)

3) 분산분석표에 의해 2)번을 검정하여라.

4) 결정계수를 구하고 얻어진 값의 결과에 대해 설명하여라.

5) $x_0 = 10$일 때 $\hat{y}_0$을 구하고 μ_{y,x_0}의 95% 신뢰구간을 구하여라.

6) $x_0 = 10$일 때 y_0의 값을 예측하고, 95% 예측구간을 구하여라.

7) $x_0 = 8, 9, 10, 11, 12$일 때 μ_{y,x_0}의 신뢰대와 y_0의 예측대를 도시하여 비교하여라.

4.9 연습문제 3.5의 자료를 이용하여 다음의 질문에 답하여라.

1) β_0와 β_1의 95% 신뢰구간을 각각 구하여라.

2) $H_0: \beta_0 = 0$, $H_1: \beta_0 \neq 0$과 $H_0: \beta_1 = 0$, $H_1: \beta_1 \neq 0$을 각각 검정하여라.

$\alpha = 0.05$(t 분포 이용)

3) 분산분석표를 작성하고 2)의 β_1에 대해 검정하여라.

4) $x_0 = 4$일 때 $E(y \mid x_0)$의 신뢰구간과 y_0의 예측구간을 각각 구하여라.

$1 - \alpha = 0.95$

5) $x_0 = 1, 2, 3, 4, 5, 6, 7$에서 $E(y \mid x_0)$의 95% 신뢰구간과 y_0의 95% 예측구간을 각각 구하고 이 결과를 이용하여 신뢰대와 예측대를 도시하여라.

6) 결정계수 R^2을 계산하고 그 의미를 설명하여라.

4.10 단순회귀모형 $y = \beta_0 - \beta_1 x + \epsilon$에서

1) $Cov(b_0, b_1) = -\bar{x}\sigma^2 / \sum (x_i - \bar{x})^2$임을 보여라.

3) $Cov(\bar{y}, b_1) = 0$임을 보여라.

4.11 단순회귀모형 $y = \beta_0 + \beta_1 x + \epsilon$에서 ϵ의 분산 σ^2의 $100(1-\alpha)\%$ 신뢰구간을 구하여라.

5장

모형의 진단

x와 y의 관계를 분석하기 위하여 식 (3.3)과 같은 단순회귀모형을 고려할 때 다음과 같은 몇 가지의 기본 가정에 기초를 둔다.

1) x와 y 사이에는 직선적인 함수관계, $y=\beta_0+\beta_1 x+\epsilon$가 성립한다.
2) 오차항 ϵ는 $N(0,\sigma^2)$의 분포를 따르며 서로 독립이다.
3) 독립변수 x는 확률변수가 아니다.

그런데 실제 문제에 있어서 위와 같은 가정들이 모두 또는 어느 하나의 가정이 성립되는지 아닌지가 확실하지 않은 경우가 많다. 따라서 분석을 하기 전에 위와 같은 가정들이 타당한지를 검토해 보아야 한다.

이 장에서는 위의 기본적인 가정들이 타당한가를 알아내는 방법을 살펴보고 위의 가정들이 성립하지 않을 때 이를 처리하는 방법들을 살펴보고자 한다.

5.1 잔차분석

식 (3.10)에서 정의된 잔차(residual) $e_i, i=1,2,\cdots,n$는 관측값과 추정값의 차를 말하며 이것은 또한 관찰오차(observed error)이기도 하다. 즉

$$e_i = y_i - \hat{y}_i \tag{5.1}$$

잔차는 회귀모형에 의하여 설명되지 않는 변동의 크기를 나타내기도 하며 오차 ϵ_i,

$$\epsilon_i = y_i - E(y_i) \tag{5.2}$$

의 관측값이기도 하다.

따라서 앞에서 가정한 오차 ϵ_i에 대한 가정들의 성립여부는 잔차 e_i를 검토해 봄으로써 알 수 있을 것이다.

잔차들은 몇 가지 성질을 가지고 있는데 첫째는 n개의 잔차 $e_i, i = 1,2,\cdots,n$의 평균은 식 (3.35)에 의해 항상 0이 되며 분산은

$$\frac{\sum(e_i - \overline{e})^2}{n-2} = \frac{\sum e_i^2}{n-2} = \frac{SSE}{n-2} = MSE \tag{5.3}$$

인데 가정된 모형이 타당하다면 MSE는 오차분산 σ^2의 불편추정량이 된다.

둘째, 식 (3.35)에서 알 수 있듯이 잔차들 중 하나는 자동적으로 결정되므로 잔차들은 서로 독립이 아니다. 그런데 이 잔차의 비독립성 문제는 관찰 개수 n이 크면 모형의 타당성을 검토하는 데 별로 영향을 주지는 않는다.

때로는 분석의 편의를 위하여 다음과 같은 **스튜던트화 잔차**(studentized residuals)를 이용하기도 한다.

$$d_i = \frac{e_i}{\sqrt{MSE}}, \qquad i = 1,2,\cdots,n. \tag{5.4}$$

스튜던트화 잔차는 평균이 0이고 분산은 근사적으로 1이 된다. 모형의 타당성을 검토하는 방법으로 간단하면서도 효과적인 방법인 그림으로 표현하는 방법에 대하여 살펴보기로 하겠다.

5.1.1 회귀함수의 선형성

분석하고자 하는 자료에 대하여 선형회귀함수(lineal regression function)가 적합하느냐 적합하지 않느냐에 대한 문제는 선형회귀모형을 가정하고서 자료로부터 얻어진 적합된 회귀선을 그린 후, 자료의 **산점도**(scatter diagram)를 그리거나 잔차 e_i를 x_i에 대하여 그림으로써 쉽게 알 수 있다.

잔차는 회귀직선모형이 타당하고 오차의 등분산성이 성립된다면 x에 대하여 산점도를 그렸을 때 0을 중심으로 완전히 랜덤(random)하게 나타나야 할 것이며 〈그림 5.1〉은 여러 유형의 잔차의 산점도를 보여 주고 있다.

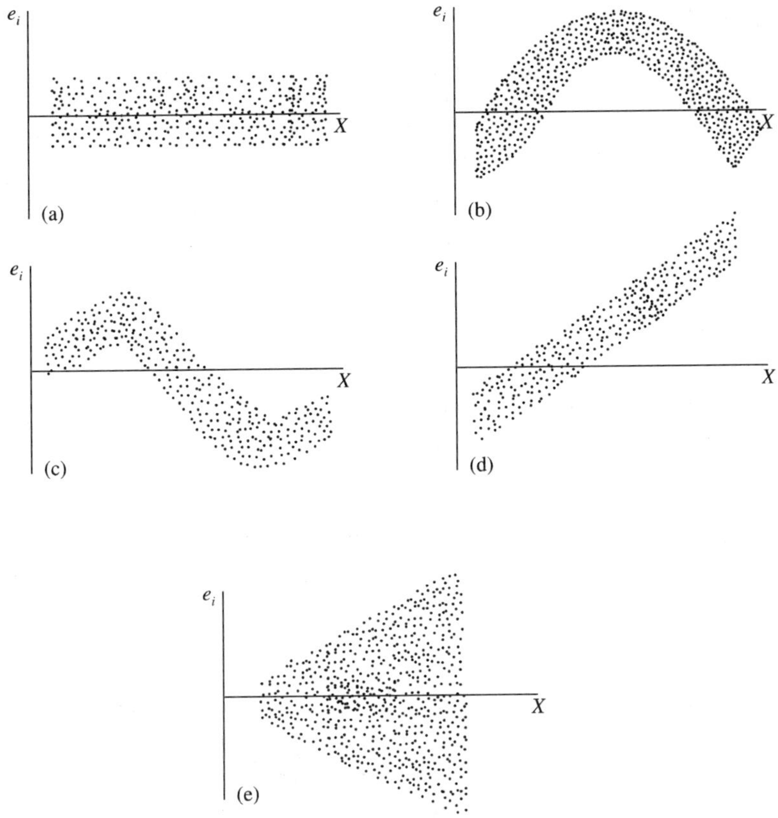

〈그림 5.1〉 잔차의 산점도

만약 회귀선을 적합시킨 결과 잔차의 산점도가 〈그림 5.1b〉와 같이 나타나면 이차곡선식 $\hat{y} = b_0 + b_1 x + b_2 x^2$이 타당해 보이며 〈그림 5.1c〉와 같이 나타나면 삼차곡선식 $\hat{y} = b_0 + b_1 x + b_2 x^2 + b_3 x^3$이 적절하다고 판정할 수 있을 것이다.

〈표 5.1〉은 어느 슈퍼체인점에서 일정기간 유효한 할인표를 배부한 후 8개 지역을 대상으로 손님의 증가율을 조사한 표이다. x는 발행한 할인표의 수이며 y는 그 기간 동안 손님의 증가율이다.

〈표 5.1〉의 자료를 이용하여 회귀선을 추정한 후 관측값들을 그림으로 표시하면 〈그림 5.2〉와 같고 잔차들을 그림으로 표현하면 〈그림 5.3〉과 같다.

〈그림 5.2〉와 〈그림 5.3〉에서 가정된 선형회귀함수는 타당하지 못하고 오히려 2차식을 생각해 보는 것이 바람직스럽다는 것을 쉽게 알 수 있을 것이다.

〈표 5.1〉 손님의 증가율

증가율(%) y	할인표의 수(백장) x	추정증가율 $\hat{y}_i$	잔차 $e_i = y_i - \hat{y}_i$
5.7	160	5.12	0.58
0.6	80	1.64	−1.04
6.6	200	6.84	−0.26
6.7	220	7.73	−1.03
2.1	100	2.51	−0.40
5.3	140	4.25	1.05
6.5	180	5.99	0.51
4.0	120	3.38	0.62

$$\hat{y} = -1.84 + 0.0435x$$

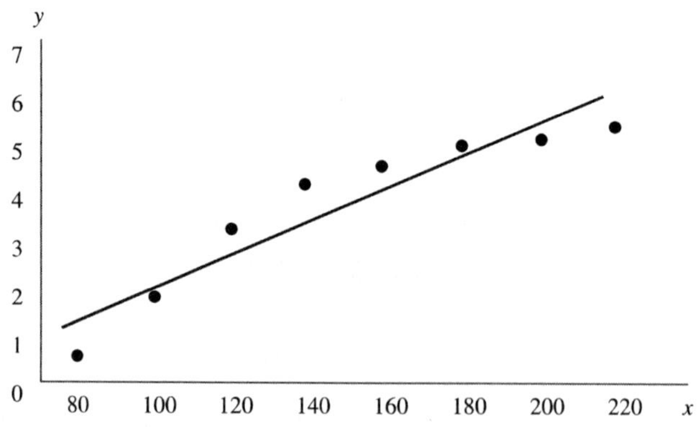

〈그림 5.2〉 추정된 회귀직선

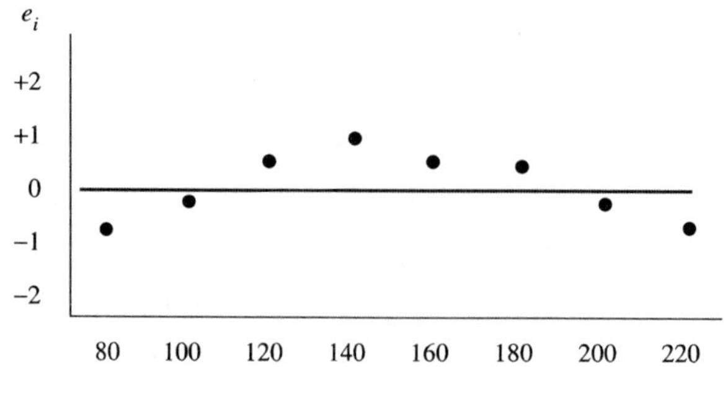

〈그림 5.3〉 잔차의 산점도

5.1.2 오차항의 등분산성

앞에서 선형회귀함수의 타당성을 확인하기 위하여 잔차를 독립변수 x에 대하여 산점도를 그려 봄으로써 알 수 있었다. 그런데 이 잔차의 산점도는 선형회귀함수의 타당성뿐만 아니라 오차의 분산이 모든 x에 대하여 일정한지 아닌지에 대하여서도 확인할 수 있다. 즉 〈그림 5.1e〉와 같이 잔차의 산점도가 주어지는 것은 x가 증가함에 따라 오차분산이 커지고 있음을 나타내기 때문이다. 또한 잔차를 추정값 $\hat{y}_i$에 대하여 산점도를 그려 보는 것도 오차의 등분산성을 확인해 보는 하나의 좋은 방법이다.

〈그림 5.4a〉는 가정된 모형에 모순이 없는 경우이고 〈그림 5.4b〉나 〈그림 5.4c〉는 오차분산이 등분산이 아닌 경우이며, 특히 〈그림 5.4b〉는 오차분산이 y의 증가함수인 경우이다. 〈그림 5.4c〉는 y가 0과 1 사이에서의 비율을 나타낼 때 자주 나타나는 그림이고 〈그림 5.4d〉는 비선형(nonlinear)을 나타낸다.

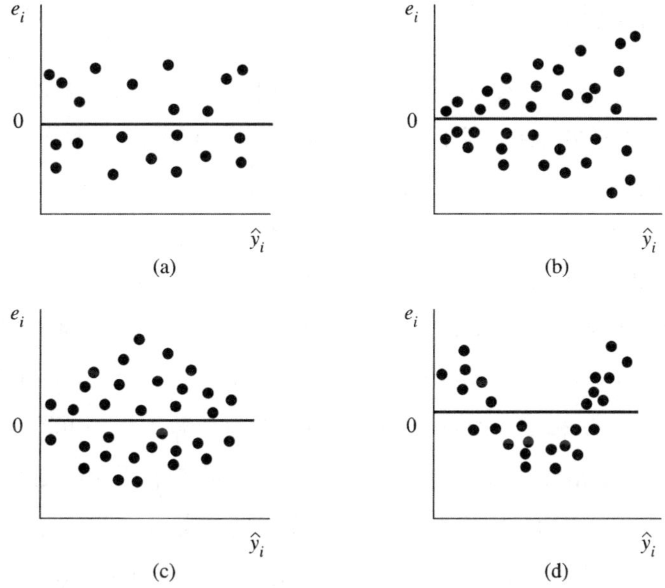

〈그림 5.4〉 $\hat{y}_i$에 대한 잔차의 산점도

5.1.3 오차항의 독립성

회귀모형에서 독립변수가 시간을 나타내는 변수일 때 또는 회귀모형에 시간이 변수로서 직접 고려된 것은 아니더라도 관측값 y가 시간에 영향을 받을 수 있으므로 시간에 따라 잔차를 생각해 보는 것도 의미가 있을 것이다. 이와 같이 잔차가 시간에 영향을

받을 때 오차들 사이의 독립성은 성립하지 않는다. 이론적인 측면에서 오차항이 서로 독립이라면 잔차들은 0을 중심으로 랜덤(random)하게 변할 것이므로(그림 5.5) 만약 잔차들이 랜덤하게 변하지 않으면 오차항들이 서로 독립이라고 할 수 없을 것이다. 오차항이 시간의 흐름에 따라 서로 상관을 갖는 경우에 대해서는 5.2절에서 자세하게 살펴보겠다.

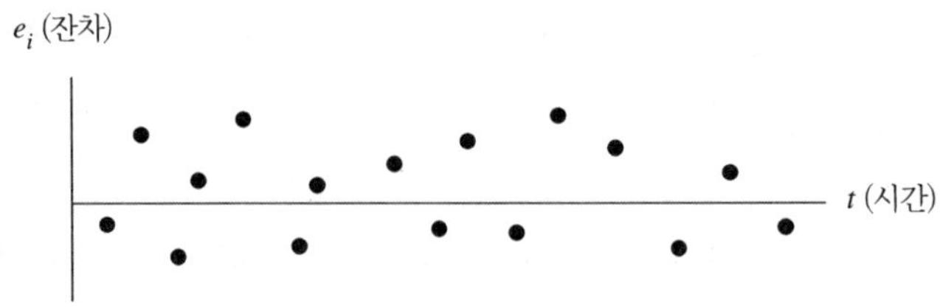

〈그림 5.5〉 잔차들의 시간에 대한 산점도

5.1.4 오차항의 정규성

오차항의 확률분포가 정규분포에서 조금 벗어나는 것은 별 문제가 되지 않으나 정규분포에서 많이 벗어나는 경우는 분석결과에 중대한 영향을 미친다. 왜냐하면 추정과 검정에서 이용되는 t 분포, F 분포 등은 모두 정규분포를 가정함으로써 가능해지는 분포들이기 때문이다. 이와 같은 오차항의 정규성을 검토하는 방법으로는 잔차들의 히스토그램을 그려서 정규분포에 가까이 가는가 하는 것을 객관적으로 확인하는 방법이 있으며 또 다른 방법으로는 표준정규분포의 성질을 이용하여 표준화된 잔차 $e_i/\sqrt{MSE}$가 -1과 1 사이에 약 68% 포함되는지 또는 -1.64와 1.64 사이에 약 90% 포함되는지를 확인해 보는 방법이다. 실제로 많이 이용되는 또 하나의 방법은 잔차들을 **정규확률지**(normal probability paper)에 그려 보는 방법이 있는데 정규확률지란 누적정규분포가 직선으로 표현되게 만들어진 모눈종이를 말한다.

정규확률지에 그림을 그리는 방법은 잔차들을 크기순으로 나열하고, 즉 $e_{[1]} < e_{[2]} < \cdots < e_{[n]}$,$e_{[i]}$에 해당되는 누적확률 $p_i = \left(i - \frac{1}{2}\right)\Big/ n,\ i = 1, 2, \cdots, n$를 정규확률지에 표시하며 이 확률이 직선에 가까우면 오차항은 정규분포를 한다고 할 수 있으나 그렇지 않은 경우는 정규분포로 보기 어렵다. 〈그림 5.6〉은 전형적인 정규확률지들의 그림이다. 〈그림 5.6b〉의 경우는 양 끝부분이 급하게 변한 모양으로서 정규분포로 보기에는 꼬리가 너무 두터움을 알 수 있다. 〈그림 5.6c〉의 경우는 양 끝부분이 완만하게 변한 경우로 이때는 정규분포보다 꼬리가 너무 엷음을 나타낸다. 〈그림 5.6d〉나 〈그림 5.6e〉는 어느 한쪽으로 기울어져 있음을 나타낸다.

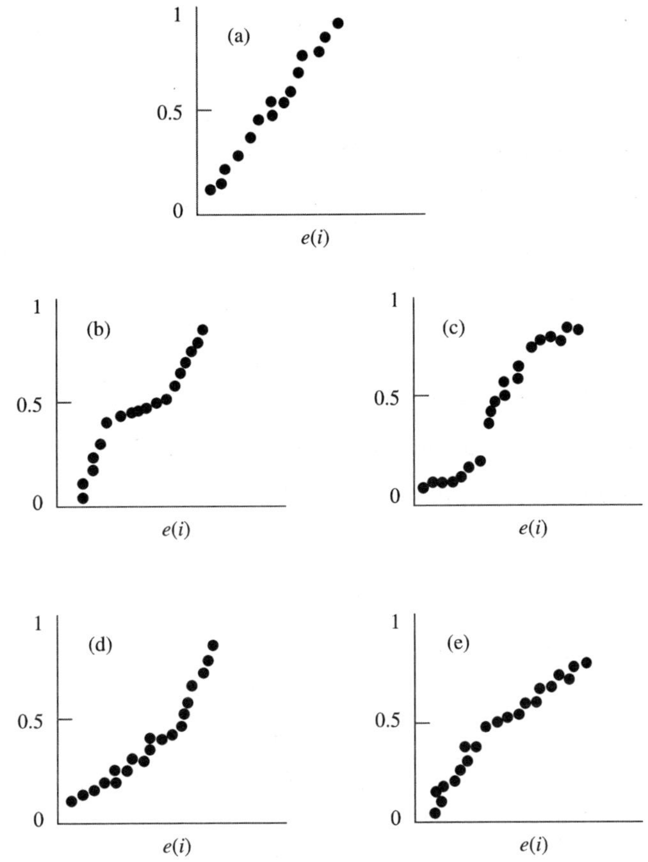

〈그림 5.6〉 정규확률지의 그림

앞에서 살펴본 정규성의 문제는 회귀모형을 잘못 설정함으로써 정규분포를 따르지 않는 것처럼 나타날 수도 있고 오차분산이 등분산이 아니기 때문에 그렇게 나타날 수도 있으므로 정규성을 검토하기 전에 다른 요인들부터 살펴본 후 검토하는 것이 좋다.

5.2 오차의 자기상관

앞 절에서는 가정들의 타당성을 그림을 이용하여 검토하는 방법을 살펴보았다. 그런데 그림에 의한 잔차의 분석은 주관적인 경우가 대부분이다. 이 절에서는 경제문제에서 주로 많이 나타나는 현상인 독립변수 x가 시간을 나타내는 경우 오차의 독립성 문제를 분석해 보고자 한다. 앞에서 회귀모형의 기본가정으로

$$Cov(\epsilon_i, \epsilon_j) = 0, \quad i \neq j,$$
$$Var(\epsilon_i) = \sigma^2$$

즉 오차항의 독립성을 가정하였는데 일반적으로 x가 시간을 나타내는 경우는 오차항에 대한 독립성의 가정은 타당하지 못하며 오히려 시간에 대하여 상관이 존재하는 경우가 많다. 즉

$$Cov(\epsilon_i, \epsilon_j) \neq 0, \quad i \neq j,$$

이와 같이 오차항이 시간에 상관이 될 때 오차항 ϵ_i 간에는 연속해서 상관(serially correlation) 또는 **자기상관**(autocorrelation)이 존재한다고 한다.

즉 직선회귀모형 $y_i = \beta_0 + \beta_1 x_i + \epsilon_i$에서

$$\epsilon_i = \rho\epsilon_{i-1} + \delta_i$$

이 성립한다고 하자. 여기서

$$\rho \neq 0, \ \mathrm{Var}(\delta_i) = \sigma^2(\delta) \tag{5.5}$$
$$\mathrm{Cov}(\delta_i, \delta_j) = 0, \quad i \neq j$$

이 만족되는 경우 ϵ_i들 간에는 자기상관이 존재한다고 하며 ρ을 **일계자기상관계수**(first-order autocorrelation coefficient)라고 한다. 오차항에 자기상관이 존재할 때 일반적인 최소제곱법을 이용하면 다음과 같은 문제점이 발생한다.

자기상관이 있는 경우의 문제점

① 일반적인 최소제곱법(ordinary least square method: OLS)에 의하여 얻어진 회귀계수들은 불편추정량이기는 하지만 최소분산은 갖지 않는다.

② MSE는 오차분산 σ^2의 과소추정량일 수 있다. 따라서 MSE의 함수로 주어지는 회귀계수들의 분산은 과소추정량이 될 수 있다.

③ 엄밀히 말해서 신뢰구간의 결정이나 가설검정에 이용되는 t 분포, F 분포는 적합한 분포가 아니다.

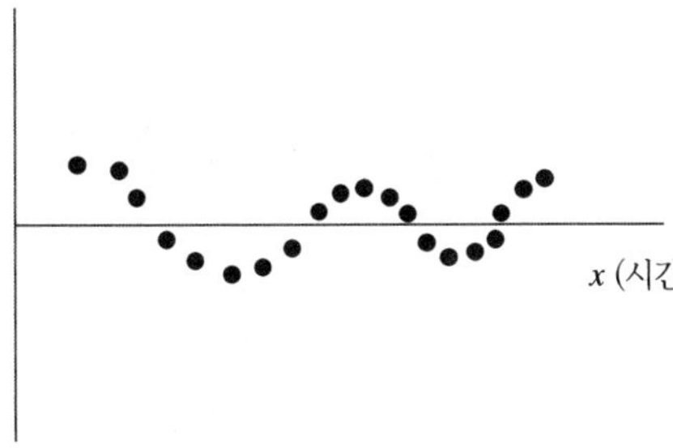

〈그림 5.7〉 시계열 자료의 잔차

오차항에 자기상관이 존재하는지 아닌지는 잔차들을 〈그림 5.7〉에서 보인 것처럼 시간에 대하여 그림을 그려보면 알 수 있을 것이다. 이론적으로 자기상관의 유무를 알아내는 방법으로서는 Durbin과 Watson에 의하여 제안된 방법이 널리 쓰이는데 이 검정방법은 다음과 같은 **일계자기회귀과정**(first-order autoregressive process)을 가정한다.

$$\epsilon_t = \rho\epsilon_{t-1} + \delta_t$$

ϵ_t =시간 t에서의 오차항

ρ=자기상관모수이며 $|\rho| < 1$

δ_t는 서로 독립이며 $N(0, \sigma^2(\rho))$

따라서 일계자기회귀오차를 갖는 단순회귀모형은 다음과 같다.

$$y_t = \beta_0 + \beta_1 x_t + \epsilon_t$$
$$\epsilon_t = \rho\epsilon_{t-1} + \delta_t \tag{5.6}$$

식 (5.5)를 다시 쓰면 다음과 같고

$$\begin{aligned}\epsilon_t &= \rho(\rho\epsilon_{t-2} + \delta_{t-1}) + \delta_t \\ &= \cdots\cdots \\ &= \delta_t + \rho\delta_{t-1} + \rho^2\delta_{t-2} + \cdots \\ &= \sum_{j=0}^{\infty} \rho^j \delta_{t-j}\end{aligned} \tag{5.7}$$

그런데 $E(\delta_t) = 0$이고 $\text{Cov}(\delta_i, \delta_j) = 0$, $i \neq j$이므로

$$E(\epsilon_t) = E[\sum_{j=0}^{\infty} \rho^j \delta_{t-j}] = 0 \tag{5.8a}$$

$$\begin{aligned} Var(\epsilon_t) &= Var[\sum_{j=0}^{\infty} \rho^j \delta_{t-j}] \\ &= \sum_{j=0}^{\infty} \rho^{2j} \sigma^2(\delta) \\ &= \frac{\sigma^2(\delta)}{1-\rho^2} = \sigma^2(\epsilon_t) \end{aligned} \tag{5.8b}$$

$$\begin{aligned} Cov(\epsilon_t,\ \epsilon_{t-1}) &= E[\epsilon_t - E(\epsilon_t)][\epsilon_{t-1} - E(\epsilon_{t-1})] \\ &= E(\epsilon_t \epsilon_{t-1}) \\ &= E(\delta_t + \rho\delta_{t-1} + \rho^2\delta_{t-2} + \cdots)(\delta_{t-1} + \rho\delta_{t-2} + \rho^2\delta_{t-3} + \cdots) \\ &= \rho E[(\delta_{t-1} + \rho\delta_{t-2} + \cdots)^2] \\ &= \rho E(\epsilon_{t-1}^2) \\ &= \rho\sigma^2(\epsilon_{t-1}) \end{aligned} \tag{5.8c}$$

이다. 따라서 식 (5.8b)에 의하여

$$Cov(\epsilon_t, \epsilon_{t-1}) = \rho \left[\frac{\sigma^2(\delta)}{1-\rho^2} \right] \tag{5.9}$$

이다. 같은 방법에 의하면, 모든 $j \neq 0$에 대하여

$$Cov\ (\epsilon_t, \epsilon_{t-j}) = \rho^{|j|} \left(\frac{\sigma^2(\delta)}{1-\rho^2} \right) \tag{5.10}$$

이 된다. 그러므로 오차 벡타 $\epsilon = (\epsilon_1, \epsilon_2, \cdots, \epsilon_n)'$에 대한 분산공분산행렬은 식 (2.8)에 의하여 다음과 같음을 알 수 있다.

$$\begin{aligned} Var(\epsilon) &= E(\epsilon\epsilon') \\ &= \frac{\sigma^2(\delta)}{1-\rho^2} \begin{bmatrix} 1 & \rho & \rho^2 & \cdots & \rho^{n-1} \\ \rho & 1 & \rho & & \rho^{n-2} \\ \vdots & \vdots & \vdots & & \vdots \\ \rho^{n-1} & \rho^{n-2} & \rho^{n-3} & \cdots & 1 \end{bmatrix} \end{aligned} \tag{5.11}$$

시계열 자료를 이용하여 회귀분석을 하고자 할 때 앞에서 살펴본 오차항 간에 자기상관이 존재하는지를 확인할 필요가 있는데 이때 이용되는 검정방법으로서 앞에서 말한 Durbin-Watson 검정 방법을 살펴보자.

1차 자기상관계수 $\rho = 0$이면 $\epsilon_t = \delta_t$이고 δ_t는 서로 독립이므로 오차항 ϵ_t는 서로 독립이 된다. 즉 자기상관관계가 존재하지 않는다. 따라서 여기서의 검정은 $\rho = 0$이냐 아니냐의 검정이 된다. 그런데 대부분의 경제 문제에서는 오차항들이 양의 자기상관($\rho > 0$)을 가지므로 다음과 같은 귀무가설과 대립가설을 생각할 수 있다.

$$H_0 : \rho = 0 \qquad \textbf{(5.12)}$$

$$H_1 : \rho > 0$$

식 (5.12)와 같은 가설에 대한 Durbin-Watson의 d 검정통계량은 잔차를 $e_i = y_i - \hat{y}_i$에 의하여 구한 후 다음의 식에 의하여 얻어진다.

$$d = \frac{\sum_{t=2}^{n}(e_t - e_{t-1})^2}{\sum_{t=1}^{n} e_t^2} \qquad \textbf{(5.13)}$$

Durbin과 Watson은 이렇게 얻어진 검정통계량 d의 상한(d_U)과 하한(d_L)을 구하고(부록 A-4) 다음과 같은 검정절차를 제안하였다.

1) 만약 $d < d_L$이면 $H_0 : \rho = 0$를 기각하고 H_1을 채택한다.
2) 만약 $d > d_U$이면 $H_0 : \rho = 0$를 기각하지 않는다.
3) 만약 $d_L \leq d \leq d_U$이면 이 검정은 불확실하다.

1차 자기상관계수 ρ에 관한 검정은 대부분 양의 자기상관 $H_1: \ \rho > 0$에 관한 검정이지만 음의 자기상관에 관한 검정을 행하고자 하면 귀무가설과 대립가설은 다음과 같이 설정한다.

$$H_0: \ \rho = 0$$

$$H_1: \ \rho < 0$$

이때 검정통계량은

$$d^* = 4 - d \quad [d\text{는 식 } (5.13)]$$

이므로 다음과 같은 절차에 의해 판정한다.

1) $d^* < d_L$이면 $H_0 : \rho = 0$을 기각하고 $H_1 : \rho < 0$을 채택

2) $d^* > d_U$이면 $H_0 : \rho = 0$를 기각하지 않는다.

3) $d_L \leqq d^* \leqq d_U$이면 이 검정의 결과는 불확실하다.

Durbin-Watson 검정법의 단점은 검정통계량 d나 d^*가 d_L과 d_U 사이에 위치하면 검정의 결과를 얻을 수 없다는 점이다. 만약 표본의 크기 n이 어느 정도 크면 검정통계량 d값에 의하여 직관적으로 자기상관의 존재여부를 확인할 수 있고, 양의 자기상관이냐 또는 음의 자기상관이냐 하는 것도 쉽게 알 수 있다. 즉 식 (5.13)을 풀어보면

$$d = \frac{\sum_{t=2}^{n}(e_t - e_{t-1})^2}{\sum_{t=1}^{n} e_t^2}$$

$$= \frac{\sum_{t=2}^{n} e_t^2 + \sum_{t=2}^{n} e_{t-1}^2 - 2\sum_{t=2}^{n} e_t e_{t-1}}{\sum_{t=1}^{n} e_t^2}$$

이다. 만약 표본의 크기 n이 어느 정도 크면 대략

$$\sum_{t=1}^{n} e_t^2 \fallingdotseq \sum_{t=2}^{n} e_t^2 \fallingdotseq \sum_{t=2}^{n} e_{t-1}^2$$

이 성립할 것이므로 검정통계량 d는

$$d \fallingdotseq \frac{2\sum_{t=2}^{n} e_t^2}{\sum_{t=1}^{n} e_t^2} - \frac{2\sum_{t=2}^{n} e_t e_{t-1}}{\sum_{t=1}^{n} e_t^2}$$

$$\fallingdotseq 2\left(1 - \frac{\sum_{t=2}^{n} e_t e_{t-1}}{\sum_{t=1}^{n} e_t^2}\right)$$

이다. 그런데 잔차 e_i들의 표본상관계수는

$$\hat{\rho} = \frac{\sum_{t=2}^{n} e_t e_{t-1}}{\sqrt{\sum_{t=1}^{n} e_t^2}\sqrt{\sum_{t=2}^{n} e_{t-1}^2}}$$

이므로 다음과 같다.

$$d \fallingdotseq 2(1-\hat{\rho}) \tag{5.14}$$

식 (5.14)에서 오차들 간에 자기상관이 없는 경우, 즉 $\hat{\rho}=0$에서는 $d \fallingdotseq 2$가 되고 $\hat{\rho}>0$, 즉 양의 자기상관이 있으면 $d<2$가 됨을 알 수 있으며 $\hat{\rho}=1$이면 $d=0$이고 $\hat{\rho}=-1$이면 $d=4$가 된다. 결국 이 사실로부터 알 수 있는 것은

1) d값이 2보다 작고 0에 가까우면 양의 자기상관.
2) d값이 2보다 크고 4에 가까우면 음의 자기상관.
3) d값이 2에 가까우면 자기상관이 존재하지 않는다.

예제 5.1

어느 회사의 과거 15년간의 매출액(y)과 광고료(x)와의 관계를 조사한 결과 다음과 같은 표를 얻었다. 회귀직선 $\hat{y}=b_0+b_1x$를 적합시키고 Durbin-Watson d 통계량을 이용하여 가설검정($H_0:\rho=0, H_1:\rho>0$)을 하여라.

풀이 가설 $H_0:\rho=0,\ H_1:\rho>0$

〈표 5.2〉 광고료에 따른 매출액

t	매출액(y)	광고료(x)	$\hat{y}$	$e_t=y_t-\hat{y}_t$	e_t-e_{t-1}
1	308	78	308.2078	−0.2078	
2	314	80	312.4929	1.5071	1.7149
3	321	82	316.7780	4.2220	2.7149
4	323	84	321.0632	1.9368	−2.2852
5	329	88	329.6334	−0.6334	−2.5702
6	337	93	340.3461	−3.3461	−2.7127

t	매출액(y)	광고료(x)	$\hat{y}$	$e_t = y_t - \hat{y_t}$	$e_t - e_{t-1}$
7	347	97	348.9163	−1.9163	1.4298
8	356	99	353.2014	2.7986	4.7149
9	359	104	363.9142	−4.9142	−7.7128
10	372	109	374.6269	−2.6269	2.2873
11	379	115	387.4823	−8.4823	−5.8554
12	404	120	398.1950	5.8050	14.2873
13	419	127	413.1929	5.8071	0.0021
14	431	135	430.3333	0.6667	−5.1404
15	449	144	449.6162	−0.6162	−1.2829

〈표 5.2〉의 자료로부터 회귀직선을 추정하면

$$\hat{y} = 141.088 + 2.14x$$

이므로 매년도별 매출액의 추정값을 구하면 표에 나타난 바와 같다.

따라서 Durbin-Watson의 d 통계량은 다음과 같다.

$$d = \frac{\sum_{t=2}^{15}(e_t - e_{t-1})^2}{\sum_{t=1}^{15} e_t^2}$$

가설은 $H_0 : \rho = 0$, $H_1 : \rho > 0$ 이고 Durbin-Watson 통계량은 $d = 1.764$ 이다.

부록 〈표 A-5〉에서 $\alpha = 0.01$, $n = 15$, $p = 1$ 일 때 $d_L = 0.81$, $d_U = 1.07$ 이다.

따라서 $d = 1.764 > d_U = 1.07$ 이므로 귀무가설을 기각할 수 없다.

즉, 오차항 사이에 자기상관이 존재한다고 할 수 없다.

SAS를 이용한 풀이

SAS를 이용하여 예제 5.1을 해결하여라.

[예제 5.1 SAS 프로그램]

```
DATA EX5_1;
INPUT Y X;
CARDS;
308 78
314 80
321 82
323 84
329 88
337 93
347 97
356 99
359 104
372 109
379 115
404 120
419 127
431 135
449 144
RUN;
PROC REG DATA=EX5_1;
MODEL Y=X/DW;
RUN;
```

Durbin-Watson의 D통계량을 출력하기 위해 DW옵션을 사용

[예제 5.1 SAS 실행결과]

Analysis of Variance

Source	DF	Sum of Squares	Mean Square	F Value	Pr > F
Model	1	27898	27898	1661.85	<.0001
Error	13	218.23617	16.78740		
Corrected Total	14	28116			

Root MSE	4.09724	R-Square	0.9922
Dependent Mean	363.20000	Adj R-Sq	0.9916
Coeff Var	1.12810		

Parameter Estimates

Variable	DF	Parameter Estimate	Standard Error	t Value	Pr > |t|
Intercept	1	141.08882	5.55022	25.42	<.0001
X	1	2.14255	0.05256	40.77	<.0001

SAS 시스템

The REG Procedure
Model: MODEL1
Dependent Variable: Y

Durbin-Watson D	1.764
Number of Observations	15
1st Order Autocorrelation	0.117

해설 가설은 $H_0 : \rho = 0$, $H_1 : \rho > 0$ 이고, Durbin–Watson 통계량은 $d = 1.764$이다. 변형된 d 통계량을 이용하면 $d = 1.764$은 2에 가깝다.

따라서 자기상관이 존재하지 않는다.($H_0 : \rho = 0$ 을 의미한다.)

즉, 자기상관이 존재하지 않으므로 모형에 적합하다고 할 수 있다.

R을 이용한 풀이

R을 이용하여 예제 5.1을 해결하여라.

[예제 5.1 R 프로그램]

R E:₩2016₩Regress₩프로그램₩Chap5₩p5_1.R - R Editor

```
Ex5_1 <- read.table("C:/Users/default.default-PC/Desktop/data/data5_1.txt",header=T)
attach(Ex5_1)
(Ex5_1.lm<-lm(y~x))
(summary(Ex5_1.lm))
(anova(Ex5_1.lm))

# durbin-Watson D 값을 구하기 위한 페키지 부름#

install.packages("lmtest")
library(lmtest)
(dwtest(Ex5_1.lm,alternative = "greater") )
```

```
Call:
lm(formula = y ~ x)

Residuals:
    Min      1Q  Median      3Q     Max 
-8.4823 -2.2716 -0.2078  2.3677  5.8071 

Coefficients:
             Estimate Std. Error t value Pr(>|t|)    
(Intercept) 141.08882    5.55022   25.42 1.81e-12 ***
x             2.14255    0.05256   40.77 4.20e-15 ***
---
Signif. codes:  0 '***' 0.001 '**' 0.01 '*' 0.05 '.' 0.1 ' ' 1

Residual standard error: 4.097 on 13 degrees of freedom
Multiple R-squared:  0.9922,	Adjusted R-squared:  0.9916 
F-statistic:  1662 on 1 and 13 DF,  p-value: 4.196e-15


Analysis of Variance Table

Response: y
          Df  Sum Sq Mean Sq F value    Pr(>F)    
x          1 27898.2 27898.2  1661.9 4.196e-15 ***
Residuals 13   218.2    16.8                      
---
Signif. codes:  0 '***' 0.001 '**' 0.01 '*' 0.05 '.' 0.1 ' ' 1


	Durbin-Watson test

data:  Ex5_1.lm
DW = 1.764, p-value = 0.2157
alternative hypothesis: true autocorrelation is greater than 0
```

해설 적합된 회귀직선은 $\hat{y} = 141.089 + 2.143x$으로 회귀직선이 유의하고, 독립변수 x가 시간을 나타내므로 오차의 독립성 $H_0 : \rho = 0$, $H_1 : \rho > 0$을 검정하는 Durbin−Watson 통계량 D의 값은 1.764였고 유의확률이 0.2157로 귀무가설을 기각할 수 없다.

5.3 적합결여검정

독립변수 x와 종속변수 y 사이의 회귀관계를 선형회귀모형

$$y = \beta_0 + \beta_1 x + \epsilon$$

으로 표현하는 것이 타당한가를 검정하는 방법으로서 **적합결여검정**(lack of fit test)이 있다. 그런데 이 검정 방법은 모형 (3.3)에서 가정한 ①오차항의 독립성 ②오차항의 정규성, ③오차항의 등분산성이 모두 만족해야만 가능하고 또한 독립변수 x가 적어도 하나의 수준(level)에서 반복측정이 이루어져야만 가능하다.

지금 x의 수준으로 $x_1, x_2, \cdots, x_k$가 있고 각 수준에서 $n_1, n_2, \cdots, n_k$번의 측정이 다음과 같이 이루어졌다 하자.

$$
\begin{aligned}
&x_1\text{에서 } y_{11}\, y_{12} \cdots y_{1n_1} : \overline{y_1} \\
&x_2\text{에서 } y_{21}\, y_{22} \cdots y_{2n_2} : \overline{y_2} \\
&\vdots \\
&x_i\text{에서 } y_{i1}\, y_{i2} \cdots y_{in_i} : \overline{y_i} \\
&\vdots \\
&x_k\text{에서 } y_{k1}\, y_{k2} \cdots y_{kn_k} : \overline{y_k} \\
&\overline{y_i} = \frac{1}{n_i}\sum_{j=1}^{n_i} y_{ij}
\end{aligned}
$$

전체 관측수는 $n = \sum_{i=1}^{k} n_i$이 되고 이 자료를 이용하여 회귀선을 구하면 반복이 있는 경우이므로

$$
\overline{x} = \frac{1}{n}\sum_{i=1}^{k} n_i x_i, \qquad \overline{y} = \frac{\sum_{i=1}^{k}\sum_{j=1}^{n_i} y_{ij}}{n}
$$

$$
\begin{aligned}
S_{xx} &= \sum_{i=1}^{k}\sum_{j=1}^{n_i} (x_i - \overline{x})^2 \\
&= \sum_{i=1}^{k} n_i (x_i - \overline{x})^2 = \sum_{i=1}^{k} n_i x_i^2 - \frac{\left(\sum_{i=1}^{k} n_i x_i\right)^2}{n}
\end{aligned}
$$

$$
\begin{aligned}
S_{yy} &= \sum_{i=1}^{k}\sum_{j=1}^{n_i} (y_{ij} - \overline{y})^2 = \sum_{i=1}^{k}\sum_{j=1}^{n_i} y_{ij}^2 - n\overline{y}^2 \\
S_{xy} &= \sum_{i=1}^{k}\sum_{j=1}^{n_i} (x_i - \overline{x})(y_{ij} - \overline{y}) \\
&= \sum_{i=1}^{k}\sum_{j=1}^{n_i} x_i y_{ij} - \frac{\left(\sum_{i=1}^{k} n_i x_i\right)\left(\sum_{i=1}^{k}\sum_{j=1}^{n_i} y_{ij}\right)}{n}
\end{aligned}
$$

로부터 회귀계수 b_0와 b_1을 추정하면 추정된 회귀직선은

$$\hat{y_i} = b_0 + b_1 x_i,\ i = 1, 2, \cdots, k$$

여기서 $\widehat{y_{ij}}$이 아니고 $\hat{y_i}$이 되는 것은 하나의 x_i점에서 n_i개의 측정값 $y_{11}, y_{12}, \cdots, y_{in_i}$가 있지만 회귀직선에 의한 추정값은 하나로 주어지기 때문이다. 이 경우에 잔차변동은

$$SSE = \sum_{i=1}^{k}\sum_{j=1}^{n_i}(y_{ij} - \hat{y_i})^2 \tag{5.15}$$

이며 SSE는 다음과 같이 분해될 수 있다.

$$\begin{aligned} SSE &= \sum_{i=1}^{k}\sum_{j=1}^{n_i}\left[(y_{ij} - \overline{y_i}) + (\overline{y_i} - \hat{y_i})\right]^2 \\ &= \sum_{i=1}^{k}\sum_{j=1}^{n_i}(y_{ij} - \overline{y_i})^2 + \sum_{i=1}^{k} n_i(\overline{y_i} - \hat{y_i})^2 + 2\sum_{i=1}^{k}\sum_{j=1}^{n_i}(y_{ij} - \overline{y_i})(\overline{y_i} - \hat{y_i}) \end{aligned}$$

여기서

$$\sum_{i=1}^{k}\sum_{j=1}^{n_i}(y_{ij} - \overline{y_i})(\overline{y_i} - \hat{y_i}) = 0$$

이므로

$$SSE = \sum_{i=1}^{k}\sum_{j=1}^{n_i}(y_{ij} - \overline{y_i})^2 + \sum_{i=1}^{k} n_i(\overline{y_i} - \hat{y_i})^2 \tag{5.16}$$

이 되고 첫 번째 제곱합을 **순오차제곱합**(pure error sum of squares)이라고 하며

$$SSPE = \sum_{i=1}^{k}\sum_{j=1}^{n_i}(y_{ij} - \overline{y_i})^2 \tag{5.17}$$

로 표시한다. 또한 두 번째 제곱합은 **적합결여제곱합**(lack of fit sum of square)이라고 하고

$$SSLF = \sum_{i=1}^{k} n_i(\overline{y_i} - \hat{y_i})^2 \tag{5.18}$$

로 표시한다. $SSPE$는 x의 각 수준에서 얻어진 반복측정값들의 제곱합 $[\sum_{i=1}^{n_i}(y_{ij}-\overline{y_i})^2]$을 구하여 합한 값으로서 그 자유도는 x_i 수준에서 제곱합의 자유도가 (n_i-1)이므로

$$\sum_{i=1}^{k}(n_i-1) = n-k \tag{5.19}$$

이 된다. 또한 SSLF의 자유도는 $(k-2)$이다. 왜냐하면 식 (5.18)에서 k개의 수준이 있으나 $\hat{y_i}$는 두 개의 모수 β_0와 β_1을 추정해서 얻어지며 이때 자유도 두 개가 상실되므로 $(k-2)$가 된다. 따라서 **순오차제곱평균**(pure error mean square)과 **적합결여제곱평균**(lack of fit mean square)은

$$MSPE = \frac{SSPE}{n-k} \tag{5.20a}$$

$$MSLF = \frac{SSLF}{k-2} \tag{5.20b}$$

이다.

잔차제곱합의 분할

$SSE = SSPE + SSLF$

$df:\ n-2 = (n-k)+(k-2)$

회귀직선 $E(y)=\beta_0+\beta_1 x$ 가 옳은가를 검정하는 적합결여검정에서의 검정통계량은

$$F_0 = \frac{SSLF/k-2}{SSPE/n-k} = \frac{MSLF}{MSPE} \tag{5.21}$$

로 주어지며 회귀직선이 어떻게 주어지든 관계없이

$$E(MSPE) = \sigma^2 \tag{5.22a}$$

$$E(MSLF) = \sigma^2 + \frac{\sum_{i=1}^{k} n_i[E(y_i)-(\beta_0+\beta_1 x_i)]^2}{k-2} \tag{5.22b}$$

이다. 식 (5.22b)에서 $E(y_i)=\beta_0+\beta_1 x_i$이면 $E(MSLF) = \sigma^2$이고 $E(y_i) \neq \beta_0+\beta_1 x_i$

이면 $E(MSLF) > \sigma^2$임을 알 수 있다. 또한 $E(y_i) = \beta_0 + \beta_1 x_i$이면 식 (5.21)의 F_0는 $F(k-2, n-k)$ 분포를 따른다는 사실이 알려져 있으므로 다음과 같은 가설검정을 할 수 있다.

$$H_0 : E(y) = \beta_0 + \beta_1 x$$

$$H_1 : E(y) \neq \beta_0 + \beta_1 x$$

에 대하여 검정통계량 F_0를 계산하면 유의수준 α로 다음과 같은 결정을 할 수 있다.

만약 $F_0 > F(k-2, n-k \ ; \ \alpha)$이면 H_0를 기각.

만약 $F_0 \leq F(k-2, n-k \ ; \ \alpha)$이면 H_0를 채택.

예제 5.2

교육을 받은 기간과 초임과의 관계를 조사하여 다음과 같은 자료를 얻었다. 교육받은 기간과 초임 사이에 회귀관계 $E(y) = \beta_0 + \beta_1 x$이 성립하는지를 검토하여라.

〈표 5.3〉 초임과 교육기간과의 자료

번호	교육기간(x)	임금(y)	번호	교육기간(x)	임금(y)
1	16	32	6	14	23
2	12	18	7	9	16
3	12	20	8	16	29
4	16	30	9	9	17
5	14	24	10	18	32

풀이 〈표 5.3〉의 자료를 이용하여 회귀직선을 추정하면

$$\hat{y} = -2.55 + 1.96x$$

이며 〈표 4.5〉에 의거한 분산분석표는 다음과 같다.

〈표 5.4〉 분산분석표

요인	제곱합	자유도	제곱평균	F_0
회귀	324.13	1	324.13	84.41
잔차	30.74	8	3.84	
계	354.87	9		

그런데 부록 〈표 A-4〉에서 $F(1,8;0.01)=11.3$이므로 $F_0=84.41>11.3=F(1,8;0.01)$가 되어 회귀변동은 매우 유의하다고 결론을 내린다. 즉, 회귀직선이 표 5.3의 자료를 설명하는 데 유의한 기여를 한다고 할 수 있으며 이 사실을 좀 더 상세히 확신하기 위하여 적합결여검정을 하여 보자. 먼저 귀무가설과 대립가설은

$$H_0:\ E(y)=\beta_0+\beta_1 x$$

$$H_1:\ E(y)\neq\beta_0+\beta_1 x$$

이고 〈표 5.3〉을 다시 정리하면

교육기간(x)	임금(y)			$\overline{y_i}$	$\hat{y_i}$
9	16		17	16.5	15.09
12	18		20	19	20.97
14	24		23	23.5	24.89
16	32	30	29	30.33	28.81
18	32			32	32.73

식 (5.17)에 의하여 순오차제곱합은

$$\begin{aligned} SSPE &= \sum_{i=1}^{k}\sum_{j=1}^{n_i}(y_{ij}-\overline{y_i})^2 \\ &= (16-16.5)^2+(17-16.5)^2+\cdots+(32-32)^2 \\ &= 7.67 \end{aligned}$$

이며 식 (5.18)에서 적합결여제곱합은

$$\begin{aligned} SSLF &= \sum_{i=1}^{k} n_i(\overline{y_i}-\hat{y_i})^2 \\ &= 2(16.5-15.09)^2+2(19-20.97)^2+\cdots+(32-32.73)^2 \\ &= 23.07 \end{aligned}$$

또는 적합결여제곱합은 $SSE=SSPE+SSLF$에서

$$\begin{aligned} SSLF &= SSE-SSPE \\ &=30.74-7.67=23.07 \end{aligned}$$

이며 $SSPE$의 자유도는 $n-k=10-5=5$, $SSLF$의 자유도는 $k-2=5-2=3$이므로 식 (5.21)에서 적합결여검정통계량 F_0는 다음과 같다.

$$F_0 = \frac{SSLF/3}{SSPE/5} = \frac{23.07/3}{7.67/5}$$

$$= \frac{7.67}{1.534} = 5.013$$

그런데 부록 〈표 A-4〉에서 $F(3,5;0.05)=5.41$이므로 $F_0=5.013<5.41=F(3,5;0.05)$가 되어 H_0를 기각하지 않는다. 즉 가정된 회귀직선이 틀렸다고 할 수 없고 $E(y)=\beta_0+\beta_1 x$는 x와 y의 관계를 잘 설명한다고 결론을 내린다.

SAS를 이용한 풀이

SAS를 이용하여 예제 5.2를 해결하여라.

[예제 5.2 SAS 프로그램]

```
예제 5.2
DATA EX5_2;
INPUT X Y;
CARDS;
16 32
12 18
12 20
16 30
14 24
14 23
9 16
16 29
9 17
18 32
RUN;
PROC REG DATA=EX5_2;    적합결여검정을 위해
MODEL Y=X/LACKFIT;      LACKFIT 옵션을 사용
RUN;
```

Analysis of Variance					
Source	DF	Sum of Squares	Mean Square	F Value	Pr > F
Model	1	324.13697	324.13697	84.29	<.0001
Error	8	30.76303	3.84538		
Lack of Fit	3	23.09637	7.69879	5.02	0.0572
Pure Error	5	7.66667	1.53333		
Corrected Total	9	354.90000			

Root MSE	1.96096	R-Square	0.9133
Dependent Mean	24.10000	Adj R-Sq	0.9025
Coeff Var	8.13678		

Parameter Estimates					
Variable	DF	Parameter Estimate	Standard Error	t Value	Pr > |t|
Intercept	1	-2.55213	2.96843	-0.86	0.4149
X	1	1.95972	0.21345	9.18	<.0001

해설 위의 SAS 결과를 이용하여 회귀직선 $E(y)=\beta_0+\beta_1 x$가 옳은가를 적합결여검정하자.

(1) 가설: H_0: $E(y)=\beta_0+\beta_1 x \quad vs \quad H_1$: $E(y)\neq\beta_0+\beta_1 x$

(2) 검정통계량:

$$F_0=\frac{SSLF/k-2}{SSPE/n-k}=\frac{MSLF}{MSPE}\sim F(k-2,\ n-k)$$

적합결여검정통계량 F_0는 위의 분산분석표에 의하면 $F_0=5.02$

(3) 의사결정:

위의 분산분석표에 의해 유의확률 $p=0.0572\ >\ \alpha=0.05$이므로 유의수준 0.05에서 H_0를 기각할 수 없다.

즉, 가정된 회귀직선이 틀렸다고 할 수 없고 $E(y)=\beta_0+\beta_1 x$는 x와 y의 관계를 잘 설명한다고 결론을 내린다.

R을 이용한 풀이

R을 이용하여 예제 5.2를 해결하여라.

[예제 5.2 R 프로그램]

```
E:₩2016₩Regress₩프로그램₩Chap5₩p5_2.R - R Editor

Ex5_2<-read.table("C:/Users/default.default-PC/Desktop/data/data5_3.txt",header
attach(Ex5_2)

(Reduced.lm<-lm(y~x))                          # 축소모형 적합
(Full.lm<-lm(y~factor(x)))                     # 완전모형 적합
(anova(Reduced.lm, Full.lm))                   # 적합결여검정
```

[예제 5.2 R 실행결과]

```
R Console

Analysis of Variance Table

Model 1: y ~ x
Model 2: y ~ factor(x)
  Res.Df    RSS Df Sum of Sq      F Pr(>F)
1      8 57.643
2      5 47.500  3    10.143 0.3559 0.7878
>
```

해설 적합결여검정 결과 $H_0: E(y) = \beta_0 + \beta_1 x$에 대한 $H_1: E(y) \neq \beta_0 + \beta_1 x$의 검정에서 유의확률이 0.7878로서 H_0를 기각할 수 없어 x와 y 관계는 선형으로 잘 표현된다고 말할 수 있다.

5.4 모형의 변환

독립변수 x와 종속변수 y 사이의 관계를 나타내는 회귀함수로서 선형식 $y = \beta_0 + \beta_1 x + \epsilon$이 적절치 못한 경우가 있다. 이러한 선형이 아닌 **비선형성**(nonlinearity)은 앞 절에서 살펴본 적합결여검정이나 자료의 산점도 또는 잔차의 그림을 검토해 봄으로써 찾을 수 있고 때로는 사전 경험에 의하여 x와 y의 관계가 선형이 아니라는 사실을 알 수도 있다.

x와 y의 관계가 비선형인 경우에는 최소제곱법에 의해 회귀계수들을 추정하기 어려우므로 분석이 곤란하지만 특수한 비선형함수들은 적절한 수학적 변환을 통하여 다루기 쉬운 선형식으로 바꾸어 쓸 수도 있다.

이 절에서는 이와 같이 비선형식을 선형식으로 바꾸어 분석하는 방법을 살펴보고자 한다.

5.4.1 대수변환(logarithmic transformation)

만약 x와 y 사이에

$$y = \beta_0 e^{\beta_1 x} \epsilon \tag{5.23}$$

인 관계가 성립한다고 하자. 식 (5.23)은 선형이 아니지만 다음과 같이 양변에 대수를 취하면

$$\ln y = \ln \beta_0 + \beta_1 x + \ln \epsilon \tag{5.24}$$

이다. 여기서

$$\ln y = y', \ \ln \beta_0 = \beta_0', \ \ln \epsilon = \epsilon' \tag{5.25}$$

이라 놓으면 식 (5.24)는

$$y' = \beta_0' + \beta_1 x + \epsilon' \tag{5.26}$$

이 되어 이 식은 앞에서 다루어 보았던 단순회귀모형이 된다. 그러나 변환된 식 (5.26)에서 $\epsilon' = \ln \epsilon$이 평균이 0이고 분산이 σ^2인 정규분포를 하여야 하므로 식 (5.23) 모형에서 ϵ는 **대수정규분포**(log-normal distribution)를 하여야 한다. 식 (5.26)과 같이 변환이 되면 최소제곱법에 의하여 회귀계수 β_0'과 β_1의 추정량 b_0'과 b_1을 구한다. 여기서 β_0'은 식 (5.25)에 의하여 변환이 되었으므로 b_0의 추정값은 b_0'에 역대수를 취하여 구할 수 있다.

$$anti \ln (b_0') = b_0$$

따라서 식 (5.23)의 추정식은 다음과 같다.

$$\hat{y} = b_0 e^{b_1 x} \tag{5.27}$$

로 얻어진다.

〈표 5.5〉 선형가능함수와 선형모형

그림	함수	대수변환	선형모형
(5.8a,b)	$y=\beta_0 x^{\beta_1}\epsilon$	$y'=\log y$, $\beta_0'=\log\beta_0$, $\epsilon'=\log\epsilon$ $x'=\log x$	$y'=\beta_0'+\beta_1 x'+\epsilon'$
(5.8c,d)	$y=\beta_0 e^{\beta_1 x}\epsilon$	$y'=\ln y$, $\beta_0'=\ln\beta_0$ $\epsilon'=\ln\epsilon$	$y'=\beta_0'+\beta_1 x+\epsilon'$
(5.8e,f)	$y=\beta_0+\beta_1\log x+\epsilon$	$x'=\log x$	$y=\beta_0+\beta_1 x'+\epsilon$

이외에도 대수변환에 의하여 비선형함수를 선형함수로 만들 수 있는 비선형함수가 많이 있으며, 이런 함수를 **선형가능함수**(linearizable function)라고 한다.

〈표 5.5〉에 몇 가지의 선형가능함수를 기술해 놓았고 그 함수들에 대응되는 그림이 〈그림 5.8〉이다.

실제문제에서는 얻어진 자료에 대한 회귀모형이 확실하게 정해져 있지 않고 어떤 모형이 가장 적절한 모형인지를 결정해야 하는 경우가 많다. 이러한 경우에는 우선 x와 y의 산점도를 그려서 대강의 모형을 결정하고 가능한 여러 개의 모형을 적합시켜 적합의 정도(비교의 기준으로 R^2가 좋음)를 따져 가장 좋은 모형을 선택하면 될 것이다.

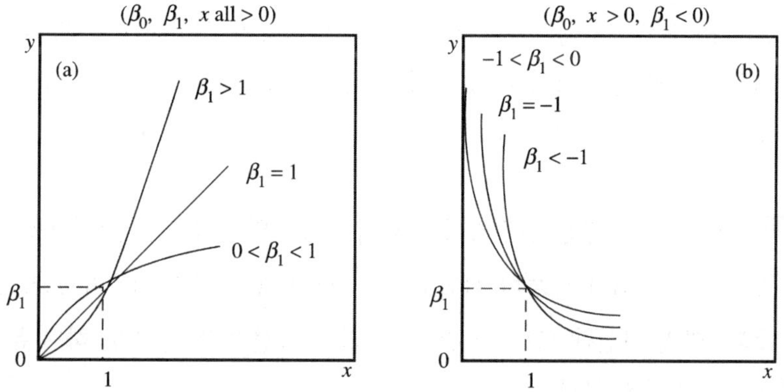

〈그림 5.8〉 선형가능함수의 그림(계속)

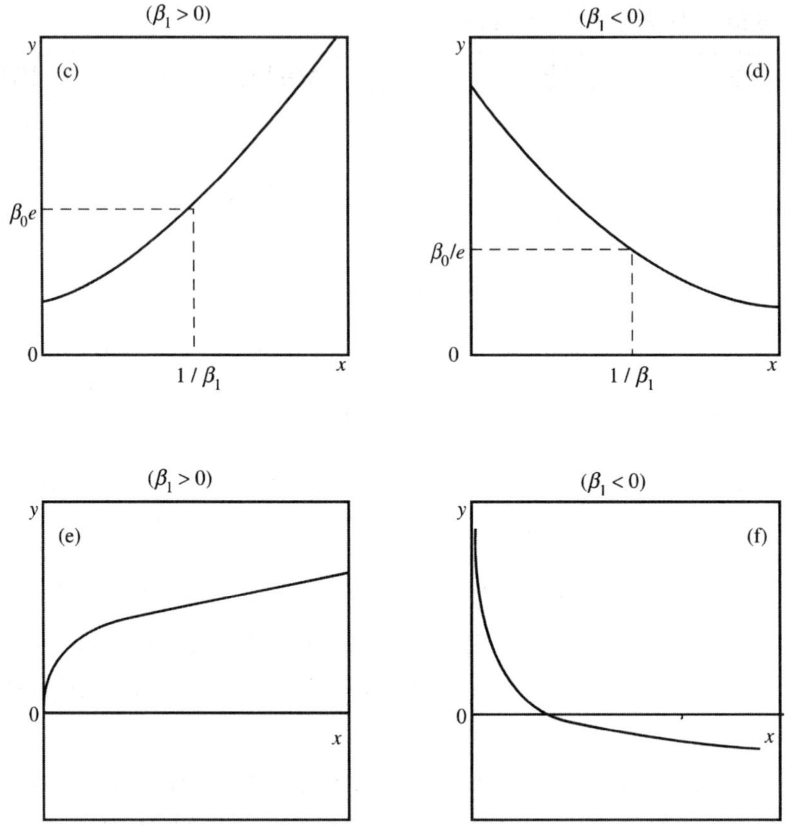

〈그림 5.8〉 선형가능함수의 그림

예제 5.3

광고료(x)가 판매량(y)에 미치는 영향을 알아보기 위하여 비슷한 여건하에 있는 10개의 표본을 추출하여 다음과 같은 자료를 얻었다. 적당한 회귀모형을 설정하여라.

풀이 먼저 회귀모형을 결정하기 위하여 x와 y의 산점도를 그려보면 〈그림 5.9〉와 같다. 〈그림 5.9〉로부터 회귀모형이 직선보다는 식 (5.23)의 $y = \beta_0 e^{\beta_1 x} \epsilon$이 더 바람직스러워 보인다(〈그림 5.8c〉). 그러나 직선인 것 같기도 하니 두 모형 모두 적합시켜 비교해 보자.

〈표 5.6〉 광고료와 총판매액

상점번호	광고료(x백만 원)	총판매액(y천만 원)	$\ln y = y'$
1	2	10	2.302
2	4	13	2.565
3	5	15	2.708
4	4	15	2.708
5	7	30	3.401
6	3	12	2.485
7	6	29	3.367
8	2	12	2.485
9	5	16	2.773
10	7	32	3.466

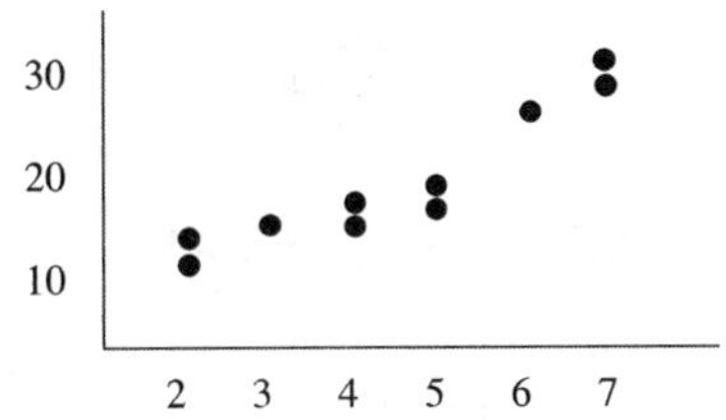

〈그림 5.9〉 총판매액의 산점도

1) $y = \beta_0 + \beta_1 x + \epsilon$인 경우

식 (3.14a), (3.14b)로부터

$$b_1 = \frac{\sum_{i=1}^{10}(x_i - \bar{x})(y_i - \bar{y})}{\sum_{i=1}^{10}(x_i - \bar{x})^2} = 4.16$$

$$b_0 = \bar{y} - b_1 \bar{x} = -0.337$$

따라서 추정된 회귀식은

$$\hat{y} = b_0 + b_1 x = -0.337 + 4.16x \quad (5.28)$$

이다. 결정계수 R^2를 구해 보면 다음과 같다.

$$R^2 = \frac{SSR}{SST} = \frac{527.8}{642.4} = 0.82 \tag{5.29}$$

2) $y = \beta_0 e^{\beta_1 x}\epsilon$인 경우

먼저 직선회귀식으로 변환시키기 위하여 〈표 5.5〉와 같이 대수변환하면

$$\begin{aligned} y' &= \ln\beta_0 + \beta_1 x + \ln\epsilon \\ &= \beta_0' + \beta_1 x + \epsilon' \end{aligned}$$

〈표 5.6〉의 총판매액 y를 $y' = \ln y$로 바꾸고 최소제곱법에 의하여 β_0'과 β_1을 추정하면 다음과 같다.

$$b_1 = \frac{\sum_{i=1}^{10}(x_i - \bar{x})(y_i' - \bar{y}')}{\sum_{i=1}^{10}(x_i - \bar{x})^2} = 0.218$$

$$\begin{aligned} b_0' &= \bar{y}' - b_1\bar{x} = 1.84 \\ &= \ln b_0 \end{aligned}$$

따라서 변환된 회귀직선의 추정식은

$$\hat{y}' = 1.84 + 0.218x \tag{5.30}$$

이므로 원래의 비선형모형의 추정식으로 바꾸기 위하여 b_0'을 b_0로 환산하면

$$b_0 = e^{b_0'} = 6.29$$

이고, 따라서 비선형모형 $y = \beta_0 e^{\beta_1 x}\epsilon$의 추정식은

$$\hat{y} = b_0 e^{b_1 x} = (6.29)e^{0.218x} \tag{5.31}$$

이 된다. 식 (5.29)를 이용하여 결정계수 R^2를 계산하면

$$R^2 = \frac{SSR}{SST} = \frac{1.45}{1.65} = 0.878 \tag{5.32}$$

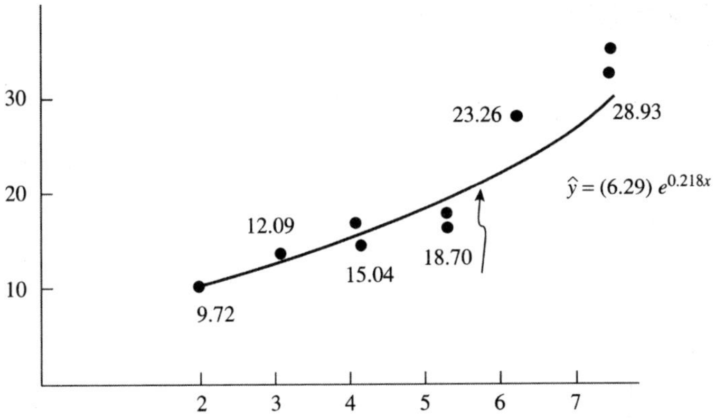

〈그림 5.10〉 추정된 회귀선

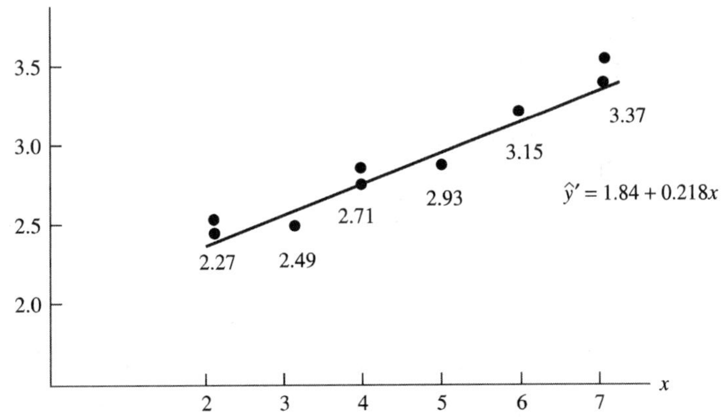

〈그림 5.11〉 추정된 변환 회귀직선

식 (5.29)와 식 (5.32)의 결정계수를 비교해 보면 비선형모형을 적합시키는 것이 선형모형을 적합시키는 것보다 더 정도가 좋음을 알 수 있다.

〈그림 5.9〉의 산점도에 추정된 회귀선을 그리면 〈그림 5.10〉과 같다.

SAS를 이용한 풀이

SAS를 이용하여 예제 5.3을 해결하여라.

[예제 5.3 SAS 프로그램]

```
DATA EX5_3;
INPUT Y X;
LOGY=LOG(Y);
CARDS;
10 2
13 4
15 5
15 4
30 7
12 3
29 6
12 2
16 5
32 7
RUN;

PROC PRINT;  LOG(Y) 변환 확인
RUN;
```

```
TITLE 'SCATTER PLOT OF Y VS X';
SYMBOL V=DOT H=0.6 I=R1;  직선을 그리기 위한 옵션

PROC GPLOT DATA=EX5_3;
PLOT Y*X;  Y와 X에 대한 그래프
RUN;

TITLE 'SCATTER PLOT OF LOGY VS X';
SYMBOL V=DOT H=0.6 I=RQ;  곡선을 그리기 위한 옵션

PROC GPLOT DATA=EX5_3;
PLOT LOGY*X;  LOG(Y)와 X에 대한 그래프
RUN;

PROC REG DATA=EX5_3;
MODEL Y=X;
MODEL LOGY=X;        두 회귀모형을 비교하기 위한 옵션
RUN;
```

SAS 시스템

OBS	Y	X	LOGY
1	10	2	2.30259
2	13	4	2.56495
3	15	5	2.70805
4	15	4	2.70805
5	30	7	3.40120
6	12	3	2.48491
7	29	6	3.36730
8	12	2	2.48491
9	16	5	2.77259
10	32	7	3.46574

The REG Procedure
Model: MODEL1
Dependent Variable: Y

Number of Observations Read	10
Number of Observations Used	10

Analysis of Variance					
Source	DF	Sum of Squares	Mean Square	F Value	Pr > F
Model	1	528.81967	528.81967	37.25	0.0003
Error	8	113.58033	14.19754		
Corrected Total	9	642.40000			

Root MSE	3.76796	R-Square	0.8232
Dependent Mean	18.40000	Adj R-Sq	0.8011
Coeff Var	20.47806		

Parameter Estimates					
Variable	DF	Parameter Estimate	Standard Error	t Value	Pr > |t|
Intercept	1	-0.33770	3.29333	-0.10	0.9209
X	1	4.16393	0.68227	6.10	0.0003

SCATTER PLOT OF Y VS X

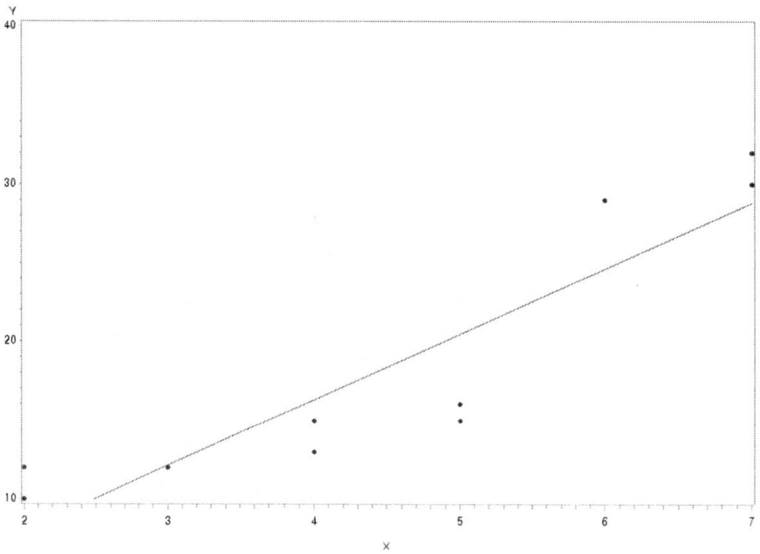

해설 두 모형에서의 결정계수를 비교해 보면, 비선형모형의 결정계수는 $R^2 = 0.878$이고 선형모형의 결정계수는 $R^2 = 0.82$로 비선형모형의 결정계수가 크므로 비선형모형을 적합시키는 것이 선형모형을 적합시키는 것보다 더 정도가 좋음을 알 수 있다.

The REG Procedure
Model: MODEL2
Dependent Variable: LOGY

Number of Observations Read	10
Number of Observations Used	10

Analysis of Variance					
Source	DF	Sum of Squares	Mean Square	F Value	Pr > F
Model	1	1.43947	1.43947	57.83	<.0001
Error	8	0.19912	0.02489		
Corrected Total	9	1.63859			

Root MSE	0.15776	R-Square	0.8785
Dependent Mean	2.82603	Adj R-Sq	0.8633
Coeff Var	5.58256		

Parameter Estimates					
Variable	DF	Parameter Estimate	Standard Error	t Value	Pr > |t|
Intercept	1	1.84842	0.13789	13.40	<.0001
X	1	0.21725	0.02857	7.60	<.0001

SCATTER PLOT OF LOGY VS X

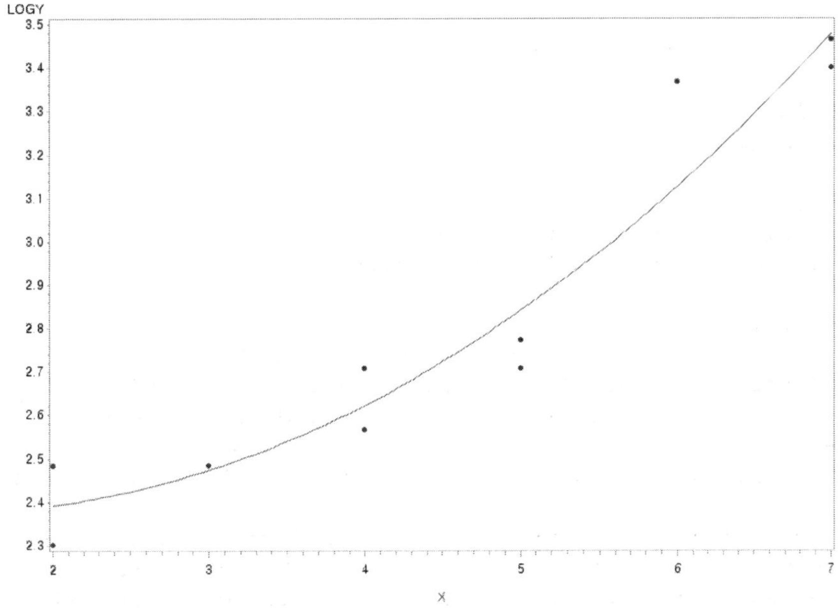

R을 이용한 풀이

R을 이용하여 예제 5.3을 해결하여라.

[예제 5.3 R 프로그램]

```
E:₩2016₩Regress₩프로그램₩Chap5₩p5_3.R - R 편집기
x<-c(2,4,5,4,7,3,6,2,5,7)
y<-c(10,13,15,15,30,12,29,12,16,32)

(y_prime <-log(y))                      # y=lny 로 변환

(Ex5_3.lm <- lm(y~x))                 # 단순회귀분석 결과를 Ex5_3.lm에 저장
(summary(Ex5_3.lm))                   # 결과를 출력

(Ex5_3_1.lm <- lm(y_prime~x))
(summary(Ex5_3_1.lm))
```

```
> (summary(Ex5_3.lm))

Call:
lm(formula = y ~ x)

Residuals:
   Min     1Q Median     3Q    Max 
-5.482 -2.818  0.518  2.895  4.354 

Coefficients:
            Estimate Std. Error t value Pr(>|t|)    
(Intercept)  -0.3377     3.2933  -0.103 0.920850    
x             4.1639     0.6823   6.103 0.000288 ***
---
Signif. codes:  0 '***' 0.001 '**' 0.01 '*' 0.05 '.' 0.1 ' ' 1

Residual standard error: 3.768 on 8 degrees of freedom
Multiple R-squared:  0.8232,	Adjusted R-squared:  0.8011 
F-statistic: 37.25 on 1 and 8 DF,  p-value: 0.0002885

> (summary(Ex5_3_1.lm))

Call:
lm(formula = y_prime ~ x)

Residuals:
     Min       1Q   Median       3Q      Max 
-0.22660 -0.11815  0.00516  0.08046  0.21540 

Coefficients:
            Estimate Std. Error t value Pr(>|t|)    
(Intercept)  1.84842    0.13789  13.405 9.18e-07 ***
x            0.21725    0.02857   7.605 6.28e-05 ***
---
Signif. codes:  0 '***' 0.001 '**' 0.01 '*' 0.05 '.' 0.1 ' ' 1

Residual standard error: 0.1578 on 8 degrees of freedom
Multiple R-squared:  0.8785,	Adjusted R-squared:  0.8633 
F-statistic: 57.83 on 1 and 8 DF,  p-value: 6.276e-05
```

해설 변환 전의 추정된 회귀직선은 $\hat{y}=-0.34+4.16x$이고 결정계수는 0.823이고 종속변수 y를 대수변환한 후에 얻은 회귀직선은 $\hat{y}=1.845+0.217x$이고 결정계수는 0.878로 변환 전보다 적합이 잘 되었음을 알 수 있다.

5.4.2 역변환

앞에서는 비선형모형을 대수변환에 의하여 직선모형으로 변환시켜 분석하는 방법을 살펴보았다. 여기서는 **역변환**(reciprocal transformation)을 이용하여 비선형모형을 선형으로 변환하는 방법을 살펴보기로 하자. 먼저 x와 y 사이에 다음과 같은 비선형 모형의 관계가 있다고 하자.

$$y = \beta_0 + \frac{\beta_1}{x} + \epsilon \tag{5.33}$$

이 식을 그림으로 표현하면 〈그림 5.12〉와 같이 된다.

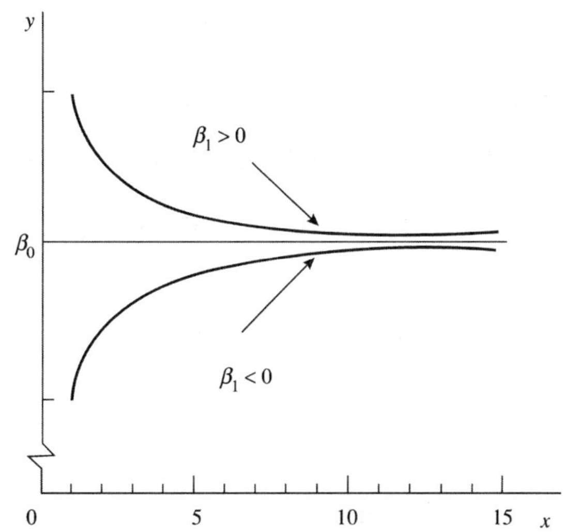

〈그림 5.12〉 $E(y) = \beta_0 + \dfrac{\beta_1}{x}$의 그림

식 (5.33)에서 $x' = \dfrac{1}{x}$로 변환하면

$$y = \beta_0 + \beta_1 x' + \epsilon \tag{5.34}$$

와 같이 단순회귀모형이 된다.

이 외에도 역변환에 의해 선형모형이 되는 경우로는 다음과 같은 경우들이 있다.

$$\frac{1}{y} = \beta_0 + \beta_1 x + \epsilon, \tag{5.35}$$

$$\frac{1}{y} = \beta_0 + \beta_1 \frac{1}{x} + \epsilon \tag{5.36}$$

5.5 가중회귀(등분산이 되기 위한 변환)

단순회귀모형을 적합시킬 때의 가정으로 오차의 정규성, 오차의 독립성, 오차의 등분산성 등이 있었다. 그런데 다른 모든 가정들은 성립되나 등분산성의 성질이 만족되지 않을 때 최소제곱법에 의해서 추정된 회귀계수 b_0, b_1은 불편추정량이기는 하나 최소분산을 갖는 추정량이 되지는 못한다. 즉 3장에서 설명한 최량선형불편추정량은 못된다. 예를 들면 오차항마다 분산이 다른 경우를 생각해 보자. 즉

$$y_i = \beta_0 + \beta_1 x_i + \epsilon_i$$

$$\sigma^2(\epsilon_i) = \sigma_i^2 \tag{5.37}$$

이라 놓으면 이 모형은 등분산의 성질을 만족하지 못하는 경우이다($\sigma_i^2 \neq \sigma_j^2,\ i \neq j$). 이와 같은 경우 모형을 변환하여 등분산이 되도록 하여 분석하는 방법을 생각해 보자. 식 (5.37)에서 $\omega_i = \dfrac{1}{\sigma_i^2}$($\epsilon_i$의 분산의 역수)이라 놓고 $\sqrt{\omega_i}$ 를 양변에 곱하면

$$\sqrt{\omega_i}\, y_i = \sqrt{\omega_i}\,(\beta_0 + \beta_1 x_i) + \sqrt{\omega_i}\,\epsilon_i \tag{5.38}$$

이 된다.

식 (5.38)에서 $\sqrt{\omega_i}\, y_i = y_i'$, $\sqrt{\omega_i}\,\beta_0 = \beta_0'$, $\sqrt{\omega_i}\, x_i = x_i'$ 그리고 $\sqrt{\omega_i}\,\epsilon_i = \epsilon_i'$라 놓으면 식 (5.38)은 다음과 같다.

$$y_i' = \beta_0' + \beta_1 x_i' + \epsilon_i' \tag{5.39}$$

식 (5.39)에서 $\text{Var}(\epsilon_i') = \text{Var}(\sqrt{\omega_i}\,\epsilon_i) = \omega_i \text{Var}(\epsilon_i) = 1$이므로 모든 $i = 1, 2, \cdots, n$에 대하여 등분산이 됨을 알 수 있다. 식 (5.39)를 이용하여 식 (3.11)과 같은 오차의 제곱합을 만들면

$$Q = \sum_{i=1}^{n} (\epsilon_i')^2 = \sum_{i=1}^{n} (\sqrt{\omega_i}\,\epsilon_i)^2 = \sum_{i=1}^{n} \omega_i (y_i - \beta_0 - \beta_1 x_i)^2 \tag{5.40}$$

이 얻어진다. 3장에서와 마찬가지로 Q를 최소로 하는 β_0와 β_1을 구하면 이것이 최소제곱추정량이며 이와 같이 최소제곱추정량을 구하는 방법을 **가중최소제곱법**(method of weighted least squares)이라고 하고 ω_i를 **가중치**(weights)라고 한다.

식 (5.40)을 편미분하여 가중정규방정식을 만들면

$$b_0\sum_{i=1}^{n}\omega_i + b_1\sum_{i=1}^{n}\omega_i x_i = \sum_{i=1}^{n}\omega_i y_i \tag{5.41a}$$

$$b_0\sum_{i=1}^{n}\omega_i x_i + b_1\sum_{i=1}^{n}\omega_i x_i^2 = \sum_{i=1}^{n}\omega_i x_i y_i \tag{5.41b}$$

이 되며 가중평균을 각각

$$\overline{x} = \frac{1}{\sum_{i=1}^{n}\omega_i}\sum_{i=1}^{n}\omega_i x_i,\ \overline{y} = \frac{1}{\sum_{i=1}^{n}\omega_i}\sum_{i=1}^{n}\omega_i y_i$$

라 놓으면 가중정규방정식의 해는

$$b_1 = \frac{\sum_{i=1}^{n}\omega_i(x_i-\overline{x})(y_i-\overline{y})}{\sum_{i=1}^{n}\omega_i(x_i-\overline{x})^2} \tag{5.42a}$$

$$b_0 = \overline{y} - b_1\overline{x} \tag{5.42b}$$

이며 가중회귀에서의 변동은 다음과 같이 정의한다.

$$SST = \sum_{i=1}^{n}\omega_i(y_i-\overline{y})^2$$

$$SSR = \sum_{i=1}^{n}\omega_i(\hat{y_i}-\overline{y})^2 = \frac{\left[\sum_{i=1}^{n}\omega_i(x_i-\overline{x})(y_i-\overline{y})\right]^2}{\sum_{i=1}^{n}\omega_i(x_i-\overline{x})^2}$$

$$SSE = \sum_{i=1}^{n}\omega_i(y_i-\hat{y})^2 = SST - SSR$$

또한 분산분석표는 〈표 4.5〉의 분산분석표와 동일하게 작성하며 가중회귀에서 잔차의 합은

$$\sum_{i=1}^{n}\omega_i(y_i-\hat{y}) = \sum_{i=1}^{n}\omega_i(y_i-b_0-b_1x_i)$$

이므로 가중정규방정식 (5.41a)에 의하여 0이 된다.

연습문제

5.1 연습문제 3.8의 자료를 이용하여 다음 질문에 답하여라.

1) $y = \beta_0 + \beta_1 x + \epsilon$을 가정하여 회귀선을 추정하고 분산분석표를 작성하여라.

2) $z = \beta_0 + \beta_1 x + \epsilon$을 가정하여 회귀선을 추정하고 분산분석표를 작성하여라.

$$z = \log_{10} y$$

3) 위 1)과 2)의 가정된 회귀모형에 대해 β_1의 95% 신뢰구간을 각각 구하여라.

4) x와 y의 상관계수, 결정계수를 구하여라.

5) x와 z의 상관계수, 결정계수를 구하여라.

6) 위 1)과 2)의 회귀선에 대해 어떤 결론을 내릴 수 있는가?

5.2 어떤 화학반응에서 촉매의 양(x)이 합성물의 소득량(y)에 어떻게 영향을 끼치는지 알아보기 위해 12번 실험하여 다음의 자료를 얻었다.

$x(g)$	1	1	1	2	2	2
$y(g)$	13.5	15.4	16.1	18.2	19.6	20.2

$x(g)$	4	4	4	8	8	8
$y(g)$	21.8	22.2	23.1	23.6	24.7	24.9

1) x에 대한 y의 산점도를 그려라.

2) $\log_{10} x$를 계산하고 $\log_{10} x$에 대한 y값의 산점도를 그려라.

3) 위 1)과 2) 중 어느 것이 더 선형에 가까운가?

5.3 연습문제 5.2의 자료에 대해 다음 질문에 답하여라.

1) $y = \beta_0 + \beta_1 x + \epsilon$를 적합시키고 MSE를 구하여라.

2) $y = \beta_0 + \beta_1 \log_{10} x + \epsilon$를 가정하고 MSE를 계산하여라.

3) 위 1)과 2)의 모형 중 어느 것이 더 적합한지 MSE를 이용하여 비교하여라.

5.4 대학을 졸업한 남자의 월 급여(y)와 근속연수(x) 사이의 관계를 분석하기 위하여 다음과 같은 자료를 얻었다.

근속연수	0.5	1.7	4.3	6.8	9.1	11.1
월 급여	262	343	454	543	559	559

1) 데이터의 산점도를 그려라.
2) 단순회귀모형 $y = \beta_0 + \beta_1 x + \epsilon$을 가정하고 분산분석표를 작성하여라.
3) 결정계수 R^2을 계산하여 모형의 타당성을 검토하여라.
4) 잔차의 산점도를 x에 대해 작성하고 모형의 타당성을 검토하여 그 결과를 3)의 결과와 비교하여라.
5) 비선형모형 $y = \beta_0 \beta_1^x \epsilon$를 가정하고 대수변환하여 회귀선을 추정하고 R^2의 값을 계산하여 3)의 결과와 비교하여라.

5.5 연습문제 5.4에서 단순회귀모형 $y = \beta_0 + \beta_1 x + \epsilon, \epsilon \sim N(0, k\, x_i^2)$을 가정하고 가중 회귀직선을 구하여라.

5.6 다음 자료는 통조림 제조공장에서 가열시간과 박테리아수를 조사한 것이다.

가열시간(분)	1	2	3	4	5	6	7	8	9	10
박테리아수	170	106	92	80	69	47	45	30	28	18

1) 산점도를 그려서 단순회귀모형의 적합성을 검토하여라.
2) 단순회귀모형을 적합시키고 분산분석을 하여라.
3) R^2의 값을 계산하여라.

5.7 연습문제 5.6의 자료에서
1) 단순회귀모형을 적합시켜 구한 잔차들의 산점도를 작성하고 모형의 선형성을 검토하여라.
2) 정규확률지에 잔차들을 그려보고 오차항의 정규성을 검토하여라.

5.8 연습문제 5.6에서 단순회귀모형이 적합하지 않다면 어떤 모형이 적합한지를 검토하고 분산분석하여 보아라. R^2값을 계산하여 연습문제 5.2의 결과와 비교하여라.

5.9 A라는 섬유의 생산공정에서 반응온도(x)가 제품의 강도에 어떤 영향을 미치는지 알아보기 위해 반응온도를 20, 40, 60°C의 3수준으로 하여 각각의 온도에서 3회씩 실험한 결과 다음 표와 같이 제품의 강도를 얻었다.

x(°C)	$y(\text{kg/mm}^2)$		
20	86	80	77
40	78	84	75
60	33	38	43

1) 데이터의 산점도를 그리고 결과에 대해 논의하여라.
2) $y=\beta_0+\beta_1 x+\epsilon$를 적합시키고 결정계수를 구하여라. 또한 분산분석표를 작성하여 $H_0:\ \beta_1=0,\ H_1:\ \beta_1\neq 0$을 검정하여라. $\alpha=0.05$
3) $\hat{y}_i$를 계산하고 $\hat{y}_i$에 대한 잔차 e_i의 산점도를 그려라. 그 결과를 논의하여라.
4) 오차의 등분산성을 검토하여라.

5.10 연습문제 5.9의 자료에 대하여 다음 질문에 답하여라.
1) 단순회귀모형 $y=\beta_0+\beta_1 x+\epsilon$을 적합시켜 분산분석하여라.
2) 유의수준 $\alpha=0.05$에서 모형의 선형성을 적합결여검정하여라.

5.11 다음은 컴퓨터 서비스의 요구 건수(x)와 이에 대한 수리시간(y)에 관한 자료이다.

서비스수(x건)	수리시간(y_i, 분)		
$x_1=1$	$y_{1,1}=37$		
$x_2=2$	$y_{2,1}=58$	$y_{2,2}=68$	
$x_3=3$	$y_{3,1}=82$		
$x_4=4$	$y_{4,1}=103$	$y_{4,2}=109$	$y_{4,3}=112$
$x_5=5$	$y_{5,1}=134$	$y_{5,2}=138$	
$x_6=6$	$y_{6,1}=154$		
$x_7=7$	$y_{7,1}=189$		

1) $y=\beta_0+\beta_1 x+\epsilon$을 가정하고 $SSPE$와 $SSLF$를 구하여라.

2) H_0: $E(y)=\beta_0+\beta_1 x$가 성립하는지 적합결여검정하여라. $\alpha=0.05$

5.12 다음과 같은 자료에 대하여

x	2	6	10
y	4	7	4

1) 단순회귀모형 $y=\beta_0+\beta_1 x+\epsilon, \epsilon \sim N(0,\sigma^2)$을 가정하고 회귀직선을 추정하여라. 또 β_1의 90% 신뢰구간을 구하여라.

2) $y=\beta_0+\beta_1 x+\epsilon, \epsilon \sim N(0,k^2x_i^2)$을 가정하여 가중회귀직선을 추정하고 β_1의 90% 신뢰구간을 구하여라.

3) 위 1), 2)의 결과를 비교하여라.

5.13 x와 y의 관계가 다음과 같은 비선형모형으로 주어질 때 적당한 변환을 하여 선형모형으로 변환시켜라.

$$y=\frac{1}{1+e^{\beta_0+\beta_1 x+\epsilon}}$$

5.14 다음은 어떤 컴퓨터 부품의 과거 14개월(x) 동안의 판매액(y)에 관한 자료이다.

x	1	2	3	4	5	6	7	8	9	10	11	12	13	14
y	6.0	6.3	6.1	6.8	7.5	8.0	8.1	8.5	9.0	8.7	7.9	8.2	8.4	9.0

1) 데이터의 산점도를 그려라.

2) 단순회귀모형을 가정하고 잔차의 산점도를 나타내고 자기상관이 존재하는지를 검토하여라.

3) Durbin-Watson d 통계량의 값을 구하여 H_0: $\rho=0$, H_0: $\rho\neq 0$을 $\alpha=0.05$로 검정하여라.

4) 위 3)의 검정결과는 2)의 산점도에서 얻은 느낌과 일치하는지 논의하여라.

6장

기타 논제

3, 4, 5장에서 단순회귀모형에 관한 추정, 검정 및 모형의 타당성 문제를 살펴보았다. 이 장에서는 앞에서 다루지 않았던 단순회귀모형에서의 여러 문제에 대해 다루어 보고 7장에서 다루게 될 중회귀모형에서 자주 이용되는 2차형식의 분포에 대해서 살펴보고자 한다.

6.1 원점을 지나는 회귀

x와 y의 관계를 나타내는 단순회귀모형에서는 상수항(constant term) β_0가 반드시 존재하는 것으로 간주하였으나 실제 문제에서는 상수항이 $\beta_0 = 0$로 되는 경우가 많이 있다. 즉 x와 y의 관계가 다음과 같은 경우이다.

$$y_i = \beta_1 x_i + \epsilon_i \tag{6.1}$$

여기서 β_1 : 모수, x_i : 알고 있는 상수값, $\epsilon_i \sim N(0, \sigma^2)$으로 주어진다. 이와 같이 상수항 β_0가 0인 회귀모형을 **원점을 지나는 회귀**(regression through the origin)라고 하고 이 경우는 $x = 0$일 때 $y = 0$라는 것을 나타내며 예를 들면 기업에서 생산(x)이 없을 때는 수입(y)도 없다든지 생산(x)을 하지 않으면 생산비(y)도 들지 않는 것과 같은 경우이다. 식 (6.1)에서 모수 β_1의 최소제곱추정량을 구하는 방법은 단순회귀모형의 경우와 동일하다. 먼저 오차제곱합은

$$Q = \sum_{i=1}^{n} {\epsilon_i}^2 = \sum_{i=1}^{n} (y_i - \beta_1 x_i)^2 \tag{6.2}$$

이며 β_1의 최소제곱추정량은 Q를 가장 작게 하는 β_1의 값이므로 최소제곱추정량 b_1

은 다음의 정규방정식을 만족한다.

$$\sum_{i=1}^{n} x_i(y_i - b_1 x_i) = 0 \tag{6.3}$$

따라서 b_1은

$$b_1 = \frac{\sum_{i=1}^{n} x_i y_i}{\sum_{i=1}^{n} {x_i}^2} \tag{6.4}$$

이다. 그러므로 $E(y) = \beta_1 x$의 불편추정량은

$$\hat{y} = b_1 x \tag{6.5}$$

이다. 잔차는

$$e_i = y_i - \hat{y_i} = y_i - b_1 x_i \tag{6.6}$$

로 표시되며 절편 b_0가 있는 경우에는 잔차의 합은 0(식 3.35)이 되나 원점을 통과하는 경우는 잔차의 합은 반드시 0은 아니다.

원점을 지나는 회귀모형에서는 잔차의 합 $\sum_{i=1}^{n} e_i = \sum_{i=1}^{n}(y_i - \hat{y}_i)$이 반드시 0은 아니다.

원점을 지나는 회귀모형의 경우에 변동은 다음과 같이 정의된다.

$$SST = \sum_{i=1}^{n} y_i^2 \tag{6.7a}$$

$$SSR = \sum_{i=1}^{n} (\hat{y_i})^2 = \sum_{i=1}^{n} (b_1 x_i)^2 \tag{6.7b}$$

$$= b_1^2 \sum_{i=1}^{n} x_i^2 = \frac{\left(\sum_{i=1}^{n} x_i y_i\right)^2}{\sum_{i=1}^{n} x_i^2}$$

$$SSE = \sum_{i=1}^{n}(y_i - \hat{y}_i)^2 \tag{6.7c}$$

$$= \sum_{i=1}^{n} y_i^2 - SSR = SST - SSR$$

SST의 자유도는 n이고, SSR의 자유도는 모수가 하나만 추정되었으므로 1이 되며 SSE의 자유도는 $n-1$이다.

오차분산 σ^2의 불편추정량은

$$MSE = \frac{\sum_{i=1}^{n}(y_i - \hat{y}_i)^2}{n-1} = \frac{SSE}{n-1} \tag{6.8}$$

이 된다. 식 (3.3)의 단순회귀모형과 다른 점은 SSE의 자유도가 $(n-2)$가 아니고 $(n-1)$이라는 점이다. 따라서 원점을 통과하는 회귀선의 기울기를 검정하기 위한 검정통계량은

$$F_0 = \frac{SSR/1}{SSE/(n-1)} = \frac{MSR}{MSE} \tag{6.9}$$

이며 $H_0 : \beta_1 = 0$이 사실이면 F_0는 $F(1, n-1)$인 분포를 한다. 따라서 다음과 같이 결론을 내린다.

$F_0 \geq F(1, n-1 : \alpha)$이면 H_0 기각
$F_0 < F(1, n-1 : \alpha)$이면 H_0 채택

귀무가설 $H_0 : \beta_1 = 0$, 대립가설 $H_1 : \beta_1 \neq 0$을 검정하기 위한 분산분석표를 작성하면 〈표 6.1〉과 같다.

〈표 6.1〉 원점을 지나는 회귀모형의 분산분석표

요인	제곱합	자유도	제곱평균	F_0
회귀	SSR	1	$MSR = SSR$	$F_0 = \frac{MSR}{MSE}$
잔차	SSE	$n-1$	$MSE = \frac{SSE}{n-1}$	
계	SST	n		

절편 β_0가 0이라는 사실이 확실치 않을 때는 산점도를 그려 보아서 회귀선이 원점

(0,0)을 통과하는지를 대략 알 수 있다. 다른 방법으로는 절편이 있는 모형, 즉 $y=\beta_0+\beta_1 x+\epsilon$에서 귀무가설 $H_0 : \beta_0=0$이 기각되지 않을 때 원점을 지나는 모형이 옳은 모형이 될 수도 있다.

SAS를 이용한 풀이

SAS를 이용하여 연습문제 6.2를 해결하여라.

[연습문제 6.2 SAS 프로그램]

```
DATA PR6_2;
INPUT Y X;
CARDS;
10.1 25
2.9 6
3.0 8
1.8 5
0.1 1
9.4 24
6.9 17
0.3 2
5.1 13
6.0 14
RUN;
PROC REG DATA=PR6_2;
MODEL Y=X/NOINT;   원점을 지나는 회귀모형을 위한 옵션
RUN;
```

[연습문제 6.2 SAS 실행결과]

분산분석표

Note: No intercept in model. R-Square is redefined.

Analysis of Variance					
Source	DF	Sum of Squares	Mean Square	F Value	Pr > F
Model	1	319.84395	319.84395	3212.54	<.0001
Error	9	0.89605	0.09956		
Uncorrected Total	10	320.74000			

Root MSE	0.31553	R-Square	0.9972
Dependent Mean	4.56000	Adj R-Sq	0.9969
Coeff Var	6.91959		

Parameter Estimates					
Variable	DF	Parameter Estimate	Standard Error	t Value	Pr > |t|
X	1	0.40141	0.00708	56.68	<.0001

해설 〈F-검정결과〉

1. 가설 $H_0 : \beta_1 = 0$, $H_1 : \beta_1 \neq 0$
2. F-통계량의값 $F = 3212.54$이고 유의확률 $p = 0.0001$
3. 의사결정: 유의확률이 0.001로 유의수준 0.05보다 작으므로 귀무가설을 기각하게 된다. 즉 원점을 지나는 회귀모형을 적합시키는 것이 유의하다고 할 수 있다.

〈T-검정 결과〉

1. 가설 $H_0 : \beta_1 = 0$, $H_1 : \beta_1 \neq 0$
2. T-통계량의값 $t = 56.68$이고 유의확률 $p = 0.0001$
3. 의사결정: 유의확률이 0.001로 유의수준 0.05보다 작으므로 귀무가설을 기각하게 된다.
   즉 X는 Y에 영향을 미친다고 할 수 있다.

6.2 β_0와 β_1의 공동추정(joint estimation)

4장에서 x와 y의 관계가 단순회귀모형 (3.3)으로 주어지는 경우 회귀계수 β_0와 β_1에 대하여 각각 $100(1-\alpha)\%$ 신뢰구간을 구하는 절차를 살펴보았는데 여기에서는 β_0, β_1의 개별적인 신뢰구간보다 β_0와 β_1의 **공동신뢰영역**(joint confidence region)을 구하는 법을 생각해 보기로 하자.

공동신뢰영역의 의미는 표본으로부터 계산되는 공동신뢰영역에 β_0와 β_1이 동시에 포함될 확률이 $(1-\alpha)$가 되는 영역을 말한다. 그런데 β_0가 그 영역에 포함될 확률이 0.95이고 β_1이 포함될 확률이 0.95이며 서로 독립이면 β_0와 β_1 모두 그 영역에 포함될 확률은 $(0.95)^2 = 0.9025$가 될 것이다. 그러나 β_0와 β_1의 추정량은 동일 표본에 의해서 구해지므로 서로 독립이 아니며 따라서 그 영역을 구하는 일은 그리 쉬운 일이 아니다.

여기서는 일반적으로 많이 이용되는 Bonferroni 공동신뢰구간에 대하여 알아보겠다.

Bonferroni 방법은 β_0와 β_1 모두가 포함되는 영역에 대한 신뢰계수가 $1-\alpha$가 되기 위해 β_0와 β_1 각각에 대한 신뢰계수가 $1-\alpha$보다 크게 되도록 조정하는 방법이다. 이 관계를 설명하기 위해 다음을 보자.

A를 신뢰구간이 β_0를 포함하지 않는 사상이라고 하고, B를 신뢰구간이 β_1을 포함하지 않는 사상이라고 하자. 그러면

$$P(A)=\alpha,\ \ P(B)=\alpha$$

로부터

$$P(A \cup B)=P(A)+P(B)-P(A \cap B) \tag{6.10}$$

또한

$$\begin{aligned} P(\overline{A} \cap \overline{B}) &= 1-P(A \cup B) \\ &= 1-P(A)-P(B)+P(A \cap B) \end{aligned} \tag{6.11}$$

이고, $P(A \cap B) \geqq 0$이므로

$$P(\overline{A} \cap \overline{B}) \geqq 1-P(A)-P(B) \tag{6.12}$$

이 된다. 즉,

$$P(\overline{A} \cap \overline{B}) \geqq 1-\alpha-\alpha=1-2\alpha \tag{6.13}$$

식 (6.13)을 Bonferroni 부등식이라고 한다.

β_0와 β_1이 각각 신뢰계수 0.95로 추정된다면 식 (6.13)으로부터 β_0와 β_1에 대한 공동신뢰영역의 신뢰계수는 적어도 0.90은 될 것이다.

위의 관계식을 이용하여 β_0와 β_1의 공동신뢰계수가 $1-\alpha$가 되도록 하자. β_0와 β_1에 대하여 각각 신뢰계수가 $1-\dfrac{\alpha}{2}$가 되게 한다면, Bonferroni 부등식에서 한계는 $1-\dfrac{\alpha}{2}-\dfrac{\alpha}{2}=1-\alpha$가 될 것이다. 따라서 β_0와 β_1의 공동신뢰한계는 다음과 같다.

$$b_0 \pm BS(b_0),\ \ b_1 \pm BS(b_1) \tag{6.14}$$

여기서 $B=t\left(\dfrac{\alpha}{4};n-2\right)$이다.

즉,
$$b_0-t\left(n-2:\frac{\alpha}{4}\right)\sqrt{MSE\left(\frac{1}{n}+\frac{(\overline{x})^2}{\sum(x_i-\overline{x})^2}\right)} \leqq \beta_0$$
$$\leqq b_0+t\left(n-2:\frac{\alpha}{4}\right)\sqrt{MSE\left(\frac{1}{n}+\frac{(\overline{x})^2}{\sum(x_i-\overline{x})^2}\right)}$$

이고,

$$b_1 - t(n-2: \frac{\alpha}{4}) \sqrt{\frac{MSE}{\sum(x_i - \overline{x})^2}} \leq \beta_1$$

$$\leq b_1 + t(n-2: \frac{\alpha}{4}) \sqrt{\frac{MSE}{\sum(x_i - \overline{x})^2}}$$

이다.

아래의 그림 (6.1)은 공동신뢰영역을 나타내고 있다.

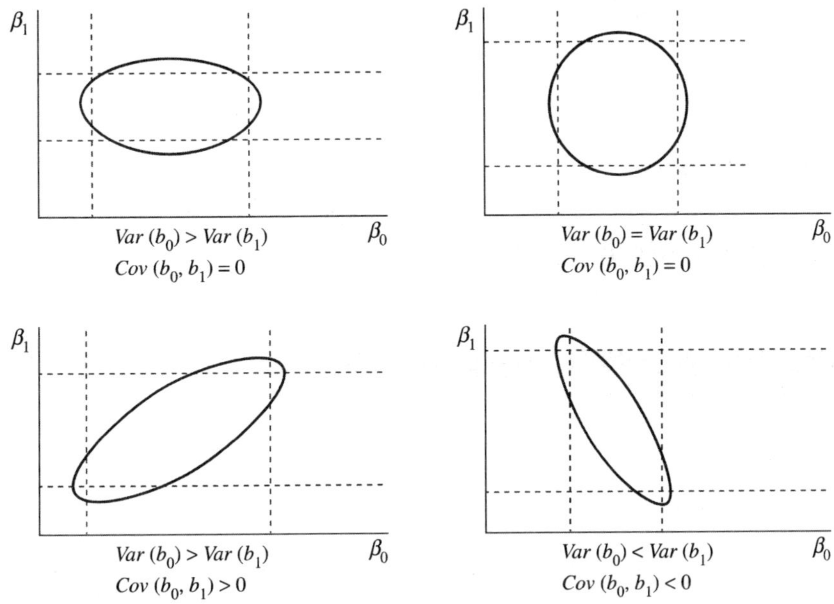

〈그림 6.1〉 공동신뢰영역

예제 6.1

〈표 3.1〉에 있는 홍보비용과 예금유치액의 표본자료가 얻어진 모집단에서 회귀모형 $y = \beta_0 + \beta_1 x + \epsilon$, $\epsilon \sim N(0, \sigma^2)$을 적합시키고 β_0와 β_1의 90% 공동신뢰영역을 구하여라.

풀이 〈예제 4.1〉에서 얻은 자료를 이용하면

$$b_0 = 10.0 \qquad S(b_0) = 2.50294$$

$$b_1 = 2.0 \qquad S(b_1) = 0.04697$$

따라서 $t\left(\frac{0.1}{2};8\right) = 1.860$를 대입하여 β_0와 β_1 각각의 신뢰한계를 구하면

$$10.0 \pm 4.655, \qquad 2.0 \pm 0.087$$

즉, $5.34 \leqq \beta_0 \leqq 14.66, \quad 1.913 \leqq \beta_1 \leqq 2.087$

이고, β_0와 β_1의 공동신뢰구간은 $t\left(\frac{0.1}{4};8\right) = 2.306$을 대입하여

$$4.228 \leqq \beta_0 \leqq 15.772, \quad 1.892 \leqq \beta_1 \leqq 2.108$$

이다. 즉 β_0는 4.228과 15.772 사이에 있고, β_1은 1.892와 2.108 사이에 있다.

R을 이용한 풀이

R을 이용하여 예제 6.1을 해결하여라.

[예제 6.1 R 프로그램]

```
R 제목없음 - R 편집기
install.packages("ellipse")
library(ellipse)
Ex6_1<-read.table("C:/Users/default.default-PC/Desktop/data/data3_2.txt", header=
attach(Ex6_1)

fit.lm<-lm(Ex6_1)
confint(fit.lm))
```

[예제 6.1 R 실행결과]

```
R Console
> confint(fit.lm)
                2.5 %    97.5 %
(Intercept) 4.228211 15.771789
x           1.891694  2.108306
```

해설 적합회귀식 $\hat{y} = 10 + 2x$에 대한 β_0와 β_1의 90% 공동신뢰구역은 각각 $4.228 \leq \beta_0 \leq 15.772$, $1.892 \leq \beta_1 \leq 2.108$이다.

6.3 두 회귀선의 비교

서로 다른 두 개의 모집단에서 동일한 성질을 갖는 x에 대하여 동일한 성질을 갖는 y의 회귀선을 각각

$$y_1 = \beta_{01} + \beta_{11} x_1 + \epsilon_1$$

$$y_2 = \beta_{02} + \beta_{12} x_2 + \epsilon_2$$

이라고 할 때 이 두 회귀선을 비교하는 것은 중요한 의미를 갖는다. 예를 들면 도시에서 n_1 가구의 표본을 뽑고 농촌에서 n_2 가구의 표본을 뽑아서 가구당 소득(x)이 저축액(y)과 어떠한 회귀관계가 있는가를 분석하고자 할 때 도시의 경우와 농촌의 경우를 비교하여 두 회귀직선이 동일하다면 두 집단을 합쳐 하나의 모집단으로 생각해 ($n_1 + n_2$)개의 표본으로 새로운 회귀직선을 추정하면 표본의 수가 커지므로 모집단에서 각각 추정한 회귀직선보다 더 정도가 좋은 추정회귀직선을 구할 수 있다. 두 개의 회귀선이 다르다고 할지라도 절편이 동일하거나 또는 기울기가 동일할 수도 있으므로 이것들에 대한 검정도 의미 있는 일이다. 기울기가 동일하다는 것은 도시와 농촌의 소득에 대한 저축의 회귀관계에서 기본 저축액은 다르나 소득의 증가에 따라 저축의 증가 속도는 동일하다는 것을 의미한다.

이 절에서는 두 회귀선의 오차항이 동일한 분산을 갖는다고 가정하고 먼저 두 회귀직선이 동일한가를 검정하고 그리고 기울기가 동일한지를 검정하는 절차를 살펴보기로 하자.

6.3.1 두 회귀직선의 동일성검정

두 모집단의 회귀모형을 다음과 같이 가정하자.

$$\text{모집단 1:}\ y_{1j} = \beta_{01} + \beta_{11} x_{1j} + \epsilon_{1j}. \qquad j = 1, 2, \cdots, n_1 \tag{6.15a}$$

$$\text{모집단 2:}\ y_{2j} = \beta_{02} + \beta_{12} x_{2j} + \epsilon_{2j}. \qquad j = 1, 2, \cdots, n_2 \tag{6.15b}$$

$$\epsilon_{1j}, \epsilon_{2j} \sim N(0, \sigma^2)$$

이와 같은 모형을 **완전모형**(full model)이라고 한다. 두 모집단으로부터의 모집단 회귀직선은

$$\text{모집단 1:}\ E(y_{1j}) = \beta_{01} + \beta_{11} x_{1j} \tag{6.16a}$$

$$모집단\ 2:\ E(y_{2j}) = \beta_{02} + \beta_{12} x_{2j} \tag{6.16b}$$

이 된다.

각각의 모집단에서 얻은 측정값 $y_{11}, y_{12}, \cdots, y_{1n_1}$과 $y_{21}, y_{22}, \cdots, y_{2n_2}$를 이용하여 각각의 회귀직선을 추정하면

$$\hat{y}_1 = b_{01} + b_{11} x_1 \tag{6.17a}$$

$$\hat{y}_2 = b_{02} + b_{12} x_2 \tag{6.17b}$$

이므로 각각의 잔차제곱합 SSE는

$$SSE_1 = \sum_{j=1}^{n_1} (y_{1j} - \hat{y}_{1j})^2 \tag{6.18a}$$

$$SSE_2 = \sum_{j=1}^{n_2} (y_{2j} - \hat{y}_{2j})^2 \tag{6.18b}$$

이고 SSE_1의 자유도는 $(n_1 - 2)$, SSE_2의 자유도는 $(n_2 - 2)$이 된다. 따라서 모든 자료 $(n_1 + n_2)$에 완전모형 (6.15)를 적합시켰을 때의 잔차제곱합은 다음 식으로 얻을 수 있다.

$$SSE(F) = SSE_1 + SSE_2 \tag{6.19}$$

이때 $SSE(F)$의 자유도는 $(n_1 - 2) + (n_2 - 2) = n_1 + n_2 - 4$이 된다. 그런데 두 회귀직선이 동일하기 위해서는 $\beta_{01} = \beta_{02}$이고 $\beta_{11} = \beta_{12}$이어야 하므로 두 회귀직선의 동일성을 검정하기 위해서는 다음과 같은 귀무가설과 대립가설을 세운다.

$$H_0: \beta_{01} = \beta_{02}\ 이고\quad \beta_{11} = \beta_{12} \tag{6.20}$$

$$H_1: \beta_{01} \neq \beta_{02}\ 이고\quad \beta_{11} \neq \beta_{12}\ 이거나$$

$$\beta_{01} \neq \beta_{02}\quad 또는\quad \beta_{11} \neq \beta_{12}$$

만약 귀무가설 H_0가 옳다면 $\beta_{01} = \beta_{02}$이고 $\beta_{11} = \beta_{12}$이므로 식 (6.15)의 완전모형은 다음과 같은 식으로 표현할 수 있다.

$$y_{ij} = \beta_0 + \beta_1 x_{ij} + \epsilon_{ij}, \quad i = 1, 2 \tag{6.21}$$

$$j = 1, 2, \cdots, n_i$$

$$\epsilon_{ij} \sim N(0, \sigma^2)$$

$$\beta_0 = \beta_{01} = \beta_{02}, \quad \beta_1 = \beta_{11} = \beta_{12}$$

이와 같은 식을 **축소모형**(reduced model)이라고 하며 이때는 두 모집단의 회귀직선이 동일한 경우이므로 축소모형 (6.21)을 $(n_1 + n_2)$개의 표본에 적합시켜 회귀직선을 추정하면

$$b_1 = \frac{\sum_{i=1}^{2}\sum_{j=1}^{n_i}(x_{ij} - \bar{x})(y_{ij} - \bar{y})}{\sum_{i=1}^{2}\sum_{j=1}^{n_i}(x_{ij} - \bar{x})^2}$$

$$b_0 = \bar{y} - b_1 \bar{x}$$

$$\bar{x} = \frac{1}{n_1 + n_2}\sum_{i=1}^{2}\sum_{j=1}^{n_i} x_{ij}, \quad \bar{y} = \frac{1}{n_1 + n_2}\sum_{i=1}^{2}\sum_{j=1}^{n_i} y_{ij}$$

이므로

$$\hat{y}_{ij} = b_0 + b_1 x_{ij} \tag{6.22}$$

이다. 추정된 회귀직선 (6.22)를 이용하여 잔차제곱합을 구하면 다음과 같다.

$$SSE(R) = \sum_{i=1}^{2}\sum_{j=1}^{n_i}(y_{ij} - \hat{y}_{ij})^2 = \sum_{i=1}^{2}\sum_{j=1}^{n_i}(y_{ij} - b_0 - b_1 x_{ij})^2 \tag{6.23}$$

이때 잔차제곱합 $SSE(R)$의 자유도는 식 (6.22)에서 b_0와 b_1을 계산하는데 자유도가 각각 하나씩 상실되었으므로 $(n_1 + n_2 - 2)$가 된다. 따라서 가설 (6.20)에 대한 검정은 완전모형과 축소모형에서 잔차제곱합의 차의 크기로 결정되는데 $SSE(F)$는 $SSE(R)$보다 클 수 없으며 $SSE(R) - SSE(F)$의 값이 작을수록 귀무가설 H_0가 확실해지며 그 값이 클수록 대립가설 H_1이 확실해진다. 따라서 검정통계량은 다음과 같은 $SSE(R) - SSE(F)$의 함수로 주어진다.

$$F_0 = \frac{SSE(R) - SSE(F)}{df_R - df_F} \bigg/ \frac{SSE(F)}{df_F} \tag{6.24}$$

여기서

$$df_R = SSE(R)\text{의 자유도} = n_1 + n_2 - 2$$
$$df_F = SSE(F)\text{의 자유도} = n_1 + n_2 - 4$$

만약 H_0가 옳으면 $F_0 \sim F(2, n_1 + n_2 - 4)$의 분포를 하므로 F_0의 크기에 따라 다음과 같이 결론을 내린다.

$$F_0 \geq F(2, n_1 + n_2 - 4; \alpha)\text{이면 } H_0\text{를 기각}$$
$$F_0 < F(2, n_1 + n_2 - 4; \alpha)\text{이면 } H_0\text{를 채택}$$

예제 6.2

두 자동차 생산회사에서 생산되는 동일 배기량의 승용차 A,B의 기름 소모량을 비교하기 위하여 고속도로에서 모의실험을 행한 결과가 다음과 같다. 자료는 변환된 자료(coded data)이고 x는 달리는 속도이며 y는 일정 거리당 기름 소모량이다. 두 회귀직선의 동일성여부를 유의수준 α로 검정하여라.

〈표 6.2〉 기름 소모량의 자료

$x_{1j} = x_{2j}$	10	20	30	40	50	60	70	80	90	100
$y_{1j}(A)$	5.6	7.2	8.6	10.2	12.4	14.2	16.2	18.4	20.0	22.2
$y_{2j}(B)$	6.8	8.0	9.2	11.6	13.0	14.9	16.8	18.8	19.6	21.8

풀이 먼저 자료들의 산점도를 그려보면 〈그림 6.2〉와 같고 이 그림으로부터 두 직선이 다른 것 같이 보이지는 않으나 앞의 검정절차에 따라 검정하여 보자.

각 모집단으로부터 회귀직선을 추정하고 분산분석표를 작성하면 다음과 같다.

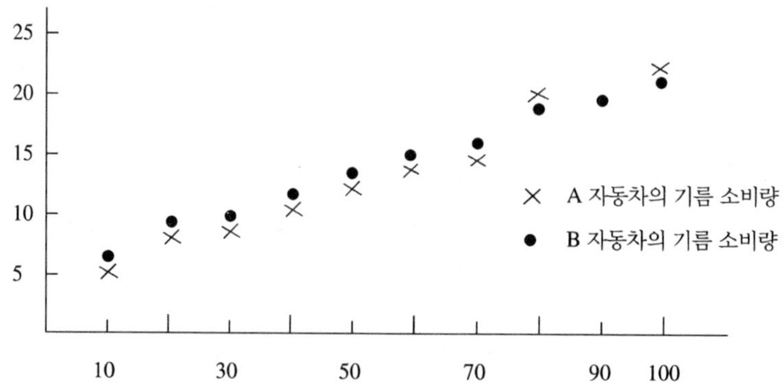

〈그림 6.2〉 두 자동차의 기름 소모량

〈표 6.3〉 각 자동차의 기름 소비량에 관한 회귀분석자료

A 자동차	B 자동차
$b_{01} = 3.240$	$b_{02} = 4.660$
$b_{11} = 0.187$	$b_{12} = 0.171$
$\hat{y}_{1j} = 3.240 + 0.187x_{1j}$	$\hat{y}_{2j} = 4.660 + 0.171x_{2j}$

분산분석표 (A 자동차)

요인	제곱합	자유도
회귀	$SSR_1(F) = 287.0934$	1
잔차	$SSE_1(F) = 0.846$	8
계	$SST_1(F) = 287.9400$	9

분산분석표 (B 자동차)

요인	제곱합	자유도
회귀	$SSR_2(F) = 240.47$	1
잔차	$SSE_2(F) = 1.036$	8
계	$SST_2(F) = 241.505$	9

따라서 분산분석표로부터 완전모형에서의 잔차제곱합은

$$SSE(F) = SSE_1 + SSE_2 = 0.846 + 1.036 = 1.8821$$

이고 자유도는

$$df_F = (n_1 - 2) + (n_2 - 2) = 16$$

이다. 다음으로 축소모형에서의 추정된 회귀직선과 분산분석표는 〈표 6.4〉와 같다.

〈표 6.4〉 축소모형에서의 회귀분석 자료

$$b_0 = 3.937$$

$$b_1 = 0.179$$

$$\hat{y}_{ij} = b_0 + b_1 x_{ij} = 3.937 + 0.179x_{ij}$$

분산분석표

요인	제곱합	자유도
회귀	$SSR(R) = 526.530$	1
잔차	$SSE(R) = 4.427$	18
계	$SST(R) = 530.957$	19

따라서 축소모형에서의 잔차제곱합은

$$SSE(R) = 4.427$$

이고 자유도는

$$df_R = (n_1 + n_2 - 2) = 18$$

이므로 식 (6.32)에 의한 검정통계량은

$$F_0 = \frac{SSE(R) - SSE(F)}{df_R - df_F} \Big/ \frac{SSE(F)}{df_F} = \frac{4.427 - 1.8821}{2} \Big/ \frac{1.8821}{16}$$

$$= 10.827$$

이다. 그런데 유의수준 $\alpha = 0.05$에서

$$F(2, 16; 0.05) = 3.63 < F_0 = 10.827$$

이므로 H_0를 기각한다. 즉 두 회귀직선은 동일하지 않다고 결론을 내린다.

SAS를 이용한 풀이

SAS를 이용하여 예제 6.2를 해결하여라.

[예제 6.2 SAS 프로그램]

예제 6.2

```
DATA EX6_2;
INPUT X Y1 Y2;
CARDS;
10 5.6 6.8
20 7.2 8.0
30 8.6 9.2
40 10.2 11.6
50 12.4 13.0
60 14.2 14.9
70 16.2 16.8
80 18.4 18.8
90 20.0 19.6
100 22.2 21.8
RUN;
SYMBOL1 V=DOT C=BLACK;          각각 다른 점으로 나타
SYMBOL2 V=CIRCLE C=BLACK;       내는 옵션
PROC GPLOT DATA=EX6_2;          두 개 그래프를 함께
PLOT Y1*X Y2*X/OVERLAY;         나타내주는 옵션
PROC REG DATA=EX6_2;
MODEL Y1=X;
PROC REG DATA=EX6_2;
MODEL Y2=X;
RUN;
```

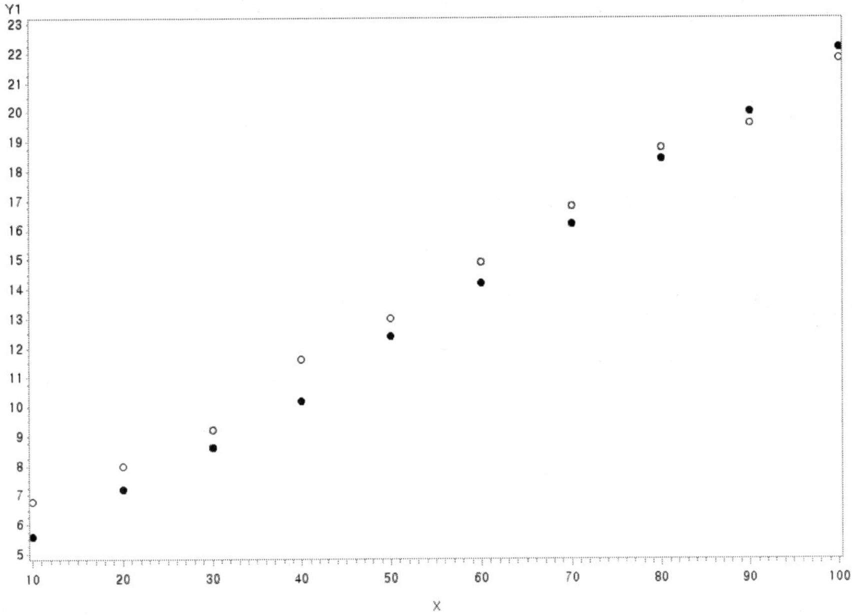

The REG Procedure
Model: MODEL1
Dependent Variable: Y1

Number of Observations Read	10
Number of Observations Used	10

Analysis of Variance					
Source	DF	Sum of Squares	Mean Square	F Value	Pr > F
Model	1	287.09345	287.09345	2713.08	<.0001
Error	8	0.84655	0.10582		
Corrected Total	9	287.94000			

Root MSE	0.32530	R-Square	0.9971
Dependent Mean	13.50000	Adj R-Sq	0.9967
Coeff Var	2.40961		

Parameter Estimates					
Variable	DF	Parameter Estimate	Standard Error	t Value	Pr > |t|
Intercept	1	3.24000	0.22222	14.58	<.0001
X	1	0.18655	0.00358	52.09	<.0001

The REG Procedure
Model: MODEL1
Dependent Variable: Y2

Number of Observations Read	10
Number of Observations Used	10

Analysis of Variance					
Source	DF	Sum of Squares	Mean Square	F Value	Pr > F
Model	1	240.46936	240.46936	1857.56	<.0001
Error	8	1.03564	0.12945		
Corrected Total	9	241.50500			

Root MSE	0.35980	R-Square	0.9957
Dependent Mean	14.05000	Adj R-Sq	0.9952
Coeff Var	2.56084		

Parameter Estimates					
Variable	DF	Parameter Estimate	Standard Error	t Value	Pr > |t|
Intercept	1	4.66000	0.24579	18.96	<.0001
X	1	0.17073	0.00396	43.10	<.0001

이 예제를 해결하기 위한 SAS 명령어는 없기 때문에 위의 분산분석 결과는 〈표 6.3〉의 SAS 결과를 나타내므로 이 결과를 이용하여 검정통계량 $F_0 = 10.827$을 얻는다.

R을 이용한 풀이

R을 이용하여 예제 6.2를 해결하여라.

[예제 6.2 R 프로그램]

```
제목없음 - R 편집기
x<-c(10,20,30,40,50,60,70,80,90,100)
y1<-c(5.6,7.2,8.6,10.2,12.4,14.2,16.2,18.4,20.0,22.2)
y2<-c(6.8,8.0,9.2,11.6,13.0,14.9,16.8,18.8,19.6,21.8)

Ex6_2_y1.lm <-lm(y1~x)                          # (x, y1)의 적합
Ex6_2_y2.lm <-lm(y2~x)                          # (x, y2)의 적합
anova(Ex6_2_y1.lm,Ex6_2_y2.lm)                  # 축소모형의 분산분석표
```

[예제 6.2 R 실행결과]

```
R Console
> (Ex6_2_y1.lm <-lm(y1~x))                      # 완전모형 (x, y1)의 적합

Call:
lm(formula = y1 ~ x)

Coefficients:
(Intercept)            x
     3.2400       0.1865

> (Ex6_2_y2.lm <-lm(y2~x))                      # 완전모형 (x, y2)의 적합

Call:
lm(formula = y2 ~ x)

Coefficients:
(Intercept)            x
     4.6600       0.1707

> (anova(Ex6_2_y1.lm,Ex6_2_y2.lm))              # 축소모형의 분산분석표
Analysis of Variance Table

Response: y1
          Df  Sum Sq Mean Sq F value    Pr(>F)
x          1 287.093 287.093  2713.1 2.045e-11 ***
Residuals  8   0.847   0.106
---
Signif. codes:  0 '***' 0.001 '**' 0.01 '*' 0.05 '.' 0.1 ' ' 1
경고메시지(들):
```

해설 (x_1, y_1)와 (x_2, y_2)의 완전모형에 대한 회귀식은 각각 $\widehat{y_1} = 3.24 + 0.187x$, $\widehat{y_2} = 4.66 + 0.171x$이고 축소모형에 대한 분산분석표에서 확인하면 유의확률이 0.000이므로 $H_0 : \beta_{01} = \beta_{02}$ 이고 $\beta_{11} = \beta_{12}$ 가 기각되어 두 회귀직선이 동일하지 않다고 할 수 있다.

6.3.2 두 회귀직선의 기울기의 동일성검정

앞에서 두 회귀직선의 동일성을 검정하는 문제를 살펴보았다. 만약 두 모집단의 동일성에 대한 검정결과 동일하지 않다는 결과가 얻어졌다면 그 다음 단계로서 어디가 다른가 하는 문제를 생각할 수 있다. 즉 절편은 다르나 기울기가 같은 경우는 두 회귀직선의 높이는 다르나 서로 평행하게 변함을 알 수가 있으므로 두 회귀직선의 기울기에 대한 동일성검정은 의미가 있는 것이다. 이때 귀무가설과 대립가설은 다음과 같다.

$$H_0: \beta_{11} = \beta_{12} \quad \text{또는} \quad \beta_{11} - \beta_{12} = 0 \tag{6.25}$$

$$H_1: \beta_{11} \neq \beta_{12} \quad \text{또는} \quad \beta_{11} - \beta_{12} \neq 0$$

그런데 $\beta_{11} - \beta_{12}$의 불편추정량은 $(b_{11} - b_{12})$이고 두 집단의 관측값은 서로 독립이므로 다음과 같은 결과를 얻을 수 있다.

$$E(b_{11} - b_{12}) = \beta_{11} - \beta_{12} \tag{6.26a}$$

$$\begin{aligned} Var(b_{11} - b_{12}) &= Var(b_{11}) + Var(b_{12}) \\ &= \sigma^2 \left(\frac{1}{\sum_{i=1}^{n_1} (x_{1i} - \overline{x}_1)^2} + \frac{1}{\sum_{i=1}^{n_2} (x_{2i} - \overline{x}_2)^2} \right) \end{aligned} \tag{6.26b}$$

따라서 각 측정량은 정규분포를 하므로 오차분산 σ^2를 알 때

$$z = \frac{(b_{11} - b_{12}) - (\beta_{11} - \beta_{12})}{\sigma \sqrt{\frac{1}{\sum_{i=1}^{n_1} (x_{1i} - \overline{x_1})^2} + \frac{1}{\sum_{i=1}^{n_2} (x_{2i} - \overline{x_2})^2}}} \tag{6.27}$$

이다. 따라서 검정통계량

$$z_0 = \frac{b_{11} - b_{12}}{\sqrt{Var(b_{11} - b_{12})}} \tag{6.28}$$

은 $H_0: \beta_{11} = \beta_{12}$이 옳을 때 표준정규분포를 하게 되며 가설에 대한 판정은 다음과 같다.

$$|z_0| > z_{\alpha/2} \text{ 이면 } H_0 \text{ 를 기각하고} \qquad (6.29)$$

$$|z_0| \leqq z_{\alpha/2} \text{ 이면 } H_0 \text{를 채택한다}$$

그러나 만약 σ^2를 모르는 경우 위와 같은 방법을 쓸 수 없고 검정통계량 z_0 대신에 t_0를 쓰면 다음과 같다.

$$t_0 = \frac{(b_{11} - b_{12})}{\sqrt{\widehat{Var}(b_{11} - b_{12})}} \qquad (6.30)$$

여기서

$$\widehat{Var}(b_{11} - b_{12}) = MSE\left(\frac{1}{\sum_{i=1}^{n_1} (x_{1i} - \overline{x_1})^2} + \frac{1}{\sum_{i=1}^{n_2} (x_{2i} - \overline{x_2})^2} \right)$$

이고 MSE는 $MSE(F) = SSE(F)/(n_1 + n_2 - 4)$를 나타내며 귀무가설 H_0가 옳을 때 t_0는 자유도가 $(n_1 - 2) + (n_2 - 2)$인 t 분포를 하게 된다. 따라서 σ^2를 모를 때 가설 (6.25)에 대한 판정은 다음과 같다.

$$|t_0| \geqq t(n_1 + n_2 - 4; \frac{\alpha}{2}) \text{이면 } H_0 \text{ 를 기각하고} \qquad (6.31)$$

$$|t_0| < t(n_1 + n_2 - 4; \frac{\alpha}{2}) \text{이면 } H_0 \text{를 채택한다}$$

예제 6.3

앞의 예제 6.2에서 두 회귀직선의 기울기가 동일한지를 유의수준 $\alpha = 0.01$로 검정하여라.

풀이 〈표 6.3〉의 회귀분석자료에서 (σ^2를 모르는 경우)

$b_{11} = 0.187$ $\qquad$ $b_{12} = 0.171$

$SSE(F) = 1.901$ $\qquad$ $MSE(F) = \dfrac{SSE(F)}{n_1 + n_2 - 4} = 0.119$

이고 또한

$$\sum_{i=1}^{n}(x_{1i}-\overline{x_1})^2 = 8,250 \quad , \quad \sum_{i=1}^{n}(x_{2i}-\overline{x_2})^2 = 8,250$$

이므로 다음과 같다.

$$\widehat{Var}(b_{11}-b_{12}) = (0.119)\left(\frac{1}{8,250}+\frac{1}{8,250}\right) = 0.00003$$

따라서 검정통계량 t_0는

$$t_0 = (0.187-0.171)/0.0054 = 2.96$$

이다. 그런데 부록(표 B-2)에서 $t(16:0.005) = 2.921$이므로

$$t_0 = 2.96 > t(16;0.005) = 2.921$$

이 성립한다. 따라서 식 (6.23)에 의하여 귀무가설은 기각된다. 즉 두 자동차의 기름소모량은 속도에 따라 같은 정도로 변하고 있지 않다.

SAS를 이용한 풀이

SAS를 이용하여 예제 6.3을 해결하여라.

[예제 6.3 SAS 프로그램]

이 문제를 해결하기 위한 SAS 명령어는 없기 때문에 먼저 1단계로 축소모형에서 $SSE(R)$를 구하고, 2단계로 완전모형에서 $SSE(F)$ 를 구한 다음 검정통계량 t_0를 계산하여 검정하면 된다.

R을 이용한 풀이

R을 이용하여 예제 6.3을 해결하여라.

[예제 6.3 R 프로그램]

```
제목없음 - R 편집기
x<- c(10,20,30,40,50,60,70,80,90,100)
y1<-c(5.6,7.2,8.6,10.2,12.4,14.2,16.2,18.4,20.0,22.2)
y2<-c(6.8,8.0,9.2,11.6,13.0,14.9,16.8,18.8,19.6,21.8)

fit1<-lm(y1~x)
(a1<-summary(fit1)$coefficients)    # (x,y1)의 ANOVA

fit2<-lm(y2~x)
(a2<-summary(fit2)$coefficients)    # (x,y2)의 ANOVA


db<-(a2[2,1]-a1[2,1])              # 두 기울기(b12-b11)의 차
sd<-sqrt(a2[2,2]^2+a1[2,2]^2)      # 두 기울기의 분산 합(V(b12)+V(b11))
df<-(fit1$df.residual+fit2$df.residual) # 자유도
td<-abs(db/sd)                           # t 통계량
2*pt(-td, df)                             # 유의확률
```

[예제 6.3 R 실행결과]

```
RGui (64-bit)
파일 편집 보기 기타 패키지들 윈도우즈 도움말
> x<- c(10,20,30,40,50,60,70,80,90,100)
> y1<-c(5.6,7.2,8.6,10.2,12.4,14.2,16.2,18.4,20.0,22.2)
> y2<-c(6.8,8.0,9.2,11.6,13.0,14.9,16.8,18.8,19.6,21.8)
>
> fit1<-lm(y1~x)
> (a1<-summary(fit1)$coefficients)    # (x,y1)의 ANOVA
             Estimate  Std. Error  t value     Pr(>|t|)
(Intercept) 3.2400000 0.222220202 14.58013 4.801214e-07
x           0.1865455 0.003581403 52.08726 2.045326e-11
>
> fit2<-lm(y2~x)
> (a2<-summary(fit2)$coefficients)    # (x,y2)의 ANOVA
             Estimate  Std. Error  t value     Pr(>|t|)
(Intercept) 4.6600000 0.245788774 18.95937 6.197354e-08
x           0.1707273 0.003961245 43.09940 9.262517e-11
>
>
> db<-(a2[2,1]-a1[2,1])              # 두 기울기(b12-b11)의 차
> sd<-sqrt(a2[2,2]^2+a1[2,2]^2)      # 두 기울기의 분산 합(V(b12)+V(b11))
> df<-(fit1$df.residual+fit2$df.residual) # 자유도
> td<-abs(db/sd)                           # t 통계량
> 2*pt(-td, df)                             # 유의확률
[1] 0.009176711
>
```

해설 (x, y_1)와 (x, y_2)의 회귀식은 각각 $\widehat{y_1} = 3.24 + 0.187x$, $\widehat{y_2} = 4.66 + 0.171x$의 두 기울기의 검정 $H_0 : \beta_{11} = \beta_{12}$에 대한 $H_0 : \beta_{11} \neq \beta_{12}$의 유의확률이 0.009이므로 H_0가 기각되어 두 회귀직선이 동일하지 않다고 할 수 있다.

6.3.3 독립변수 x의 수준(level) 선택

x와 y 사이의 회귀관계를 분석하고자 자료를 수집하는 계획을 수립할 때 독립변수 x는 실험자에 의하여 정해질 수 있는 값이다. 그런데 앞에서 살펴본 바와 같이 추정된 회귀계수 b_0나 b_1 또는 회귀직선 $\hat{y}$의 분산은 모두 x의 함수로 주어진다. 따라서 x를 어떻게 선택하느냐에 따라 추정량의 분산이 달라져서 추정의 정도가 변하게 된다.

이 절에서는 x의 수준을 어떻게 결정하는 것이 가장 좋을까 하는 문제를 살펴보고자 한다. 그런데 x의 수준을 결정하는 문제는 한마디로 표현될 수 있는 것이 아니며 실험의 목적에 따라 달라진다.

회귀분석의 목적으로는

1) 회귀직선의 기울기 β_1을 추정
2) 회귀직선의 절편 β_0를 추정
3) 주어진 x_0에서 새로운 관측값 y_0의 추정 또는 평균반응량 $E(y) = \beta_0 + \beta_1$의 추정 등을 들 수 있는데 목적에 따라 x의 수준 결정이 어떻게 달라지는가를 보기 위하여 b_0, b_1, $\hat{y}$, $\hat{y}_0$의 분산을 살펴보면

$$\sigma^2(b_0) = \sigma^2\left(\frac{\sum_{i=1}^{n} x_i^2}{n\sum_{i=1}^{n}(x_i - \bar{x})^2}\right) = \sigma^2\left(\frac{1}{n} + \frac{\bar{x}^2}{\sum_{i=1}^{n}(x_i - \bar{x})^2}\right)$$

$$\sigma^2(b_1) = \sigma^2\left(\frac{1}{\sum_{i=1}^{n}(x_i - \bar{x})^2}\right)$$

$$\sigma^2(\hat{y}_i) = \sigma^2\left(\frac{1}{n} + \frac{(x_i - \bar{x})^2}{\sum_{i=1}^{n}(x_i - \bar{x})^2}\right)$$

$$\sigma^2(\hat{y}_0) = \sigma^2\left(1 + \frac{1}{n} + \frac{(x_0 - \overline{x})^2}{\sum_{i=1}^{n}(x_i - \overline{x})^2}\right) \quad .$$

b_1의 분산 $\sigma^2(b_1)$은 $\sum_{i=1}^{n}(x_i - \overline{x})^2$의 값이 최대이면 최소가 된다. 그런데 $\sum_{i=1}^{n}(x_i - \overline{x})^2$가 최대가 되는 경우는 x의 실험영역 $x_a \leqq x \leqq x_b$에서 양극단의 값 x_a에서 절반을 관찰하고 나머지 절반은 x_b에서 관찰할 때이다. 그러나 이 경우는 x의 두 수준에서만 관찰이 이루어지므로 만약 회귀함수가 직선이 아니고 곡선인 경우는 회귀직선을 구할 수 없다. 따라서 회귀직선의 기울기 β_1을 정확하게 추정하고자 할 때는 β_1의 추정량 b_1의 분산을 최소로 하여야 하므로 이때는 x의 세 수준 x_a, $(x_a + x_b)/2$, x_b에서 균등하게 자료를 관찰하면 된다. 회귀직선의 절편 β_0를 정확하게 추정하고자 하는 경우는 β_0의 추정량 b_0의 분산이 최소가 되도록 하기 위하여 $\overline{x} = 0$이 되도록 하면 될 것이다. 주어진 x_0에서 새로운 관측값 y_0를 추정하거나 평균반응량 $E(y) = \beta_0 + \beta_1 x$을 추정하고자 할 때에는 각각의 분산에서 알 수 있는 바와 같이 $x_0 = \overline{x}$일 때 추정량 $\hat{y}_0$와 $\hat{y}$는 최소분산을 갖으며 정도 좋은 추정량이 된다.

6.4 2차형식의 분포

벡터 $\boldsymbol{y} = (y_1, \cdots, y_n)'$의 2차형식 $\boldsymbol{y}'\boldsymbol{A}\boldsymbol{y}$의 성질에 대해서는 1장에서 살펴보았다. 그런데 앞에서 다루었던 제곱합(sum of squares)들은 모두 2차형식으로 표현할 수 있고 7장에서 다룰 중회귀모형의 경우는 2차형식으로 표현하는 것이 간단하고 계산도 용이하며 더욱이 제곱합의 분포는 2차형식의 분포이론으로부터 유도할 수 있으므로 이 절에서는 2차형식의 분포와 기댓값을 구하는 절차를 살펴보고자 한다. 여기서는 벡터$\boldsymbol{y} = (y_1, \cdots, y_n)'$은 정규분포를 한다고 가정한다.

6.4.1 비중심 χ^2 분포와 비중심 F분포

식을 전개하기 위하여 간단한 표현식을 살펴보자.

$$\mathbf{1} = \begin{pmatrix} 1 \\ 1 \\ \vdots \\ 1 \end{pmatrix} \qquad \boldsymbol{J} = \mathbf{1}\mathbf{1}' = \begin{bmatrix} 1 & 1 & \cdots & 1 \\ 1 & 1 & \cdots & 1 \\ \vdots & \vdots & & \vdots \\ 1 & 1 & \cdots & 1 \end{bmatrix}$$

$$\boldsymbol{I} = \begin{bmatrix} 1 & 0 & \cdots & 0 \\ 0 & 1 & \cdots & 0 \\ \vdots & \vdots & & \vdots \\ 0 & \cdots & \cdots & 1 \end{bmatrix} \qquad \boldsymbol{X} = \begin{bmatrix} 1 & x_1 \\ 1 & x_2 \\ \vdots & \vdots \\ 1 & x_n \end{bmatrix}$$

이라 놓으면

$$\boldsymbol{y}'\boldsymbol{y} = \sum_{i=1}^{n} {y_i}^2 = \boldsymbol{y}'\boldsymbol{I}\boldsymbol{y} \tag{6.32}$$

$$(\sum_{i=1}^{n} y_i)^2 = \boldsymbol{y}'\mathbf{1}\mathbf{1}'\boldsymbol{y} = \boldsymbol{y}'\boldsymbol{J}\boldsymbol{y} \tag{6.33}$$

이다. 관측값 벡터 $\boldsymbol{y} = (y_1, \cdots, y_n)' \sim N(\mathbf{0}, \boldsymbol{I})$이면 모든 $y_i \sim N(0,1)$이므로 χ^2 분포의 성질 식 (2.16)에 의하여

$$\boldsymbol{y}'\boldsymbol{y} = \sum_{i=1}^{n} {y_i}^2 \sim \chi^2(n) \tag{6.34}$$

임을 알 수 있다. 즉 2차형식 $\boldsymbol{y}'\boldsymbol{I}\boldsymbol{y}$은 $y \sim N(\mathbf{0}, \boldsymbol{I})$일 때 자유도가 n인 χ^2 분포를 한다.

또한 두 개의 2차형식 Q_1과 Q_2가 서로 독립이고 각각 자유도가 n_1, n_2인 χ^2 분포를 하면 F 분포의 성질 식 (2.24)에 의하여 다음과 같다.

$$\frac{Q_1/n_1}{Q_2/n_2} \sim F(n_1, n_2) \tag{6.35}$$

다음으로 $y \sim N(0,1)$이고 2차형식 Q가 자유도 n인 χ^2 분포를 하면 t 분포의 성질, 식 (2.20)에 의하여

$$\frac{y}{\sqrt{\frac{Q}{n}}} \sim t(n) \tag{6.36}$$

이다. 그런데 만약 관측벡터 $\boldsymbol{y}$의 기댓값 $E(\boldsymbol{y}) = 0$이 아니고 $E(\boldsymbol{y}) = \boldsymbol{\mu}$이면, 즉

$\boldsymbol{y} \sim N(\boldsymbol{\mu}, \boldsymbol{I})$이면 $\boldsymbol{y}'\boldsymbol{y} = \sum_{i=1}^{n} y_i^2$은 자유도가 n이고 **비중심모수**(noncentrality parameter)가 $\lambda = \frac{1}{2}\boldsymbol{\mu}'\boldsymbol{\mu}$인 **비중심 χ^2 분포**(noncentral χ^2 distribution)를 한다고 한다.

정리 6.1 관측값 $y_1, y_2, \cdots, y_n$이 서로 독립이고 각각 평균이 $\mu_1, \mu_2, \cdots, \mu_n$이며 분산이 1인 정규분포를 하면 제곱의 합 $\boldsymbol{y}'\boldsymbol{y} = \sum_{i=1}^{n} y_i^2$은 자유도가 n이고 비중심모수 $\lambda = \frac{1}{2}\boldsymbol{\mu}'\boldsymbol{\mu}$인 비중심 χ^2 분포를 한다고 하고

$$\boldsymbol{y}'\boldsymbol{y} = \sum_{i=1}^{n} y_i^2 \sim \chi^{2\prime}(n, \lambda) \tag{6.37}$$

로 표현한다. 여기서 만약 $\mu_1 = \mu_2 = \cdots = \mu_n = 0$이면 $\lambda = 0$이므로 $\boldsymbol{y}'\boldsymbol{y}$는 자유도가 n인 중심 χ^2 분포를 한다.

정리 6.2 $Q_1, Q_2, \cdots, Q_k$가 서로 독립이고 각각 자유도가 $n_1, n_2, \cdots, n_k$이며 비중심모수가 $\lambda_1, \lambda_2, \cdots, \lambda_k$인 χ^2 분포를 한다고 할 때 이들의 합 $\sum_{i=1}^{k} Q_i = Q$는 자유도가 $n = \sum_{i=1}^{k} n_i$이고 비중심모수 $\lambda = \sum_{i=1}^{k} \lambda_i$인 χ^2 분포를 한다. 즉

$$Q = \sum_{i=1}^{k} Q_i \sim \chi^{2\prime}\left(\sum_{i=1}^{k} n_i, \sum_{i=1}^{k} \lambda_i\right) \tag{6.38}$$

정리 6.3 확률변수 Q_2는 자유도가 n_2인 중심 χ^2 분포를 하고 반면 확률변수 Q_1은 자유도가 n_1이고 비중심모수가 λ인 비중심 χ^2 분포를 할 때 $\frac{Q_1/n_1}{Q_2/n_2}$는 분자의 자유도가 n_1, 분모의 자유도가 n_2이고 비중심모수가 λ인 **비중심 F 분포**(noncentral F distribution)를 한다고 하고 다음과 같이 표현한다.

$$\frac{Q_1/n_1}{Q_2/n_2} \sim F'(n_1, n_2; \lambda) \tag{6.39}$$

6.4.2 2차형식의 분포

회귀분석에서 이용되는 잔차제곱합은 2차형식으로 표현할 수 있으므로 2차형식의 분포를 이해하는 것은 회귀분석을 공부하는 데 중요한 일이다. 이 책에서는 모든 이론들에 대하여 자세한 설명은 피하고 중요한 부분에 대해서만 증명을 달아 놓았다.

먼저 앞에서 살펴본 제곱합들을 2차형식으로 표현해 보자.

$$SST = \sum_{i=1}^{n}(y_i - \bar{y})^2 = \sum_{i=1}^{n} y_i^2 - \frac{(\sum_{i=1}^{n} y_i)^2}{n} \tag{6.40}$$

$$= \boldsymbol{y}'\boldsymbol{y} - \frac{1}{n}\boldsymbol{y}'\boldsymbol{1}\boldsymbol{1}'\boldsymbol{y} = \boldsymbol{y}'(\boldsymbol{I} - \frac{1}{n}\boldsymbol{J})\boldsymbol{y}$$

$$= \boldsymbol{y}'\boldsymbol{A}\boldsymbol{y}$$

$$SSR = \sum_{i=1}^{n}(\hat{y}_i - \bar{y})^2 = \sum_{i=1}^{n} \hat{y}_i^2 - \frac{(\sum_{i=1}^{n} y_i)^2}{n}$$

$$= \boldsymbol{y}'\boldsymbol{X}(\boldsymbol{X}'\boldsymbol{X})^{-1}\boldsymbol{X}'\boldsymbol{y} - \frac{1}{n}\boldsymbol{y}'\boldsymbol{J}\boldsymbol{y}$$

$$= \boldsymbol{y}'[\boldsymbol{X}(\boldsymbol{X}'\boldsymbol{X})^{-1}\boldsymbol{X}' - \frac{1}{n}\boldsymbol{J}]\boldsymbol{y} = \boldsymbol{y}'\boldsymbol{B}\boldsymbol{y} \tag{6.41}$$

($\sum_{i=1}^{n} \hat{y}_i^2 = \boldsymbol{y}'\boldsymbol{X}(\boldsymbol{X}'\boldsymbol{X})^{-1}\boldsymbol{X}'\boldsymbol{y}$가 되는 것은 7장에서 설명)

$$SSE = \sum_{i=1}^{n}(y_i - \hat{y}_i)^2 = \sum_{i=1}^{n} y_i^2 - \sum_{i=1}^{n} \hat{y}_i^2$$

$$= \boldsymbol{y}'\boldsymbol{y} - \boldsymbol{y}'\boldsymbol{X}(\boldsymbol{X}'\boldsymbol{X})^{-1}\boldsymbol{X}'\boldsymbol{y}$$

$$= \boldsymbol{y}'[\boldsymbol{I} - \boldsymbol{X}(\boldsymbol{X}'\boldsymbol{X})^{-1}\boldsymbol{X}']\boldsymbol{y} = \boldsymbol{y}'\boldsymbol{C}\boldsymbol{y} \tag{6.42}$$

정리 6.4 만약 벡터 $\boldsymbol{y} \sim N(\boldsymbol{\mu}, \boldsymbol{V})$이면($\boldsymbol{V}$는 분산공분산행렬)

1) $E(\boldsymbol{y}'\boldsymbol{A}\boldsymbol{y}) = tr(\boldsymbol{A}\boldsymbol{V}) + \boldsymbol{\mu}'\boldsymbol{A}\boldsymbol{\mu}$

(이것은 $\boldsymbol{y}$가 정규분포가 아닐 때도 성립)

2) $Cov(\boldsymbol{y}, \boldsymbol{y}'\boldsymbol{A}\boldsymbol{y}) = 2\boldsymbol{V}\boldsymbol{A}\boldsymbol{\mu}$

증명 1) $E(\boldsymbol{y}) = \mu$이고

$$Var(\boldsymbol{y}) = E[(\boldsymbol{y}-\mu)(\boldsymbol{y}-\mu)']$$
$$= E[\boldsymbol{y}\boldsymbol{y}' - 2\mu\boldsymbol{y}' + \mu\mu']$$
$$= E(\boldsymbol{y}\boldsymbol{y}') - \mu\mu' = \boldsymbol{V}$$

따라서

$$E(\boldsymbol{y}'\boldsymbol{A}\boldsymbol{y}) = E[tr(\boldsymbol{y}'\boldsymbol{A}\boldsymbol{y})] = tr[\boldsymbol{A}E(\boldsymbol{y}\boldsymbol{y}')]$$
$$= tr[\boldsymbol{A}(\boldsymbol{V}+\mu\mu')]$$
$$= tr(\boldsymbol{A}\boldsymbol{V}) + \mu'\boldsymbol{A}\mu$$

2) $$Cov(\boldsymbol{y},\boldsymbol{y}'\boldsymbol{A}\boldsymbol{y}) = E(\boldsymbol{y}-\mu)[\boldsymbol{y}'\boldsymbol{A}\boldsymbol{y} - E(\boldsymbol{y}'\boldsymbol{A}\boldsymbol{y})]$$
$$= E(\boldsymbol{y}-\mu)[\boldsymbol{y}'\boldsymbol{A}\boldsymbol{y} - tr(\boldsymbol{A}\boldsymbol{V}) - \mu'\boldsymbol{A}\mu]$$
$$= E(\boldsymbol{y}-\mu)[(\boldsymbol{y}-\mu)'\boldsymbol{A}(\boldsymbol{y}-\mu)$$
$$+ 2(\boldsymbol{y}-\mu)'\boldsymbol{A}\mu - tr(\boldsymbol{A}\boldsymbol{V})]$$

그런데 $(\boldsymbol{y}-\mu)$의 이차적률과 삼차적률은 0이므로

$$Cov(\boldsymbol{y},\boldsymbol{y}'\boldsymbol{A}\boldsymbol{y}) = 0 + 2\boldsymbol{V}\boldsymbol{A}\mu - 0$$
$$= 2\boldsymbol{V}\boldsymbol{A}\mu$$

정리 6.5 만약 $\boldsymbol{y} \sim N(\mu, \boldsymbol{V})$이면

$$Var(\boldsymbol{y}'\boldsymbol{A}\boldsymbol{y}) = 2tr(\boldsymbol{A}\boldsymbol{V})^2 + 4\mu'\boldsymbol{A}\boldsymbol{V}\boldsymbol{A}\mu$$

여기서 $\mu = 0$이면 $\mathrm{Var}(\boldsymbol{y}'\boldsymbol{A}\boldsymbol{y}) = 2tr(\boldsymbol{A}\boldsymbol{V})^2$이다.

정리 6.6 $\boldsymbol{y} \sim N(\mu, \boldsymbol{V})$일 때 2차형식 $\boldsymbol{y}'\boldsymbol{A}\boldsymbol{y}$가 $\boldsymbol{y}'\boldsymbol{A}\boldsymbol{y} \sim \chi^{2'}(r(\boldsymbol{A}), \frac{1}{2}\mu'\boldsymbol{A}\mu)$이 되기 위한 필요충분조건은 $\boldsymbol{A}\boldsymbol{V}$가 멱등행렬(idempotent matrix)이다. 여기서 $r(A)$는 $\boldsymbol{A}$의 계수(rank)이다.

예제 6.4

단순회귀모형

$$y_i = \beta_0 + \beta_1 x_i + \epsilon_i, \qquad \epsilon_i \sim N(0, \sigma^2)$$

에서 제곱합과 분포를 구하여라.

풀이 $y_i \sim N(\beta_0 + \beta_1 x_i, \sigma^2)$이므로 평균벡터

$\boldsymbol{\mu}' = [\beta_0 + \beta_1 x_1, \beta_0 + \beta_1 x_2, \cdots, \beta_0 + \beta_1 x_n]$이고 분산공분산행렬은 $\boldsymbol{I}\sigma^2$이다. 따라서 다음과 같다.

$$\boldsymbol{y}' = [y_1, y_2, \cdots, y_n] \sim N(\boldsymbol{\mu}, \boldsymbol{I}\sigma^2).$$

2차형식 (6.40), (6.41), (6.42)을 σ^2로 나누면 각각

$$\frac{SST}{\sigma^2} = \boldsymbol{y}'\left[\frac{\boldsymbol{I} - \frac{\boldsymbol{J}}{n}}{\sigma^2}\right]\boldsymbol{y} = \boldsymbol{y}'\boldsymbol{A}^{\circ}\boldsymbol{y}' \tag{6.43}$$

$$\frac{SSR}{\sigma^2} = \boldsymbol{y}'\left[\frac{\boldsymbol{X}(\boldsymbol{X}'\boldsymbol{X})^{-1}\boldsymbol{X}' - \frac{1}{n}\boldsymbol{J}}{\sigma^2}\right]\boldsymbol{y} = \boldsymbol{y}'\boldsymbol{B}^{\circ}\boldsymbol{y} \tag{6.44}$$

$$\frac{SSE}{\sigma^2} = \boldsymbol{y}'\left[\frac{\boldsymbol{I} - \boldsymbol{X}(\boldsymbol{X}'\boldsymbol{X})^{-1}X'}{\sigma^2}\right]\boldsymbol{y} = \boldsymbol{y}'\boldsymbol{C}^{\circ}\boldsymbol{y} \tag{6.45}$$

이 된다. 2차형식 식(6.43)에서 $\boldsymbol{A}^{\circ} = \frac{1}{\sigma^2}(\boldsymbol{I} - \frac{\boldsymbol{J}}{n})$이고 $\boldsymbol{V} = \boldsymbol{I}\sigma^2$이므로 $\boldsymbol{A}^{\circ}\boldsymbol{V}\boldsymbol{A}^{\circ}\boldsymbol{V} = \boldsymbol{A}^{\circ}\boldsymbol{V}$로 멱등행렬이고 또한

$$r(\boldsymbol{A}^{\circ}) = tr(\boldsymbol{A}^{\circ}) = n-1$$

$$\boldsymbol{\mu}'\boldsymbol{A}^{\circ}\boldsymbol{\mu} = {\beta_1}^2 \sum_{i=1}^{n}(x_i - \overline{x})^2/\sigma^2$$

이 된다. 따라서 2차형식 $\boldsymbol{y}'\boldsymbol{A}^{\circ}\boldsymbol{y} = \frac{SST}{\sigma^2}$는

$$\boldsymbol{y}'\boldsymbol{A}^{\circ}\boldsymbol{y} \sim \chi^{2\prime}[n-1, {\beta_1}^2 \sum_{i=1}^{n}(x_i - \overline{x})^2/2\sigma^2] \tag{6.46}$$

이다. 같은 방법으로 2차형식 (6.44), (6.45)의 분포를 구하면

$$\frac{SSR}{\sigma^2} = \boldsymbol{y}'\boldsymbol{B}^{\circ}\boldsymbol{y} \sim \chi^{2\prime}(1, {\beta_1}^2 \sum_{i=1}^{n}(x_i - \overline{x})^2/2\sigma^2) \tag{6.47}$$

$$\frac{SSE}{\sigma^2} = \boldsymbol{y}'\boldsymbol{C}^\circ\boldsymbol{y} \sim \chi^{2\prime}(n-2,0) = \chi^2(n-2) \tag{6.48}$$

이 됨을 보일 수 있다.

정리 6.7 [정리 6.6]의 특수한 경우로서 $\boldsymbol{y} \sim N(0,\boldsymbol{I})$이면 2차형식 $\boldsymbol{y}'\boldsymbol{A}\boldsymbol{y} \sim \chi^2(p)$가 되기 위한 필요충분조건은 $\boldsymbol{A}$가 계수 p인 멱등행렬이다.

정리 6.8 $\boldsymbol{y} \sim N(\boldsymbol{\mu},\boldsymbol{I})$이면 $\boldsymbol{y}'\boldsymbol{A}\boldsymbol{y} \sim \chi^{2\prime}(k, \frac{1}{2}\boldsymbol{\mu}'\boldsymbol{A}\boldsymbol{\mu})$이 되기 위한 필요충분조건은 $\boldsymbol{A}$가 계수 k인 멱등행렬이다.

정리 6.9 $\boldsymbol{y} \sim N(\boldsymbol{\mu},\boldsymbol{V})$일 때 두 개의 2차형식 $\boldsymbol{y}'\boldsymbol{A}\boldsymbol{y}$와 $\boldsymbol{y}'\boldsymbol{B}\boldsymbol{y}$가 서로 독립이기 위한 필요충분조건은 $\boldsymbol{AVB} = 0$(또는 $\boldsymbol{BVA} = 0$)이다.

예제 6.5

단순회귀모형

$$y_i = \beta_0 + \beta_1 x_i + \epsilon_i, \quad \epsilon_i \sim N(0,\sigma^2)$$

에서 $\frac{SSR}{\sigma^2}$과 $\frac{SSE}{\sigma^2}$이 서로 독립임을 보여라.

풀이 식 (6.44)와 식 (6.45)에서

$$\frac{SSR}{\sigma^2} = \boldsymbol{y}'\left[\frac{\boldsymbol{X}(\boldsymbol{X}'\boldsymbol{X})^{-1}\boldsymbol{X}' - \frac{1}{n}\boldsymbol{J}}{\sigma^2}\right]\boldsymbol{y} = \boldsymbol{y}'\boldsymbol{B}^\circ\boldsymbol{y}$$

$$\frac{SSE}{\sigma^2} = \boldsymbol{y}'\left[\frac{\boldsymbol{I} - \boldsymbol{X}(\boldsymbol{X}'\boldsymbol{X})^{-1}\boldsymbol{X}'}{\sigma^2}\right]\boldsymbol{y} = \boldsymbol{y}'\boldsymbol{C}^\circ\boldsymbol{y}$$

이므로 $\boldsymbol{B}^\circ\boldsymbol{V}\boldsymbol{C}^\circ$가 0이면 두 2차형식은 서로 독립이다. 그런데

$$B^{\circ}VC^{\circ} = \left[\frac{X(X'X)^{-1}X' - \frac{1}{n}J}{\sigma^2}\right](I\sigma^2)\left[\frac{I - X(X'X)^{-1}X'}{\sigma^2}\right]$$

$$= 0 (\text{왜냐하면 } JX(X'X)^{-1}X' = J)$$

이므로 서로 독립이다.

정리 6.10 $y \sim N(\mu, I)$이면 A_i, $i = 1, 2, \cdots, k$의 계수가 n_i인 k개의 2차형식 $y'A_1y, y'A_2y, \cdots, y'A_ky$는 다음의 세 조건 중 두 가지만 만족하면 서로 독립이며 각각 $\chi^{2\prime}(n_i, \lambda_i)$인 분포를 한다. $\lambda_i = \frac{1}{2}\mu' A_i \mu$

1) 모든 A_i는 멱등행렬

2) $\sum_{i=1}^{k} A_i$는 멱등행렬

3) $A_iA_j = 0$, $i \neq j$

정리 6.11 (Cochran−Fisher 정리)

$y \sim N(0, I)$이고 $y'y = \sum_{i=1}^{k} y'A_iy$이면 $y'A_iy \sim \chi^2(n_i)$이며 서로 독립이기 위한 필요충분조건은 $\sum_{i=1}^{k} n_i = n$이다.

여기서 $n_i = r(A_i)$이고 $n = r(I)$이다.

연습문제

6.1 어떤 제조업체에서는 주문을 받아 제품을 생산하여 주고 있다. 주문의 수 x와 이에 대한 연시간(manhours) y 간의 관계를 파악하기 위해 16개월 동안의 자료를 다음과 같이 얻었다.

월	주문건수(x)	연시간(y)
1	3,000	8,000
2	3,400	9,200
3	4,000	10,000
4	2,800	7,500
5	2,000	5,800
6	1,700	5,000
7	1,400	4,400
8	1,300	3,700
9	1,000	3,100
10	600	2,220
11	1,500	4,100
12	2,200	5,500
13	3,300	8,100
14	3,600	9,400
15	4,100	10,600
16	3,200	7,900

1) 데이터의 산점도를 그려라.

2) $y = \beta_0 + \beta_1 x + \epsilon$을 적합시켜 회귀선을 추정하고 기울기와 절편항에 대한 검정을 하여라. $\alpha = 0.05$

3) 원점을 지나는 회귀모형을 적합시키고 분산분석표를 작성하여라.
$H_0 : \beta_1 = 0,\ H_1 : \beta_1 \neq 0$을 $\alpha = 0.05$로 검정하여라.

4) 2)와 3) 각각의 모형에서 결정계수를 구하고 어느 모형이 주어진 자료에 더 적합한지를 설명하여라.

6.2 다음 자료는 A 제품을 생산하는 공장의 총자산(x)과 총수입(y)과의 관계를 조사한 표이다.

x	25	6	8	5	1	24	17	2	13	14
y	10.1	2.9	3.0	1.8	0.1	9.4	6.9	0.3	5.1	6.0

1) 산점도를 그리고, 적합한 모형을 설정하여라.
2) 원점을 지나는 회귀모형 $y = \beta_1 x + \epsilon$을 적합시키고 분산분석표를 작성하여 귀무가설 $H_0: \beta_1 = 0$을 검정하여라. $\alpha = 0.05$
3) 단순회귀모형 $y = \beta_0 + \beta_1 x + \epsilon$을 적합시키고 결정계수 R^2을 계산하여라.

6.3 어떤 종합병원에서 입원실의 습도가 스팀의 양에 어떤 영향을 받는지 조사하려고 한다. 다음은 25개의 입원실을 표본으로 취해서 얻은 자료이다.
1) 단순회귀모형 $y = \beta_0 + \beta_1 x + \epsilon$이 성립한다고 가정하고 회귀선을 추정하여라.
2) β_0의 95% 신뢰구간을 구하여라.
3) β_1의 95% 신뢰구간을 구하여라.
4) β_0과 β_1에 대한 90% 공동신뢰영역을 구하여라.
5) 2), 3), 4)의 결과를 그림으로 나타내어라.

입원실	습도(y)	스팀의 양(x)
1	10.98	35.3
2	11.13	29.7
3	12.51	30.8
4	8.40	58.8
5	9.27	61.4
6	8.73	71.3
7	6.36	74.4
8	8.50	76.7
9	7.82	70.7
10	9.14	57.5
11	8.24	46.4
12	12.19	28.9

입원실	습도(y)	스팀의 양(x)
13	11.88	28.1
14	9.57	39.1
15	10.94	46.8
16	9.58	48.5
17	10.09	59.3
18	8.11	70.0
19	6.83	70.0
20	8.88	74.5
21	7.68	72.1
22	8.47	58.1
23	8.86	44.6
24	10.36	33.4
25	11.08	28.6

6.4 어떤 슈퍼마켓에서 고객이 구입하는 상품의 금액과 카운터에서 대금을 지불하는 시간과의 관계를 분석하고자 남·여 각각 10명씩을 임의로 추출하여 조사한 결과가 다음과 같다.

1) 구매상품의 가격과 소요시간과의 회귀관계를 단순회귀모형으로 가정하고 남자, 여자에 따라 회귀모형이 다른지를 검정하여라.
(유의수준 0.05)

2) 남자와 여자의 회귀모형이 다르다면 기울기가 같은지를 검정하여라.
(유의수준 0.01)

3) 완전모형에서 각각의 결정계수 R^2을 계산하고 축소모형에서의 결정계수 R^2을 계산하여 비교하여라.

남자		여자	
구매상품의 금액(x)	소요시간 (y)	구매상품의 금액(x)	소요시간 (y)
2.8	0.3	8.6	1.2
16.2	2.2	28.4	3.6
34.7	4.2	3.2	0.4

남자		여자	
구매상품의 금액(x)	소요시간 (y)	구매상품의 금액(x)	소요시간 (y)
7.8	0.8	54.8	4.9
4.2	0.4	12.8	2.0
43.6	4.4	15.6	2.2
1.2	0.2	32.6	4.2
19.6	2.5	26.4	3.2
25.4	3.1	16.4	2.5
30.2	3.8	2.9	0.5

6.5 다음 표는 남녀 어린이 각각 16명에게 비타민 B를 복용시켰을 때 4주간의 성장률에 관한 자료이다.

남		여	
성장률(y)	복용량(x)	성장률(y)	복용량(x)
17.1	0.301	18.5	0.301
14.3	0.301	22.1	0.301
21.6	0.301	15.3	0.301
24.5	0.602	23.6	0.602
20.6	0.602	26.9	0.602
23.8	0.602	20.2	0.602
27.7	0.903	24.3	0.903
31.0	0.903	27.1	0.903
29.4	0.903	30.1	0.903
30.1	1.204	28.1	0.903
28.6	1.204	30.3	1.204
34.2	1.204	33.0	1.204
37.3	1.204	35.8	1.204
33.3	1.505	32.6	1.505
31.8	1.505	36.1	1.505
40.2	1.505	30.5	1.505

1) 주어진 자료에 $y = \beta_0 + \beta_1 x + \epsilon$이 성립한다고 가정하고 남녀 어린이 각각의 경우에 회귀선을 추정하여라.
2) 두 개의 추정된 회귀선을 같은 평면상에 나타내어 비교해 보라.
3) 두 회귀직선의 기울기가 같은지 검정하여라. $\alpha = 0.05$
4) 두 회귀직선의 동일성 여부를 검정하여라. $\alpha = 0.05$

6.6 [정리 6.6]을 이용하여 식 (6.47)과 식 (6.48)이 성립함을 보여라.

6.7 단순회귀모형에서 회귀제곱합

$$SSR = \boldsymbol{y}' \left[\boldsymbol{X}(\boldsymbol{X}'\boldsymbol{X})^{-1}\boldsymbol{X}' - \frac{\boldsymbol{J}}{n} \right] \boldsymbol{y} = \sum (\hat{y}_i - \bar{y})^2$$

의 기댓값을 [정리 6.4]를 이용하여 구하고 잔차제곱합

$$SSE = \sum_{i=1}^{n} (y_i - \hat{y}_i)^2 = \boldsymbol{y}' \left[\boldsymbol{I} - \boldsymbol{X}(\boldsymbol{X}'\boldsymbol{X})^{-1}\boldsymbol{X}' \right] \boldsymbol{y}$$

의 기댓값도 구하여 보아라.

6.8 식 (6.48)에 있는 총제곱합

$$SST = \boldsymbol{y}' \left[\boldsymbol{I} - \frac{\boldsymbol{J}}{n} \right] \boldsymbol{y}$$

의 기댓값을 구하고 연습문제 6.7에서 구한 결과를 이용하여

$$E(SST) = E(SSR) + E(SSE)$$

가 됨을 보여라.

6.9 식 (6.51), (6.52), (6.53)을 이용하여 [정리 6.11]이 성립함을 보여라.

6.10 단순회귀모형

$$y = \beta_0 + \beta_1 x + \epsilon,\ \epsilon \sim N(0, \sigma^2)$$

에서 $H_0 : \beta_1 = 0$이 성립하면 검정통계량

$$F_0 = \frac{MSR}{MSE}$$

은 비중심모수 $\lambda = 0$인 중심 $F(1, n-2)$ 분포가 됨을 보여라([정리 6.8] 이용).

7장

중회귀모형

지금까지는 종속변수에 영향을 주는 독립변수가 하나만 있는 경우에 직선회귀모형을 적합시키는 단순회귀분석에 관하여 자세히 살펴보았다. 일반적으로 자연현상이나 사회현상을 설명하는 데 있어서 종속변수 y 에 영향을 주는 독립변수는 두 개 이상인 경우가 대부분이다. 이와 같이 독립변수가 두 개 이상인 경우 종속변수와의 관계를 나타내는 선형회귀모형을 **중선형회귀모형**(multiple linear regression model)이라고 하며 선형을 빼고 그냥 **중회귀모형**(multiple regre ssion model)이라고도 한다. 3장에서 예를 들었던 홍보비용과 예금유치액의 관계를 분석하는 문제에서는 예금유치액이 결정되는 데 홍보비용만이 영향을 준다고 생각하였다. 그런데 실제로는 홍보비용뿐만 아니라 다른 요인들, 예를 들면 점포의 위치, 은행원의 수, 점포의 크기 등도 예금유치액이 결정되는 데 영향을 미칠 것이므로 이런 모든 요인들을 모두 고려하여 분석하는 것이 예금유치액을 설명하는 데 좀 더 정확한 결과를 얻을 수 있을 것이다.

중회귀모형은 단순회귀모형에서 독립변수가 하나 이상 있는 모형으로서 분석이 다소 복잡하기는 하지만 기본은 단순회귀모형을 분석하는 경우와 동일하다. 따라서 단순회귀모형을 좀 더 철저히 이해한다면 중회귀모형을 이해하는 데 상당히 도움이 될 것이다.

이 장에서는 중회귀모형에서 회귀계수들을 추정하는 방법을 살펴보고 행렬을 이용하여 중회귀모형을 간단히 표현하는 방법을 살펴보기로 하자.

7.1 독립변수가 둘인 중회귀모형

중회귀모형의 가장 간단한 형태로서 종속변수 y 의 변동을 설명하여 독립변수가 x_1, x_2 두 개가 있는 경우의 회귀모형은 다음과 같다.

중회귀모형

$$y_i = \beta_0 + \beta_1 x_{1i} + \beta_2 x_{2i} + \epsilon_i \tag{7.1}$$

여기서

$\beta_0, \beta_1, \beta_2$: 모집단회귀계수(regression coefficient)로서 모수(parameter)

x_{1i}, x_{2i} : i 번째 주어진 독립변수 x_1과 x_2의 고정된 값.

ϵ_i : i 번째 측정된 y_i 의 오차항으로

$\epsilon_i \sim N(0, \sigma^2)$, $Cov(\epsilon_i, \epsilon_j) = 0$, $i \neq j$

식 (7.1)을 두 개의 독립변수를 갖는 회귀모형이라고 하며 이 식은 단순회귀모형 식 (3.3)에 대응되는 식이다.

중회귀모형 (7.1)의 **회귀함수**(regression function)는

$$E(y) = \beta_0 + \beta_1 x_1 + \beta_2 x_2 \tag{7.2}$$

으로 되고 중회귀모형에서 회귀함수를 반응함수라고 하기도 한다. 독립변수가 둘이 있는 경우의 회귀함수를 그림으로 나타내면 〈그림 7.1〉과 같이 된다.

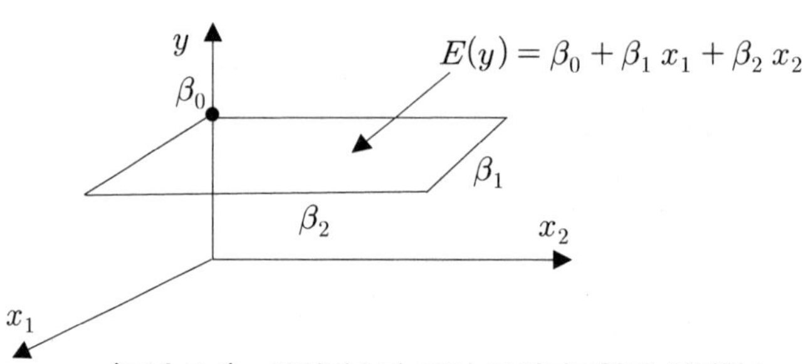

〈그림 7.1〉 독립변수가 둘인 중회귀모형의 회귀함수

〈그림 7.1〉에서 $x_1 = x_2 = 0$이면 β_0는 y 의 평균이 되고 β_1은 x_2이 고정되고 x_1이 한 단위 증가할 때 변하는 y의 평균반응량을 나타내며, β_2는 x_1이 고정되고 x_2가 한 단위 증가할 때 변하는 y의 평균반응량을 나타낸다.

식 (7.1)의 중회귀모형에서 모수 $\beta_0, \beta_1, \beta_2$를 추정하는 방법을 살펴보자. 먼저 단순회귀모형에서와 같이 최소제곱법에 의하여 추정하는 방법을 살펴보기로 하자.

식 (7.1)로부터 오차제곱합은

$$Q = \sum_{i=1}^{n} \epsilon_i^2 = \sum_{i=1}^{n} (y_i - \beta_0 - \beta_1 x_{1i} - \beta_2 x_{2i})^2 \tag{7.3}$$

이므로 Q를 최소로 하는 $\beta_0, \beta_1, \beta_2$를 찾으면 된다. 따라서 Q를 $\beta_0, \beta_1, \beta_2$에 대한 미분한 편미분방정식

$$\begin{aligned} \frac{\partial Q}{\partial \beta_0} &= 2\sum_{i=1}^{n} (y_i - \beta_0 - \beta_1 x_{1i} - \beta_2 x_{2i})(-1) \\ \frac{\partial Q}{\partial \beta_1} &= 2\sum_{i=1}^{n} (y_i - \beta_0 - \beta_1 x_{1i} - \beta_2 x_{2i})(-x_{1i}) \\ \frac{\partial Q}{\partial \beta_2} &= 2\sum_{i=1}^{n} (y_i - \beta_0 - \beta_1 x_{1i} - \beta_2 x_{2i})(-x_{2i}) \end{aligned} \tag{7.4}$$

을 0으로 만드는 $\beta_0, \beta_1, \beta_2$를 각각 b_0, b_1, b_2라 놓으면 b_0, b_1, b_2는 $\beta_0, \beta_1, \beta_2$의 최소제곱추정량이 되므로 식 (7.4)를 0이라 놓고 b_0, b_1, b_2를 구해 보자.

$$\begin{aligned} \sum_{i=1}^{n} y_i &= n b_0 + b_1 \sum_{i=1}^{n} x_{1i} + b_2 \sum_{i=1}^{n} x_{2i} \\ \sum_{i=1}^{n} x_{1i} y_i &= b_0 \sum_{i=1}^{n} x_{1i} + b_1 \sum_{i=1}^{n} x_{1i}^2 + b_2 \sum_{i=1}^{n} x_{1i} x_{2i} \\ \sum_{i=1}^{n} x_{2i} y_i &= b_0 \sum_{i=1}^{n} x_{2i} + b_1 \sum_{i=1}^{n} x_{1i} x_{2i} + b_2 \sum_{i=1}^{n} x_{2i}^2 \end{aligned} \tag{7.5}$$

로부터 다음을 구할 수 있다.

$$b_1 = \frac{\left(\sum_{i=1}^{n} x_{1i} y_i \sum_{i=1}^{n} x_{2i}^2\right) - \left(\sum_{i=1}^{n} x_{2i} y_i \sum_{i=1}^{n} x_{1i} x_{2i}\right)}{\left(\sum_{i=1}^{n} x_{1i}^2 \sum_{i=1}^{n} x_{2i}^2\right) - \left(\sum_{i=1}^{n} x_{1i} x_{2i}\right)^2}$$

$$b_2 = \frac{\left(\sum_{i=1}^{n} x_{2i} y_i \sum_{i=1}^{n} x_{1i}^2\right) - \left(\sum_{i=1}^{n} x_{1i} y_i \sum_{i=1}^{n} x_{1i} x_{2i}\right)}{\left(\sum_{i=1}^{n} x_{1i}^2 \sum_{i=1}^{n} x_{2i}^2\right) - \left(\sum_{i=1}^{n} x_{1i} x_{2i}\right)^2}$$

$$b_0 = \overline{y} - b_1 \overline{x}_1 - b_2 \overline{x}_2 .$$

식 (7.5)를 **정규방정식**(normal equation)이라고 한다. 이 정규방정식은 세 개의 미지의 모수(b_0, b_1, b_2)를 포함하고 있는 연립방정식으로서 이를 풀면 b_0, b_1, b_2를 얻을 수가 있다.

이와 같은 방법은 풀이가 복잡하므로 다음에서 다룰 행렬을 이용하여 표현을 간단히 하고 추정값을 구하면 간편하게 계산할 수 있다.

7.2 독립변수가 k 개인 중회귀모형

종속변수 y 의 변동을 결정해 주는 독립변수가 $x_1, x_2, \cdots, x_k$ 인 경우의 중회귀모형은

$$\begin{aligned} y_j &= \beta_0 + \beta_1 x_{1j} + \beta_2 x_{2j} + \cdots + \beta_k x_{kj} + \epsilon_j \\ &= \beta_0 + \sum_{i=1}^{k} \beta_i x_{ij} + \epsilon_j \end{aligned} \tag{7.6}$$

이며 $\epsilon_j \sim N(0, \sigma^2)$을 가정한다.

중회귀모형 (7.6)에서 $\beta_0, \beta_1, \cdots, \beta_k$를 추정하기 위하여 정규방정식을 만들면 미지모수($b_0, b_1, \cdots, b_k$)가 $(k+1)$개인 연립방정식이 얻어지므로 계산이 매우 복잡해진다. 그러나 행렬을 사용하면 표현이 간단해지므로 행렬을 이용하여 모수를 추정하는 방법을 생각해 보기로 하자.

먼저 $k=1$인 경우, 즉 단순회귀모형에서 행렬을 이용해 보자.

단순회귀모형

$$y_i = \beta_0 + \beta_1 x_i + \epsilon_i, \quad i = 1,2,\cdots,n \tag{7.7}$$

을 벡터로 표현하면

$$y_i = (1 \;\; x_i)\begin{pmatrix}\beta_0 \\ \beta_1\end{pmatrix} + \epsilon_i, \quad i = 1,2,\cdots,n \tag{7.8}$$

로 되고 n개의 모든 관찰점을 한데 묶어서 행렬을 사용하면

$$\begin{bmatrix} y_1 \\ y_2 \\ \vdots \\ y_n \end{bmatrix} = \begin{bmatrix} 1 & x_1 \\ 1 & x_2 \\ \vdots & \vdots \\ 1 & x_n \end{bmatrix} \begin{bmatrix} \beta_0 \\ \beta_1 \end{bmatrix} + \begin{bmatrix} \epsilon_1 \\ \epsilon_2 \\ \vdots \\ \epsilon_n \end{bmatrix} \tag{7.9}$$

로 쓸 수 있다. 식 (7.9)를 간단하게 하기 위하여

$$\boldsymbol{y} = \begin{bmatrix} y_1 \\ y_2 \\ \vdots \\ y_n \end{bmatrix}, \quad \boldsymbol{X} = \begin{bmatrix} 1 & x_1 \\ 1 & x_2 \\ \vdots & \vdots \\ 1 & x_n \end{bmatrix}, \quad \boldsymbol{\beta} = \begin{bmatrix} \beta_0 \\ \beta_1 \end{bmatrix}, \quad \boldsymbol{\epsilon} = \begin{bmatrix} \epsilon_1 \\ \epsilon_2 \\ \vdots \\ \epsilon_n \end{bmatrix}$$

이라 놓으면 식 (7.9)는

$$\boldsymbol{y} = \boldsymbol{X\beta} + \boldsymbol{\epsilon} \tag{7.10}$$

으로 표현된다. 식 (7.10)에서 오차항 벡터 $\boldsymbol{\epsilon}$ 은 $\epsilon_i \sim N(0, \sigma^2)$ 이고 $Cov(\epsilon_i, \epsilon_j) = 0$, $i \neq j$ 이므로

$$E(\boldsymbol{\epsilon}) = \begin{bmatrix} E(\epsilon_1) \\ E(\epsilon_2) \\ \vdots \\ E(\epsilon_n) \end{bmatrix} = \begin{bmatrix} 0 \\ 0 \\ \vdots \\ 0 \end{bmatrix} = 0 \tag{7.11}$$

이고

$$\begin{aligned} \sigma^2(\boldsymbol{\epsilon}) = E(\boldsymbol{\epsilon}\,\boldsymbol{\epsilon}') &= \begin{bmatrix} \sigma^2 & 0 & \cdots\cdots & 0 \\ 0 & \sigma^2 & 0 \cdots & 0 \\ \vdots & & & \vdots \\ \vdots & & & 0 \\ 0 & \cdots\cdots & 0 & \sigma^2 \end{bmatrix} \\ &= \sigma^2 \begin{bmatrix} 1 & 0 & \cdots\cdots & 0 \\ 0 & 1 & 0 \cdots & 0 \\ \vdots & & & \vdots \\ \vdots & & & 0 \\ 0 & \cdots\cdots & 0 & 1 \end{bmatrix} \\ &= \sigma^2 I \end{aligned} \tag{7.12}$$

최소제곱법에 의하여 회귀계수 $\boldsymbol{\beta} = \begin{pmatrix} \beta_0 \\ \beta_1 \end{pmatrix}$ 의 최소제곱추정량을 구해 보자.

식 (7.10)으로부터 오차제곱합은

$$\begin{aligned} Q = \sum_{i=1}^{n} \epsilon_i^2 &= \boldsymbol{\epsilon}'\boldsymbol{\epsilon} = (\boldsymbol{y} - \boldsymbol{X\beta})'(\boldsymbol{y} - \boldsymbol{X\beta}) \\ &= \boldsymbol{y}'\boldsymbol{y} - 2\boldsymbol{\beta}'\boldsymbol{X}'\boldsymbol{y} + \boldsymbol{\beta}'\boldsymbol{X}'\boldsymbol{X\beta} \end{aligned} \tag{7.13}$$

가 되며 Q를 $\boldsymbol{\beta}$ 에 대해서 편미분하면

$$\frac{\partial Q}{\partial \beta} = -2\boldsymbol{y}'\boldsymbol{X} + 2\boldsymbol{\beta}'\boldsymbol{X}'\boldsymbol{X} \tag{7.14}$$

이고 식 (7.14)를 0 으로 하는 $\boldsymbol{\beta} = \begin{pmatrix}\beta_0 \\ \beta_1\end{pmatrix}$의 값을 $\boldsymbol{b} = \begin{pmatrix}b_0 \\ b_1\end{pmatrix}$라 놓으면 식 (7.14)는

$$\boldsymbol{X}'\boldsymbol{X}\boldsymbol{b} = \boldsymbol{X}'\boldsymbol{y} \tag{7.15}$$

로 쓸 수 있으며 이 식을 **정규방정식**(normal equation)이라고 한다. 그런데 이 식에서

$$\boldsymbol{X}'\boldsymbol{X} = \begin{bmatrix} 1 & 1 & \cdots & 1 \\ x_1 & x_2 & \cdots & x_n \end{bmatrix} \begin{bmatrix} 1 & x_1 \\ 1 & x_2 \\ \vdots & \vdots \\ 1 & x_n \end{bmatrix} = \begin{bmatrix} n & \sum_{i=1}^{n} x_i \\ \sum_{i=1}^{n} x_i & \sum_{i=1}^{n} x_i^2 \end{bmatrix} \tag{7.16}$$

이고

$$\boldsymbol{X}'\boldsymbol{y} = \begin{bmatrix} 1 & 1 & \cdots & 1 \\ x_1 & x_2 & \cdots & x_n \end{bmatrix} \begin{bmatrix} y_1 \\ y_2 \\ \vdots \\ y_n \end{bmatrix} = \begin{bmatrix} \sum_{i=1}^{n} y_i \\ \sum_{i=1}^{n} x_i y_i \end{bmatrix} \tag{7.17}$$

이므로 식 (7.16)과 식 (7.17)에서

$$\boldsymbol{X}'\boldsymbol{X}\boldsymbol{b} = \begin{bmatrix} n & \sum_{i=1}^{n} x_i \\ \sum_{i=1}^{n} x_i & \sum_{i=1}^{n} x_i^2 \end{bmatrix} \begin{bmatrix} b_0 \\ b_1 \end{bmatrix} = \begin{bmatrix} n\,b_0 + b_1 \sum_{i=1}^{n} x_i \\ b_0 \sum_{i=1}^{n} x_i + b_1 \sum_{i=1}^{n} x_i^2 \end{bmatrix}$$

$$= \begin{bmatrix} \sum_{i=1}^{n} y_i \\ \sum_{i=1}^{n} x_i y_i \end{bmatrix} = \boldsymbol{X}'\boldsymbol{y} \tag{7.18}$$

그런데 식 (7.18)은 단순회귀모형에서의 정규방정식 (3.13)과 동일함을 알 수 있다.

정규방정식 (7.15)에서 최소제곱추정량 $\boldsymbol{b}$를 구해 보자. 만약 $\boldsymbol{X}'\boldsymbol{X}$ 행렬의 역행렬(inverse matrix)이 존재한다면 식 (7.15)의 양변에 $(\boldsymbol{X}'\boldsymbol{X})^{-1}$를 곱하여 최소제곱추정량을 구할 수 있다. 즉

$$(\boldsymbol{X}'\boldsymbol{X})^{-1}\boldsymbol{X}'\boldsymbol{X}\boldsymbol{b} = (\boldsymbol{X}'\boldsymbol{X})^{-1}\boldsymbol{X}'\boldsymbol{y} \tag{7.19}$$

여기서

$$(\boldsymbol{X}'\boldsymbol{X})^{-1} = \begin{bmatrix} n & \sum_{i=1}^{n} x_i \\ \sum_{i=1}^{n} x_i & \sum_{i=1}^{n} x_i^2 \end{bmatrix}^{-1}$$

$$= \frac{1}{n\sum_{i=1}^{n} x_i^2 - \left(\sum_{i=1}^{n} x_i\right)^2} \begin{bmatrix} \sum_{i=1}^{n} x_i^2 & -\sum_{i=1}^{n} x_i \\ -\sum_{i=1}^{n} x_i & n \end{bmatrix} \tag{7.20}$$

이므로 최소제곱추정량은 $\boldsymbol{b} = \begin{pmatrix} b_0 \\ b_1 \end{pmatrix}$은

$$\boldsymbol{b} = \begin{bmatrix} b_0 \\ b_1 \end{bmatrix} = (\boldsymbol{X}'\boldsymbol{X})^{-1}\boldsymbol{X}'\boldsymbol{y}$$

$$= \begin{bmatrix} \dfrac{\sum_{i=1}^{n} x_i^2}{n\sum_{i=1}^{n} x_i^2 - \left(\sum_{i=1}^{n} x_i\right)^2} & \dfrac{-\sum_{i=1}^{n} x_i}{n\sum_{i=1}^{n} x_i^2 - \left(\sum_{i=1}^{n} x_i\right)^2} \\ \dfrac{-\sum_{i=1}^{n} x_i}{n\sum_{i=1}^{n} x_i^2 - \left(\sum_{i=1}^{n} x_i\right)^2} & \dfrac{n}{n\sum_{i=1}^{n} x_i^2 - \left(\sum_{i=1}^{n} x_i\right)^2} \end{bmatrix} \begin{bmatrix} \sum_{i=1}^{n} y_i \\ \sum_{i=1}^{n} x_i y_i \end{bmatrix}$$

$$= \begin{bmatrix} \dfrac{\sum_{i=1}^{n} x_i^2 \sum_{i=1}^{n} y_i - \sum_{i=1}^{n} x_i \sum_{i=1}^{n} x_i y_i}{n\sum_{i=1}^{n} x_i^2 - \left(\sum_{i=1}^{n} x_i\right)^2} \\ \dfrac{n\sum_{i=1}^{n} x_i y_i - \sum_{i=1}^{n} x_i \sum_{i=1}^{n} y_i}{n\sum_{i=1}^{n} x_i^2 - \left(\sum_{i=1}^{n} x_i\right)^2} \end{bmatrix} \tag{7.21}$$

이 된다. 행렬을 사용하여 구한 최소제곱추정량 b_0와 b_1이 행렬을 사용하지 않은 경우의 최소제곱추정량 (3.13a), (3.13b)와 같은지를 살펴보자. 식 (7.21)에서

$$b_1 = \frac{n\sum_{i=1}^{n} x_i y_i - \sum_{i=1}^{n} x_i \sum_{i=1}^{n} y_i}{n\sum_{i=1}^{n} x_i^2 - \left(\sum_{i=1}^{n} x_i\right)^2}$$

분자와 분모에 $\frac{1}{n}$을 곱하면

$$b_1 = \frac{\sum_{i=1}^{n} x_i y_i - n\,\overline{x}\,\overline{y}}{\sum_{i=1}^{n} x_i^2 - \frac{1}{n}\left(\sum_{i=1}^{n} x_i\right)^2} = \frac{\sum_{i=1}^{n}(x_i - \overline{x})(y_i - \overline{y})}{\sum_{i=1}^{n}\left(x_i - \overline{x}\right)^2} \tag{7.22}$$

이 되어 이 식은 (3.14a)와 같다. 또한 식 (7.21)에서

$$b_0 = \frac{\sum_{i=1}^{n} x_i^2 \sum_{i=1}^{n} y_i - \sum_{i=1}^{n} x_i \sum_{i=1}^{n} x_i y_i}{n\sum_{i=1}^{n} x_i^2 - \left(\sum_{i=1}^{n} x_i\right)^2}$$

분자에 $\frac{\sum_{i=1}^{n} y_i \left(\sum_{i=1}^{n} x_i\right)^2}{n}$ 을 빼고 더하면

$$b_0 = \frac{\sum_{i=1}^{n} y_i \left(\sum_{i=1}^{n} x_i^2 - \frac{\left(\sum_{i=1}^{n} x_i\right)^2}{n}\right) - n \cdot \left(\frac{\sum_{i=1}^{n} x_i}{n}\right)\left(\sum_{i=1}^{n} x_i y_i - \frac{\sum_{i=1}^{n} x_i \sum_{i=1}^{n} y_i}{n}\right)}{n\sum_{i=1}^{n} x_i^2 - \left(\sum_{i=1}^{n} x_i\right)^2}$$

$$= \frac{\sum_{i=1}^{n} y_i}{n} - \frac{\left(n\sum_{i=1}^{n} x_i y_i - \sum_{i=1}^{n} x_i \sum_{i=1}^{n} y_i\right)\overline{x}}{n\sum_{i=1}^{n} x_i^2 - \left(\sum_{i=1}^{n} x_i\right)^2}$$

$$= \overline{y} - b_1\,\overline{x} \tag{7.23}$$

이 되어 이 식은 식 (3.14b)와 동일하다. 결국 행렬을 이용하여 계산한 결과와 정규방정식 (3.13)을 이용하여 계산한 결과가 같음을 알 수 있다. 그런데 독립변수가 하나인

단순회귀모형은 정규방정식을 풀어서 b_0 , b_1 을 계산하는 것이 어렵지 않으나 독립변수가 여럿인 경우는 정규방정식을 푸는 일이 상당히 복잡하다.

다음으로 $p=2$ 인 경우, 즉 독립변수가 둘인 중회귀모형을 살펴보자.

중회귀모형을 벡터로 표현하면

$$\begin{aligned} y_i &= \beta_0 + \beta_1 x_{1i} + \beta_2 x_{2i} + \epsilon_i \\ &= (1\ x_{1i}\ x_{2i})\begin{pmatrix}\beta_0\\ \beta_1\\ \beta_2\end{pmatrix} + \epsilon_i \end{aligned} \tag{7.24}$$

로 되고 n개의 관찰점들을 한데 묶어 표현하면

$$\begin{bmatrix} y_1 \\ y_2 \\ \vdots \\ y_n \end{bmatrix} = \begin{bmatrix} 1 & x_{11} & x_{21} \\ 1 & x_{12} & x_{22} \\ \vdots & \vdots & \vdots \\ 1 & x_{1n} & x_{2n} \end{bmatrix}\begin{bmatrix}\beta_0\\ \beta_1\\ \beta_2\end{bmatrix} + \begin{bmatrix} \epsilon_1 \\ \epsilon_2 \\ \vdots \\ \epsilon_n \end{bmatrix} \tag{7.25}$$

되고 식 (7.25)를 간편하게 하기 위하여

$$\boldsymbol{y} = \begin{bmatrix} y_1 \\ y_2 \\ \vdots \\ y_n \end{bmatrix},\ \boldsymbol{X} = \begin{bmatrix} 1 & x_{11} & x_{21} \\ 1 & x_{12} & x_{22} \\ \vdots & \vdots & \vdots \\ 1 & x_{1n} & x_{2n} \end{bmatrix},\ \beta = \begin{bmatrix}\beta_0\\ \beta_1\\ \beta_2\end{bmatrix},\ \epsilon = \begin{bmatrix} \epsilon_1 \\ \epsilon_2 \\ \vdots \\ \epsilon_n \end{bmatrix}$$

이라 놓으면 식 (7.25)는

$$\boldsymbol{y} = \boldsymbol{X}\beta + \epsilon \tag{7.26}$$

이 되고 이 식의 형태는 단순회귀모형에서의 식 (7.10)과 동일하다. 따라서 회귀계수 β 의 최소제곱추정값 $\boldsymbol{b}=\begin{bmatrix}b_0\\ b_1\\ b_2\end{bmatrix}$ 은 단순회귀에서와 동일한 방법으로

$$\boldsymbol{b} = (\boldsymbol{X}'\boldsymbol{X})^{-1}\boldsymbol{X}'\boldsymbol{y}\ . \tag{7.27}$$

일반적으로 $p=k$ 인 중회귀모형

$$\begin{aligned} &y_j = \beta_0 + \beta_1 x_{1j} + \beta_2 x_{2j} + \cdots + \beta_k x_{kj} + \epsilon_j \\ &\epsilon_j \sim N(0, \sigma^2) \end{aligned}$$

인 경우 n 개의 관찰점들을 한데 묶어 행렬로 표현하면

$$y = X\beta + \epsilon, \qquad \epsilon \sim N(0, \sigma^2 I) \tag{7.28}$$

이 된다. 여기서 $y' = (y_1, y_2, \cdots, y_n)'$, $\epsilon' = (\epsilon_1, \epsilon_2, \cdots, \epsilon_n)'$이며

$$X = \begin{bmatrix} 1 & x_{11} & x_{21} & \cdots & x_{k1} \\ 1 & x_{12} & x_{22} & \cdots & x_{k2} \\ \vdots & \vdots & \vdots & \vdots & \vdots \\ 1 & x_{1n} & x_{2n} & \cdots & x_{kn} \end{bmatrix}, \qquad \beta = \begin{bmatrix} \beta_0 \\ \beta_1 \\ \vdots \\ \beta_k \end{bmatrix}$$

이다.

여기서 $n \times (k+1)$ 행렬 X의 계수는 일반적으로

$$r(X) = k+1$$

이므로 $(X'X)$의 역행렬이 존재하여 회귀계수 $\beta = \begin{bmatrix} \beta_0 \\ \beta_1 \\ \vdots \\ \beta_k \end{bmatrix}$의 최소제곱추정량 $b = \begin{bmatrix} b_0 \\ b_1 \\ \vdots \\ b_k \end{bmatrix}$은 식 (7.27)과 같이

$$b = (X'X)^{-1} X' y \tag{7.29}$$

로 구할 수 있다.

중회귀모형

$$y = X\beta + \epsilon, \ \epsilon \sim N(0, \sigma^2 I)$$

에서 β의 최소제곱추정량은 다음과 같다.

$$b = (X'X)^{-1} X' y$$

앞에서 살펴본 바와 같이 $p=2$일 때 정규방정식은 미지수 3개인 3개의 방정식이며 $p=k$인 경우는 미지수가 $(k+1)$개인 $(k+1)$개의 정규방정식으로부터 b를 구해야 하므로 계산이 상당히 복잡해진다. 그런데 행렬을 이용하면 식 (7.27)과 같이 p값에 관계없이 하나의 식으로 표현되기는 하나 이 경우에도 $p \geq 2$이면 $(X'X)^{-1}$를 구하는 일이 상당히 어려워진다. 그러나 현재 널리 이용되고 있는 컴퓨터의 패키지를 이용하면 쉽게 최소제곱추정량을 구할 수 있다.

예제 7.1

표 3.1의 표본지점의 홍보비용과 예금유치액의 자료에서 예금유치액을 결정하는 데에는 홍보비용뿐만 아니라 그 지점의 직원수에도 영향을 받는다고 생각하며 조사한 자료가 〈표 7.1〉이다. 이 자료를 이용하여 중회귀모형

$$y = \beta_0 + \beta_1 x_1 + \beta_2 x_2 + \epsilon$$

의 추정된 회귀선을 구하여라.

〈표 7.1〉 표본지점의 예금유치액

지점번호	홍보비용(x_1)	직원수(x_2)	예금유치액(y)
1	40	15	87
2	50	20	108
3	30	14	69
4	60	22	135
5	70	30	148
6	60	24	132
7	30	16	73
8	60	20	128
9	20	14	50
10	80	32	170

풀이 〈표 7.1〉의 자료들을 행렬로 표현하면 식 (7.26)에서

$$\boldsymbol{y} = \boldsymbol{X}\boldsymbol{\beta} + \boldsymbol{\epsilon}$$

여기서

$$\boldsymbol{y} = \begin{bmatrix} 87 \\ 108 \\ 69 \\ 135 \\ 148 \\ 132 \\ 73 \\ 128 \\ 50 \\ 70 \end{bmatrix} \quad \boldsymbol{X} = \begin{bmatrix} 1 & 40 & 15 \\ 1 & 50 & 20 \\ 1 & 30 & 14 \\ 1 & 60 & 22 \\ 1 & 70 & 30 \\ 1 & 60 & 24 \\ 1 & 30 & 16 \\ 1 & 60 & 20 \\ 1 & 20 & 14 \\ 1 & 80 & 32 \end{bmatrix} \quad \boldsymbol{\beta} = \begin{bmatrix} \beta_0 \\ \beta_1 \\ \beta_2 \end{bmatrix} \quad \boldsymbol{\epsilon} = \begin{bmatrix} \epsilon_1 \\ \epsilon_2 \\ \epsilon_3 \\ \epsilon_4 \\ \epsilon_5 \\ \epsilon_6 \\ \epsilon_7 \\ \epsilon_8 \\ \epsilon_9 \\ \epsilon_{10} \end{bmatrix}$$

따라서 $\boldsymbol{X}'\boldsymbol{X}$와 $\boldsymbol{X}'\boldsymbol{y}$는

$$\boldsymbol{X}'\boldsymbol{X} = \begin{bmatrix} 10 & 500 & 207 \\ 500 & 28400 & 11400 \\ 207 & 11400 & 4657 \end{bmatrix} \qquad \boldsymbol{X}'\boldsymbol{y} = \begin{bmatrix} 1100 \\ 61800 \\ 24877 \end{bmatrix}$$

이며

$$(\boldsymbol{X}'\boldsymbol{X})^{-1} = \begin{bmatrix} 1.4134284 & 0.01924495 & -0.10993605 \\ 0.01924495 & 0.00228787 & -0.00645597 \\ -0.10993605 & -0.00645597 & 0.02090506 \end{bmatrix}$$

이 되므로 $\beta = \begin{pmatrix} \beta_0 \\ \beta_1 \\ \beta_2 \end{pmatrix}$의 최소제곱추정량은

$$\begin{aligned} \boldsymbol{b} &= (\boldsymbol{X}'\boldsymbol{X})^{-1}\boldsymbol{X}'\boldsymbol{y} \\ &= \begin{bmatrix} 1.4134284 & 0.01924495 & -0.10993605 \\ 0.01924495 & 0.00228787 & -0.00645597 \\ -0.10993605 & -0.00645597 & 0.02090506 \end{bmatrix} \begin{bmatrix} 1100 \\ 61800 \\ 24877 \end{bmatrix} \\ &= \begin{bmatrix} 9.23045 \\ 1.95481 \\ 0.14634 \end{bmatrix} = \begin{bmatrix} b_0 \\ b_1 \\ b_2 \end{bmatrix} \end{aligned}$$

따라서 추정된 회귀선은

$$\begin{aligned} \hat{y} &= b_0 + b_1 x_1 + b_2 x_2 \\ &= 9.23045 + 1.95481\, x_1 + 0.14634\, x_2 \end{aligned}$$

이 된다.

특히 회귀계수의 의미를 해석하면 b_1=1.95481은 다른 변수 X_2의 값이 일정하게 고정되어 있을 때 홍보비용(X_1)이 1단위 증가할 때 평균예금유치액이 1.95481만큼 증가한다는 것이다.

또 b_2=0.14634는 다른 변수 X_1의 값이 일정하게 고정되어 있을 때 직원수(X_2)가 1단위 증가할 때 평균 예금유치액이 0.14634만큼 증가한다는 것이다.

SAS를 이용한 풀이

SAS를 이용하여 예제 7.1을 해결하여라.

[예제 7.1 SAS 프로그램]

역행렬을 구하여 모수에 대한 추정값과 회귀선을 추정해 보자.

```
DATA EX7_1;
INPUT Y X1 X2;
CARDS;
87 40 15
108 50 20
69 30 14
135 60 22
148 70 30
132 60 24
73 30 16
128 60 20
50 20 14
170 80 32
RUN;
PROC REG DATA=EX7_1;
MODEL Y=X1 X2/XPX I;
RUN;
```

$X'X$ $X'Y$ $Y'Y$ $(X'X)^{-1}$을 나타내기 위한 옵션

[예제 7.1 SAS 실행결과]

Model Crossproducts X'X X'Y Y'Y				
Variable	Intercept	X1	X2	Y
Intercept	10	500	207	1100
X1	500	28400	11400	61800
X2	207	11400	4657	24877
Y	1100	61800	24877	134660

위의 결과에서 $\boldsymbol{X}'\boldsymbol{X}$와 $\boldsymbol{X}'\boldsymbol{y}$는 아래와 같다.

$$\boldsymbol{X}'\boldsymbol{X} = \begin{bmatrix} 10 & 500 & 207 \\ 500 & 28400 & 11400 \\ 207 & 11400 & 4657 \end{bmatrix} \qquad \boldsymbol{X}'\boldsymbol{y} = \begin{bmatrix} 1100 \\ 61800 \\ 24877 \end{bmatrix}$$

아래의 SAS 결과표에 의해

$$(\boldsymbol{X}'\,\boldsymbol{X})^{-1} = \begin{bmatrix} 1.4134284 & 0.01924495 & -0.10993605 \\ 0.01924495 & 0.00228787 & -0.00645597 \\ -0.10993605 & -0.00645597 & 0.02090506 \end{bmatrix}$$

X'X Inverse, Parameter Estimates, and SSE				
Variable	Intercept	X1	X2	Y
Intercept	1.4134284309	0.0192449582	-0.109936055	9.2304476144
X1	0.0192449582	0.0022878751	-0.006455976	1.9548081653
X2	-0.109936055	-0.006455976	0.0209050664	0.1463354648
Y	9.2304476144	1.9548081653	0.1463354648	58.975651746

Analysis of Variance					
Source	DF	Sum of Squares	Mean Square	F Value	Pr > F
Model	2	13601	6800.51217	807.17	<.0001
Error	7	58.97565	8.42509		
Corrected Total	9	13660			

Root MSE	2.90260	R-Square	0.9957
Dependent Mean	110.00000	Adj R-Sq	0.9944
Coeff Var	2.63873		

Parameter Estimates					
Variable	DF	Parameter Estimate	Standard Error	t Value	Pr > |t|
Intercept	1	9.23045	3.45084	2.67	0.0318
X1	1	1.95481	0.13884	14.08	<.0001
X2	1	0.14634	0.41968	0.35	0.7376

$\beta = \begin{pmatrix} \beta_0 \\ \beta_1 \\ \beta_2 \end{pmatrix}$ 의 최소제곱추정량은 아래와 같다.

$$b = (\boldsymbol{X}'\,\boldsymbol{X})^{-1}\,\boldsymbol{X}'\,y$$

$$= \begin{bmatrix} 1.4134284 & 0.01924495 & -0.10993605 \\ 0.01924495 & 0.00228787 & -0.00645597 \\ -0.10993605 & -0.00645597 & 0.02090506 \end{bmatrix} \begin{bmatrix} 1100 \\ 61800 \\ 24877 \end{bmatrix}$$

$$= \begin{bmatrix} 9.23045 \\ 1.95481 \\ 0.14634 \end{bmatrix} = \begin{bmatrix} b_0 \\ b_1 \\ b_2 \end{bmatrix}$$

다음은 분산분석을 이용하여 예제 7.1을 해결하고자 한다.

[예제 7.1 SAS 프로그램]

```
DATA EX7_1;
INPUT Y X1 X2;
CARDS;
87 40 15
108 50 20
69 30 14
135 60 22
148 70 30
132 60 24
73 30 16
128 60 20
50 20 14
170 80 32
RUN;
PROC REG DATA=EX7_1;
MODEL Y=X1 X2;
RUN;
```

[예제 7.1 SAS 실행결과]

Analysis of Variance					
Source	DF	Sum of Squares	Mean Square	F Value	Pr > F
Model	2	13601	6800.51217	807.17	<.0001
Error	7	58.97565	8.42509		
Corrected Total	9	13660			

Root MSE	2.90260	R-Square	0.9957
Dependent Mean	110.00000	Adj R-Sq	0.9944
Coeff Var	2.63873		

Parameter Estimates					
Variable	DF	Parameter Estimate	Standard Error	t Value	Pr > |t|
Intercept	1	9.23045	3.45084	2.67	0.0318
X1	1	1.95481	0.13884	14.08	<.0001
X2	1	0.14634	0.41968	0.35	0.7376

해설 홍보비용(x_1)과 직원수(x_2)에 따른 예금유치액에 대한 추정된 회귀선은

$$\hat{y} = b_0 + b_1 x_1 + b_2 x_2$$

$$= 9.23045 + 1.95481\, x_1 + 0.14634\, x_2$$

이 된다.

다음의 프로그램을 활용하면 중회귀모형에 대한 반응표면 그래프를 그릴 수 있다.

```
DATA EX7_1;
INPUT Y X1 X2;
CARDS;
87 40 15
108 50 20
69 30 14
135 60 22
148 70 30
132 60 24
73 30 16
128 60 20
50 20 14
170 80 32
RUN;
ODS GRAPHICS ON;
PROC RSREG DATA=EX7_1 PLOT=SURFACE(3D);
MODEL Y=X1 X2;
RUN;
```

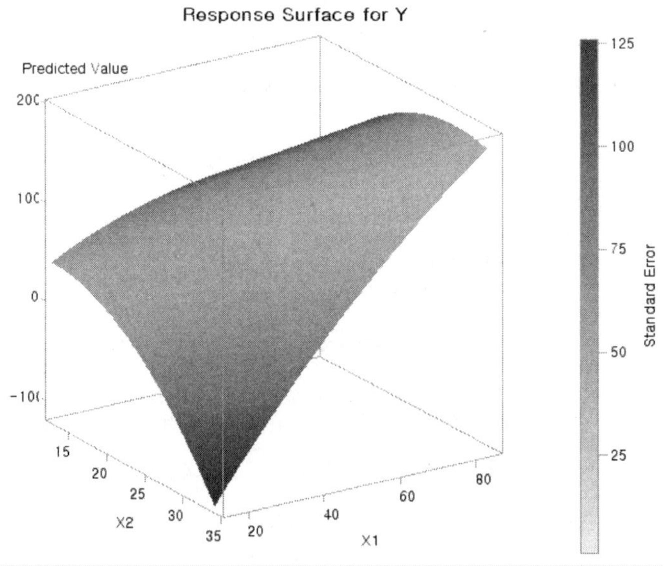

Residual	DF	Sum of Squares	Mean Square
Total Error	4	27.082335	6.770584

Parameter	DF	Estimate	Standard Error	t Value	Pr > |t|	Parameter Estimate from Coded Data
Intercept	1	-16.198026	15.993264	-1.01	0.3684	110.235420
X1	1	0.412600	0.880042	0.47	0.6636	72.116583
X2	1	6.254308	2.867977	2.18	0.0947	-12.446011
X1*X1	1	-0.017208	0.019267	-0.89	0.4223	-15.486901
X2*X1	1	0.161394	0.128341	1.26	0.2770	43.576278
X2*X2	1	-0.341454	0.212827	-1.60	0.1839	-27.657766

Factor	DF	Sum of Squares	Mean Square	F Value	Pr > F
X1	3	973.034345	324.344782	47.90	0.0014
X2	3	32.876573	10.958858	1.62	0.3189

R을 이용한 풀이

R을 이용하여 예제 7.1을 해결하여라.

[예제 7.1 R 프로그램]

제목없음 - R 편집기

```
# Example 7.1

Ex7_1 <- read.table("C:/Users/default.default-PC/Desktop/data/data7_1.txt",header
attach(Ex7_1)

fit <- lm(y~x1+x2, data=Ex7_1)
summary(fit)                        # 분석 결과

confint(fit, level=0.95)            # 모수의 신뢰구간
fitted(fit)                         # 예측값
residuals(fit)                      # 잔차
anova(fit)                          # ANOVA 도표
```

[예제 7.1 R 실행결과]

```
R Console
> fit <- lm(y~x1+x2, data=Ex7_1)
> summary(fit)                    # 분석 결과

Call:
lm(formula = y ~ x1 + x2, data = Ex7_1)

Residuals:
    Min      1Q  Median      3Q     Max
-2.6178 -1.7846 -0.6493  1.4023  5.2617

Coefficients:
            Estimate Std. Error t value Pr(>|t|)
(Intercept)   9.2304     3.4508   2.675   0.0318 *
x1            1.9548     0.1388  14.080 2.16e-06 ***
x2            0.1463     0.4197   0.349   0.7376
---
Signif. codes:  0 '***' 0.001 '**' 0.01 '*' 0.05 '.' 0.1 ' ' 1

Residual standard error: 2.903 on 7 degrees of freedom
Multiple R-squared:  0.9957,    Adjusted R-squared:  0.9944
F-statistic: 807.2 on 2 and 7 DF,  p-value: 5.288e-09

>
> confint(fit, level=0.95)        # 모수의 신뢰구간
                 2.5 %    97.5 %
(Intercept)  1.0705181 17.390377
x1           1.6265121  2.283104
x2          -0.8460383  1.138709
> fitted(fit)                     # 예측값
        1         2         3         4         5         6         7         8         9        10
 89.61781 109.89757  69.92339 129.73832 150.45708 130.03099  70.21606 129.44565  50.37531 170.29784
> residuals(fit)                  # 잔차
         1          2          3          4          5          6          7          8          9         10
-2.6178062 -1.8975652 -0.9233891  5.2616822 -2.4570831  1.9690113  2.7839400 -1.4456468 -0.3753074 -0.2978357
> anova(fit)                      # ANOVA 도표
Analysis of Variance Table

Response: y
          Df Sum Sq Mean Sq   F value    Pr(>F)
x1         1  13600 13600.0 1614.2255 1.542e-09 ***
x2         1      1     1.0    0.1216    0.7376
Residuals  7     59     8.4
---
Signif. codes:  0 '***' 0.001 '**' 0.01 '*' 0.05 '.' 0.1 ' ' 1
> |
```

해설 홍보비용(x_1)과 직원수(x_2)에 따른 예금유치액의 중회귀식은 $\hat{y} = 9.230 + 1.955x_1 + 0.146x_2$이다.

예제 7.1의 자료에 대하여 SAS를 이용한 컴퓨터 처리 결과는 [예제 7.1 SAS 실행결과]와 같다. $(\boldsymbol{X}'\boldsymbol{X})^{-1}$의 계산에서 자리수를 충분히 잡아주어야 (proc 문장에서 ME×DEC=2) 정확한 결과를 얻을 수 있다. 위의 예에서 $(\boldsymbol{X}'\boldsymbol{X})^{-1}$의 자릿수를 소수점 이하 4째 자리까지 계산하면, 즉

$$(\boldsymbol{X}'\boldsymbol{X})^{-1} = \begin{bmatrix} 1.4134 & 0.0192 & -0.1100 \\ 0.0192 & 0.0022 & -0.0065 \\ -0.1100 & -0.0065 & 0.0209 \end{bmatrix}$$

라 하면 추정량 $\boldsymbol{b} = \begin{pmatrix} b_0 \\ b_1 \\ b_2 \end{pmatrix}$는

$$b = (\boldsymbol{X}'\,\boldsymbol{X})^{-1}\,\boldsymbol{X}'\,y = \begin{bmatrix} 4.8300 \\ -4.6205 \\ -2.7707 \end{bmatrix}$$

이 되어 위에서 구한 결과와 큰 차이를 나타내고 있어 주의를 요한다.

참고로 SAS에서는 소숫점 이하 일곱째 자리까지 출력하며, 옵션 MAXDEC=2를 사용하여 소숫점 2자리까지 출력을 제한할 수 있다. 옵션을 사용하거나 공학용 계산기를 사용할 때 주의를 요한다.

지금까지는 중회귀모형에서 회귀계수 β를 최소제곱법에 의해서 추정하는 방법을 살펴보았다. 그런데 만약 오차항 ϵ이 정규분포를 한다면 단순회귀모형에서와 같이 최우추정법으로 $\beta_0, \beta_1, \cdots, \beta_k$와 σ^2를 추정할 수 있다.

오차 $\epsilon \sim N(0, \sigma^2 I)$ 일 때 우도함수는

$$\begin{aligned} f(\epsilon\,;\beta, \sigma^2) &= \frac{1}{(2\pi\sigma^2)^{n/2}}\exp\left(\frac{-\epsilon'\epsilon}{2\sigma^2}\right) \\ &= \frac{1}{(2\pi\sigma^2)^{n/2}}exp\left[\frac{-(y-\boldsymbol{X}\beta)'(y-\boldsymbol{X}\beta)}{2\sigma^2}\right] \end{aligned} \tag{7.30}$$

이고 우도함수 (7.30)을 최대로 하는 $\beta_0, \beta_1, \cdots, \beta_k$ 와 σ^2 가 최우추정량이다. 최우추정량을 구하기 위해서 우도함수 (7.30)의 양변에 ln을 취하면

$$\ln f(\epsilon;\beta, \sigma^2) = -\frac{n}{2}ln2\pi - \frac{n}{2}ln\sigma^2 - \frac{1}{(2\sigma^2)}(y-\boldsymbol{X}\beta)'(y-\boldsymbol{X}\beta)$$

이므로 이 식을 추정하고자 하는 모수 β 와 σ^2 에 대해서 편미분하여 0이라 놓으면, 즉

$$\frac{\partial[\ln f(\epsilon\,;\beta, \sigma^2)]}{\partial\beta} = \frac{1}{\sigma^2}(\boldsymbol{X}'y - \boldsymbol{X}'\boldsymbol{X}\beta) = 0 \tag{7.31a}$$

$$\frac{\partial[\ln f(\epsilon\,;\beta, \sigma^2)]}{\partial\sigma^2} = -\frac{n}{2\sigma^2} + \frac{1}{2\sigma^4}(y-\boldsymbol{X}\beta)'(y-\boldsymbol{X}\beta) = 0 \tag{7.31b}$$

이 된다. 그런데 두 방정식을 만족하는 해를 $\tilde{b}$ 와 $\widetilde{\sigma^2}$ 라 놓으면 식 (7.31a)로부터

$$\boldsymbol{X}'\,\boldsymbol{X}\,\tilde{b} = \boldsymbol{X}'\,y \tag{7.32}$$

이고 식 (7.31b)로부터

$$\widetilde{\sigma^2} = \frac{1}{n}(y - X\tilde{b})'(y - X\tilde{b}) \tag{7.33}$$

이다. 따라서 식 (7.32)로부터 $(X'X)$의 역행렬이 존재하면

$$\tilde{b} = (X'X)^{-1}X'y$$

이다. 여기서 회귀계수 β의 최우추정량 $\tilde{b}$는 최소제곱추정량 (7.29)와 동일함을 알 수 있다.

7.3 추정량들의 특성

최소제곱법에 의하여 추정된 회귀계수 $b = (X'X)^{-1}X'y$의 기댓값과 분산을 구해보자. $E(\epsilon) = 0$, $Var(\epsilon) = \sigma^2 I$ 이면

$$\begin{aligned} E(b) &= E[(X'X)^{-1}X'y] \\ &= (X'X)^{-1}X'E(y) \\ &= (X'X)^{-1}X'X\beta = \beta \end{aligned} \tag{7.34}$$

이고

$$\begin{aligned} Var(b) &= Var[(X'X)^{-1}X'y] \\ &= (X'X)^{-1}X'\,Var(y)\,X(X'X)^{-1} \\ &= (X'X)^{-1}X'X(X'X)^{-1}\sigma^2 \\ &= (X'X)^{-1}\sigma^2 \end{aligned} \tag{7.35}$$

이다. 따라서 최소제곱추정량 b는 회귀계수 β의 불편추정량이다.

최소제곱추정량

$$b = (X'X)^{-1}X'y$$

의 기댓값과 분산은 각각

$$E(b) = (X'X)^{-1}X'y = \beta$$

$$
Var(\boldsymbol{b}) = \begin{bmatrix} Var(b_0) & cov(b_0, b_1) & cov(b_0, b_2) & \cdots\cdots & cov(b_0, b_k) \\ & Var(b_1) & cov(b_1, b_2) & \cdots\cdots & cov(b_1, b_k) \\ & & Var(b_2) & \cdots\cdots & cov(b_2, b_k) \\ & & & \ddots & \vdots \\ \text{대칭} & & & & Var(b_k) \end{bmatrix}
$$

$$
= (\boldsymbol{X}'\boldsymbol{X})^{-1}\sigma^2
$$

이와 같은 성질들을 좀 더 확실하게 설명해 주는 정리로써 **가우스-마르코프**(Gauss Markov) 정리가 있다.

정리 7.1 (가우스-마르코프 정리)

중회귀모형

$$
\boldsymbol{y} = \boldsymbol{X}\boldsymbol{\beta} + \boldsymbol{\epsilon}\ ,\ \boldsymbol{\epsilon} \sim N(\boldsymbol{0}, \sigma^2 \boldsymbol{I})
$$

에서 $r(\boldsymbol{X}) = k+1$, $E(\boldsymbol{\epsilon}) = 0$ 그리고 $Var(\boldsymbol{\epsilon}) = \sigma^2 \boldsymbol{I}$ 이면 $\boldsymbol{\beta}$ 의 **최소분산불편추정량**(minimum variance linear unbiased estimator) 또는 **최량선형불편추정량**(best linear unbiased estimator; BLUE)은 다음과 같다.

$$
\boldsymbol{b} = (\boldsymbol{X}'\boldsymbol{X})^{-1}\boldsymbol{X}'\boldsymbol{y}
$$

즉, 최소제곱추정량이다.

증명 이 정리에서 선형이라는 말은 추정값 $\boldsymbol{b}$ 가 $\boldsymbol{y}$ 에 관하여 선형함수(linear function)라는 의미이므로 최량선형불편추정량이란 $\boldsymbol{y}$ 의 선형함수로 표현되는 모든 추정량 중에서 불편(unbised)이며 최소분산을 갖는 추정량을 뜻한다.

(1) 선형성

먼저 $\boldsymbol{y}$ 의 선형함수로 표현되는 추정량을 구하기 위하여 임의의 $(k+1)\times n$ 행렬 $\boldsymbol{A}$에 대한 $\boldsymbol{y}$ 의 선형함수

$$
\boldsymbol{\beta}^* = \boldsymbol{A}\boldsymbol{y}
$$

를 생각해 보자. 여기서 $\boldsymbol{A} = (\boldsymbol{X}'\boldsymbol{X})^{-1}\boldsymbol{X}' + \boldsymbol{B}$ 라 놓을 수 있으며 $\boldsymbol{\beta}^*$는 $\boldsymbol{\beta}$ 의 선형추정량이다.

(2) 불편성

선형추정량 β^*의 기댓값을 구해 보면

$$\begin{aligned} E(\beta^*) &= E[(\boldsymbol{X}'\boldsymbol{X})^{-1}\boldsymbol{X}'\boldsymbol{y} + \boldsymbol{B}\boldsymbol{y}] \\ &= (\boldsymbol{X}'\boldsymbol{X})^{-1}\boldsymbol{X}'E(\boldsymbol{y}) + \boldsymbol{B}E(\boldsymbol{y}) \\ &= (\boldsymbol{X}'\boldsymbol{X})^{-1}\boldsymbol{X}'\boldsymbol{X}\beta + \boldsymbol{B}\boldsymbol{X}\beta \\ &= \beta + \boldsymbol{B}\boldsymbol{X}\beta \end{aligned}$$

이다. 그런데 β^*는 불편추정량이어야 하므로 $E(\beta^*) = \beta$ 이어야 된다. 따라서 $\boldsymbol{B}\boldsymbol{X}\beta = 0$ 이어야 되며, 이것은 곧 $\boldsymbol{B}\boldsymbol{X} = 0$ 을 뜻한다. 그러나 $\boldsymbol{B}\boldsymbol{X} = 0$ 라고 해서 행렬의 연산에서는 $\boldsymbol{B} = 0$ 을 뜻하는 것이 아니다.

(3) 최소분산성

β^* 가 최소분산을 갖는 추정량이기 위해서 $\boldsymbol{B}\boldsymbol{X} = 0$ 을 만족시키는 조건에서 $Var(\beta_i^*)$, $i = 1, 2, \cdots, k$ 를 최소로 하는 행렬 $\boldsymbol{B}$를 찾으면 된다.

그런데

$$\begin{aligned} Var(\beta^*) &= Var[((\boldsymbol{X}'\boldsymbol{X})^{-1}\boldsymbol{X}' + \boldsymbol{B})\boldsymbol{y}] \\ &= [(\boldsymbol{X}'\boldsymbol{X})^{-1}\boldsymbol{X}' + \boldsymbol{B}]\,Var(\boldsymbol{y})\,[(\boldsymbol{X}'\boldsymbol{X})^{-1}\boldsymbol{X}' + \boldsymbol{B}]' \\ &= [(\boldsymbol{X}'\boldsymbol{X})^{-1}\boldsymbol{X}' + \boldsymbol{B}]\,[(\boldsymbol{X}'\boldsymbol{X})^{-1}\boldsymbol{X}' + \boldsymbol{B}]'\,\sigma^2 \\ &= [(\boldsymbol{X}'\boldsymbol{X})^{-1} + \boldsymbol{B}\boldsymbol{B}']\,\sigma^2 \end{aligned}$$

이므로 $Var(\beta_i^*)$는 $Var(\beta^*)$의 대각선상의 $(i+1)$ 번째 원소이다. 따라서 $Var(\beta_i^*)$ $i = 1, 2, \cdots, k$ 를 최소로 하기 위해서는 $(\boldsymbol{X}'\boldsymbol{X})^{-1} + \boldsymbol{B}'\boldsymbol{B}$ 행렬의 대각선원소가 최소가 되어야 한다. 그런데 $(\boldsymbol{X}'\boldsymbol{X})^{-1}$의 원소들은 정해진 값들이므로 $\boldsymbol{B}'\boldsymbol{B} = \boldsymbol{G}$ 행렬의 대각선원소가 최소가 되어야 하는데 $\boldsymbol{G} = \boldsymbol{B}\boldsymbol{B}' = (g_{ij})$ 은 양반정치행렬이므로 $g_{ij} > 0$ 이다. 따라서 $Var(\beta^*)$ 의 대각선원소가 최소가 되기 위해서는 $g_{ij} = 0$, $i = 1, 2, \cdots, k$ 이다. 그런데 $\boldsymbol{B} = (b_{ij})$ 로 표현하면 $g_{ij} = \sum_{j=1}^{n} b_{ij}^2$ 이므로 $g_{ij} = 0$ 이기 위해서는 모든 i 와 j 에 대해서 $b_{ij} = 0$ 이어야 한다. 곧 이것은 $B = 0$을 의미하며 $\boldsymbol{B}\boldsymbol{X} = 0$ 의 조건을 만족한다. 결국 $\boldsymbol{A} = (\boldsymbol{X}'\boldsymbol{X})^{-1}\boldsymbol{X}'$이 되어 $\beta^* = \boldsymbol{b}$ 가 된다.

오차분산 σ^2 를 추정하기 위하여 단순회귀모형에서와 같이 잔차제곱합(SSE)을 생각해 보자. 잔차벡터 $\boldsymbol{e}' = (e_1, e_2, \cdots, e_n)$ 로부터

$$SSE = \sum_{i=1}^{n}(y_i - \hat{y}_i)^2 = \boldsymbol{e}'\boldsymbol{e} = (\boldsymbol{y} - \boldsymbol{Xb})'(\boldsymbol{y} - \boldsymbol{Xb})$$

$$= \boldsymbol{y}'\boldsymbol{y} - \boldsymbol{b}'\boldsymbol{X}'\boldsymbol{y} - \boldsymbol{y}'\boldsymbol{b}\boldsymbol{X} + \boldsymbol{b}'\boldsymbol{X}'\boldsymbol{Xb}$$

$$= \boldsymbol{y}'\boldsymbol{y} - 2\boldsymbol{b}'\boldsymbol{X}'\boldsymbol{y} + \boldsymbol{b}'\boldsymbol{X}'\boldsymbol{Xb} \tag{7.36}$$

그런데 정규방정식에서 $\boldsymbol{X}'\boldsymbol{Xb} = \boldsymbol{X}'\boldsymbol{y}$ 이므로

$$SSE = \boldsymbol{y}'\boldsymbol{y} - \boldsymbol{b}'\boldsymbol{X}'\boldsymbol{y} \tag{7.37}$$

그런데 추정된 회귀선 $\boldsymbol{y}$ 를 구하기 위해서는 $(k+1)$ 개의 모수 $\beta_0, \beta_1, \beta_2, \cdots, \beta_k$를 추정하여야 하므로 자유도가 $(k+1)$ 개 필요하게 된다(독립 변수의 수는 k개). 따라서 제곱합 $SSE = \sum_{i=1}^{n}(y_i - \hat{y}_i)^2$ 의 자유도가 $(n-k-1)$이므로 잔차제곱평균은

$$MSE = \frac{SSE}{n-k-1} \tag{7.38}$$

이며 이것은 오차분산 σ^2 의 불편추정량이 됨을 보일 수가 있다(증명은 8장). 즉

$$E(MSE) = \sigma^2 \tag{7.39}$$

이다.

최우추정법에 의하여 구한 σ^2 의 추정량 $\widetilde{\sigma^2}$ (식 7.33)의 기댓값은

$$E(\widetilde{\sigma^2}) = E\left[\frac{1}{n}(\boldsymbol{y} - \boldsymbol{Xb})'(\boldsymbol{y} - \boldsymbol{Xb})\right]$$

$$= \frac{1}{n}E(SSE)$$

이다. 그런데 식 (7.38)에서

$$E(SSE) = E[(n-k-1) \cdot MSE] = (n-k-1)\sigma^2$$

이므로

$$E(\widetilde{\sigma^2}) = \frac{1}{n} \cdot (n-k-1)\sigma^2 \tag{7.40}$$

이다. 따라서 $\widetilde{\sigma^2}$ 는 σ^2 의 편의(biased)추정량이 되며 불편추정량이기 위해서는

$$E\left[\frac{n}{n-k-1}\widetilde{\sigma^2}\right]=\sigma^2$$

이 되는데 이때는

$$\frac{n}{n-k-1}\widetilde{\sigma^2}=\frac{1}{n-k-1}(\boldsymbol{y}-\boldsymbol{Xb})'(\boldsymbol{y}-\boldsymbol{Xb})$$

이 되어 결국

$$\frac{n}{n-k-1}\widetilde{\sigma^2}=MSE$$

가 된다.

연습문제

7.1 연습문제 3.7의 자료로부터 다음을 구하여라.

1) $\boldsymbol{X'X}$

2) $(\boldsymbol{X'X})^{-1}$

3) $\boldsymbol{X'Y}$

4) $b = (\boldsymbol{X'X})^{-1}\boldsymbol{X'Y}$

7.2 화장품의 기호도(y)와 수분의 함량(x_1), 향료의 함량(x_2)의 관계를 분석하기 위하여 6명의 소비자를 임의로 추출하여 조사한 변환된 자료가 다음과 같다.

i	1	2	3	4	5	6
x_{1i}	4	4	6	6	8	8
x_{2i}	2	6	2	6	2	6
y_i	64	81	72	91	83	96

1) 중선형회귀모형 $y = \beta_0 + \beta_1 x_1 + \beta_2 x_2 + \epsilon$이 성립된다고 가정하고 자료로부터 회귀선을 추정하여라.

2) 오차분산 σ^2의 추정값을 구하여라.

3) $Var(b_0), Var(b_1), Var(b_2)$를 $\sigma^2 = 100$이라 놓고 구하여라.

4) $x_1 = 5,\ x_2 = 4$일 때 기호도는 얼마나 되는지 추정하여라.

7.3 연습문제 7.2에서 회귀계수 β의 최소제곱추정량을 정규방정식 (7.4)를 이용하여 구하여 보고 행렬을 이용하는 경우와 어느 경우가 더 복잡한지를 살펴보아라.

7.4 다음은 연습문제 3.1과 관련된 자료로 y는 석탄의 소비량(ton), x_1은 시간당 평균온도(°F), x_2는 한냉지수(chill index)이다.

주	x_1	x_2	y
1	28.0	18	12.4
2	28.0	14	11.7

주	x_1	x_2	y
3	32.5	24	12.4
4	39.0	22	10.8
5	45.9	8	9.4
6	57.8	16	9.5
7	58.1	1	8.0
8	62.5	0	7.5

1) x_1에 대한 y의 산점도와 x_2에 대한 y의 산점도를 각각 그려라.
2) $y = \beta_0 + \beta_1 x_1 + \beta_2 x_2 + \epsilon$을 가정하고 β_0, β_1, β_2를 추정하여라.
3) 2)에서 구한 추정값 b_0, b_1, b_2의 의미는 무엇인가?
4) 잔차제곱합과 σ^2의 추정값을 구하여라.
5) 추정된 회귀선에서 $b_0 = 12.54$, $b_1 = -0.095$, $b_2 = 0.077$로 가정하고 잔차제곱합을 구하여라.

7.5 다음 자료는 민간소비치출(y)과 국민총생산(x_1), 상대물가지수(x_2)를 10년 동안 조사한 변환된 자료이다.

1) 중선형회귀모형 $y = \beta_0 + \beta_1 x_1 + \beta_2 x_2 + \epsilon$을 가정하고 추정된 회귀선을 구하여라.
2) $Var(b_0)$, $Var(b_1)$, $Var(b_2)$를 $\sigma^2 = 25$로 가정하고 계산하여라.

민간소비지출(y)	국민총생산(x_1)	상대물가지수(x_2)
12	15	33
13	17	34
14	15	33
15	21	28
17	24	23
19	26	20

민간소비지출(y)	국민총생산(x_1)	상대물가지수(x_2)
21	28	14
22	30	10
24	35	10
25	38	18

7.6 연습문제 7.5에서 한 개의 독립변수로 아래와 같이 회귀모형을 가정하고 추정된 회귀선을 구하여 회귀계수의 추정값들이 어떻게 다른가를 살펴보아라.

1) $y = \beta_0 + \beta_1 x_1 + \epsilon$

2) $y = \beta_0 + \beta_2 x_2 + \epsilon$

7.7 어린이들의 체중(y: 파운드)이 신장(x_1 : 인치)과 연령(x_2 : 살)에 따라 어떻게 영향을 받는지 파악하기 위해 12명의 어린이로부터 다음의 자료를 얻었다.

y	64	71	53	67	55	58	77	57	56	51	76	68
x_1	57	59	49	62	51	50	55	48	42	42	61	57
x_2	8	10	6	11	8	7	10	9	10	6	12	9

1) x_1에 대한 y, x_2에 대한 y, x_1에 대한 x_2의 산점도를 그리고, 각각의 상관계수 r_{x_1y}, r_{x_2y}, $r_{x_1x_2}$를 구하여라.

2) $y = \beta_0 + \beta_1 x_1 + \epsilon$을 가정하고 회귀계수와 잔차제곱합을 구하여라.

3) $y = \beta_0 + \beta_2 x_2 + \epsilon$을 가정하고 회귀계수와 잔차제곱합을 구하여라.

4) $y = \beta_0 + \beta_1 x_1 + \beta_2 x_2 + \epsilon$을 가정하고 회귀계수와 잔차제곱합을 구하여라.

5) 3개 모형의 잔차제곱합을 비교하고 그 결과에 대해 논의하여라.

7.8 다음은 어떤 화학반응에 관한 자료로 y는 반응량, x_1은 촉매의 양, x_2는 온도를 나타낸다.

y	66.0	43.0	36.0	23.0	22.0	14.0	12.0	7.6
x_1	38	41	34	35	31	34	29	32
x_2	47.5	21.3	36.5	18.0	29.5	14.2	21.0	10.0

이 자료에 대해 아래와 같이 회귀모형을 가정하여 회귀선을 추정하고 회귀계수의 추정값들이 어떻게 다른지 살펴보아라.

1) $y = \beta_0 + \beta_1 x_1 + \epsilon$

2) $y = \beta_0 + \beta_2 x_2 + \epsilon$

3) $y = \beta_0 + \beta_1 x_1 + \beta_2 x_2 + \epsilon$

7.9 대학입학 학력고사에서 수학성적(x_1), 국어성적(x_2), IQ(x_3)가 대학생활의 성적에 어떤 영향을 미치는가를 분석하기 위하여 1학년 학생 10명을 임의로 선정하여 조사한 자료가 다음과 같다.

y (기말평점)	65	84	78	73	52	82	92	89	75	56
x_1 (수학성적)	39	71	43	62	21	64	74	47	52	38
x_2 (국어성적)	52	84	64	59	40	59	72	65	54	45
x_3 (IQ)	116	131	129	116	121	124	132	125	112	114

1) 중선회귀모형 $y = \beta_0 + \beta_1 x_1 + \beta_2 x_2 + \beta_3 x_3 + \epsilon$ 을 가정하고 회귀선을 추정하여라.

2) 수학성적(x_1)과 IQ(x_3)만을 이용하여 중회귀모형 $y = \beta_0 + \beta_1 x_1 + \beta_3 x_3 + \epsilon$ 을 가정하고 회귀선을 추정하여라. 그리고 1)에서 추정된 회귀계수 b_1, b_3 와 비교하여라.

7.10 다음 주어진 자료에 대하여

y	6	8	1	0	5	3	2	−4	10	−3	5
x_1	1	4	9	11	3	8	5	10	2	7	6
x_2	8	2	−8	−10	6	−6	0	−12	4	−2	−4

1) 중선형회귀모형 $y = \beta_0 + \beta_1 x_1 + \beta_2 x_2 + \epsilon$ 을 가정하고 회귀선을 추정하여라.

2) σ^2 의 불편추정량 MSE를 구하고 추정된 MSE값을 이용하여

① $Var(b_1)$, $Var(b_2)$를 각각 추정하여라.

② $x_1 = 3$, $x_2 = 5$ 일 때 y의 예측값의 분산을 구하여라.

8장

중회귀모형에 관한 추론

앞 장에서는 종속변수 y의 변동을 설명해 주는 독립변수가 2개 이상 있을 때 회귀계수 β를 추정하는 방법에 대하여 생각해 보았다.

즉, 중회귀모형

$$y_j = \beta_0 + \sum_{i=1}^{k} \beta_i x_{ij} + \epsilon_j, \quad j = 1, 2, \cdots, n \tag{8.1}$$

을 행렬로 표시하면

$$\underset{n\times 1}{\boldsymbol{y}} = \underset{n\times(k+1)}{\boldsymbol{X}} \underset{(k+1)\times 1}{\boldsymbol{\beta}} + \underset{n\times 1}{\boldsymbol{\epsilon}} \tag{8.2}$$

이 되고 이 식으로부터 최소제곱법 또는 최우추정법을 이용하여 회귀계수 β를 추정하면 식 (7.29)에서

$$\boldsymbol{b} = (\boldsymbol{X}'\boldsymbol{X})^{-1}\boldsymbol{X}'\boldsymbol{y} \tag{8.3}$$

가 되어 추정된 회귀선은

$$\hat{\boldsymbol{y}} = \boldsymbol{X}\boldsymbol{b} \tag{8.4}$$

이 됨을 알 수 있다.

이 장에서는 모수들에 대한 신뢰구간을 추정하는 방법을 살펴보고 그리고 가정된 회귀모형의 타당성을 검정하는 절차에 대하여 살펴보고자 한다.

8.1 구간추정

8.1.1 회귀계수 β_i의 구간추정

중회귀모형 식 (8.1)에서 오차항 ϵ_j가 서로 독립이며 정규분포 $N(0, \sigma^2)$를 한다고 가정하므로 관측값 y의 분포는

$$E(y_j) = \beta_0 + \sum_{i=1}^{k} \beta_i x_{ij} \tag{8.5}$$

이고

$$Var(y_j) = \sigma^2 \tag{8.6}$$

인 정규분포를 한다. 그런데 β의 추정량 $\boldsymbol{b} = (\boldsymbol{X}'\boldsymbol{X})^{-1}\boldsymbol{X}'\boldsymbol{y}$는 확률변수 $\boldsymbol{y}$의 선형결합이므로 $\boldsymbol{b}$는 다음과 같은 평균과 분산을 갖는 정규분포를 한다.

$$E(\boldsymbol{b}) = E[(\boldsymbol{X}'\boldsymbol{X})^{-1}\boldsymbol{X}'\boldsymbol{y}] = \beta \tag{8.7a}$$

$$Var(\boldsymbol{b}) = Var[(\boldsymbol{X}'\boldsymbol{X})^{-1}\boldsymbol{X}'\boldsymbol{y}] = (\boldsymbol{X}'\boldsymbol{X})^{-1}\sigma^2 \tag{8.7b}$$

식 (8.7b)에서

$$Var(\boldsymbol{b}) = \begin{bmatrix} Var(b_0) & Cov(b_0, b_1) & \cdots\cdots & Cov(b_0, b_k) \\ Cov(b_1, b_0) & Var(b_1) & \cdots & Cov(b_1, b_k) \\ \vdots & & \ddots & \vdots \\ Cov(b_k, b_0) & \cdots\cdots\cdots & & Var(b_k) \end{bmatrix}$$

인데

$$(\boldsymbol{X}'\boldsymbol{X})^{-1} = \begin{bmatrix} c_{00} & c_{01} & \cdots\cdots & c_{0k} \\ c_{10} & c_{11} & \cdots\cdots & c_{1k} \\ \vdots & \vdots & & \vdots \\ c_{k0} & c_{k1} & \cdots\cdots & c_{kk} \end{bmatrix} = (c_{ij}) \tag{8.8}$$

라 놓으면

$$Var(\boldsymbol{b}) = (\boldsymbol{X}'\boldsymbol{X})^{-1}\sigma^2$$

$$= \begin{bmatrix} c_{00} & c_{01} & \cdots\cdots & c_{0k} \\ c_{10} & c_{11} & \cdots\cdots & c_{1k} \\ \vdots & \vdots & & \vdots \\ c_{k0} & c_{k1} & \cdots\cdots & c_{kk} \end{bmatrix} \sigma^2$$

이다. 따라서

$$Var(b_i) = c_{ii}\sigma^2 \tag{8.9}$$

이므로

$$Z = \frac{b_i - \beta_i}{\sqrt{Var(b_i)}} = \frac{b_i - \beta_i}{\sqrt{c_{ii}\sigma^2}} \sim N(0, 1) \tag{8.10}$$

임을 알 수 있다. 따라서

$$P[-z_{\alpha/2} \leqq \frac{b_i - \beta_i}{\sqrt{c_{ii}\sigma^2}} \leqq z_{\alpha/2}] = 1 - \alpha \tag{8.11}$$

이 되며 4장의 단순회귀모형에서와 동일한 방법으로 β_i의 $100(1-\alpha)\%$ 신뢰구간을 구하면

$$(b_i - z_{\frac{\alpha}{2}}\sqrt{c_{ii}\sigma^2} \leqq \beta_i \leqq b_i + z_{\frac{\alpha}{2}}\sqrt{c_{ii}\sigma^2}) \tag{8.12}$$

이다. 만약 오차분포 σ^2를 모르는 경우는 σ^2의 불편추정량 MSE의 성질을 이용하여

$$t_0 = \frac{b_i - \beta_i}{\sqrt{\widehat{Var}(b_i)}} = \frac{b_i - \beta_i}{\sqrt{c_{ii}MSE}} \sim t_{(n-k-1)} \tag{8.13}$$

이므로 σ^2를 모르는 경우 β_i의 $100(1-\alpha)\%$ 신뢰구간은

$$b_i - t(n-k-1; \frac{\alpha}{2})\sqrt{c_{ii}MSE} \leqq \beta_i \leqq b_i + t(n-k-1; \frac{\alpha}{2})\sqrt{c_{ii}MSE} \tag{8.14}$$

이다.

β_i의 100(1 − α)% 신뢰구간

1) σ^2를 아는 경우

$$\left(b_i - z_{\frac{\alpha}{2}} \sqrt{c_{ii}\sigma^2} \ , b_i + z_{\frac{\alpha}{2}} \sqrt{c_{ii}\sigma^2} \ \right)$$

2) σ^2를 모르는 경우

$$\left(b_i - t(n-k-1;\frac{\alpha}{2}) \sqrt{c_{ii}MSE} \ , b_i + t(n-k-1;\frac{\alpha}{2}) \sqrt{c_{ii}MSE} \ \right)$$

예제 8.1

〈표 7.1〉의 예금유치액 자료에서 중회귀모형 $y = \beta_0 + \beta_1 x_1 + \beta_2 x_2 + \epsilon$을 가정하고 β_0, β_1과 β_2의 95% 신뢰구간을 구하여라.

풀이 〈표 7.1〉의 자료로부터

$$(\boldsymbol{X}'\boldsymbol{X})^{-1} = \begin{bmatrix} c_{00} \ c_{01} \ c_{02} \\ c_{10} \ c_{11} \ c_{12} \\ c_{20} \ c_{21} \ c_{22} \end{bmatrix}$$

$$= \begin{bmatrix} 1.4134284 & 0.01924495 & -0.10993605 \\ 0.1924495 & 0.00228787 & -0.00645597 \\ -0.10993605 & -0.00645597 & 0.02090506 \end{bmatrix}$$

$$SSE = 58.975$$

$$MSE = \frac{58.975}{7} = 8.425$$

$$\widehat{Var}(b_0) = c_{00} \cdot MSE = (1.4134284)(8.425) = 11.908$$

$$\widehat{Var}(b_1) = c_{11} \cdot MSE = (0.00228787)(8.425) = 0.019$$

$$\widehat{Var}(b_2) = c_{22} \cdot MSE = (0.02090506)(8.425) = 0.176$$

이고 부록 〈표 A−2〉로부터 $t(7;0.025) = 2.365$, $t(7;0.05) = 1.895$이므로 β_0의 95% 신뢰구간은

$$\left(b_0 - t(7\,;0.025)\sqrt{c_{00}MSE} \ , b_0 + t(7\,;0.025)\sqrt{c_{00}MSE}\right)$$

에서

$$(9.23045 - 2.365\sqrt{11.908}\ ,\ 9.23045 + 2.365\sqrt{11.908}).$$

β_1의 95% 신뢰구간은

$$(b_1 - t(7\,;0.025)\sqrt{c_{11}MSE}\ ,\ b_1 + t(7\,;0.025)\sqrt{c_{11}MSE})$$

에서

$$(1.95481 - 2.365\sqrt{0.019}\ ,\ 1.95481 + 2.365\sqrt{0.019}).$$

β_2의 95% 신뢰구간은

$$(b_2 - t(7\,;0.025)\sqrt{c_{22}MSE}\ ,\ b_2 + t(7\,;0.025)\sqrt{c_{22}MSE})$$

에서

$$(0.14634 - 2.365\sqrt{0.176}\ ,\ 0.14634 + 2.365\sqrt{0.176}).$$

SAS를 이용한 풀이

SAS를 이용하여 예제 8.1을 해결하여라.

[예제 8.1 SAS 프로그램]

EX8-1

```
DATA EX8_1;
INPUT Y X1 X2;
CARDS;
87 40 15
108 50 20
69 30 14
135 60 22
148 70 30
132 60 24
73 30 16
128 60 20
50 20 14
170 80 32
RUN;
PROC REG DATA=EX8_1;
MODEL Y=X1 X2/CLB COVB;
RUN;
```

분산-공분산행렬을 위한 옵션

[예제 8.1 SAS 실행결과]

Analysis of Variance					
Source	DF	Sum of Squares	Mean Square	F Value	Pr > F
Model	2	13601	6800.51217	807.17	<.0001
Error	7	58.97565	8.42509		
Corrected Total	9	13660			

Root MSE	2.90260	R-Square	0.9957
Dependent Mean	110.00000	Adj R-Sq	0.9944
Coeff Var	2.63873		

Parameter Estimates							
Variable	DF	Parameter Estimate	Standard Error	t Value	Pr > |t|	95% Confidence Limits	
Intercept	1	9.23045	3.45084	2.67	0.0318	1.07052	17.39038
X1	1	1.95481	0.13884	14.08	<.0001	1.62651	2.28310
X2	1	0.14634	0.41968	0.35	0.7376	-0.84604	1.13871

Covariance of Estimates			
Variable	Intercept	X1	X2
Intercept	11.90826613	0.1621405646	-0.9262215
X1	0.1621405646	0.0192755604	-0.054392202
X2	-0.9262215	-0.054392202	0.1761271309

해설 β_0의 95% 신뢰구간은 (1.070, 17.39), β_1의 95% 신뢰구간은 (1.626, 2.283)이고 β_2의 95% 신뢰구간은 (−0.846, 1.138)이다. 또한 추정값 b_0, b_1, b_2 각각에 대한 분산-공분산 값이 주어진다.

R을 이용한 풀이

R을 이용하여 예제 8.1을 해결하여라.

[예제 8.1 R 프로그램]

```
> confint(fit, level=0.95)          # 모수의 신뢰구간
                 2.5 %    97.5 %
(Intercept)  1.0705181 17.390377
x1           1.6265121  2.283104
x2          -0.8460383  1.138709
```

해설 β_1의 95% 신뢰구간은 (1.627, 2.823)이고 β_2의 95% 신뢰구간은 (−0.846, 1.139)이다.

8.1.2 평균반응량 $E(y_0)$의 추정

주어진 독립변수의 값 $x_0' = (x_{10}, x_{20}, \cdots, x_{k0})$에서의 평균반응량 $E(y_0)$에 대한 구간 추정량을 구해 보자.

$E(y_0)$의 불편추정량은

$$\begin{aligned}\hat{y}_0 &= b_0 + \sum_{i=1}^{k} b_i x_{i0} \qquad (8.15)\\ &= (1\ x_{10}\ x_{20}\ \cdots\ x_{k0}) \begin{bmatrix} b_0 \\ b_1 \\ \vdots \\ b_k \end{bmatrix} \\ &= \boldsymbol{x}_0' \boldsymbol{b}\end{aligned}$$

이며 $\hat{y}_0$는 기댓값이

$$E(\hat{y}_0) = E[\boldsymbol{x}_0' \boldsymbol{b}] = \boldsymbol{x}_0' \boldsymbol{\beta}$$

이고 분산이

$$\begin{aligned}Var(\hat{y}_0) &= Var[\boldsymbol{x}_0' \boldsymbol{b}] \qquad (8.17)\\ &= \boldsymbol{x}_0'\, Var(\boldsymbol{b}) \boldsymbol{x}_0 = \boldsymbol{x}_0' [(\boldsymbol{X}'\boldsymbol{X})^{-1} \sigma^2] \boldsymbol{x}_0 \\ &= \boldsymbol{x}_0' (\boldsymbol{X}'\boldsymbol{X})^{-1} \boldsymbol{x}_0 \sigma^2\end{aligned}$$

인 정규분포를 한다. 따라서 앞에서와 같은 방법으로 $E(y_0)$의 신뢰구간을 구하면 다음과 같다.

$E(y_0)$의 $100(1-\alpha)\%$의 신뢰구간

① 오차분산 σ^2를 아는 경우

$$\hat{y}_0 - z_{\frac{\alpha}{2}} \sqrt{\boldsymbol{x}_0' (\boldsymbol{X}'\boldsymbol{X})^{-1} \boldsymbol{x}_0 \sigma^2} \leqq E(y_0) \leqq \hat{y}_0 + z_{\frac{\alpha}{2}} \sqrt{\boldsymbol{x}_0' (\boldsymbol{X}'\boldsymbol{X})^{-1} \boldsymbol{x}_0 \sigma^2} \qquad (8.18)$$

② 오차분산 σ^2를 모르는 경우

$$\begin{aligned}\hat{y}_0 - t(n-k-1; \tfrac{\alpha}{2}) \sqrt{\boldsymbol{x}_0' (\boldsymbol{X}'\boldsymbol{X})^{-1} \boldsymbol{x}_0 \cdot MSE} &\leqq E(y_0) \qquad (8.19)\\ &\leqq \hat{y}_0 + t(n-k-1; \tfrac{\alpha}{2}) \sqrt{\boldsymbol{x}_0' (\boldsymbol{X}'\boldsymbol{X})^{-1} \boldsymbol{x}_0 \cdot MSE}\end{aligned}$$

다음으로 β_i들의 선형함수에 관한 구간추정을 행하는 방법을 살펴보도록 하자. β_i들의 선형함수를

$$q_0\beta_0 + q_1\beta_1 + \cdots + q_k\beta_k = (q_0, \cdots, q_k)\begin{bmatrix}\beta_0 \\ \beta_1 \\ \vdots \\ \beta_k\end{bmatrix} = \boldsymbol{q}'\boldsymbol{\beta} \tag{8.20}$$

로 표현하면 $\boldsymbol{q}'\boldsymbol{\beta}$의 불편추정량은 $\boldsymbol{q}'\boldsymbol{b}$이며, 이의 분산은

$$Var(\boldsymbol{q}'\boldsymbol{b}) = \boldsymbol{q}'\, Var(\boldsymbol{b})\boldsymbol{q} = \boldsymbol{q}'(\boldsymbol{X}'\boldsymbol{X})^{-1}\boldsymbol{q}\,\sigma^2$$

이고 $\boldsymbol{q}'\boldsymbol{b}$는 정규분포를 한다. 따라서 $\boldsymbol{q}'\boldsymbol{\beta}$의 $100(1-\alpha)\%$ 신뢰구간은 다음과 같다.

$\boldsymbol{q}'\boldsymbol{\beta} = q_0\beta_0 + q_1\beta_1 + \cdots + q_k\beta_k$의 $100(1-\alpha)\%$ 신뢰구간

① 오차분산 σ^2을 아는 경우

$$\boldsymbol{q}'\boldsymbol{b} - z_{\frac{\alpha}{2}}\sqrt{\boldsymbol{q}'(\boldsymbol{X}'\boldsymbol{X})^{-1}\boldsymbol{q}\sigma^2} \le \boldsymbol{q}'\boldsymbol{\beta} \le \boldsymbol{q}'\boldsymbol{b} + z_{\frac{\alpha}{2}}\sqrt{\boldsymbol{q}'(\boldsymbol{X}'\boldsymbol{X})^{-1}\boldsymbol{q}\sigma^2} \tag{8.21}$$

② 오차분산 σ^2을 모르는 경우

$$\boldsymbol{q}'\boldsymbol{b} - t(n-k-1;\frac{\alpha}{2})\sqrt{\boldsymbol{q}'(\boldsymbol{X}'\boldsymbol{X})^{-1}\boldsymbol{q}MSE} \le \boldsymbol{q}'\boldsymbol{\beta} \tag{8.22}$$

$$\le \boldsymbol{q}'\boldsymbol{b} + t(n-k-1;\frac{\alpha}{2})\sqrt{\boldsymbol{q}'(\boldsymbol{X}'\boldsymbol{X})^{-1}\boldsymbol{q}MSE}$$

예제 8.2

중회귀모형 $y = \beta_0 + \beta_1 x_1 + \beta_2 x_2 + \epsilon$에서 $\beta_0 - 2\beta_1$의 $100(1-\alpha)\%$ 신뢰구간을 구하여라. (단 σ^2을 아는 경우)

풀이 $\boldsymbol{q}' = (1 \ -2 \quad 0)$이라 놓으면

$$\beta_0 - 2\beta_1 = (1 \ -2 \quad 0)\begin{bmatrix}\beta_0 \\ \beta_1 \\ \beta_2\end{bmatrix} = \boldsymbol{q}'\boldsymbol{\beta}$$

이 되며

$$q'(X'X)^{-1}q = (1\ -2\quad 0)\begin{bmatrix} c_{00}\, c_{01}\, c_{02} \\ c_{10}\, c_{11}\, c_{12} \\ c_{20}\, c_{21}\, c_{22} \end{bmatrix}\begin{bmatrix} 1 \\ -2 \\ 0 \end{bmatrix}$$

$$= c_{00} + 4c_{11} - 4c_{10}. \qquad c_{10} = c_{01}$$

가 되므로 $q'\beta$의 $100(1-\alpha)\%$ 신뢰구간은

$$(b_0 - 2b_1) \pm z_{\frac{\alpha}{2}} \sqrt{(c_{00} + 4c_{11} - 4c_{10})\sigma^2}\ .$$

8.2 검정

앞 절에서 회귀계수 β, $E(y_0)$ 그리고 $q'\beta$의 구간추정을 구하는 방법을 살펴보았는데 이 절에서는 이들의 가설검정을 행하는 방법을 살펴보고자 한다. 중회귀모형 (7.6)에서 오차항 ϵ_i는 서로 독립이며 정규분포 $N(0, \sigma^2)$를 한다고 가정한다.

8.2.1 회귀계수 β_j에 관한 검정

중회귀모형 (7.6)에서 하나의 독립변수를 추가하거나 제거하는 일은 그 결과에 중대한 영향을 미치므로 신중히 고려하여 결정하여야 한다. 따라서 회귀계수의 유의성검정은 회귀분석에서 중요한 의미를 갖는다.

일반적으로 회귀계수의 유의성검정에서는 양측검정이므로 다음과 같은 귀무가설과 대립가설을 세울 수 있다.

$$H_0 : \beta_j = 0 \qquad (8.23)$$
$$H_1 : \beta_j \neq 0$$

그런데 앞 절에서 살펴본 바와 같이 β_j의 불편추정량 b_j는 정규분포 $N(\beta_j, c_{jj}\sigma^2)$를 하므로

$$\frac{b_j - \beta_j}{\sqrt{c_{jj}\sigma^2}} \sim N(0, 1) \qquad (8.24)$$

이고, σ^2을 모르는 경우는

$$\frac{b_j - \beta_j}{\sqrt{c_{jj} \cdot MSE}} \sim t_{(n-k-1)} \tag{8.25}$$

이다. 여기서 $H_0 : \beta_j = 0$가 옳으면 식 (8.24)와 (8.25)는

$$\frac{b_j - \beta_j}{\sqrt{c_{jj}\sigma^2}} = \frac{b_j - 0}{\sqrt{c_{jj}\sigma^2}} \sim N(0, 1) \tag{8.26}$$

이고,

$$\frac{b_j - \beta_j}{\sqrt{c_{jj} \cdot MSE}} = \frac{b_j - 0}{\sqrt{c_{jj} \cdot MSE}} \sim t_{(n-k-1)} \tag{8.27}$$

이 된다. 따라서 검정통계량은 다음과 같다.

① σ^2를 아는 경우

$$Z = \frac{b_j}{\sqrt{c_{jj}\sigma^2}} \tag{8.28a}$$

② σ^2를 모르는 경우

$$T = \frac{b_j}{\sqrt{c_{jj} MSE}} \tag{8.28b}$$

가설에 대한 결정은 다음과 같은 방법에 의한다.

① σ^2를 아는 경우

만약 $|z_0| > z_{\frac{\alpha}{2}}$이면 H_0를 기각

만약 $|z_0| \leq z_{\frac{\alpha}{2}}$이면 H_0를 채택 (8.29a)

② σ^2를 모르는 경우

만약 $|t_0| > t(n-k-1; \frac{\alpha}{2})$ 이면 H_0를 기각

만약 $|t_0| \leq t(n-k-1; \frac{\alpha}{2})$ 이면 H_0를 채택 (8.29b)

이때 유의수준은 α 이다.

예제 8.3

〈표 7.1〉의 자료에 중회귀모형 $y=\beta_0+\beta_1x_1+\beta_2x_2+\epsilon$, $\epsilon \sim N(0, \sigma^2)$을 적합시켰을 때 다음에 답하여라.

1) $x_1=60$, $x_2=22$에서 $E(y_0)$의 95% 신뢰구간을 구하여라.

2) $H_0:\beta_1=0$, $H_1:\beta_1\neq 0$를 유의수준 0.05로 검정하여라.

풀이 1) $E(y)$의 불편추정량 $\hat{y}$는

$$\hat{y}_0 = b_0 + b_1x_1 + b_2x_2 = 9.23045 + 1.95481x_1 + 0.14634x_2$$

이므로 $x_1=60$, $x_2=22$에서

$$\hat{y}_0 = 9.23045 + 1.95481(60) + 0.14634(22) = 129.738$$

그런데

$$Var(\hat{y}_0) = \boldsymbol{x}_0{}'(\boldsymbol{X}'\boldsymbol{X})^{-1}\boldsymbol{x}_0\sigma^2$$

$$= (1\ 60\ 22)\begin{bmatrix} 1.4134284 & 0.01924495 & -0.10993605 \\ 0.01924495 & 0.00228787 & -0.00645597 \\ -0.10993605 & -0.00645597 & 0.02090506 \end{bmatrix}\begin{bmatrix} 1 \\ 60 \\ 22 \end{bmatrix}\sigma^2$$

$$= 0.196\sigma^2$$

며 $MSE=8.425$이고 부록 〈표 A-2〉로부터 $t(7:0.025)=2.365$ 따라서 $E(y)$의 95% 신뢰구간은

$$\hat{y}_0 \pm t(7\,;0.025)\sqrt{\boldsymbol{x}'(\boldsymbol{X}'\boldsymbol{X})^{-1}\boldsymbol{x}\ MSE}$$

에서

$$129.738 \pm 2.365\sqrt{(0.196)(8.425)}$$

또는

$$(126.699\ ,\ 132.777)$$

2) $H_0:\beta_1=0$

$H_1:\beta_1\neq 0 \qquad \alpha=0.05$

에 대하여 σ^2를 모르는 경우이므로 검정통계량

$$t_0 = \frac{b_1}{\sqrt{c_{11}MSE}} = \frac{1.95481}{\sqrt{0.019}} = 14.08$$

그런데 $t(7 : 0.025) = 2.365$이므로

$$t_0 = 14.18 > t(7\,;0.025) = 2.365$$

따라서 귀무가설 $H_0 : \beta_1 = 0$를 기각한다. 즉, 독립변수 x_1은 종속변수 y에 영향을 미친다.

SAS를 이용한 풀이

SAS를 이용하여 예제 8.3을 해결하여라.

[예제 8.3-(1) SAS 프로그램]

예제 8.3-(1)을 해결하자.

```
EX8-3-1
DATA EX8_3_1;
INPUT Y X1 X2;
CARDS;
87 40 15
108 50 20
69 30 14
135 60 22
148 70 30
132 60 24
73 30 16
128 60 20
50 20 14
170 80 32
. 60 22
RUN;
PROC REG DATA=EX8_3_1;
MODEL Y=X1 X2/P CLM;
RUN;
```

[예제 8.3-(1) SAS 실행결과]

Number of Observations Read	11
Number of Observations Used	10
Number of Observations with Missing Values	1

Analysis of Variance					
Source	DF	Sum of Squares	Mean Square	F Value	Pr > F
Model	2	13601	6800.51217	807.17	<.0001
Error	7	58.97565	8.42509		
Corrected Total	9	13660			

Root MSE	2.90260	R-Square	0.9957
Dependent Mean	110.00000	Adj R-Sq	0.9944
Coeff Var	2.63873		

Parameter Estimates					
Variable	DF	Parameter Estimate	Standard Error	t Value	Pr > |t|
Intercept	1	9.23045	3.45084	2.67	0.0318
X1	1	1.95481	0.13884	14.08	<.0001
X2	1	0.14634	0.41968	0.35	0.7376

Output Statistics						
Obs	Dependent Variable	Predicted Value	Std Error Mean Predict	95% CL Mean		Residual
1	87	89.6178	1.5138	86.0381	93.1975	-2.6178
2	108	109.8976	0.9637	107.6187	112.1765	-1.8976
3	69	69.9234	1.3718	66.6795	73.1673	-0.9234
4	135	129.7383	1.2859	126.6977	132.7790	5.2617
5	148	150.4571	1.8847	146.0005	154.9137	-2.4571
6	132	130.0310	1.0480	127.5530	132.5090	1.9690
7	73	70.2161	1.4892	66.6947	73.7374	2.7839
8	128	129.4456	1.9021	124.9480	133.9433	-1.4456
9	50	50.3753	2.0570	45.5113	55.2393	-0.3753
10	170	170.2978	1.9499	165.6870	174.9087	-0.2978
11	.	129.7383	1.2859	126.6977	132.7790	.

Sum of Residuals	0
Sum of Squared Residuals	58.97565
Predicted Residual SS (PRESS)	106.48196

해설 $x_1 = 60,\ x_2 = 22$에서 평균반응량 $E(y_0)$의 95% 신뢰구간은 $(126.697,\ 132.779)$이다.

예제 8.3-(2)를 해결하자.

[예제 8.3-(2) SAS 프로그램]

SAS 프로그램은 다음과 같다.

```
DATA EX8_3_2;
INPUT Y X1 X2;
CARDS;
87 40 15
108 50 20
69 30 14
135 60 22
148 70 30
132 60 24
73 30 16
128 60 20
50 20 14
170 80 32
RUN;
PROC REG DATA=EX8_3_2;
MODEL Y=X1 X2;
RUN;
```

[예제 8.3-(2) 실행결과]

Analysis of Variance					
Source	DF	Sum of Squares	Mean Square	F Value	Pr > F
Model	2	13601	6800.51217	807.17	<.0001
Error	7	58.97565	8.42509		
Corrected Total	9	13660			

Root MSE	2.90260	R-Square	0.9957
Dependent Mean	110.00000	Adj R-Sq	0.9944
Coeff Var	2.63873		

Parameter Estimates					
Variable	DF	Parameter Estimate	Standard Error	t Value	Pr > |t|
Intercept	1	9.23045	3.45084	2.67	0.0318
X1	1	1.95481	0.13884	14.08	<.0001
X2	1	0.14634	0.41968	0.35	0.7376

풀이 2) (X_1에 대한 t 검정)

① $H_0: \beta_1 = 0$, $H_1: \beta_1 \neq 0$ ($\alpha = 0.05$)

② $t = 14.08$, P − VALUE = 0.0001이고 P값 $= 0.0001 < \alpha = 0.05$이므로 따라서 유의수준 0.05에서 귀무가설 $H_0: \beta_1 = 0$를 기각한다.

즉, 독립변수 x_1은 종속변수 y에 영향을 미친다.

〈참고〉 (X_2에 대한 t 검정)

$H_0: \beta_2 = 0$, $H_1: \beta_2 \neq 0$를 유의수준 0.05로 검정하여라.

① 가설 $H_0: \beta_2 = 0$, $H_1: \beta_2 \neq 0$

② $t = 0.349$, P − VALUE = 0.7376이고 P값 $= 0.7376 > \alpha = 0.05$이므로

따라서 유의수준 0.05에서 귀무가설 $H_0: \beta_2 = 0$를 기각할 수 없다. (유의하지 않다)

즉, 독립변수 x_2은 종속변수 y에 영향을 미친다고 할 수 없다.

R을 이용한 풀이

R을 이용하여 예제 8.3을 해결하여라.

[예제 8.3 R 프로그램]

```
> predict(fit, data.frame(x1=60, x2=22), interval="confidence")
       fit      lwr     upr
1 129.7383 126.6977 132.779
> summary(fit)

Call:
lm(formula = y ~ x1 + x2, data = Ex7_1)

Residuals:
    Min      1Q  Median      3Q     Max 
-2.6178 -1.7846 -0.6493  1.4023  5.2617 

Coefficients:
            Estimate Std. Error t value Pr(>|t|)    
(Intercept)   9.2304     3.4508   2.675   0.0318 *  
x1            1.9548     0.1388  14.080 2.16e-06 ***
x2            0.1463     0.4197   0.349   0.7376    
---
Signif. codes:  0 '***' 0.001 '**' 0.01 '*' 0.05 '.' 0.1 ' ' 1
```

해설 $x_1 = 60$, $x_2 = 22$에서 $E(y_0)$의 95% 신뢰구간은 (126.698, 132.779)이다. 그리고 $\alpha = 0.05$에서 $H_0: \beta_1 = 0$의 검정은 유의확률이 0.000으로 기각됨을 알 수 있다.

8.2.2 평균반응량 $E(y_0)$의 가설검정

주어진 $\boldsymbol{x}_0{}' = (x_{10}, x_{20}, \cdots, x_{k0})$에서 평균반응량 $E(y_0) = \boldsymbol{x}_0{}'\beta$의 불편추정량은 $\hat{y}_0 = \boldsymbol{x}_0{}'\boldsymbol{b}$이며 이것의 분산은

$$Var(\hat{y}_0) = Var(\boldsymbol{x}_0{}'\boldsymbol{b}) = \boldsymbol{x}_0{}'(\boldsymbol{X}'\boldsymbol{X})^{-1}\boldsymbol{x}_0\,\sigma^2$$

이므로 통계량 Z는 σ^2을 아는 경우

$$Z = \frac{\hat{y}_0 - E(y_0)}{\sqrt{\boldsymbol{x}_0{}'(\boldsymbol{X}'\boldsymbol{X})^{-1}\boldsymbol{x}_0\,\sigma^2}} \sim N(0, 1) \qquad (8.30)$$

이고 σ^2을 모르는 경우에는 σ^2의 추정량 MSE를 이용하면

$$T = \frac{\hat{y}_0 - E(y_0)}{\sqrt{\boldsymbol{x}_0{}'(\boldsymbol{X}'\boldsymbol{X})^{-1}\boldsymbol{x}_0 \cdot MSE}} \sim t_{(n-k-1)} \qquad (8.31)$$

이다. 따라서 다음과 같은 귀무가설과 대립가설

$$\begin{aligned} H_0 &: E(y_0) = \eta \\ H_1 &: E(y_0) \neq \eta \end{aligned} \qquad (8.32)$$

을 검정하고자 할 때 검정통계량은

① σ^2을 아는 경우

$$Z = \frac{\hat{y}_0 - \eta}{\sqrt{\boldsymbol{x}_0{}'(\boldsymbol{X}'\boldsymbol{X})^{-1}\boldsymbol{x}_0\,\sigma^2}} \qquad (8.33a)$$

② σ^2을 모르는 경우

$$T = \frac{\hat{y}_0 - \eta}{\sqrt{\boldsymbol{x}_0{}'(\boldsymbol{X}'\boldsymbol{X})^{-1}\boldsymbol{x}_0 \cdot MSE}} \qquad (8.33b)$$

이 되므로 가설에 대한 결정은 다음과 같이 행해진다.

① σ^2를 아는 경우

$$\text{만약 } |z_0| > z_{\frac{\alpha}{2}} \text{이면 } H_0\text{를 기각}$$

$$\text{만약 } |z_0| \leq z_{\frac{\alpha}{2}} \text{이면 } H_0\text{를 채택} \tag{8.34a}$$

② σ^2를 모르는 경우

$$\text{만약 } |t_0| > t(n-k-1;\frac{\alpha}{2})\text{이면 } H_0\text{를 기각}$$

$$\text{만약 } |t_0| \leq t(n-k-1;\frac{\alpha}{2})\text{이면 } H_0\text{를 채택} \tag{8.34b}$$

8.2.3 회귀계수 β_j의 선형함수 $q'\beta$에 관한 검정

회귀계수 β_j의 선형함수를 식 (8.20)과 같이 정의하면 $q'\beta$의 추정량 $q'b$는 정규분포 $N(q'\beta, q'(X'X)^{-1}q\sigma^2)$를 한다. 따라서 통계량 Z와 T는

① σ^2를 아는 경우

$$Z = \frac{q'b - q'\beta}{\sqrt{q'(X'X)^{-1}q\sigma^2}} \sim N(0,1) \tag{8.35a}$$

② σ^2를 모르는 경우

$$T = \frac{q'b - q'\beta}{\sqrt{q'(X'X)^{-1}q \cdot MSE}} \sim t_{(n-k-1)} \tag{8.35b}$$

이다. 일반적으로 회귀분석에서는 오차분산 σ^2를 모르는 경우가 대부분이므로 σ^2를 모르는 경우에 대해서 살펴보기로 하자.

다음과 같은 귀무가설

$$\begin{aligned} H_0 &: q'\beta = c \\ H_1 &: q'\beta \neq c \end{aligned} \tag{8.36}$$

에 대하여 검정통계량은

$$T = \frac{q'b - c}{\sqrt{q'(X'X)^{-1}q \cdot MSE}} \tag{8.37}$$

이 되므로 가설에 대한 결정은 다음과 같다.

$$\text{만약 } |t_0| > t(n-k-1; \frac{\alpha}{2}) \text{이면 } H_0\text{를 기각}$$

$$\text{만약 } |t_0| \leq t(n-k-1; \frac{\alpha}{2}) \text{이면 } H_0\text{를 채택} \tag{8.38}$$

예제 8.4

예제 7.1의 자료에 중회귀모형 $y = \beta_0 + \beta_1 x_1 + \beta_2 x_2 + \epsilon$을 적합시키고자 한다. 다음과 같은 가설을 유의수준 0.05로 검정하여라.

$$H_0: \beta_1 = \beta_2$$
$$H_1: \beta_1 \neq \beta_2$$

풀이 $\beta_1 = \beta_2$를 다시 쓰면 $\beta_1 - \beta_2 = 0$이 되어 $q'\beta = c$의 형태로 바꾸면

$$q'\beta = (0 \ \ 1 - 1)\begin{bmatrix}\beta_0 \\ \beta_1 \\ \beta_2\end{bmatrix} = 0 = c$$

이 되고 $q'b$는 다음과 같다.

$$q'b = (0 \ \ 1 - 1)\begin{bmatrix}b_0 \\ b_1 \\ b_2\end{bmatrix} = 1.808$$

이때 가설을 검정하기 위한 검정통계량은 식 (8.37)에서

$$t_0 = \frac{q'b - c}{\sqrt{q'(X'X)^{-1}q \cdot MSE}} = \frac{1.808}{\sqrt{0.3041}} = 3.278$$

그런데 부록 〈표 A-2〉에서 $t(7; 0.025) = 2.365$이므로 귀무가설 H_0는 기각된다. 즉 β_1과 β_2는 같은 값이 아니다.

SAS를 이용한 풀이

SAS를 이용하여 예제 8.4를 해결하여라.

[예제 8.4 SAS 프로그램]

```
EX8-4
DATA EX8_4;
INPUT Y X1 X2;
CARDS;
87 40 15
108 50 20
69 30 14
135 60 22
148 70 30
132 60 24
73 30 16
128 60 20
50 20 14
170 80 32
RUN;
PROC REG DATA=EX8_4;
MODEL Y=X1 X2;
TEST X1=X2;   가설을 검정하기 위한
RUN;          옵션
```

[예제 8.4 SAS 실행결과]

Test 1 Results for Dependent Variable Y				
Source	DF	Mean Square	F Value	Pr > F
Numerator	1	90.58532	10.75	0.0135
Denominator	7	8.42509		

해설 SAS 프로그램을 이용한 $H_0 : \beta_1 = \beta_2 \; vs \; H_1 : \beta_1 \neq \beta_2$에 대한 검정은 t 검정법은 지원이 안된다. F 검정을 이용하여 검정할 수 있다.

① $H_0 : \beta_1 = \beta_2 \; vs \; H_1 : \beta_1 \neq \beta_2$, $(\alpha = 0.05)$

② F=10.75, P-VALUE=0.0135이고 P값 $= 0.0135 < \alpha = 0.05$이므로 따라서 유의 수준 0.05에서 귀무가설 $H_0 : \beta_1 = \beta_2$를 기각한다.

즉 β_1과 β_2는 같은 값이 아니다.

8.3 분산분석

중회귀선의 유의성검정이라고 하면 반응량 y와 독립변수 $x_1, x_2, \cdots, x_k$ 사이의 직선관계를 규명하는 검정으로 이때의 귀무가설과 대립가설은

$$H_0: \ \beta_1 = \beta_2 = \cdots\cdots = \beta_k = 0$$
$$H_1: \ \beta_j \neq 0, \text{ 적어도 하나의 } j\text{에 대하여}$$

으로 주어진다. 여기서 귀무가설 H_0가 기각되면 k개의 독립변수 $x_1, x_2, \cdots, x_k$ 중 적어도 하나는 반응량의 변동에 영향을 끼친다는 것을 의미한다. 이 절에서는 이와 같은 귀무가설에 대한 검정방법으로서 분산분석을 이용하는 방법을 살펴보고자 한다.

분산분석법은 4장에서 살펴본 단순회귀모형에서와 같이 총변동(total variation: SST)을 회귀식에 의하여 설명되는 변동(variation due to regression: SSR)과 잔차에 의하여 설명되는 변동(variation due to residuals: SSE)으로 나누어서 분석하는 기법이다. 관측값 y의 변동과 제곱합은 아래와 같다.

$$\sum_{j=1}^{n}(y_j - \bar{y})^2 = \sum_{j=1}^{n}(y_j - \hat{y}_j)^2 + \sum_{j=1}^{n}(\hat{y}_j - \bar{y})^2$$
$$SST \quad = \quad SSE \quad + \quad SSR$$

총변동　　잔차에 의하여 설명되는 변동　　회귀식에 의하여 설명되는 변동

독립변수가 k개인 중회귀모형 (8.1)에서 변동 SST, SSR, SSE를 행렬로 표현해 보자. 총변동 SST는

$$\begin{aligned} SST &= \sum_{j=1}^{n}(y_j - \bar{y})^2 = \sum_{j=1}^{n} y_j^2 - n(\bar{y})^2 \\ &= \boldsymbol{y}'\boldsymbol{y} - \frac{1}{n}\boldsymbol{y}'\boldsymbol{1}\boldsymbol{1}'\boldsymbol{y} \\ &= \boldsymbol{y}'[\boldsymbol{I} - \frac{1}{n}\boldsymbol{1}\boldsymbol{1}']\boldsymbol{y} = \boldsymbol{y}'[\boldsymbol{I} - \frac{1}{n}\boldsymbol{J}]\boldsymbol{y} \end{aligned} \tag{8.39}$$

여기서

$$\mathbf{1} = \begin{bmatrix} 1 \\ 1 \\ \vdots \\ 1 \end{bmatrix} \quad \boldsymbol{J} = \begin{bmatrix} 1 & 1 & \cdots & 1 \\ 1 & 1 & \cdots & 1 \\ \vdots & \vdots & \cdots & \vdots \\ 1 & 1 & \cdots & 1 \end{bmatrix}$$

이고 SST의 자유도는 $df_T = (n-1)$이 된다.

다음으로 회귀식에 의하여 설명되는 변동 SSR은 다음과 같다.

$$SSR = \sum_{j=1}^{n} (\hat{y}_j - \overline{y})^2 = \sum_{j=1}^{n} \hat{y}_j^2 - n(\overline{y}^2) \tag{8.40}$$
$$= \hat{\boldsymbol{y}}'\hat{\boldsymbol{y}} - \frac{1}{n}\boldsymbol{y}'\boldsymbol{J}\boldsymbol{y}$$

그런데 $\hat{\boldsymbol{y}} = \boldsymbol{X}\boldsymbol{b}$이고 $\boldsymbol{b} = (\boldsymbol{X}'\boldsymbol{X})^{-1}\boldsymbol{X}'\boldsymbol{y}$이므로

$$\hat{\boldsymbol{y}}'\hat{\boldsymbol{y}} = \boldsymbol{b}'\boldsymbol{X}'\boldsymbol{X}\boldsymbol{b} = [\boldsymbol{y}'\boldsymbol{X}(\boldsymbol{X}'\boldsymbol{X})^{-1}]\boldsymbol{X}'\boldsymbol{X}[(\boldsymbol{X}'\boldsymbol{X})^{-1}\boldsymbol{X}'\boldsymbol{y}]$$
$$= \boldsymbol{y}'\boldsymbol{X}(\boldsymbol{X}'\boldsymbol{X})^{-1}\boldsymbol{X}'\boldsymbol{y} = \boldsymbol{b}'\boldsymbol{X}'\boldsymbol{y}$$

이고 따라서

$$SSR = \boldsymbol{y}'\boldsymbol{X}(\boldsymbol{X}'\boldsymbol{X})^{-1}\boldsymbol{X}'\boldsymbol{y} - \frac{1}{n}\boldsymbol{y}'\boldsymbol{J}\boldsymbol{y} \tag{8.41}$$
$$= \boldsymbol{y}'[\boldsymbol{X}(\boldsymbol{X}'\boldsymbol{X})^{-1}\boldsymbol{X}' - \frac{1}{n}\boldsymbol{J}]\boldsymbol{y}$$

또는

$$SSR = \boldsymbol{b}'\boldsymbol{X}'\boldsymbol{y} - n(\overline{y})^2 \tag{8.42}$$

이다. 이때 식 (8.42)에서 $\boldsymbol{b}'\boldsymbol{X}'\boldsymbol{y}$를 계산하기 위하여 $\boldsymbol{b}' = (b_0, b_1, \cdots, b_k)$을 추정하여야 하므로 $\boldsymbol{b}'\boldsymbol{X}'\boldsymbol{y}$는 자유도가 $(k+1)$이나 수정항 $n(\overline{y})$가 자유도를 하나 가지므로 결국 SSR의 자유도는 $df_R = k$가 된다.

$$SSE = \sum_{j=1}^{n} (y_j - \hat{y}_j)^2$$
$$= (\boldsymbol{y} - \hat{\boldsymbol{y}})'(\boldsymbol{y} - \hat{\boldsymbol{y}}) = (\boldsymbol{y} - \boldsymbol{X}\boldsymbol{b})'(\boldsymbol{y} - \boldsymbol{X}\boldsymbol{b})$$
$$= \boldsymbol{y}'\boldsymbol{y} - 2\boldsymbol{b}'\boldsymbol{X}'\boldsymbol{y} + \boldsymbol{b}'\boldsymbol{X}'\boldsymbol{X}\boldsymbol{b}$$

여기에서 $\boldsymbol{b} = (\boldsymbol{X}'\boldsymbol{X})^{-1}\boldsymbol{X}'\boldsymbol{y}$를 대입하면

$$SSE = y'y - y'X(X'X)^{-1}X'y \qquad (8.43)$$
$$= y'[I - X(X'X)^{-1}X']y$$

또는

$$SSE = y'y - b'X'y \qquad (8.44)$$

이 된다. 이때 SSE의 자유도는 $\boldsymbol{y'y}$이 자유도가 n이고 $\boldsymbol{b'X'y}$의 자유도가 $(k+1)$이므로 결국 $df_E = (n-k-1)$이 된다.

잔차제곱합 SSE는 $SST = SSR + SSE$이므로 식 (8.39)와 식 (8.41)로부터

$$\begin{aligned} SSE &= SST - SSR \\ &= [y'y - n(\bar{y})^2)] - [y'X(X'X)^{-1}X'y - n(\bar{y})^2] \\ &= y'y - y'X(X'X)^{-1}X'y \\ &= y'[I - X(X'X)^{-1}X']y \end{aligned}$$

를 얻을 수도 있고 자유도는 $df_T = df_R + df_E$이므로

$$df_E = df_T - df_R = (n-1) - k = n-k-1$$

를 얻을 수 있다.

〈표 8.1〉 중회귀모형의 분산분석표

요인	제곱합	자유도	제곱평균	F_0
회귀	SSR	k	$MSR = \frac{SSR}{k}$	$F_0 = \frac{MSR}{MSE}$
잔차	SSE	$n-k-1$	$MSE = \frac{SSE}{n-k-1}$	
계	SST	$n-1$		

〈표 8.1〉에서 제곱평균은 제곱합을 그 자유도로 나눈 것을 말하며 가설을 검정하기 위한 검정통계량은

$$F_0 = \frac{MSR}{MSE} \tag{8.45}$$

이다. 위 통계량을 이용한 검정절차는 아래와 같다.

(Ⅰ) 가설 H_0: $\beta_1 = \beta_2 = \cdots\cdots = \beta_k = 0$

H_1 : $\beta_j \neq 0$, 적어도 하나의 j에 대하여

(Ⅱ) 검정통계량은

H_0: $\beta_1 = \beta_2 = \cdots\cdots = \beta_k = 0$이 참일 때

$$F_0 = \frac{MSR}{MSE} \sim F(k, n-k-1)$$

(Ⅲ) 의사결정

유의수준 α에서

만약 $F_0 > F(k, n-k-1; \alpha)$이면 H_0를 기각 **(8.46)**

만약 $F_0 \leq F(k, n-k-1; \alpha)$이면 H_0를 채택

여기서 만약 귀무가설 H_0가 기각이 되면 유의수준 α로 중회귀선은 유의하다고 하며 k개의 독립변수 중에서 적어도 하나는 종속변수 y의 변동에 영향을 주고 있음을 나타내기는 하지만 모형에서 고려된 모든 독립변수들이 종속변수 y의 변동에 영향을 주고 있다는 의미는 아니다. 검정결과 유의한 경우 $\alpha = 0.01$이면 검정통계량 F_0의 위쪽에 **표시를 하고 $\alpha = 0.05$인 경우는 *표시를 해서 유의수준의 정도를 나타낸다.

위 검정에서 귀무가설 H_0: $\beta_1 = \beta_2 = \cdots = \beta_k = 0$를 검정하기 위하여 이용한 검정통계량 F_0의 통계적 의미를 생각해 보기로 하자. 먼저 MSR과 MSE의 기댓값을 구해 보자. (8.41), (8.44)에서

$$SSR = \boldsymbol{y}'[\boldsymbol{X}(\boldsymbol{X}'\boldsymbol{X})^{-1}\boldsymbol{X}' - \frac{1}{n}\boldsymbol{J}]\boldsymbol{y}$$

$$SSE = \boldsymbol{y}'[\boldsymbol{I} - \boldsymbol{X}(\boldsymbol{X}'\boldsymbol{X})^{-1}\boldsymbol{X}']\boldsymbol{y}$$

그런데

$$E(\boldsymbol{y}) = \boldsymbol{X}\beta$$

$$Var(\boldsymbol{y}) = Var(\epsilon) = \boldsymbol{I}\sigma^2$$

이므로 정리 (6.4)에 의하여

$$E(SSR) = E\left\{\boldsymbol{y}'\left[\boldsymbol{X}(\boldsymbol{X}'\boldsymbol{X})^{-1}\boldsymbol{X}' - \frac{1}{n}\boldsymbol{J}\right]\boldsymbol{y}\right\}$$

$$= t_r\{[\boldsymbol{X}(\boldsymbol{X}'\boldsymbol{X})^{-1}\boldsymbol{X}' - \frac{1}{n}\boldsymbol{J}]\sigma^2\} + (\boldsymbol{X}\beta)'[\boldsymbol{X}(\boldsymbol{X}'\boldsymbol{X})^{-1}\boldsymbol{X}' - \frac{1}{n}\boldsymbol{J}](\boldsymbol{X}\beta)$$

그런데

$$\begin{aligned} t_r[\boldsymbol{X}(\boldsymbol{X}'\boldsymbol{X})^{-1}\boldsymbol{X}' - \frac{1}{n}\boldsymbol{J}]\sigma^2 &= \sigma^2 t_r[\boldsymbol{X}(\boldsymbol{X}'\boldsymbol{X})^{-1}\boldsymbol{X}' - \frac{1}{n}\boldsymbol{J}] \\ &= \sigma^2[t_r(\boldsymbol{X}(\boldsymbol{X}'\boldsymbol{X})^{-1}\boldsymbol{X}') - \frac{1}{n}t_r(\boldsymbol{J})] \\ &= \sigma^2[t_r[(\boldsymbol{X}'\boldsymbol{X})(\boldsymbol{X}'\boldsymbol{X})^{-1}] - \frac{1}{n}\cdot n] \\ &= \sigma^2[(k+1) - 1] = k\sigma^2 \end{aligned}$$

이고

$$(\boldsymbol{X}\beta)'\left[\boldsymbol{X}(\boldsymbol{X}'\boldsymbol{X})^{-1}\boldsymbol{X}' - \frac{1}{n}\boldsymbol{J}\right](\boldsymbol{X}\beta) = \beta'\boldsymbol{X}'\boldsymbol{X}(\boldsymbol{X}'\boldsymbol{X})^{-1}\boldsymbol{X}'\boldsymbol{X}\beta - \frac{1}{n}\beta'\boldsymbol{X}'\boldsymbol{J}\boldsymbol{X}\beta$$

$$= \beta'\boldsymbol{X}'\left[\boldsymbol{I} - \frac{\boldsymbol{J}}{n}\right]\boldsymbol{X}\beta$$

이므로

$$E(SSR) = k\sigma^2 + \beta'\boldsymbol{X}'\left[\boldsymbol{I} - \frac{\boldsymbol{J}}{n}\right]\boldsymbol{X}\beta \tag{8.47}$$

다음으로

$$E(SSE) = E\{\boldsymbol{y}'[\boldsymbol{I} - \boldsymbol{X}(\boldsymbol{X}'\boldsymbol{X})^{-1}\boldsymbol{X}]\boldsymbol{y}\}$$

$$= t_r\{[\boldsymbol{I} - \boldsymbol{X}(\boldsymbol{X}'\boldsymbol{X})^{-1}\boldsymbol{X}']\sigma^2\} + (\boldsymbol{X}\beta)'[\boldsymbol{I} - \boldsymbol{X}(\boldsymbol{X}'\boldsymbol{X})^{-1}\boldsymbol{X}'](\boldsymbol{X}\beta)$$

그런데

$$\begin{aligned} t_r[\boldsymbol{I} - \boldsymbol{X}(\boldsymbol{X}'\boldsymbol{X})^{-1}\boldsymbol{X}']\sigma^2 &= \sigma^2\{t_r(\boldsymbol{I}) - t_r[\boldsymbol{X}(\boldsymbol{X}'\boldsymbol{X})^{-1}\boldsymbol{X}']\} \\ &= \sigma^2\{t_r(\boldsymbol{I}) - t_r[(\boldsymbol{X}'\boldsymbol{X})(\boldsymbol{X}'\boldsymbol{X})^{-1}]\} \\ &= \sigma^2[n - (k+1)] \end{aligned}$$

이고

$$
\begin{aligned}
&(\boldsymbol{X}\beta)'[\boldsymbol{I}-\boldsymbol{X}(\boldsymbol{X}'\boldsymbol{X})^{-1}\boldsymbol{X}'](\boldsymbol{X}\beta)\\
&\quad=\beta'\boldsymbol{X}'\boldsymbol{X}\beta-\beta'\boldsymbol{X}'\boldsymbol{X}(\boldsymbol{X}'\boldsymbol{X})^{-1}\boldsymbol{X}'\boldsymbol{X}\beta\\
&\quad=\beta'\boldsymbol{X}'\boldsymbol{X}\beta-\beta'\boldsymbol{X}'\boldsymbol{X}\beta\\
&\quad=0
\end{aligned}
$$

$$E(SSE)=(n-k-1)\sigma^2 \tag{8.48}$$

따라서

$$E(MSR)=E(\frac{SSR}{k})=\sigma^2+\frac{1}{k}\beta'\boldsymbol{X}'\left(\boldsymbol{I}-\frac{\boldsymbol{J}}{n}\right)\boldsymbol{X}\beta \tag{8.49}$$

이고,

$$E(MSE)=E(\frac{SSE}{n-k-1})=\sigma^2$$

이 결과를 이용하여

$$\frac{E(MSR)}{E(MSE)}=1+\frac{1}{k\sigma^2}\beta'\boldsymbol{X}'(\boldsymbol{I}-\frac{\boldsymbol{J}}{n})\boldsymbol{X}\beta \tag{8.50}$$

인데 $\boldsymbol{X}'\left(\boldsymbol{I}-\frac{\boldsymbol{J}}{n}\right)\boldsymbol{X}$가 양반정치행렬(postive semi-definite matrix)이므로

$$\beta'\boldsymbol{X}'(\boldsymbol{I}-\frac{\boldsymbol{J}}{n})\boldsymbol{X}\beta \geqq 0 \tag{8.51}$$

이다. 따라서 $\beta_1=\beta_2=\cdots\cdots=\beta_k=0$가 아닌 경우는

$$\frac{E(MSR)}{E(MSE)}>1$$

이며 $\beta_1=\beta_2=\cdots\cdots=\beta_k=0$인 경우는

$$\frac{E(MSR)}{E(MSE)}=1$$

또한

$$A=\frac{X(X'X)^{-1}X'-\frac{1}{n}J}{\sigma^2},\qquad B=\frac{I-X(X'X)^{-1}X'}{\sigma^2}$$

라 놓으면

$$r(A)=k,\qquad r(B)=n-k-1$$

이므로 식 (6.44)와 식 (6.45) 그리고 정리 (6.6)에 의하여

$$\frac{SSR}{\sigma^2}\sim\chi^{2'}\left[k,\frac{1}{2\sigma^2}\beta'X'(I-\frac{J}{n})X\beta\right] \tag{8.52}$$

이고

$$\frac{SSE}{\sigma^2}\sim\chi^2(n-k-1) \tag{8.53}$$

이다. 그런데

$$AVB=\left(\frac{X(X'X)^{-1}X'-\frac{1}{n}J}{\sigma^2}\right)\sigma^2\left(\frac{I-X(X'X)^{-1}X'}{\sigma^2}\right)=0$$

이므로 정리 (6.9)에 의하여 $\frac{SSR}{\sigma^2}$과 $\frac{SSE}{\sigma^2}$는 서로 독립이다. 따라서 비중심 F분포의 성질에 의하여

$$\frac{\frac{SSR}{\sigma^2}/k}{\frac{SSE}{\sigma^2}/(n-k-1)}=\frac{MSR}{MSE}\sim F'[k,(n-k-1);\frac{1}{2}\mu'A\mu] \tag{8.54}$$

여기서

$$\frac{1}{2}\mu'A\mu=\frac{1}{2\sigma^2}\beta'X'\left(I-\frac{J}{n}\right)X\beta$$

그런데 귀무가설 H_0: $\beta_1=\beta_2=\cdots\cdots=\beta_k=0$이 옳으면

$$\frac{1}{2}\mu'A\mu=\frac{1}{2\sigma^2}\beta'X'\left(I-\frac{J}{n}\right)X\beta=0$$

이 되어 검정통계량 F_0는 $F(k,\ n-k-1)$분포를 하나 그렇지 않으면 식 (8.54)에서

$$\frac{1}{2}\mu' \boldsymbol{A}\mu > 0$$

이 됨을 알 수 있다.

검정통계량

$$F_0 = \frac{MSR}{MSE}$$

는 H_0: $\beta_1 = \beta_2 = \cdots\cdots = \beta_k = 0$가 옳으면 분자의 자유도가 k이고 분모의 자유도가 $n-k-1$인 F분포를 한다.

예제 8.5

예제 7.1의 자료에 중회귀모형 $y = \beta_0 + \beta_1 x_1 + \beta_2 x_2 + \epsilon$을 적합시키고 분산분석표를 작성하여 귀무가설 H_0: $\beta_1 = \beta_2 = 0$을 유의수준 0.01로 검정하여라.

풀이 〈표 7.1〉의 자료에서

$$\bar{y} = 110$$

$$SST = \boldsymbol{y}'\boldsymbol{y} - n(\bar{y})^2 = \sum y_i^2 - n(\bar{y})^2$$

$$= (87)^2 + (108)^2 + \cdots + (170)^2 - 10(110)^2$$

$$= 134660 - 121000 = 13660$$

$$SSR = \boldsymbol{b}'\boldsymbol{X}'\boldsymbol{y} - n(\bar{y})^2$$

$$SSE = SST - SSR$$

이므로 분산분석표를 작성하면 〈표 8.2〉와 같이 된다.

〈표 8.2〉 분산분석표

요인	제곱합	자유도	제곱평균	F_0	$F(2, 7; 0.01)$
회귀	SSR=13601	2	MSR = 6800.5	807.18**	9.55
잔차	SSE=59	7	MSE = 8.428		
계	SST=13660				

즉 H_0는 유의수준 0.01로 기각된다.

SAS를 이용한 풀이

SAS를 이용하여 예제 8.5를 해결하여라.

SAS 프로그램은 예제 7.1과 동일하다.

[예제 8.5 SAS 실행결과]

```
DATA EX8_5;
INPUT Y X1 X2;
CARDS;
87 40 15
108 50 20
69 30 14
135 60 22
148 70 30
132 60 24
73 30 16
128 60 20
50 20 14
170 80 32
RUN;
PROC REG DATA=EX8_5;
MODEL Y=X1 X2;
RUN;
```

Analysis of Variance					
Source	DF	Sum of Squares	Mean Square	F Value	Pr > F
Model	2	13601	6800.51217	807.17	<.0001
Error	7	58.97565	8.42509		
Corrected Total	9	13660			

Root MSE	2.90260	R-Square	0.9957
Dependent Mean	110.00000	Adj R-Sq	0.9944
Coeff Var	2.63873		

Parameter Estimates					
Variable	DF	Parameter Estimate	Standard Error	t Value	Pr > |t|
Intercept	1	9.23045	3.45084	2.67	0.0318
X1	1	1.95481	0.13884	14.08	<.0001
X2	1	0.14634	0.41968	0.35	0.7376

해설 ① 가설: H_0: $\beta_1 = \beta_2 = 0$,

H_1: $\beta_j \neq 0$, 적어도 하나의 j에 대하여

② $F = 807.18$, P−VALUE = 0.0001이고, P값 = 0.0001 < α = 0.05이므로 유의 수준 0.05에서 귀무가설 H_0: $\beta_1 = \beta_2 = 0$를 기각할 수 있다.

즉, 독립변수 x_1, x_2 종속변수 y에 관계를 중회귀모형으로 나타내는 것이 유의하다. 즉, 가정된 중회귀모형은 적절하다고 할 수 있다.

R을 이용한 풀이

R을 이용하여 예제 8.5를 해결하여라.

R 프로그램은 예제 7.1과 동일하다.

[예제 8.5 R 실행결과]

R 프로그램을 이용한 풀이는 위의 SAS 해설 결과와 같이 나타낼 수 있다.

8.4 부분가설검정

앞 절에서 살펴본 가설검정 방법은 가설에서 알 수 있는 바와 같이 회귀계수 모두에 대한 검정이다. 이 절에서는 회귀계수들의 일부분에 대한 검정절차를 살펴보고자 한다. 이 검정방법은 중회귀분석에서 어떤 특정한 변수들을 회귀모형에 포함시키는 것이 바람직한가를 결정하여 주는 데 필요하며 일반적으로 변수 하나를 추가하면 회귀에 의한 제곱합 SSR은 커지고 잔차에 의한 제곱합 SSE는 작아진다. 따라서 회귀모형에 어떤 변수들을 추가시키는 것이 바람직한가를 결정하는 문제는 이 변수들을 포함시키지 않고 구한 회귀제곱합에 비하여 이 변수를 포함시키고 구한 회귀제곱합이 추가적으로 어느 정도 커졌는가를 검토하면 될 것이다. 이때 추가적으로 증가된 제곱합을 **추가제곱합**(extra sum of squares)이라고 하며 이 추가제곱합이 오차분산 σ^2의 추정량 MSE에 비하여 유의하게 클 때 이 변수들을 모형에 포함시키는 것이 필요하다고 판정하게 된다.

다음과 같은 중회귀모형을 생각해 보자.

$$y = \beta_0 + \beta_1 x_1 + \cdots + \beta_k x_k + \epsilon,\ \ \epsilon \sim N(0\,,\sigma^2)$$

최소제곱법에 의하여 추정된 회귀계수와 분산을 각각 $b_{0,}\ b_{1,}\ \cdots,\ b_k$이고 $\hat{\sigma}^2 = MSE$ 라고 하면 추정된 회귀식은

$$\hat{y} = b_0 + b_1 x_1 + \cdots + b_k x_k$$

이 되고 이 회귀식으로부터 얻어지는 회귀제곱합을 $SSR = R(\beta_1, \beta_2, \cdots, \beta_k \mid \beta_0)$로 표현하면

$$R(\beta_1, \beta_2, \cdots, \beta_k \mid \beta_0) = \sum_{i=1}^{n} (\hat{y}_i - \bar{y})^2 = \boldsymbol{b}'\boldsymbol{X}'\boldsymbol{y} - n(\bar{y})^2 \quad \textbf{(8.55)}$$

이 된다. 여기서 $n(\bar{y})^2$은 수정항으로서 $y_i = \beta_0 + \epsilon_i$라는 회귀모형을 적합시켰을 때 얻어지는 회귀제곱합 $R(\beta_0)$에 해당하며 하나의 자유도를 갖는다. 또한 $\boldsymbol{b}'\boldsymbol{X}'\boldsymbol{y}$는

$$\boldsymbol{b}'\boldsymbol{X}'\boldsymbol{y} = b_0 \sum_{i=1}^{n} y_i + b_1 \sum_{i=1}^{n} x_{1i} y_i + \cdots + b_k \sum_{i=1}^{n} x_{ki} y_i = R(\beta_0, \beta_1, \cdots, \beta_k) \quad \textbf{(8.56)}$$

로 표현되며 자유도는 $(k+1)$이다. 따라서 식 (8.55)는

$$R(\beta_1, \beta_2, \cdots, \beta_k \mid \beta_0) = R(\beta_0,\ \beta_1, \beta_2, \cdots, \beta_k) - R(\beta_0) \quad \textbf{(8.57)}$$

$$(df;k) = (df;k+1) - (df;1)$$

이 되며 $R(\beta_1, \beta_2, \cdots, \beta_k \mid \beta_0) = SSR$은 $y_i = \beta_0 + \epsilon_i$의 모형에 k개의 변수를 추가시키므로 해서 생기는 추가제곱합을 나타낸다. 이때 추가제곱합 $R(\beta_1, \beta_2, \cdots, \beta_k \mid \beta_0)$이 MSE에 비하여 상당히 크면 k개의 변수들을 모형에 추가하는 것이 필요하다고 판정하게 된다. 즉 다음과 같은 가설

$$H_0:\ \beta_1 = \beta_2 = \cdots\cdots = \beta_k = 0$$

$H_1\ :\ \beta_j \neq 0$, 적어도 하나의 j에 대하여

을 검정하고자 할 때의 검정통계량은

$$F_0 = \frac{[R(\beta_0, \beta_1, \cdots, \beta_k) - R(\beta_0)]/k}{MSE} \quad \textbf{(8.58)}$$

이므로

$$\text{만약 } F_0 > F(k, n-k-1; \alpha)\text{이면 } H_0\text{를 기각}$$
$$F_0 \leq F(k, n-k-1; \alpha)\text{이면 } H_0\text{를 채택} \tag{8.59}$$

이 검정법은 8.3절의 분산분석법과 동일하다. 예를 들어 $k=1$일 때, 즉 단순회귀모형

$$y = \beta_0 + \beta_1 x_1 + \epsilon$$

은 회귀모형 $y = \beta_0 + \epsilon$에 변수 x_1을 추가시킨 모형으로서 이때 추가제곱합은

$$\begin{aligned} R(\beta_1 \mid \beta_0) &= R(\beta_0, \beta_1) - R(\beta_0) \\ &= \boldsymbol{b}'\boldsymbol{X}'\boldsymbol{y} - n(\bar{y})^2 \\ &= (b_0, b_1)\begin{pmatrix} \sum_{i=1}^{n} y_i \\ \sum_{i=1}^{n} x_i y_i \end{pmatrix} - n(\bar{y})^2 \\ &= b_0 \sum_{i=1}^{n} y_i + b_1 \sum_{i=1}^{n} x_i y_i - n(\bar{y})^2 \\ &= SSR \end{aligned} \tag{8.60}$$

이 되고 H_0: $\beta_1 = 0$을 검정하기 위한 검정통계량은 식 (4.41)에서

$$F_0 = \frac{MSR}{MSE} = \frac{[R(\beta_0, \beta_1) - R(\beta_0)]/1}{SSE/(n-2)}$$

이므로 추가제곱합 $R(\beta_0, \beta_1) - R(\beta_0) = R(\beta_1 \mid \beta_0)$의 크기에 따라

$$\text{만약 } F_0 > F(1, n-2; \alpha)\text{이면 } H_0\text{를 기각}$$
$$F_0 \leq F(1, n-2; \alpha)\text{이면 } H_0\text{를 채택} \tag{8.61}$$

한다. 이 검정방법은 4장의 분산분석법과 동일하다.

다음으로 $p=k$개의 변수 중 r개(편의상 $x_1, x_2, \cdots, x_r$)만을 선택하고 나머지 $(k-r)$개의 변수($x_{r+1}, \cdots, x_k$)를 중회귀모형에 포함시킬 필요가 있는지를 검토하고자 하는

경우 즉,

$$H_0:\ \beta_{r+1} = \beta_{r+2} = \cdots\cdots = \beta_k = 0$$
$$H_1:\ (k-r)\text{개 중 적어도 하나는 0이 아니다.} \quad \textbf{(8.62)}$$

을 검정하고자 하는 경우를 생각해 보자.

중회귀모형을 다음과 같이 표현할 수 있다.

$$\begin{aligned} \boldsymbol{y} &= \boldsymbol{X\beta} + \boldsymbol{\epsilon} \\ &= (\boldsymbol{X}_1\ \boldsymbol{X}_2)\begin{pmatrix}\boldsymbol{\alpha}_1 \\ \boldsymbol{\alpha}_2\end{pmatrix} + \boldsymbol{\epsilon} \end{aligned}$$

여기서 $\boldsymbol{X}_2$는 $[n\times(k-r)]$이고 $\boldsymbol{\alpha}_2$는 $(k-r)\times 1$이다.

식 (8.62)의 검정은 $H_0:\ \boldsymbol{\alpha}_2 = \boldsymbol{0}$를 검정하는 것과 동일하다. H_0가 옳을 때, 즉 r개의 변수를 갖는 중회귀모형을 생각하면

$$y_i = \alpha_0 + \alpha_1 x_{1i} + \cdots + \alpha_r x_{ri} + \epsilon_i \quad \textbf{(8.63)}$$

이고 이 식을 행렬로 표현하면

$$\underset{n\times 1}{\boldsymbol{y}} = \underset{n\times(r+1)}{\boldsymbol{X}_1}\ \underset{(r+1)\times 1}{\boldsymbol{\alpha}_1} + \underset{n\times 1}{\boldsymbol{\epsilon}} \quad \textbf{(8.64)}$$

이다. 이때 식 (8.63)을 **축소모형**(reduced model)이라고 하며 이 모형을 적합하여 얻은 회귀제곱합 SSR을 $SSR(R)$이라 놓으면

$$\begin{aligned} SSR(R) &= R(\alpha_1, \alpha_2, \cdots, \alpha_r \mid \alpha_0) \quad \textbf{(8.65)} \\ &= R(\alpha_0, \alpha_1, \alpha_2, \cdots, \alpha_r) - R(\alpha_0) \\ &= \boldsymbol{\alpha}_1{}'\boldsymbol{X}_1{}'\boldsymbol{y} - n(\bar{y})^2 \end{aligned}$$

이 되며 이것은 $\boldsymbol{\alpha}_2$를 무시하고 가정한 모형에서의 회귀제곱합이므로 $\boldsymbol{\alpha}_2$를 무시한 $\boldsymbol{\alpha}_1$에 의한 회귀제곱합(reduction due to $\boldsymbol{\alpha}_1$ ignoring $\boldsymbol{\alpha}_2$)이라고 한다.

이때의 $SSR(R)$의 자유도는 $(r+1)-1=r$이 된다. 또한 식 (8.63)의 모형에 $(k-r)$개의 변수 $x_{r+1}, \cdots, x_k$를 추가한 중회귀모형은

$$y_i = \beta_0 + \beta_1 x_{1i} + \cdots + \beta_r x_{ri} + \cdots + \beta_k x_{ki} + \epsilon_i \quad \textbf{(8.66)}$$

이고 행렬로 표시하면

$$\underset{n\times 1}{\boldsymbol{y}} = \underset{n\times(k+1)}{\boldsymbol{X}} \; \underset{(k+1)\times 1}{\boldsymbol{\beta}} + \underset{n\times 1}{\boldsymbol{\epsilon}} \tag{8.67}$$

$$\boldsymbol{X} = \left[\begin{array}{cccc|ccc} 1 & x_{11} & \cdots & x_{r1} & x_{r+1\,1} & \cdots & x_{k1} \\ 1 & x_{12} & \cdots & x_{r2} & x_{r+1\,2} & \cdots & x_{k2} \\ \vdots & \vdots & & \vdots & \vdots & & \vdots \\ 1 & x_{1n} & \cdots & x_{rn} & x_{r+1\,n} & \cdots & x_{kn} \end{array}\right]$$

$$\qquad \boldsymbol{X}_1 \qquad\qquad \boldsymbol{X}_2$$

$$[n\times(r+1)]\,[n\times(k-r)]$$

$$\boldsymbol{\beta} = \begin{bmatrix} \beta_0 \\ \beta_1 \\ \vdots \\ \beta_r \\ \beta_{r+1} \\ \vdots \\ \beta_k \end{bmatrix} = \begin{bmatrix} \boldsymbol{\alpha}_1 \\ \cdots \\ \boldsymbol{\alpha}_2 \end{bmatrix} \begin{matrix} (r+1)\times 1 \\ \\ (k-r)\times 1 \end{matrix}$$

식 (8.66)을 **완전모형**(full model)이라고 하며, 이 식으로부터의 회귀제곱합을 $SSR(F)$라고 하면

$$\begin{aligned} SSR(F) &= R(\beta_1, \beta_2, \cdots, \beta_k \mid \beta_0) \\ &= R(\beta_0, \beta_1, \beta_2, \cdots, \beta_k) - R(\beta_0) \\ &= \boldsymbol{b}'\boldsymbol{X}'\boldsymbol{y} - n(\overline{y})^2 \end{aligned} \tag{8.68}$$

이고, 이때의 자유도는 k가 된다. 따라서 식 (8.65)와 식 (8.68)로부터 추가제곱합은

$$R(\beta_{r+1}, \beta_{r+2}, \cdots, \beta_k \mid \beta_0, \beta_1, \cdots, \beta_r) = SSR(F) - SSR(R)$$

$$= \boldsymbol{b}'\boldsymbol{X}'\boldsymbol{y} - \boldsymbol{\alpha}_1{}'\boldsymbol{X}_1{}'\boldsymbol{y} \tag{8.69}$$

이 되며, 이것을 $\boldsymbol{\alpha}_1$으로 수정된 $\boldsymbol{\alpha}_2$에 기인되는 회귀제곱합(reduction due to $\boldsymbol{\alpha}_2$ adjusted for $\boldsymbol{\alpha}_1$) 또는 **추가제곱합**이라고 한다. 추가제곱합의 자유도는 $(k-r)$이고, 완전모형에서의 잔차제곱합 $SSE(F)$는

$$SSE(F) = \sum_{i=1}^{n} (y_i - \hat{y}_i)^2$$
$$= \boldsymbol{y}'\boldsymbol{y} - \boldsymbol{b}'\boldsymbol{X}'\boldsymbol{y}$$

이다. 자유도는 $n-k-1$이므로 가설 (8.62)를 검정하기 위한 검정통계량은

$$F_0 = \frac{SSR(F) - SSR(R)}{df_F - df_R} / \frac{SSE(F)}{df_F} \tag{8.70}$$
$$= \frac{R(\beta_{r+1}, \beta_{r+2}, \cdots, \beta_k \mid \beta_0, \beta_1, \cdots, \beta_r)/(k-r)}{SSE/(n-k-1)}$$
$$= \frac{(\boldsymbol{b}'\boldsymbol{X}'\boldsymbol{y} - \boldsymbol{a}_1{}'\boldsymbol{X}_1{}'\boldsymbol{y})/(k-r)}{MSE}$$

이 되며 가설의 결정은

> 만약 $F_0 > F(k-r, n-k-1; \alpha)$이면 H_0를 기각
> $F_0 \leq F(k-r, n-k-1; \alpha)$이면 H_0를 채택

일반적으로 중회귀모형

$$\underset{n\times 1}{\boldsymbol{y}} = \underset{n\times(k+1)}{\boldsymbol{X}} \underset{(k+1)\times 1}{\boldsymbol{\beta}} + \underset{n\times 1}{\boldsymbol{\epsilon}} \tag{8.71}$$

에서 $r < k$개의 변수들이 회귀관계를 설명하는 데 영향을 미치는가를 검토하고자 할 때 회귀계수 벡터 $\boldsymbol{\beta}$를 다음과 같이 분할한다.

$$\boldsymbol{\beta} = \begin{bmatrix} \beta_0 \\ \beta_1 \\ \vdots \\ \beta_{k-r} \\ \beta_{k-r+1} \\ \vdots \\ \beta_k \end{bmatrix} = \begin{bmatrix} \boldsymbol{\beta}_1 \\ \cdots \\ \boldsymbol{\beta}_2 \end{bmatrix} \tag{8.72}$$

여기서 $\boldsymbol{\beta}_1$은 $(k-r+1)\times 1$ 벡터이고 $\boldsymbol{\beta}_2$는 $(r\times 1)$ 벡터이다. 이때 귀무가설과 대립가설은

$$H_0: \ \boldsymbol{\beta}_2 = 0$$
$$H_1: \ \boldsymbol{\beta}_2 \neq 0 \tag{8.73}$$

이고 식 (8.71)에서 행렬 $\boldsymbol{X}$를

$$\boldsymbol{X} = \begin{bmatrix} 1 & x_{11} & x_{21} & \cdots & x_{(k-r)1} & \vdots & x_{(k-r+1)1} & \cdots & x_{k1} \\ 1 & x_{12} & x_{22} & \cdots & x_{(k-r)2} & \vdots & x_{(k-r+1)2} & \cdots & x_{k2} \\ \vdots & \vdots & \vdots & & \vdots & \vdots & \vdots & & \vdots \\ 1 & x_{1n} & x_{2n} & \cdots & x_{(k-r)n} & \vdots & x_{(k-r+1)n} & \cdots & x_{kn} \end{bmatrix}$$
$$= [\underset{n\times(k-r+1)}{\boldsymbol{X}_1} \quad \underset{n\times r}{\boldsymbol{X}_2}]$$

이라 놓으면

$$\boldsymbol{y} = \boldsymbol{X\beta} + \boldsymbol{\epsilon} = [\boldsymbol{X}_1 \ \ \boldsymbol{X}_2]\begin{bmatrix}\boldsymbol{\beta}_1 \\ \boldsymbol{\beta}_2\end{bmatrix} + \boldsymbol{\epsilon} \tag{8.74}$$
$$= \boldsymbol{X}_1\boldsymbol{\beta}_1 + \boldsymbol{X}_2\boldsymbol{\beta}_2 + \boldsymbol{\epsilon}$$

이 모형을 완전모형이라고 하고 완전모형으로부터의 회귀제곱합은

$$SSR(F) = R(\beta_1, \beta_2, \cdots, \beta_k \mid \beta_0) \tag{8.75}$$
$$= R(\beta_0, \beta_1, \cdots, \beta_k) - R(\beta_0)$$
$$= \boldsymbol{b}'\boldsymbol{X}'\boldsymbol{y} - n(\bar{y})^2, \qquad df = k$$

이며 잔차제곱합은

$$SSE(F) = \boldsymbol{y}'\boldsymbol{y} - \boldsymbol{b}'\boldsymbol{X}'\boldsymbol{y}, \qquad df = n-k-1 \tag{8.76}$$

만약 귀무가설 $H_0: \ \boldsymbol{\beta}_2 = 0$가 사실이라면 식 (8.74)는

$$\boldsymbol{y} = \boldsymbol{X}_1\boldsymbol{\beta}_1 + \boldsymbol{\epsilon} \tag{8.77}$$

이 되며 이때 이 식을 축소모형이라고 한다. 축소모형에서 회귀계수 β의 추정량은 $\hat{\boldsymbol{\beta}}_1 = \boldsymbol{b}_1 = (\boldsymbol{X}_1'\boldsymbol{X}_1)^{-1}\boldsymbol{X}_1'\boldsymbol{y}$이므로 회귀제곱합은

$$SSR(R) = R(\beta_1, \beta_2, \cdots, \beta_{k-r} \mid \beta_0) \tag{8.78}$$
$$= R(\beta_0, \beta_1, \cdots, \beta_{k-r}) - R(\beta_0)$$
$$= \boldsymbol{b}_1{}'\boldsymbol{X}_1{}'\boldsymbol{y} - n(\bar{y})^2, \qquad df = k - r$$

따라서 식 (8.75)와 식 (8.78)로부터 추가제곱합은

$$R(\boldsymbol{\beta}_2 \mid \boldsymbol{\beta}_1) = R(\beta_{k-r+1}, \beta_{k-r+2}, \cdots, \beta_k \mid \beta_0, \beta_1, \cdots, \beta_{k-r}) \tag{8.79}$$
$$= R(\beta_0, \beta_1, \cdots, \beta_k) - R(\beta_0, \beta_1, \cdots, \beta_{k-r})$$
$$= SSR(F) - SSR(R)$$
$$= \boldsymbol{b}'\boldsymbol{X}'\boldsymbol{y} - \boldsymbol{b}_1{}'\boldsymbol{X}_1{}'\boldsymbol{y}, \qquad df = k + 1 - (k - r + 1) = r$$

이므로 가설 (8.73)을 검정하기 위한 검정통계량은

$$F_0 = \frac{R(\boldsymbol{\beta}_2 \mid \boldsymbol{\beta}_1)/r}{SSE(F)/(n-k-1)} = \frac{[SSR(F) - SSR(R)]/r}{MSE(F)} \tag{8.80}$$

이다. 따라서 분산분석표를 작성하면 다음 표와 같다.

〈표 8.3〉 $\boldsymbol{\beta}_2 = 0$를 검정하기 위한 분산분석표

요인	제곱합	자유도	제곱평균	F_0
회귀	$SSR(F) = \boldsymbol{b}'\boldsymbol{X}'\boldsymbol{y} - n(\bar{y})^2$	k	MSR	$F_0 = \dfrac{Q/r}{MSE(F)}$
$\boldsymbol{\beta}_1$에 의한 회귀	$SSR(R) = \boldsymbol{b}_1{}'\boldsymbol{X}_1{}'\boldsymbol{y} - n(\bar{y})^2$	$k-r$	$MSR(R)$	
수정된 $\boldsymbol{\beta}_2$에 의한 회귀	$SSR(F) - SSR(R)$ $= \boldsymbol{b}'\boldsymbol{X}'\boldsymbol{y} - \boldsymbol{b}_1{}'\boldsymbol{X}_1{}'\boldsymbol{y} = Q$	r	Q/r	
오차	$SSE(F) = \boldsymbol{y}'\boldsymbol{y} - \boldsymbol{b}'\boldsymbol{X}'\boldsymbol{y}$	$n-(k+1)$	$MSE(F)$	
계	$SST = \boldsymbol{y}'\boldsymbol{y} - n(\bar{y})^2$	$n-1$		

가설에 대한 결정은 다음과 같다.

만약 $F_0 > F(r, n-k-1; \alpha)$이면 H_0를 기각하고,
$F_0 \leq F(r, n-k-1; \alpha)$이면 H_0를 채택한다.

식 (8.74) 중회귀모형 $y = X\beta + \epsilon = X_1\beta_1 + X_2\beta_2 + \epsilon$에서

$$X_1{}' X_2 = 0 \text{ 또는 } X_2{}' X_1 = 0 \tag{8.81}$$

가 성립한다면 X_1의 모든 열과 X_2의 모든 열은 직교(orthogonal)한다고 하며 이때 정규방정식은

$$(X' X) = (X_1 X_2)'(X_1 X_2) = \begin{bmatrix} X_1{}' X_1 & X_1{}' X_2 \\ X_2{}' X_1 & X_2{}' X_2 \end{bmatrix}$$

이므로

$$\begin{bmatrix} X_1{}' X_1 & X_1{}' X_2 \\ X_2{}' X_1 & X_2{}' X_2 \end{bmatrix} \begin{bmatrix} b_1 \\ b_2 \end{bmatrix} = \begin{bmatrix} X_1{}' y \\ X_2{}' y \end{bmatrix} \tag{8.82}$$

이 되고 만약 $X_1{}' X_2 = 0$, $X_2{}' X_1 = 0$이면 b_1과 b_2는

$$\begin{bmatrix} b_1 \\ b_2 \end{bmatrix} = \begin{bmatrix} X_1{}' X_1 & 0 \\ 0 & X_2{}' X_2 \end{bmatrix}^{-1} \begin{bmatrix} X_1{}' y \\ X_2{}' y \end{bmatrix} \tag{8.83}$$

$$= \begin{bmatrix} (X_1{}' X_1)^{-1} X_1{}' y \\ (X_2{}' X_2)^{-1} X_2{}' y \end{bmatrix}$$

이 되어 $b_1 = (X_1{}' X_1)^{-1} X_1{}' y$은 회귀모형 $y = X_1\beta_1 + \epsilon$를 적합시켜 얻어지는 β_1의 추정량과 동일하며 이때의 회귀제곱합은 $SSR_1 = b_1{}' X_1{}' y$이 되고 $b_2 = (X_2{}' X_2)^{-1} X_2{}' y$ 는 회귀모형 $y = X_2\beta_2 + \epsilon$로 얻어지는 β_2의 추정량과 동일하며 이때의 회귀제곱합은 $SSR_2 = b_2{}' X_2{}' y$이 된다.

완전모형으로부터

$$R(\beta) = b' X' y = (b_1 \quad b_2)' \begin{bmatrix} X_1{}' y \\ X_2{}' y \end{bmatrix}$$

$$= b_1{}' X_1{}' y + b_2{}' X_2{}' y$$

$$= R(\beta_1) + R(\beta_2)$$

이 성립하므로 $X_1{}' X_2 = 0$이거나 $X_2{}' X_1 = 0$이면 다음과 같은 결과를 얻을 수 있다.

$$R(\beta) = R(\beta_1, \beta_2) = R(\beta_1) + R(\beta_2) \tag{8.84}$$

$$R(\beta_1 \mid \beta_2) = R(\beta_1, \beta_2) - R(\beta_2) \qquad (8.85)$$

$$= R(\beta_1)$$

$$R(\beta_2 \mid \beta_1) = R(\beta_1, \beta_2) - R(\beta_1) \qquad (8.86)$$

$$= R(\beta_2)$$

> $\boldsymbol{X}_1'\boldsymbol{X}_2 = 0$거나 $\boldsymbol{X}_2'\boldsymbol{X}_1 = 0$이면
>
> $$R(\beta) = R(\beta_1) + R(\beta_2)$$
> $$R(\beta_1 \mid \beta_2) = R(\beta_1)$$
> $$R(\beta_2 \mid \beta_1) = R(\beta_2)$$

이 결과는 $\boldsymbol{X}$를 둘로 분할한 경우뿐만 아니라 r개로 분할하였을 경우에도 성립된다. 즉,

$$\boldsymbol{y} = \boldsymbol{X}\beta + \epsilon$$

$$= \boldsymbol{X}_1\beta_1 + \boldsymbol{X}_2\beta_2 + \cdots + \boldsymbol{X}_r\beta_r + \epsilon$$

에서 β를 추정하기 위한 정규방정식 $\boldsymbol{X}'\boldsymbol{X}\boldsymbol{b} = \boldsymbol{X}'\boldsymbol{y}$은

$$\begin{bmatrix} \boldsymbol{X}_1'\boldsymbol{X}_1 & \boldsymbol{X}_1'\boldsymbol{X}_2 & \cdots & \boldsymbol{X}_1'\boldsymbol{X}_r \\ \boldsymbol{X}_2'\boldsymbol{X}_1 & \boldsymbol{X}_2'\boldsymbol{X}_2 & \cdots & \boldsymbol{X}_2'\boldsymbol{X}_r \\ \vdots & \vdots & & \vdots \\ \boldsymbol{X}_r'\boldsymbol{X}_1 & \boldsymbol{X}_r'\boldsymbol{X}_2 & \cdots & \boldsymbol{X}_r'\boldsymbol{X}_r \end{bmatrix} \begin{bmatrix} \boldsymbol{b}_1 \\ \boldsymbol{b}_2 \\ \vdots \\ \boldsymbol{b}_r \end{bmatrix} = \begin{bmatrix} \boldsymbol{X}_1'\boldsymbol{y} \\ \boldsymbol{X}_2'\boldsymbol{y} \\ \vdots \\ \boldsymbol{X}_r'\boldsymbol{y} \end{bmatrix}$$

이 되며, 여기서 만약 $\boldsymbol{X}_i'\boldsymbol{X}_j = 0$, $i \neq j$이면

$$\boldsymbol{b}_i = (\boldsymbol{X}_i'\boldsymbol{X}_i)^{-1}\boldsymbol{X}_i'\boldsymbol{y}$$

$$R(\beta_i) = \boldsymbol{b}_i'\boldsymbol{X}_i'\boldsymbol{y}$$

이 됨을 보일 수 있고 따라서

$$R(\beta) = R(\beta_1) + R(\beta_2) + \cdots + R(\beta_r)$$

$$= \boldsymbol{b}_1'\boldsymbol{X}_1'\boldsymbol{y} + \boldsymbol{b}_2'\boldsymbol{X}_2'\boldsymbol{y} + \cdots + \boldsymbol{b}_r'\boldsymbol{X}_r'\boldsymbol{y}$$

이 성립함을 보일 수 있다. 즉 $\boldsymbol{X}_i'\boldsymbol{X}_j = 0$, $i \neq j$이면 모형에 β_j, $j \neq i$ 항들이 포함되어 있더라도 β_j의 추정은 아무런 영향을 받지 않고 $\boldsymbol{y} = \boldsymbol{X}_j\beta_j + \epsilon$의 모형에서 계산할 수 있다.

예제 8.6

다음과 같은 자료에서

y	5	7	8	12	15	16	19	20
x_1	-1	1	-1	-1	1	1	-1	1
x_2	-1	-1	1	-1	1	-1	1	1
x_3	-1	-1	-1	1	-1	1	1	1

중회귀모형 $y=\beta_0+\beta_1x_1+\beta_2x_2+\beta_3x_3+\epsilon$을 적합시키는 경우

1) 분산분석표를 작성하고 H_0: $\beta_1=\beta_2=\beta_3=0$을 유의수준 0.05로 검정하여라.
2) 추가제곱합 $R(\beta_2 \mid \beta_0,\beta_1,\beta_3)$를 계산하고 귀무가설 H_0: $\beta_2=0$을 유의수준 $\alpha=0.05$로 검정하여라.
3) $\boldsymbol{X}$ 행렬을 다음과 같이 분할하고

$$\boldsymbol{X}=\begin{bmatrix} 1 & -1 & \vdots & -1 & -1 \\ 1 & 1 & \vdots & -1 & -1 \\ 1 & -1 & \vdots & 1 & -1 \\ 1 & -1 & \vdots & -1 & 1 \\ 1 & 1 & \vdots & 1 & -1 \\ 1 & 1 & \vdots & -1 & 1 \\ 1 & -1 & \vdots & -1 & -1 \\ 1 & 1 & \vdots & 1 & 1 \end{bmatrix}=[\boldsymbol{X}_1 \quad \boldsymbol{X}_2],\ \boldsymbol{\beta}=\begin{bmatrix}\boldsymbol{\beta}_1 \\ \cdots \\ \boldsymbol{\beta}_2\end{bmatrix}=\begin{bmatrix}\beta_0 \\ \beta_1 \\ \cdots \\ \beta_2 \\ \beta_3\end{bmatrix}$$

중회귀모형을

$$\boldsymbol{y}=\boldsymbol{X\beta}+\epsilon=\boldsymbol{X}_1\boldsymbol{\beta}_1+\boldsymbol{X}_2\boldsymbol{\beta}_2+\epsilon$$

$$=\begin{bmatrix} 1 & -1 \\ 1 & 1 \\ 1 & -1 \\ 1 & -1 \\ 1 & 1 \\ 1 & 1 \\ 1 & -1 \\ 1 & 1 \end{bmatrix}\begin{bmatrix}\beta_0 \\ \beta_1\end{bmatrix}+\begin{bmatrix} -1 & -1 \\ -1 & -1 \\ 1 & -1 \\ -1 & 1 \\ 1 & -1 \\ -1 & 1 \\ -1 & -1 \\ 1 & 1 \end{bmatrix}\begin{bmatrix}\beta_2 \\ \beta_3\end{bmatrix}+\epsilon$$

로 표현할 때 다음의 결과를 보여라.

$$R(\boldsymbol{\beta})=R(\boldsymbol{\beta}_1)+R(\boldsymbol{\beta}_2)$$
$$R(\boldsymbol{\beta}_1 \mid \boldsymbol{\beta}_2)=R(\boldsymbol{\beta})-R(\boldsymbol{\beta}_2)=R(\boldsymbol{\beta}_1)$$

$$R(\beta_2 \mid \beta_1) = R(\beta_2)$$

위와 같은 중회귀모형은 실험계획법에서 2^3 요인배치모형이다.

풀이

1) $(\boldsymbol{X}'\boldsymbol{X}) = \begin{bmatrix} 8\,0\,0\,0 \\ 0\,8\,0\,0 \\ 0\,0\,8\,0 \\ 0\,0\,0\,8 \end{bmatrix}$

$$(\boldsymbol{X}'\boldsymbol{X})^{-1} = \begin{bmatrix} 0.125 & 0 & 0 & 0 \\ 0 & 0.125 & 0 & 0 \\ 0 & 0 & 0.125 & 0 \\ 0 & 0 & 0 & 0.125 \end{bmatrix}$$

$$(\boldsymbol{X}'\boldsymbol{y}) = \begin{bmatrix} 102 \\ 14 \\ 22 \\ 32 \end{bmatrix}$$

$$\boldsymbol{b} = (\boldsymbol{X}'\boldsymbol{X})^{-1}\boldsymbol{X}'\boldsymbol{y} = \begin{bmatrix} 12.75 \\ 1.75 \\ 2.75 \\ 4 \end{bmatrix} = \begin{bmatrix} b_0 \\ b_1 \\ b_2 \\ b_3 \end{bmatrix}$$

따라서 추정된 회귀방정식과 제곱합은

$$\hat{y} = 13 + 2x_1 + 2.5x_2 + 3.75x_3$$

$$SST = \sum_{i=1}^{n} y_i^2 - n(\overline{y})^2 = 223.5$$

$$SSR = \boldsymbol{b}'\boldsymbol{X}'\boldsymbol{y} - n(\overline{y})^2 = 213.0$$

$$SSE = \sum_{i=1}^{n} y_i^2 - \boldsymbol{b}'\boldsymbol{X}'\boldsymbol{y} = 10.5$$

요인	제곱합	자유도	제곱평균	F_0
회귀	213.0	3	71.0000	27.05
잔차	10.5	4	2.62500	
계	223.5	7		

그런데 $F(3,4\,;0.05) = 6.59 < F_0 = 27.05$이 되어 회귀제곱합은 유의하게 크므로 가정된 회귀모형은 적절하다고 볼 수 있다. 즉 H_0: $\beta_1 = \beta_2 = \beta_3 = 0$를

기각한다.

2) $R(\beta_2 \mid \beta_0,\beta_1,\beta_3) = R(\beta_0,\beta_1,\beta_2,\beta_3) - R(\beta_0,\beta_1,\beta_3)$

그런데 $R(\beta_0,\beta_1,\beta_2,\beta_3) = \boldsymbol{b'X'y} = 1,513.5$이고 $R(\beta_0,\beta_1,\beta_3)$는 $H_0: \beta_2 = 0$가 옳을 때의 축소모형 $y = \beta_0 + \beta_1 x_1 + \beta_3 x_3 + \epsilon$로부터 구할 수 있다.

즉,

$$\boldsymbol{X} = \begin{bmatrix} 1 & -1 & -1 \\ 1 & 1 & -1 \\ 1 & -1 & -1 \\ 1 & -1 & 1 \\ 1 & 1 & -1 \\ 1 & 1 & 1 \\ 1 & -1 & 1 \\ 1 & 1 & 1 \end{bmatrix} \quad \boldsymbol{X'X} = \begin{bmatrix} 8 & 0 & 0 \\ 0 & 8 & 0 \\ 0 & 0 & 8 \end{bmatrix}$$

$$(\boldsymbol{X'X})^{-1} = \begin{bmatrix} 0.125 & 0 & 0 \\ 0 & 0.125 & 0 \\ 0 & 0 & 0.125 \end{bmatrix} \qquad \boldsymbol{X'y} = \begin{bmatrix} 102 \\ 14 \\ 32 \end{bmatrix}$$

$$\boldsymbol{b} = (\boldsymbol{X'X})^{-1}\boldsymbol{X'y} = \begin{bmatrix} 12.75 \\ 1.75 \\ 4.00 \end{bmatrix} = \begin{bmatrix} b_0 \\ b_1 \\ b_3 \end{bmatrix}$$

이며

$$R(\beta_0,\beta_1,\beta_3) = \boldsymbol{b'X'y} = 1,453$$

이므로

$$R(\beta_2 \mid \beta_0,\beta_1,\beta_3) = R(\beta_0,\beta_1,\beta_2,\beta_3) - R(\beta_0,\beta_1,\beta_3) = 60.5$$

따라서 가설

$$H_0: \ \beta_2 = 0$$

$$H_1: \ \beta_2 \neq 0$$

에 대하여 검정통계량은 식 (8.80)으로 주어진다. 즉

$$F_0 = \frac{R(\beta_2 \mid \beta_0,\beta_1,\beta_3)/1}{MSE(F)} = \frac{60.5}{2.6250} = 23.05$$

그런데 $F(1, 4; 0.05) = 7.71 < F_0 = 23.5$이므로 귀무가설은 기각된다. 즉 β_2는 0이 아니다.

3) $(\boldsymbol{X}'\boldsymbol{X}) = \begin{bmatrix} \boldsymbol{X}_1'\boldsymbol{X}_1 & \boldsymbol{X}_1'\boldsymbol{X}_2 \\ \boldsymbol{X}_2'\boldsymbol{X}_1 & \boldsymbol{X}_2'\boldsymbol{X}_2 \end{bmatrix} = \begin{bmatrix} 8 & 0 & \vdots & 0 & 0 \\ 0 & 8 & \vdots & 0 & 0 \\ \cdots & \cdots & \cdots & \cdots & \cdots \\ 0 & 0 & \vdots & 8 & 0 \\ 0 & 0 & \vdots & 0 & 8 \end{bmatrix}$

이므로

$$(\boldsymbol{X}'\boldsymbol{X})^{-1} = \begin{bmatrix} 0.125 & 0 & \vdots & 0 & 0 \\ 0 & 0.125 & \vdots & 0 & 0 \\ \cdots & \cdots & \cdots & \cdots & \cdots \\ 0 & 0 & \vdots & 0.125 & 0 \\ 0 & 0 & \vdots & 0 & 0.125 \end{bmatrix}$$

$$= \begin{bmatrix} (\boldsymbol{X}_1'\boldsymbol{X}_1)^{-1} & (\boldsymbol{X}_1'\boldsymbol{X}_2)^{-1} \\ (\boldsymbol{X}_2'\boldsymbol{X}_1)^{-1} & (\boldsymbol{X}_2'\boldsymbol{X}_2)^{-1} \end{bmatrix}$$

$$\boldsymbol{X}'\boldsymbol{y} = \begin{bmatrix} \boldsymbol{X}_1'\boldsymbol{y} \\ \boldsymbol{X}_2'\boldsymbol{y} \end{bmatrix} = \begin{bmatrix} 102 \\ 14 \\ 22 \\ 32 \end{bmatrix}$$

이다. 따라서

$$\boldsymbol{b} = \begin{bmatrix} \boldsymbol{b}_0 \\ \boldsymbol{b}_1 \end{bmatrix} = (\boldsymbol{X}'\boldsymbol{X})^{-1}\boldsymbol{X}'\boldsymbol{y} = \begin{bmatrix} (\boldsymbol{X}_1'\boldsymbol{X}_1)^{-1}\boldsymbol{X}_1'\boldsymbol{y} \\ (\boldsymbol{X}_2'\boldsymbol{X}_2)^{-1}\boldsymbol{X}_2'\boldsymbol{y} \end{bmatrix} = \begin{bmatrix} 12.75 \\ 1.75 \\ 2.75 \\ 4 \end{bmatrix}$$

이 된다. 이 추정값은 X를 분할하지 않고 구한 결과와 동일하며, 또한

$$R(\beta_0, \beta_1) = \boldsymbol{b}_1'\boldsymbol{X}_1'\boldsymbol{y} = 1{,}325$$
$$R(\beta_2, \beta_3) = \boldsymbol{b}_2'\boldsymbol{X}_2'\boldsymbol{y} = 188.5$$

이 된다. 따라서

$$R(\beta_0, \beta_1, \beta_2, \beta_3) = R(\beta_0, \beta_1) + R(\beta_2, \beta_3)$$
$$R(\beta_1 \mid \beta_2) = R(\beta_1, \beta_2) - R(\beta_2) = R(\beta_1)$$
$$R(\beta_2 \mid \beta_1) = R(\beta_1, \beta_2) - R(\beta_1) = R(\beta_2)$$

가 성립한다.

SAS를 이용한 풀이

SAS를 이용하여 예제 8.6을 해결하여라.

[예제 8.6-(1) SAS 프로그램]

```
DATA EX8_6_1;
INPUT Y X1 X2 X3;
CARDS;
5 -1 -1 -1
7 1 -1 -1
8 -1 1 -1
12 -1 -1 1
15 1 1 -1
16 1 -1 1
19 -1 1 1
20 1 1 1
RUN;
PROC REG DATA=EX8_6_1;
MODEL Y=X1 X2 X3;
RUN;
```

[예제 8.6-(1) SAS실행결과]

Analysis of Variance					
Source	DF	Sum of Squares	Mean Square	F Value	Pr > F
Model	3	213.00000	71.00000	27.05	0.0041
Error	4	10.50000	2.62500		
Corrected Total	7	223.50000			

Root MSE	1.62019	R-Square	0.9530
Dependent Mean	12.75000	Adj R-Sq	0.9178
Coeff Var	12.70733		

Parameter Estimates					
Variable	DF	Parameter Estimate	Standard Error	t Value	Pr > |t|
Intercept	1	12.75000	0.57282	22.26	<.0001
X1	1	1.75000	0.57282	3.06	0.0378
X2	1	2.75000	0.57282	4.80	0.0086
X3	1	4.00000	0.57282	6.98	0.0022

해설 ① 가설: H_0: $\beta_1 = \beta_2 = \beta_3 = 0$,

H_1: $\beta_j \neq 0$, 적어도 하나의 j에 대하여

② $F = 27.05$, $\mathrm{P-VALUE} = 0.0041$이고, P값 $= 0.0041 < \alpha = 0.05$이므로 유의수준 0.05에서 귀무가설 H_0: $\beta_1 = \beta_2 = \beta_3 = 0$를 기각할 수 있다.

즉, 독립변수 x_1, x_2, x_3 종속변수 y에 관계를 중회귀모형으로 나타내는 것이 유의하다. 즉, 가정된 중회귀모형은 적절하다고 할 수 있다.

[예제 8.6-(2) SAS 프로그램]

```
EX8-6-2P
DATA EX8_6_2;
INPUT Y X1 X2 X3;
CARDS;
5 -1 -1 -1
7 1 -1 -1
8 -1 1 -1
12 -1 -1 1
15 1 1 -1
16 1 -1 1
19 -1 1 1
20 1 1 1
RUN;
PROC REG DATA=EX8_6_2;
MODEL Y=X1 X2 X3;
TEST X2=0;
RUN;
```

[예제 8.6-(2) SAS 실행결과]

Test 1 Results for Dependent Variable Y

Source	DF	Mean Square	F Value	Pr > F
Numerator	1	60.50000	23.05	0.0086
Denominator	4	2.62500		

해설 ① 가설: H_0: $\beta_2 = 0$, $H_1 : \beta_2 \neq 0$,

② $F = 23.05$, $\mathrm{P-VALUE} = 0.0086$이고, P값 $= 0.0086 < \alpha = 0.05$이므로 유의수

준 0.05에서 귀무가설 $H_0: \beta_2 = 0$를 기각할 수 있다.

즉, 독립변수 x_1, x_3가 포함된 중회귀모형에 독립변수 x_2를 추가할 때 추가된 독립변수 x_2는 유의한 변수라고 할 수 있다. 즉 x_2는 종속변수 y에 영향을 미친다고 할 수 있다.

R을 이용한 풀이

R을 이용하여 예제 8.6을 해결하여라.

[예제 8.6 R 프로그램]

예제 8.6-(1, 2)

```
제목없음 - R 편집기
attach(Ex8_6)

full.model <- lm(y~x1+x2+x3, data=Ex8_6)        # 완전모형
summary(full.model)                             # 분석 결과
reduced.model <-lm(y~x1+x3,data=Ex8_6)          # 축소모형
summary(reduced.model)                          # 분석결과
anova(reduced.model, full.model)                # beta2 = 0 검정


confint(fit, level=0.95)          # 모수의 신뢰구간
```

해설 분산분석표에서 알 수 있는 바와 같이 $H_0 : \beta_1 = \beta_2 = \beta_3 = 0$은 기각됨을 알 수 있다.

즉, 독립변수 x_1, x_2, x_3 종속변수 y에 관계를 중회귀모형으로 나타내는 것이 유의하다. 즉, 가정된 중회귀모형은 적절하다고 할 수 있다.

[예제 8.6 R 실행결과]

```
> anova(reduced.model, full.model)               # beta3 = 0 검정
Analysis of Variance Table

Model 1: y ~ x1 + x3
Model 2: y ~ x1 + x2 + x3
  Res.Df  RSS Df Sum of Sq      F   Pr(>F)
1      5 71.0
2      4 10.5  1      60.5 23.048 0.008643 **
---
Signif. codes:  0 '***' 0.001 '**' 0.01 '*' 0.05 '.' 0.1 ' ' 1
```

해설 부분가설검정에서 $F = 23.048$(p-값$= 0.009$)로서 귀무가설 $H_0 : \beta_2 = 0$을 $\alpha = 0.05$에서 기각할 수 있다.

즉, 독립변수 x_1, x_3가 포함된 중회귀모형에 독립변수 x_2를 추가할 때 x_2는 유의한 변수라고 할 수 있다. 따라서 x_2는 y에 영향을 미치는 변수라고 할 수 있다.

8.5 중회귀모형에서 모형의 타당성

독립변수 $\boldsymbol{x}' = (x_1, x_2, \cdots, x_k)$와 종속변수 y 사이의 관계를 나타내기 위하여 설정된 중회귀모형 식 (7.6)이 어느 정도 믿을 만하며 이 모형을 주어진 자료 y_j, $j = 1, 2, \cdots, n$에 적합시켜서 구한 추정회귀선 $\hat{y} = b_0 + b_1 x_1 + \cdots + b_k x_k$은 주어진 자료들을 어느 정도 잘 설명하여 주는가 하는 문제는 중요한 문제이다. 아무리 분석을 정확히 잘하고 계산을 잘한다고 하더라도 설정된 모형이 잘못되었으면 그 결과가 옳을 리가 없을 것이기 때문이다. 앞에서 살펴본 여러 검정방법들은 이러한 문제를 확인하는 일종의 방법들인 것이다.

이 절에서는 모형의 타당성을 검토하는 여러 기준들을 살펴보기로 하겠으며 이 방법들은 단순회귀모형에서 살펴본 방법들을 확장한 것이다.

8.5.1 결정계수

단순회귀모형에서 정의된 바와 같이 중회귀모형에서의 결정계수 R^2도

$$R^2 = \frac{SSR}{SST} = 1 - \frac{SSE}{SST} \tag{8.87}$$

로 정의되며 R^2은 독립변수 $x_1, x_2, \cdots, x_k$로부터 얻어지는 y의 변동의 정도를 나타내는 척도로서 항상 $0 \leqq R^2 \leqq 1$의 값을 갖는다. 일반적으로 R^2의 값이 크면 가정된 회귀모형이 적합하다고 할 수 있으나 반드시 그런 것은 아니다. 왜냐하면 가정된 중회귀모형에 독립변수 하나를 추가하면 그 추가된 변수가 실제로 종속변수 y에 영향을 주지 않는 경우라 할지라도 결정계수 R^2은 커지게 된다. 따라서 R^2을 크게 하는 것이 목적이면 독립변수의 수를 늘리면 되지만, 이 경우 예측이나 추정의 정도(precision)가 낮아지게 된다. 따라서 결정계수 R^2의 단점을 보완한 척도인 수정된 결정계수(adjusted coefficient of determination)

$$\overline{R^2} = 1 - \frac{n-1}{n-k-1}(1 - R^2), \quad k = \text{독립변수의 수}$$

를 사용하고, 수정된 결정계수값이 크면 가정된 회귀모형이 보다 더 적합하다고 할 수 있다.

8.5.2 잔차분석

5장에서 살펴본 바와 같이 중회귀모형에서도 잔차 $e_i = y_i - \hat{y_i}$를 분석하는 일은 모형의 타당성을 검토하는 데 중요하다. 먼저 중회귀모형을 적합시켜 추정된 회귀선

$$\hat{y}_j = b_0 + \sum_{i=1}^{k} b_i x_{ij}, \ \ j = 1, 2, \cdots, n$$

과 측정값과의 차, 즉 잔차 $e_j = y_j - \hat{y}_j$의 산점도를 이용하여 가정들이 타당한가를 검토하는 방법을 살펴보자. 일반적으로 좌표상의 종축(종축)에 잔차 e_j를 놓고 횡축(횡축)에 관측값 y_j를 놓으면 다음과 같은 형태의 그림이 그려진다.

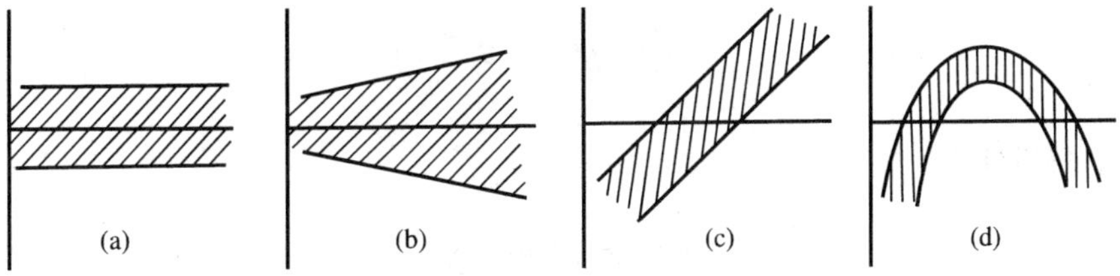

〈그림 8.1〉 잔차의 산점도

〈그림 8.1〉의 모양을 보고서 판단할 수 있는 것은

1) 잔차의 그림이 (a)의 형태로 나타나면 가정에 모순이 없는 것으로 판정하고,
2) 잔차의 그림이 (d)의 형태로 나타나면 가정된 모형에 독립변수의 제곱항을 포함시키는 것이 필요하다고 판정하고,
3) 잔차의 그림이 (b)의 형태로 나타나면 분산이 일정하지 않으므로 y_j를 변환시키는 것이 바람직하다고 판정하고,
4) 잔차의 그림이 (c)의 형태로 나타나면 절편항을 재검토하는 것이 필요하다고 판정한다.

종축에 잔차 e_i를 놓고 횡축에 독립변수 x_i를 놓고 산점도를 그려도 〈그림 8.1〉의 형태를 나타내며 나타난 결과에 따라 모형의 타당성을 판정하게 된다. 이 밖에도 잔차

를 정규확률지에 그려보아서 정규성의 가정을 확인하기도 한다.

다음으로 잔차 e_i의 성질을 알아보자.

중회귀모형 $\boldsymbol{y} = \boldsymbol{X}\beta + \epsilon$ 에서 오차항 ϵ 은 $Cov(\epsilon_i, \epsilon_j) = 0$ 으로 서로 독립이다.

1) 잔차들은 서로 종속관계를 가지며 그 합은 0이다.

증명 먼저 종속관계가 성립됨을 살펴보기 위하여 분산을 구해 보자.

$$E[e] = E[\boldsymbol{y} - \hat{\boldsymbol{y}}] = E(\boldsymbol{y}) - E(\hat{\boldsymbol{y}}) = 0$$

이고

$$\begin{aligned} e &= y - \hat{y} \\ &= y - \boldsymbol{X}(\boldsymbol{X}'\boldsymbol{X})^{-1}\boldsymbol{X}'y \\ &= (\boldsymbol{I} - \boldsymbol{X}(\boldsymbol{X}'\boldsymbol{X})^{-1}\boldsymbol{X}')y \\ &= (\boldsymbol{I} - \boldsymbol{H})\boldsymbol{y} \end{aligned} \tag{8.88}$$

이다. 여기서

$$\underset{n \times n}{\boldsymbol{H}} = \boldsymbol{X}(\boldsymbol{X}'\boldsymbol{X})^{-1}\boldsymbol{X}' \tag{8.89}$$

을 '햇트(hat)' 행렬이라고 한다. 또한 $(\boldsymbol{I} - \boldsymbol{H})$는

$$(\boldsymbol{I} - \boldsymbol{H})(\boldsymbol{I} - \boldsymbol{H}) = (\boldsymbol{I} - \boldsymbol{H})$$

로서 멱등행렬이다.

따라서 잔차들의 분산공분산행렬은

$$\begin{aligned} Var(\boldsymbol{e}) &= Var[(\boldsymbol{I} - \boldsymbol{H})\boldsymbol{y}] \\ &= (\boldsymbol{I} - \boldsymbol{H})\, Var(\boldsymbol{y})\, (\boldsymbol{I} - \boldsymbol{H})' \\ &= (\boldsymbol{I} - \boldsymbol{H})\, \sigma^2 \end{aligned} \tag{8.90}$$

이 된다. 즉

$$Cov(e_i, e_j) \neq 0, \ \ i \neq j \tag{8.91}$$

로서 잔차들은 종속관계를 가진다.

또한 잔차들의 합이 $\sum_{j=1}^{n} e_j = 0$ 임을 보이기 위하여 정규방정식 $\boldsymbol{X'Xb} = \boldsymbol{X'y}$를 생각해 보자.

$$\boldsymbol{X'X} = \begin{bmatrix} n & \sum x_{1j} & \sum x_{2j} & \cdots & \sum x_{kj} \\ & \sum x_{1j}^2 & \sum x_{1j}x_{2j} & \cdots & \sum x_{1j}x_{kj} \\ (\text{대칭}) & & & & \vdots \\ & & & & \sum x_{kj}^2 \end{bmatrix}, \quad \boldsymbol{X'y} = \begin{bmatrix} \sum y_j \\ \sum x_{1j}y_j \\ \vdots \\ \sum x_{kj}y_j \end{bmatrix}$$

이므로 정규방정식을 풀어쓰면

$$\begin{aligned} & nb_0 + \sum_{i=1}^{k} b_i \sum_{j=1}^{n} x_{ij} = \sum_{j=1}^{n} y_j \\ & b_0 \sum_{j=1}^{n} x_{ij} + \sum_{p=1}^{k} b_p \sum_{j=1}^{n} x_{ij}x_{pj} = \sum_{j=1}^{n} x_{ij}y_j, \quad i = 1, 2, \cdots, k \end{aligned} \tag{8.92}$$

이다. 그런데 잔차들의 합은

$$\begin{aligned} \sum_{j=1}^{n} e_j &= \sum_{j=1}^{n} (y_j - \hat{y}_j) \\ &= \sum_{j=1}^{n} (y_j - b_0 - \sum_{i=1}^{k} b_i x_{ij}) \\ &= \sum_{j=1}^{n} y_j - nb_0 - \sum_{i=1}^{k} b_i \sum_{j=1}^{n} x_{ij} \end{aligned}$$

따라서 정규방정식의 첫째 식으로부터 $\sum_{j=1}^{n} e_j = 0$ 임을 알 수 있다. ■

2) 추정된 회귀선 $\hat{y}_j$와 잔차 e_j는 서로 독립이다.

증명 관측값 벡터 $\boldsymbol{y} \sim N(\boldsymbol{X}\beta, \sigma^2 \boldsymbol{I})$이므로 $\hat{y}_j$와 e_j가 서로 독립임을 보이기 위해서는 $Cov(\hat{y}_j, e_j) = 0$ 임을 보이면 된다. 그런데

$$\begin{aligned} Cov(\hat{\boldsymbol{y}}, \boldsymbol{e}) &= Cov(\boldsymbol{Xb}, \boldsymbol{y} - \boldsymbol{Xb}) \\ &= \boldsymbol{X}\, Cov(\boldsymbol{b}, \boldsymbol{y} - \boldsymbol{Xb}) \end{aligned}$$

에서

$$\begin{aligned} Cov(\boldsymbol{b}, \boldsymbol{y}-\boldsymbol{X}\boldsymbol{b}) &= Cov[(\boldsymbol{X}'\boldsymbol{X})^{-1}\boldsymbol{X}'\boldsymbol{y}, (\boldsymbol{I}-\boldsymbol{X}(\boldsymbol{X}'\boldsymbol{X})^{-1}\boldsymbol{X}')\boldsymbol{y}] \\ &= (\boldsymbol{X}'\boldsymbol{X})^{-1}\boldsymbol{X}'(\boldsymbol{I}-\boldsymbol{X}(\boldsymbol{X}'\boldsymbol{X})^{-1}\boldsymbol{X}')\,Var(\boldsymbol{y}) \\ &= 0, \\ &[(\boldsymbol{X}'\boldsymbol{X})^{-1}\boldsymbol{X}'(\boldsymbol{I}-\boldsymbol{X}(\boldsymbol{X}'\boldsymbol{X})^{-1}\boldsymbol{X}' = 0\text{이므로}] \end{aligned}$$

이다. 따라서

$$Cov(\hat{\boldsymbol{y}}, \boldsymbol{e}) = 0. \tag{8.93}$$

3) 잔차 e_j 들의 x_{ij} 에 의한 가중합(weighted sum)은 0이다. 즉,

$$\sum_{j=1}^{n} x_{ij} e_j = 0, \qquad i = 1, 2, \cdots, k \tag{8.94}$$

증명

$$\begin{aligned} \sum_{j=1}^{n} x_{ij} e_j &= \sum_{j=1}^{n} x_{ij}(y_j - \hat{y}_j) = \sum_{j=1}^{n} x_{ij}(y_j - b_0 - \sum_{p=1}^{k} b_p x_{pj}) \\ &= \sum_{j=1}^{n} x_{ij} y_j - b_0 \sum_{j=1}^{n} x_{ij} - \sum_{p=1}^{k} b_p \sum_{j=1}^{n} x_{ij} x_{pj} \end{aligned}$$

이 식은 정규방정식 (8.89)의 두 번째 식에서 0이 됨을 알 수 있다.

4) 잔차들의 $\hat{y}_j$ 에 의한 가중합은 0이다. 즉

$$\sum_{j=1}^{n} \hat{y}_j e_j = 0 \tag{8.95}$$

증명

$$\begin{aligned} \sum_{j=1}^{n} \hat{y}_j e_j &= \sum_{j=1}^{n} (b_0 - \sum_{i=1}^{k} b_i x_{ij}) e_j \\ &= b_0 \sum_{j=1}^{n} e_j - \sum_{i=1}^{k} b_i \sum_{j=1}^{n} x_{ij} e_j = 0. \end{aligned}$$

8.5.3 적합결여검정

5.3절에서 단순회귀모형인 경우에 모형의 적합도를 검정하는 방법인 적합결여검정(lack of fit test)에 대하여 살펴보았다. 이 검정방법은 일정한 독립변수 x_i, $i=1,2,\cdots,k$에서 2번 이상 반복측정이 있는 경우에 한해서만 분석할 수 있는 방법이며 중회귀모형에서의 적합결여검정방법은 단순회귀모형에서의 적합결여검정과 같은 절차로 수행된다.

동일한 $(x_1,x_2,\cdots,x_k)$에서 관측값 y를 반복측정하여야 하므로 그 결과를 다음과 같이 표현하자.

$$
\begin{aligned}
&(x_{11},x_{21},\cdots,x_{k1})\text{에서 } y_{11},y_{12},\cdots,y_{1n_1}\\
&(x_{12},x_{22},\cdots,x_{k2})\text{에서 } y_{21},y_{22},\cdots,y_{2n_2}\\
&\quad\cdot\ \cdot\\
&\quad\cdot\ \cdot\\
&\quad\cdot\ \cdot\\
&(x_{1p},x_{2p},\cdots,x_{kp})\text{에서 } y_{p1},y_{p2},\cdots,y_{pn_p}
\end{aligned}
$$

$$\bar{y}_i=\frac{1}{n_i}\sum_{j=1}^{n_i}y_{ij},\qquad n=\sum_{i=1}^{p}n_i$$

그런데 가정된 중회귀모형

$$
\begin{aligned}
&y_{ij}=\beta_0+\beta_1x_{1i}+\cdots+\beta_kx_{ki}+\epsilon_{ij},\ \ i=1,2,\cdots,p\\
&j=1,2,\cdots,n_i
\end{aligned}
$$

를 적합시켜 추정된 회귀선을

$$
\begin{aligned}
\hat{y}_i&=b_0+b_1x_{1i}+\cdots+b_kx_{ki}\\
&=(1\,x_{1i}x_{2i}\cdots\ x_{ki})\begin{bmatrix}b_0\\ b_1\\ \vdots\\ b_k\end{bmatrix}\\
&=\boldsymbol{x}_i{}'\boldsymbol{b},\quad i=1,2,\cdots,p
\end{aligned}
$$

이라고 하면, y_{ij}와 $\hat{y}_i$의 차(residual) e_{ij}는

$$e_{ij} = y_{ij} - \hat{y}_i \tag{8.96}$$
$$= [y_{ij} - E(y_{ij})] + [E(y_{ij}) - \hat{y}_i]$$

로 나타낼 수 있으며 만일 관측값 y_{ij}를 얻는 데 아무런 오차가 발생하지 않았다면, 즉 $\epsilon_{ij} = 0$ 라면 $y_{ij} = E(y_{ij}) = \bar{y}_i$이 될 것이다. $\epsilon_{ij} \neq 0$ 이라면 $y_{ij} \neq E(y_{ij}) \neq \bar{y}_i$이 될 것이므로 $y_{ij} - E(y_{ij})$를 조건 $\boldsymbol{x}_i{}' = (x_{1i}, x_{2i}, \cdots, x_{ki})$에서 발생하는 순수한 실질 오차로서 **순오차**(pure error)라고 한다. 또한 가정된 회귀모형이 $E(\boldsymbol{y}) = \boldsymbol{X\beta}$가 아닌 경우 $E[y_{ij}] - \hat{y}_i$의 기댓값은 0이 아니므로 이 값을 모형의 부적합으로부터 발생되는 **적합결여오차**(lack of fit error)라고 하며 이러한 오차들을 분석하는 방법이 **적합결여검정**(lack of fit test)이다.

중회귀모형에서의 잔차제곱합은

$$SSE = \sum_{i=1}^{p}\sum_{j=1}^{n_i}(y_{ij} - \hat{y}_i)^2$$

이 되며 $\bar{y}_i = \sum_{j=1}^{n_i}\frac{y_{ij}}{n_i}$ 이므로 잔차제곱합은 다음과 같이 둘로 분해할 수 있다.

$$SSE = \sum_{i=1}^{p}\sum_{j=1}^{n_i}[(y_{ij} - \bar{y}_i) + (\bar{y}_i - \hat{y}_i)]^2 \tag{8.97}$$
$$= \sum_{i=1}^{p}\sum_{j=1}^{n_i}(y_{ij} - \bar{y}_i)^2 + \sum_{i=1}^{p}\sum_{j=1}^{n_i}(\bar{y}_i - \hat{y}_i)^2.$$

식 (8.97)에서 첫 번째 제곱합을 **순오차제곱합**(pure error sum of squares)이라고 하고

$$SSPE = \sum_{i=1}^{p}\sum_{j=1}^{n_i}(y_{ij} - \bar{y}_i)^2 \tag{8.98}$$
$$= \sum_{i=1}^{p}[\sum_{j=1}^{n_i}y_{ij}^2 - n_i(\bar{y}_i)^2]$$

으로 표시하며 두 번째 제곱합을 **적합결여제곱합**(lack of fit sum of squares)이라고 하고

$$SSLF = \sum_{i=1}^{p}\sum_{j=1}^{n_i} (\bar{y}_i - \hat{y}_i)^2 \qquad (8.99)$$

$$= \sum_{i=1}^{p} n_i (\bar{y}_i - \hat{y}_i)^2$$

으로 표시한다. 그런데 $SSPE$는 가정된 모형에 관계없이 오차분산 σ^2의 불편추정량이 되며 $SSLF$는 평균반응량 $\bar{y}_i$와 추정량 $\hat{y}_i$의 차에 대한 가중제곱합으로서 그 차가 적을수록 가정된 회귀선의 타당성이 확실해진다고 할 수 있다. $SSPE$에 관한 자유도는 $\sum_{i=1}^{p} n_i = n$이라고 할 때 $\sum_{i=1}^{p}(n_i - 1) = n - p$가 된다. 왜냐하면 x_i에서 순오차제곱합 $\sum_{j=1}^{n_i}(y_{ij} - \bar{y}_i)^2$의 자유도가 $(n_i - 1)$이기 때문이다. 또한 $SSLF$에 관한 자유도는 $SSLF$가 p개의 수준에서 계산되지만 $\hat{y}_i$의 계산에 $(k+1)$개의 모수를 추정하여야 하므로 $p-k-1$이 된다. 또한 이것은

$$\begin{aligned} df(SSLF) &= df(SSE) - df(SSPE) \\ &= (n-k-1) - (n-p) \\ &= p-k-1 \end{aligned}$$

로 계산할 수도 있다. 따라서 귀무가설 $H_0 ; E(\boldsymbol{y}) = \boldsymbol{X}\beta$를 검정하기 위한 검정통계량은

$$F_0 = \frac{SSLF/p-k-1}{SSPE/n-p} = \frac{MSLF}{MSPE} \qquad (8.100)$$

이 되며 H_0가 옳으면 $F_0 \sim F(p-k-1,\ n-p)$이 되므로 만약

$$F_0 > F(p-k-1,\ n-p\ ;\alpha)$$

이면 유의수준 α로 귀무가설을 기각하게 된다. 즉 가정된 모형은 적절치 못하다고 판정한다. 위의 결과를 분산분석표로 정리하면 다음과 같다.

〈표 8.4〉 적합결여검정을 위한 분산분석

요인	제곱합	자유도	제곱평균	F_0
회귀	SSR	k	MSR	
잔차	SSE ┌ $SSLF$	$p-k-1$	$MSLF$	$F_0 = \frac{MSLF}{MSPE}$
	└ $SSPE$	$n-p$	$MSPE$	
계	SST	$n-1$		

SAS를 이용한 풀이

연습문제 7.5에서 중회귀모형이 타당한지 적합결여검정을 하여라.

$$가설\ H_0\,; E(\boldsymbol{y}) = \boldsymbol{X\beta} \quad \text{vs} \quad H_1\,; E(\boldsymbol{y}) \neq \boldsymbol{X\beta}$$

[SAS 프로그램]

PR7-5

```
DATA PR7_5;
INPUT Y X1 X2;
CARDS;
12 15 33
13 17 34
14 15 33
15 21 28
17 24 23
19 26 20
21 28 14
22 30 10
24 35 10
25 38 18
RUN;
PROC REG DATA=PR7_5;
MODEL Y=X1 X2/LACKFIT;
RUN;
```

[SAS 실행결과]

Analysis of Variance					
Source	DF	Sum of Squares	Mean Square	F Value	Pr > F
Model	2	193.50865	96.75433	165.54	<.0001
Error	7	4.09135	0.58448		
Lack of Fit	6	2.09135	0.34856	0.17	0.9464
Pure Error	1	2.00000	2.00000		
Corrected Total	9	197.60000			

Root MSE	0.76451	R-Square	0.9793
Dependent Mean	18.20000	Adj R-Sq	0.9734
Coeff Var	4.20061		

Parameter Estimates					
Variable	DF	Parameter Estimate	Standard Error	t Value	Pr > |t|
Intercept	1	9.64441	2.83568	3.40	0.0114
X1	1	0.44989	0.06616	6.80	0.0003
X2	1	-0.11869	0.05678	-2.09	0.0749

해설 ① 가설; $H_0\,;E(\boldsymbol{y}) = \boldsymbol{X}\beta$ vs $H_1\,;E(\boldsymbol{y}) \neq \boldsymbol{X}\beta$

② $F = 0.17$, $\mathrm{P-VALUE} = 0.9464$이고 P값 $= 0.9464 > \alpha = 0.05$이므로

따라서 유의수준 0.05에서 귀무가설을 기각할 수 없음으로 적합된 모형은 타당하다고 할 수 있다. 즉, $E(\boldsymbol{y}) = \beta_0 + \beta_1 x_1 + \beta_2 x_2$는 $x1$, $x2$와 y의 관계를 잘 설명한다고 할 수 있다.

8.6 절편 없는 중회귀모형

독립변수와 종속변수의 관계를 나타내는 중회귀모형을 가정함에 있어서 일반적으로는 독립변수 $\boldsymbol{x}' = (x_1, x_2, \cdots, x_k)$가 모두 0일 때의 y값, 즉 **절편항**(intercept term)을 포함하고 있으나 경우에 따라서는 독립변수의 값들이 모두 0일 때 종속변수 y의 값도 반드시 0이 되는 경우가 있으며 이때의 중회귀모형은

$$y_j = \beta_1 x_{1j} + \beta_2 x_{2j} + \cdots + \beta_k x_{kj} + \epsilon_j, \qquad j = 1, 2, \cdots, n$$

로 표현되며 n개의 관측값에 대하여 행렬로 표현하면

$$\begin{bmatrix} y_1 \\ y_2 \\ \vdots \\ y_n \end{bmatrix} = \begin{bmatrix} x_{11} & x_{21} \cdots & x_{k1} \\ x_{12} & x_{22} \cdots & x_{k2} \\ \vdots & \vdots & \vdots \\ x_{1n} & x_{2n} \cdots & x_{kn} \end{bmatrix} \begin{bmatrix} \beta_1 \\ \beta_2 \\ \vdots \\ \beta_k \end{bmatrix} + \begin{bmatrix} \epsilon_1 \\ \epsilon_2 \\ \vdots \\ \epsilon_n \end{bmatrix}$$

$$= \underset{n \times k}{\boldsymbol{X}} \quad \underset{k \times 1}{\beta} + \underset{n \times 1}{\epsilon} \tag{8.101}$$

식 (8.101)이 일반적인 중회귀모형 식 (7.28)과 다른 점은 $\boldsymbol{X}$행렬의 첫 번째 열에 $\mathbf{1}' = (1\ 1\ \cdots\ 1)$ 벡터가 없다는 점이다. 즉 $\boldsymbol{X}$행렬의 차수가 하나 줄어들게 된 점이다. 또한 절편이 없는 중회귀모형에서는 변동의 계산에 있어서 수정항 $n(\overline{y})^2$를 빼지 않는다. 즉

$$SST = \sum_{i=1}^{n} {y_i}^2 = \boldsymbol{y}'\boldsymbol{y} \tag{8.102}$$

$$SSR = \sum_{i=1}^{n} {\hat{y}_i}^2 = \hat{\boldsymbol{y}}'\hat{\boldsymbol{y}} = \boldsymbol{b}'\boldsymbol{X}'\boldsymbol{y}$$

$$SSE = \sum_{i=1}^{n} (y_i - \hat{y}_i)^2 = \boldsymbol{y}'\boldsymbol{y} - \boldsymbol{b}'\boldsymbol{X}'\boldsymbol{y}$$

따라서 SSR의 자유도는 k가 되고, 총 제곱합 SST의 자유도는 n이 되므로 SSE의 자유도는 $n-k$가 되어 절편항이 있는 경우와 SSE의 자유도에 차가 있다. 이를 종합하여 분산표를 만들면 다음과 같다.

〈표 8.5〉 절편 없는 회귀모형의 분산분석표

요인	제곱합	자유도	제곱평균	F_0
회귀	$SSR = \boldsymbol{b}'\boldsymbol{X}'\boldsymbol{y}$	k	MSR	$F_0 = \dfrac{MSR}{MSE}$
잔차	$SSE = \boldsymbol{y}'\boldsymbol{y} - \boldsymbol{b}'\boldsymbol{X}'\boldsymbol{y}$	$n-k$	MSE	
계	$SST = \boldsymbol{y}'\boldsymbol{y}$	n		

위의 분산분석표로부터 절편이 있는 경우와 동일하게

$$E(MSE) = \sigma^2$$

임을 알 수 있으며 귀무가설 $H_0 : \beta_1 = \beta_2 = \cdots = \beta_k = 0$에 대한 검정은 H_0가 옳을 때 $F_0 \sim F(k, n-k\,;\alpha)$ 임을 이용하여

만약 $F_0 > F(k, n-k\,;\alpha)$ 이면 H_0를 기각한다.

즉 k개의 독립변수 중 적어도 하나는 종속변수 y에 영향을 미친다고 결론을 내린다.

절편이 없는 경우 회귀계수 기울기에 대한 검정절차를 요약하면 아래와 같다.

〈회귀계수 기울기 β_i에 대한 검정〉

(Ⅰ) 가설

H_0: $\beta_1 = \beta_2 = \cdots\cdots = \beta_k = 0$

H_1 : $\beta_j \neq 0$, 적어도 하나의 j에 대하여

(Ⅱ) 검정통계량은

H_0: $\beta_1 = \beta_2 = \cdots\cdots = \beta_k = 0$이 사실일 때

$$F_0 = \frac{MSR}{MSE} = \frac{SSR/k}{SSE/n-k} \sim F(k,\ n-k)$$

(Ⅲ) 의사결정

유의수준 α에서

만약 $F_0 > F(k, n-k\,;\alpha)$이면 H_0를 기각,

즉, k개의 독립변수 중 적어도 하나는 종속변수 y에 영향을 미친다고 결론을 내린다.

또 만약 $F_0 \leq F(k,\ n-k\,;\alpha)$이면 H_0를 채택하게 된다.

8.7 회귀계수의 표준화

추정된 중회귀모형

$$\begin{aligned}\hat{y}_j &= \hat{\beta}_0 + \hat{\beta}_1 x_{1j} + \hat{\beta}_2 x_{2j} + \cdots + \hat{\beta}_k x_{kj} \\ &= b_0 + b_1 x_{1j} + b_2 x_{2j} + \cdots + b_k x_{kj}\end{aligned}$$

에서 독립변수 $x_1, x_2, \cdots, x_k$들이 종속변수 y에 미치는 영향의 정도를 알기 위해서 회귀계수들 간의 직접적인 비교는 별 의미가 없다. 왜냐하면 회귀계수 b_p는 독립변수 x_{pj}의 단위(unit)에 영향을 받기 때문이다. 예를 들어 다음과 같이 추정된 중회귀모형을 생각해 보자.

$$\hat{y} = 4 + x_1 + 100x_2$$

이 모형에서 얼핏 보기에 x_2의 회귀계수는 100이므로 종속변수 y에 대하여 중요한 변수이고 x_1의 회귀계수는 1이므로 y에 별로 영향을 미치는 것 같지 않게 생각할 수 있으나 회귀계수만의 비교에 의한 이와 같은 결정은 잘못된 것이다. 왜냐하면 측정된 변수들의 단위를 고려하지 않았기 때문이다. 예를 들어 만약 변수들의 단위가

y : 미터
x_1: 센티미터
x_2: 미터

라면 x_2를 고정시키고 x_1에서 1미터를 변화시킬 때의 y의 변화와 x_1을 고정시키고 x_2에서 1미터를 변화시킬 때의 y의 변화는 x_2의 회귀계수 b_2가 x_1의 회귀계수 b_1에 비하여 훨씬 큼에도 불구하고 동일하게 100으로 나타남을 알 수 있다. 따라서 중회귀모형에서 회귀계수의 크기에 의하여 반응변수에 대한 설명변수들의 영향의 정도를 평가하는 것은 옳은 판단이라고 할 수 없다.

일반적으로 회귀계수 b_p의 단위는 (y의 단위/x의 단위)로 표현되므로 회귀계수의

직접비교는 큰 의미를 갖지 못하나 단위를 표준화시키면 회귀계수들을 비교하여 독립변수들의 영향의 정도를 나타낼 수 있으므로 독립변수와 종속변수를 변환시켜 단위가 없는 회귀계수를 이용하는데, 이러한 것을 **표준화된 회귀계수**(standard regression coefficient) 또는 **베타계수**(beta coefficient)라고 하며 이 절에서는 회귀계수를 표준화하는 방법을 살펴보기로 하겠다. 표준화방법에는 **단위정상법**(unit normal scaling)과 **단위길이법**(unit length scaling) 두 가지가 있는데 먼저 단위정상법부터 살펴보기로 하자.

중회귀분석을 위한 다음과 같은 자료에서

y	상수항	x_1	x_2	…………	x_k
y_1	1	x_{11}	x_{21}	…………	x_{k1}
y_2	1	x_{12}	x_{22}	…………	x_{k2}
⋮	⋮	⋮	⋮		⋮
y_n	1	x_{1n}	x_{2n}	…………	x_{kn}

지금까지 사용한 중회귀모형은

$$y_j = \beta_0 + \beta_1 x_{1j} + \beta_2 x_{2j} + \cdots + \beta_k x_{kj} + \epsilon_j,\ \ j = 1, 2, \cdots, n \tag{8.103}$$

인데 이 모형을 다시 써보면

$$\begin{aligned} y_j = & \ (\beta_0 + \beta_1 \overline{x}_1 + \beta_2 \overline{x}_2 + \cdots + \beta_k \overline{x}_k) \\ & + \beta_1 (x_{1j} - \overline{x}_1) + \beta_2 (x_{2j} - \overline{x}_2) + \cdots + \beta_k (x_{kj} - \overline{x}_k) + \epsilon_j \end{aligned} \tag{8.104}$$

이고 식 (8.104)에서

$$\beta_0 + \beta_1 \overline{x}_1 + \cdots + \beta_k \overline{x}_k = \beta_0^*,\ \ x_{ij} - \overline{x}_i = Z_{ij}'$$

라 놓으면 식 (8.104)는

$$y_j = \beta_0^* + \beta_1 Z_{1j}' + \beta_2 Z_{2j}' + \cdots + \beta_k Z_{kj}' + \epsilon_j \tag{8.105}$$

인데 정규방정식을 이용하여 β_0^*을 추정하면

$$\hat{\beta}_0^* = \overline{y}$$

이 된다. 이것의 의미는 중회귀모형에서 $\beta_1, \beta_2, \cdots, \beta_k$가 무엇이든 관계없이 β_0^*의 추정량은 항상 $\bar{y}$가 된다는 것이다. 따라서 식 (8.105)에서 β_0^* 대신 $\bar{y}$를 이용하면 식 (8.105)는

$$y_j - \bar{y} = \beta_1 Z_{1j}' + \beta_2 Z_{2j}' + \cdots + \beta_k Z_{kj}' + \epsilon_j' \tag{8.106}$$

이 되어 절편 없는 중회귀모형으로 분석하면 되고, 다음과 같이 변환하면

$$Z_{ij} = \frac{Z_{ij}'}{s_i} = \frac{(x_{ij} - \bar{x}_i)}{s_i}, \quad i = 1, 2, \cdots k \quad j = 1, 2, \cdots, n \tag{8.107a}$$

$$y_j^* = \frac{y_j - \bar{y}}{s_y} \qquad j = 1, 2, \cdots, n \tag{8.107b}$$

여기서

$$s_i^2 = \sum_{j=1}^{n} (x_{ij} - \bar{x}_i)^2 / (n-1), \quad \bar{x}_i = \frac{1}{n} \sum_{j=1}^{n} x_{ij}$$

$$s_y^2 = \frac{\sum_{j=1}^{n} (y_j - \bar{y})^2}{n-1}, \qquad \bar{y} = \frac{1}{n} \sum_{j=1}^{n} y_j$$

변환된 설명변수 Z_{ij}나 변환된 반응변수 y_j^*는 모두 평균이 0이고 분산은 1이 되며 이 식을 이용하면 식 (8.106)은

$$y_j^* s_y = \beta_1 s_1 \cdot Z_{1j} + \beta_2 s_2 \cdot Z_{2j} + \cdots + \beta_k s_k \cdot Z_{kj} + \epsilon_j'$$

로 쓸 수 있다. 이 식의 양변을 s_y로 나누면

$$\begin{aligned} y_j^* &= \beta_1 \frac{s_1}{s_y} \cdot Z_{1j} + \beta_2 \frac{s_2}{s_y} \cdot Z_{2j} + \cdots + \beta_k \frac{s_k}{s_y} \cdot Z_{kj} + \epsilon_j'' \\ &= \beta_1^* Z_{1j} + \beta_2^* Z_{2j} + \cdots + \beta_k^* Z_{kj} + \epsilon_j'' \end{aligned} \tag{8.108}$$

이고 식 (8.108)의 변환된 모형으로부터 회귀계수를 추정하면

$$\boldsymbol{b}^* = (\boldsymbol{Z}'\boldsymbol{Z})^{-1} \boldsymbol{Z}' \boldsymbol{y}^* \tag{8.109}$$

이다. 식 (8.109)에서

$$b^* = \begin{bmatrix} b_1^* \\ b_2^* \\ \cdots \\ b_k^* \end{bmatrix}, \quad (\boldsymbol{Z}'\boldsymbol{Z}) = \begin{bmatrix} \sum Z_{1j}^2 & \sum Z_{1j}Z_{2j} & \cdots & \sum Z_{1j}Z_{kj} \\ & \sum Z_{2j}^2 & \cdots & \sum Z_{2j}Z_{kj} \\ (\text{대칭}) & & \ddots & \vdots \\ & & & \sum Z_{kj}^2 \end{bmatrix}$$

이고 이때 식 (8.109)에서 추정된 회귀계수 b_i^*는 단위가 없는 표준화된 회귀계수이다. 이와 같이 회귀계수를 추정하는 방법을 **단위정상법**이라고 한다.

두 번째로 단위길이법을 살펴보자. 식 (8.103) 중회귀모형에서 설명변수 x_{ij}와 반응변수 y_j를

$$W_{ij} = \frac{x_{ij} - \overline{x}_i}{\sqrt{S_{ii}}}, \; i = 1, 2, \cdots, k \qquad j = 1, 2, \cdots, n \tag{8.110a}$$

$$y_j^0 = \frac{y_j - \overline{y}}{\sqrt{S_{yy}}}, \; j = 1, 2, \cdots, n \tag{8.110b}$$

로 변환하자. 여기서

$$S_{ii} = \sum_{j=1}^{n} (x_{ij} - \overline{x}_i)^2, \; S_{yy} = \sum_{j=1}^{n} (y_j - \overline{y})^2$$

이다.

이때 변환된 설명변수 W_{ij}와 반응변수 y_j^0를 **표준화된 변수**(standardized variable)라고 하며

$$\sum_{j=1}^{n} W_{ij} = 0, \qquad \sum_{j=1}^{n} W_{ij}^2 = 1$$
$$\sum_{j=1}^{n} y_j^0 = 0, \qquad \sum_{j=1}^{n} (y_j^0)^2 = 1$$

이 되고 이 새로운 변수들을 이용하여 중회귀모형을 변환하면 식 (8.104)와 식 (8.106)을 통해 다음을 알 수 있고,

$$y_j^0 \sqrt{S_{yy}} = \beta_1 W_{1j} \sqrt{S_{11}} + \beta_2 W_{2j} \sqrt{S_{22}} + \cdots + \beta_k W_{kj} \sqrt{S_{kk}} + \epsilon_j{}'' \tag{8.111}$$

식 (8.111)의 양변을 $\sqrt{S_{yy}}$로 나누면 다음과 같다.

$$y_j^0 = \beta_1 W_{1j}\sqrt{\frac{S_{11}}{S_{yy}}} + \beta_2 W_{2j}\sqrt{\frac{S_{22}}{S_{yy}}} + \cdots + \beta_k W_{kj}\sqrt{\frac{S_{kk}}{S_{yy}}} + \epsilon_j''' \tag{8.112}$$

$$= \beta_1^0 W_{1j} + \beta_2^0 W_{2j} + \cdots + \beta_k^0 W_{kj} + \epsilon_j^0$$

식 (8.112)의 변환된 모형으로부터 회귀계수를 추정하면

$$\boldsymbol{b}^0 = (\boldsymbol{W}'\boldsymbol{W})^{-1}\boldsymbol{W}'\boldsymbol{y}^0 \tag{8.113}$$

을 구할 수 있으며 이와 같이 회귀계수를 추정하는 방법을 **단위길이법**이라고 한다.

식 (8.113)에서

$$\boldsymbol{W}'\boldsymbol{W} = \begin{bmatrix} \sum W_{1j}^2 & \sum W_{1j}W_{2j} & \cdots & \sum W_{1j}W_{kj} \\ & \sum W_{2j}^2 & \cdots & \sum W_{2j}W_{kj} \\ (\text{대칭}) & & \ddots & \vdots \\ & & & \sum W_{kj}^2 \end{bmatrix}$$

여기서

$$\sum_{i \neq p} W_{ij} W_{pj} = \frac{\sum_{j=1}^{n}(x_{ij} - \bar{x}_i)(x_{pj} - \bar{x}_p)}{\sqrt{S_{ii}S_{pp}}} = r_{ip}$$

즉, 이것은 x_{ij}와 x_{pj}의 상관계수이므로 $\boldsymbol{W}'\boldsymbol{W}$는

$$\boldsymbol{W}'\boldsymbol{W} = \begin{bmatrix} 1 & r_{12} & r_{13} & \cdots & r_{1k} \\ & 1 & r_{23} & \cdots & r_{2k} \\ (\text{대칭}) & & & \ddots & \vdots \\ & & & & 1 \end{bmatrix} \tag{8.114}$$

이고 $\boldsymbol{W}'\boldsymbol{W}$를 상관행렬(correlation matrix)이라고 한다. 또한 행렬 $\boldsymbol{W}'\boldsymbol{y}^0$는

$$
\boldsymbol{W}'\boldsymbol{y}^0 = \begin{bmatrix} \sum_{j=1}^{n} w_{1j} y_j^0 \\ \sum_{j=1}^{n} w_{2j} y_j^0 \\ \vdots \\ \sum_{j=1}^{n} w_{kj} y_j^0 \end{bmatrix} = \begin{bmatrix} \dfrac{\sum_{j=1}^{n} (x_{1j} - \overline{x}_1)(y_j - \overline{y})}{\sqrt{S_{11} \cdot S_{yy}}} \\ \dfrac{\sum_{j=1}^{n} (x_{2j} - \overline{x}_2)(y_j - \overline{y})}{\sqrt{S_{22} \cdot S_{yy}}} \\ \vdots \\ \dfrac{\sum_{j=1}^{n} (x_{kj} - \overline{x}_k(y_j - \overline{y})}{\sqrt{S_{kk} \cdot S_{yy}}} \end{bmatrix} = \begin{bmatrix} r_{1y} \\ r_{2y} \\ \vdots \\ r_{ky} \end{bmatrix} \tag{8.115}
$$

로 y와 x의 상관계수를 나타내며 앞에서 살펴본 단위정상법과의 관계는 식 (8.109)에서의 $\boldsymbol{Z}'\boldsymbol{Z}$는 $\boldsymbol{W}'\boldsymbol{W}$와

$$
\boldsymbol{Z}'\boldsymbol{Z} = (n-1)\boldsymbol{W}'\boldsymbol{W}
$$

의 관계이고 $\boldsymbol{Z}'\boldsymbol{y}^*$와 $\boldsymbol{W}'\boldsymbol{y}^0$의 관계는

$$
\boldsymbol{Z}'\boldsymbol{y}^* = (n-1)\boldsymbol{W}'\boldsymbol{y}^0
$$

이므로 식 (8.109)에서의 $\boldsymbol{b}^*$와 식 (8.113)에서의 $\boldsymbol{b}^0$는 동일한 값으로서 모두 회귀계수에 단위를 고려하지 않은 **표준화된 회귀계수**(standardized regression coefficient)이며 이들 값으로부터 원래의 회귀모형 식 (8.103)에서 $\hat{\beta}_i$의 추정량 b_i를 계산하려고 하면 식 (8.112)에서

$$
\beta_i^0 = \beta_i \sqrt{\frac{S_{ii}}{S_{yy}}}
$$

의 관계로부터

$$
b_i = b_i^0 \sqrt{\frac{S_{yy}}{S_{ii}}}, \quad i = 1, 2, \cdots, k \tag{8.116}
$$

에 의하여 구할 수 있고 b_0는 식 (8.105)에서 $\beta_0^* = \beta_0 + \beta_1 \overline{x}_1 + \cdots + \beta_k \overline{x}_k$이므로

$$b_0 = \overline{y} - b_1 \overline{x}_1 - b_2 \overline{x}_2 - \cdots - b_k \overline{x}_k$$
$$= \overline{y} - \sum_{i=1}^{k} b_i \overline{x}_i \qquad (8.117)$$

에 의하여 구할 수 있다. 표준화된 회귀계수들의 분산은 ϵ_j^0의 분산을 σ_0^2이라고 할 때

$$Var(\boldsymbol{b}^0) = Var[(\boldsymbol{W}'\boldsymbol{W})^{-1}\boldsymbol{W}'\boldsymbol{y}^0] \qquad (8.118)$$
$$= (\boldsymbol{W}'\boldsymbol{W})^{-1}\boldsymbol{W}'\,Var(\boldsymbol{y}^0)\,\boldsymbol{W}(\boldsymbol{W}'\boldsymbol{W})^{-1}$$
$$= (\boldsymbol{W}'\boldsymbol{W})^{-1}\sigma_0^2$$

로 구할 수 있다. 식 (8.118)에서 b_i^0의 분산은 오차항 분산 σ_0^2과 $(\boldsymbol{W}'\boldsymbol{W})^{-1}$의 대각원소의 곱으로 표현되는데 $(\boldsymbol{W}'\boldsymbol{W})^{-1}$의 i 대각원소를 **분산팽창인자**(variance inflation factor; VIF)라고 하며 $(VIF)_i$로 표시하고 분산팽창계수가 크면 추정된 회귀계수의 분산은 크게 됨을 알 수 있다.

중회귀모형을 분석하는 대부분의 경우 앞에서 설명하였듯이 그 계산이 복잡하므로 컴퓨터 패키지를 이용하는 경우에 표준화된 회귀계수들의 추정값도 계산되는데 결과표에 **베타계수**(beta coefficient)로 표현된다(〈표 8.7〉).

예제 8.7

독립변수의 수가 둘인 중회귀모형

$$y = \beta_0 + \beta_1 x_1 + \beta_2 x_2 + \epsilon$$

을 단위길이법에 의하여 표준화된 회귀계수를 구하여 회귀계수 $\beta_0, \beta_1, \beta_2$를 추정하고 표준화된 회귀계수들의 분산을 구하여라.

풀이 독립변수가 둘인 경우이므로 식 (8.112)에서

$$y^0 = \beta_1^0 W_1 + \beta_2^0 W_2 + \epsilon^0$$

따라서 정규방정식

$$\boldsymbol{W}'\boldsymbol{W}\boldsymbol{b}^0 = \boldsymbol{W}'\boldsymbol{y}$$

즉

$$\begin{bmatrix} 1 & r_{12} \\ r_{12} & 1 \end{bmatrix} \begin{bmatrix} b_1^0 \\ b_2^0 \end{bmatrix} = \begin{bmatrix} r_{1y} \\ r_{2y} \end{bmatrix}$$

에서

$$\begin{bmatrix} 1 & r_{12} \\ r_{12} & 1 \end{bmatrix}^{-1} = \frac{1}{1-r_{12}^2}\begin{bmatrix} 1 & -r_{12} \\ -r_{12} & 1 \end{bmatrix}$$

이므로 식 (8.113)에 의하여 다음과 같다.

$$\begin{aligned}\begin{bmatrix} b_1^0 \\ b_2^0 \end{bmatrix} &= (\boldsymbol{W}'\boldsymbol{W})^{-1}\boldsymbol{W}'\boldsymbol{y} \\ &= \frac{1}{1-r_{12}^2}\begin{bmatrix} 1 & -r_{12} \\ -r_{12} & 1 \end{bmatrix}\begin{bmatrix} r_{1y} \\ r_{2y} \end{bmatrix}\end{aligned}$$

따라서

$$\begin{aligned} b_1^0 &= \frac{1}{1-r_{12}^2}[r_{1y} - r_{12}r_{2y}] \\ b_2^0 &= \frac{1}{1-r_{12}^2}[r_{2y} - r_{12}r_{1y}]. \end{aligned} \tag{8.119}$$

표준화된 회귀계수 b_1^0와 b_2^0의 분산은 식 (8.118)에 의하여

$$\begin{aligned} Var(\boldsymbol{b}^0) &= (\boldsymbol{W}'\boldsymbol{W})^{-1}\sigma_0^2 \\ &= \frac{1}{1-r_{12}^2}\begin{bmatrix} 1 & -r_{12} \\ -r_{12} & 1 \end{bmatrix}\sigma_0^2 \\ &= \begin{bmatrix} \frac{1}{1-r_{12}^2} & \frac{-r_{12}}{1-r_{12}^2} \\ \frac{-r_{12}}{1-r_{12}^2} & \frac{1}{1-r_{12}^2} \end{bmatrix}\sigma_0^2 \end{aligned} \tag{8.120}$$

즉 $Var(b_1^0) = Var(b_2^0) = \frac{1}{1-r_{12}^2}\sigma_0^2$이며 만약 독립변수 x_1과 x_2 사이에 상관관계가 커서 $|r_{12}|$가 1에 가까우면 $1-r_{12}^2$은 0에 가까이 가므로 표준화된 회귀계수의 추정량 b_1^0와 b_2^0의 추정분산이 굉장히 커지게 되어 추정량으로서의 정도가 매우 나쁘게 된다. 따라서 중회귀모형에서 두 개 이상의 독립변수들 사이에 상관이 클 경우에는 최소제곱추정량이 반드시 좋은 추정량은 아니라는 데 유의할 필요가 있다.

예제 8.8

어떤 화장품 회사에서 새로 개발된 화장품의 판매량을 예측하기 위하여 8명의 외판원으로부터 10일간 조사한 자료는 다음과 같다.

종속변수 y는 새로 개발된 화장품의 10일간 판매량이고, 독립변수 x_1은 방문한 가구수이며 x_2는 판매된 총금액이다.

〈표 8.6〉 화장품 판매량〈변환된 자료〉

판매원	판매량(셋트: y)	방문가구수(x_1)	총판매액(x_2)
1	16	27	24
2	12	18	32
3	22	37	38
4	13	20	28
5	6	8	23
6	19	26	37
7	11	9	30
8	5	33	24

중회귀모형 $y=\beta_0+\beta_1x_1+\beta_2x_2+\epsilon$을 가정하여 표준화된 회귀계수를 추정하고 상관행렬을 구하여라.

풀이 $S_{yy}=\sum_{j=1}^{8}(y_j-\overline{y})^2=244$

$$S_{11}=\sum_{j=1}^{8}(x_{1j}-\overline{x}_1)^2=771.5$$

$$S_{22}=\sum_{j=1}^{8}(x_{2j}-\overline{x}_2)^2=240$$

$$S_{1y}=\sum_{j=1}^{8}(x_{1j}-\overline{x}_1)(y_j-\overline{y})=214$$

$$S_{2y}=\sum_{j=1}^{8}(x_{2j}-\overline{x}_2)(y_j-\overline{y})=191$$

$$S_{12}=\sum_{j=1}^{8}(x_{1j}-\overline{x}_1)(x_{2j}-\overline{x}_2)=147$$

$$r_{12} = \frac{S_{12}}{\sqrt{S_{11}S_{22}}} = 0.34162$$

$$r_{1y} = \frac{S_{1y}}{\sqrt{S_{11}S_{yy}}} = 0.4932316$$

$$r_{2y} = \frac{S_{2y}}{\sqrt{S_{22}S_{yy}}} = 0.78928$$

이므로 식 (8.114)와 식 (8.115)의 $\boldsymbol{W}'\boldsymbol{W}$ 행렬과 $\boldsymbol{W}'\boldsymbol{y}$ 행렬은

$$\boldsymbol{W}'\boldsymbol{W} = \begin{bmatrix} \sum_{j=1}^{n} W_{1j}^{2} & \sum_{j=1}^{n} W_{1j}W_{2j} \\ \sum_{j=1}^{n} W_{1j}W_{2j} & \sum_{j=1}^{n} W_{2j}^{2} \end{bmatrix}$$

$$= \begin{bmatrix} 1 & r_{12} \\ r_{21} & 1 \end{bmatrix}$$

$$= \begin{bmatrix} 1 & 0.34162 \\ 0.34162 & 1 \end{bmatrix}$$

$$\boldsymbol{W}'\boldsymbol{y} = \begin{bmatrix} \sum_{j=1}^{n} W_{1j}y_j \\ \sum_{j=1}^{n} W_{2j}y_j \end{bmatrix} = \begin{bmatrix} r_{1y} \\ r_{2y} \end{bmatrix} = \begin{bmatrix} 0.49323 \\ 0.78928 \end{bmatrix}$$

따라서 표준화된 회귀계수 β^0 의 추정량은

$$\boldsymbol{b}^0 = [\boldsymbol{W}'\boldsymbol{W}]^{-1}\boldsymbol{W}'\boldsymbol{y}^0$$

$$= \begin{bmatrix} 1 & 0.34162 \\ 0.34162 & 1 \end{bmatrix}^{-1} \begin{bmatrix} 0.49323 \\ 0.78928 \end{bmatrix}$$

$$= \begin{bmatrix} 1.13213 & -0.38676 \\ -0.38676 & 1.13213 \end{bmatrix} \begin{bmatrix} 0.49323 \\ 0.78928 \end{bmatrix} = \begin{bmatrix} 0.25314 \\ 0.70281 \end{bmatrix}$$

이므로 식 (8.112)의 추정식은

$$\hat{y}^0 = 0.25314\,W_1 + 0.70281\,W_2.$$

이 표준화된 추정회귀식으로부터 외판원의 판매실적(x_2)이 그 외판원이 방문한 가구수(x_1)보다 새로운 화장품의 판매량에 더 영향을 준다고 판단할 수 있으나 표준화된 회귀계수만에 의하여 독립변수들의 중요도를 평가하는 것은 바람직한 방법은 아니다. 왜냐하면 얻어진 계수들은 가정된 모형에서의 값일 뿐이며 더군다나 독립변수들의 측정범위에 의하여서도 영향을 받기 때문이다.

b_i^0, $i=1,2$ 로부터 b_i를 구하려면 식 (8.116)에서

$$b_1 = b_1^0\sqrt{\frac{S_{yy}}{S_{11}}} = (0.25314)\sqrt{\frac{244}{771.5}} = 0.1423$$
$$b_2 = b_2^0\sqrt{\frac{S_{yy}}{S_{22}}} = (0.7028)\sqrt{\frac{244}{240}} = 0.7086$$

이고, b_0는 식 (8.117)에서

$$\begin{aligned} b_0 &= \overline{y} - \sum_{i=1}^{2} b_i\overline{x_i} = 13 - [(0.1423)(22.25) + (0.7086)(29.5)] \\ &= -11.07 \end{aligned}$$

이다. 따라서 원래의 자료에 대한 회귀모형 $y = \beta_0 + \beta_1 x_1 + \beta_2 x_2 + \epsilon$ 의 추정식은 다음과 같다.

$$\hat{y} = -11.0723 + 0.1423x_1 + 0.7086x_2$$

다음으로 b_1, b_2의 분산은 다음과 같다.

$$\begin{aligned} Var(\boldsymbol{b}^0) &= (\boldsymbol{W}'\boldsymbol{W})^{-1}\sigma_0^2 \\ &= \begin{bmatrix} \dfrac{1}{1-r_{12}^2} & \dfrac{-r_{12}}{1-r_{12}^2} \\ \dfrac{-r_{12}}{1-r_{12}^2} & \dfrac{1}{1-r_{12}^2} \end{bmatrix}\sigma_0^2 \\ &= \begin{bmatrix} 1.13213 & -0.38676 \\ -0.38676 & 1.13213 \end{bmatrix}\sigma_0^2 \end{aligned}$$

위의 자료를 컴퓨터로 계산하면 〈표 8.7〉과 같이 얻어진다.

〈표 8.7〉 예제 8.8의 자료에 대한 SAS 계산결과

(a) 분산분석표

	DF	Sum of Squares	Mean Square
Model	2	165.81479	82.90740
Error	5	78.18521	15.63704
$F=5.302$		Prob > $F=0.0581$	

(b) 추정된 회귀계수

Variable	B	SE B	Beta	T	Prob > $\|T\|$
INTERCEP	-11.07232	7.68481		-1.441	.2092
X_1	.14236	.15148	.25314	.940	.3905
X_2	.70864	.27159	.70281	2.609	.0477

〈표 8.7〉은 통계패키지인 SAS(Statistical Analysis System)를 이용하여 계산된 결과이다. 표에서 결정계수 R^2(R square)은 $R^2=0.6796$이고 가설 $H_0: \beta_1 = \beta_2 = 0$을 검정하기 위한 분산분석표에서 검정통계량 F_0는 F로 표시되어 있으며

$$F=5.302$$

Prob〉F는 $F=5.302$일 때 α의 값을 나타낸다(그림 2.4). 이 예에서 $F=5.302$일 때 Prob 〉$F=0.0581$, 즉 유의확률$=0.0581$이다.

(b)의 표에서 추정된 회귀계수(B)의 표준편차는 $SE(B)$로 표시되었으며 T는 8.2절에서 살펴본 가설 $H_0: \beta_i = 0$을 검정하기 위한 검정통계량으로

$$T=\frac{B}{SE(B)}=\frac{b_i-0}{\sqrt{\widehat{Var}(b_i)}}$$

로 계산된다. 또한 베타(beta)는 표준화된 회귀계수로서 앞에서 계산한 결과와 동일하며 Prob > $|T|$는 t 분포에서 $T=t$일 때 α의 값을 나타낸다(그림 2.3).

SAS를 이용한 풀이

SAS를 이용하여 예제 8.8을 해결하여라.

[예제 8.8 SAS 프로그램]

```
DATA EX8_8;
INPUT Y X1 X2;
CARDS;
16 27 24
12 18 32
22 37 38
13 20 28
6 8 23
19 26 37
11 9 30
5 33 24
RUN;
PROC REG DATA=EX8_8;
MODEL Y=X1 X2/STB;
RUN;   표준화된 계수를 얻기 위한 옵션
```

[예제 8.8 SAS 실행결과]

Analysis of Variance					
Source	DF	Sum of Squares	Mean Square	F Value	Pr > F
Model	2	165.81479	82.90740	5.30	0.0581
Error	5	78.18521	15.63704		
Corrected Total	7	244.00000			

Root MSE	3.95437	R-Square	0.6796
Dependent Mean	13.00000	Adj R-Sq	0.5514
Coeff Var	30.41823		

Parameter Estimates						
Variable	DF	Parameter Estimate	Standard Error	t Value	Pr > |t|	Standardized Estimate
Intercept	1	-11.07232	7.68481	-1.44	0.2092	0
X1	1	0.14236	0.15148	0.94	0.3905	0.25314
X2	1	0.70864	0.27159	2.61	0.0477	0.70281

해설 위의 결과에서 표준화된 회귀계수는 각각 0.2531, 0.7028이 얻어진다. 표준화된 추정회귀식은 $\hat{y}^0 = 0.25314\,W_1 + 0.70281\,W_2$.

즉, 독립변수 X_2가 Y에 보다 더 영향을 미치는 변수라고 할 수 있다. 그리고 원래의 자료에 대한 회귀모형 $y = \beta_0 + \beta_1 x_1 + \beta_2 x_2 + \epsilon$ 의 추정식은

$$\hat{y} = -11.0723 + 0.1423x_1 + 0.7086x_2 \text{ 이다.}$$

R을 이용한 풀이

R을 이용하여 예제 8.8을 해결하여라.

[예제 8.8 R 프로그램]

R 제목없음 - R 편집기

```
# Example 8.8

install.packages("lm.beta")
library("lm.beta")
y<-c(16,12,22,13,6,19,11,5)
x1<-c(27,18,37,20,8,26,9,33)
x2<-c(24,32,38,28,23,37,30,24)
fit.general<-lm(y~x1+x2)                  # 일반화 된 중회귀모형 적합
(fit.beta<-lm.beta(fit.general))          # 표준화 된 회귀모형
```

[예제 8.8 R 실행결과]

R Console

```
Call:
lm(formula = y ~ x1 + x2)

Standardized Coefficients::
(Intercept)          x1          x2
  0.0000000   0.2531388   0.7028058

> |
```

해설 표준화된 회귀계수를 추정하면 $\beta_1 = 0.253$, $\beta_2 = 0.703$이다. 총판매액(x_2)이 방문 가구수(x_1)보다 2.5배 정도 영향을 미치고 있음을 알 수 있다.

8.8 다공선성

8.8.1 다공선성의 문제

앞 절의 예제 8.7에서 독립변수가 둘인 중회귀모형 $y = \beta_0 + \beta_1 x_1 + \beta_2 x_2 + \epsilon$ 을 가정하여 표준화된 모형은

$$y^0 = \beta_1^0 W_1 + \beta_2^0 W_2 + \epsilon^0$$

이며 이 모형에서 추정된 표준화된 회귀계수 b_1^0 와 b_2^0 의 분산은 식 (8.120)에서

$$Var(b_1^0) = \frac{1}{1-r_{12}^2}\sigma_0^2 \quad \textbf{(8.121a)}$$

$$Var(b_2^0) = \frac{1}{1-r_{12}^2}\sigma_0^2 \quad \textbf{(8.121b)}$$

으로 분산팽창계수는 $\dfrac{1}{1-r_{12}^2}$ 이다. 그런데 독립변수 x_1 과 x_2 간에 상관관계가 커서 $|r_{12}|$ 가 1에 가까이 가면 식 (8.121)에서 분모 $1-r_{12}^2$ 은 0에 가까운 값이 되므로(분산팽창계수는 굉장히 커진다) 추정량 b_i^0 의 분산은 매우 커진다. 즉 b_1^0 와 b_2^0 는 표준화된 회귀계수 β_1^0 와 β_2^0 의 추정량으로서 믿을 만한 것이 못된다. 이 사실은 신뢰구간을 구해 보면 쉽게 이해할 수 있을 것이다.

오차분산 σ_0^2 의 불편추정량은 MSE에 의하여 얻어지므로 표준화된 신뢰계수 β_i^0 의 $100(1-\alpha)\%$ 신뢰구간은

$$b_i^0 \pm t\left(n-2;\frac{\alpha}{2}\right)\frac{MSE}{1-r_{12}^2} \quad \textbf{(8.122)}$$

인데 $\dfrac{MSE}{1-r_{12}^2}$ 의 값이 아주 커지면 이 신뢰구간의 폭은 매우 커져서 신뢰구간으로서의 의미를 상실한 신뢰구간이 된다.

위에서 살펴본 바와 같이 중회귀모형을 가정함에 있어서 독립변수들 사이에 선형관

계가 존재할 때 **다공선성**(multicollinearity)이 존재한다고 하며 독립변수들 사이에 선형관계가 전혀 성립하지 않으면 독립변수들은 **직교**(orthogonal)한다고 한다. 독립변수들이 직교하면 8.4절에서 살펴본 바와 같이 회귀계수들 간의 상대적 크기를 비교할 수도 있고 회귀계수들을 추정하거나, 반응변수 y를 예측하기가 용이해지며 모형에 추가할 변수들을 결정하기도 쉬워진다. 그러나 대부분의 경우 독립변수들은 직교하지 않지만, 상관의 정도가 크지 않으면 직교하지 않는 것이 별로 문제가 되지 않으나, 위의 예에서 살펴본 바와 같이 상관의 정도가 크면 그 모형으로부터 추정된 모든 결과들은 잘못 해석될 수 있다. 따라서 다공선성이 존재하는 모형을 분석하는 여러 가지 기법들로서 **능형회귀추정량**(ridge regression estimator)이나 **주성분회귀추정량**(principal component regression estimator)과 같은 편의된 추정량을 사용하는 방법들이 개발되어 있으나 이 책의 정도를 넘으므로 생략하고 이 절에서는 예제를 통하여 다공선성의 효과를 설명하고자 한다.

앞 절의 예제 8.8의 자료를 이용하여 회귀선을 추정하면

$$\hat{y} = -11.07 + 0.1423x_1 + 0.7086x_2 \tag{8.123a}$$

이 되고, 이 회귀선으로부터 분산분석표를 작성하면 〈표 8.8〉과 같다.

〈표 8.8〉 x_1, x_2를 고려한 분산분석표

요인	제곱합	자유도	제곱평균
회귀	$SSR\ (x_1, x_2)$=165.815	2	$MSR\ (x_1, x_2)$=82.907
잔차	$SSE\ (x_1, x_2)$=78.185	5	$MSE\ (x_1, x_2)$=15.637
계	SST=244	7	

〈표 8.8〉의 분산분석표에서 가정된 모형의 독립변수들을 구분하기 위하여 $SSR = SSR\ (x_1, x_2)$, $SSE = SSE\ (x_1, x_2)$로 표현하였다. 또한 새로운 화장품의 판매량(y)에 영향을 주는 변수로서 외판원이 방문한 가구수(x_1)만을 고려하면, 즉

$$y = \beta_0 + \beta_1 x_1 + \epsilon$$

의 회귀식으로부터 추정된 회귀선은

$$\hat{y} = 6.8283 + 0.2774x_1 \tag{8.123b}$$

을 얻을 수 있고 이 식을 이용하여 분산분석표를 만들면 〈표 8.9〉와 같다.

〈표 8.9〉 x_1 만을 고려한 모형의 분산분석표

요인	제곱합	자유도	제곱평균
회귀	$SSR\ (x_1)$=59.3597	1	$MSR\ (x_1)$=59.3597
잔차	$SSE\ (x_1)$=184.640	6	$MSE\ (x_1)$=30.7734
계	SST = 243.9997	7	

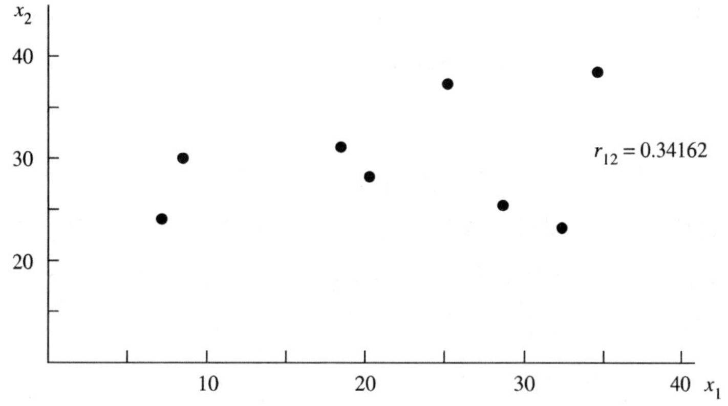

〈그림 8.2〉 방문 가구수(x_1)에 대한 판매금액(x_2)의 산점도

식 (8.123a)와 식 (8.123b)에서 독립변수 x_1에 대한 회귀계수는 각각 0.1423과 0.2774로 동일하지 않음을 알 수 있다. 따라서 적합된 반응함수 $\hat{y}$에 미치는 x_1의 효과는 가정된 모형에 x_1만을 고려했느냐 아니면 x_1과 x_2 모두를 고려했느냐에 따라 달라짐을 알 수 있으며 이와 같이 회귀계수에 차가 생기는 원인은 독립변수 x_1과 x_2 사이에 상관관계가 존재하기 때문이다.

같은 방법으로 새로운 화장품의 판매량(y)에 영향을 미치는 요인으로 각 외판원의 판매금액(x_2)만을 고려한 모형

$$y = \beta_0 + \beta_2 x_2 + \epsilon$$

의 회귀식으로부터 추정된 회귀선

$$\hat{y} = -10.477 + 0.7958 x_2 \tag{8.124}$$

을 구할 수 있으며 이 식을 이용하여 분산분석표를 만들면 〈표 8.10〉과 같다.

식 (8.123)과 식 (8.124)에서 x_2의 회귀계수는 각각 0.7086과 0.7958로 가정된 모형에 x_2만을 고려했느냐 아니면 x_1과 x_2를 모두 고려했느냐에 따라 달라짐을 알 수 있다.

〈표 8.10〉 x_2 만을 고려한 모형의 분산분석표

요인	제곱합	자유도	제곱평균
회귀	$SSR\ (x_2)$=152.004	1	$MSR\ (x_2)$=152.004
잔차	$SSE\ (x_2)$=91.999	6	$MSE\ (x_2)$=15.332
계	SST = 244.003	7	

위의 예에서 알 수 있는 것은 중회귀모형에서 독립변수들 사이에 다공선성이 존재하면, 회귀계수들은 가정된 모형에 어떤 독립변수들이 포함되느냐에 따라 달라지므로 결국 회귀계수는 반응변수 y에 어떤 특정된 독립변수가 어떻게 영향을 주는지를 나타내지 못하게 된다. 그러나 독립변수들 사이에 다공선성이 존재하지 않으면, 즉 $r_{12}=0$이면 식 (8.116)과 식 (8.119)에서

$$b_1 = b_1^0\sqrt{\frac{S_{yy}}{S_{11}}} = \frac{1}{1-r_{12}^2}[r_{1y}-r_{12}r_{2y}]\cdot\sqrt{\frac{S_{yy}}{S_{11}}}$$
$$= r_{1y}\cdot\sqrt{\frac{S_{yy}}{S_{11}}} \tag{8.125}$$

이고,

$$r_{1y} = \frac{S_{1y}}{\sqrt{S_{11}S_{yy}}}$$

이므로

$$b_1 = \frac{S_{1y}}{S_{11}} = \frac{\sum_{j=1}^{n}(x_{1j}-\overline{x}_1)(y_j-\overline{y})}{\sum_{j=1}^{n}(x_{1j}-\overline{x}_1)^2} \tag{8.126}$$

그런데 b_1은 독립변수 x_1만을 고려한 모형 (8.123b)의 기울기를 계산하는 식으로서 결국 x_1과 x_2가 서로 독립이면 가정된 모형에 x_2를 추가하여도 x_1에 대한 회귀계수에는 변함이 없다는 사실을 알 수 있으며 이 결과는 8.4절에서 살펴본 직교하는 독립변수들에서의 결과와 동일하다.

8.8.2 다공선성을 찾아내는 법

앞에서 가정된 모형의 독립변수들 사이에 다공선성이 존재하면 그 모형으로부터 추정된 모든 결과들은 잘못 해석될 수 있음을 보았다. 그러면 이러한 다공선성을 어떻게 찾아낼 것인가?

회귀모형을 분석하는 과정에서 다음과 같은 경우들은 독립변수들 사이에 다공선성이 존재할 수 있음을 나타내는 결과들이다.

1) 어떤 한 독립변수를 모형에 추가하거나 제거하는 것이 추정된 회귀계수들에 큰 변화를 줄 때
2) 중요하다고 생각되는 독립변수의 회귀계수에 대한 검정결과가 유의하지 않게 나타났을 때
3) 추정된 회귀계수의 부호가 과거의 경험이나 이론적인 면에서 기대되는 부호와 상반될 때
4) 상관행렬(식 (8.11))에서 독립변수들 사이의 상관계수가 크게 나타날 때

위와 같은 결과들이 나타나면 일단 독립변수들 사이에 다공선성을 의심할 수 있으므로 분석에 유의하여야 되지만 이와 같은 결과들이 나타났다고 하여 반드시 다공선성이 존재하는 것은 아니다.

계량적으로 다공선성의 정도를 나타내는 척도로서 **분산팽창인자**(Variance Inflation Factor; VIF)를 이용하기도 하는데 $(VIF)_i$ 중 가장 큰 값이 10을 넘으면 다공선성이 존재하는 것으로 간주하기도 한다. 또한 분산팽창인자들의 평균 $\overline{VIF}$, 즉

$$\overline{VIF} = \frac{1}{k}\sum_{i=1}^{k}(VIF)_i \tag{8.127}$$

가 1보다 훨씬 크면 변수들 사이에 상당히 다공선성이 존재함을 나타낸다.

SAS를 이용한 풀이

SAS를 이용하여 다공선성의 존재를 찾아보자.

[SAS 프로그램]

```
DATA EX8_8;
INPUT Y X1 X2;
CARDS;
16 27 24
12 18 32
22 37 38
13 20 28
6 8 23
19 26 37
11 9 30
5 33 24
RUN;
PROC REG DATA=EX8_8 CORR;
MODEL Y=X1 X2/VIF;
RUN;        다중공선성을 확인하기 위한 옵션
```

[SAS 프로그램 실행 결과]

Correlation			
Variable	X1	X2	Y
X1	1.0000	0.3416	0.4932
X2	0.3416	1.0000	0.7893
Y	0.4932	0.7893	1.0000

Analysis of Variance					
Source	DF	Sum of Squares	Mean Square	F Value	Pr > F
Model	2	165.81479	82.90740	5.30	0.0581
Error	5	78.18521	15.63704		
Corrected Total	7	244.00000			

Root MSE	3.95437	R-Square	0.6796
Dependent Mean	13.00000	Adj R-Sq	0.5514
Coeff Var	30.41823		

Parameter Estimates						
Variable	DF	Parameter Estimate	Standard Error	t Value	Pr > |t|	Variance Inflation
Intercept	1	-11.07232	7.68481	-1.44	0.2092	0
X1	1	0.14236	0.15148	0.94	0.3905	1.13212
X2	1	0.70864	0.27159	2.61	0.0477	1.13212

해설 위의 표에서 상관계수를 살펴보면 X1과 X2의 상관계수는 0.3416으로 크지 않으며, 변수 각각의 분산팽창인자 *VIF*값은 모두 1.1321로 10보다 작으므로, 상관성은 조금 있으나 다공선성을 염려할 만큼의 문제는 존재하지 않다고 할 수 있다. 즉, 두 변수의 상관성 때문에 X1과 X2 각각 하나의 변수만 포함된 회귀식에서 회귀계수의 추정값이 약간 다르게 나타나지만 심한 다공선성의 문제는 아니라고 할 수 있다.

8.9 이상점

회귀분석에서 관찰점들 중에서 여타 관찰점들에 비해 상당히 크거나 작은 값을 갖는 관찰점들이 종종 생기게 되는데 이러한 관찰점들은 다른 관찰점들과 구분하여 이상점(outlier)이라고 한다. 이런 이상점들은 경우에 따라서는 회귀선을 추정하는 데 큰 영향을 미칠 수도 있으므로 이상점들을 자료에 포함시킬 것인지 아니면 제거할 것인지를 결정하는 일은 회귀분석에서 중요한 의미를 갖는다. 〈그림 8.3〉은 이상점들의 한 형태로서 관찰점 "$1(x_1, y_1)$"은 X에 관해서는 x_1이 X값들의 범주 안에 포함되어 있으므로 이상점이라 할 수 없으나 Y에 관해서는 다른 점들의 Y값에 비해 멀리 떨어져 있으므로 Y에 관해 이상점이라 할 수 있을 것이나, 관찰점 "$2(x_2, y_2)$"는 X에 관해서는 이상점이라 할 수 있을 것이나 Y의 값이 추정된 회귀선의 연장선 부근에 있으므로 Y에 관해서는 이상점이라 할 수 없을 것이다. 관찰점 "$3(x_3, y_3)$"은 X, Y 모두에 대해서 범주 밖에 있으므로 이상점이라 할 수 있을 것이다.

이상점이라 해서 모두 다 회귀선의 추정에 영향을 주는 것은 아니다. 〈그림 8.3〉에서 관찰점 '2'는 X에 관해서 이상점이나 Y값이 추정된 회귀선의 연장선 부근에 있으므로 회귀선의 추정에 큰 영향을 끼치지는 않을 것이며, 관찰점 '1'은 다른 관찰점들의 X값들과 비슷하므로 Y에 관해서 이상점이기는 하나 회귀선의 추정에 큰 영향을 주지는 않을 것 같다. 그러나 관찰점 '3'은 X에 관해서 이상점이면서 Y에 관해서도 이상점으로 회귀선의 추정에 큰 영향을 끼치는 이상점이라 할 수 있다.

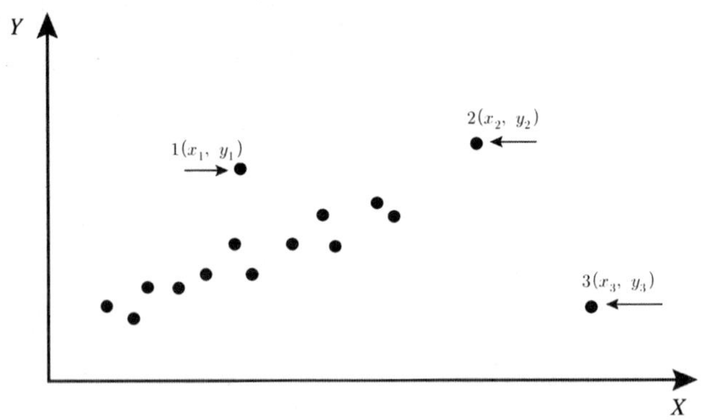

〈그림 8.3〉 이상점을 포함한 산점도

독립변수가 하나인 단순회귀모형에서는 산점도에 의해서 이상점의 식별과 이상점들이 회귀선의 추정에 끼치는 영향의 정도를 판별하기가 어렵지 않으나 독립변수가 2개 이상인 경우는 산점도로 나타내기 어려우므로 그림에 의한 이상점들의 판별이 곤란하다.

8.9.1 이상 X점 식별

식 (8.88)에서 잔차벡터 e는 관찰점 y_i의 선형결합

$$e = y - \hat{y} = y - \boldsymbol{X}(\boldsymbol{X}'\boldsymbol{X})^{-1}\boldsymbol{X}'y = (\boldsymbol{I} - \boldsymbol{H})y$$

로 표현되며 '해트 행렬' $\boldsymbol{H}$는 식 (8.89)에서

$$\boldsymbol{H} = \boldsymbol{X}(\boldsymbol{X}'\boldsymbol{X})^{-1}\boldsymbol{X}'$$

이다. '해트 행렬'을 이용하면 적합된 값 $\hat{y}_i$도 관찰점 y_i의 선형결합으로 표현할 수 있는데

$$\begin{aligned} \hat{\boldsymbol{y}} &= \boldsymbol{X}\boldsymbol{b} \\ &= \boldsymbol{X}(\boldsymbol{X}'\boldsymbol{X})^{-1}\boldsymbol{X}'\boldsymbol{y} \\ &= \boldsymbol{H}\boldsymbol{y} = (h_{ij})\boldsymbol{y} \end{aligned} \tag{8.128}$$

이다. 또한 식 (8.90)에서 잔차분산은

$$Var(\boldsymbol{e}) = (\boldsymbol{I} - \boldsymbol{H})\sigma^2$$

이므로 잔차 $e_i = y_i - \hat{y}_i$의 분산은

$$Var(e_i) = (1 - h_{ii})\sigma^2 \geqq 0 \tag{8.129}$$

이 되며 여기서 h_{ii}는 '해트 행렬'의 i 대각원소이다. i 대각원소의 계산은

$$h_{ii} = \boldsymbol{x_i}'(\boldsymbol{X}'\boldsymbol{X})^{-1}\boldsymbol{x_i} \tag{8.130}$$

로 구할 수 있으며 여기서 $\boldsymbol{x}_i' = (1 \ x_{i1} x_{i2} \ \cdots \ x_{ik})$은 i번째 관찰점에 대응되는 독립변수들의 값으로 대각원소 h_{ii}는 다음과 같은 특성을 갖는다.

$$0 \leqq h_{ii} \leqq 1, \ \sum_{i=1}^{n} h_{ii} = k+1 \tag{8.131}$$

여기서 k는 회귀함수식에서 회귀계수들의 수(즉, 독립변수들의 수로서 절편항은 제외)이다.

'해트 행렬'의 대각원소 h_{ii}는 '레버리지(leverage)'라고 하며 i 관찰점에서의 x값과 n개의 모든 관찰점에서 x값들의 평균과의 거리에 대한 측도를 나타내므로 h_{ii}는 i 관찰점에서의 x값이 이상값인지 아닌지를 나타내는 기준이 된다. 따라서 h_{ii}의 값이 크면 i 관찰점이 x값들의 중심 $(\bar{x}_1, \bar{x}_2, \cdots, \bar{x}_k)$에서 멀리 떨어져 있음을 나타낸다.

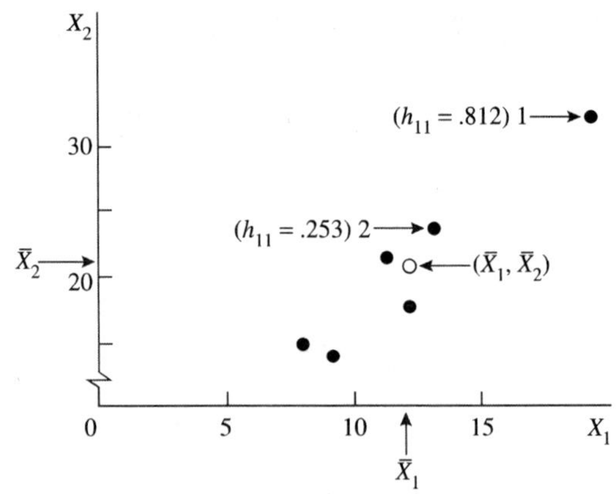

〈그림 8.4〉 높은 레버리지점, 낮은 레버리지점

〈그림 8.4〉는 두 개의 독립변수 x_1과 x_2가 있는 경우로서 관찰점 '1'은 중심점 $(\bar{x}_1, \bar{x}_2)$에서 멀리 떨어져 있으며 $h_{11} = 0.812$이다. 관찰점 '2'는 중심점 부근에 있으며 $h_{22} = 0.253$이다.

식 (8.128)에서 적합된 값 $\hat{y}_i$는 h_{ij}를 가중값으로 하는 y들의 선형결합이다. 따라서 x들만의 함수 h_{ij}는 $\hat{y}_i$를 결정하는 데 y_i가 어느 정도 중요한 영향을 끼치는지를 나타내는 척도이기도 하다.

일반적으로 i 관찰점의 h_{ii}가 평균

$$\bar{h} = \frac{1}{n}\sum_{i=1}^{n} h_{ii} = \frac{k+1}{n} \tag{8.132}$$

의 두 배, 즉 $\frac{2(k+1)}{n}$보다 크면 x값들에 대해서 이상점으로 한다.

8.9.2 이상 Y점 식별

잔차 e_i를 이용하여 이상 Y점을 찾는 문제를 생각해 보자. 표준화된 잔차는

$$\frac{e_i}{\sqrt{MSE}} \tag{8.133}$$

로 정의되는데 실제로 e_i의 분산은 식 (8.129)에서

$$Var(e_i) = \sigma^2(1 - h_{ii})$$

로 모두 같은 분산을 갖는 것은 아니다. 그러므로 식 (8.133)에서 $\sqrt{MSE}$ 대신 $\sqrt{Var(e_i)}$ 를 이용하는 것이 더 나을 것이다. 그런데 $Var(e_i)$ 의 추정량은

$$S^2(e_i) = MSE(1 - h_{ii}) \tag{8.134}$$

이고 여기서

$$MSE = S^2 = \frac{\sum_{i=1}^{n} e_i^2}{n-k-1}$$

이므로

$$e_i^* = \frac{e_i}{S(e_i)} = \frac{e_i}{S(1-h_{ii})^{\frac{1}{2}}} \tag{8.135}$$

을 얻을 수 있다. 이때 e_i^* 를 **스튜던트화 잔차**(studentized residual)라고 한다. 스튜던트화 잔차 e_i^* 의 절댓값 $|e_i^*|$ 가 상당히 크면 이상점이라고 생각할 수 있으며 〈표 8.11〉은 Lund(1975)가 제시한 기각값인데 $|e_i^*|$ 의 값이 기각값의 값보다 크면 이상점으로 간주한다.

〈표 8.11〉 유의수준 $\alpha = 0.05$ 에서 Lund의 기각값

표본의 크기	독립변수의 수 k									
n	1	2	3	4	5	6	8	10	15	25
5	1.92									
6	2.07	1.93								
7	2.19	2.08	1.94							
8	2.28	2.20	2.10	1.94						
9	2.35	2.29	2.21	2.10	1.95					
10	2.42	2.37	2.31	2..22	2.11	1.95				
12	2.52	2.49	2.45	2.39	2.33	2.24	1.96			
14	2.61	2.58	2.55	2.51	2.47	2.41	2.25	1.96		
16	2.68	2.66	2.63	2.60	2.57	2.53	2.43	2.26		
18	2.73	2.72	2.70	2.68	2.65	2.62	2.55	2.44		
20	2.78	2.77	2.76	2.74	2.72	2.70	2.64	2.57	2.15	
25	2.89	2.88	2.87	2.86	2.84	2.83	2.80	2.76	2.60	
30	2.96	2.96	2.95	2.94	2.93	2.93	2.90	2.88	2.79	2.17

표본의 크기	독립변수의 수 k									
n	1	2	3	4	5	6	8	10	15	25
35	3.03	3.02	3.02	3.01	3.00	3.00	2.98	2.97	2.91	2.64
40	3.08	3.08	3.07	3.07	3.06	3.06	3.05	3.03	3.00	2.84
45	3.13	3.12	3.12	3.12	3.11	3.11	3.10	3.09	3.06	2.96
50	3.17	3.16	3.16	3.16	3.15	3.15	3.14	3.14	3.11	3.04
60	3.23	3.23	3.23	3.23	3.22	3.22	3.22	3.21	3.20	3.15
70	3.29	3.29	3.28	3.28	3.28	3.28	3.27	3.27	3.26	3.23
80	3.33	3.33	3.33	3.33	3.33	3.33	3.32	3.32	3.31	3.29
90	3.37	3.37	3.37	3.37	3.37	3.37	3.36	3.36	3.36	3.34
100	3.41	3.41	3.40	3.40	3.40	3.40	3.40	3.40	3.39	3.38

다음으로 i 관찰점을 제외한 $(n-1)$ 개의 관찰점으로 회귀선을 적합한 후 적합된 값을 $\hat{y}(i)$ 라 놓고 잔차를 d_i 라고 하면

$$\hat{y}(i) = \boldsymbol{x}_i{}'\boldsymbol{b}(i) \quad , \quad \boldsymbol{b}(i) = [\boldsymbol{X}(i)'\boldsymbol{X}(i)]^{-1}\boldsymbol{X}(i)'\boldsymbol{y}$$
$$d_i = y_i - \hat{y}(i)$$

이다.

여기서 $\boldsymbol{X}(i)'$ 는 $\boldsymbol{X}$ 행렬에서 i 번째 행을 제외한 행렬이다. $\hat{y}(i)$ 의 분산은

$$Var(\hat{y}(i)) = \boldsymbol{x}_i{}'[\boldsymbol{X}(i)'\boldsymbol{X}(i)]^{-1}\boldsymbol{x}_i\sigma^2$$

이고, $\hat{y}(i)$ 을 구할 때 y_i 는 사용되지 않으므로 y_i 와 서로 독립이다. 따라서

$$Var(y_i - \hat{y}(i)) = Var(y_i) + Var(\hat{y}(i))$$
$$= \sigma^2\left\{1 + \boldsymbol{x}_i{}'[\boldsymbol{X}(i)'\boldsymbol{X}(i)]^{-1}\boldsymbol{x}_i\right\}. \tag{8.136}$$

그런데 만약 y_i 가 이상점이라면 $E(y_i - \hat{y}(i)) \neq 0$ 이 될 것이고 이상점이 아니라면 $E(y_i - \hat{y}(i)) = 0$ 이 될 것이므로 다음과 같은 검정통계량을 정의할 수 있다.

$$d_i^* = \frac{d_i}{S(d_i)} = \frac{y_i - \hat{y}(i)}{S(i)\sqrt{1 + \boldsymbol{x}_i{}'[\boldsymbol{X}(i)'\boldsymbol{X}(i)]^{-1}\boldsymbol{x}_i}} \tag{8.137}$$

여기서 $S(i)$ 는 i 관찰점을 제외한 후의 $\sqrt{MSE} = S(i)$ 이다.

d_i^* 를 **스튜던트화 제외 잔차(studentized deleted residual)**라고 하며 y_i 가 이상점이 아니라면 d_i^* 는 자유도가 $(n-k-2)$ 인 t 분포를 따른다. 식 (8.137)에서 d_i^* 를 구하는 것은 y_i 를 제외하고 회귀선을 적합시키는 어려움이 있으나 d_i^* 는 다음과 같은 등식관계가 성립함이 밝혀져 있으므로 n 개의 관찰점 모두에 의해 적합된 회귀선 $\hat{y}_i$ 로부터 e_i, SSE, h_{ii} 를 구하여 d_i^* 를 구할 수 있다.

$$\begin{aligned} d_i^* &= e_i\left[\frac{n-k-2}{SSE(1-h_{ii})-e_i^2}\right]^{\frac{1}{2}} \\ &= e_i^*\left[\frac{n-k-2}{n-k-1-(e_i^*)^2}\right]^{\frac{1}{2}} \\ &= \frac{e_i}{S(i)\sqrt{1-h_{ii}}} \end{aligned} \tag{8.138}$$

식 (8.138)의 d_i^* 는 식 (8.135)의 e_i^*, 즉 스튜던트화 잔차에서 S 대신에 i 를 제외한 경우의 $S(i)$ 를 사용한 것과 동일하다.

i 번째 관찰점 y_i 가 이상점인가를 판정하는 방법은

$$|d_i^*| \geq t(n-k-2;\alpha/2)$$

이면 유의수준 α 에서 y_i 를 이상점이라고 판정한다.

8.9.3 영향력 관측값의 식별

X 또는 Y 값에 대해 이상점으로 판별되면 그 값들이 회귀선을 적합시키는 데 영향을 미치는지 아닌지를 검토하여야 한다. 회귀선의 적합에 영향을 주는 관찰점을 영향력 관찰점(Influential observation)이라고 한다. 영향력 관찰점을 식별하는 척도로는 n (i 관찰점 포함)관찰점으로부터의 회귀계수추정량 $\boldsymbol{b}$와 i 관찰점을 제외한 $n-1$ 관찰점으로부터의 회귀계수 $b(i)$ 의 차, 즉

$$\boldsymbol{b}-\boldsymbol{b}(i) \tag{8.139}$$

이나 n 관찰점으로부터 적합된 $\hat{y}_i$ 와 $n-1$ 관찰점으로부터 적합된 $\hat{y}(i)$ 의 차, 즉

$$\hat{y}_i-\hat{y}(i) \tag{8.140}$$

를 이용한다.

일반적으로 많이 이용되는 영향력 관찰점의 식별 척도로는 '쿡의 거리측도(Cook's distance measure)', 'DFFITS', 'Mahalanobis의 거리측도', 'Andrew-Pregibon의 통계량' 등이 있는데 이 책에서는 쿡의 거리측도만을 살펴보기로 하겠다.

쿡의 거리측도는 i 번째 관찰점에 대하여

$$D_i = \frac{(\boldsymbol{b} - \boldsymbol{b}(i))' \boldsymbol{X}' \boldsymbol{X}(\boldsymbol{b} - \boldsymbol{b}(i))}{(k+1)MSE}$$

$$= \frac{(\hat{\boldsymbol{y}} - \hat{\boldsymbol{y}}(i))' (\hat{\boldsymbol{y}} - \hat{\boldsymbol{y}}(i))}{(k+1)MSE} \tag{8.141}$$

로 정의하는데 쿡의 거리측도 D_i가 대략적으로

$$D_i > F(k+1, n-k-1; 0.5) \tag{8.142}$$

이면 i 관찰점은 영향력 관찰점으로 간주한다. 그런데 식 (8.141)에서 D_i의 계산에 i 관찰점을 제외한 자료로부터의 적합된 회귀선 $\hat{y}(i)$이 필요하였으나 식을 적당히 변형하면

$$D_i = \frac{e_i^2}{(k+1)MSE} \cdot \frac{h_{ii}}{(1-h_{ii})^2} \tag{8.143}$$

이 되므로 새로운 회귀선 $\hat{y}(i)$을 계산하지 않아도 된다. 식 (8.143)는 잔차 e_i와 h_{ii}의 함수로서 e_i나 h_{ii}가 크면 D_i도 커지고 따라서 i 관찰점은 영향력 관찰점이 됨을 알 수 있다.

예제 8.9

다음의 자료는 회귀진단에 관한 여러 논문에서 인용되는 자료이다.

실험번호	x	y	실험번호	x	y
1	15	95	12	9	96
2	26	71	13	10	83
3	10	83	14	11	84
4	9	91	15	11	102
5	15	102	16	10	100
6	20	87	17	12	105

실험번호	x	y	실험번호	x	y
7	18	93	18	42	57
8	11	100	19	17	121
9	8	104	20	11	86
10	20	94	21	10	100
11	7	113			

단순회귀모형을 가정하여 이상점을 식별하고 영향력 관찰점이 있는지를 판정하라.

풀이 위 자료를 이용하여 회귀직선을 추정하면

$$\hat{y}_i = 109.8738 - 1.1269x_i$$

이 되고 이 직선을 산점도 위에 그려 보면 〈그림 8.5〉와 같으며, 분산분석표를 작성하면 다음과 같다.

요인	제곱합	자유도	제곱평균	F_0
회귀	1,604.08	1	1,64.08	13.20
잔차	2,308.59	19	121.505	
계	3,912.67	20		

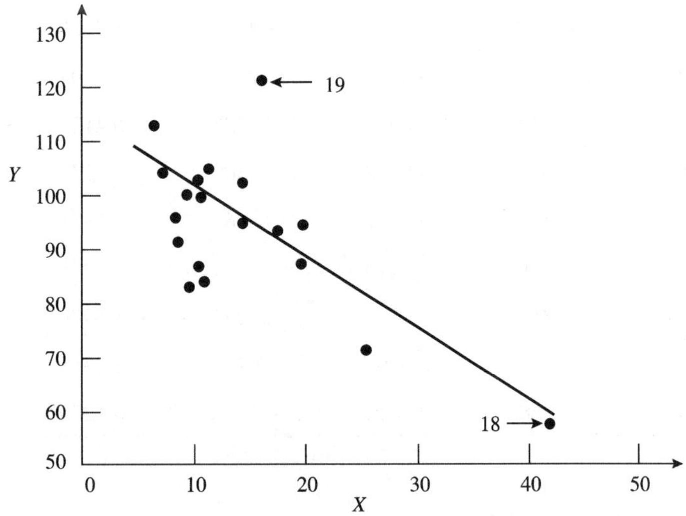

〈그림 8.5〉 산점도와 $\hat{y} = 109.874 - 1.127x_0$

여기서 $F_0 = 13.20 > F(1,15;0.01) = 8.68 > F(1,19;0.01)$ 이므로 회귀직선은 매우 유의하다. 또한

$$S = \sqrt{MSE} = \sqrt{121,505} = 11.0229$$

이므로 잔차 e_i, 레버리지 h_{ii}, 표준화잔차 e_i^*, 표준화제외잔차 d_i^*, 쿡 통계량 D_i를 구하면 〈표 8.12〉와 같다.

〈표 8.12〉

실험번호	e_i	h_{ii}	e_i^*	d_i^*	D_i
1	2.0310	0.0479	0.1888	0.1840	0.001
2	−9.5721	0.1545	−0.9444	−0.9416	0.081
3	−15.6040	0.0628	−1.4623	−1.5108	0.072
4	−8.7309	0.0705	−0.8216	−0.8143	0.026
5	9.0310	0.0479	0.8397	0.8329	0.018
6	−0.3341	0.0726	−0.0315	−0.0306	0.000
7	3.4120	0.0580	0.3189	0.3112	0.003
8	2.5230	0.0567	0.2357	0.2297	0.002
9	3.1421	0.0799	0.2972	0.2899	0.004
10	6.6659	0.0726	0.6280	0.6177	0.015
11	11.0151	0.0908	1.0480	1.0503	0.055
12	−3.73009	0.0705	−0.3511	−0.3428	0.005
13	−15.6040	0.0628	−1.4623	−1.5108	0.072
14	−13.4770	0.0567	−1.2588	−1.2798	0.048
15	4.5230	0.0567	0.4225	0.4132	0.005
16	1.3960	0.0628	0.1308	0.1274	0.001
17	8.6500	0.0521	0.8060	0.7983	0.018
18	−5.5403	0.6516	−0.8515	−0.8451	0.678
19	30.2850	0.0531	2.8234	3.6070	0.223
20	−11.4770	0.0567	−1.0720	−1.0765	0.035
21	1.3960	0.0628	0.1308	0.1274	0.001

(1) e_i^*에 의하여 이상점을 찾아보자. 〈표 8.11〉에서 $k=1$, $n=21$ 에서의 기각

값이 나와 있지 않으므로 $n=20$과 $n=25$에서 보간법으로 구하면 $n=21$에서의 기각값은 2.80이다. $|e_i^*|>2.80$인 것은 19번째 관찰점의 $e_i^*=2.8234$뿐이다. 즉 e_i^*에 의하면 19번째 관찰점이 이상점이다.

(2) d_i^*에 의하여 이상점을 찾아보자. $t(n-k-2;0.025)=t(18;0.025)=2.101$이므로 $|d_i^*|$가 이 값보다 큰 것은 19번째 관찰점이 이상점이다.

(3) 쿡의 통계량에 의하여 영향력 관찰점을 찾아보자. $F(k+1,n-k-1;0.50)=F(2,19;0.50)=0.719$이므로 이 값보다 더 큰 D_i는 없으나 18번째 관찰점의 $D_i=0.6781$가 가장 영향을 주는 관찰점이라 할 수 있을 것이다.

SAS를 이용한 풀이

SAS를 이용하여 예제 8.9를 해결하여라.

[예제 8.9 SAS 프로그램]

```
EX8-9
DATA EX8_9;
INPUT Y X @@;
CARDS;
95 15 71 26
83 10 91 9
102 15 87 20
93 18 100 11
104 8 94 20
113 7 96 9
83 10 84 11
102 11 100 10
105 12 57 42
121 17 86 11
100 10
RUN;
PROC REG DATA=EX8_9;
MODEL Y=X/R INFLUENCE;
RUN;    영향력 관찰점을 위한 옵션
```

[예제 8.9 SAS 실행 결과]

Output Statistics

Obs	Dependent Variable	Predicted Value	Std Error Mean Predict	Residual	Std Error Residual	Student Residual	Cook's D	RStudent	Hat Diag H	Cov Ratio	DFFITS	DFBETAS Intercept	DFBETAS X
1	95	92.9690	2.4130	2.0310	10.756	0.189	0.001	0.1840	0.0479	1.1659	0.0413	0.0166	0.0033
2	71	80.5721	4.3329	-9.5721	10.136	-0.944	0.081	-0.9416	0.1545	1.1970	-0.4025	0.1886	-0.3348
3	83	98.6040	2.7627	-15.6040	10.671	-1.462	0.072	-1.5108	0.0628	0.9363	-0.3911	-0.3310	0.1924
4	91	99.7309	2.9277	-8.7309	10.627	-0.822	0.026	-0.8143	0.0705	1.1151	-0.2243	-0.2000	0.1279
5	102	92.9690	2.4130	9.0310	10.756	0.840	0.018	0.8329	0.0479	1.0850	0.1869	0.0753	0.0149
6	87	87.3341	2.9704	-0.3341	10.615	-0.031	0.000	-0.0306	0.0726	1.2013	-0.0086	0.0011	-0.0050
7	93	89.5880	2.6544	3.4120	10.699	0.319	0.003	0.3112	0.0580	1.1702	0.0772	0.0045	0.0327
8	100	97.4770	2.6241	2.5230	10.706	0.236	0.002	0.2297	0.0567	1.1742	0.0563	0.0443	-0.0225
9	104	100.8579	3.1150	3.1421	10.574	0.297	0.004	0.2899	0.0799	1.1997	0.0854	0.0791	-0.0543
10	94	87.3341	2.9704	6.6659	10.615	0.628	0.015	0.6177	0.0726	1.1521	0.1728	-0.0228	0.1014
11	113	101.9849	3.3207	11.0151	10.511	1.048	0.055	1.0508	0.0908	1.0878	0.3320	0.3156	-0.2289
12	96	99.7309	2.9277	-3.7309	10.627	-0.351	0.005	-0.3428	0.0705	1.1833	-0.0944	-0.0842	0.0538
13	83	98.6040	2.7627	-15.6040	10.671	-1.462	0.072	-1.5108	0.0628	0.9363	-0.3911	-0.3310	0.1924
14	84	97.4770	2.6241	-13.4770	10.706	-1.259	0.048	-1.2798	0.0567	0.9923	-0.3137	-0.2468	0.1254
15	102	97.4770	2.6241	4.5230	10.706	0.422	0.005	0.4132	0.0567	1.1590	0.1013	0.0797	-0.0405
16	100	98.6040	2.7627	1.3960	10.671	0.131	0.001	0.1274	0.0628	1.1867	0.0330	0.0279	-0.0162
17	105	96.3500	2.5162	8.6500	10.732	0.806	0.018	0.7983	0.0521	1.0964	0.1872	0.1333	-0.0549
18	57	62.5403	8.8980	-5.5403	6.506	-0.852	0.678	-0.8451	0.6516	2.9587	-1.1558	0.8311	-1.1127
19	121	90.7150	2.5389	30.2850	10.727	2.823	0.223	3.6070	0.0531	0.3964	0.8537	0.1435	0.2732
20	86	97.4770	2.6241	-11.4770	10.706	-1.072	0.035	-1.0765	0.0567	1.0426	-0.2638	-0.2076	0.1054
21	100	98.6040	2.7627	1.3960	10.671	0.131	0.001	0.1274	0.0628	1.1867	0.0330	0.0279	-0.0162

[예제 8.9 SAS 실행 결과–계속]

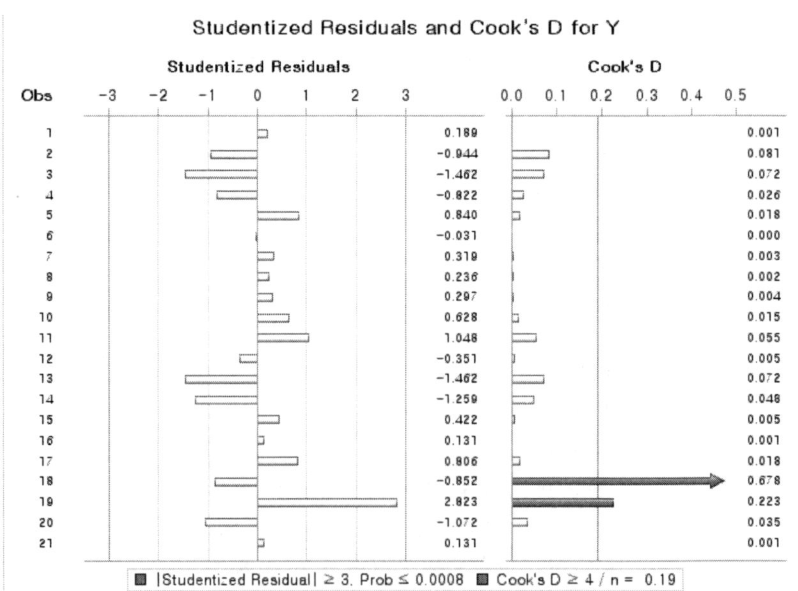

Sum of Residuals	0
Sum of Squared Residuals	2308.58578
Predicted Residual SS (PRESS)	2850.52607

R을 이용한 풀이

R을 이용하여 예제 8.9를 해결하여라.

[예제 8.9 R 프로그램]

```
E:₩2016₩Regress₩프로그램₩Chap8₩p8.6 - R 편집기
# Example 8.9

Ex8_9 <- read.table("C:/Users/default.default-PC/Desktop/data/data8_9.txt",heac

fit <- lm(y~x, data=Ex8_9)                    # 일반적인 중회귀모형 적합
(g.resid <-resid(fit))                         #  잔차
(leverage <-hatvalues(fit))                    # hat 행렬
(stdres.resid<-rstandard(fit))                # 표준화 잔차
(stu.del.res=rstudent(fit))                    # 스튜던트화 제외 잔차
(cookd. varname<-cooks.distance(fit)          # cook의 거리
(dbt<-dfbetas(fit))                            # 모든 dfbetas
(dft <-dffits(fit))                            # 모든 dffits
(ifl <-influence(fit))                         # 많은 영향치 통계량
data.frame(Ex8_9,g.resid,leverage,stdres.resid,
           stu.del.res, cook.d,dbt,dft)
```

[예제 8.9 R 실행 결과]

```
> data.frame(Ex8_9,g.resid,leverage,stdres.resid,
+            stu.del.res, cook.d,dbt,dft)
```

	x	y	g.resid	leverage	stdres.resid	stu.del.res	cook.d
1	15	95	2.0309931	0.04792248	0.18883222	0.18396849	8.974064e-04
2	26	71	-9.5721288	0.15451323	-0.94440639	-0.94158335	8.149796e-02
3	10	83	-15.6039514	0.06281578	-1.46226437	-1.51081192	7.165814e-02
4	9	91	-8.7309404	0.07054521	-0.82158155	-0.81426336	2.561596e-02
5	15	102	9.0309931	0.04792248	0.83965939	0.83286292	1.774366e-02
6	20	87	-0.3340623	0.07261896	-0.03147039	-0.03063183	3.877627e-05
7	18	93	3.4119599	0.05798959	0.31891861	0.31124676	3.130575e-03
8	11	100	2.5230375	0.05666993	0.23566531	0.22971575	1.668209e-03
9	8	104	3.1420707	0.07985823	0.29716139	0.28991014	3.831949e-03
10	20	94	6.6659377	0.07261896	0.62796572	0.61766026	1.543952e-02
11	7	113	11.0150818	0.09075485	1.04797524	1.05084716	5.481014e-02
12	9	96	-3.7309404	0.07054521	-0.35108151	-0.34283148	4.677623e-03
13	10	83	-15.6039514	0.06281578	-1.46226437	-1.51081192	7.165814e-02
14	11	84	-13.4769625	0.05666993	-1.25882099	-1.27977575	4.759781e-02
15	11	102	4.5230375	0.05666993	0.42247610	0.41315320	5.361216e-03
16	10	100	1.3960486	0.06281578	0.13082533	0.12739342	5.735845e-04
17	12	105	8.6500264	0.05210768	0.80601240	0.79828114	1.785650e-02
18	42	57	-5.5403062	0.65160998	-0.85153932	-0.84511086	6.781120e-01
19	17	121	30.2849710	0.05305030	2.82336807	3.60697972	2.232883e-01
20	11	86	-11.4769625	0.05666993	-1.07201020	-1.07648108	3.451889e-02
21	10	100	1.3960486	0.06281578	0.13082533	0.12739342	5.735845e-04

	X.Intercept.	x.1	dft
1	0.016637570	0.003284263	0.041274036
2	0.188618998	-0.334797655	-0.402520687
3	-0.330976194	0.192385778	-0.391140045
4	-0.200040654	0.127884061	-0.224328534
5	0.075321673	0.014868527	0.186855984
6	0.001132150	-0.005029364	-0.008571736
7	0.004470913	0.032657114	0.077223953
8	0.044302206	-0.022501139	0.056303487
9	0.079067322	-0.054266029	0.085407473
10	-0.022828670	0.101412100	0.172840518
11	0.315604809	-0.228885338	0.331996854
12	-0.084223652	0.053843369	-0.094449643
13	-0.330976194	0.192385778	-0.391140045
14	-0.246813242	0.125356716	-0.313673908
15	0.079679334	-0.040469221	0.101264129
16	0.027908297	-0.016222192	0.032981383
17	0.133275505	-0.054933035	0.187166128
18	0.831116127	-1.112746006	-1.155778731
19	0.143480394	0.273168207	0.853737107
20	-0.207606515	0.105443576	-0.263846244
21	0.027908297	-0.016222192	0.032981383

연습문제

8.1 어떤 철 제품을 생산하는 공장에서 제품의 인장강도(kg/cm^2)가 온도와 시간에 어떤 영향을 받는가를 분석하기 위하여 다음과 같은 자료를 얻었다.

공정온도: x_1	시간(분): x_2	인장강도: y
175	15	120.4
210	18	112.5
192	20	95.4
250	28	162.3
245	25	160.2
226	21	131.5
260	32	157.6
230	25	158.4
205	24	149.6
185	19	130.4

1) 선형회귀모형 $y = \beta_0 + \beta_1 x_1 + \beta_2 x_2 + \epsilon$ 이 성립된다고 가정하고 회귀모형을 추정하여라.
2) 추정된 회귀계수들에 대하여 $Var(b_0)$, $Var(b_1)$, $Var(b_2)$를 구하여라.
3) 추정된 회귀계수 b_1과 b_2의 의미는 무엇인가?
4) 회귀계수 β_1과 β_2의 95% 신뢰구간을 구하여라.
5) 분산분석표를 작성하고 $H_0 : \beta_1 = \beta_2 = 0$ 을 유의수준 0.05로 검정하여라.
6) $x_1 = 200$, $x_2 = 20$에서 $E(y)$의 95% 예측구간을 구하여라.
7) 귀무가설 $H_0 : \beta_1 = \beta_2$, 대립가설 $H_1 : \beta_1 \neq \beta_2$를 유의수준 5%로 검정하여라.
8) $x_1 = 240$, $x_2 = 30$에서 y의 95% 예측구간을 구하여라.

8.2 연습문제 8.1의 자료에서 인장강도(y)를 온도(x_1)만의 방정식으로 표현하여 다음 질문에 답하여라.

1) 분산분석표를 작성하고 $H_0 : \beta_1 = 0$를 검정하여라.
2) 연습문제 8.1에서 추정된 회귀계수 β_1과 1)에서 추정된 회귀계수를 비교하여라.

3) 결정계수 R^2 을 계산하여라.

4) $\sum_{j=1}^{n} e_j = 0$ 임을 보여라.

5) $\sum_{j=1}^{n} x_{1i} e_j = 0$ 임을 보여라.

8.3 연습문제 7.4의 자료를 이용하여 다음의 질문에 답하여라.

1) $Var(b_0)$, $Var(b_1)$, $Var(b_2)$ 를 각각 추정하여라.

2) β_0 의 95% 신뢰구간을 구하고 $H_0 : \beta_0 = 0$ 을 검정하여라. $\alpha = 0.05$

3) β_1 의 95% 신뢰구간을 구하고 $H_0 : \beta_1 = 0$ 을 검정하여라. $\alpha = 0.05$

4) β_2 의 95% 신뢰구간을 구하고 $H_0 : \beta_2 = 0$ 을 검정하여라. $\alpha = 0.05$

5) $x_1 = 40,\ x_2 = 10$ 일 때 평균 연료소비량 $E(y_0)$ 을 추정하고 $E(y_0)$ 의 95% 신뢰구간을 구하여라.

6) $x_1 = 40,\ x_2 = 10$ 일 때 평균 연료소비량 y_0 의 값을 예측하고 그것의 95% 예측구간을 구하여라.

7) 분산분석표를 작성하고 $H_0 : \beta_1 = \beta_2 = 0$ 을 검정하여라. $\alpha = 0.05$

8) 결정계수 R^2을 계산하고 그 값의 의미를 설명하여라.

8.4 연습문제 7.7의 자료에 대해 다음 질문에 답하여라.

1) 연습문제 7.7의 2), 3), 4)에 있는 회귀모형에 대해 분산분석표를 작성하고 회귀선의 유의성을 각각 검정하여라. $\alpha = 0.05$

2) 결정계수 R^2 의 값을 각각 계산하고 비교하여라.

3) 어느 모형이 가장 타당한지를 설명하여라.

8.5 연습문제 7.10의 자료를 이용하여 다음 질문에 답하여라.

1) 분산분석표를 작성하고 회귀선의 유의성을 검정하여라. $\alpha = 0.05$

2) 결정계수를 구하고 그 값의 의미를 설명하여라.

3) x_1 만을 고려한 회귀선은 유의한가? 또 이 경우에 x_2 를 포함시킬 필요가 있는지 분산분석표를 작성하고 검토하여라. $\alpha = 0.05$

4) x_2 만을 사용한 회귀선은 유의한가? 또 이 경우에 x_1 을 포함시킬 필요가 있는지 검토하여라. $\alpha = 0.05$

8.6 연습문제 7.8의 자료를 이용하여 분산분석표를 작성하고 회귀선의 유의성을 검정하여라. 또한 결정계수를 계산하여라. $\alpha = 0.05$

8.7 다음과 같은 변환된 자료에 대하여

y	14	17	18	12	14	16
x_1	2	2	4	2	2	4
x_2	1	1	1	−1	−1	−1
x_3	0	−1	1	0	−1	−1

1) 절편이 없는 중회귀모형 $y = \beta_1 x_1 + \beta_2 x_2 + \beta_3 x_3 + \epsilon$ 을 가정하고 회귀선을 추정하여라.
2) 절편이 있는 중회귀모형 $y = \beta_0 + \beta_1 x_1 + \beta_2 x_2 + \beta_3 x_3 + \epsilon$ 을 가정하고 회귀선을 추정하여 1)의 결과와 비교하여라.
3) 추가제곱합 $R(\beta_2|\beta_0, \beta_1, \beta_3)$ 을 계산하고 $H_0 : \beta_2 = 0$ 을 유의수준 0.05로 검정하여라.
4) 귀무가설 $H_0 : \beta_2 = \beta_3 = 0$, H_1 : 둘 중 적어도 하나는 0이 아니다. 이를 유의수준 0.05로 검정하여라.

8.8 연습문제 8.7의 자료에서 2개만의 독립변수로 회귀방정식을 만들려고 한다. x_1, x_2, x_3 를 차례로 빼고 다음과 같은 선형모형을 적합시켜라.

1) $\hat{y} = b_0 + b_2 x_2 + b_3 x_3$
2) $\hat{y} = b_0 + b_1 x_1 + b_3 x_3$
3) $\hat{y} = b_0 + b_1 x_1 + b_2 x_2$

8.9 위의 각 모형에 대하여 결정계수 R^2 을 계산하고 어느 모형이 가장 R^2 을 크게 하는지를 살펴보아라.

8.10 다음의 자료에 대하여

y	39	42	51	48	53	49	61	60
x_1	2	2	3	3	2	2	3	3
x_2	4	4	4	4	6	6	6	6

1) 중회귀모형 $y = \beta_0 + \beta_1 x_1 + \beta_2 x_2 + \epsilon$ 를 가정하고 회귀선을 추정하여라.
2) 독립변수 x_1 만을 고려한 회귀모형 $y = \beta_0 + \beta_1 x_1 + \epsilon$ 을 가정하고 회귀선을 구하여 분산분석표를 작성하여라.
3) 독립변수 x_2 만을 고려한 회귀모형 $y = \beta_0 + \beta_2 x_2 + \epsilon$ 을 가정하고 회귀선을 추정하여 분산분석표를 작성하여라.
4) 단위길이법에 의하여 표준화된 회귀계수를 구하여 회귀선을 추정하여라.
5) 표준화된 회귀모형에 의하여 분산분석표를 작성하여라.
6) 4)에서 계산된 회귀계수들의 상관행렬을 계산하고 상관이 존재하는지를 설명하여라.

8.11 연습문제 8.9의 자료에서 x_2 에 대한 x_1 의 산점도를 그리고 다공선성을 설명하여라.

8.12 연습문제 8.9의 자료에서

1) $\sum_{j=1}^{n} \hat{y}_j e_j = 0$ 임을 보여라.
2) $\sum_{j}^{n} x_j e_j = 0$ 임을 보여라.
3) $x_1 = 4$, $x_2 = 5$ 에서 반응량 y 의 예측구간을 구하여라.

8.13 연습문제 8.1의 자료에서 잔차 e_i 에 대한 관측값 y_i 의 산점도를 그리고 가정된 모형의 타당성을 검토하여라.

8.14 연습문제 7.9의 자료를 이용하여

1) R^2 을 계산하고 임의로 선정된 두 개의 독립변수만을 이용하여 중회귀모형을 가정하고 각 경우에서 R^2 을 계산하여 가장 큰 R^2 을 갖는 경우가 어느 경우인지를 결정하여라.

2) 회귀계수 β_i, $i=1,2,3$ 들의 95% 신뢰구간을 추정하여라.

8.15 다음과 같은 자료에 대하여 중회귀모형 $y=\beta_0+\beta_1 x_1+\beta_2 x_2+\epsilon$ 을 가정하고 아래의 질문에 답하여라.

x_1	-5	4	-1	2	2	3	3
x_2	5	4	1	-3	-2	-2	-3
y	11	11	8	2	5	5	4

1) 분산분석표를 작성하고 $H_0:\beta_1=\beta_2=0$ 을 $\alpha=0.05$ 로 검정하여라.

2) $R(\beta_0)$, $R(\beta_1,\beta_2|\beta_0)$, $R(\beta_1|\beta_0)$, $R(\beta_2|\beta_0)$ 을 각각 구하여라.

3) $H_0:\beta_1=0$ 을 부분 F 검정으로 가설검정하여라. $\alpha=0.05$

4) $H_0:\beta_2=0$ 을 부분 F 검정으로 가설검정하여라. $\alpha=0.05$, $\alpha=0.01$

8.16 중회귀모형 $\boldsymbol{y}=\boldsymbol{X\beta}+\epsilon$, $\epsilon\sim N(0,I)$ 에서 $\boldsymbol{X}$는 $n\times(k+1)$ 이다.

1) $Q_1=\boldsymbol{y}'[\boldsymbol{I}-\boldsymbol{X}(\boldsymbol{X}'\boldsymbol{X})^{-1}\boldsymbol{X}']\boldsymbol{y}$ 의 분포는?

2) $Q_2=\boldsymbol{y}'\boldsymbol{X}(\boldsymbol{X}'\boldsymbol{X})^{-1}\boldsymbol{X}'\boldsymbol{y}$ 의 분포는?

3) Q_1 과 Q_2 가 서로 독립임을 보여라.

4) $\beta=0$ 라 할 때

$$\frac{Q_2/(k+1)}{Q_1/(n-k-1)}$$ 의 분포는?

8.17 중회귀모형 $\boldsymbol{y}=\boldsymbol{X\beta}+\epsilon, \epsilon\sim N(0,\sigma^2 I)$ 에서 $\boldsymbol{X}$는 $n\times(k+1)$ 일 때, $MSE=\boldsymbol{y}'[\boldsymbol{I}-\boldsymbol{X}(\boldsymbol{X}'\boldsymbol{X})^{-}1\boldsymbol{X}']\boldsymbol{y}/(n-k-1)$ 은 $\sigma^2\boldsymbol{I}$의 불편추정량임을 보여라.

9장

다항회귀

독립변수 x와 종속변수 y 사이의 관계를 함수식으로 나타냄에 있어서 x의 변화에 따라 y의 변화가 직선적인 관계를 나타낼 때 단순회귀모형을 이용하여 분석하였다. 그런데 만약 x의 변화에 따른 y의 변화가 곡선관계를 나타낼 때(〈그림 9.1〉) 단순회귀모형은 적합하지 않을 것이며 x의 **다항식**(polynomial equation)으로 표현하는 것이 타당할 것이다.

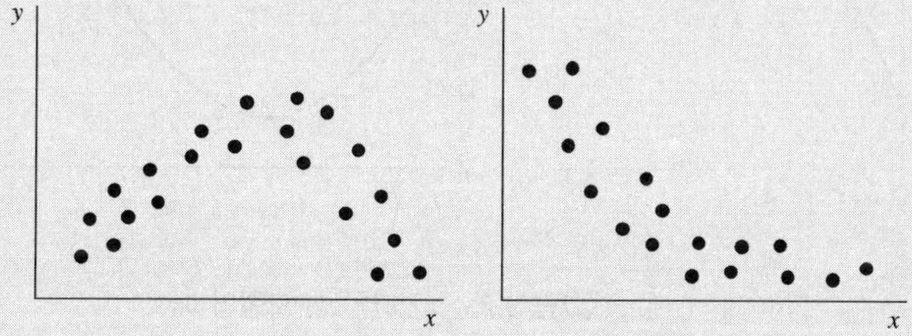

〈그림 9.1〉 x와 y의 곡선관계

이 장에서는 회귀모형이 하나의 독립변수 x의 다항식으로 표시되는 경우와 두 개 이상의 독립변수들의 다항식으로 표시되는 경우에 대하여 살펴보기로 한다.

9.1 독립변수가 하나인 다항회귀모형

반응변수 y와 독립변수 x 사이에 곡선관계를 나타내는 모형 중 가장 간단한 경우가 x의 2차식

$$y = \beta_0 + \beta_1 x + \beta_2\, x^2 + \epsilon \tag{9.1}$$

으로 주어지는 경우이며, 이 모형을 독립변수가 하나인 **2차다항회귀모형**(second-order polynomial regression model with one independent variables)이라고 한다. 오차항 ϵ에 대한 가정은 중회귀모형에서의 가정과 동일하게 주어지며, 기댓값을 취하면

$$E(y) = \beta_0 + \beta_1 x + \beta_2\, x^2 \tag{9.2}$$

이므로 2차모형(quadratic model)이라고 한다. 〈그림 9.2〉는 전형적인 2차모형의 그림으로서 회귀계수 β_0는 독립변수 x가 0을 포함할 때 $x = 0$에서 y의 평균반응량을 나타내지만, x가 0을 포함하지 않을 때는 특별한 의미를 갖지 않는다.

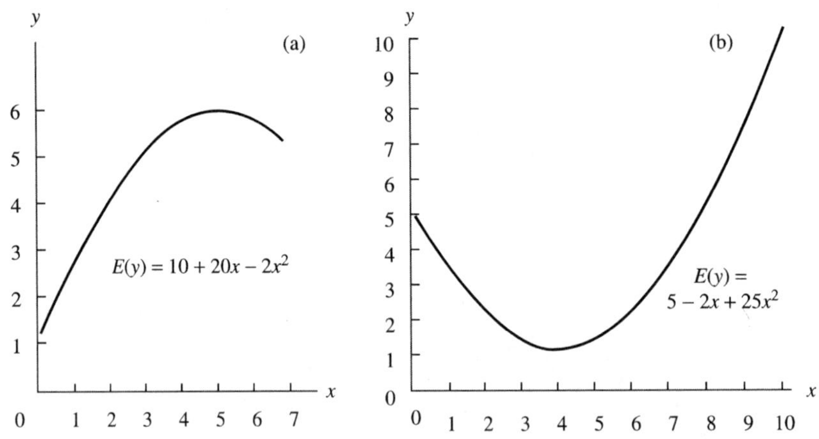

〈그림 9.2〉 2차다항회귀모형의 예

또한 회귀계수 β_1을 **직선효과모수**(linear effect parameter)라고 하고 β_2를 **곡선효과모수**(curvature effect parameter)라고 하기도 한다.

일반적으로 하나의 독립변수를 갖는 k **차다항회귀모형**(k^{th}-order polynomial model)은

$$y = \beta_0 + \beta_1 x + \beta_2 x^2 + \cdots + \beta_k x^k + \epsilon \tag{9.3}$$

으로 표현되므로 $k = 1$ 이면 1차다항회귀모형이며 단순회귀모형이다. 〈그림 9.3〉은 3차다항회귀모형을 나타내는 그림이다.

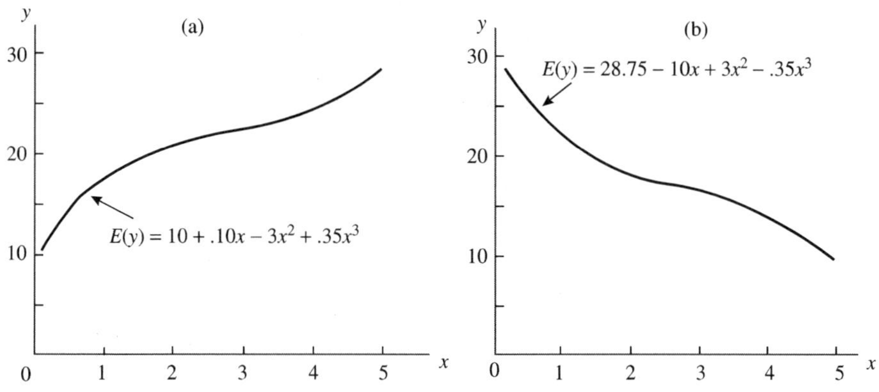

〈그림 9.3〉 3차다항회귀모형의 예

독립변수가 하나인 경우의 다항회귀모형을 적합시켜 분석하는 방법에 대하여 살펴보기로 하자. 먼저 2차다항회귀모형 (9.1)에 대하여 n개의 자료 (x_i, y_i), $j = 1,2,\cdots,n$가 얻어지면 식 (9.1)은

$$y_j = \beta_0 + \beta_1 x_j + \beta_2 x_j^2 + \epsilon_j,\ \ j = 1,2,\cdots,n$$

이 되며 이 식에서 $x_j = x_{1j}$, $x_j^2 = x_{2j}$ 라 놓으면

$$y_j = \beta_0 + \beta_1 x_{1j} + \beta_2 x_{2j} + \epsilon_j,\ \ j = 1,2,\cdots,n \tag{9.4}$$

가 되어 7장에서 살펴본 독립변수가 둘인 중회귀모형이 되므로, 2차다항회귀모형에 관한 분석방법은 독립변수가 둘인 중회귀모형을 분석하는 방법과 동일하다. 즉 $\boldsymbol{X}$ 행렬은

$$\boldsymbol{X} = \begin{bmatrix} 1 & x_1 & x_1^2 \\ 1 & x_2 & x_2^2 \\ \vdots & \vdots & \vdots \\ 1 & x_n & x_n^2 \end{bmatrix} = \begin{bmatrix} 1 & x_{11} & x_{21} \\ 1 & x_{12} & x_{22} \\ \vdots & \vdots & \vdots \\ 1 & x_{1n} & x_{2n} \end{bmatrix}$$

이므로 $\boldsymbol{X}'\boldsymbol{X}$와 $\boldsymbol{X}'\boldsymbol{y}$ 는

$$X'X = \begin{bmatrix} n & \sum x_j & \sum x_j^2 \\ \sum x_j & \sum x_j^2 & \sum x_j^3 \\ \sum x_j^2 & \sum x_j^3 & \sum x_j^4 \end{bmatrix}$$

$$= \begin{bmatrix} n & \sum x_{1j} & \sum x_{2j} \\ \sum x_{1j} & \sum x_{1j}^2 & \sum x_{1j}\, x_{2j} \\ \sum x_{2j} & \sum x_{1j}\, x_{2j} & \sum x_{2j}^2 \end{bmatrix}$$

$$X'y = \begin{bmatrix} \sum y_i \\ \sum x_j\, y_j \\ \sum x_j^2\, y_j \end{bmatrix} = \begin{bmatrix} \sum y_j \\ \sum x_{1j}\, y_j \\ \sum x_{2j}\, y_j \end{bmatrix}$$

이다. 따라서 β_0, β_1, β_2의 최소제곱추정량 b_0, b_1, b_2는

$$b = \begin{bmatrix} b_0 \\ b_1 \\ b_2 \end{bmatrix} = (X'X)^{-1}X'y \tag{9.5}$$

이므로 추정된 2차반응함수(response function)는 다음과 같다.

$$\hat{y} = b_0 + b_1\, x + b_2\, x^2 \tag{9.6}$$

일반적으로 k 차다항회귀모형 (9.3)은 측정값 y_j 에 대하여

$$y_j = \beta_0 + \beta_1 x_j + \beta_2 x_j^2 + \cdots + \beta_k\, x_j^k + \epsilon_j\,, \qquad j = 1, 2, \cdots, n \tag{9.7}$$

이며 식 (9.7)에서 $x_{1j} = x_j$, $x_{2j} = x_j^2, \cdots, x_{kj} = x_j^k$ 이라 놓으면, 식 (9.7)은

$$y_j = \beta_0 + \beta_1 x_{1j} + \beta_2 x_{2j} + \cdots + \beta_k\, x_{kj} + \epsilon_j\,, \qquad j = 1, 2, \cdots, n \tag{9.8}$$

로 되어 독립변수가 k 개가 있는 중회귀모형이 된다. 따라서 중회귀분석방법을 그대로 이용하면 되고, 하나의 독립변수를 갖는 다항회귀모형은 중회귀모형의 특별한 경우로 생각할 수 있다.

9.2 다항회귀모형에서 차수의 결정

독립변수 x와 종속변수 y의 관계를 나타내는 다항회귀모형이 결정되면 분석하는 절차는 중회귀모형의 절차를 따름을 앞 절에서 살펴보았다. 그런데 다항회귀모형을 결정짓는 **차수** k (degree of po1ynomial)를 정확히 모를 때 어떠한 방법에 의하여 차수를 결정할 수 있을까? 대부분의 경우 n개의 자료 (x_j, y_j), $j=1,2,3,\cdots,n$ 에 대한 **산점도**(scatter diagram)를 그려 봄으로써 k 의 값을 짐작할 수는 있지만, 산점도로부터도 k 값의 선택에 대한 판단이 서지 않을 때 이용되는 여러 가지 방법 중 일반적으로 많이 이용이 되고 있는 **앞으로부터 선택**(forward selection)방법을 설명하려고 한다.

이 방법은 먼저 1차식($k=1$)으로부터 시작하여 F 검정의 결과에 따라 축차적으로 차수 k 를 높여가는 방법으로서 그 절차는 다음과 같다.

1) n개의 자료에 대하여 먼저 1차모형

$$y_j = \alpha_0 + \alpha_1 x_j + \epsilon_j$$

를 가정하고 귀무가설 H_0 : $\alpha_1 = 0$ 을 검정한다. 4.3절의 분산분석표를 이용한 방법으로 가설을 검정하기 위하여 분산분석표를 만들면 〈표 9.1〉과 같다.

분산분석표에서 $F_0 < F(1, n-2\,;\alpha)$ 이면 귀무가설 H_0 : $\alpha_1 = 0$ 을 채택하여 적합한 모형은 $y = \alpha_0 + \epsilon$ 이라고 결정하고 $F_0 > F(1, n-2\,;\alpha)$ 이면 $\alpha_1 \neq 0$ 이라고 결정하는 대신에 2차다항회귀모형을 적합시킨다.

〈표 9.1〉 k=1일 때의 분산분석표

요인	제곱합	자유도	제곱평균	F_0
회귀	$SSR = R(\alpha_1 \mid \alpha_0)$	1	MSR	$\dfrac{MSR}{MSE}$
잔차	SSE	$n-2$	MSE	
계	SST	$n-1$		

2) 1차모형을 적합시켜 F 검정하여 본 결과 귀무가설이 기각되면, 2차모형

$$y_j = \beta_0 + \beta_1 x_j + \beta_2 x_j^2 + \epsilon_j$$

을 가정하고 귀무가설 H_0: $\beta_2 = 0$ 를 검정한다. 이 검정방법은 8.4절의 부분가설검

정에서 설명한 검정방법이며 축소된 모형에서의 $R(\beta_1 \mid \beta_0)$는 1)에서 구한 $R(\alpha_1 \mid \alpha_0)$와 동일하고 분산분석표를 작성하면 〈표 9.2〉와 같다.

〈표 9.2〉 $k=2$일 때의 분산분석표

요인	제곱합	자유도	제곱평균	F_0
회귀	$SSR(F)=R(\beta_1,\beta_2 \mid \beta_0)$	2	$MSR(F)$	$\frac{MSR}{MSE}$
β_0,β_1에 의한 회귀	$SSR(R)=R(\beta_1 \mid \beta_0)$	1	$MSR(R)$	
수정된 β_2에 의한 회귀	$SSR(F)-SSR(R)$ $=R(\beta_2 \mid \beta_0,\beta_1)$	1	Q_1	$\frac{Q_1}{MSE(F)}$
오차	$SSE(F)$	$n-3$	$MSE(F)$	
계	SST	$n-1$		

분산분석표에서 $F_0=\dfrac{Q_1}{MSE(F)}< F(1,n-3\,;\alpha)$이면 귀무가설 $H_0:\beta_2=0$을 채택하고 그 자료에 적합한 모형은 $y=\alpha_0+\alpha_1 x_1+\epsilon$이라고 결론을 내리며, 만약 $F>F(1,n-3\,;\alpha)$이면 3차다항회귀모형을 적합시킨다.

3) 2차다항회귀모형을 적합시켜 $H_0:\beta_2=0$에 대하여 검정하여 본 결과 귀무가설을 기각하게 되면 3차다항회귀모형

$$y_j=\gamma_0+\gamma_1 x_j+\gamma_2 x_j^2+\gamma_3 x_j^3+\epsilon$$

을 가정하고, $H_0:\gamma_3=0$에 대한 검정을 위에서와 같은 방법에 의하여 검정하고 귀무가설이 채택되면 2차다항회귀모형이 적합하다고 판정하며 귀무가설이 기각되면 다시 4차다항회귀모형을 가정하는 순서가 될 것이다.

이와 같은 방법으로 어느 단계에 가서 귀무가설이 채택될 때까지 검정해 나가는 방법으로 최대한 $(n-1)$차수의 다항회귀모형까지 가능하지만 될 수 있는 한 고차의 다항회귀모형은 피하는 것이 좋다.

위에서 살펴본 **축차 F검정**(sequentia1 F-test)은 분산분석을 이용하여 검정하는 방법이지만 이 경우에는 모수 하나에 대한 검정이므로 t 검정법을 이용하여 분석하여도 된다.

t 검정법은 1단계에서 가정한 단순회귀모형 $y=\alpha_0+\alpha_1 x+\epsilon$에서

$$H_0 : \alpha_1 = 0$$
$$H_1 : \alpha_1 \neq 0$$

에 대하여 검정통계량은 다음과 같다.

$$t_1^* = \frac{a_1}{S(a_1)},$$

여기서 $S^2(a_1)$은 α_1의 추정량 $\hat{\alpha}_1 = a_1$의 표본분산을 구하면 t_1^*는 H_0가 참일 때 자유도가 잔차제곱합의 자유도(df_E)를 갖는 t 분포를 하므로 만약 $|t_1^*| > t(df_E; \frac{\alpha}{2})$ 이면 H_0를 기각하고 2차다항회귀모형을 가정하여 같은 방법으로

$$H_0 : \beta_2 = 0$$
$$H_1 : \beta_2 \neq 0$$

에 대하여, 검정통계량

$$t_2^* = \frac{b_2}{S(b_2)}$$

을 구하고, 만약 $|t_2^*| > t(df_E; \frac{\alpha}{2})$ 이면 H_0를 기각하고 3차다항회귀모형을 가정하여 같은 검정을 계속하는 방법이다.

하나의 회귀계수에 대한 검정방법으로 F 검정과 t 검정의 결과가 같은 것은 두 분포 사이에 다음과 같은 관계가 성립하기 때문이다.

$$\left[t\left(n; \frac{\alpha}{2}\right)\right]^2 = F(1, n; \alpha)$$

즉, F 분포에서 분자의 자유도가 1이면 t 분포의 제곱으로 표현할 수 있기 때문이다.

예제 9.1

다음과 같은 자료에 적당한 다항회귀모형을 구하여라.

y	0.0	6.0	1.0	5.0	1.0	12.0	10.0	13.0	20.0	24.0
x	2.6	1.8	2.2	2.0	2.4	1.6	1.2	1.4	1.0	0.8

풀이 먼저 단순회귀모형

$$y = \alpha_0 + \alpha_1 x + \epsilon$$

을 가정하면 $\boldsymbol{X}'\boldsymbol{X}$와 $\boldsymbol{X}'\boldsymbol{y}$는 각각

$$\boldsymbol{X}'\boldsymbol{X} = \begin{bmatrix} 10.0 & 17.0 \\ 17.0 & 32.2 \end{bmatrix} \qquad \boldsymbol{X}'\boldsymbol{y} = \begin{bmatrix} 92.0 \\ 114.0 \end{bmatrix}$$

이므로

$$\hat{\boldsymbol{\alpha}} = \begin{bmatrix} \hat{\alpha}_0 \\ \hat{\alpha}_1 \end{bmatrix} = \begin{bmatrix} 31.0424 \\ -12.8480 \end{bmatrix} \qquad \boldsymbol{y}'\boldsymbol{y} = 1452.0$$

따라서

$$\begin{aligned} R(\alpha_1 \mid \alpha_0) &= \hat{\boldsymbol{\alpha}}'\boldsymbol{X}'\boldsymbol{y} - n(\bar{y})^2 \\ &= (31.0424)(92.0) + (-12.8480)(114) - 10(9.2)^2 \\ &= 544.66 \end{aligned}$$

이므로 분산분석표를 작성하면 다음과 같다.

〈표 9.3〉 $k=1$일 때의 분산분석표

요인	제곱합	자유도	제곱평균	F_0
회귀	$SSR = 544.66$	1	544.6	$F_0 = 71.58$
잔차	$SSE = 60.84$	8	7.61	
계	$SST = 605.5$	9		

그런데 $F_0 = 71.58 > F(1,8\,;0.05) = 5.32$이므로 $H_0 : \alpha_1 = 0$를 기각한다.
이 자료에 대하여 t 검정을 하여 보면

$$H_0 : \alpha_1 = 0\,, \quad H_1 : \alpha_1 \neq 0$$

에 대하여 추정량 α_1의 분산은 $S^2(\alpha_1) = \dfrac{MSE}{\sum(x_i - \bar{x})^2} = 1.801$이므로 통계량

t^* 는

$$t^* = \frac{\alpha_1}{S(\alpha_1)} = -8.465$$

그런데 $-t(8\,;0.025) = -2.306$이므로 F 검정에서와 같이 H_0 를 기각한다. 이때

$$[t^*]^2 = F_0$$

임을 알 수 있다.

따라서 2차회귀모형

$$y_j = \beta_0 + \beta_1 x_j + \beta_2 x_j^2 + \epsilon_j$$

를 가정하면 $\boldsymbol{X}'\boldsymbol{X}$ 와 $\boldsymbol{X}'\boldsymbol{y}$ 는

$$\boldsymbol{X}'\boldsymbol{X} = \begin{bmatrix} 10.00 & 17.00 & 32.20 \\ 17.00 & 32.20 & 65.96 \\ 32.20 & 65.96 & 142.68 \end{bmatrix} \qquad \boldsymbol{X}'\boldsymbol{y} = \begin{bmatrix} 92.0 \\ 114.0 \\ 156.0 \end{bmatrix}$$

이고

$$\hat{\beta} = \begin{bmatrix} b_0 \\ b_1 \\ b_2 \end{bmatrix} = \begin{bmatrix} 42.96 \\ -28.68 \\ 4.66 \end{bmatrix}$$

이므로

$$\begin{aligned} SSR(F) &= R(\beta_1, \beta_2 \mid \beta_0) \\ &= \hat{\beta}'\boldsymbol{X}'\boldsymbol{y} - n(\bar{y})^2 = 1409.76 - 10(9.2)^2 = 563.36 \\ SSR(R) &= R(\beta_1 \mid \beta_0) = R(\alpha_1 \mid \alpha_0) = 544.66 \end{aligned}$$

따라서 수정된 β_2 의 회귀제곱합(추가제곱합)은 다음과 같다.

$$R(\beta_2 \mid \beta_0, \beta_1) = SSR(F) - SSR(R) = 18.7$$

위의 자료에 의한 분산분석표는 다음과 같다.

〈표 9.4〉 $k=2$일 때의 분산분석표

요인	제곱합	자유도	제곱평균	F_0
회귀	$SSR(F)=563.36$	2	281.68	
β_0,β_1에 의한 회귀	$SSR(R)=544.66$	1	544.66	
수정된 β_2에 의한 회귀	$R(\beta_2 \mid \beta_0,\beta_1)=18.7$	1	18.1893	$F_0=\dfrac{18.1893}{6.09}=2.99$
오차	$SSE(F)=42.14$	7	6.09	
계	$SST=605.5$	9		

그런데 $F_0=3.10< F(1,7\,;0.05)=5.59$ 이므로 귀무가설 $H_0: \beta_2=0$를 채택한다. 따라서 이 자료에서는 1차다항회귀모형(단순회귀모형)이 적합하다고 결론을 내리며 이때 추정된 회귀선은

$$\hat{y}=31.0424-12.8480x.$$

SAS를 이용한 풀이

SAS를 이용하여 예제 9.1을 해결하여라.

[예제 9.1 SAS 프로그램]

```
9-1
DATA EX9_1;
INPUT X Y @@;          데이터를 일렬로 입력하기 위한 명령어
X2=X*X;                @@으로 간격을 구분
LINES;
2.6 0.0 1.8 6.0 2.2 1.0 2.0 5.0 2.4 1.0 1.6 12.0 1.2 10.0 1.4 13.0 1.0 20.0 0.8
RUN;
PROC REG DATA=EX9_1;
MODEL Y=X;
RUN;
```

```
9-1
PROC REG DATA=EX9_1;
MODEL Y=X X2;
TEST : TEST X2=0;
RUN;

TITLE 'SCATTER PLOT OF EX9_1 DATA';
SYMBOL V=DOT H=0.5 I=RQ;
PROC GPLOT DATA=EX9_1;
PLOT Y*X/HAXIS=0 TO 3 BY 0.2
         VAXIS=0 TO 30 BY 5;
RUN;
```

Analysis of Variance					
Source	DF	Sum of Squares	Mean Square	F Value	Pr > F
Model	1	544.77576	544.77576	71.65	<.0001
Error	8	60.82424	7.60303		
Corrected Total	9	605.60000			

Root MSE	2.75736	R-Square	0.8996
Dependent Mean	9.20000	Adj R-Sq	0.8870
Coeff Var	29.97130		

Parameter Estimates					
Variable	DF	Parameter Estimate	Standard Error	t Value	Pr > |t|
Intercept	1	31.04242	2.72373	11.40	<.0001
X	1	-12.84848	1.51788	-8.46	<.0001

Analysis of Variance					
Source	DF	Sum of Squares	Mean Square	F Value	Pr > F
Model	2	562.96515	281.48258	46.22	<.0001
Error	7	42.63485	6.09069		
Corrected Total	9	605.60000			

Root MSE	2.46793	R-Square	0.9296
Dependent Mean	9.20000	Adj R-Sq	0.9095
Coeff Var	26.82536		

Parameter Estimates					
Variable	DF	Parameter Estimate	Standard Error	t Value	Pr > |t|
Intercept	1	42.92121	7.29329	5.89	0.0006
X	1	-28.62500	9.22979	-3.10	0.0173
X2	1	4.64015	2.68507	1.73	0.1276

Test TEST Results for Dependent Variable Y				
Source	DF	Mean Square	F Value	Pr > F
Numerator	1	18.18939	2.99	0.1276
Denominator	7	6.09069		

SCATTER PLOT OF EX9_1 DATA

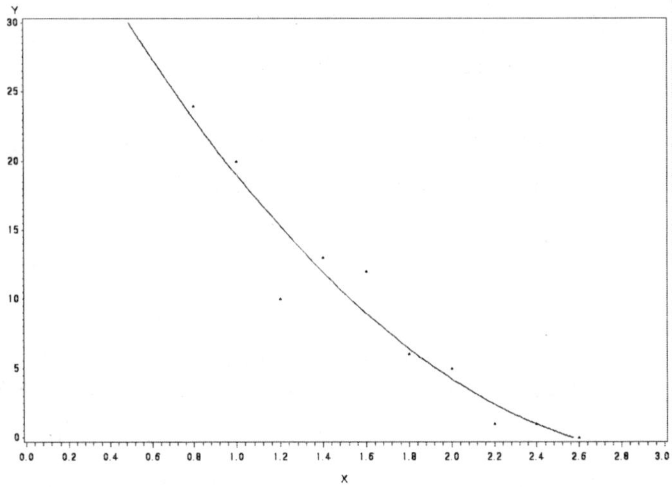

해설 (1단계) 가설 $H_0 : \alpha_1 = 0$, $H_1 : \alpha_1 \neq 0$ 을 검정한 결과 검정통계량이 $F = 71.65$이고, 유의확률이 0.0001이므로 귀무가설을 기각한다. 따라서 2단계로 2차모형을 적합시켜 검정한다.

(2단계) 귀무가설 $H_0 : \beta_2 = 0$, $H_1 : \beta_2 \neq 0$을 검정한 결과 유의확률이 0.1276으로 귀무가설을 가각할 수 없으므로, 1차단순선형회귀모형으로 적합되고 추정된 회귀식은 $\hat{y} = 31.042 - 12.848x$이다.

R을 이용한 풀이

R을 이용하여 예제 9.1을 해결하여라.

[예제 9.1 R 프로그램]

E:₩2016₩Regress₩프로그램₩Chap9₩p9.1 - R 편집기

```
# Example 9.1

Ex9_1 <- read.table("C:/Users/default.default-PC/Desktop/data/data9_1.txt",heac
attach(Ex9_1)
(fit1 <- lm(y~x, data=Ex9_1))                          # 선형회귀모형 적합
(fit2 <- lm(y~x+I(x^2), data=Ex9_1))                   # 2차 다항회귀모형 적합
(summary(fit1))
(summary(fit2))
(anova(fit1, fit2))                                    # beta2=0의 검정
```

[예제 9.1 R 실행결과]

```
> (summary(fit1))

Call:
lm(formula = y ~ x, data = Ex9_1)

Residuals:
    Min      1Q  Median      3Q     Max 
-5.6242 -1.4182  0.3697  1.7333  3.2364 

Coefficients:
            Estimate Std. Error t value Pr(>|t|)    
(Intercept)   31.042      2.724  11.397 3.17e-06 ***
x            -12.848      1.518  -8.465 2.90e-05 ***
---
Signif. codes:  0 '***' 0.001 '**' 0.01 '*' 0.05 '.' 0.1 ' ' 1

Residual standard error: 2.757 on 8 degrees of freedom
Multiple R-squared:  0.8996,	Adjusted R-squared:  0.887 
F-statistic: 71.65 on 1 and 8 DF,  p-value: 2.902e-05

> (summary(fit2))

Call:
lm(formula = y ~ x + I(x^2), data = Ex9_1)

Residuals:
    Min      1Q  Median      3Q     Max 
-5.2530 -0.3098  0.4523  1.0466  3.0000 

Coefficients:
            Estimate Std. Error t value Pr(>|t|)    
(Intercept)   42.921      7.293   5.885 0.000609 ***
x            -28.625      9.230  -3.101 0.017289 *  
I(x^2)         4.640      2.685   1.728 0.127598    
---
Signif. codes:  0 '***' 0.001 '**' 0.01 '*' 0.05 '.' 0.1 ' ' 1

Residual standard error: 2.468 on 7 degrees of freedom
Multiple R-squared:  0.9296,	Adjusted R-squared:  0.9095 
F-statistic: 46.22 on 2 and 7 DF,  p-value: 9.258e-05

> (anova(fit1, fit2))                              # beta2=0의 검정
Analysis of Variance Table

Model 1: y ~ x
Model 2: y ~ x + I(x^2)
  Res.Df    RSS Df Sum of Sq      F Pr(>F)
1      8 60.824                           
2      7 42.635  1    18.189 2.9864 0.1276
```

해설 (1단계) 가설 $H_0 : \alpha_1 = 0$, $H_1 : \alpha_1 \neq 0$을 검정한 결과 검정통계량이 $F = 71.65$이고, 유의확률이 0.0001이므로 귀무가설을 기각한다. 따라서 2단계로 2차 모형을 적합시켜 검정한다.

(2단계) 귀무가설 $H_0 : \beta_2 = 0$, $H_1 : \beta_2 \neq 0$을 검정한 결과 유의확률이 0.1276으로 귀무가설을 가각할 수 없으므로, 1차단순선형회귀모형으로 적합되고 추정된 회귀식은 $\hat{y} = 31.042 - 12.848x$이다.

9.3 독립변수가 둘인 다항회귀모형

독립변수가 둘 이상인 다항회귀모형을 적합시켜 분석하는 절차는 9.1절에서 생각해 보았던 독립변수가 하나 있는 다항회귀모형을 분석하는 경우와 거의 동일한 절차를 따른다.

먼저 독립변수가 둘인 2차다항회귀모형은

$$y = \beta_0 + \beta_1 x_1 + \beta_2 x_2 + \beta_{11} x_1^2 + \beta_{22} x_2^2 + \beta_{12} x_1 x_2 + \epsilon \tag{9.9}$$

으로 표현되는데 이 모형은 두 개의 **선형효과모수**(linear effect parameter) β_1, β_2와 두 개의 **제곱효과모수**(quadratic effect parameter) β_{11}과 β_{22} 그리고 **교호작용효과모수**(interaction effect parameter) β_{12}를 포함하고 있으며 회귀함수

$$E(y) = \beta_0 + \beta_1 x_1 + \beta_2 x_2 + \beta_{11} x_1^2 + \beta_{22} x_2^2 + \beta_{12} x_1 x_2 \tag{9.10}$$

를 반응표면(response surface)이라고 한다. 독립변수가 둘인 경우의 반응표면 (9.10)을 그림으로 그리면 대략 〈그림 9.4〉와 같은 3가지 형태로 나타난다.

〈그림 9.4(a)〉는 산(hill) 모양을 나타내며 〈그림 9.4(b)〉는 말안장(saddle) 모양이고, 〈그림 9.4(c)〉는 구릉(ridge) 모양을 이룬다.

독립변수가 k 인 경우의 2차모형은

$$y = \beta_0 + \sum_{i=1}^{k} \beta_i x_i + \sum_{i \le j}^{k} \beta_{ij} x_i x_j + \epsilon \tag{9.11}$$

으로 주어지며 $k = 3$인 경우의 2차모형은

$$\begin{aligned} y = \beta_0 &+ \beta_1 x_1 + \beta_2 x_2 + \beta_3 x_3 + \beta_{11} x_1^2 + \beta_{22} x_2^2 + \beta_{33} x_3^2 \\ &+ \beta_{12} x_1 x_2 + \beta_{13} x_1 x_3 + \beta_{23} x_2 x_3 + \epsilon \end{aligned} \tag{9.12}$$

로 주어진다.

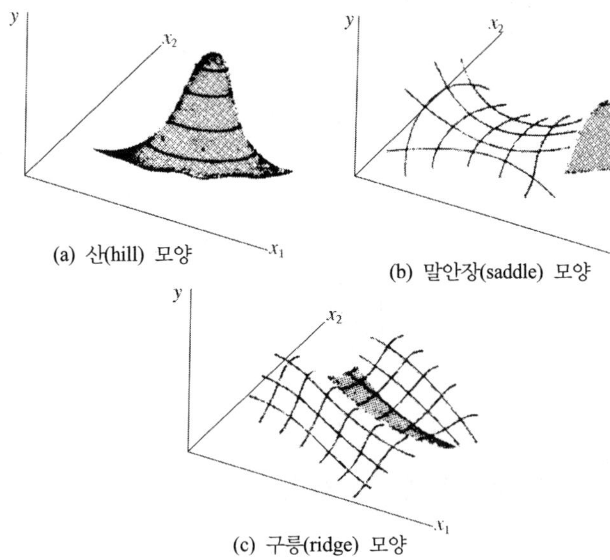

(a) 산(hill) 모양

(b) 말안장(saddle) 모양

(c) 구릉(ridge) 모양

〈그림 9.4〉 2차반응표면의 그림

3차 이상의 모형은 너무 복잡해서 잘 이용되지 않으므로 독립변수가 둘인 2차다항 회귀모형을 분석하는 절차를 살펴보자.

식 (9.9)에서 n개의 자료(x_{1j}, x_{2j}, y_j) $j=1,2,\cdots,n$가 얻어지면 식 (9.9)는

$$y_j = \beta_0 + \beta_1 x_{1j} + \beta_2 x_{2j} + \beta_{11} x_{1j}^2 + \beta_{22} x_{2j}^2 + \beta_{12} x_{1j} x_{2j} + \epsilon_j \qquad \textbf{(9.13)}$$
$$j = 1,2,\cdots,n$$

로 되며 식 (9.13)에서 $x_{1j}^2 = x_{3j}$, $x_{2j}^2 = x_{4j}$, $x_{1j}\, x_{2j} = x_{5j}$라 놓고 $\beta_{11} = \beta_3$, $\beta_{22} = \beta_4$, $\beta_{12} = \beta_5$라 놓으면 식 (9.13)은

$$y_j = \beta_0 + \beta_1 x_{1j} + \beta_2 x_{2j} + \beta_3 x_{3j} + \beta_4 x_{4j} + \beta_5 x_{5j} + \epsilon_j \qquad \textbf{(9.14)}$$

로 되어 독립변수의 수 $k=5$인 중회귀모형과 같아지므로 중회귀분석과 동일한 절차에 의하여 분석하면 된다. 즉

$$\boldsymbol{X} = \begin{bmatrix} 1 & x_{11} & x_{21} & x_{31} & x_{41} & x_{51} \\ 1 & x_{12} & x_{22} & x_{32} & x_{42} & x_{52} \\ \vdots & \vdots & \vdots & \vdots & \vdots & \vdots \\ 1 & x_{1n} & x_{2n} & x_{3n} & x_{4n} & x_{5n} \end{bmatrix} = \begin{bmatrix} 1 & x_{11} & x_{21} & x_{11}^2 & x_{21}^2 & x_{11}x_{21} \\ 1 & x_{12} & x_{22} & x_{12}^2 & x_{22}^2 & x_{12}x_{22} \\ \vdots & \vdots & \vdots & \vdots & \vdots & \vdots \\ 1 & x_{1n} & x_{2n} & x_{1n}^2 & x_{2n}^2 & x_{1n}x_{2n} \end{bmatrix}$$

으로부터 회귀계수의 추정량은

$$b = \begin{bmatrix} b_0 \\ b_1 \\ b_2 \\ b_3 \\ b_4 \\ b_5 \end{bmatrix} = (\boldsymbol{X}'\boldsymbol{X})^{-1}\boldsymbol{X}'y \qquad (9.15)$$

이므로 추정된 반응표면은 다음과 같다.

$$\hat{y} = b_0 + b_1 x_1 + b_2 x_2 + b_{11} x_1^2 + b_{22} x_2^2 + b_{12} x_1 x_2 \qquad (9.16)$$

예제 9.2

어떤 신용카드 회사에서 고객들의 신용카드 이용금액(y)이 월수입(x_1)과 이용횟수(x_2)에 어떻게 영향을 받고 있는가를 분석하기 위하여 고객 18명을 대상으로 조사한 자료가 다음과 같다.

〈표 9.5〉 신용카드 이용금액

번호	월수입(x_1)	이용횟수(x_2)	이용금액(y)
1	47	7	140
2	29	5	45
3	52	10	180
4	32	6	60
5	40	4	90
6	19	5	10
7	27	4	35
8	25	6	35
9	54	9	190
10	26	5	35
11	38	2	75

번호	월수입(x_1)	이용횟수(x_2)	이용금액(y)
12	32	7	70
13	32	4	55
14	21	3	10
15	27	5	40
16	56	1	175
17	37	8	95
18	39	6	95

2차다항회귀모형

$$y_j = \beta_0 + \beta_1 x_{1j} + \beta_2 x_{2j} + \beta_{11} x_{1j}^2 + \beta_{22} x_{2j}^2 + \beta_{12} x_{1j} x_{2j} + \epsilon_j,$$
$$j = 1, \cdots, n$$

을 가정하여 분산분석표를 작성하고

$$H_0 \ : \ \beta_{12} = 0$$
$$H_1 \ : \ \beta_{12} \neq 0$$

를 검정하라.

풀이

$$x_{1j}^2 = x_{3j}, \ \beta_{11} = \beta_3$$
$$x_{2j}^2 = x_{4j}, \ \beta_{22} = \beta_4$$
$$x_{1j} x_{2j} = x_{5j}, \ \beta_{12} = \beta_5$$

라 놓으면 $\boldsymbol{X}$ 행렬과 $\boldsymbol{y}$ 벡터는 각각 다음과 같이 된다.

$$
X = \begin{bmatrix}
 & x_1 & x_2 & x_1^2 & x_2^2 & x_1x_2 \\
1 & 47 & 7 & 2209 & 49 & 329 \\
1 & 29 & 5 & 841 & 25 & 145 \\
1 & 52 & 10 & 2704 & 100 & 520 \\
1 & 32 & 6 & 1204 & 36 & 192 \\
1 & 40 & 4 & 1600 & 16 & 160 \\
1 & 19 & 5 & 361 & 25 & 95 \\
1 & 27 & 4 & 729 & 16 & 108 \\
1 & 25 & 6 & 625 & 36 & 150 \\
1 & 54 & 9 & 2916 & 81 & 486 \\
1 & 26 & 5 & 676 & 25 & 130 \\
1 & 38 & 2 & 1444 & 4 & 76 \\
1 & 32 & 7 & 1024 & 49 & 224 \\
1 & 32 & 4 & 1024 & 16 & 128 \\
1 & 21 & 3 & 441 & 9 & 63 \\
1 & 27 & 5 & 729 & 25 & 135 \\
1 & 56 & 1 & 3136 & 1 & 56 \\
1 & 37 & 8 & 1369 & 64 & 296 \\
1 & 39 & 6 & 1521 & 36 & 234
\end{bmatrix}
\quad
y = \begin{bmatrix}
140 \\ 45 \\ 180 \\ 60 \\ 90 \\ 10 \\ 35 \\ 35 \\ 190 \\ 35 \\ 35 \\ 70 \\ 55 \\ 10 \\ 40 \\ 175 \\ 95 \\ 95
\end{bmatrix}
$$

따라서 식 (9.15)로부터 $b = (\boldsymbol{X}'\boldsymbol{X})^{-1}\boldsymbol{X}'\boldsymbol{y}$을 구하면 된다. 그러나 이와 같은 자료에 대하여 $(\boldsymbol{X}'\boldsymbol{X})^{-1}$를 구하는 일은 상당히 복잡하므로 컴퓨터를 이용해야 된다. 〈표 9.6〉은 컴퓨터에 의한 결과이다.

〈표 9.6〉 컴퓨터 계산결과

(a) 분산분석표

요인	DF	Sum of Squares	Mean Squares
Regression	5	55093.77506	11018.75501
Residual	12	29.83606	2.48634

F = 4431.72057 Prob > F = .0000

(b) 추정된 회귀계수

variable	B	SEB	Beta	T	Prob > | T|
(Constant)	−54.20398	5.38680		−10.062	.0000
X_1	1.58149	0.28363	0.30960	5.576	0.0001
X_2	3.80356	1.21945	0.15393	3.119	0.0089
X_3	0.04419	3.88948E-03	0.66408	11.362	0.0000
X_4	0.15338	0.10881	0.07108	1.410	0.1880
X_5	−0.03699	0.01740	−0.08735	−2.126	0.0550

〈표 9.6〉에서 검정통계량이 $F_0 = 4431.72057$이므로 가정된 회귀모형은 유의하다고 할 수 있으며 이때 추정된 2차다항회귀식은 다음과 같다.

$$\hat{y} = -54.204 + 1.5815x_1 + 3.8036x_2 + 0.0442x_1^2 + 0.1531x_2^2 - 0.037x_1x_2$$

교호작용항의 유의성을 검정하기 위하여 다음과 같은 가설

$$H_0 : \beta_{12} = 0$$
$$H_1 : \beta_{12} \neq 0$$

을 생각하면 〈표 9.6〉에서 검정통계량 t_0는

$$t_0 = \frac{b_{12}}{\sqrt{\widehat{Var}(b_{12})}} = -\frac{0.03699}{0.01740} = -2.126$$

이고 부록 표 A-2에서 $-t(12\,;0.025) = -2.179$이므로 귀무가설 H_0가 틀렸다고 할 수 없다. 즉 교호작용항을 무시한다.

교호작용항을 제거하고 회귀모형

$$y = \beta_0 + \beta_1 x_1 + \beta_2 x_2 + \beta_{11}\, x_1^2 + \beta_{22}\, x_2^2 + \epsilon$$

을 가정하면 추정된 회귀계수와 분산분석표는 다음과 같이 된다.

〈표 9.7〉 교호작용항을 제거한 모형에서의 결과

(a) 분산분석표

요인	DF	Sum of Squares	Mean Squares
Regression	4	55082.54174	13770.63543
Residual	13	41.06937	3.15918

F = 4358.92373 Prob > F = .0000

(b) 추정된 회귀계수

variable	B	SEB	Beta	T	Prob > |T|
(Constant)	−48.49250	5.26271		−9.214	.0000
X_1	1.43811	0.31053	0.28153	4.631	0.0005
X_2	2.76417	1.25923	0.11186	2.195	0.0469
X_3	0.04413	0.00438	0.66310	10.065	0.0000
X_4	0.08794	0.11764	0.04075	0.748	0.4681

따라서 추정된 회귀모형은 다음과 같다.

$$\hat{y} = -48.49520 + 1.43811 x_1 + 2.76417 x_2 + 0.04413 x_1^2 + 0.08794 x_2^2$$

〈표 9.7b〉에서 제곱효과항 ($X_4 = x_2^2$)이 유의하지 않게 나타나므로 이 효과에 대하여 다음과 같은 가설

$$H_0 : \beta_4 = \beta_{22} = 0$$
$$H_1 : \beta_4 \neq 0$$

을 검정하여 보자. 검정통계량 t_0는

$$t_0 = \frac{b_4}{\sqrt{\widehat{Var}(b_4)}} = \frac{0.08794}{0.11764} = 0.748$$

그런데 부록 표 A-2에서 $t(13\,;0.025)=2.160$ 이므로 귀무가설 H_0가 틀렸다고 할 수 없다. 따라서 제곱효과항 X_4를 제거하고 회귀모형

$$y=\beta_0+\beta_1 x_1+\beta_2 x_2+\beta_{11} x_1^2+\epsilon$$

을 가정하면 추정된 회귀계수와 분산분석표는 다음과 같이 된다.

〈표 9.8〉 제곱효과항과 교호작용을 제거한 모형에서의 결과

(a) 분산분석표

요인	DF	Sum of Squares	Mean Squares
Regression	3	55080.77646	18360.25882
Residual	14	42.83465	3.05962

$F=6000.83417$ Prob > $F=$ .000

(b) 추정된 회귀계수

variable	B	SEB	Beta	T	Prob > |T|
상수	−49.61815	4.96257		−9.998	.0000
X_1	1.34438	0.27958	0.26318	4.809	0.0003
X_2	3.69409	0.19201	0.14950	19.239	0.0000
X_3	0.04590	0.03625	0.68979	12.661	0.0000

분산분석 결과 유의하지 않게 나타난 항이 없으므로 추정된 회귀모형은

$$\hat{y}=-49.61815+1.34438\,x_1+3.69409\,x_2+0.04590\,x_1^2$$

SAS를 이용한 풀이

SAS를 이용하여 예제 9.2를 해결하여라.

[예제 9.2 SAS 프로그램]

```
TITLE 'EX9_2';
DATA EX9_2;
INPUT X1 X2 Y @@;
X1SQ=X1*X1;
X2SQ=X2*X2;
X1X2=X1*X2;
LINES;
47 7 140 29 5 45 52 10 180 32 6 60 40 4 90 19 5 10 27 4 35 25 6 35 54 9 190
26 5 35 38 2 75 32 7 70 32 4 55 21 3 10 27 5 40 56 1 175 37 8 95 39 6 95
RUN;
PROC REG DATA=EX9_2;
MODEL Y=X1 X2 X1SQ X2SQ X1X2;
RUN;
ODS GRAPHICS ON;  3D 그래프를 보여주기 위한 명령어
PROC RSREG DATA=EX9_2 PLOTS=SURFACE(3D);
MODEL Y= X1 X2;
RUN;
```

Analysis of Variance					
Source	DF	Sum of Squares	Mean Square	F Value	Pr > F
Model	5	55094	11019	4431.72	<.0001
Error	12	29.83606	2.48634		
Corrected Total	17	55124			

Root MSE	1.57681	R-Square	0.9995
Dependent Mean	79.72222	Adj R-Sq	0.9992
Coeff Var	1.97788		

Parameter Estimates					
Variable	DF	Parameter Estimate	Standard Error	t Value	Pr > |t|
Intercept	1	-54.20398	5.38680	-10.06	<.0001
X1	1	1.58149	0.28363	5.58	0.0001
X2	1	3.80356	1.21945	3.12	0.0089
X1SQ	1	0.04419	0.00389	11.36	<.0001
X2SQ	1	0.15338	0.10881	1.41	0.1840
X1X2	1	-0.03699	0.01740	-2.13	0.0550

유의확률이 0.0001이므로 가정된 회귀모형은 유의하다고 할 수 있으며 이때 추정된 2차다항회귀식은 다음과 같다.

$$\hat{y} = -54.204 + 1.5815x_1 + 3.8036x_2 + 0.0442x_1^2 + 0.1531x_2^2 - 0.037x_1x_2$$

이다.

교호작용항의 유의성을 검정하기 위하여 다음과 같이 가설을 세운다.

$$H_0 : \beta_{12} = 0 \quad H_1 : \beta_{12} \neq 0$$ ㅅ

X1과 X2 교호작용에 대한 유의확률이 0.055로 크므로 교호작용을 무시할 수 있다. 교호작용을 제외한 회귀모형을 위한 프로그램은 다음과 같다.

```
9-2
PROC REG DATA=EX9_2;
MODEL Y=X1 X2 X1SQ X2SQ;
RUN;
PROC REG DATA=EX9_2;
MODEL Y=X1 X2 X1SQ;
RUN;
```

Analysis of Variance					
Source	DF	Sum of Squares	Mean Square	F Value	Pr > F
Model	4	55083	13771	4358.92	<.0001
Error	13	41.06937	3.15918		
Corrected Total	17	55124			

Root MSE	1.77741	R-Square	0.9993
Dependent Mean	79.72222	Adj R-Sq	0.9990
Coeff Var	2.22950		

Parameter Estimates					
Variable	DF	Parameter Estimate	Standard Error	t Value	Pr > |t|
Intercept	1	-48.49250	5.26271	-9.21	<.0001
X1	1	1.43811	0.31053	4.63	0.0005
X2	1	2.76417	1.25923	2.20	0.0469
X1SQ	1	0.04413	0.00438	10.07	<.0001
X2SQ	1	0.08794	0.11764	0.75	0.4681

유의확률이 0.0001이므로 가정된 회귀모형은 유의하다고 할 수 있으며 이때 추정된 2차다항회귀식은

$$\hat{y} = -48.4925 + 1.43811x_1 + 2.76417x_2 + 0.04413x_1^2 + 0.08794x_2^2$$

이다.

제곱효과항($X_4 = x_2^2$)이 유의확률이 0.4681로 유의하지 않게 나타나므로 이 효과에 대하여 검정하여 보자.

다음과 같은 가설을 세우자. $H_0 : \beta_4 = \beta_{22} = 0$, $H_1 : \beta_4 \neq 0$

```
PROC REG DATA=EX9_2;
MODEL Y=X1 X2 X1SQ X2SQ;
RUN;
PROC REG DATA=EX9_2;
MODEL Y=X1 X2 X1SQ;
RUN;
```

Analysis of Variance					
Source	DF	Sum of Squares	Mean Square	F Value	Pr > F
Model	3	55081	18360	6000.83	<.0001
Error	14	42.83465	3.05962		
Corrected Total	17	55124			

Root MSE	1.74918	R-Square	0.9992
Dependent Mean	79.72222	Adj R-Sq	0.9991
Coeff Var	2.19409		

Parameter Estimates					
Variable	DF	Parameter Estimate	Standard Error	t Value	Pr > |t|
Intercept	1	-49.61815	4.96257	-10.00	<.0001
X1	1	1.34438	0.27958	4.81	0.0003
X2	1	3.69409	0.19201	19.24	<.0001
X1SQ	1	0.04590	0.00363	12.66	<.0001

모형에 대한 분산분석 결과 유의확률이 0.001로 유의하고 개별 모수에 대한 t 검정 결

과 유의확률이 모두 0.05보다 작으므로 유의하지 않게 나타난 항이 없으므로 추정된 최종 회귀모형은

$$\hat{y} = -49.61815 + 1.34438\,x_1 + 3.69409\,x_2 + 0.04590\,x_1^2$$

으로 결정한다.

참고로 다음 그림은 x_1과 x_2, x_1과 x_1^2, x_2와 x_1^2에 의한 반응표면그래프를 나타낸다.

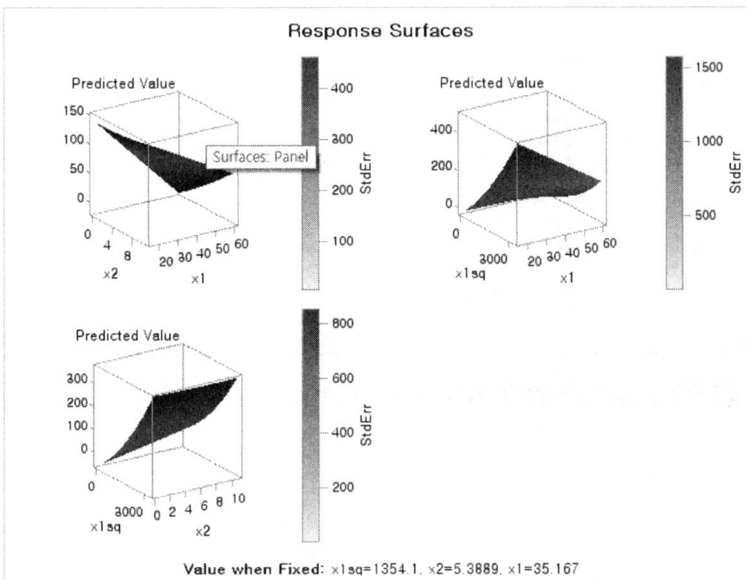

R을 이용한 풀이

R을 이용하여 예제 9.2를 해결하여라.

[예제 9.2 R 프로그램]

E:₩2016₩Regress₩프로그램₩Chap9₩p9.2 - R 편집기

```
# Example 9.2

Ex9_2 <-read.table("C:/Users/default.default-PC/Desktop/data/data9_2.txt", heac
attach(Ex9_2)

Ex9_2$x3 <-x1^2              # 변수 생성
Ex9_2$x4 <-x2^2
Ex9_2$x5 <-x1*x2

fit1 <- lm(y~x1+x2+x3+x4+x5, data=Ex9_2)  # 교호작용 고려한 모형
summary(fit1)

fit2 <- lm(y~x1+x2+x3+x4, data=Ex9_2)     # 교호작용 배제한 모형
summary(fit2)


fit3 <- lm(y~x1+x2+x3, data=Ex9_2)     #  x4 배제한 모형
summary(fit3)
```

[예제 9.2 R 실행 결과]

```
R Console
> summary(fit1)

Call:
lm(formula = y ~ x1 + x2 + x3 + x4 + x5, data = Ex9_2)

Residuals:
    Min      1Q  Median      3Q     Max 
-2.8968 -1.0386  0.2259  0.8270  2.4895 

Coefficients:
              Estimate Std. Error t value Pr(>|t|)    
(Intercept) -54.203980   5.386795 -10.062 3.35e-07 ***
x1            1.581487   0.283626   5.576 0.000121 ***
x2            3.803564   1.219448   3.119 0.008870 ** 
x3            0.044192   0.003889  11.362 8.87e-08 ***
x4            0.153380   0.108812   1.410 0.184047    
x5           -0.036994   0.017404  -2.126 0.054988 .  
---
Signif. codes:  0 '***' 0.001 '**' 0.01 '*' 0.05 '.' 0.1 ' ' 1

Residual standard error: 1.577 on 12 degrees of freedom
Multiple R-squared:  0.9995,    Adjusted R-squared:  0.9992 
F-statistic:  4432 on 5 and 12 DF,  p-value: < 2.2e-16
```

```
R Console
> fit3 <- lm(y~x1+x2+x3, data=Ex9_2)      #  x4 배제한 모형
> summary(fit3)

Call:
lm(formula = y ~ x1 + x2 + x3, data = Ex9_2)

Residuals:
    Min      1Q  Median      3Q     Max 
-2.5718 -0.9319 -0.0098  0.1934  3.7341 

Coefficients:
              Estimate Std. Error t value Pr(>|t|)    
(Intercept) -49.618150   4.962570  -9.998 9.36e-08 ***
x1            1.344379   0.279582   4.809 0.000278 ***
x2            3.694091   0.192009  19.239 1.82e-11 ***
x3            0.045904   0.003626  12.661 4.69e-09 ***
---
Signif. codes:  0 '***' 0.001 '**' 0.01 '*' 0.05 '.' 0.1 ' ' 1

Residual standard error: 1.749 on 14 degrees of freedom
Multiple R-squared:  0.9992,    Adjusted R-squared:  0.9991 
F-statistic:  6001 on 3 and 14 DF,  p-value: < 2.2e-16

> 
```

해설 처음 모형은 교호작용까지 고려한 모형으로 결과는 summary(fit1)에 주어졌는데 회귀식은 유의확률이 0.000으로 매우 유의하나 교호작용계수 β_5에 대한 검정 결과 유의하지 않다. 교호작용을 배제하고 다시 적합시키는 과정을 반복한 결과 최종적으로 $x4(=x_2^2)$를 제외한 회귀모형이 적합되었다. 회귀식은 $\hat{y}=-49.618+1.344x_1+3.694x_2+0.046x_1^2$이다.

9.4 2차다항회귀에서 최고 또는 최적점 추정

2차다항회귀에서 독립변수들이 어떤 값을 가질 때 **평균반응량**(mean response)이 최대 또는 최소가 될 것인가가 관심의 대상이 되는 경우가 많이 있다. 즉, **최적점**(optimal point)을 찾는 문제로서 최근 활발히 연구되고 있으며 이 절에서는 2차다항회귀에 대해서만 설명하도록 하겠다. 먼저 독립변수가 하나인 2차다항 반응함수 (9.2)의 추정된 2차반응함수는

$$\hat{y} = b_0 + b_1 x + b_2 x^2$$

이며 이 식을 최대(또는 최소)로 하는 $x = x_m$을 구하면 된다. 최적값을 구하기 위하여 $\hat{y}$를 x에 대하여 편미분하면 다음과 같다.

$$\frac{\partial \hat{y}}{\partial x} = b_1 + 2b_2 x \tag{9.17}$$

3장에서 살펴본 [정리 3.1]의 이론에 의하여 식 (9.17)에서 $b_1 + 2b_2 x = 0$을 만족하는 점 x가 존재하면 이 점이 추정된 반응함수 (9.6)을 최대(또는 최소)로 해 주는 독립변수의 값 $x = x_m$이므로 이 값을 식 (9.17)에 대입하여 풀면

$$b_1 + 2b_2 x_m = 0$$

으로부터 최적점 x_m은 다음과 같다.

$$x_m = -\frac{b_1}{2b_2} \tag{9.18}$$

따라서 $x = x_m$에서 추정된 평균반응량은 다음과 같다.

$$\begin{aligned} \hat{y}_m &= b_0 - b_1 \frac{b_1}{2b_2} + b_2 \left(\frac{b_1}{2b_2} \right)^2 \\ &= b_0 - \frac{b_1^2}{4b_2} \end{aligned} \tag{9.19}$$

즉, $b_2 < 0$이면 $\hat{y}_m$은 최댓값이 되고, $b_2 > 0$이면 $\hat{y}_m$은 최솟값이 된다.

예제 9.3

추정된 반응함수가 다음과 같을 때 평균 반응량을 최대로 하는 x의 값을 구하여라.

$$\hat{y} = 42.37 + 36.24x - 2.74x^2$$

풀이 식 (9.18)에서 최적점은

$$x_m = -\frac{b_1}{2b_2} = \frac{36.24}{2(-2.74)} = 6.613$$

이므로 최적 평균반응량의 추정값은 $x = x_m$에서

$$\hat{y} = 42.37 + 36.24(6.613) - 2.74(6.613)^2 = 162.20\ .$$

9.1 연습문제 6.2의 자료를 이용하여 2차다항회귀모형

$$y = \beta_0 + \beta_1 x + \beta_2 x^2 + \epsilon$$

을 적합시키고 다음에 답하여라.

1) 이 자료에 2차회귀모형을 적합시키는 것이 타당한지를 검정하여라.

2) 3차항 $\beta_3 x^3$이 추가되는 것이 바람직한가를 검정하여라.

3) 2차회귀모형을 적합시켰을 때 최적반응함수를 추정하여라.

9.2 다음의 자료에 대하여

x	1.25	0.25	2.50	2.0	2.25	1.5	1.75	1.0	0.5	0.75
y	2.43	1.42	7.89	5.15	6.43	3.15	4.05	1.89	1.39	1.55

1) 2차다항회귀모형을 적합시키고 추정된 회귀선을 구하여라.

2) $H_0 : \beta_2 = 0$ 를 분산분석표를 이용하여 검정하여라.

3) $H_0 : \beta_2 = 0$ 를 t 분포를 이용하여 검정하고 2)의 결과와 비교하여 보아라.

9.3 어떤 영양제의 복용량(x)과 체중의 증가(y)와의 관계를 파악하기 위해 성별, 연령, 크기 등의 모든 조건이 같은 8마리의 실험용 동물을 대상으로 1년간 실험한 결과 다음의 자료를 얻었다.

x	1	2	3	4	5	6	7	8
y	1	1.2	1.8	2.5	3.6	4.7	6.6	9

1) 데이터의 산점도를 그려라. 어떤 회귀모형이 적절한 모형이라고 생각되는가?

2) 단순회귀모형 $y = \beta_0 + \beta_1 x + \epsilon$을 가정하여 회귀선을 추정하여라. 또, 분산 분석표를 작성하여 회귀선의 유의성을 검정하여라. $\alpha = 0.05$

3) 2차다항회귀모형 $y = \beta_0 + \beta_1 x + \beta_2 x^2 + \epsilon$을 적합시키고 분산분석표를 작성하여라.

4) 2차항 $\beta_2 x^2$이 추가되는 것이 바람직한가를 $\alpha = 0.05$로 검정하고, 2차다항회귀모형이 적당한 모형인지를 검토하여라.

5) 3)의 모형에 3차항 $\beta_3 x^3$을 추가시켜 분산분석표를 작성하고 3차항이 필요한가를 검정하여라. $\alpha = 0.05$

6) 가정된 1차, 2차, 3차 다항회귀모형에서 결정계수를 각각 구하여라.

7) 주어진 자료에 가장 적절한 모형은 어떤 것이며 그 이유는 무엇인지 설명하여라.

8) 7)에서 결정된 최적회귀모형에서 회귀계수에 대한 95% 신뢰구간을 구하여라.

9) 7)에 의해 결정되어진 반응함수의 평균반응량이 최대가 되는 최적점 x_m과 최적평균반응량의 추정값 $\hat{y}$을 구하여라.

9.4 연습문제 7.7의 자료(관련 연습문제 8.4)에 대하여 적절한 회귀모형을 찾고자 한다. 다음과 같은 절차에 의해 타당한 회귀모형을 결정하여라.

1) $y = \beta_0 + \beta_1 x_1 + \epsilon$ 을 가정하고 $H_0: \beta_1 = 0$을 검정하여라. $\alpha = 0.05$

2) 1)의 H_0 이 기각되면 $y = \beta_0 + \beta_1 x_1 + \beta_2 x_2 + \epsilon$ 을 가정하고 $H_0: \beta_2 = 0$을 검정하여라. $\alpha = 0.05$

3) $y = \beta_0 + \beta_1 x_1 + \beta_2 x_2 + \beta_3 x_2^2 + \epsilon$ 을 가정하고 $H_0: \beta_3 = 0$을 검정하여라. $\alpha = 0.05$

4) 3개의 모형 중 어느 것이 가장 타당하며 그 이유는 무엇인지 논의하여라.

9.5 다음의 자료에 대해 $y = \beta_0 + \beta_1 x_1 + \beta_2 x^2 + \beta_3 x^3 + \epsilon$을 적합시키려고 한다.

x	-5	-3	-1	1	3	5
y	13	4	3	4	10	22

1) $R(\beta_1 \mid \beta_0), R(\beta_2 \mid \beta_0, \beta_1)$, $R(\beta_3 \mid \beta_0, \beta_1, \beta_2)$, $R(\beta_3, \beta_2 \mid \beta_0, \beta_1)$ 을 구하여라.

2) $H_0: \beta_2 = \beta_3$을 검정하여라. $\alpha = 0.05$

3) 최적반응함수를 추정하여라.

9.6 어떤 화학제품의 생산량(y)은 온도(x_1)와 압력(x_2)에 의하여 영향을 받는다고 한다. 이 관계를 분석하기 위하여 다음과 같은 자료를 수집하였다.

y (생산량)	x_1 (온도)	x_2 (압력)
6.92	31	22
2.98	30	21
7.08	31.5	21.5
2.62	31	21.5
2.98	30.	21.5
2.6	31.5	20.5
2.42	31.5	20.5
16.50	30.5	24.5
17.32	30.5	24.0
16.21	31.5	24.0

1) 2차다항회귀모형 $y = \beta_0 + \beta_1 x_1 + \beta_2 x_2 + \beta_{11} x_1^2 + \beta_{22} x_2^2 + \beta_{12} x_1 x_2 + \epsilon$을 적합시키고, 회귀선을 추정하여라.
2) $H_0 : \beta_{12} = 0$을 검정하여라.
3) 분산분석표를 작성하여라.
4) 최적 반응표면을 추정하여라.
5) 결정계수 R^2을 계산하여라.

9.7 연습문제 9.6의 자료에서

1) 회귀계수 β_0, β_1, β_2, β_{11}, β_{22}, β_{12}의 95% 신뢰구간을 구하여라.
2) $H_0 : \beta_{11} = \beta_{22} = 0$을 유의수준 0.05로 검정하여라.
3) $\beta_{12} = 0$ 라고 가정하고 회귀선을 추정하여 분산분석표를 작성하여라.
4) $\beta_{12} = 0$라고 가정하고 구한 결정계수 R^2와 연습문제 9.6에서의 결정계수 R^2을 비교하여라.

9.8 어떤 생산공정에서 생산되는 생산량(y)은 반응시간 (x_1)과 온도(x_2)에 영향을 받는다고 한다. 이 관계를 조사하기 위해 18번의 실험을 하여 다음 장과 같은 자료를 얻었다.

1) 2차다항회귀모형 $y = \beta_0 + \beta_1 x_1 + \beta_2 x_2 + \beta_{11} x_1^2 + \beta_{22} x_2^2 + \beta_{12} x_1 x_2 + \epsilon$을 적합시켜 각각의 회귀계수들을 추정하여라.

단, $x_1 = X_{i1} - \overline{X}_1$, $x_2 = X_{i2} - \overline{X}_2$

2) 1)에서 추정된 반응표면을 최대로 하는 점을 계산하고 반응표면의 최적추정값을 구하여라.

3) 추정된 회귀계수들의 표준편차를 구하여라.

4) $H_0 : \beta_{12} = 0$, H_1 , $\beta_{12} \neq 0$ 을 검정하여라. $\alpha = 0.05$

5) $H_0 : \beta_{22} = 0$, H_1 , $\beta_{22} \neq 0$ 을 검정하여라. $\alpha = 0.05$

6) 4)와 5)의 결과에 의한 최적반응함수는 무엇인가?

i	x_1	x_2	y
1	66.29	7	196
2	40.96	5	63
3	73.00	10	252
4	45.01	6	84
5	57.20	4	126
6	26.85	5	14
7	38.12	4	49
8	35.84	6	49
9	75.80	9	266
10	37.41	5	49
11	54.38	2	105
12	46.19	7	98
13	46.13	4	77
14	30.37	3	14
15	39.06	5	56
16	79.38	1	245
17	52.77	8	133
18	55.92	6	133

9.9 다음의 자료에서 x_1은 압력, x_2는 온도이고 y는 이에 따른 제품의 생산량이다.

x_1	1	1	1	1	1	2	2	2	2	2	3	3	3	3	3
x_2	6	7	8	9	10	6	7	8	9	10	6	7	8	9	10
y	28.1	32.3	34.8	38.2	43.5	60.3	63.7	65.4	69.2	72.9	88.2	89.3	94.1	96.7	100.6

1) $y = \beta_0 + \beta_1 x_1 + \beta_2 x_2 + \epsilon$을 가정하고 회귀선을 추정하여라.

2) $y = \beta_0 + \beta_1 x_1 + \beta_2 x_2 + \beta_3 x_1 x_2 + \epsilon$을 가정하고 회귀선을 추정하여라.

3) 두 개의 모형 중 어느 것이 타당한지 검토하여라.

10장

지시변수

앞의 9장까지 다루어온 회귀모형에서는 모든 종속변수와 독립변수들이 **양적변수**(quantitative variable)라고 가정하고서 분석하는 방법들을 살펴보았다. 여기서 양적변수라 함은 어떤 구간의 모든 값을 취할 수 있는 변수로서 예를 들면 나이, 온도, 압력, 거리 등과 같은 변수들이며 양적으로 비교가 가능한 변수들이다. 그러나 경제, 사회, 교육문제 등에서 관심의 대상이 되는 모든 변수들이 이와 같이 양적변수만은 아니고, **질적변수**(qualitative variable)인 경우가 허다하다.

예를 들면 남자, 여자라든가 오전, 오후 또는 흑인, 백인 등과 같은 변수로서 양적으로 비교가 안 되는 변수들이다.

질적인 변수들은 양적인 변수들과 마찬가지로 중회귀모형에서 분석할 수 있으며 질적인 변수들은 독립변수로도 표현될 수 있고, 종속변수로도 표현될 수 있다. 이 장에서는 질적인 변수가 독립변수로 표현될 때 분석하는 방법과 종속변수로 표현될 때 분석하는 방법을 살펴보겠다.

10.1 질적변수가 하나 있는 경우

중회귀모형에서 k개의 독립변수 중 질적변수가 하나 포함되어 있는 경우 이 질적변수를 어떻게 처리하며 분석하는지를 살펴보기로 하자.

예를 들면 벨트를 제조하는 공장에서 새로운 두 가지 방법(A, B)으로 벨트를 제조하여 충격(x_1)시험에서의 수명(y)을 비교하고자 한다. 이때 종속변수 y는 양적변수이며, 새로운 두 가지 제조방법은 질적변수(x_2)이고, 충격은 양적변수이다. 이와 같은 변수들을 중회귀모형으로 분석하고자 할 때는 우선 질적변수들을 양적인 값으로 나타내주어야 되는데 일반적으로 질적변수의 수준(level)이 둘이면 한 수준을 0, 나머지 한 수준을 1이라 표현하고 이와 같은 변수를 **지시변수**(indicator variable) 또는 **가변수**(dummy variable)라고 한다. 위의 예에서 새로운 두 가지 제조방법은 수준이 둘이므로 다음과 같이 지시변수를 정의할 수 있다.

$$x_2 = \begin{cases} 1 & A\text{ 방법으로 제조} \\ 0 & B\text{ 방법으로 제조} \end{cases}$$

여기서 어느 수준을 0으로 놓느냐 하는 것은 임의적으로 결정하면 된다. 따라서 선형회귀모형을 가정하면

$$\begin{aligned} &y_j = \beta_0 + \beta_1 x_{1j} + \beta_2 x_{2j} + \epsilon_j \\ &\epsilon_j \sim N(0, \sigma^2) \\ &Cov(\epsilon_i, \epsilon_j) = 0, \quad i \neq j \end{aligned} \tag{10.1}$$

이 되고 이 모형의 **반응함수**(response function)는

$$E(y) = \beta_0 + \beta_1 x_1 + \beta_2 x_2 \tag{10.2}$$

이다. 이 모형에서 회귀계수들의 의미를 이해하기 위하여 제조방법에 따라 반응함수를 구해 보자. 제조방법 B에서는 $x_2 = 0$이므로 반응함수는

$$\begin{aligned} E(y) &= \beta_0 + \beta_1 x_1 + \beta_2 (0) \\ &= \beta_0 + \beta_1 x_1 \end{aligned} \tag{10.3}$$

으로 기울기가 β_1인 직선이 된다. 제조방법 A에서는 $x_2 = 1$이므로 반응함수는

$$\begin{aligned} E(y) &= \beta_0 + \beta_1 x_1 + \beta_2 (1) \\ &= (\beta_0 + \beta_2) + \beta_1 x_1 \end{aligned} \tag{10.4}$$

으로 역시 기울기가 β_1인 직선이 된다. 하지만 이때의 절편은 $(\beta_0 + \beta_2)$가 되어 기울기는 같으나 절편에서 β_2의 크기만큼 차이가 생기며 β_2는 양의 수일 수도 있고 음의 수일 수도 있으며, 제조방법에 따른 평균수명의 차의 크기를 나타낸다. 〈그림 10.1〉은 식 (10.3)과 (10.4)에서 β_2가 양일 때의 그림이다.

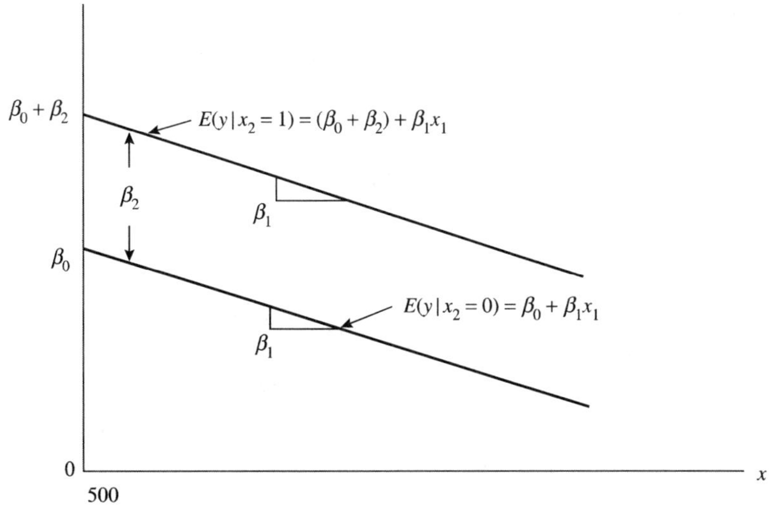

〈그림 10.1〉 반응함수

예제 10.1

다음 자료는 새로운 제조방법(x_2) A, B에 의하여 제조된 벨트 16개에 충격(x_1)을 가한 후 수명을 조사한 것이다.

〈표 10.1〉 충격시험에 의한 수명

일련번호	y (수명)	x_1 (충격)	x_2 (제조방법)
1	18	61	A
2	17.4	72	A
3	14.5	85	A
4	14	84	A
5	13.4	98	A
6	24.4	53	A
7	22.7	54	A
8	12.7	89	A
9	27.1	77	B
10	25.4	88	B
11	33.5	76	B
12	35.6	59	B
13	26.1	91	B
14	36.8	65	B
15	34.9	81	B
16	43.6	51	B

선형회귀모형

$$y_j = \beta_0 + \beta_1 x_1 + \beta_2 x_2 + \epsilon$$

을 적합시키고 분산분석표를 작성하여라.

풀이

$$x_2 = \begin{cases} 0 & \text{제조방법 } A \\ 1 & \text{제조방법 } B \end{cases}$$

라 놓으면 $\boldsymbol{X}$행렬과 $\boldsymbol{y}$ 벡터는

$$\boldsymbol{X} = \begin{bmatrix} & x_1 & x_2 \\ 1 & 61 & 0 \\ 1 & 72 & 0 \\ 1 & 85 & 0 \\ 1 & 84 & 0 \\ 1 & 98 & 0 \\ 1 & 53 & 0 \\ 1 & 54 & 0 \\ 1 & 89 & 0 \\ 1 & 77 & 1 \\ 1 & 88 & 1 \\ 1 & 76 & 1 \\ 1 & 59 & 1 \\ 1 & 91 & 1 \\ 1 & 65 & 1 \\ 1 & 81 & 1 \\ 1 & 50 & 1 \end{bmatrix} \qquad \boldsymbol{y} = \begin{bmatrix} 18 \\ 17.4 \\ 14.5 \\ 14 \\ 13.4 \\ 24.4 \\ 22.7 \\ 12.7 \\ 27.1 \\ 25.4 \\ 33.5 \\ 35.6 \\ 26.1 \\ 36.8 \\ 34.9 \\ 43.6 \end{bmatrix}$$

따라서,

$$\boldsymbol{b} = \begin{bmatrix} b_0 \\ b_1 \\ b_2 \end{bmatrix} = (\boldsymbol{X'X})^{-1}\boldsymbol{X'y} = \begin{bmatrix} 39.761 \\ -0.303 \\ 15.434 \end{bmatrix}$$

이므로 추정된 반응함수는

$$\hat{y} = 39.761 - 0.303x_1 + 15.434x_2$$

이다. 이 결과로부터 기울기 $b_1 = -0.303$은 충격이 크게 되면 수명은 짧아짐을

나타내며 $b_2 = 15.434$ 인 것은 제조방법 A로 제조된 벨트보다 제조방법 B로 제조된 벨트의 평균수명이 15.434시간 더 길다는 것을 나타낸다.

이 평균수명의 차이는 기울기가 두 제조방법에서 같으므로 충격의 크기(x_1)에 관계없이 일정하며 각 제조방법별로 적합된 직선은 다음과 같다.

$$\hat{y} = b_0 + b_1x_1$$

$$= 39.761 - 0.303x_1 \quad : A\text{방법으로 제조}$$

$$\hat{y} = (b_0 + b_2) + b_1x_1$$

$$= (39.761 + 15.434) - 0.303x_1$$

$$= 55.195 - 0.303x_1 \quad : B\text{방법으로 제조}$$

추정된 반응함수를 이용하여 분산분석표를 작성하면 다음과 같이 된다.

〈표 10.2〉 수명시험 자료의 분산분석표

요인	제곱합	자유도	제곱평균	F_0
회귀	1305.511	2	652.755	86.95
잔차	97.59	13	7.507	
요인	1403.5091	15		

그런데 $F_0 = 86.95 > F(2, 13; 0.05) = 3.68$ 이므로 선형회귀모형 (10.1)은 x_1, x_2와 y의 관계를 설명하는 데 매우 유의적이다. 때로는 질적변수인 x_2의 효과가 결과(y)에 어떠한 영향을 주는가에 큰 관심을 가질 수도 있으므로 β_2에 관한 구간추정을 구하는 절차를 살펴보자. 식 (8.14)를 이용하면 β_2의 추정량 $b_2 = 15.434$ 이고, 표준편차의 추정량은 $S(b_2) = 1.370$ 이며 $t(13; 0.025) = 2.160$ 이므로 β_2의 95% 신뢰구간은 다음과 같다.

$$15.433 - (2.160)(1.370) \leq \beta_2 \leq 15.433 + (2.160)(1.370)$$

즉

$$12.472 \leq \beta_2 \leq 18.395$$

으로 주어지며 β_2에 대한 검정은

$$H_0: \ \beta_2 = 0$$
$$H_1: \ \beta_2 \neq 0$$

에 대하여 검정통계량 t_0의 값은 8.2절의 절차에 의하여

$$t_0 = \frac{b_2}{S(b_2)} = \frac{15.433}{1.370} = 11.26$$

이고 $t(13;0.025) = 2.160$이므로 H_0를 기각한다고 결론을 내린다.
즉, $\beta_2 = 0$이 아니다.

SAS를 이용한 풀이

SAS를 이용하여 예제 10.1을 해결하여라.

[예제 10.1 SAS 프로그램]

```
DATA EX10_1;
INPUT Y X1 X2;
CARDS;
18 61 0
17.4 72 0
14.5 85 0
14 84 0
13.4 98 0
24.4 53 0
22.7 54 0
12.7 89 0
27.1 77 1
25.4  88 1
33.5 76 1
35.6 59 1
26.1 91 1
36.8 65 1
34.9 81 1
43.6 51 1
run;
PROC REG DATA=EX10_1 ;
MODEL Y= X1 X2;
RUN;
PROC REG DATA=EX10_1 ;
MODEL Y= X1 X2/CLB;
RUN;
```

[예제 10.1 SAS 실행 결과]

Analysis of Variance					
Source	DF	Sum of Squares	Mean Square	F Value	Pr > F
Model	2	1305.51176	652.75588	86.95	<.0001
Error	13	97.59762	7.50751		
Corrected Total	15	1403.10938			

Root MSE	2.73998	R-Square	0.9304
Dependent Mean	25.00625	Adj R-Sq	0.9197
Coeff Var	10.95719		

Parameter Estimates					
Variable	DF	Parameter Estimate	Standard Error	t Value	Pr > |t|
Intercept	1	39.76136	3.62542	10.97	<.0001
X1	1	-0.30368	0.04689	-6.48	<.0001
X2	1	15.43382	1.37079	11.26	<.0001

Parameter Estimates							
Variable	DF	Parameter Estimate	Standard Error	t Value	Pr > |t|	95% Confidence Limits	
Intercept	1	39.76136	3.62542	10.97	<.0001	31.92913	47.59360
X1	1	-0.30368	0.04689	-6.48	<.0001	-0.40498	-0.20237
X2	1	15.43382	1.37079	11.26	<.0001	12.47240	18.39524

해설 추정된 회귀식은 $\hat{y}=39.761-0.304x_1+15.434x_2$이고 β_2에 대한 신뢰구간은 $12.472 \le \beta_2 \le 18.395$이며 아래의 ANOVA에서 $H_o : \beta_2 = 0$에 대한 검정은 유의확률이 0.000으로 H_0가 기각되어 $\beta_2 \neq 0$임을 알 수 있다.

R을 이용한 풀이

R을 이용하여 예제 10.1을 해결하여라.

[예제 10.1 R 프로그램]

R 제목없음 - R 편집기

```
Ex10_1<-read.table("C:/Users/USER/Desktop/Reg_corection/Ex10_1.txt", header=T)
attach(Ex10_1)
x2_1<-as.numeric(Ex10_1$x2)-1                 # A=0, B=1 가변수 숫자로 변환
x_12<-x1*x2_1                                 # 교호작용
fit1<-lm(y~x1+x2_1,data=Ex10_1)               # 가변수 포함 회귀직선
fit2<-lm(y~x1+x2_1+x_12, data=Ex10_1)         # 교호작용이 있는 회귀직선
(coeffs<-coefficients(fit1))
(confint(fit1,coeffs[2],level=0.95))          # 가변수 회귀계수에 대한 신뢰구간
summary(fit1)                                 # 가변수 회귀계수에 대한 검정
summary(fit2)                                 # 교호작용 회귀계수에 대한 검정
```

[예제 10.1 R 실행 결과]

```
R Console
> summary(fit1)                                    # 가변수 회귀계수에 대한 검정

Call:
lm(formula = y ~ x1 + x2_1, data = Ex10_1)

Residuals:
    Min      1Q  Median      3Q     Max 
-4.7121 -1.5151 -0.1434  1.3539  4.3026 

Coefficients:
            Estimate Std. Error t value Pr(>|t|)    
(Intercept) 39.76136    3.62542  10.967 6.10e-08 ***
x1          -0.30368    0.04689  -6.476 2.08e-05 ***
x2_1        15.43382    1.37079  11.259 4.47e-08 ***
---
Signif. codes:  0 '***' 0.001 '**' 0.01 '*' 0.05 '.' 0.1 ' ' 1

Residual standard error: 2.74 on 13 degrees of freedom
Multiple R-squared:  0.9304,	Adjusted R-squared:  0.9197 
F-statistic: 86.95 on 2 and 13 DF,  p-value: 2.987e-08
```

해설 추정된 회귀식은 $\hat{y} = 39.761 - 0.304x_1 + 15.434x_2$이고 β_2에 대한 신뢰구간은 $12.472 \leq \beta_2 \leq 18.385$이고 아래의 ANOVA에서 $H_0 : \beta_2 = 0$에 대한 검정은 유의확률이 0.000으로 H_0가 기각되어 $\beta_2 \neq 0$임을 알 수 있다.

10.2 교호작용항을 포함하는 모형

앞 절의 예에서 벨트에 가한 충격에 따라 두 제조방법에 차이가 있다면 두 변수 x_1과 x_2 사이에는 **교호작용**(interaction)이 존재하는 경우로서 이러한 자료에 모형 (10.1)을 가정하는 것은 잘못된 모형이며 다음과 같은 모형을 고려하여야 될 것이다.

$$y_j = \beta_0 + \beta_1 x_{1j} + \beta_2 x_{2j} + \beta_3 x_{1j} x_{2j} + \epsilon_j \tag{10.5}$$

식 (10.5)에서 $x_{1j}x_{2j}$을 교호작용이라고 하며 한 변수의 변화에 다른 변수가 영향을 받는 경우로서 질적변수라 하더라도 양적변수와 같이 두 변수의 곱으로 표현한다. 식 (10.5)의 반응함수는

$$E(y) = \beta_0 + \beta_1 x_1 + \beta_2 x_2 + \beta_3 x_1 x_2 \tag{10.6}$$

이며 회귀계수의 의미를 살펴보면 먼저 $x_2 = 0$, 즉 A 방법에 의해 제조한 경우의 반응함수는

$$E(y) = \beta_0 + \beta_1 x_1 + \beta_2(0) + \beta_3 x_1(0) \quad \textbf{(10.7)}$$
$$= \beta_0 + \beta_1 x_1$$

이고 $x_2 = 1$, 즉 B 방법에 의해 제조한 경우의 반응함수는

$$E(y) = \beta_0 + \beta_1 x_1 + \beta_2(1) + \beta_3 x_1(1) \quad \textbf{(10.8)}$$
$$= (\beta_0 + \beta_2) + (\beta_1 + \beta_3) x_1$$

이므로 식 (10.7)과 식 (10.8)에서 B 방법에 의해 제조된 벨트는 β_2의 크기에 의하여 y의 절편이 달라지며 β_3의 크기에 의하여 기울기가 변하므로 교호작용을 포함하는 모형에서는 β_2와 β_3의 크기에 관심을 갖게 되며 〈그림 10.2〉는 식 (10.7)과 식 (10.8)의 그림이다.

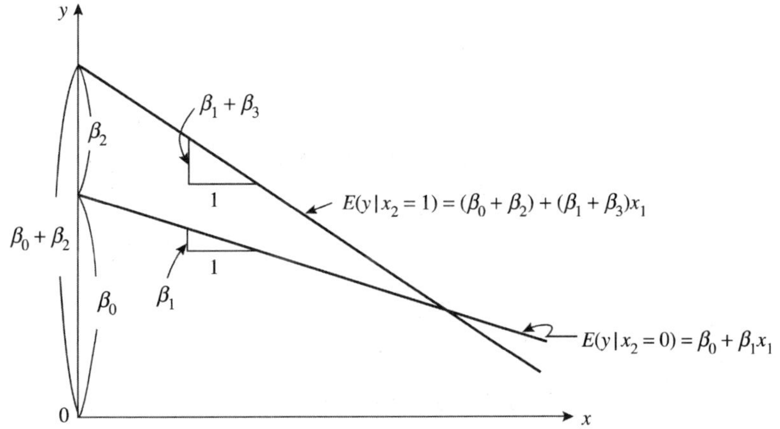

〈그림 10.2〉 교호작용이 있는 반응변수

예제 10.2

예제 10.1의 〈표 10.1〉의 자료에 교호작용이 있는 식 (10.5)를 적합시켜 보아라.

풀이 식 (10.5)에서 교호작용이 있는 모형은

$$y_j = \beta_0 + \beta_1 x_{1j} + \beta_2 x_{2j} + \beta_3 x_{1j} x_{2j} + \epsilon_j$$

이므로 $\boldsymbol{X}$ 행렬과 $\boldsymbol{y}$ 벡터는

$$\boldsymbol{X} = \begin{bmatrix} & x_1 & x_2 & x_1x_2 \\ 1 & 61 & 0 & 0 \\ 1 & 72 & 0 & 0 \\ 1 & 85 & 0 & 0 \\ 1 & 84 & 0 & 0 \\ 1 & 98 & 0 & 0 \\ 1 & 53 & 0 & 0 \\ 1 & 54 & 0 & 0 \\ 1 & 89 & 0 & 0 \\ 1 & 77 & 1 & 77 \\ 1 & 88 & 1 & 88 \\ 1 & 76 & 1 & 76 \\ 1 & 59 & 1 & 59 \\ 1 & 91 & 1 & 91 \\ 1 & 65 & 1 & 65 \\ 1 & 81 & 1 & 81 \\ 1 & 50 & 1 & 50 \end{bmatrix} \quad \boldsymbol{y} = \begin{bmatrix} 18 \\ 17.4 \\ 14.5 \\ 14 \\ 13.4 \\ 24.4 \\ 22.7 \\ 12.7 \\ 27.1 \\ 25.4 \\ 33.5 \\ 35.6 \\ 26.1 \\ 36.8 \\ 34.9 \\ 43.6 \end{bmatrix}$$

이므로 추정된 회귀계수는 다음과 같다.

$$\boldsymbol{b} = \begin{bmatrix} b_0 \\ b_1 \\ b_2 \\ b_3 \end{bmatrix} = (\boldsymbol{X}'\boldsymbol{X})^{-1}\boldsymbol{X}'\boldsymbol{y} = \begin{bmatrix} 35.1636 \\ -0.2419 \\ 26.7172 \\ -0.1526 \end{bmatrix}$$

따라서 추정된 회귀선은

$$\hat{y} = 35.1636 - 0.2419x_1 + 26.7172x_2 - 0.1526x_1x_2$$

이 결과들은 통계패키지를 이용하여 얻을 수 있다.

교호작용효과를 검정하기 위하여

$$H_0:\ \beta_3 = 0$$
$$H_1:\ \beta_3 \neq 0$$

라 놓으면 검정통계량 t_0 의 값은 표로부터

$$t_0 = \frac{b_3}{S(b_3)} = \frac{-0.1526}{0.0891} = -1.71$$

그런데, $-t(12;0.025) = -2.279$ 이므로 H_0 를 채택한다.

즉, 교호작용효과는 무시할 수 있다고 결론을 내릴 수 있으므로 이 자료의 경우는 교호작용이 없는 모형

$$y_j = \beta_0 + \beta_1 x_{1j} + \beta_2 x_{2j} + \epsilon_j$$

를 적합시키는 것이 더 바람직하다고 할 수 있다.

SAS를 이용한 풀이

SAS를 이용하여 예제 10.2를 해결하여라.

[예제 10.2 SAS 프로그램]

```
DATA EX10_2;
INPUT Y X1 X2 X1X2;
X12=X1*X2;
cards;
18 61 0 0
17.4 72 0 0
14.5 85 0 0
14 84 0 0
13.4 98 0 0
24.4 53 0 0
22.7 54 0 0
12.7 89 0 0
27.1 77 1 77
25.4  88 1 88
33.5 76 1 76
35.6 59 1 59
26.1 91 1 91
36.8 65 1 65
34.9 81 1 81
43.6 51 1 51
;
RUN;
PROC REG DATA=EX10_2;
MODEL Y= X1 X2 X12;
RUN;
```

[예제 10.2 SAS 실행결과]

Analysis of Variance					
Source	DF	Sum of Squares	Mean Square	F Value	Pr > F
Model	3	1324.67673	441.55891	67.56	<.0001
Error	12	78.43264	6.53605		
Corrected Total	15	1403.10938			

Root MSE	2.55657	R-Square	0.9441
Dependent Mean	25.00625	Adj R-Sq	0.9301
Coeff Var	10.22373		

Parameter Estimates					
Variable	DF	Parameter Estimate	Standard Error	t Value	Pr > |t|
Intercept	1	35.16364	4.31882	8.14	<.0001
X1	1	-0.24196	0.05669	-4.27	0.0011
X2	1	26.71723	6.71235	3.98	0.0018
X12	1	-0.15268	0.08916	-1.71	0.1125

해설 교호작용에 대한 검정 $H_0 : \beta_3 = 0$ 결과 채택되어 교호작용이 없는 모형이 바람직하므로 회귀식은 $\hat{y} = 39.761 - 0.304x_1 + 15.434x_2$이 적당하다.

R을 이용한 풀이

R을 이용하여 예제 10.2를 해결하여라.

[예제 10.2 R 프로그램]

```
R Console
> summary(fit2)                                    # 교호작용 회귀계수에 대한 검정

Call:
lm(formula = y ~ x1 + x2_1 + x_12, data = Ex10_1)

Residuals:
    Min      1Q  Median      3Q     Max 
-4.3938 -1.1350  0.0171  1.6701  4.9848 

Coefficients:
            Estimate Std. Error t value Pr(>|t|)    
(Intercept) 35.16364    4.31882   8.142 3.14e-06 ***
x1          -0.24196    0.05669  -4.268  0.00109 ** 
x2_1        26.71723    6.71235   3.980  0.00183 ** 
x_12        -0.15268    0.08916  -1.712  0.11252    
---
Signif. codes:  0 '***' 0.001 '**' 0.01 '*' 0.05 '.' 0.1 ' ' 1

Residual standard error: 2.557 on 12 degrees of freedom
Multiple R-squared:  0.9441,	Adjusted R-squared:  0.9301 
F-statistic: 67.56 on 3 and 12 DF,  p-value: 8.73e-08

> |
```

해설 교호작용에 대한 검정 $H_0 : \beta_3 = 0$ 결과 채택되어 교호작용이 없는 모형이 바람직하므로 회귀식은 $\hat{y} = 39.761 - 0.304x_1 + 15.434x_2$이 적당하다.

10.3 지시변수가 두 개 이상인 모형

앞 절에서는 하나의 지시변수가 포함되는 모형을 다루었는데 이 절에서는 지시변수의 수가 두 개 이상 포함되는 중회귀모형을 살펴보고자 한다. 지시변수를 이용하여 질적변수를 양적변수로 표현하는 좀 더 일반적인 방법을 생각해 보기 위하여 10.1절의 예에서 제조방법이 A, B, C 세 가지라고 가정해 보자. 이때에는 질적변수의 수준이 3인 경우로서 세 가지 제조방법을 모두 지시변수를 이용하여 표현하기 위해서는 다음과 같이 지시변수 두 개를 이용하여 표현할 수 있다.

x_2	x_3	
0	0	A 방법으로 제조
1	0	B 방법으로 제조
0	1	C 방법으로 제조

따라서 회귀모형은

$$y_j = \beta_0 + \beta_1 x_{1j} + \beta_2 x_{2j} + \beta_3 x_{3j} + \epsilon_j \tag{10.9}$$

이 되며, 일반적으로 질적변수의 수준이 a이면 $(\alpha - 1)$개의 지시변수에 의하여 모든 질적변수들을 표현할 수 있으며 각 지시변수들은 0과 1로 표현된다.

회귀모형 식 (10.9)의 반응함수는

$$E(y) = \beta_0 + \beta_1 x_1 + \beta_2 x_2 + \beta_3 x_3 \tag{10.10}$$

이 되며 회귀계수들의 의미를 살펴보기 위하여 먼저 A 방법으로 제조된 벨트인 경우를 생각해 보자. 이때는 $x_2 = 0$, $x_3 = 0$ 이므로 반응함수가

$$E(y) = \beta_0 + \beta_1 x_1 \;:\; A \text{ 방법으로 제조} \tag{10.11a}$$

이며 B의 방법으로 제조된 경우는 $x_2 = 1, x_3 = 0$ 이므로 반응함수가

$$E(y) = \beta_0 + \beta_1 x_1 + \beta_2 \quad : B \text{ 방법으로 제조} \tag{10.11b}$$
$$= (\beta_0 + \beta_2) + \beta_1 x_1$$

이다. 또한 C 방법으로 제조된 경우는 $x_2 = 0$, $x_3 = 1$ 이므로 반응함수는 다음과 같다.

$$E(y) = \beta_0 + \beta_1 x_1 + \beta_3 \quad : C \text{ 방법으로 제조} \tag{10.11c}$$
$$= (\beta_0 + \beta_3) + \beta_1 x_1$$

식 (10.11)의 반응함수에서 $E(y)$는 모두 충격 x_1에 대하여 동일한 기울기 β_1을 가지는 직선이지만 각 제조방법에 따라 절편의 차이가 있음을 알 수 있다. 즉 회귀계수 β_2와 β_3는 제조방법 A에 의하여 제조된 벨트의 평균수명에 비하여 제조방법 B나 C에 의하여 제조된 벨트의 평균수명이 얼마나 차이가 나는가 하는 것을 나타내는 값이다. 또한 식 (10.9)의 모형을 이용할 때 $\beta_3 - \beta_2$는 제조방법 C로 만들어진 벨트의 평균수명이 제조방법 B에 의한 벨트의 평균수명에 비하여 어느 정도 큰가(또는 적은가)를 나타내 주는 값이 된다.

만약 앞의 예에서 충격(x_1)이라는 양적변수와 제조방법이라는 질적변수 사이에 교호작용이 있으리라고 생각이 되면 이를 식 (10.9)의 모형에 포함시켜

$$y_j = \beta_0 + \beta_1 x_{1j} + \beta_2 x_{2j} + \beta_3 x_{3j} + \beta_4 x_{1j} x_{2j} + \beta_5 x_{1j} x_{3j} + \epsilon_j$$
$$j = 1, 2, \cdots, n \tag{10.12}$$

이 된다. 이 모형에서도 각 제조방법에 따른 반응함수를 구해 보면 먼저 제조방법 A의 경우는 $x_2 = 0$, $x_3 = 0$ 이므로 반응함수는

$$E(y) = \beta_0 + \beta_1 x_1 : A \text{ 방법으로 제조} \tag{10.13a}$$

이고 제조방법 B의 경우는, $x_2 = 1$, $x_3 = 0$ 에서

$$E(y) = \beta_0 + \beta_1 x_1 + \beta_2 + \beta_4 x_1 : B \text{ 방법으로 제조} \tag{10.13b}$$
$$= (\beta_0 + \beta_2) + (\beta_1 + \beta_4) x_1$$

제조방법 C인 경우는 $x_2 = 0$, $x_3 = 1$ 에서

$$E(y) = \beta_0 + \beta_1 x_1 + \beta_3 + \beta_5 x_1 : C \text{ 방법으로 제조} \tag{10.13c}$$
$$= (\beta_0 + \beta_3) + (\beta_1 + \beta_5) x_1$$

따라서 교호작용을 포함하는 모형 식 (10.12)에서는 제조방법에 따라 절편과 기울기가 모두 다른 반응함수를 나타낸다.

식 (10.9)의 모형에서는 지시변수가 두 개 포함되어 있으나 이것은 질적변수가 둘이라는 의미가 아니고 질적변수는 하나이나 그 수준을 3으로 해서 만들어진 지수변수들이었다. 그러나 실제로 질적변수가 두 개 이상인 경우에도 앞에서와 같은 방법에 의해 이 변수들을 모두 포함시키는 회귀모형을 만들 수 있다. 예를 들어 영업사원의 영업실적(y)에 영향을 미치는 요소로서 교육기간(x_1), 성별(남, 여) 그리고 혼인관계(미혼, 기혼) 등을 고려한다면 성별과 혼인관계 등은 질적변수로서 다음과 같이 지시변수를 정의한다.

$$x_2 = \begin{cases} 0 & \text{남자} \\ 1 & \text{여자} \end{cases}$$

$$x_3 = \begin{cases} 0 & \text{기혼} \\ 1 & \text{미혼} \end{cases}$$

따라서 1차회귀모형은

$$y_j = \beta_0 + \beta_1 x_{1j} + \beta_2 x_{2j} + \beta_3 x_{3j} + \epsilon_j \quad j = 1, 2, \cdots, n \tag{10.14}$$

이 되며 반응함수는 다음과 같이 될 것이다.

성별	혼인관계	반응함수
남	기혼	$E(y) = \beta_0 + \beta_1 x_1$
남	미혼	$E(y) = (\beta_0 + \beta_3) + \beta_1 x_1$
여	기혼	$E(y) = (\beta_0 + \beta_2) + \beta_1 x_1$
여	미혼	$E(y) = (\beta_0 + \beta_2 + \beta_3) + \beta_1 x_1$

지금까지 살펴본 모형들은 모두 양적변수를 하나 이상 포함하고 있었으나 경우에 따라서는 모든 독립변수들이 질적변수로 표현될 때가 있는데 이때에도 회귀분석은 가능하며 이와 같이 질적변수들만이 독립변수로 구성되어 있는 회귀모형을 **분산분석모형**(analysis of variance model)이라고 하며 독립변수들이 몇 개의 양적변수와 몇 개의 질적변수로 구성되는 회귀모형을 **공분산모형**(covariance model)이라고 한다.

10.4 구간으로 나누어진 선형회귀

독립변수 x 의 범위에 따라 y 의 x 에 관한 회귀관계가 다르게 나타나는 경우도 있다. 예를 들면 어떤 물건을 구입하고자 할 때 구입량(x)에 따라 단가가 달라지는 경우를 종종 경험할 수 있는데, 즉 주문량이 많아지면 단가는 주문량에 따라 선형으로 변하는 관계를 가지나 어느 일정한 양이 되면 단가는 급격히 작아지는 경우이다(그림 10.3).

이와 같이 구입단가(y)의 구입량(x)에 대한 회귀모형이 x 의 구간에 따라 기울기가 달라지는 회귀모형을 **구간으로 나누어진 선형회귀모형**(piece wise linear regression model)이라고 한다.

〈그림 10.3〉에서처럼 독립변수 x 의 구간이 둘로 나누어지는 경우 지시변수를 이용하여 회귀분석을 행할 수 있는데 기울기가 변하는 지점의 x 의 값을 x_p 라고 하자. 앞의 주문량(x)에 따른 단가(y)의 관계에서 $x_p = 400$ 이라고 할 때의 회귀모형은 다음과 같이 지시변수를 이용하여 표시할 수 있다.

$$y_j = \beta_0 + \beta_1 x_{1j} + \beta_2 (x_{1j} - 400) x_{2j} + \epsilon_j \tag{10.15}$$

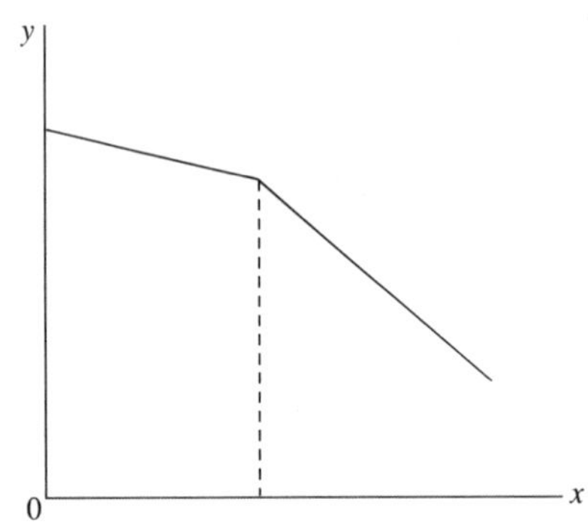

〈그림 10.3〉 구간으로 나누어진 회귀모형

여기서 x_{1j} 는 주문량이고 x_{2j} 는 지시변수로서

$$x_{2j} = \begin{cases} 1 & \text{만약 } x_{1j} > 400 \\ 0 & \text{만약 } x_{1j} \leq 400 \end{cases}$$

이다. 식 (10.15)가 두 개의 구간으로 나누어진 회귀모형임을 보기 위해 반응함수를

구해 보면

$$E(y) = \beta_0 + \beta_1 x_1 + \beta_2 (x_1 - 400) x_2 \tag{10.16}$$

이다. 따라서 $x_1 \leqq 400$, $x_2 = 0$ 이면

$$E(y) = \beta_0 + \beta_1 x_1, \qquad x_1 \leqq 400 \tag{10.17}$$

이고, $x_1 > 400$, $x_2 = 1$ 이면

$$\begin{aligned} E(y) &= \beta_0 + \beta_1 x_1 + \beta_2 (x_1 - 400) \\ &= (\beta_0 - 400\beta_2) + (\beta_1 + \beta_2) x_1, \qquad x_1 > 400 \end{aligned} \tag{10.18}$$

이므로 식 (10.17)과 식 (10.18)을 도시하면 〈그림 10.4〉와 같이 된다.

이 그림에서 두 반응함수는 $x_p = 400$ 을 중심으로 $x_p \leqq 400$ 에서 절편이 β_0 이고 기울기가 β_1 인 하나의 직선과, $x_p > 400$ 에서 절편이 $(\beta_0 - 400\beta_2)$ 이고 기울기가 $(\beta_1 + \beta_2)$ 인 하나의 직선을 따로 적합시키는 문제인 것 같지만 식 (10.15)에서와 같은 모형을 생각함으로써 두 개의 회귀직선을 하나의 모형으로 적합시킬 수 있다.

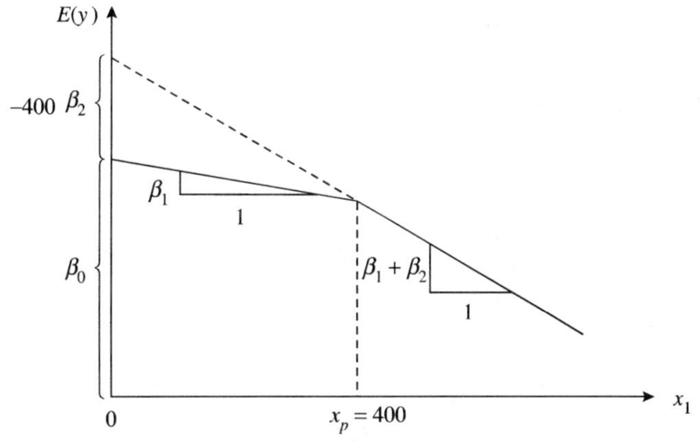

〈그림 10.4〉 구간으로 나누어진 반응함수

예제 10.3

다음 자료는 어떤 제품의 주문량(x_1)에 따른 단가(y)를 조사한 자료이다. 식 (10.15)를 적합시켜 회귀선을 추정하여라(단, $x_p = 40$ 에서 기울기가 변한다고 가정).

주문번호	단가(y)	주문량(x_1)
1	20	55
2	35	24
3	36	30
4	11	70
5	38	20
6	28	47
7	19	62
8	30	38
9	16	65
10	25	50

풀이 모형 식 (10.15)를 적합시키면, $x_p = 40$ 에서

$$y_j = \beta_0 + \beta_1 x_{1j} + \beta_2 (x_{1j} - 40) x_{2j} + \epsilon_j$$

여기서

$$x_{2j} = \begin{cases} 1 & \text{만약} \quad x_{1j} > 40 \\ 0 & \text{만약} \quad x_{1j} \leqq 40, \; j = 1, 2, \cdots, 10 \end{cases}$$

이므로 $\boldsymbol{X}$와 $\boldsymbol{y}$ 행렬은

$$\begin{array}{c} \quad\quad\;\; x_1 \quad (x_1 - 40)x_2 \\ \boldsymbol{X} = \begin{bmatrix} 1 & 55 & 15 \\ 1 & 24 & 0 \\ 1 & 30 & 0 \\ 1 & 70 & 30 \\ 1 & 20 & 0 \\ 1 & 47 & 7 \\ 1 & 62 & 22 \\ 1 & 38 & 0 \\ 1 & 65 & 25 \\ 1 & 50 & 10 \end{bmatrix} \end{array} \qquad \boldsymbol{y} = \begin{bmatrix} 20 \\ 35 \\ 36 \\ 11 \\ 38 \\ 28 \\ 19 \\ 30 \\ 16 \\ 25 \end{bmatrix}$$

이다. 따라서

$$b = \begin{bmatrix} b_0 \\ b_1 \\ b_2 \end{bmatrix} = (X'X)^{-1}X'y = \begin{bmatrix} 10 & 461 & 109 \\ & 24023 & 6743 \\ (\text{대칭}) & & 2383 \end{bmatrix} \begin{bmatrix} 258 \\ 10474 \\ 1894 \end{bmatrix}$$

$$= \begin{bmatrix} 44.25616 \\ -0.33129 \\ -0.29208 \end{bmatrix}$$

으로 추정방정식은

$$\hat{y} = 44.25616 - 0.33129x_1 - 0.29208x_2$$

이고 분산분석표를 작성하면 〈표 10.3〉과 같다.

〈표 10.3〉 분산분석표

요인	제곱합	자유도	제곱평균
회귀	738.55659	2	369.27830
잔차	17.04341	7	2.43477
F_0=151.66851	Prob $>F$=0.0000		

SAS를 이용한 풀이

SAS를 이용하여 예제 10.3을 해결하여라.

[예제 10.3 SAS 프로그램]

```
DATA EX10_3;
INPUT Y X1 X2 ;
X12=(X1-40)*X2;
CARDS;
20 55 1
35 24 0
36 30 0
11 70 1
38 20 0
28 47 1
19 62 1
30 38 0
16 65 1
25 50 1
;
RUN;
PROC REG DATA=EX10_3;
MODEL Y= X1 X12/XPX I;
RUN;
```

[예제 10.3 SAS 실행결과]

Model Crossproducts X'X X'Y Y'Y				
Variable	Intercept	X1	X12	Y
Intercept	10	461	109	258
X1	461	24023	6743	10474
X12	109	6743	2383	1894
Y	258	10474	1894	7412

X'X Inverse, Parameter Estimates, and SSE				
Variable	Intercept	X1	X12	Y
Intercept	3.280253358	-0.101251863	0.1364639936	44.256156275
X1	-0.101251863	0.0033276633	-0.004784717	-0.331289225
X12	0.1364639936	-0.004784717	0.0077166476	-0.292084678
Y	44.256156275	-0.331289225	-0.292084678	17.043406387

Analysis of Variance					
Source	DF	Sum of Squares	Mean Square	F Value	Pr > F
Model	2	738.55659	369.27830	151.67	<.0001
Error	7	17.04341	2.43477		
Corrected Total	9	755.60000			

Root MSE	1.56038	R-Square	0.9774
Dependent Mean	25.80000	Adj R-Sq	0.9710
Coeff Var	6.04797		

Parameter Estimates					
Variable	DF	Parameter Estimate	Standard Error	t Value	Pr > |t|
Intercept	1	44.25616	2.82607	15.66	<.0001
X1	1	-0.33129	0.09001	-3.68	0.0079
X12	1	-0.29208	0.13707	-2.13	0.0706

해설 적합된 회귀선은 $\hat{y} = 44.256 - 0.331x_1 - 0.292x_2$으로 회귀선이 유의함을 알 수 있다.

R을 이용한 풀이

R을 이용하여 예제 10.3을 해결하여라.

[예제 10.3 R 프로그램]

```
Ex10_3 <- read.table("C:/Users/default.default-PC/Desktop/data/data10_3.txt",he
(Ex10_3)
attach(Ex10_3)
x2<-function(x)  ifelse(x>40,1,0)                    # x2 값 정의
Ex10_3$x2<-(x1-40)*x2(x1)                            # 원래의 자료 셋에 x2값 삽입
fit<-lm(y~x1+x2, data=Ex10_3)                        # 회귀선 적합
summary(fit)
```

[예제 10.3 R 실행결과]

```
>
> fit<-lm(y~x1+x2, data=Ex10_3)
> summary(fit)

Call:
lm(formula = y ~ x1 + x2, data = Ex10_3)

Residuals:
    Min      1Q  Median      3Q     Max
-1.6672 -1.3048  0.2994  1.1642  1.7096

Coefficients:
            Estimate Std. Error t value Pr(>|t|)
(Intercept) 44.25616    2.82607  15.660 1.05e-06 ***
x1          -0.33129    0.09001  -3.681  0.00785 **
x2          -0.29208    0.13707  -2.131  0.07058 .
---
Signif. codes:  0 '***' 0.001 '**' 0.01 '*' 0.05 '.' 0.1 ' ' 1

Residual standard error: 1.56 on 7 degrees of freedom
Multiple R-squared:  0.9774,    Adjusted R-squared:  0.971
F-statistic: 151.7 on 2 and 7 DF,  p-value: 1.724e-06
```

해설 적합된 회귀선은 $\hat{y} = 44.256 - 0.331x_1 - 0.292x_2$으로 회귀선이 유의함을 알 수 있다.

10.5 종속변수가 지시변수인 경우

앞에서는 독립변수가 질적인 변수일 때 지시변수를 이용하여 회귀분석하는 방법을 살펴보았는데, 실제 문제에서는 종속변수가 질적인 변수로 나타나는 경우도 종종 발생한다. 예를 들면 월수입과 집 소유 여부와의 관계를 분석하고자 하는 경우 월수입을 독립변수 x로 하고 종속변수 y를 다음과 같이 놓을 수 있다.

$$y = \begin{cases} 0 & \text{자기집} \\ 1 & \text{남의집} \end{cases}$$

또는 기업의 규모와 노동조합의 결성여부를 분석하고자 할 때 독립변수 x는 기업의 규모가 될 것이며, 종속변수 y는

$$y = \begin{cases} 0 & \text{노동조합 결성} \\ 1 & \text{노동조합 미결성} \end{cases}$$

으로 지시변수를 이용하여 질적인 종속변수를 분석할 수 있을 것이다. 이와 같이 종속변수 y가 0 또는 1의 값을 취할 때 2원 반응변수(binary response variable)라고 한다.

이 절에서는 종속변수가 질적인 변수인 경우의 회귀모형을 분석하는 절차를 살펴보고자 한다.

10.5.1 종속변수가 2원 변수일 때의 반응함수와 문제점

종속변수가 2가지의 결과로 나타나는 질적변수일 때 지시변수를 사용하여 다음과 같은 회귀모형을 생각해 보자.

$$\begin{aligned} y_j &= \beta_0 + \beta_1 x_j + \epsilon_j, \ j = 1, 2, \cdots, n \\ y_j &= 0 \text{ 또는 } 1 \end{aligned} \tag{10.19}$$

식 (10.19)에서 $E(\epsilon_j) = 0$이라고 하면 반응함수는 특별한 의미를 갖는다.

즉,

$$E(y_j) = \beta_0 + \beta_1 x_j \tag{10.20}$$

에서 종속변수 y_j는 0 또는 1의 값을 가지므로 다음과 같은 확률분포를 따르는 베르누이(Bernoulli) 확률변수이다.

y_j	확률
0	$P[y_j = 0] = 1 - p_j = q_j$
1	$P[y_j = 1] = p_j$

따라서 반응함수 식 (10.20)은

$$E(y_j) = 0 \cdot P(y_j = 0) + 1 \cdot P(y_j = 1) = p_j \quad (10.21)$$

이며 식 (10.20)과 식 (10.21)에서 반응함수는

$$E(y_j) = \beta_0 + \beta_1 x_j = p_j = P[y_j = 1] \quad (10.22)$$

이므로 반응함수 $E(y_j)$는 독립변수가 x_j의 값을 가질 때, 종속변수가 $y_j = 1$이 되는 확률로 표현된다. 따라서 $E(y_j)$는 아무리 커도 1을 넘을 수 없고 0보다 작아질 수 없는 성질을 가진다. 〈그림 10.5〉는 종속변수가 지시변수인 경우에 반응함수의 그림을 도시한 것이다.

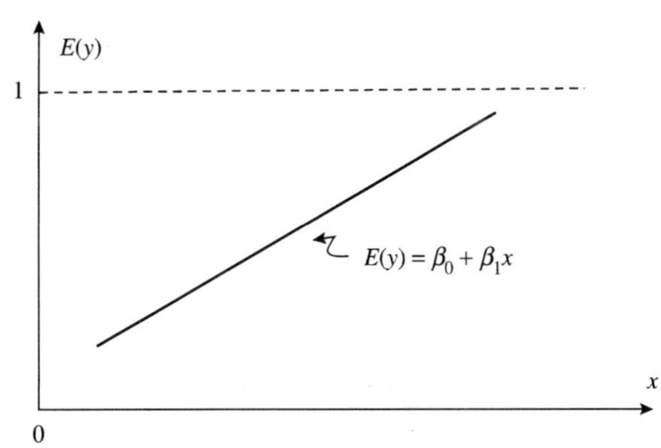

〈그림 10.5〉 종속변수가 지시변수인 경우의 반응함수

종속변수가 지시변수로 표현되는 회귀모형에서는 일반적으로 회귀모형을 적합시킬 때 가정한 ① 오차항 ϵ_j의 정규성(normality of errors) ② 오차항 ϵ_j의 등분산성(equal variance of errors) 등이 만족되지 않으며 또한 ③ 반응함수 $E(y_j)$는 확률이

므로 범위에 제약을 받게 되는데 이러한 문제들을 단순회귀모형으로부터 살펴보기로 하자.

(1) 오차항 ϵ_j의 비정규성

모형 식 (10.19)에서

$$\epsilon_j = y_j - (\beta_0 + \beta_1 x_j) \tag{10.23}$$

는 단지 두 개의 값

$$\begin{aligned} \epsilon_j &= 1 - \beta_0 - \beta_1 x_j, \quad y_j = 1\text{일 때} \\ &= -\beta_0 - \beta_1 x_j, \quad y_j = 0\text{일 때}\cdot \end{aligned}$$

만을 취하므로 오차항 ϵ_j는 정규분포를 하지 않음이 분명해진다. 따라서 오차항이 정규분포를 한다는 가정으로부터 가능했던 t 검정법이나 F 검정법 등은 사용할 수 없게 된다. 그러나 표본의 수가 크면 오차항의 비정규성은 별 문제가 되지 않으므로 회귀계수의 추정이나 평균반응량의 추정에 관한 분석 등은 오차항이 정규분포일 때와 동일한 방법으로 분석하여도 별 문제가 되지 않는다.

(2) 오차항의 이분산성

오차항 ϵ_j의 분산은

$$\begin{aligned} \mathrm{Var}(\epsilon_j) &= \mathrm{Var}(y_j) \\ &= E[y_j - E(y_j)]^2 = (1-p_j)^2 \cdot p_j + (0-p_j)^2 \cdot (1-p_j) \\ &= p_j(1-p_j) \\ &= (\beta_0 + \beta_1 x_j)(1 - \beta_0 - \beta_1 x_j) \end{aligned} \tag{10.24}$$

이므로 $\mathrm{Var}(\epsilon_j)$는 독립변수 x_j의 **2차함수**(quadratic function)이다. 즉, 오차분산 $\mathrm{Var}(\epsilon_j)$는 일정한 값이 아니고 x_j의 값에 따라 변한다. 따라서 일반적인 최소제곱법(ordinary least squares method)을 이용하여 분석하는 것은 적절한 방법이 아니므로 5.5절에서 살펴보았던 **가중최소제곱법**을 이용하여 분석하게 된다.

(3) 반응함수에 대한 제약

식 (10.22)에서 알 수 있는 바와 같이 반응함수 $E(y)$는 확률이므로 평균반응의 범위는

$$0 \leq E(y) = p \leq 1$$

이어야 하나, 반응함수가 이 제약조건을 틀림없이 만족한다는 보장은 없다. 그러나 이 문제는 모형에서 고려된 x의 범위 안에서 앞의 제약조건을 만족하도록 제약조건을 줌으로써 해결할 수 있다.

결국 종속변수가 지시변수로 표시되는 경우 여러 문제점들이 제기될 수 있으나 표본의 크기가 크면 일반적인 최소제곱법에 의하여 추정된 회귀계수 $\boldsymbol{b} = (\boldsymbol{X}'\boldsymbol{X})^{-1}\boldsymbol{X}'\boldsymbol{y}$는 점근적(asymptotically)으로 정규분포를 하므로 오차항이 정규분포를 한다고 했을 때의 방법으로 분석하여도 크게 잘못을 범하는 것은 아니다.

10.5.2 모수추정

5.6절에서 이용된 가중최소제곱법은 오차분산이 일정치 않을 때 모수를 추정하는 유효한 방법으로서 종속변수가 지시변수로 표시되는 모형 (10.19)에서 이용할 수 있는 방법이다. 즉 식 (10.24)에서

$$Var(\epsilon_j) = p_j(1-p_j)$$

이므로 회귀모형 식 (10.19)의 양변에

$$\sqrt{W_j} = \sqrt{\frac{1}{p_j(1-p_j)}} \tag{10.25}$$

을 곱하면 식 (10.19)는

$$\sqrt{W_j}\,y_j = \sqrt{W_j}(\beta_0 + \beta_1 x_j) + \sqrt{W_j}\,\epsilon_j \tag{10.26}$$

이 되며, 이때 $Var(\sqrt{W_j}\,\epsilon_j) = W_j\,Var(\epsilon_j) = 1$이므로 변형된 모형 (10.26)은 등분산을 갖는 모형이 된다. 따라서 일반적인 최소제곱법(ordinary least squares method: OLS법)을 이용하여 식 (10.26)으로부터 회귀계수의 추정량을 구할 수 있는데 이와 같은 추정법을 가중최소제곱법이라고 하며 일반적으로 선형회귀모형에서 오차분산이 등분산은 아니나 서로 독립일 때 가중최소제곱법은 다음과 같은 절차를 따른다.

$$y = X\beta + \epsilon, \quad \epsilon \sim N(0, V\sigma^2) \tag{10.27}$$

여기서

$$V\sigma^2 = \begin{bmatrix} Var(\epsilon_1) & Cov(\epsilon_1, \epsilon_2) \cdots & Cov(\epsilon_1, \epsilon_n) \\ & Var(\epsilon_2) \cdots & Cov(\epsilon_2, \epsilon_n) \\ (\text{대칭}) & \ddots & \vdots \\ & & Var(\epsilon_n) \end{bmatrix}$$

양변에 $V^{-\frac{1}{2}}$을 곱하면 식 (10.27)은

$$V^{-\frac{1}{2}}y = V^{-\frac{1}{2}}X\beta + V^{-\frac{1}{2}}\epsilon \tag{10.28}$$

이 되어 $Var(V^{-\frac{1}{2}}\epsilon) = \sigma^2 I$이므로 식 (10.28)은 등분산모형이 된다. 따라서 일반적인 최소제곱법에 의하여 회귀계수 β를 추정하면

$$b^* = (X'V^{-1}X)^{-1}X'V^{-1}y \tag{10.29}$$

를 구할 수 있고 이와 같은 최소제곱법을 **일반화최소제곱추정법**(generalized least squares method: GLS법)이라고 한다. 이때 b^*의 분산은 다음과 같다.

$$\begin{aligned} Var(b^*) &= Var[(X'V^{-1}X)^{-1}X'V^{-1}y)] \\ &= (X'V^{-1}X)^{-1}X'V^{-1}Var(y)V^{-1}X(X'V^{-1}X) \\ &= (X'V^{-1}X)^{-1}X'V^{-1}V\sigma^2V^{-1}X(X'V^{-1}X) \\ &= (X'V^{-1}X)^{-1}\sigma^2 \end{aligned} \tag{10.30}$$

식 (10.27)에서 오차분산 $Var(\epsilon)$를 식 (10.25)처럼 표현하면 다음과 같다.

$$V^{-1} = W = \begin{bmatrix} W_1 & 0 & 0 \cdots \cdots 0 \\ & W_2 & 0 \cdots \cdots 0 \\ (\text{대칭}) & & \vdots \\ & & W_n \end{bmatrix}$$

$$
= \begin{bmatrix} \frac{1}{p_1(1-p_1)} & 0 & \cdots\cdots & 0 \\ & \frac{1}{p_2(1-p_2)} & \cdots\cdots & 0 \\ (\text{대칭}) & & \ddots \cdots & \vdots \\ & & & \frac{1}{p_n(1-p_n)} \end{bmatrix}
$$

그런데 식 (10.24)에서 $p_j = \beta_0 + \beta_1 x_j$ 이고 β_0 와 β_1 은 미지모수이므로 p_j 는 미지모수이다. 따라서 가중최소제곱법을 그대로 사용할 수 없고 다음과 같은 절차를 따른다.

1) 일반적인 최소제곱법에 의하여 β_0 와 β_1 을 추정하여 b_0 와 b_1 을 구한다.

2) $p_j = \beta_0 + \beta_1 x_j$ 의 관계식으로부터 p_j 를

$$
\widehat{p_j} = b_0 + b_1 x_j
$$

로 추정한다.

3) $\widehat{p_j}$ 를 이용하여 $\boldsymbol{W}$의 추정행렬

$$
\widehat{\boldsymbol{W}} = \begin{bmatrix} \widehat{W_1} & 0 & 0 \cdots\cdots 0 \\ & \widehat{W_2} & 0 \cdots\cdots 0 \\ (\text{대칭}) & & \vdots \\ & & \widehat{W_n} \end{bmatrix}
$$

$$
= \begin{bmatrix} \frac{1}{\widehat{p_1}(1-\widehat{p_1})} & 0 & \cdots\cdots & 0 \\ & \frac{1}{\widehat{p_2}(1-\widehat{p_2})} & \cdots\cdots & 0 \\ (\text{대칭}) & & \ddots \cdots & \vdots \\ & & & \frac{1}{\widehat{p_n}(1-\widehat{p_n})} \end{bmatrix}
$$

을 구한다.

4) 가중최소제곱추정법(일반화최소제곱추정법)에 의하여 회귀계수를 추정한다.

$$b^* = (X' \widehat{W} X)^{-1} X' \widehat{W} y \tag{10.31}$$

위와 같이 구한 추정량 b^*의 분산공분산행렬은 식 (10.30)에서

$$Var(b^*) = (X' \widehat{W} X)^{-1} \sigma^2 \tag{10.32}$$

이므로 분산분석표로부터 MSE를 σ^2의 추정량으로 하여 b의 분산을 추정하면

$$\widehat{Var}(b^*) = (X' \widehat{W} X)^{-1} MSE \tag{10.33}$$

이다.

예제 10.4

다음 자료는 임의로 선택된 25명에 대하여 월소득과 집 소유여부에 관하여 조사한 자료이다. 집을 소유하고 있는 경우를 $y=0$이라 놓고 집을 소유하고 있지 않는 경우를 $y=1$로 하였으며 월소득 x의 단위는 만 원으로 하였다.

〈표 10.4〉 월소득과 집 소유여부의 자료

번호	월소득(x_j)	집 소유여부(y_i)	$\hat{y}_i = \hat{p}_i$	$\frac{1}{\hat{p}_i(1-\hat{p}_i)}$
1	39	0	0.39033	4.202166
2	49	0	0.08983	12.230834
3	22	1	0.90118	11.229065
4	41	1	0.33023	4.521242
5	28	1	0.72088	4.969881
6	21	1	0.93123	15.615072
7	30	1	0.66078	4.461302
8	47	1	0.14993	7.846152
9	23	0	0.87113	8.907692
10	50	0	0.05978	17.791583
11	27	0	0.75093	5.346617
12	20	1	0.96128	26.866725
13	47	0	0.14993	7.846153
14	48	0	0.11988	9.477884

번호	월소득(x_j)	집 소유여부(y_i)	$\hat{y}_i = \hat{p}_i$	$\frac{1}{\hat{p}_i(1-\hat{p}_i)}$
15	31	1	0.63073	4.293169
16	24	1	0.84108	7.481422
17	49	0	0.08983	12.230834
18	42	0	0.30018	4.760273
19	33	1	0.57063	4.081442
20	40	0	0.36028	4.338803
21	43	0	0.27013	5.072028
22	46	0	0.17998	6.775655
23	22	1	0.90118	11.229065
24	25	1	0.81103	6.524845
25	20	1	0.96128	26.866726

풀이 가정된 회귀모형은 $y_j = \beta_0 + \beta_1 x_j + \epsilon_j$ 이므로 먼저 일반적인 최소제곱법에 의하여 β_0 와 β_1 을 추정하면

$$\boldsymbol{b} = (\boldsymbol{X}'\boldsymbol{X})^{-1}\boldsymbol{X}'\boldsymbol{y} = \begin{bmatrix} 0.45624 & -0.012 \\ -0.012 & 0.000346 \end{bmatrix} \begin{bmatrix} 13 \\ 364 \end{bmatrix}$$

$$= \begin{bmatrix} 1.56228 \\ -0.03005 \end{bmatrix}$$

이고

$$\widehat{Var}(\boldsymbol{b}) = (\boldsymbol{X}'\boldsymbol{X})^{-1} MSE = \begin{bmatrix} 0.072008 & -0.001894 \\ -0.001894 & 0.000546 \end{bmatrix}$$

이것을 정리하면 〈표 10.5〉가 된다.

〈표 10.5〉 최소제곱추정량

계수	추정된 계수	추정된 표준편차
β_0	$b_0 = 1.56228$	$S(b_0) = 0.26834$
β_1	$b_1 = -0.03005$	$S(b_1) = 0.00739$

따라서 추정된 회귀선은

$$\hat{y}_j = 1.56228 - 0.03005x_j \tag{10.34}$$

이 되고 $\hat{y}_j = \hat{p}_j$ 로서 $\hat{y}_j$ 는 확률 p_j 의 추정량이다. 예를 들어 월소득이 40만 원인 경우

$$\hat{y}_j = 1.56228 - (0.0300)(40) = 0.3603 = \hat{p}_j$$

로서 이 값은 이 사람이 집을 갖고 있지 않을 것이라고 생각되는 확률이 0.3603 라는 의미이다.

만약 월소득이 15만 원인 경우는

$$\hat{y}_j = 1.56228 - (0.03005)(15) = 1.1115$$

이므로 이때에는 이 사람이 집을 갖고 있지 않을 것이라고 생각되는 확률이 1을 넘게 되어 확률로서 의미가 없게 된다. 즉 반응함수의 제약성으로 이 문제에서는 x 의 범위가 $20 \leq x \leq 50$ 인 경우에 한하여 적합된 회귀선이 의미를 가지고 $x > 50$ 이거나 $x < 20$ 에서는 적합된 회귀선은 의미를 갖지 못한다.

식 (10.34)에서 추정된 p_j (표 10.4에 수록)를 이용하여 가중최소제곱추정량을 구해 보면

$$\boldsymbol{b}^* = \begin{bmatrix} b_0^* \\ \\ b_1^* \end{bmatrix} = (\boldsymbol{X}'\hat{\boldsymbol{W}}\boldsymbol{X})^{-1}\boldsymbol{X}'\hat{\boldsymbol{W}}\boldsymbol{y} = \begin{bmatrix} 1.58670 \\ \\ -0.03091 \end{bmatrix}$$

이고 $\boldsymbol{b}^*$의 추정된 분산은

$$Var(\boldsymbol{b}^*) = (\boldsymbol{X}'\hat{\boldsymbol{W}}\boldsymbol{X})^{-1}MSE = \begin{bmatrix} 0.005386 & 0.0120 \\ 0.0120 & 0.0000044 \end{bmatrix}$$

으로 이것을 정리하면 〈표 10.6〉이 된다.

〈표 10.6〉 가중최소제곱추정량

계수	추정된 계수	추정된 표준편차
β_0	1.58670	$S(b_0) = 0.07339$
β_1	-0.03091	$S(b_1) = 0.00210$

위의 예에서는 가중최소제곱추정량의 결과 〈표 10.6〉이 최소제곱추정량의 결과 〈표 10.5〉에 비하여 별로 차이가 없는 것으로 나타났다.

SAS를 이용한 풀이

SAS를 이용하여 예제 10.4를 해결하여라.

[예제 10.4 SAS 프로그램]

```
DATA EX10_4;
INPUT Y X;
CARDS;
0 39
0 49
1 22
1 41
1 28
1 21
1 30
1 47
0 23
0 50
0 27
1 20
0 47
0 48
1 31
1 24
0 49
0 42
1 33
0 40
0 43
0 46
1 22
1 25
1 20
;
RUN;
PROC REG DATA=EX10_4 ;
MODEL Y=X;
RUN;
```

[예제 10.4 SAS 실행결과]

Analysis of Variance					
Source	DF	Sum of Squares	Mean Square	F Value	Pr > F
Model	1	2.60991	2.60991	16.54	0.0005
Error	23	3.63009	0.15783		
Corrected Total	24	6.24000			

Root MSE	0.39728	R-Square	0.4183
Dependent Mean	0.52000	Adj R-Sq	0.3930
Coeff Var	76.39964		

Parameter Estimates					
Variable	DF	Parameter Estimate	Standard Error	t Value	Pr > |t|
Intercept	1	1.56228	0.26834	5.82	<.0001
X	1	-0.03005	0.00739	-4.07	0.0005

해설 단순회귀분석 결과 $\widehat{y} = 1.562 - 0.030x$이고 분산분석 결과 유의한 결과를 얻었지만 월소득이 $x = 15$인 경우에는 $\hat{y} = \hat{p} = 1.115 > 1$을 넘어 회귀선이 의미가 없다. 대안으로 가중회귀분석을 구해 본 결과도 추정량 자체는 큰 변화가 없다는 것을 알 수 있다.

R을 이용한 풀이

R을 이용하여 예제 10.4를 해결하여라.

[예제 10.4 R 프로그램]

```
R E:₩2016₩Regress₩프로그램₩Chap10₩p10_4.R - R Editor
(Ex10_4.lm <- lm(y~x))                                   # 단순회귀분석 결과를 Ex3_2
(summary(Ex10_4.lm))                                     # 결과를 출력
(anova(Ex10_4.lm))                                       # ANOVA 도표
newdata<- data.frame(x=40)                               # x=40에서 예측값
(predict(Ex10_4.lm, newdata))

newdata<- data.frame(x=15)                               # x=15에서 예측값
(predict(Ex10_4.lm, newdata))

(p.hat <- predict(Ex10_4.lm, data = Ex10_4))             # p hat
(w.h.t<- 1/(p.hat*(1-p.hat)))                            # 가중값
(w.lm<-lm(y~x, weights=w.h.t))                           # 가중회귀
```

[예제 10.4 R 실행결과]

```
> (Ex10_4.lm <- lm(y~x))                                 # 단순회귀분석 결과$

Call:
lm(formula = y ~ x)

Coefficients:
(Intercept)            x
    1.56228     -0.03005
```

```
> newdata<- data.frame(x=40)                             # x=40에서 예측값
> (predict(Ex10_4.lm, newdata))
        1
0.3601113
>
> newdata<- data.frame(x=15)                             # x=15에서 예측값
> (predict(Ex10_4.lm, newdata))
        1
1.111468
```

```
> (w.lm<-lm(y~x, weights=w.h.t))                                    # 가중회귀

Call:
lm(formula = y ~ x, weights = w.h.t)

Coefficients:
(Intercept)            x
    1.58669     -0.03091
```

해설 단순회귀분석 결과 $\hat{y} = 1.562 - 0.030x$ 이고 분산분석 결과 유의한 결과를 얻었지만 $x = 15$ 인 경우에는 $\hat{y} = \hat{p} = 1.115 > 1$ 을 넘어 회귀선이 의미가 없다. 대안으로 가중회귀분석을 구해 본 결과도 추정량 자체는 큰 변화가 없다는 것을 알 수 있다.

10.6 로지스틱 반응함수

종속변수가 지시변수로 나타내지는 경우에 x 와 y 사이의 관계가 선형이 아니고 비선형(nonlinear)으로 나타나는 경우가 종종 있는데 특히 많이 나타나는 형태는 반응함수가 〈그림 10.6〉과 같이 S 형태의 곡선으로 나타나는 경우이다.

그런데 이 반응함수는 x 가 증가함에 따라 1로 수렴하게 되어 앞 절에서 살펴본 반응함수의 제약성 $0 \leq E(y) \leq 1$ 을 저절로 만족하는데 이러한 반응함수를 **로지스틱 함수**(logistic function)라고 하고 다음과 같은 식으로 주어진다.

$$E(y) = \frac{\exp(\beta_0 + \beta_1 x)}{1 + \exp(\beta_0 + \beta_1 x)} \tag{10.35}$$

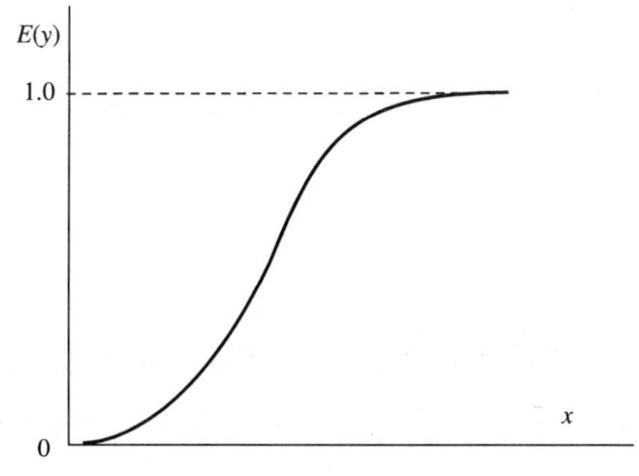

〈그림 10.6〉 로지스틱 반응함수

식 (10.35)와 같은 로지스틱 함수의 특징은 비선형이지만 쉽게 선형으로 변환시킬 수 있다는 점이다.

종속변수가 지시변수로 표시될 때는 앞 절에서 살펴본 바와 같이 반응함수 $E(y)$는 y가 1이 되는 확률을 의미하므로

$$E(y) = P(y=1) = p$$

라 놓고 다음과 같은 변환을 생각해 보자.

$$p^* = \ln\left(\frac{p}{1-p}\right) \tag{10.36}$$
$$= \ln\left(\frac{E(y)}{1-E(y)}\right)$$

식 (10.35)를 식 (10.36)에 대입하면

$$p^* = \beta_0 + \beta_1 x \tag{10.37}$$

이 되어 선형모형을 얻을 수 있으며 이러한 변환을 **로지스틱 변환**(logistic transformation)이라고 한다. 그런데 로지스틱 반응함수를 적합시키기 위해서는 x의 각 수준에서 y의 측정값을 반복해서 얻을 수 있어야 한다. 로지스틱 반응함수를 적합시켜 β_0와 β_1을 측정하기 위하여 x의 각 수준을 $x_1, \cdots, x_k$이라 놓고 각 수준에서 y에 대한 관측값이 각각 $n_1, \cdots, n_k$개가 얻어졌다고 하면 x_i 수준에서 얻어진 n_i개의 관측값들은 0 아니면 1로 측정되었을 것이다. 따라서 n_i개의 측정값 중 1의 개수를 R_i라고 하면 x_i에서 y의 값이 1이 될 확률 p_i의 추정량은

$$\overline{p}_i = \frac{R_i}{n_i}, \quad i = 1, 2, \cdots, k \tag{10.38}$$

이 된다. 식 (10.38)로 추정된 확률을 로지스틱 변환 식 (10.36)에 대하여 풀면

$$\overline{p}_i^* = \ln\frac{\overline{p}_i}{1-\overline{p}_i} \tag{10.39}$$

이 되고 이 식을 이용하여 β_0와 β_1의 추정량을 구하면 되는데 선형화된 모형 $\overline{p}_i^*$는 동일한 분산을 갖지 않으므로 가중최소제곱법을 이용하여야 한다. 그런데, n_i가 충분히 크면 $\overline{p}_i^*$의 분산은 근사적으로

$$Var(\bar{p}_i^*) = \frac{1}{n_i p_i (1-p_i)} \tag{10.40}$$

임이 알려져 있으나 p_i는 $x = x_i$일 때 $y_i = 1$이 될 확률로서 미지이므로 식 (10.38)로 추정된 확률을 이용하면 $\bar{p}_i^*$의 추정된 분산은

$$\widehat{Var}(\bar{p}_i^*) = \frac{1}{n_i \bar{p}_i (1-\bar{p}_i)} \tag{10.41}$$

이므로 식 (10.30)과 같은 행렬을 만들면

$$\widehat{\boldsymbol{W}} = \begin{bmatrix} n_1\bar{p}_1(1-\bar{p}_1) & 0 & \cdots\cdots & 0 \\ & n_2\bar{p}_2(1-\bar{p}_2) & 0 \cdots & 0 \\ (\text{대칭}) & & \ddots & \vdots \\ & & & n_k\bar{p}_k(1-\bar{p}_k) \end{bmatrix} \tag{10.42}$$

이다. 따라서 식 (10.37)의 로지스틱 변환을 적합시키면 β_0와 β_1의 추정량은

$$\boldsymbol{b}^* = \begin{bmatrix} b_0^* \\ b_1^* \end{bmatrix} = (\boldsymbol{X}'\widehat{\boldsymbol{W}}\boldsymbol{X})^{-1}\boldsymbol{X}'\widehat{\boldsymbol{W}}\bar{\boldsymbol{p}}^* \tag{10.43}$$

로 얻는데 여기서 $\boldsymbol{X}$와 $\bar{\boldsymbol{p}}^*$는

$$\boldsymbol{X} = \begin{bmatrix} 1 & x_1 \\ 1 & x_2 \\ \vdots & \vdots \\ 1 & x_k \end{bmatrix} \qquad \bar{\boldsymbol{p}}^* = \begin{bmatrix} \bar{p}_1^* \\ \bar{p}_2^* \\ \vdots \\ \bar{p}_k^* \end{bmatrix}$$

이다.

추정량 b_0^*와 b_1^*로부터 p^*의 추정식은

$$\hat{p}^* = b_0^* + b_1^* x \tag{10.44}$$

이고 원래의 모형으로 환원하면, 적합된 반응모형은

$$\hat{y} = \hat{p} \tag{10.45}$$

$$= \frac{\exp(b_0^* + b_1^* x)}{1 + \exp(b_0^* + b_1^* x)}$$

이다. 이와 같이 로지스틱 변환방법을 이용하는 경우에 유의할 점은 모든 p_i 들이 0이나 1로 접근하지 않아야 한다는 점이다.

예제 10.5

어느 백화점에서 할인율과 구매력의 관계를 분석하기 위해 A 회사제품 피복에 대하여 할인율을 5가지로 나누고 신용카드 가입자들 중 360명을 선정하여 우편으로 할인표를 우송한 후 그 할인표에 의하여 A 회사제품을 구입한 자료가 다음과 같다. 할인율에 대한 반응함수를 로지스틱 함수로 가정하고 적합시켜 보아라.

〈표 10.7〉 할인표에 의한 판매실적

할인율(x_i)	우송한 사람수 (n_i)	구입한 사람수 (R_i)	구입한 사람비율 ($\overline{p}_i$)	변환비율 ($\overline{p}_i^*$)
10	50	10	0.2	−1.3864
20	100	30	0.3	−0.8473
30	80	32	0.4	−0.4055
40	70	36	0.514	0.056
50	60	51	0.85	1.7346

풀이 x_i 의 각 수준에서 물건을 구입할 확률 p_i 의 추정값은 식 (10.37)에 의하여

$$\overline{p_i} = \frac{R_i}{n_i}, \quad i = 1, 2, 3, 4, 5$$

를 계산하고 식 (10.38)에 의하여 로지스틱 변환값을 계산한 값이 〈표 10.7〉에 실려있다. 다음으로 식 (10.42)에 의한 행렬을 구하면,

$$\widehat{\boldsymbol{W}} = \begin{bmatrix} 8 & 0 & 0 & 0 & 0 \\ & 21 & 0 & 0 & 0 \\ & & 19.2 & 0 & 0 \\ & (\text{대칭}) & & 17.486 & 0 \\ & & & & 7.65 \end{bmatrix}$$

이므로 식 (10.43)에 의하여 β_0와 β_1을 추정하면

$$\boldsymbol{b}^* = \begin{bmatrix} b_0^* \\ b_2^* \end{bmatrix} = (\boldsymbol{X}'\,\widehat{\boldsymbol{W}}\boldsymbol{X})^{-1}\boldsymbol{X}'\,\widehat{\boldsymbol{W}}\overline{\boldsymbol{p}}^* = \begin{bmatrix} -2.230 \\ 0.068 \end{bmatrix}$$

이 된다. 여기서 $\boldsymbol{X}$와 $\overline{\boldsymbol{p}}^*$는 다음과 같다.

$$\boldsymbol{X} = \begin{bmatrix} 1 & 10 \\ 1 & 20 \\ 1 & 30 \\ 1 & 40 \\ 1 & 50 \end{bmatrix} \qquad \overline{\boldsymbol{p}}^* = \begin{bmatrix} -1.3864 \\ -0.8473 \\ -0.4055 \\ 0.056 \\ 1.7346 \end{bmatrix}$$

따라서 식 (10.37)의 추정식은

$$\widehat{p^*} = -2.30 + 0.068x$$

이므로 만약 할인율을 35%로 했을 때 고객이 구매할 확률을 구하고자 하면 먼저

$$\widehat{p^*} = -2.30 + 0.068(35) = 0.08$$

을 구하고 원래의 모형의 값으로 환원하면

$$\hat{p} = \frac{\exp(\widehat{\beta_0} + \widehat{\beta_1}x)}{1 + \exp(\widehat{\beta_0} + \widehat{\beta_1}x)} = \frac{\exp(\widehat{p^*})}{1 + \exp(\widehat{p^*})}$$

$$= \frac{\exp(0.08)}{1 + \exp(0.08)} = 0.513$$

SAS를 이용한 풀이

SAS를 이용하여 예제 10.5를 해결하여라.

[예제 10.5 SAS 프로그램]

```
DATA EX10_5;
INPUT X N R;
Y=0; COUNT=R; OUTPUT;
Y=1; COUNT=N-R; OUTPUT;
CARDS;
10 50 10
20 100 30
30 80 32
40 70 36
50 60 51
;
RUN;
PROC CATMOD DATA=EX10_5; 범주형 분석을 위한 명령어
DIRECT X;
WEIGHT COUNT;
MODEL Y=X/FREQ;
run;
```

[예제 10.5 SAS 실행결과]

Data Summary			
Response	Y	Response Levels	2
Weight Variable	COUNT	Populations	5
Data Set	EX10_5	Total Frequency	360
Frequency Missing	0	Observations	10

Population Profiles		
Sample	X	Sample Size
1	10	50
2	20	100
3	30	80
4	40	70
5	50	60

Response Profiles	
Response	Y
1	0
2	1

Response Frequencies		
	Response Number	
Sample	1	2
1	10	40
2	30	70
3	32	48
4	36	34
5	51	9

Maximum Likelihood Analysis
Maximum likelihood computations converged.

Maximum Likelihood Analysis of Variance			
Source	DF	Chi-Square	Pr > ChiSq
Intercept	1	53.07	<.0001
X	1	50.77	<.0001
Likelihood Ratio	3	6.84	0.0773

Analysis of Maximum Likelihood Estimates				
Parameter	Estimate	Standard Error	Chi-Square	Pr > ChiSq
Intercept	-2.3008	0.3158	53.07	<.0001
X	0.0683	0.00958	50.77	<.0001

해설 로짓 회귀식은 $\hat{p}=-2.30+0.068x$이고 할인율 35%일 때 고객이 구매할 확률은 0.08임을 알 수 있다.

R을 이용한 풀이

R을 이용하여 예제 10.5를 해결하여라.

[예제 10.5 R 프로그램]

E:₩2016₩Regress₩프로그램₩Chap10₩p10_5.R - R Editor

```
Ex10_5 <- read.table("C:/Users/default.default-PC/Desktop/data/data10_5.txt", h
attach(Ex10_5)
logit<-function(x) log(x/(1-x))
(Ex10_5.lm<-lm(logit(p.mean) ~ x))                    #로짓 회귀분석

newdata<- data.frame(x=35)                            # x=35에서 예측값
(predict(Ex10_5.lm, newdata))
```

[예제 10.5 R 실행결과]

```
> (Ex10_5.lm<-lm(logit(p.mean) ~ x))

Call:
lm(formula = logit(p.mean) ~ x)

Coefficients:
(Intercept)            x
   -2.31322      0.07145

> newdata<- data.frame(x=35)                                  # x=35에서 예측값
> (predict(Ex10_5.lm, newdata))
        1
0.1875668
```

해설 로짓 회귀식은 $\hat{p}=-2.312+0.071x$이고 할인율 35%일 때 고객이 구매할 확률은 0.1876임을 알 수 있다.

10.1 예제 10.1에서 제조방법 A에 의한 8개의 자료만으로 단순회귀모형을 적합시켜 분산분석표를 만들어 예제의 결과와 비교하여라.

10.2 예제 10.2의 가정된 모형에서 교호작용 효과에 대한 검정결과 유의하지 않게 판정되었다. 교호작용이 없는 모형

$$y_j = \beta_0 + \beta_1 x_{1j} + \beta_2 x_{2j} + \epsilon_j$$

를 가정하고 분산분석표를 작성하여 예의 결과와 비교하여라.

10.3 다음 자료는 보험회사에서 외무사원의 계약건수(y)와 교육기간(x_1) 그리고 학력을 조사한 자료이다.

계약건수(y)	교육기간(x_1)	학력
40	2주	고졸
50	2주	고졸
62	2주	고졸
68	4주	고졸
86	4주	대졸
102	2주	고졸
116	6주	대졸
124	6주	고졸

1) 다음의 모형을 적합시켜라.

$$y_j = \beta_0 + \beta_1 x_{1j} + \beta_2 x_{2j} + \beta_3 x_{3j} + \epsilon_j$$

$$x_{2j} = \begin{cases} 1, & \text{학력이 고졸} \\ 0, & \text{기타} \end{cases} \qquad x_{3j} = \begin{cases} 1, & \text{학력이 대졸} \\ 0, & \text{기타} \end{cases}$$

2) β_2와 β_3의 95% 신뢰구간을 추정하여라.

3) 교육기간만을 독립변수로 하는 모형

$$y_j = \beta_0 + \beta_1 x_j + \epsilon_j$$

를 적합시키고 1)의 결과와 비교 설명하여라.

10.4 다음 자료에 대하여

x	2.5	4.4	4.5	1.4	4.7	3.5	2.5	3.8
y	65	34	40	80	30	57	72	48

1) y의 x에 대한 산점도를 그려보고 몇 개의 구간으로 나누어 분석하면 좋은지를 설명하고 어떤 점(x_p)에서 나누는 것이 좋은지를 설명하여라.
2) 위 자료를 두 구간으로만 나누려고 한다면 어떤 점(x_p)에서 나누는 것이 좋은지를 설명하고 그 점을 경계로 하여 다음 모형을 적합시켜 보아라.

$$y_j = \beta_0 + \beta_1 x_{1j} + \beta_2 (x_{1j} - x_p) x_{2j} + \epsilon_j$$

$$x_{2j} = \begin{cases} 1, & \text{만약 } x_{1j} > x_p \text{이면} \\ 0, & \text{만약 } x_{1j} \leq x_p \text{이면} \end{cases}$$

3) 귀무가설 $H_0 : \beta_2 = 0$, 대립가설 $H_1 : \beta_2 \neq 0$를 유의수준 0.05로 검정하여라.

10.5 다음의 자료는 모든 조건이 같은 60마리의 실험용 동물을 각각 30마리씩 두 그룹으로 나누어 한 그룹에 A, 또 다른 그룹에는 B의 안정제를 5, 10, 20mg씩 투약했을 때 관찰된 불안도(y)이다. y, x_1, x_2를 각각 불안도, 약의 복용량, 약의 종류라고 하고 다음 질문에 답하여라.

1) 지시변수를 이용하여 자료에 대한 적절한 모형을 설정하여라.
2) (1)의 모형을 최소제곱법에 의해 추정하고 분산분석표를 작성하여라.
3) 자료에 $y = \beta_0 + \beta_1 x_1 + \beta_2 x_2 + \epsilon$를 적합시키고 회귀선을 추정하여라.
4) 교호작용이 있는지 검정하여라. $\alpha = 0.05$

	5		10		20	
(A)	15	16	18	16	20	17
	16	15	17	15	19	18
	18	16	18	19	21	21
	13	17	19	18	18	20
	19	15	20	16	19	17
(B)	16	15	19	18	24	23
	17	15	21	20	25	24
	18	18	22	21	23	22
	17	17	23	22	25	26
	15	16	20	19	25	24

10.6 다음 자료는 대입학력고사 점수와 대학 합격 여부에 관하여 조사한 자료이다.

x	285	264	276	302	248	296	274	284	253	269
y	1	0	0	1	1	0	1	0	1	1

$$y = \begin{cases} 1, & \text{합격} \\ 0, & \text{불합격} \end{cases}$$

1) OLS법에 의하여 단순회귀모형

$$y = \beta_0 + \beta_1 x_1 + \epsilon$$

을 적합시키고 β_0와 β_1의 추정량에 대한 분산을 구하여라.

2) GLS법에 의하여 위 모형을 적합시키고 추정량에 대한 분산을 구하여 비교하여 보아라.

3) $x = 290$점일 때 합격할 확률을 추정하여라.

10.7 다음 자료는 어느 초등 학교에서 안경을 쓴 학생들을 학년별로 조사한 자료이다.

학년별	1	2	3	4	5	6
전체 학생수	250	252	151	204	202	195
안경 착용수	15	20	18	25	32	40

1) 로지스틱 반응함수를 추정하여라.

2) 새로 전학해 올 네 학생이 안경을 착용할 확률은?

3) $\hat{p}^*$를 x에 대하여 도시하고 로지스틱 반응함수를 적합시키는 것이 타당한지를 검토하여라.

11장

변수의 선택

지금까지 앞에서 가정한 모든 회귀모형에서는 반응변수 y를 모든 독립변수들에 대하여 알고 있다고 가정하였다. 그러나 사상 실험이나 이론적인 고찰에 의하여 모형에 포함되어져야 할 것이라고 판단되는 독립변수들을 실제로 모형에 포함시킬 것인가를 결정하여야 하는데 이러한 문제를 **변수선택의 문제**(variable selection problem)라고 한다.

독립변수들을 선택하여 모형을 설정할 때 다음과 같은 서로 이율배반적인 목표가 있다.

1) 가능한 많은 독립변수를 모형에 포함시켜 y의 값을 정확히 예측하는 데 영향을 주게 한다.
2) 예측값 $\hat{y}$의 분산은 독립변수의 수가 증가함에 따라 점점 커지게 되고 또한 모형에 포함되는 독립변수의 수가 많으면 자료를 수집하고 분석하는 데 시간과 비용이 많이 들므로 가능한 한 적은 수의 독립변수를 모형에 포함시킨다.

위의 목표들을 만족시키는 모형을 찾는 것이 **최적회귀방정식**(best regression equation)을 찾는 것인데, 최적회귀방정식은 유일하게 존재하는 것이 아니라 판정기준에 따라 달라질 수 있는 것이다.

이 장에서는 최적회귀방정식의 판정기준에 대해서 살펴보고 변수들을 선택하는 몇 가지 방법에 대하여 살펴보고자 한다. 변수를 선택하는 절차는 계산과정이 상당히 번거로우므로 컴퓨터를 이용하여 변수를 선택하는 패키지가 많이 개발되어 있다.

11.1 잘못 적합된 모형의 문제

모형에 포함되어야 할 독립변수가 모두 포함되지 않았을 때 어떠한 결과가 나타나느냐에 대하여 먼저 살펴보기로 하자.

k개의 독립변수에 대하여 $n(\geq k+1)$개의 관측값을 얻었다면 k개의 독립변수 모두를 포함하는 중회귀모형(완전모형)은

$$y_i = \beta_0 + \beta_1 x_{1j} + \beta_2 x_{2j} + \cdots + \beta_k x_{kj} + \epsilon_j, \quad j = 1,2,\cdots,n \tag{11.1}$$

이 되는데 여기서 오차항 ϵ_j는 서로 독립이고 $N(0,\sigma^2)$인 분포를 한다고 가정한다. 이 중회귀모형을 행렬로 표현하면

$$\boldsymbol{y} = \boldsymbol{X}\boldsymbol{\beta} + \boldsymbol{\epsilon} \tag{11.2}$$

으로 $\boldsymbol{X}$는 $n\times(k+1)$ 행렬, $\boldsymbol{\beta}$는 $(k+1)\times 1$ 벡터, 그리고 $\boldsymbol{y}$와 $\boldsymbol{\epsilon}$는 $(n\times 1)$벡터이며, k개의 독립변수들은 모두 의미가 있는 변수들이라고 하자. 식 (11.1)에서 $r(r<k)$개의 독립변수가 모형에 포함되지 않는 경우의 결과를 살펴보기 위해 식 (11.2)를 다음과 같이 $\boldsymbol{X}$ 행렬을 $\boldsymbol{X}=(\boldsymbol{X}_p \boldsymbol{X}_r)$로 나누어 표현하면,

$$\boldsymbol{y} = \boldsymbol{X}_p\boldsymbol{\beta}_p + \boldsymbol{X}_r\boldsymbol{\beta}_r + \boldsymbol{\epsilon} \tag{11.3}$$

이 되는데, 여기서 $\boldsymbol{X}_p$는 절편(intercept)항과 $k-r$개의 독립변수를 포함하는 $n\times(p+1)$, $p=k-r$ 행렬이고, $\boldsymbol{X}_r$은 r개의 독립변수를 포함하는 $n\times r$ 행렬이며 또한 $\boldsymbol{\beta}$도 $\boldsymbol{X}_p$와 $\boldsymbol{X}_r$에 대응되도록 $\boldsymbol{\beta}_p$와 $\boldsymbol{\beta}_r$로 나누어져 있다. 식 (11.3)에서 $\boldsymbol{\beta}$의 최소제곱추정량은

$$\hat{\boldsymbol{\beta}} = \boldsymbol{b} = \begin{bmatrix} \boldsymbol{b}_p \\ \boldsymbol{b}_r \end{bmatrix} = (\boldsymbol{X}'\boldsymbol{X})^{-1}\boldsymbol{X}'\boldsymbol{y} \tag{11.4}$$

$$= \begin{bmatrix} \boldsymbol{X}_p'\boldsymbol{X}_p & \boldsymbol{X}_p'\boldsymbol{X}_r \\ \boldsymbol{X}_r'\boldsymbol{X}_p & \boldsymbol{X}_r'\boldsymbol{X}_r \end{bmatrix}^{-1} (\boldsymbol{X}_p\boldsymbol{X}_r)'\boldsymbol{y}$$

이고 σ^2의 추정량은 8.3절에서

$$\widehat{\sigma^2} = \frac{\boldsymbol{y}'\boldsymbol{y} - \boldsymbol{b}'\boldsymbol{X}'\boldsymbol{y}}{n-k-1} = \frac{\boldsymbol{y}'[\boldsymbol{I} - \boldsymbol{X}(\boldsymbol{X}'\boldsymbol{X})^{-1}\boldsymbol{X}']\boldsymbol{y}}{n-k-1} \tag{11.5}$$

이며, 이것은 완전모형에서 MSE에 해당한다.

또한 모형 식 (11.3)에서 $\boldsymbol{X}_r$을 제거한 모형(축소모형)

$$\boldsymbol{y} = \boldsymbol{X}_p\beta_p + \epsilon \tag{11.6}$$

을 적합시켜 구한 β_p의 최소제곱추정량은

$$\hat{\beta}_p^* = \boldsymbol{b}_p^* = (\boldsymbol{X}_p{}'\boldsymbol{X}_p)^{-1}\boldsymbol{X}_p{}'\boldsymbol{y} \tag{11.7}$$

이며 분산의 추정량은

$$\hat{\sigma}_*^2 = \frac{\boldsymbol{y}'\boldsymbol{y} - \boldsymbol{b}_p^*{}'\boldsymbol{X}_p{}'\boldsymbol{y}}{n-k-1} = \frac{\boldsymbol{y}'[\boldsymbol{I} - \boldsymbol{X}_p(\boldsymbol{X}_p{}'\boldsymbol{X}_p)^{-1}\boldsymbol{X}_p{}']\boldsymbol{y}}{n-k-1} \tag{11.8}$$

으로 이것은 축소모형에서 MSE에 해당된다. 축소모형에서 $\widehat{\beta_p}^*$와 $\hat{\sigma}_*^2$의 특성에 대해서 많은 학자들에 의하여 연구된 바 있으며 몇 가지 중요한 결과를 살펴보면

1) $\hat{\beta}_p^*$의 기댓값은 다음과 같다.

$$\begin{aligned} E(\hat{\beta}_p^*) &= E[(\boldsymbol{X}_p{}'\boldsymbol{X}_p)^{-1}\boldsymbol{X}_p{}'\boldsymbol{y}] \\ &= (\boldsymbol{X}_p{}'\boldsymbol{X}_p)^{-1}\boldsymbol{X}_p{}'\boldsymbol{X}\beta \\ &= (\boldsymbol{X}_p{}'\boldsymbol{X}_p)^{-1}\boldsymbol{X}_p{}'[\boldsymbol{X}_p\beta_p + \boldsymbol{X}_r\beta_r] \\ &= \beta_p + (\boldsymbol{X}_p{}'\boldsymbol{X}_p)^{-1}\boldsymbol{X}_p{}'\boldsymbol{X}_r\beta_r \end{aligned}$$

계산의 편의를 위해 $\boldsymbol{A} = (\boldsymbol{X}_p{}'\boldsymbol{X}_p)^{-1}\boldsymbol{X}_p^{-1}\boldsymbol{X}_r$라 놓으면

$$E(\hat{\beta}_p^*) = \beta_p + \boldsymbol{A}\beta_r \tag{11.9}$$

이므로 제거된 독립변수 $\boldsymbol{X}_r$에 대응되는 회귀계수 β_r이 0이거나 또는 모형에 포함된 독립변수 $\boldsymbol{X}_p$와 빠진 독립변수 $\boldsymbol{X}_r$이 서로 독립인 경우($\boldsymbol{X}_p{}'\boldsymbol{X}_r = 0$)가 아니면 $\hat{\beta}_p^*$는 β_p의 불편추정량이 아니다.

2) $\boldsymbol{b} = \begin{bmatrix} \boldsymbol{b}_p \\ \boldsymbol{b}_r \end{bmatrix}$와 $\boldsymbol{b}_p^*$의 분산은 각각

$$Var(\boldsymbol{b}) = (\boldsymbol{X}'\boldsymbol{X})^{-1}\sigma^2 = \begin{bmatrix} \boldsymbol{X}_p{}'\boldsymbol{X}_p & \boldsymbol{X}_p{}'\boldsymbol{X}_r \\ \boldsymbol{X}_r{}'\boldsymbol{X}_p & \boldsymbol{X}_r{}'\boldsymbol{X}_r \end{bmatrix}^{-1}\sigma^2 \qquad \textbf{(11.10a)}$$

$$Var(\boldsymbol{b}_p^*) = (\boldsymbol{X}_p{}'\boldsymbol{X}_p)^{-1}\sigma^2 \qquad \textbf{(11.10b)}$$

이고 $Var(\boldsymbol{b}_p) - Var(\boldsymbol{b}_p^*)$은 **양반정치행렬**(positive semi-definite matrix)이라는 것이 증명되었다. 즉 완전모형에서 모수의 최소제곱추정량 $\boldsymbol{b}_p$의 분산은 축소모형에서 모수의 최소제곱추정량($\boldsymbol{b}_p^*$)의 분산에 비하여 크거나 같으므로 추정값의 분산이 판정기준이 된다면 완전모형보다 축소모형에서 더 바람직한 $\boldsymbol{b}_p$의 추정량을 구할 수가 있다.

3) $\boldsymbol{b}_p^*$는 편의된 추정량이고 $\boldsymbol{b}_p$는 불편추정량이므로 평균제곱오차(mean square error: MSE)를 이용하여 두 추정량을 비교하는 것이 합리적이다.

그런데 여기서 사용되는 MSE는 분산분석표에서 사용한 MSE와는 다른 것이며 $\hat{\theta}$를 모수 θ의 추정량이라 할 때 다음과 같이 정의된다. 평균제곱오차를 분산분석표에서의 MSE와 구분하기 위해 $MSE(\hat{\theta})$로 표시하겠다.

$$MSE(\hat{\theta}) = Var(\hat{\theta}) + [E(\hat{\theta}) - \theta]^2 \qquad \textbf{(11.11)}$$

따라서 b_p^*의 MSE는 식 (11.9)와 (11.10b)를 통해 다음과 같다.

$$MSE(\boldsymbol{b}_p^*) = (\boldsymbol{X}_p{}'\boldsymbol{X}_p)^{-1}\sigma^2 + \boldsymbol{A}\boldsymbol{\beta}_r\boldsymbol{\beta}_r{}'\boldsymbol{A}' \qquad \textbf{(11.12)}$$

그런데 $Var(\boldsymbol{b}_r) - \boldsymbol{\beta}_r\boldsymbol{\beta}_r{}'$이 양반정치행렬이면 $Var(\boldsymbol{b}_p) - MSE(\boldsymbol{b}_p^*) = MSE(\boldsymbol{b}_p) - MSE(\boldsymbol{b}_p^*)$도 양반정치행렬이라는 것이 증명되었다. 따라서 $Var(\boldsymbol{b}_r) - \boldsymbol{\beta}_r{}'\boldsymbol{\beta}_r$이 양반정치행렬이면 축소모형에서 구한 추정량의 평균제곱오차가 완전모형에서 구한 평균제곱오차보다 크지 않으므로 평균제곱오차를 기준으로 볼 때 축소모형이 더 바람직하다.

4) $\hat{\sigma}^2$을 완전모형에서의 **잔차제곱평균**(residual mean square: 분산분석에서 MSE)이라고 하고 $\hat{\sigma}_*^2$를 축소모형에서의 잔차제곱평균이라고 하면

$$\hat{\sigma}^2 = \frac{1}{n-k-1}\boldsymbol{y}'[\boldsymbol{I} - \boldsymbol{X}(\boldsymbol{X}'\boldsymbol{X})^{-1}\boldsymbol{X}']\boldsymbol{y}$$

이고,

$$\hat{\sigma}_*^2 = \frac{1}{n-p}\boldsymbol{y}'[\boldsymbol{I}-\boldsymbol{X}_p(\boldsymbol{X}_p{}'\boldsymbol{X}_p)^{-1}\boldsymbol{X}_p{}']\boldsymbol{y}$$

따라서 $\hat{\sigma}^2$은 σ^2의 불편추정량이나 축소모형에서의 $\hat{\sigma}_*^2$이

$$E(\hat{\sigma}_*^2) = \sigma^2 + \frac{\boldsymbol{\beta}_r{}'\boldsymbol{X}_r{}'[\boldsymbol{I}-\boldsymbol{X}_p(\boldsymbol{X}_p{}'\boldsymbol{X}_p)^{-1}\boldsymbol{X}_p{}']\boldsymbol{X}_r\boldsymbol{\beta}_r}{n-p-1} \tag{11.13}$$

으로 불편추정량이 아니다.

5) 완전모형 식 (11.1)에서

$$\begin{aligned} E(y) &= \beta_0 + \beta_1 x_1 + \cdots + \beta_k x_k \\ &= \boldsymbol{x}'\boldsymbol{\beta} \end{aligned}$$

로 표현할 수 있고 $\boldsymbol{x}$를 $\boldsymbol{x}_p$와 $\boldsymbol{x}_r$로 나누면

$$E(y) = \boldsymbol{x}_p{}'\boldsymbol{\beta}_p + \boldsymbol{x}_r{}'\boldsymbol{\beta}_r$$

되며 $E(y)$의 추정량을 $\hat{y}$로 표현하면

$$\hat{y} = \boldsymbol{x}'\boldsymbol{b} = \boldsymbol{x}_p{}'\boldsymbol{b}_p + \boldsymbol{x}_r{}'\boldsymbol{b}_r \tag{11.14}$$

이다. 그런데 $\hat{y}$의 기댓값과 분산은 각각 다음과 같다.

$$E(\hat{y}) = \boldsymbol{x}_p{}'\boldsymbol{\beta}_p + \boldsymbol{x}_r{}'\boldsymbol{\beta}_r \tag{11.15a}$$

$$Var(\hat{y}) = Var(\boldsymbol{x}'\boldsymbol{b}) = \boldsymbol{x}'(\boldsymbol{X}'\boldsymbol{X})^{-1}\boldsymbol{x}\sigma^2 \tag{11.15b}$$

또한 축소모형 식 (11.6)에서

$$E(\hat{y}) = \boldsymbol{x}_p{}'\boldsymbol{\beta}_p$$

이며 $E(y)$의 추정량을 $\hat{y}_p^*$라 놓으면

$$\hat{y}_p^* = \boldsymbol{x}_p{}'\boldsymbol{b}_p \tag{11.16}$$

이고 $\hat{y}_p^*$의 기댓값과 분산은 각각 식 (11.9)와 (11.10b)로부터

$$E(\hat{y}_p^*) = \boldsymbol{x}_p{}'\boldsymbol{\beta}_p + \boldsymbol{x}_p{}'\boldsymbol{A}\boldsymbol{\beta}_r, \quad \boldsymbol{A} = (\boldsymbol{X}_p{}'\boldsymbol{X}_p)^{-1}\boldsymbol{X}_p{}'\boldsymbol{X}_r \tag{11.17a}$$

$$Var(\hat{y}_p^*) = \boldsymbol{x}_p{}'(\boldsymbol{X}_p{}'\boldsymbol{X}_p)^{-1}\boldsymbol{x}_p\sigma^2 \tag{11.17b}$$

이다. 즉 $\hat{y}$는 $E(y)$의 불편추정량이 되나 축소모형에서의 추정량 $\hat{y}_p^*$는 불편추정량이 아니다. 따라서 식 (11.11)에서

$$MSE(\hat{y}) = Var(\hat{y}) \tag{11.18}$$

이고,

$$\begin{aligned} MSE(\hat{y}_p^*) &= Var(\hat{y}_p^*) + [E(\hat{y}_p^*) - \boldsymbol{x}'\boldsymbol{\beta}]^2 \\ &= \boldsymbol{x}_p{}'(\boldsymbol{X}_p{}'\boldsymbol{X}_p)^{-1}\boldsymbol{x}_p\sigma^2 + (\boldsymbol{x}_p{}'\boldsymbol{A}\boldsymbol{\beta}_r - \boldsymbol{x}_r{}'\boldsymbol{\beta}_r)^2 \end{aligned} \tag{11.19}$$

이다. 그런데 만약 $Var(\boldsymbol{b}_r) - \boldsymbol{\beta}_r\boldsymbol{\beta}_r{}'$이 양반정치행렬이면

$$Var(\hat{y}) = MSE(\hat{y}) \geq MSE(\hat{y}_p^*)$$

임이 증명되었다. 즉 축소모형에서의 평균제곱오차가 완전모형에서의 평균제곱오차보다 크지 않으므로 평균제곱오차를 기준으로 볼 때 축소모형이 더 바람직하다.

11.2 변수선택의 판정기준

회귀모형에 어떤 독립변수들을 포함시키는 것이 반응변수를 설명하는 데 가장 적합할 것인가를 판정하는 몇 가지 기준들을 살펴보기로 하자.

11.2.1 결정계수

앞에서도 살펴본 바와 같이 회귀모형의 적합도를 측정하는 척도로서 널리 이용되는 것은 **결정계수**(coefficient of determination) R^2이다.

R_p^2을 절편항 β_0와 p개의 독립변수로 구성되는 모형에서의 결정계수라고 하면 다음과 같이 정의된다.

$$R_p^2 = \frac{SSR_p}{\sum_{i=1}^{n}(y_i - \bar{y})^2} = 1 - \frac{SSE_p}{SST} \tag{11.20}$$

여기서 SSR_p와 SSE_p는 $(p+1)$개의 항을 갖는 축소모형에서의 회귀제곱합(regression sum of squares)과 잔차제곱합(residual sum of squares)을 나타내는데 $p = 1, 2, \cdots, k$이고 $p+1$개의 항을 갖는 회귀모형에서는 $\binom{k}{p}$개의 모형을 생각할 수 있으므로 각 경우에 R_p^2을 계산하여 가장 R_p^2을 크게 해 주는 p를 선택한다. 그런데 R_p^2은 p가 증가함에 따라 커지며, $p = k$일 때 최대가 된다. 따라서 R_p^2을 판정기준으로 할 때는 변수를 하나씩 증가시키면서 R_p^2의 증가가 둔화되는 지점에서 p를 선택하면 좋을 것이다. 〈그림 11.1〉은 R_p^2의 값이 p에 따라 변화하는 모양을 나타내며, 증가가 둔화되는 지점 p를 선택하면 되지만 이 p점을 선택하는 과정에서 실험자의 주관이 개입되기 쉽다는 결점을 가지고 있다.

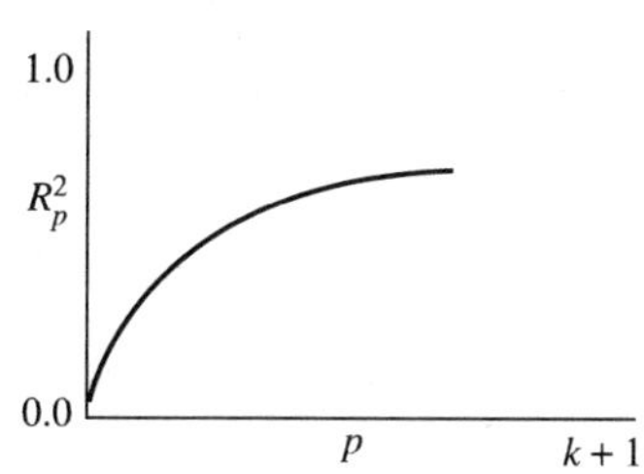

〈그림 11.1〉 p의 변화에 따른 R_p^2의 그림

R_p^2이 갖는 단점을 보강하기 위하여 제시된 방법이 다음과 같이 정의되는 **수정결정계수**(adjusted R_p^2) R_{ap}^2 이다.

$$R_{ap}^2 = 1 - \left(\frac{n-1}{n-p-1}\right)\left(1 - R_p^2\right) \tag{11.21}$$

R_{ap}^2 은 독립변수의 수가 증가하여도 꼭 증가되는 값은 아니다. 실제로 s개의 독립변수가 추가된 모형에서의 R_{ap+s}^2 은 추가된 s개의 독립변수들에 대한 유의성검정을 하기 위하여 구한 F 통계량의 값이 1을 넘을 때, 즉 추가된 s개의 변수들이 유의할 때에만 R_p^2보다 커진다는 것이 증명되었으므로 R_{ap}^2 을 최대로 해 주는 p를 선택하면 된다.

11.2.2 잔차제곱평균

회귀모형에 대한 평가의 기준으로 잔차제곱평균(residual mean square)을 이용하는 경우로서 절편과 p개의 독립변수로 구성되는 회귀모형에서의 잔차제곱평균은

$$MSE_p = \frac{SSE_p}{n-p-1} \tag{11.22}$$

로 주어지는데 SSE_p는 p가 증가하면 항상 감소하지만 상대적으로 $n-p$의 값이 감소하게 되므로 MSE_p는 처음에는 감소하다가 어떤 p값에서 다시 증가하는 모양을 나타낸다(그림 11.2).

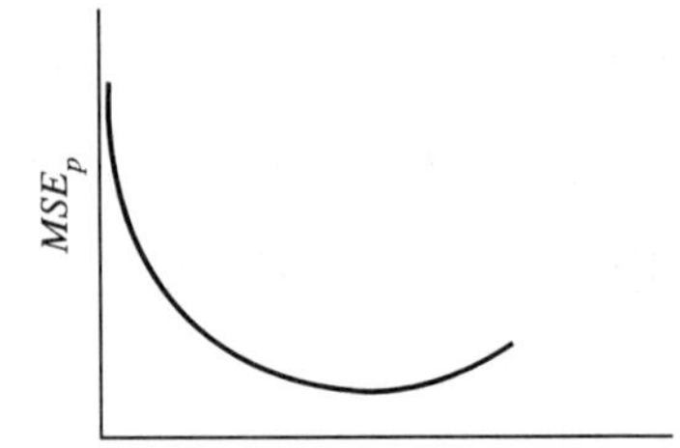

〈그림 11.2〉 p의 변화에 따른 MSE_p의 그림

MSE_p가 증가하는 경우는 모형에 하나의 독립변수를 추가하여 생기는 SSE_p의 감소량이 식 (11.22)의 분모, 즉 자유도의 감소량보다 크지 않을 때 생긴다.

MSE_p를 판정기준으로 할때는 다음과 같은 경우를 고려하여 p를 선택한다.

1) MSE_p를 최소로 하는 p
2) 완전모형에서의 MSE에 근사적으로 일치하게 되는 MSE_p의 값을 갖는 p
3) 가장 작은 MSE_p의 값이 증가하는 점에 가까운 p

식 (11.15)에서

$$\begin{aligned} R_{ap}^2 &= 1-\left(\frac{n-1}{n-p-1}\right)\left(1-R_p^2\right) \\ &= 1-\frac{n-1}{n-p-1}\cdot\frac{SSE_p}{SST} \\ &= 1-\frac{n-1}{S_{yy}}\cdot\frac{SSE_p}{n-p-1} \\ &= 1-\frac{n-1}{SST}\cdot MSE_p \end{aligned}$$

이므로 MSE_p를 최소로 하는 회귀모형은 결국 수정된 결정계수 R_{ap}^2을 최대로 하여 줌을 알 수 있다. 즉 MSE_p와 R_{ap}^2의 판정기준은 동일하다.

11.2.3 C_p 통계량(Mallow's C_p 통계량)

축소모형에서 $E(y) = \boldsymbol{x}_p{}'\boldsymbol{\beta}_p$의 추정량을 $\hat{y}_p^*$라 놓으면 식 (11.16)에서

$$\hat{y}_p^* = \boldsymbol{x}_p{}'\boldsymbol{b}_p^*$$

이며 이 추정량은 식 (11.17a)에서 **편의추정량**(biased estimator)이다. 따라서 $E(y)$를 얼마나 잘 추정하고 있는지를 알기 위해서는 평균제곱오차(mean square error)를 살펴보면 좋을 것이다. 그런데 식 (11.19)에서

$$\begin{aligned} MSE(\hat{y}_p^*) &= E\left[\hat{y}_p^* - E(y)\right]^2 \\ &= V(\hat{y}_p^*) + \left[E(\hat{y}_p^*) - E(y)\right]^2 \\ &= \boldsymbol{x}_p{}'(\boldsymbol{X}_p{}'\boldsymbol{X}_p)^{-1}\boldsymbol{x}_p\,\sigma^2 + (\boldsymbol{x}_p{}'\boldsymbol{A}\boldsymbol{\beta}_r - \boldsymbol{x}_r{}'\boldsymbol{\beta}_r)^2 \end{aligned}$$

이므로 각 자료점에서 $MSE(\hat{y}_{pj}^*)$를 계산하여 그 합이 최소가 되는 p개의 독립변수를 선택하면 평균제곱오차의 측면에서 최적인 모형을 구할 수 있을 것이다.

축소모형에서 편의제곱합을

$$\begin{aligned} SS_B(p) &= \sum_{j=1}^{n}[E(y_i) - E(\hat{y}_j)]^2 \qquad (11.23) \\ &= \sum_{j=1}^{n}(\boldsymbol{x}_{pj}{}'\boldsymbol{A}\boldsymbol{\beta}_r - \boldsymbol{x}_{rj}{}'\boldsymbol{\beta}_r)'(\boldsymbol{x}_{pj}{}'\boldsymbol{A}\boldsymbol{\beta}_r - \boldsymbol{x}_{rj}{}'\boldsymbol{\beta}_r) \\ &= \sum_{j=1}^{n}[\boldsymbol{\beta}_r{}'\boldsymbol{A}'\boldsymbol{x}_{pj}\boldsymbol{x}_{pj}{}'\boldsymbol{A}\boldsymbol{\beta}_r - 2\boldsymbol{\beta}_r{}'\boldsymbol{x}_{rj}\boldsymbol{x}_{pj}{}'\boldsymbol{A}\boldsymbol{\beta}_p + \boldsymbol{\beta}_r{}'\boldsymbol{x}_{rj}\boldsymbol{x}_{pj}{}'\boldsymbol{\beta}_r] \end{aligned}$$

이라 놓으면

$$\boldsymbol{A} = (\boldsymbol{X}_p{}'\boldsymbol{X}_p)^{-1}\boldsymbol{X}_p{}'\boldsymbol{X}_r$$

$$\sum_{j=1}^{n}\boldsymbol{x}_{rj}\boldsymbol{x}_{pj}{}' = \boldsymbol{X}_r{}'\boldsymbol{X}_p$$

이므로

$$SS_B(p) = \boldsymbol{\beta}_r{}'\boldsymbol{X}_r{}'\boldsymbol{X}_r\boldsymbol{\beta}_r - \boldsymbol{\beta}_r{}'\boldsymbol{X}_r{}'\boldsymbol{X}_p(\boldsymbol{X}_p{}'\boldsymbol{X}_p)^{-1}\boldsymbol{X}_p{}'\boldsymbol{X}_r\boldsymbol{\beta}_r \tag{11.24}$$

$$= \boldsymbol{\beta}_r{}'\boldsymbol{X}_r{}'[\boldsymbol{I} - \boldsymbol{X}_p(\boldsymbol{X}_p{}'\boldsymbol{X}_p)^{-1}\boldsymbol{X}_p]\boldsymbol{X}_r\boldsymbol{\beta}_r$$

표준화된 평균제곱오차의 합을 Γ_p라 놓으면

$$\Gamma_p = \frac{1}{\sigma^2}\sum_{j=1}^{n} MSE(\hat{y}^*_{pj}) \tag{11.25}$$

$$= \frac{1}{\sigma^2}\left\{\sum_{j=1}^{n} Var(\hat{y}^*_{pj}) + \sum_{j=1}^{n}\left[E(y_j) - E(\hat{y}^*_{pj})\right]^2\right\}$$

$$= \frac{1}{\sigma^2}\sum_{j=1}^{n} Var(\hat{y}^*_{pj}) + \frac{SS_B(p)}{\sigma^2}$$

인데 여기서,

$$Var(\hat{y}^*_{pj}) = \sum_{j=1}^{n} \boldsymbol{x}_{pj}{}'(\boldsymbol{X}_p{}'\boldsymbol{X}_p)^{-1}\boldsymbol{x}_{pj}\,\sigma^2$$

$$= \sum_{j=1}^{n} tr[\boldsymbol{x}_{pj}{}'(\boldsymbol{X}_p{}'\boldsymbol{X}_p)^{-1}\boldsymbol{x}_{pj}]\,\sigma^2$$

$$= \sum_{j=1}^{n} tr[(\boldsymbol{X}_p{}'\boldsymbol{X}_p)^{-1}\boldsymbol{x}_{pj}\boldsymbol{x}_{pj}{}']\,\sigma^2$$

$$= tr[(\boldsymbol{X}_p{}'\boldsymbol{X}_p)^{-1}\sum_{j=1}^{n}\boldsymbol{x}_{pj}\boldsymbol{x}_{pj}{}']\,\sigma^2$$

$$= tr[(\boldsymbol{X}_p{}'\boldsymbol{X}_p)^{-1}(\boldsymbol{X}_p{}'\boldsymbol{X}_p)]\,\sigma^2$$

$$= (p+1)\sigma^2$$

이며 식 (11.8), (11.13), (11.22), (11.24)에서

$$E[SSE_P] = E\left[(n-p-1)\hat{\sigma}^2_*\right]$$

$$= (n-p-1)\sigma^2 + SS_B(p)$$

따라서 식 (11.25)는 다음과 같다.

$$\Gamma_p = \frac{1}{\sigma^2}\{(p+1)\sigma^2 + E(SSE_p) - (n-p-1)\sigma^2\} \quad (11.26)$$

$$= \frac{1}{\sigma^2}E(SSE_p) - n + 2(p+1)$$

여기서 σ^2 대신에 이의 불편추정량 $\hat{\sigma}^2$을 대입시키고 $E(SSE_p)$ 대신에 SSE_p를 대입한 Γ_p의 추정량을 C_p로 하면

$$C_p = \frac{1}{\hat{\sigma}^2}SSE_p - n + 2(p+1) \quad (11.27)$$

이 되어 **총제곱오차**(total squared error) C_p가 유도된다.

식 (11.24)에서 만약 $\boldsymbol{X}_p{}'\boldsymbol{X}_r = 0$이거나 $\beta_r = 0$의 가정이 성립한다면 $SS_B(p) = 0$이므로 $E(SSE_p) = (n-p-1)\sigma^2$이 되며 이때 C_p의 기댓값은 근사적으로

$$E(C_p \mid \boldsymbol{X}_p{}'\boldsymbol{X}_r = 0 \text{ 또는 } \beta_r = 0) = \frac{(n-p-1)\sigma^2}{\sigma^2} + 2(p+1) - n \quad (11.28)$$

$$= p+1$$

이 된다.

따라서 k개의 변수 중에서 p개의 변수를 선택하고 r개를 버릴 때 버릴 변수들을 잘 선택하여 $\beta_r = 0$이 성립할 때는 C_p의 값이 $p+1$에 가까운 값을 갖게 된다. 이 판정기준은 C_p의 값을 최소화하는 p를 찾는 방법이다.

11.3 변수를 선택하는 방법

앞 절에서 반응변수 y를 설명하는 데 영향을 미친다고 생각되는 k개의 변수 $x_1, x_2, \cdots, x_k$ 중에서 일부분의 변수를 택하여 회귀모형을 적합시키는 것이 k개의 변수 모두를 이용한 회귀모형보다 더 바람직하다는 사실을 알았으며 적합한 모형을 판정하는 몇 가지 기준에 대해서도 살펴보았다. 그런데 문제는 앞에서 설명한 판정기준을 적용하기 위해서는 모든 가능한 변수들의 조합을 고려하여 각 경우에서 기준값을 비교하여 보아야 하는 데 있다. 예를 들어 k개의 변수 중에서 하나의 변수만을 선택하고자 할 때에는 모든 가능한 방법수가 $\binom{k}{1}$이며 두 개의 변수를 선택하는 경우는 $\binom{k}{2}$가

되며 이와 같은 방법으로 가능한 모든 조합수를 합치면

$$\sum_{r=0}^{k}\binom{k}{r} = 2^k$$

가 된다. 여기서 $r=0$인 경우는 절편만을 사용하여 회귀모형을 적합시키는 경우이며 k의 값이 작으면 2^k개의 회귀방정식을 적합시켜 비교하는 것이 어렵지 않으나 k의 값이 크면, 2^k개의 회귀방정식을 모두 적합시키는 것은 거의 불가능한 일이므로 변수선택을 위한 방법들이 제시되고 있으며 이 절에서는 그 중 일반적으로 많이 이용이 되는 다음과 같은 방법들을 살펴보고자 한다.

1) 모든 가능한 회귀(all possible regression)
2) 앞으로부터 선택(forward selection)
3) 뒤로부터 제거(backward elimination)
4) 단계별 회귀(stepwise regression)

11.3.1 모든 가능한 회귀

이 방법은 k개의 변수 중 하나의 변수를 이용하여 만들 수 있는 회귀방정식으로부터 k개의 변수 모두를 포함하는 회귀방정식에 이르기까지 모든 가능한 회귀방정식(모두 2^k개)을 적합시켜 최적회귀모형을 결정하는 판정기준에 따라 적당한 모형을 선택하는 방법이다. 예를 들어 $k = 10$이라면 모든 가능한 회귀모형은 $2^{10} = 1024$가지이며 이 모든 경우의 회귀방정식을 적합시켜 비교해 보는 방법으로서 k의 값이 작으면 별 문제가 없으나 k의 값이 커지면 가능한 회귀방정식의 수는 급격히 커지므로 컴퓨터의 도움 없이는 모든 가능한 회귀방법에 의하여 적당한 회귀모형을 선택하는 일은 매우 힘들게 된다.

최적 회귀모형을 선택하는 기준으로서는 앞 절에서 살펴보았던 R_p^2, R_{ap}^2, MSE_p, C_p 등을 이용할 수 있으며 예를 들어 모든 가능한 회귀방법을 이용하여 최적모형을 선택하는 절차를 살펴보기로 하겠다.

예제 11.1

다음 자료는 Hald(1952)에 의하여 조사된 자료로서 여러 책에서 인용되고 있는 자료이다. 모든 가능한 회귀모형을 검토하고 최적회귀방정식을 선택하여라.

풀이 독립변수가 $k = 4$개 있으므로 모든 가능한 회귀방정식의 수는 $2^4 = 16$개이며 이 회귀방정식들이 〈표 11.1〉에 주어져 있다. 〈표 11.2〉에서 $p=0$인 경우는 절편만으로 구성된 회귀방정식 $\hat{y}=b_0$를 의미하며 $p=1,2,3,4$인 경우에 대하여 R_p^2, R_{ap}^2, MSE_p, C_p를 계산한 값이 〈표 11.2〉에 기재되어 있다.

〈표 11.1〉 Hald의 자료

관할번호	y_i	x_{1i}	x_{2i}	x_{3i}	x_{4i}
1	78.5	7	26	6	60
2	74.3	1	29	15	52
3	104.3	11	56	8	20
4	87.6	11	71	8	47
5	95.9	7	52	6	33
6	109.2	11	55	9	22
7	102.7	3	71	17	6
8	72.5	1	31	22	44
9	93.1	2	54	18	22
10	115.9	21	47	4	26
11	83.8	1	40	23	34
12	113.3	11	66	9	12
13	109.4	10	68	8	12

〈표 11.2〉 모든 가능한 회귀

모형에 포함되는 변수의 數 p	모형에 포함되는 변수	R_p^2	R_{ap}^2	C_p	MSE_p	SSE_P
1	X_1	0.5339480	0.4915797	214.5964	115.0624	1265.687
1	X_2	0.4795580	0.4322451	240.6909	128.4907	1413.397
1	X_3	0.2858727	0.2209521	333.6147	176.3091	1939.400
1	X_4	0.6745420	0.6449549	147.1440	80.3515	883.867
2	X_1, X_2	0.7506803	0.7008163	112.6154	67.7093	677.093
2	X_1, X_3	0.5481667	0.4578001	209.7747	122.7072	1227.072
2	X_1, X_4	0.9724710	0.9669653	6.2075	7.4762	74.762
2	X_2, X_3	0.6141379	0.5369655	178.1239	104.7910	1047.910

모형에 포함되는 변수의 數 p	모형에 포함되는 변수	R_p^2	R_{ap}^2	C_p	MSE_p	SSE_P
2	X_2, X_4	0.6898665	0.6278398	141.7918	84.2249	842.249
2	X_3, X_4	0.9352896	0.9223476	24.0459	17.5738	175.738
3	X_1, X_2, X_3	0.7595412	0.6793883	110.3642	72.5588	653.029
3	X_1, X_2, X_4	0.9728260	0.9637680	8.0372	8.1998	73.798
3	X_1, X_3, X_4	0.9812811	0.9750415	3.9807	5.6485	50.836
3	X_2, X_3, X_4	0.9391654	0.9188872	24.1864	18.3569	165.212
4	X_1, X_2, X_3, X_4	0.9833252	0.9749879	5.0000	5.6606	45.285

〈표 11.2〉에서 $p=1,2,3,4$ 각 경우에 R_p^2을 가장 크게 하는 회귀방정식을 써 보면 〈표 11.3〉과 같다.

〈표 11.3〉 p에 따른 최적회귀

p	회귀방정식	R_p^2	MSE_p
1	$y=f(x_4)$	0.6745	80.35
2	$y=f(x_1,x_4)$	0.9724	7.47
3	$y=f(x_1,x_3,x_4)$	0.9813	5.65
4	$y=f(x_1,x_2,x_3,x_4)$	0.98335	5.66

〈표 11.3〉에 따르면 p = 2가 될 때까지 R_p^2의 값은 급격히 증가하다가 p = 3과 p = 4에서는 별로 증가하지 않는다. 따라서 **표본결정계수**(sample coefficient of determination)를 판정기준으로 생각하는 경우는 $p=2$인 경우, 즉 $\hat{y}=b_0+b_1x_1+b_4x_4$를 선택하는 것이 최적회귀방정식으로 적합할 것이다. 이와 같은 결과는R_{ap}^2, MSE_p, C_p를 이용하여도 동일하게 됨을 알 수 있다.

〈표 11.4〉는 $p=1,2,3,4$ 각 경우에서 추정된 회귀계수들의 값으로 모형에 포함되는 변수들에 따라 회귀계수들이 달라지고 있음을 알 수 있다. 예를 들면 모형에 x_2만 포함되는 경우, 즉 $\hat{y}=b_0+b_2x_2$에서는 $b_2=0.789$이나 x_4가 추가된 모형 $\hat{y}=b_0+b_2x_2+b_4x_4$에서는 $b_2=0.311$이 되며 x_3가 또 추가되면 $b_2=-0.923$으로 변하는 것을 알 수 있다. 이와 같이 변수들이 추가되거나 제거

될 때 추정된 회귀계수가 변하는 것은 독립변수들 사이에 다공선성이 존재하기 때문이며 다공선성에 대해서는 8장에서 살펴본 바 있다.

독립변수들 사이의 상관관계를 살펴보기 위하여 모든 변수들 사이의 상관계수를 구해 보면 〈표 11.5〉와 같이 된다.

〈표 11.4〉 모든 가능한 회귀에서의 모수추정

모형에 포함 되는 변수	$\hat{\beta}_0$	$\hat{\beta}_1$	$\hat{\beta}_2$	$\hat{\beta}_3$	$\hat{\beta}_4$
x_1	81.479	1.869			
x_2	57.424		.789		
x_3	110.203			−1.256	
x_4	117.568				−.738
x_1,x_2	52.577	1.468	.662		
x_1,x_3	72.349	2.312		.494	
x_1,x_4	103.097	1.440			−.614
x_2,x_3	72.075		.731	−1.008	
x_2,x_4	94.160		.311		−.457
x_3,x_4	131.282			−1.200	−.724
x_1,x_2,x_3	48.194	1.696	.657	.250	
x_1,x_2,x_4	71.648	1.452	.416		−.237
x_2,x_3,x_4	203.642		−.923	−1.448	−1.557
x_1,x_3,x_4	111.684	1.052		−.410	−.643
x_1,x_2,x_3,x_4	117.455	1.034	−.690	−.464	−.692

〈표 11.5〉 표본상관계수

	x_1	x_2	x_3	x_4	y
x_1	1.0				
x_2	0.229	1.0			
x_3	−0.824	0.139	1.0		
x_4	−0.245	−0.973	0.030	1.0	
y	0.731	0.816	0.535	−0.821	1.0

〈표 11.5〉에서 변수들 사이의 상관관계가 큰 것을 골라보면 (x_1, x_3)와 (x_2, x_4)이며 이때 상관계수는

$$r_{13} = -0.824, r_{24} = -0.973$$

이다. 이 결과로부터 알 수 있는 것은 모형에 x_1과 x_2가 포함되어 있을 때 x_3나 x_4를 추가하는 것은 별 의미가 없다는 것으로서 이것은 〈표 11.2〉에서 모형에 x_1과 x_2가 포함될 때 $R_{ap}^2 = 0.7008163$이나 x_3가 추가된 모형에서 $R_{ap}^2 = 0.6793883$로 거의 변화가 없음을 알 수 있다.

또한 x_1, x_2, x_3, x_4와 y의 상관계수에서 x_4와 y의 상관계수가

$$r_{4y} = -0.821$$

로 가장 크므로 독립변수 하나만을 선택하는 경우는 x_4를 선택하는 것이 가장 좋을 것이며 이것은 〈표 11.2〉에서 R_{ap}^2의 값을 가장 크게 하여 주는 결과와 일치한다.

11.3.2 앞으로부터 선택하는 방법

앞에서 살펴본 모든 가능한 회귀방정식을 검토하는 것은 상당히 번거로운 일이므로 계산의 횟수를 줄일 수 있는 여러 방법들이 연구되었고 여기서는 그 중 많이 이용되는 몇 가지를 살펴보기로 한다. 먼저 변수 하나하나를 추가하여 나가는 방법부터 살펴보기로 하겠다.

종속변수 y에 영향을 주리라고 생각되는 k개의 독립변수 중에서 가장 크게 영향을 주리라고 여겨지는 변수부터 하나씩 선택하여 나가면서 더 이상 중요한 변수가 없다고 판단될 때 변수 선택을 중단하며 그때까지 선택된 변수들로서 회귀방정식을 구성하는 방법을 **앞으로부터 선택하는 방법**(toward selection method)이라고 하고 다음과 같은 절차를 따른다.

1) 회귀모형에는 절편 이외에 독립변수가 없다고 가정한다.

2) 독립변수 중에서 종속변수 y와 가장 상관관계가 높은 변수를 선택, 또는 k개의 독립변수 $x_1, x_2, \cdots, x_k$ 각각에 대하여 단순회귀모형을 적합시켜 R^2의 값을 가장 크게 하여 주는 독립변수(이 변수를 x_1이라 하자)를 선택한다. 여기서 단순회귀모형 $\hat{y} = b_0 + b_1 x_1$의 유의성을 검정(즉 H_0 : $\beta_1 = 0$)하기 위한 F통계량을 식 (4.41)에서 구하여 만약 유의하지 않으면 x_1을 버리고 선택해 줄 독립변수가 없다고 결론을 내리

며, 유의하면 x_1을 선택하고 다음 순서로 넘어간다.

3) 처음 선택된 독립변수 x_1과 나머지 $(k-1)$개 중의 하나하나의 독립변수와 짝을 지어 독립변수가 둘인 회귀방정식 $(k-1)$개를 적합시키고 R^2을 계산하여 가장 R^2을 크게 하는 독립변수를 선택한다. 이것을 x_2라고 하자. x_2에 대하여 부분 F검정(H_0 : $\beta_2 = 0$)을 하기 위한 검정통계량 F_0을 식 (8.80)에 의하여 구한다. 즉

$$F_0 = \frac{MSR(x_2 \mid x_1)}{MSE(x_1, x_2)} = \frac{R(\beta_2 \mid \beta_1)}{MSE(x_1, x_2)} = \frac{SSR(x_2 \mid x_1)}{MSE(x_1, x_2)} = \frac{R(\beta_2 | \beta_1)/1}{SSE(F)/(n-k-1)}$$

또는 검정통계량

$$F_0 = \frac{b_2^2}{\widehat{Var}(b_2)} \tag{11.29}$$

을 구하고 H_0 : β_2 = 0에 대한 유의성을 검정한다. 만약 유의한 결과가 얻어지면 x_2를 선택하고 다음 변수를 선택하기 위하여 순서 4)로 가고, 유의하지 않으면 x_2를 버리고 2)에서 선택된 x_1만을 포함하는 회귀모형을 설정한다.

4) x_1과 x_2가 선택된 모형에 나머지 $(k-2)$개의 독립변수 중 하나하나씩 포함시키면서 R^2를 계산하여 R^2의 값을 가장 크게 하는 변수를 세 번째 변수로 선택하고, 3)에서와 같은 요령으로 H_0 : β_3 = 0에 대한 부분 F검정을 행하고 이후 같은 방법으로 부분 F검정의 결과가 유의하지 않을 때까지 계속하여 선택된 독립변수들을 포함하는 회귀모형을 설정하면 될 것이다.

이 방법은 독립변수의 수가 k일 때 계산하여야 할 회귀방정식의 최대수는 $k+(k-1)+\cdots+2+1 = \frac{k(k+1)}{2}$로 모든 가능한 회귀에서의 2^k에 비하면 훨씬 적은 수이다. 그러나 이 방법에 의하면 얻어진 회귀방정식이 '최적'이라는 보장은 없다. 왜냐하면 순서 3)에서 선택되는 변수는 R^2을 가장 크게 해 주는 변수인데 이 값은 x_1이 선택된 후에 새로운 변수 x_2를 추가하여 계산된 값이므로 만약 x_1이 선택된 것이 아니고 다른 변수가 처음 선택된다면(모든 가능한 2변수로 구성되는 회귀방정식은 $\binom{k}{2}$개 있음) R^2의 값을 더 크게 해 주는 2개의 변수를 사용한 회귀방정식이 있을 수 있기 때문이다. 즉 앞에서 선택된 변수가 무엇이냐에 따라 R^2의 값을 크게 해 주는 변수가 변하기 때문이다.

예제 11.2

〈표 11.1〉의 자료에서 앞으로부터 선택하는 방법에 의하여 독립변수들을 선택하여라.

풀이 1) 〈표 11.5〉에서 y와 가장 상관관계가 큰 독립변수는 $x_4(r_{4y}=-0.821)$이므로 〈표 11.4〉에서 x_4를 포함한 모형

$$\hat{y}=b_0+b_4x_4=117.568-0.738x_4$$

를 적합시켜 분산분석표를 만들면 다음과 같다.

〈표 11.6〉 (a) 분산분석표

요인	제곱합	자유도	제곱평균	F_0
회귀	1831.8961	1	1831.8961	22.80
잔차	883.8669	11	80.3515	
계	2715.7630	12		

(b) 추정된 회귀계수

회귀계수	추정된 회귀계수	추정된 표준편차
β_0	117.5679	
β_4	−0.7381	0.15459

H_0 : $\beta_4=0$에 대한 유의성검정을 행하면 검정통계량 F_0 = 22.7985이고 F 분포표에서 $F(1,11;0.05)=4.84$이므로 유의하다고 결론을 짓는다.

즉 x_4가 첫 번째 변수로 선택된다.

2) x_1, x_2, x_3 각각의 독립변수들이 x_4와 짝을 지어 만들어지는 독립변수가 둘인 회귀모형에서의 R^2을 구하면 〈표 11.2〉의 $R_p^2=R_2^2$ 열에서

$$x_1, x_4;\quad R_2^2=0.97247$$

$$x_2, x_4;\quad R_2^2=0.68006$$

$$x_3, x_4;\quad R_2^2=0.93529$$

이므로 두 번째 변수로 x_1을 선택하여 x_1과 x_4를 포함시킨 모형

$$\hat{y} = 103.0974 + 1.440x_1 - 0.6139x_4$$

을 적합시켜 분산분석표를 작성하면 다음과 같다.

〈표 11.7〉 (a) 분산분석표

요인	제곱합	자유도	제곱평균	F_0
회귀	2641.0009	2	1320.5004	176.63
잔차	74.7621	10	7.47621	
계	2715.7630	12		

(b) 추정된 회귀계수

회귀계수	추정된 회귀계수	추정된 표준편차
β_0	103.0974	2.1239
β_1	1.4399	0.1384
β_4	−0.6149	0.0486

변수 x_1에 대한 부분 F검정을 하여 보면 검정통계량 F_0는

$$F_0 = \frac{R(\beta_1 \mid \beta_4)}{MSE(x_1, x_4)} = \frac{2641.0091 - 1831.8968}{7.4762} = \frac{809.1048}{7.4762} = 108.22$$

또는

$$F_0 = \frac{b_1^2}{\widehat{Var}(b_1)} = \frac{(1.43996)^2}{(0.1384)^2} = 108.22$$

이므로 $F_0 \ > \ F(1,10;0.05) = 4.96$, 따라서 독립변수 x_1이 선택된다.

3) x_1과 x_4가 선택되었으므로 나머지 x_2와 x_3를 각각 모형에 추가하여 독립변수가 셋인 회귀모형에서의 R^2값을 구하면 〈표 11.2〉의 $R_p^2 = R_3^2$의 열에서

$$x_1, x_2, x_4; \quad R_3^2 = 0.9728$$

$$x_1, x_3, x_4; \quad R_3^2 = 0.9813$$

이므로 x_3를 선택하는 것이 바람직하다. 따라서 x_1, x_3, x_4를 포함하는 모형

$$\hat{y} = 111.684 + 1.052x_1 - 0.410x_3 - 0.643x_4$$

을 적합시켜 분산분석표를 작성하면 다음과 같다.

〈표 11.8〉 (a) 분산분석표

요인	제곱합	자유도	제곱평균	F_0
회귀	2664.9269	3	888.3089	157.27
잔차	50.8361	9	5.6484	
계	2715.7630	12		

(b) 추정된 회귀계수

회귀계수	추정된 회귀계수	추정된 표준편차
β_0	111.6844	
β_1	1.0518	0.2237
β_3	−0.4100	0.1992
β_4	−0.6428	0.0445

x_3에 대한 부분 F검정을 하여 보면, 검정통계량 F_0는

$$F_0 = \frac{R(\beta_3 \mid \beta_1, \beta_4)}{MSE(x_1, x_3, x_4)} = \frac{2664.9269 - 2641.0009}{5.6484} = \frac{23.9260}{5.6484} = 4.24$$

이고, 또는

$$F_0 = \frac{b_3^2}{\widehat{Var}(b_3)} = \frac{(-0.4100)^2}{(0.1992)^2} = 4.24$$

그런데 $F(1,9;0.05) = 5.12$이므로 유의수준 $\alpha = 0.05$에서 x_3를 추가 선택하지 않는다고 결정한다. 따라서 변수선택 절차는 여기서 끝나며 선택된 변수는 x_1과 x_4이므로 회귀방정식은

$$\hat{y} = 103.0974 + 1.4399x_1 - 0.6139x_4 \tag{11.30}$$

가 된다.

11.3.3 뒤로부터 제거하는 방법

앞으로부터 변수를 선택하는 방법은 모형에 독립변수가 하나도 없는 경우에서 출발하여 적당한 모형이 얻어질 때까지 변수를 하나씩 추가하는 방법이지만, **뒤로부터 제거하는 방법**(backward elimination method)은 이와는 반대로 k개의 모든 독립변수를 포함하는 모형에서 출발하여 관계가 적은 변수부터 제거하여 나가다가 더 이상 제거할 변수가 없으면 그때까지 남아 있는 변수들로서 회귀방정식을 구성하는 방법이며 그 절차는 다음과 같다.

1) k개의 독립변수 모두를 포함하는 회귀방정식을 적합시킨다.

2) k개의 독립변수 하나하나가 모형에 포함되는 마지막 변수인 것처럼 각각의 독립변수에 대하여 **부분 F검정통계량**(partial F-Statistic) F_0를 계산하고, 이들 F_0값 중에서 가장 작은 F_0값을 갖는 변수에 대하여 부분 F검정을 행한다. 검정결과 유의하지 않게 나타나면 그 변수를 제거하고 나머지 $(k-1)$개의 변수들을 적합시킨 모형에서 다시 부분 F검정통계량을 계산하여 가장 작은 F검정통계량을 갖는 변수에 대하여 F검정을 행한다. 만약 유의하지 않게 나타나면 그 변수를 제거하고 $(k-2)$개의 변수들을 적합시킨 모형으로부터 위와 같은 계산을 반복한다. 만약 가장 작은 F검정통계량을 갖는 변수에 대하여 부분 F검정의 결과 유의하게 나타나면 더 이상 제거시킬 변수는 없다고 판정하여 그때까지 남아 있는 변수들로 회귀방정식을 적합시킨다.

뒤로부터 제거하는 방법을 사용하는 경우 계산하여야 할 회귀방정식의 최대수는 앞으로부터 선택하는 경우와 같이 $\frac{k(k+2)}{2}$로 되지만 실전문제에서는 모든 회귀방정식을 고려하는 경우가 거의 없으며 중간과정에서 유의한 검정결과가 얻어져 계산하게 되는 회귀방정식의 수는 훨씬 줄어들게 된다. 그러나 이 방법은 앞에서 선택하는 방법과 마찬가지로 '최적' 모형이 선택되리라는 보장은 없다.

예제 11.3

〈표 11.1〉의 자료에서 뒤로부터 제거하는 방법에 의하여 변수를 선택하여라.

풀이 1) 독립변수 4개 모두를 포함하는 모형은 〈표 11.4〉에서

$$\hat{y} = 117.4550 + 1.0340x_1 - 0.0687x_2 - 0.4640x_3 - 0.6920x_4$$

이며 분산분석표를 작성하면 다음과 같다.

〈표 11.9〉 (a) 분산분석표

요인	제곱합	자유도	제곱평균	F_0
회귀	2670.47838	4	667.61959	117.94
잔차	45.28470	8	5.6605	
계	2715.76308	12		

(b) 추정된 회귀계수

회귀계수	추정된 회귀계수	추정된 표준편차
β_0	117.4550	
β_1	1.0340	0.2246
β_2	−0.6880	0.0694
β_3	−0.4640	0.2067
β_4	−0.6920	0.0667

따라서 추정된 분산은

$$\widehat{Var}(b_1) = 0.2246^2 \qquad \widehat{Var}(b_2) = 0.0694^2$$

$$\widehat{Var}(b_3) = 0.2067^2 \qquad \widehat{Var}(b_4) = 0.0667^2$$

이므로 부분 F 검정통계량은 식 (11.28)에서

$$x_1:\ F_0 = \frac{b_1^2}{\widehat{Var}(b_1)} = 21.19$$

$$x_2:\ F_0 = \frac{b_2^2}{\widehat{Var}(b_2)} = 0.98$$

$$x_3:\ F_0 = \frac{b_3^2}{\widehat{Var}(b_3)} = 5.04$$

$$x_4:\ F_0 = \frac{b_4^2}{\widehat{Var}(b_4)} = 107.36$$

이며, 여기서 가장 작은 F 검정통계량은 x_2에서 $F_0 = 0.98$이고 유의수준 $\alpha = 0.05$에서 $H_0 : \beta_2 = 0$일 때 F 분포의 값은 $F(1,8;0.05) = 5.32$이므로 $F_0 = 0.98 <$

$F(1,8;0.05)$ 따라서 x_2를 제거한다.

2) x_2를 제거한 후 나머지 변수 x_1, x_3, x_4를 포함하는 회귀모형을 적합시키면 〈표 11.4〉에서

$$\hat{y} = 111.684 + 1.051x_1 - 0.410x_3 - 0.642x_4$$

이며, 이때의 분산분석표는 다음과 같다.

〈표 11.10〉 (a) 분산분석표

요인	제곱합	자유도	제곱평균	F_0
회귀	2664.9269	3	888.3089	157.27
잔차	50.8361	9	5.6484	
계	2715.7630	12		

(b) 추정된 회귀계수

회귀계수	추정된 회귀계수	추정된 표준편차
β_0	111.6844	
β_1	1.0518	0.2236
β_3	−0.4100	0.1992
β_4	−0.6427	0.0445

따라서 추정된 분산은

$$\widehat{Var}(b_1) = 0.2236^2 \qquad \widehat{Var}(b_2) = 0.1992^2$$

$$\widehat{Var}(b_4) = 0.0445^2$$

이므로 부분 F 검정통계량은

$$x_1: \ F_0 = \frac{b_1^2}{\widehat{Var}(b_1)} = 22.11$$

$$x_3: \ F_0 = \frac{b_2^2}{\widehat{Var}(b_2)} = 4.24$$

$$x_4 :\ F_0 = \frac{b_4^2}{\widehat{Var}(b_4)} = 208.24$$

여기서 가장 작은 F 검정통계량은 x_3에서 $F_0 = 4.24$이고 $H_0 : \beta_3 = 0$일 때 F 분포 값은 $F(1,9;0.05) = 5.12$이므로 H_0를 채택한다. 즉, x_3를 제거한다.

3) x_2와 x_3를 제거한 후 나머지 x_1과 x_4를 포함하는 회귀모형을 적합시키면 〈표 11.4〉에서

$$\hat{y} = 103.097 + 1.4399x_1 - 0.6139x_4$$

이며 이때의 분산분석표는 다음과 같다.

〈표 11.11〉 (a) 분산분석표

요인	제곱합	자유도	제곱평균	F_0
회귀	2641.0009	2	1320.5004	176.63
잔차	74.7621	10	7.4762	
계	2715.7630	12		

(b) 추정된 회귀계수

회귀계수	추정된 회귀계수	추정된 표준편차
β_0	103.0973	
β_1	1.4399	0.1384
β_4	−0.6139	0.0486

따라서 추정된 분산은

$$\widehat{Var}(b_1) = 0.1384^2 \qquad \widehat{Var}(b_2) = 0.0486^2$$

이므로 부분 F 검정통계량은

$$x_1 :\ F_0 = \frac{b_1^2}{\widehat{Var}(b_1)} = 108.22$$

$$x_4: \ F_0 = \frac{b_2^2}{\widehat{Var}(b_2)} = 159.30$$

여기서 가장 작은 F검정통계량은 x_1에서 $F_0 = 108.22$이고 H_0 : $\beta_1 = 0$ 일 때 F분포의 값은 $F(1,10;0.05) = 4.96$이므로 H_0를 기각한다. 즉, 더 이상 제거시킬 변수가 없다. 따라서 뒤로부터 제거하는 방법에 의하여 선택된 변수는 x_1과 x_4이며 이때의 회귀방정식은

$$\hat{y} = 103.097 + 1.4399x_1 - 0.6139x_4 \tag{11.31}$$

으로 앞으로부터 선택하는 경우에는 x_1과 x_4가 선택되었으며, 뒤로부터 제거하는 경우에도 x_1과 x_4가 선택되어 동일한 변수가 선택되는 결과를 나타내게 된다. 식 (11.31)로 주어지는 모형은 모든 가능한 회귀에서의 결과와 일치한다.

11.3.4 단계별 회귀

앞으로부터 선택하는 방법에서 새로 선택되는 변수는 이미 선택된 변수가 무엇이냐에 따라 달라질 수가 있다는 것이 문제점으로 제기된 바 있는데 이와 같은 문제점을 개선하기 위하여 제기된 방법이 **단계별 회귀**(stepwise regression) 방법이다. 즉 앞으로부터 선택하는 방법에서 변수를 하나씩 추가 선택하여 나갈 때 미리 선택된 변수가 새로운 변수를 추가하여도 중요성을 상실하지 않는지를 각 단계별로 확인해 가는 방법으로 다음과 같은 절차를 따른다.

1) 앞으로부터 선택하는 방법의 순서 1)과 2)에 의하여 하나의 변수를 선택한다.

2) 앞으로부터 선택하는 방법의 순서 3)에 따라 새로 선택되는 변수에 대하여 부분 F검정으로 유의성을 검정한다. 유의하지 않은 결과가 얻어지면 1)에서 선택된 변수만으로 구성되는 회귀모형 $\hat{y} = b_0 + b_1x_1$을 적합시키고 만약 유의한 결과가 얻어지면 그 변수를 선택하여 2개의 독립변수를 갖는 회귀모형 $\hat{y} = b_0 + b_1x_1 + b_2x_2$를 적합시킨 후 1)에서 선택된 변수 x_1에 대한 부분 F검정을 다시 실시하여 유의하면 계속 남겨 놓고 다음 단계로 넘어가며, 유의하지 않으면 그 변수를 제거한 후 다음 단계로 간다.

3) x_1과 x_2 모두 유의하여 남아 있는 경우에 나머지 $(k-2)$개의 변수 중 새로 선택될 변수를 구하기 위하여 하나하나씩의 변수를 추가하고 가장 R^2을 크게 하여 주는 변수를 선택한다(이 변수를 x_3라고 하자). x_3에 대한 부분 F검정을 행하여 유의하지 않

으면 더 선택할 변수가 없다고 판단하여 x_1과 x_2만으로 회귀모형을 적합시킨다. x_3이 유의한 경우 3개의 변수를 포함하는 회귀모형 $\hat{y}=b_0+b_1x_1+b_2x_2+b_3x_3$를 적합시킨 후 미리 선택된 x_1과 x_2 각각에 대하여 부분 F검정을 실시한 후 유의한 결과가 얻어지면 계속 남겨 놓고 다음 변수 선택 단계로 넘어가며 유의하지 않는 결과가 얻어지면 그 변수를 제거한 후 다음 단계로 넘어간다. 앞의 순서 2)에서 미리 선택된 변수 x_1이 x_2가 새로 선택됨으로써 유의하지 않게 되면 x_1을 제거하고 x_2만으로 구성되는 회귀모형 $\hat{y}=b_0+b_2x_2$을 적합시킨 후 새로운 변수를 선택하기 위한 순서 2)로부터 다시 시작한다.

위와 같은 절차를 새로이 선택되는 변수가 유의하지 않을 때까지 계속하며 유의한 경우는 미리 선택된 변수들에 대하여 중요성을 다시 확인해 나가는 것이 특색이다.

예제 11.4

〈표 11.1〉의 자료에서 단계별 회귀방법에 의해 변수를 선택하여라.

풀이 1) 예제 11.2의 앞으로부터 선택하는 절차에 의해 처음 x_4가 선택되었고 나머지 변수 x_1,x_2,x_3 중 x_1이 유의한 변수로 새로 선택되었다.

따라서 미리 선택된 x_4가 추가로 x_1이 선택되어도 유의하게 남아 있는가를 부분 F검정한다. 이때 회귀방정식은

$$\hat{y}=103.0794+1.440x_1-0.6139x_4$$

이며 〈표 11.7〉에서 $\widehat{Var}(b_4)=(0.0486)^2$이므로 F검정통계량은

$$F_0=\frac{b_4^2}{\widehat{Var}(b_4)}=159.557$$

이며 이 값은 $H_0:\ \beta_4=0$일 때 F분포의 값 $F(1,10;0.05)=4.96$보다 크므로 x_1이 추가되어도 x_4는 유의한 변수이다.

2) x_1과 x_4가 선택된 모형에 나머지 변수 x_2,x_3를 하나씩 추가하여 R^2을 크게 하는 변수에 대한 부분 F검정을 행한다.

〈표 11.2〉에서

$$x_1,x_2,x_4;\quad R_3^2=0.9728$$

$$x_1,x_3,x_4;\quad R_3^2=0.9813$$

이므로 x_3를 선택하는 것이 바람직하다. x_3에 대한 부분 F검정을 행하기 위하여 검정통계량을 구하면 회귀모형

$$\hat{y} = 111.684 + 1.052x_1 - 0.410x_3 - 0.643x_4$$

이고 〈표 11.8〉에서 $\widehat{Var}(x_3) = (0.1992)^2$이므로

$$F_0 = \frac{b_3^2}{\widehat{Var}(b_3)} = \frac{(-0.4100)^2}{(0.1992)^2} = 4.24$$

따라서 $F_0 < F(1,9;0.05) = 5.12$이므로 x_3의 추가 선택은 유의수준 $\alpha = 0.05$에서 유의하지 않으므로 변수선택의 과정은 여기서 끝나고 적합 된 회귀 모형은

$$\hat{y} = 103.0974 + 1.4399x_1 - 0.6139x_4$$

이다.

SAS를 이용한 풀이

SAS를 이용하여 예제 11.1 ~ 예제 11.4를 해결하여라.

[예제 11.1 ~ 예제 11.4 SAS 프로그램]

11-1

```
DATA EX11_1;
INPUT Y X1 X2 X3 X4;
CARDS;
78.5 7 26 6 60
74.3 1 29 15 52
104.3 11 56 8 20
87.6 11 71 8 47
95.9 7 52 6 33
109.2 11 55 9 22
102.7 3 71 17 6
72.5 1 31 22 44
93.1 2 54 18 22
115.9 21 47 4 26
83.8 1 40 23 34
113.3 11 66 9 12
109.4 10 68 8 12
RUN;
PROC REG DATA=EX11_1;
MODEL Y=X1 X2 X3 X4/
SELECTION=RSQUARE ADJRSQ CP SSE MSE;
```

변수 선택을 하기 위한 회귀분석을 수행 모든 가능한 회귀

```
11-1
PROC REG DATA=EX11_1;                              앞으로부터 선택(유의수준 선택)
MODEL Y=X1 X2 X3 X4/
SELECTION=FORWARD SLENTRY=0.05;
PROC REG DATA=EX11_1;                              뒤로부터 제거(유의수준 선택)
MODEL Y=X1 X2 X3 X4/
SELECTION=BACKWARD SLSTAY=0.05;
PROC REG DATA=EX11_1;                              단계별 회귀(유의수준 선택)
MODEL Y=X1 X2 X3 X4/
SELECTION=STEPWISE SLSTAY=0.05 SLENTRY=0.05;
RUN;
```

[예제 11.1 SAS 실행결과]

Number in Model	R-Square	Adjusted R-Square	C(p)	MSE	SSE	Variables in Model
1	0.6745	0.6450	147.1440	80.35154	883.86692	X4
1	0.5339	0.4916	214.5964	115.06243	1265.68675	X1
1	0.4796	0.4322	240.6909	128.49066	1413.39726	X2
1	0.2859	0.2210	333.6147	176.30913	1939.40047	X3
2	0.9725	0.9670	6.2075	7.47621	74.76211	X1 X4
2	0.9353	0.9223	24.0459	17.57380	175.73800	X3 X4
2	0.7507	0.7008	112.6154	67.70934	677.09336	X1 X2
2	0.6899	0.6278	141.7918	84.22492	842.24919	X2 X4
2	0.6141	0.5370	178.1239	104.79101	1047.91008	X2 X3
2	0.5482	0.4578	209.7747	122.70721	1227.07206	X1 X3
3	0.9813	0.9750	3.9807	5.64846	50.83612	X1 X3 X4
3	0.9728	0.9638	8.0372	8.19978	73.79804	X1 X2 X4
3	0.9392	0.9189	24.1864	18.35694	165.21245	X2 X3 X4
3	0.7595	0.6794	110.3642	72.55879	653.02914	X1 X2 X3
4	0.9833	0.9750	5.0000	5.66059	45.28470	X1 X2 X3 X4

해설 모든 가능한 회귀는 독립변수의 수의 각각에 대한 최적 모형은 $\hat{y}= f(x_4)$, $\hat{y}= f(x_1,x_4)$, $\hat{y}= f(x_1,x_3,x_4)$, $\hat{y}= f(x_1,x_2,x_3,x_4)$이고, 변수선택 기준 중에서 Mallow의 통계량 C_p 와 수정 R^2 값을 비교해 보면 위 4개의 모형 중 $\hat{y}= f(x_1,x_3,x_4)$가 최적인 모형으로 나타났지만 x_1과 x_4가 포함된 모형에 x_3을 추가하는 것이 C_p, 수정 R^2, MSE의 큰 차이가 없고 x_1과 x_3의 상관계수가 크므로 최적 모형으로 x_1과 X_4만 포함된 회귀모형이 적합하다.

Forward Selection: Step 1

Variable X4 Entered: R-Square = 0.6745 and C(p) = 147.1440

Analysis of Variance					
Source	DF	Sum of Squares	Mean Square	F Value	Pr > F
Model	1	1831.89616	1831.89616	22.80	0.0006
Error	11	883.86692	80.35154		
Corrected Total	12	2715.76308			

Variable	Parameter Estimate	Standard Error	Type II SS	F Value	Pr > F
Intercept	117.56793	5.26221	40108	499.16	<.0001
X4	-0.73816	0.15460	1831.89616	22.80	0.0006

Bounds on condition number: 1, 1

Bounds on condition number: 1, 1

Forward Selection: Step 2

Variable X1 Entered: R-Square = 0.9725 and C(p) = 6.2075

Analysis of Variance					
Source	DF	Sum of Squares	Mean Square	F Value	Pr > F
Model	2	2641.00096	1320.50048	176.63	<.0001
Error	10	74.76211	7.47621		
Corrected Total	12	2715.76308			

Variable	Parameter Estimate	Standard Error	Type II SS	F Value	Pr > F
Intercept	103.09738	2.12398	17615	2356.10	<.0001
X1	1.43996	0.13842	809.10480	108.22	<.0001
X4	-0.61395	0.04864	1190.92464	159.30	<.0001

Bounds on condition number: 1.0641, 4.2564

No other variable met the 0.0500 significance level for entry into the model.

Summary of Forward Selection							
Step	Variable Entered	Number Vars In	Partial R-Square	Model R-Square	C(p)	F Value	Pr > F
1	X4	1	0.6745	0.6745	147.144	22.80	0.0006
2	X1	2	0.2979	0.9725	6.2075	108.22	<.0001

해설 전진선택법에 의해 선택된 변수는 x_1과 x_4이므로 회귀방정식은 $\hat{y} = 103.0974 + 1.4399x_1 - 0.6139x_4$가 된다.

[예제 11.3 SAS 실행결과]

Backward Elimination: Step 0

All Variables Entered: R-Square = 0.9833 and C(p) = 5.0000

Analysis of Variance					
Source	DF	Sum of Squares	Mean Square	F Value	Pr > F
Model	4	2670.47838	667.61959	117.94	<.0001
Error	8	45.28470	5.66059		
Corrected Total	12	2715.76308			

Variable	Parameter Estimate	Standard Error	Type II SS	F Value	Pr > F
Intercept	117.45502	7.40377	1424.62036	251.67	<.0001
X1	1.03402	0.22465	119.92775	21.19	0.0017
X2	-0.06880	0.06947	5.55142	0.98	0.3510
X3	-0.46408	0.20678	28.51334	5.04	0.0550
X4	-0.69204	0.06679	607.74444	107.36	<.0001

Bounds on condition number: 3.7185, 50.545

Backward Elimination: Step 1

Variable X2 Removed: R-Square = 0.9813 and C(p) = 3.9807

Analysis of Variance					
Source	DF	Sum of Squares	Mean Square	F Value	Pr > F
Model	3	2664.92696	888.30899	157.27	<.0001
Error	9	50.83612	5.64846		
Corrected Total	12	2715.76308			

Variable	Parameter Estimate	Standard Error	Type II SS	F Value	Pr > F
Intercept	111.68441	4.56248	3384.63923	599.21	<.0001
X1	1.05185	0.22368	124.90189	22.11	0.0011
X3	-0.41004	0.19923	23.92599	4.24	0.0697
X4	-0.64280	0.04454	1176.23594	208.24	<.0001

Bounds on condition number: 3.6782, 24.956

Backward Elimination: Step 2

Variable X3 Removed: R-Square = 0.9725 and C(p) = 6.2075

Analysis of Variance					
Source	DF	Sum of Squares	Mean Square	F Value	Pr > F
Model	2	2641.00096	1320.50048	176.63	<.0001
Error	10	74.76211	7.47621		
Corrected Total	12	2715.76308			

Variable	Parameter Estimate	Standard Error	Type II SS	F Value	Pr > F
Intercept	103.09738	2.12398	17615	2356.10	<.0001
X1	1.43996	0.13842	809.10480	108.22	<.0001
X4	-0.61395	0.04864	1190.92464	159.30	<.0001

Bounds on condition number: 1.0641, 4.2564

All variables left in the model are significant at the 0.0500 level.

Summary of Backward Elimination							
Step	Variable Removed	Number Vars In	Partial R-Square	Model R-Square	C(p)	F Value	Pr > F
1	X2	3	0.0020	0.9813	3.9807	0.98	0.3510
2	X3	2	0.0088	0.9725	6.2075	4.24	0.0697

해설 후진소거법에 의해 선택된 변수는 x_1과 x_4이므로 회귀방정식은 $\hat{y} = 103.0974 + 1.4399x_1 - 0.6139x_4$가 된다.

[예제 11.4 SAS 실행결과]

Stepwise Selection: Step 1

Variable X4 Entered: R-Square = 0.6745 and C(p) = 147.1440

Analysis of Variance					
Source	DF	Sum of Squares	Mean Square	F Value	Pr > F
Model	1	1831.89616	1831.89616	22.80	0.0006
Error	11	883.86692	80.35154		
Corrected Total	12	2715.76308			

Variable	Parameter Estimate	Standard Error	Type II SS	F Value	Pr > F
Intercept	117.56793	5.26221	40108	499.16	<.0001
X4	-0.73816	0.15460	1831.89616	22.80	0.0006

Bounds on condition number: 1, 1

Stepwise Selection: Step 2

Variable X1 Entered: R-Square = 0.9725 and C(p) = 6.2075

Analysis of Variance					
Source	DF	Sum of Squares	Mean Square	F Value	Pr > F
Model	2	2641.00096	1320.50048	176.63	<.0001
Error	10	74.76211	7.47621		
Corrected Total	12	2715.76308			

Variable	Parameter Estimate	Standard Error	Type II SS	F Value	Pr > F
Intercept	103.09738	2.12398	17615	2356.10	<.0001
X1	1.43996	0.13842	809.10480	108.22	<.0001
X4	-0.61395	0.04864	1190.92464	159.30	<.0001

Bounds on condition number: 1.0641, 4.2564

All variables left in the model are significant at the 0.0500 level.

No other variable met the 0.0500 significance level for entry into the model.

Summary of Stepwise Selection								
Step	Variable Entered	Variable Removed	Number Vars In	Partial R-Square	Model R-Square	C(p)	F Value	Pr > F
1	X4		1	0.6745	0.6745	147.144	22.80	0.0006
2	X1		2	0.2979	0.9725	6.2075	108.22	<.0001

해설 단계별 회귀방법에 의해 선택된 변수는 x_1과 x_4이므로 회귀방정식은 $\hat{y} = 103.0974 + 1.4399x_1 - 0.6139x_4$가 된다.

R을 이용한 풀이

R을 이용하여 예제 11.1 ~ 예제 11.4를 해결하여라.

[예제 11.1 R 프로그램]

```
R E:₩2016₩Regress₩프로그램₩Chap10₩p10_5.R - R Editor
# Ex 11.1

install.packages("leaps")
library(leaps)
library(MASS)
Ex11_1 <- read.table("C:/Users/default.default-PC/Desktop/data/data11_1.txt", header=T
attach(Ex11_1)

b<-regsubsets(y~.,data=Ex11_1)
(rs<-summary(b))                              # 각 크기에 대한 최선 모형

(c_p<-rs$cp)                                  # 독립변수 수에 따른 최선의 모형의 cp 값
(adr.sq<-rs$adjr2)                            # 독립변수 수에 따른 최선 모형의 수정결정계수 값
lm.best <-lm(y~x1+x3+x4, data=Ex11_1)         # 최적 모형의 회귀모형
summary(lm.best)
```

[예제 11.1 R 실행결과]

```
R Console
         x1  x2  x3  x4
1  ( 1 ) " " " " " " "*"
2  ( 1 ) "*" " " " " "*"
3  ( 1 ) "*" " " "*" "*"
4  ( 1 ) "*" "*" "*" "*"
>
> (c_p<-rs$cp)                                # 최선의 모형의 cp 값
[1] 147.144024   6.207483   3.980714   5.000000
> (adr.sq<-rs$adjr2)                          # 최선 모형의 수정결정계수 값
[1] 0.6449549 0.9669653 0.9750415 0.9749879
>
```

해설 모든 가능한 회귀는 독립변수의 수의 각각에 대한 최적 모형은 $\hat{y}=f(x_4)$, $\hat{y}=f(x_1,x_4)$, $\hat{y}=f(x_1,x_3,x_4)$, $\hat{y}=f(x_1,x_2,x_3,x_4)$이고, 변수선택 기준 중에서 Mallow의 통계량 C_p 와 수정 R^2 값을 비교해 보면 위 4개의 모형 중 $\hat{y}=f(x_1,x_3,x_4)$가 최적인 모형으로 나타났다. 회귀식은 $\hat{y}=111.684+1.052x_1-0.410x_3-0.643x_4$로 수정 결정계수 값은 0.975임을 알 수 있다. 그러나 x_1과 x_4가 포함된 모형에서 x_3를 추가하는 것이 C_p, 수정 R^2, MSE의 큰 차이가 없고 x_1과 x_3의 상관계수가 크므로 x_3도 제외하여 x_1과 x_4만 포함된 회귀모형이 적합하다.

[예제 11.2 R 프로그램]

```
R E:\2016\Regress\프로그램\Chap11\p11.2~4 - R Editor
# Ex 11.2~4

install.packages("leaps")
library(leaps)
library(MASS)
Ex11_1 <- read.table("C:/Users/default.default-PC/Desktop/data/data11_1.txt", h
attach(Ex11_1)

lm <- lm(y ~ ., data = Ex11_1)
fw <- stepAIC(lm, direction = "forward")                    # 앞으로부터 변수 선택
bw <- stepAIC(lm, direction = "backward")                   # 뒤로부터 변수 선택
sw <- stepAIC(lm, direction = "both")                       # 단계별 변수 선택

summary(fw)
summary(bw)
summary(sw)
(lm(y~x1+x4,data=Ex11_1))
```

[예제 11.2 R 실행결과]

```
R Console
>
> summary(fw)

Call:
lm(formula = y ~ x1 + x2 + x3 + x4, data = Ex11_1)

Residuals:
    Min      1Q  Median      3Q     Max
-3.1971 -0.9311 -0.0979  0.8701  3.5560

Coefficients:
             Estimate Std. Error t value Pr(>|t|)
(Intercept) 117.45502    7.40377  15.864 2.49e-07 ***
x1            1.03402    0.22465   4.603  0.00175 **
x2           -0.06880    0.06947  -0.990  0.35103
x3           -0.46408    0.20678  -2.244  0.05505 .
x4           -0.69204    0.06679 -10.362 6.51e-06 ***
---
Signif. codes:  0 '***' 0.001 '**' 0.01 '*' 0.05 '.' 0.1 ' ' 1

Residual standard error: 2.379 on 8 degrees of freedom
Multiple R-squared:  0.9833,    Adjusted R-squared:  0.975
F-statistic: 117.9 on 4 and 8 DF,  p-value: 3.814e-07
```

해설 앞으로부터 변수선택방법의 결과 변수 x_1, x_4만 유의한 것으로 나타났다.

[예제 11.3 R 실행결과]

```
> summary(bw)

Call:
lm(formula = y ~ x1 + x3 + x4, data = Ex11_1)

Residuals:
    Min      1Q  Median      3Q     Max 
-2.9323 -1.8090  0.4806  1.1398  3.7771 

Coefficients:
             Estimate Std. Error t value Pr(>|t|)    
(Intercept) 111.68441    4.56248  24.479 1.52e-09 ***
x1            1.05185    0.22368   4.702  0.00112 ** 
x3           -0.41004    0.19923  -2.058  0.06969 .  
x4           -0.64280    0.04454 -14.431 1.58e-07 ***
---
Signif. codes:  0 '***' 0.001 '**' 0.01 '*' 0.05 '.' 0.1 ' ' 1

Residual standard error: 2.377 on 9 degrees of freedom
Multiple R-squared:  0.9813,    Adjusted R-squared:  0.975 
F-statistic: 157.3 on 3 and 9 DF,  p-value: 4.312e-08
```

해설 뒤로부터 제거하는 방법으로 변수선택을 하면 $x_{1,}\ x_4$가 선택됨을 알 수 있다.

[예제 11.4 R 실행결과]

```
> summary(sw)

Call:
lm(formula = y ~ x1 + x3 + x4, data = Ex11_1)

Residuals:
    Min      1Q  Median      3Q     Max 
-2.9323 -1.8090  0.4806  1.1398  3.7771 

Coefficients:
             Estimate Std. Error t value Pr(>|t|)    
(Intercept) 111.68441    4.56248  24.479 1.52e-09 ***
x1            1.05185    0.22368   4.702  0.00112 ** 
x3           -0.41004    0.19923  -2.058  0.06969 .  
x4           -0.64280    0.04454 -14.431 1.58e-07 ***
---
Signif. codes:  0 '***' 0.001 '**' 0.01 '*' 0.05 '.' 0.1 ' ' 1

Residual standard error: 2.377 on 9 degrees of freedom
Multiple R-squared:  0.9813,    Adjusted R-squared:  0.975 
F-statistic: 157.3 on 3 and 9 DF,  p-value: 4.312e-08

> (lm(y~x1+x4,data=Ex11_1))

Call:
lm(formula = y ~ x1 + x4, data = Ex11_1)

Coefficients:
(Intercept)           x1           x4  
    103.097        1.440       -0.614  
```

해설 단계별 회귀방법으로 변수선택을 하면 x_1과 x_4가 선택됨을 알 수 있고 회귀식은 $\hat{y} = 103.097 + 1.440x_1 - 0.614x_4$임을 알 수 있다.

연습문제

11.1 종속변수 y에 영향을 주리라고 생각되는 3개의 변수 x_1, x_2, x_3와 y의 관계를 분석하기 위하여 관찰된 25개의 자료로부터 $y_i = \beta_0 + \beta_1 x_{1i} + \beta_2 x_{2i} + \beta_3 x_{3i} + \epsilon_i$을 가정하고 구한 분산분석표가 다음과 같다.

요인	제곱합	자유도	제곱평균
회귀	5409.89	3	1803.30
잔차	16.35	21	0.78
계	5426.24	24	

1) 가정된 모형이 타당한지를 검정하여라.

2) R^2, R_a^2, MSE, C_p를 구하고 그 의미를 설명하여라.

11.2 연습문제 11.1의 자료에서 모든 가능한 독립변수들의 조합을 적합시켜 다음과 같은 자료를 얻었다.

모형에 포함되는 변수	SSR
x_1	2070.64
x_2	3654.85
x_3	3584.54
x_1, x_2	5123.80
x_1, x_3	5409.59
x_2, x_3	3741.30
x_1, x_2, x_3	5409.89

1) 어떤 변수들을 모형에 포함시키는 것이 타당한지를 다음의 기준에 의하여 분석하여라.

a) R_p^2　　　b) MSE_p　　　c) C_p

2) p에 대한 위의 결과를 도시하여라.

11.3 연습문제 11.1과 연습문제 11.2의 결과를 이용하여

1) 앞으로부터 선택하는 방법에 의하여 변수를 선택하는 절차를 설명하여라.
2) 뒤로부터 제거하는 방법에 의하여 변수를 선택하는 절차를 설명하여라.
3) 단계별 회귀방법에 의하여 변수를 선택하는 절차를 설명하여라.

11.4 식 (11.28)이 성립하는 경우를 설명하여라.

11.5 종속변수 y에 영향을 주리라고 생각되는 3개의 변수 x_1, x_2, x_3와 y의 관계를 분석하기 위하여 15개의 표본으로부터 조사한 자료가 다음과 같다.

번호	x_{1i}	x_{2i}	x_{3i}	y_i
1	10	8	5.5	79
2	8	6	2.5	200
3	12	9	8.0	163
4	7	16	3.0	200
5	12	17	2.9	178
6	8	15	3.0	146
7	12	8	8.0	31
8	5	10	9.0	292
9	8	4	4.0	160
10	5	16	6.5	339
11	11	7	5.5	160
12	12	12	5.0	86
13	6	6	6.0	237
14	10	4	5.0	107
15	10	4	3.5	155

1) 회귀모형 $y = \beta_0 + \beta_1 x_1 + \beta_2 x_2 + \beta_3 x_3 + \epsilon$을 가정하여 분산분석표를 작성하고 유의성을 검정하여라.
2) 앞으로부터의 선택방법에 의하여 가장 적절한 회귀방정식을 구하여라.
3) 뒤로부터의 선택방법에 의하여 가장 적절한 회귀방정식을 구하여라.
4) 단계별 회귀방법에 의하여 가장 적절한 회귀방정식을 구하여라.

5) C_p 판정 기준을 사용하여 $p=1$, $p=2$, $p=3$일 때 어떤 변수가 선택되는지를 구하여라.

6) R_{ap}^2 판정 기준을 사용하여 $p=1$, $p=2$, $p=3$일 때 어떤 변수가 선택되는지를 구하여라.

부록Ⅰ

기본적인 SAS 운용방법

1. SAS란?

SAS는 Statistical Analysis System의 약자로서 미국의 North Carolina 주립대학에서 1966년에 처음 개발되어 사용된 이후 개발을 거듭하여 현재는 공식적으로 통용되는 전반적인 통계적 분석뿐만이 아니라 종합적인 정보처리 시스템으로 그 성능이 확장되었다. 여기에서는 최근 버전인 9.4를 중심으로 기본적인 운영에 대해 설명한다.

2. SAS를 사용하기 위해서 기본적으로 알아야 할 사항들

2.1 SAS의 화면 구성

SAS를 실행해 보면 두 개로 분리된 창을 확인할 수 있다. 이때 상단의 창을 LOG창이라고 하고, 하단의 창을 PROGRAM EDITOR창(이하 PGM창)이라고 한다. SAS의 작업환경은 기본적으로 세 개의 창으로 구성되어 있는데, 위의 두 창 외에 OUTPUT창이 포함되어 있다. 이 세 가지 창은 용도에 따라 다음과 같이 구별된다.

창이름	용도
PGM	SAS 프로그램을 작성 및 편집
LOG	작성된 프로그램의 진단결과(오류, 경고 등)를 출력
OUTPUT	이상이 없는 프로그램의 실행 결과 출력

상기의 세 가지 기본창 외에도 SAS는 분석자의 편의를 위해서 여러 가지 창을 제공하고 있다. 그 중 알아두면 유용한 창에는 단축키를 관리하는 KEYS창, SAS의 작업환경을 제어하는 OPTIONS창, 도움말을 제공하는 HELP창 등이 있다.

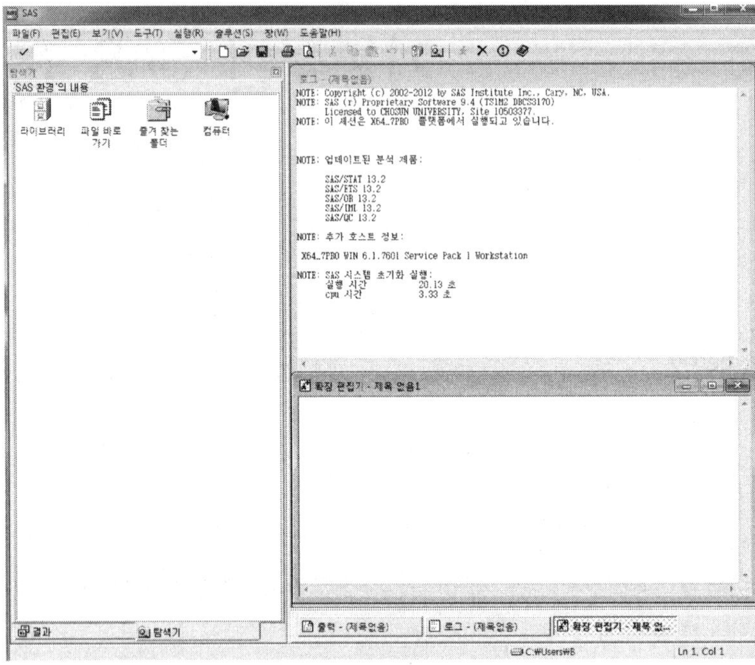

〈기본화면〉

2.2 기본 아이콘

SAS를 실행시킨 후 화면 상단을 보면 다음과 같은 도구모음을 확인할 수 있다.

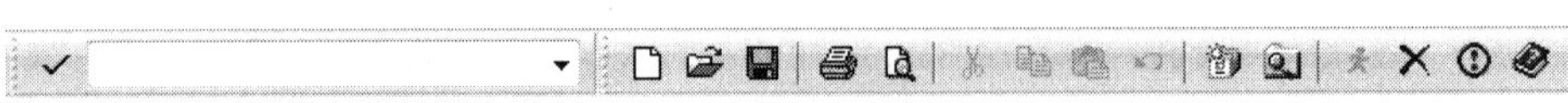

〈도구모음 화면〉

이 도구모음을 이용하면 SAS를 이용하여 프로그램을 작성하거나 다른 작업 등을 수행할 때 매우 편리하다. 각 아이콘에 대한 세부적인 설명은 다음과 같다.

아이콘	기능
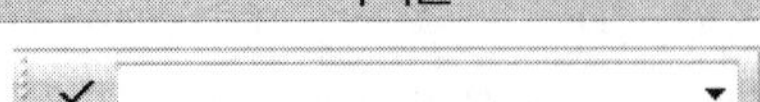	SAS의 외부적인 기능을 입력하는 곳 Command Box라고 함
	새로운 확장 편집기를 호출

아이콘	기능
	프로그램에디터나 확장편집기로 파일을 열기
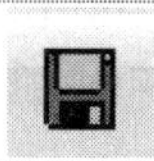	파일로 저장
	인쇄, 활성화된 내용을 출력
	미리보기
	잘라내기
	복사하기
	붙여넣기
	바로 전 작업 상태로 되돌리기
	새 라이브러리 할당
	탐색기 호출
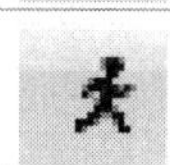	작성된 프로그램 실행
	취소
	프로그램 실행 중단
	도움말

2.3 기본적인 메뉴사용법

SAS에는 파일, 편집, 보기, 도구, 실행, 솔루션, 창, 도움말 등과 같이 기본적인 메뉴들이 있다. 이 메뉴의 모든 기능을 알기는 힘들지만 그 중 몇 가지는 알아두면 SAS를 사용하는 데 상당히 편리하다. 여기에서는 사용자가 알아두면 편리한 몇 가지 메뉴를 알아보도록 한다.

(1) 파일 메뉴: 주로 프로그램 파일, 데이터 파일 등을 제어한다.

① 새 프로그램: 새로운 프로그램을 입력
② 프로그램 열기: 기존의 프로그램 파일을 호출
③ 저장: 화면에 나타난 결과(프로그램, Output, Log) 등을 텍스트로 저장
④ 데이터 가져오기: 다른 소프트웨어(엑셀, dBASE 등)에서 저장된 자료를 SAS용 자료로 변환(텍스트파일도 변환가능)
⑤ 데이터 내보내기: SAS용 자료를 엑셀자료, dBASE, 텍스트파일 등과 같은 다른 소프트웨어용 포맷으로 변환. Import와 반대개념
⑥ 인쇄 설정: 사용자의 프린터에 관한 사항을 설정
⑦ 인쇄 미리보기: 인쇄하기 전에 화면에서 먼저 확인
⑧ 인쇄: 프로그램, Output, Log 등을 인쇄
⑨ 종료: SAS를 종료

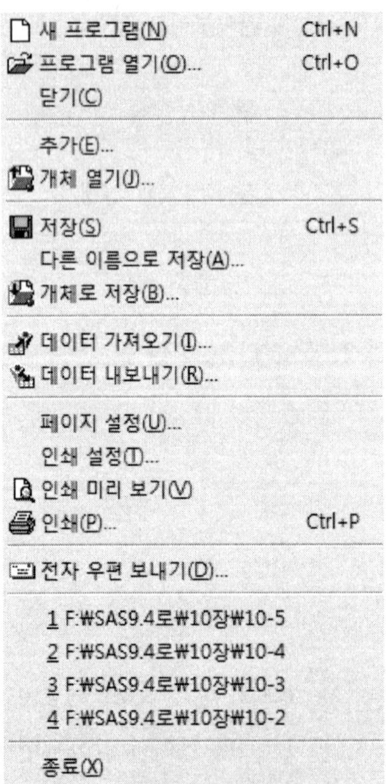

〈파일 메뉴〉

(2) 편집 메뉴: PGM 내용을 편집할 때 사용된다.

① 실행취소: 바로 전 단계의 작업상태로 회복
② 재실행: 실행취소를 취소
③ 잘라내기 복사: 블록을 씌운 후 오려두기, 복사하기
④ 붙여넣기: 오려두거나 복사한 부분을 붙이기
⑤ 모두 지우기: 모든 내용을 창에서 지운다.
⑥ 모두 선택: 창 내의 모든 내용에 블록을 씌운다.
⑦ 찾기: 창 내의 내용 중 특정 단어나 구를 찾는다.
⑧ 바꾸기: 찾기 후 그 단어나 구를 다른 내용으로 바꾼다.

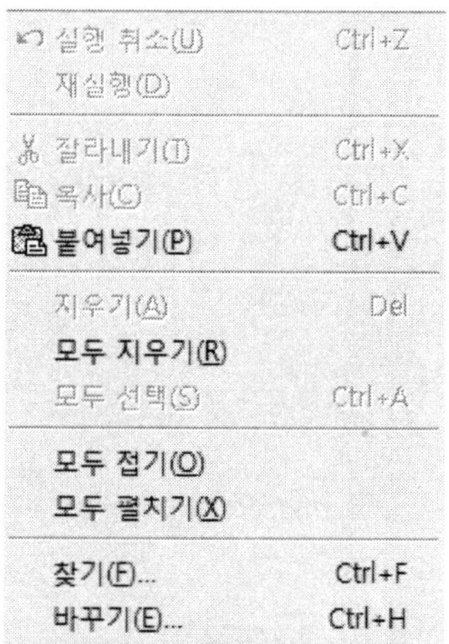

〈편집 메뉴〉

(3) 보기 메뉴: 기본적으로 사용되는 확장편집기, 프로그램 편집기, 로그, 출력을 보여 주는 메뉴와 결과, 탐색기, 탐색기 콘텐츠, 즐겨 찾는 폴더를 보여 주는 메뉴이다. 사용 도중 기본 창을 종료시켰을 때 호출하기 위해 사용될 수 있다.

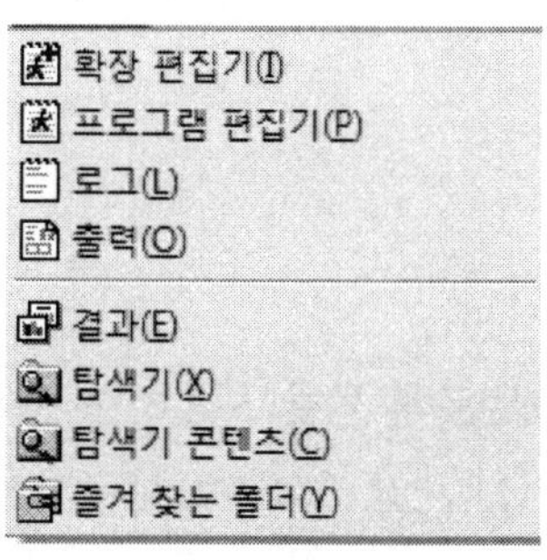

〈보기 메뉴〉

(4) 도구 메뉴: 여러 조건에 따라 데이터를 찾는 질의, 데이터를 스프레드시트에서 편집할 수 있는 테이블 편집기, 그래프, 리포트, 이미지, 문자열 등을 편집할 수 있는 편집기, 그리고 다른 응용프로그램처럼 키보드 매크로(단축키 설정), 약어추가(상용구 설정), 기타 아이콘을 설정할 수 있는 옵션 및 기타 옵션 설정메뉴로 구성되어 있다.

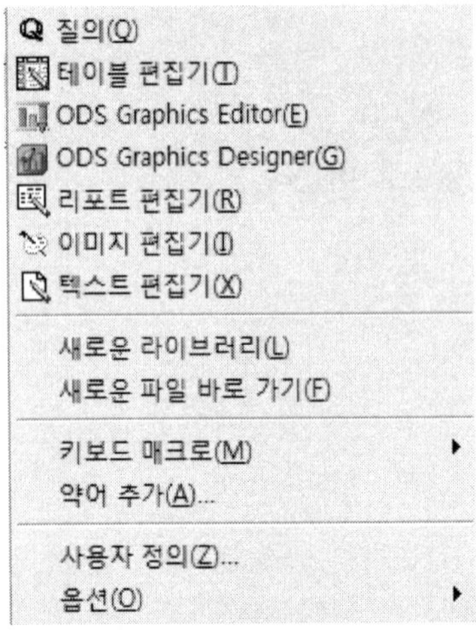

〈도구 메뉴〉

(5) 실행 메뉴: 명령어 실행에 관련된 메뉴이다.

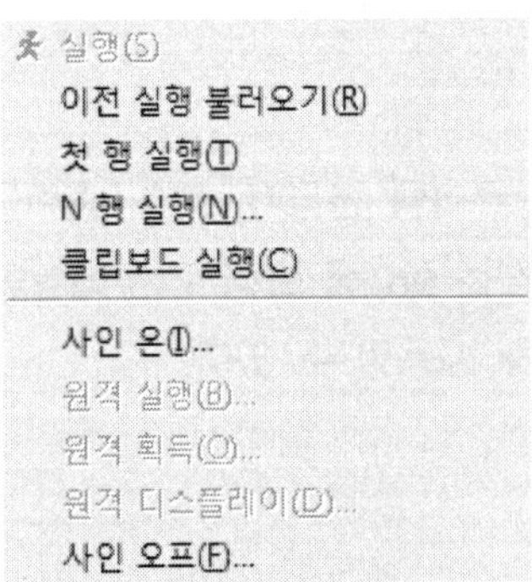

〈실행 메뉴〉

(6) 솔루션 메뉴: 기본 통계분석, 데이터 마이닝, 시계열분석 등을 포함하는 통계분석, 보고서 작성을 위한 기능들의 모음, 응용어플리케이션 개발, SAS/ASSIST 등을 제공하는 메뉴이다.

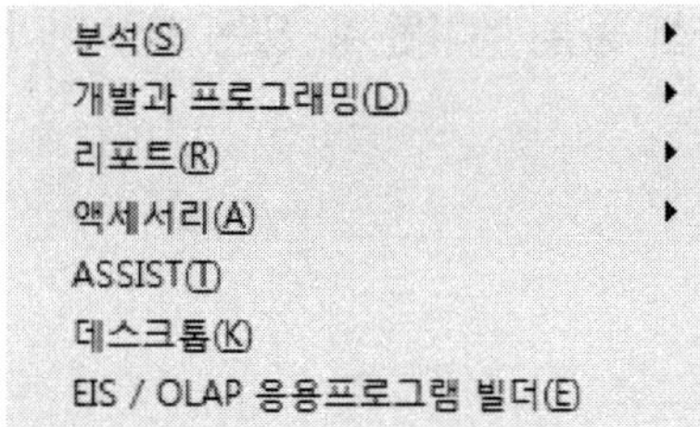

〈솔루션 메뉴〉

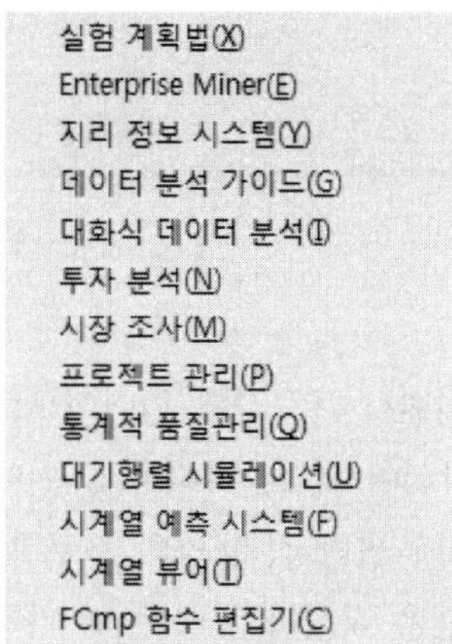

〈분석 메뉴〉

솔루션 메뉴의 분석 메뉴의 기능들은 모두 단독적인 시스템으로 구성되어 있고, 제품군의 설치 유무에 따라 기동되지 않는 시스템이 존재한다.

(7) 창 메뉴: 현재 보이는 창 확인 및 선택과 창 배열을 할 수 있는 메뉴이다.

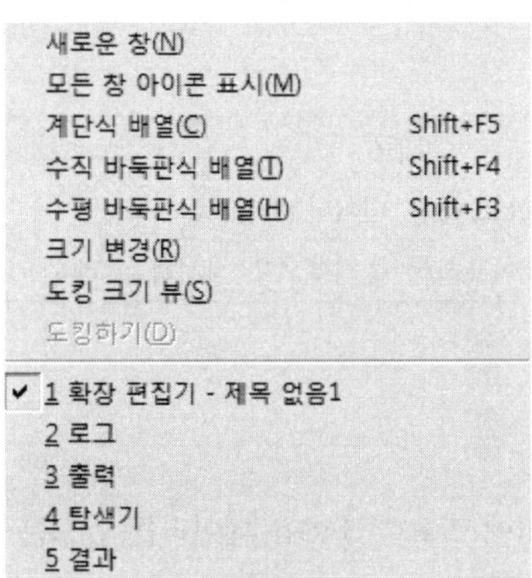

〈창 메뉴〉

(8) 도움말 메뉴: SAS에 쓰이는 명령어 및 옵션 등을 찾아볼 수 있는 메뉴이다.

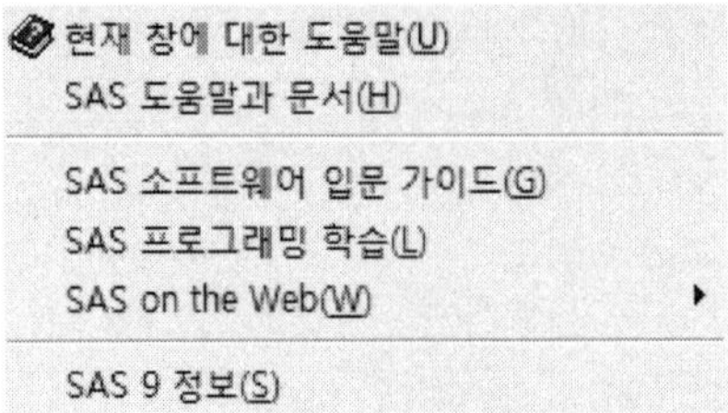

〈도움말 메뉴〉

3. 기본적인 SAS 프로그램의 작성방법

SAS는 기본적으로 통계분석을 위해 개발된 패키지이면서 프로그램 언어이므로 자체적으로 통계분석에 사용되는 모듈이 명령어처럼 내장되어 있다. 따라서 C 언어 등과 같이 다른 언어로 통계분석프로그램을 작성하는 것보다 훨씬 적은 양의 프로그램만으로도 쉽게 통계분석을 실시할 수 있다. SAS 프로그램을 작성하는 데는 몇 가지 규칙이 있는데, 이 규칙만 잘 익히고 있으면 쉽게 SAS 프로그램을 작성할 수 있다.

3.1 DATA STEP과 PROC STEP

SAS 프로그램은 대부분 두 부분으로 구성되어 있는데, 그 중 하나를 DATA STEP이라고 하고 다른 한 부분을 PROC STEP이라고 한다. 이 두 가지 부분은 다음과 같은 내용으로 구별된다.

STEP 이름	내용
DATA STEP	분석에 필요한 SAS용 데이터를 만드는 과정
PROC STEP	SAS용 데이터를 이용하여 통계분석을 실시하는 과정

3.2 DATA STEP

앞서 설명한 바와 같이 DATA STEP은 분석에 필요한 SAS용 데이터를 만드는 과정이므로 매우 중요하다. 실제로 SAS 프로그램을 작성한다고 하면 이 DATA STEP을 의미한다고 할 수 있다. DATA STEP은 기본적으로 다음과 같은 내용을 갖는다.

```
DATA 자료명;
 INPUT 변수명 나열;
CARDS;
변수값들의 입력
RUN;
```

SAS 프로그램의 작성에 있어서 가장 중요한 것은 명령어가 하나 끝날 때마다 ';'을 표시하여야 한다. 이를 제대로 표시하지 않으면 오류가 발생하게 되거나 프로그램이 분석자의 의도대로 실행되지 않을 수 있다.

변수명 설정 시의 유의사항

DATA STEP에서 변수명을 줄 때에는 다음과 같은 사항에 유의하여야 한다.

① 변수명은 영문자/숫자를 혼용하되 8자를 넘지 않아야 한다.

② 변수명에는 특수문자를 사용할 수 없다(_는 제외).

③ 변수명은 숫자로 시작할 수 없다.

위의 사항들은 데이터셋의 이름을 지정할 때에도 공통적으로 적용된다.

3.3 PROC STEP

PROC STEP은 어떤 프로시저를 사용하는가에 따라서 문법이 바뀌게 된다. 예를 들어, 독립인 두 표본의 평균차 검정에 사용되는 t 검정에 사용되는 프로시저는 PROC TTEST이고 회귀분석에 사용되는 프로시저는 PROC REG인데, 이 두 프로시저가 사용하는 문법은 완전히 다르다. 따라서 분석자는 각 프로시저의 문법들을 알고 있어야 하지만, 모르는 경우는 앞서 설명한 HELP창을 이용하여 문법을 살펴볼 수 있다.

PROC STEP은 공통적으로 다음과 같은 기본적인 형태를 갖는다.

```
PROC 명령어;
  부명령어;
RUN;
```

4. PROC REG

PROC REG는 최소제곱추정법에 의해서 선형회귀모형을 적합시킨다.

```
PROC REG ⓐ options;
  MODEL dependents= regressors / ⓑ <options>;
  OUTPUT ⓒ OUT= SAS-data-set keyword= names ... ;
  PLOT <variable1*variable1>;
RUN;
```

ⓐ에서 사용되는 options

ALL: MODEL option ALL과 동일한 역할을 한다.

CORR: correlation matrix를 출력한다.

DATA = SAS-data-set: 분석에 사용될 data set name

GRAPHICS

NOPRINT: output 출력을 억제

SIMPLE: 회귀에서 사용되는 변수들의 sum, mean, variance, standard deviation, and uncorrected sum of squares를 출력

ⓑ에서 사용되는 options

ADJRSQ: 수정결정계수

AIC: Akaike's information criterion

ALL: 모든 값을 출력한다. (ACOV, CLI, CLM, CORRB, COVB, I, P, PCORR1, PCORR2, R, SCORR1, SCORR2, SEQB, SPEC, SS1, SS2, STB, TOL, VIF, and XPX)

B: 추정된 회귀계수 계산

CLI: 각 값에 대한 95% 예측 신뢰상한과 하한값

CLM: 각 관측값에 대한 종속변수의 평균 반응값 대한 95% 신뢰상한과 하한값

COLLIN : 회귀계수의 공분산분석

COVB: 공분산행렬

CP: Mallows' Cp 통계량

DW: Durbin-Watson 통계량

INCLUDE = n: 처음 n개의 독립변수를 모형에 포함시킨다.

INFLUENCE: 영향 분석

MSE: mean square error

NOINT: 원점을 지나는 회귀선 추정

NOPRINT: output 출력을 억제

P: 데이터와 추정된 모형으로부터 예측값의 계산

PARTIAL: 부분회귀 지레도

R: 잔차분석

SELECTION= n

SS1: 제I종 제곱합

SS2: 제II종 제곱합

SSE: the error sum of squares

STB: 표준화 회귀계수

VIF: 분산 확대 요인(variance inflation factors; VIF)을 출력

ⓒ에서 사용되는 options

OUT = 결과값을 저장하는 data set name을 지정한다.

PREDICTED: 예측값

RESIDUAL: 잔차

L95M: 종속변수의 평균 반응량에 대한 95% 하한 임계값

U95M: 종속변수의 평균 반응량에 대한 95% 상한 임계값

STDP: 평균 예측값의 표준오차

STDR: 잔차의 표준오차

STDI: 개별 예측값의 표준오차

STUDENT: studentized residuals

COOKD: Cook's D 영향 통계량

H: 지레행렬

DFFITS: 예측값에서 표준 영향 관측값

4.1 단순선형회귀모형

어느 슈퍼 체인점에서 일정 기간 유효한 할인표를 배부한 후 8개 지역을 대상으로 손님의 증가율을 조사한 〈표 5.1〉을 SAS로 분석해 보자.

〈Program〉

```
단순회귀모형
   DATA A;
   INPUT Y X;
   CARDS;
   5.7 160
   0.6 80
   6.6 200                                          STEP 1.
   6.7 220                                          DATA SET
   2.1 100
   5.3 140
   6.5 180
   4.0 120
   RUN;
(1)PROC REG DATA=A GRAPHICS;
(2) MODEL Y=X/DW CLM CLI;
(3) PLOT Y*X;                                       STEP 2.
    PLOT R.*P.;                                     REGRESSION
(4) OUTPUT OUT=AOUT R=RESID P=PRED;                 PROCEDURE
    RUN;
    PROC UNIVARIATE DATA=AOUT NORMAL PLOT;          STEP 3.
                                 (1)                NORMALITY OF
(2) VAR RESID;                                      RESIDUALS
    RUN;
```

(1) DATA STEP

분석하게 될 데이터들을 SAS DATA SET으로 만드는 단계이다. 여기서 X는 발행한 할인표의 수이며, Y는 그 기간 동안 손님의 증가율이다. 〈표 5.1〉의 자료를 이용하여 INPUT에 X와 Y를 지정해 주고, CARDS 다음에 원자료를 입력하면 'A'라는 데이터 세트가 구성된다.

(2) REGRESSION PROCEDURE STEP

잠정적으로 구성된 'A'라는 데이터 세트의 변수와 자료를 사용해서 선형회귀분석을 수행한다.

(1)에서 GRAPHICS는 REG의 option plot을 사용하기 위해서 미리 지정해준다.

(2) MODEL statement는 회귀모형을 정의해준다. 여기서는 $y = \beta_0 + \beta_1 x + \epsilon$이다. ' / ' 이후에 DW는 Durbin-Watson 통계량이고, CLM과 CLI는 각각 95% 예측 상·하한과 신뢰 상·하한값을 출력한다.

(3) PLOT은 산점도를 지정해주는 statement이다. 여기서는 종속변수 대 설명변수와 잔차 대 예측값의 산점도를 보여 준다.

(4) OUTOUT은 회귀분석의 결과를 'AOUT'이라는 데이터 세트에 저장한다. 여기서 지정된 'R'은 잔차분석에 필요한 통계량들을 출력하고, 'P'는 회귀직선에 의해 적합된 값과 잔차가 출력된다.

(3) NORMALITY OF RESIDUALS STEP

잔차들의 정규성검정에 대한 단계이다.

(1)에서 정규확률 산점도를 지정해 주었고,
(2)에서는 사용되는 변수가 Resid(잔차)임을 지정해 주었다.

〈Output〉

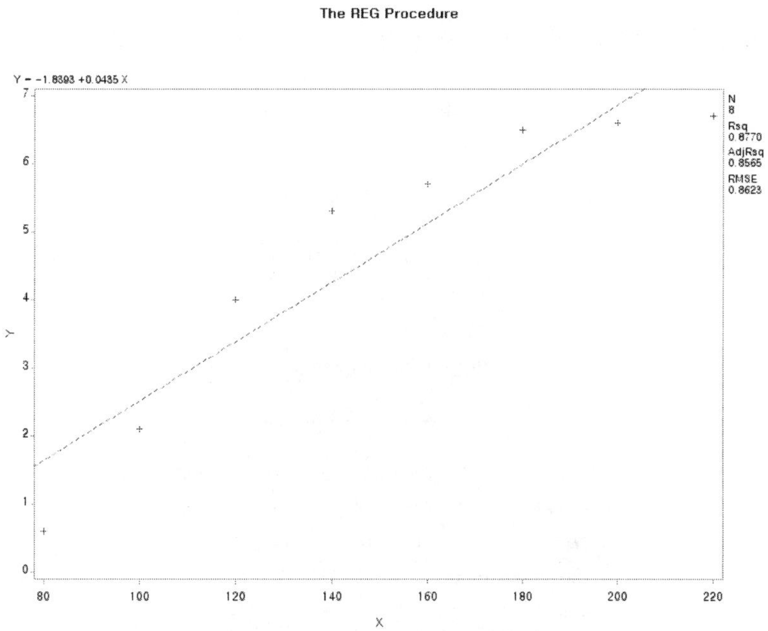

종속변수 대 설명변수의 산점도

각 변수가 선형 형태를 보이는지를 알아보기 위해서 PLOT을 통해 산점도 및 회귀선을 도시해 보았다.

(1) 모형의 단순회귀분석 결과

모형의 모수들에 대한 추정값의 가설은 아래와 같다.

$$H_0: \ \beta_i = 0 \qquad i = 0, 1$$

$$H_1: \ \text{not}\, H_0$$

검정 결과는 분산분석표에서 (a) Prob 〉 F 값이 0.0006이다. 그러므로 모수들이 0이라는 귀무가설이 기각된다. 즉, 모수추정값 중에서 적어도 하나는 0이 아니다.

또한 모형이 얼마나 잘 적합되었는지를 보기 위해서 (b)를 보면 결정계수 값이 $R^2 = 0.8770$ 그리고 수정결정계수 값이 $R_a^2 = 0.8565$로써 1에 가까운 값을 갖는다. 모형이 잘 적합되었다고 할 수 있다.

(c)를 보면 추정된 회귀모수가 $\hat{\beta}_0 = -1.839286$, $\hat{\beta}_1 = 0.043512$이고, (d)에서 귀무가설 $H_0: \ \beta_0 = 0$에 대한 P-value가 0.1284이므로, 절편은 의미가 없음을 알 수 있고, $\hat{\beta}_0 = 0$으로 보아도 된다.

따라서 추정된 회귀식은 다음과 같다.

$$Y = -1.84 + 0.44X$$

SAS 시스템

The REG Procedure
Model: MODEL1
Dependent Variable: Y

Number of Observations Read	8
Number of Observations Used	8

Analysis of Variance					
Source	DF	Sum of Squares	Mean Square	F Value	(a) Pr > F
Model	1	31.80720	31.80720	42.78	0.0006
Error	6	4.46155	0.74359		
Corrected Total	7	36.26875			

Root MSE	0.86232	(b) R-Square	0.8770
Dependent Mean	4.68750	Adj R-Sq	0.8565
Coeff Var	18.39610		

Parameter Estimates					
Variable	DF	Parameter Estimate	Standard Error	t Value	(d) Pr > |t|
Intercept	1	(c) -1.83929	1.04347	-1.76	0.1284
X	1	0.04351	0.00665	6.54	0.0006

(2) 잔차분석 결과

설정한 회귀모형이 적절한지를 알아보기 위해서는 잔차항들이 서로 독립이며, 정규분포를 한다는 가정이 성립해야 한다.

먼저 잔차들의 산점도를 살펴보자.

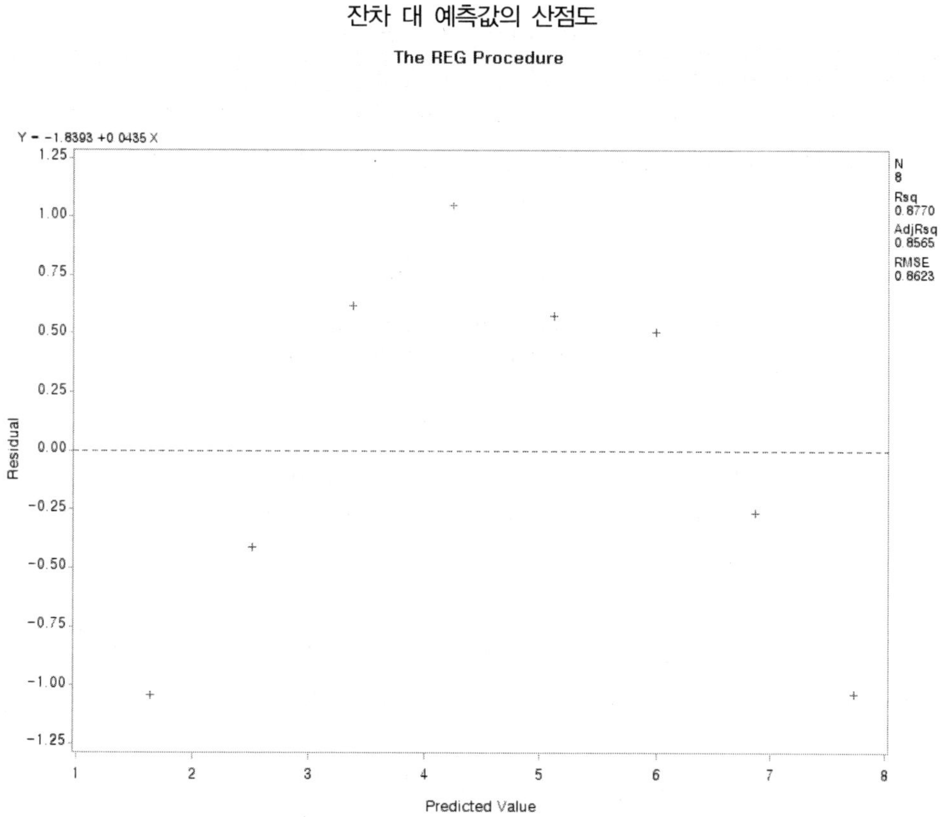

잔차들이 서로 독립인가를 알아보기 위해서 Durbin-Watson 통계량을 사용한다. $DW = 2(1-\rho)$이고, 0에 가까우면 양의 상관관계를 나타내고 4에 가까우면 음의 상관관계를 나타낸다. 위 예제에 대한 (e) Durbin-Watson 통계량 값은 1.489로 2에 가까운 값으로 모형에 적합하다고 볼 수 있다.

SAS 시스템

The REG Procedure
Model: MODEL1
Dependent Variable: Y

Durbin-Watson D (e)	1.489
Number of Observations	8
1st Order Autocorrelation	0.176

잔차들에 대한 정규성검정은 PROC UNIVARIATE에 의한 과정으로 알아볼 수 있다. PROC REG에서 구한 잔차들을 이용해서 VAR에 잔차를 지정해 준다.

The SAS System

The UNIVARIATE Procedure
Variable: RESID (Residual)

Moments			
N	8	Sum Weights	8
Mean	0	Sum Observations	0
Std Deviation	0.79835077	Variance	0.63736395
Skewness (f)	-0.2295418	Kurtosis	-1.6264631
Uncorrected SS	4.46154762	Corrected SS	4.46154762
Coeff Variation	.	Std Error Mean	0.28225962

Basic Statistical Measures			
Location		Variability	
Mean	0.000000	Std Deviation	0.79835
Median	0.122024	Variance	0.63736
Mode	.	Range	2.08929
		Interquartile Range	1.32024

Tests for Location: Mu0=0				
Test	Statistic		p Value	
Student's t	t	0	Pr > |t|	1.0000
Sign	M	0	Pr >= |M|	1.0000
Signed Rank	S	2	Pr >= |S|	0.8438

Tests for Normality				
Test	Statistic		p Value	
Shapiro-Wilk (g)	W	0.899386	Pr < W	0.2853
Kolmogorov-Smirnov	D	0.237363	Pr > D	>0.1500
Cramer-von Mises	W-Sq	0.0628	Pr > W-Sq	>0.2500
Anderson-Darling	A-Sq	0.391919	Pr > A-Sq	>0.2500

Quantiles (Definition 5)	
Level	Quantile
100% Max	1.047619
99%	1.047619
95%	1.047619
90%	1.047619
75% Q3	0.597619
50% Median	0.122024
25% Q1	-0.722619
10%	-1.041667
5%	-1.041667
1%	-1.041667
0% Min	-1.041667

SAS에서 정규분포의 왜도값과 첨도값은 0이다. (f)에서 왜도값이 −0.22954이고 첨도값이 −1.62646으로써 대칭이긴 하지만 정규분포보다 중심이 약간 낮다.

또한 (g)에서 Shapiro−Wilk test 값이 0.900693이 1에 가까운 값이므로 정규분포에 가깝다는 것을 의미한다.

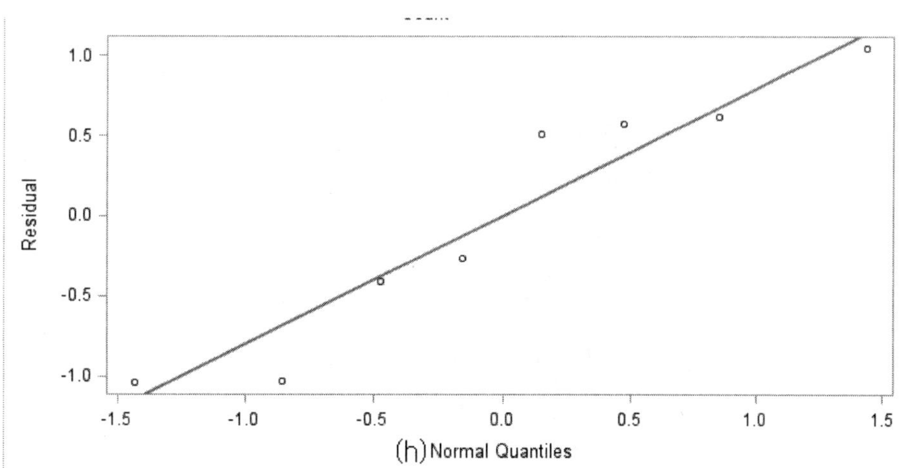

(h) 표준 정규 산점도에서도 거의 정규분포로 볼 수 있다.

추정된 회귀선에 의한 예측값과 95% 신뢰 상·하한과 예측 상·하한을 보면 다음과 같다.

SAS 시스템

The REG Procedure
Model: MODEL1
Dependent Variable: Y

Output Statistics								
Obs	Dependent Variable	Predicted Value	Std Error Mean Predict	95% CL Mean		95% CL Predict		Residual
1	5.7	5.1226	0.3120	4.3591	5.8862	2.8787	7.3665	0.5774
2	0.6	1.6417	0.5566	0.2797	3.0037	-0.8698	4.1531	-1.0417
3	6.6	6.8631	0.4512	5.7590	7.9672	4.4817	9.2445	-0.2631
4	6.7	7.7333	0.5566	6.3713	9.0953	5.2219	10.2448	-1.0333
5	2.1	2.5119	0.4512	1.4078	3.6160	0.1305	4.8933	-0.4119
6	5.3	4.2524	0.3120	3.4888	5.0159	2.0085	6.4963	1.0476
7	6.5	5.9929	0.3644	5.1012	6.8845	3.7022	8.2835	0.5071
8	4.0	3.3821	0.3644	2.4905	4.2738	1.0915	5.6728	0.6179

Sum of Residuals	0
Sum of Squared Residuals	4.46155
Predicted Residual SS (PRESS)	9.62125

부록 II

R과 회귀분석

1. R이란?

R 프로그래밍 언어는 SAS, SPSS, MINITAB 등과 같은 통계 소프트웨어이며, 통계 계산과 그래픽을 위한 프로그래밍 언어이다. 뉴질랜드 오클랜드 대학의 Robert Gentleman and Ross Ihaka에 의해 시작되어 현재는 R core team에 의해 개발되고 있다. R은 GPL 하에 배포되는 S 프로그래밍 언어의 구현으로 GNU S라고도 한다. 현재 R의 개발과 배포는 다수의 통계학자 및 개발자들로 구성된 R Development Core Team이 주도하고 있다.

R은 프리웨어이며, 사용자에 의해 새롭게 개발될 수 있고 연구자들의 알고리즘을 획득하기 쉽다는 이유로 많은 학자에 의해 이용되고 있다. R은 오픈 소스임에도 고성능의 컴퓨팅 속도와 데이터 처리 능력, 각종 소프트웨어 및 구글, 아마존 클라우드 서비스와의 API 등 성능의 우수성과 연동, 호환성이 좋고 웹과 연동하여 실시간 처리가 가능하다. 또한 R은 비용 절감에 따른 경제적 이익이 수반되는 새로운 애플리케이션을 개발하거나 웹 서비스로 제공하는 데 유용하다.

R은 오픈소스라는 특징에 의해 커뮤니티 중심의 각종 패키지(통계, 머신러닝, 금융, 바이오인포머틱스, 그래픽스)에 이르는 다양한 통계패키지가 꾸준히 상승하고 있고 이로 인해 사용자층과 용도가 급격히 확장되었다. R은 현재 Rapid Miner, Weka, SAS, MATLAB 등의 쟁쟁한 경쟁자를 물리치고 데이터 분석 소프트웨어 1위로 자리매김하고 있다. 특히, 빅데이터 분석을 목적으로 주목을 받고 있으며, 5,000개가 넘는 패키지들이 다양한 기능을 지원하고 있으며 수시로 업데이트되고 있다.

R은 자바(Java), C, C++, 파이썬(Python) 등 다른 프로그램 언어와도 쉽게 연동할 수 있으며, 윈도, 리눅스·유닉스, 맥(Mac) OS 등 대부분의 개발 환경을 지원한다. 또한 하둡 분산처리 환경을 지원하는 라이브러리가 제공되기 때문에 구글, 페이스북,

아마존 등도 빅데이터 분석에 R을 유용한 도구로 활용하고 있다. R은 기본적인 GUI 도구로 3개의 창, R console, R editor, R graphics 화면으로 구성되어 있지만 RStudio가 많이 언급되고 있고 또 사용하기에도 괜찮은 편이다. RStudio는 명령 콘솔 외에 파일 편집, 데이터 보기, History, 차트 등을 손쉽게 접근할 수 있게 해준다.

2. R의 설치

R의 공식 홈페이지인 http://www.r-project.org에서 무료로 다운받을 수 있으며, MS Windows 버전(한국 mirror)에서 base를 선택한 다음 R-3.3.1-win32.exe(20016년 9월 현재)를 선택하면 설치가 가능하다. 설치과정 중 Startup options에서 customized startup를 선택하고, Help Style에서 Plain text를 선택 후 설치를 하게 되면 R을 이용할 경우 도움을 받을 수 있다.

현재 개인에 의하여 한글과 수정작업이 원활히 이루어지고 있지만, 완벽하다고 할 수 없기 때문에 영문 GUI보다 못하다. 그렇기 때문에 설치과정에서 English로 설치를 하는 것을 권유한다. 또는 한글로 설치 후 편집(Edit) → GUI 설정을 클릭 후 언어(Language for menus and messages)를 'English'로 지정한 다음 R을 다시 실행시키면 GUI가 영어로 바뀌게 되는 것을 확인할 수 있다.

3. R 프로그램의 설치

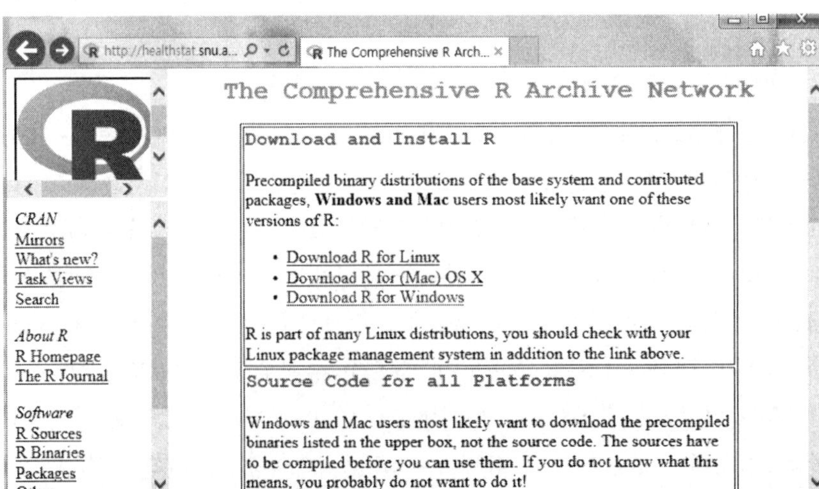

다음과 같은 순서에 의해 R을 다운로드 할 수 있다.

- http://www.r-project.org 로부터 R 시스템을 다운로드.
- 위 그림의 좌측에 있는 CRAN을 클릭.
- 위 그림의 우측에 다운로드를 위한 Mirror 사이트 중에서 하나를 선택.
- 위 그림의 우측에서 OS(Windows, Linux, Mac)를 선택, 여기에서는 Windows 선택.
- 위 그림의 우측에서 (Base, contrib) 중 택일, 처음인 경우는 Base를 선택.
- 위 그림의 우측에서 가장 최근버전을 다운로드. 통상적으로 윈도우 버전인 셋업프로그램은 R-버전-win32.exe라는 명칭으로 되어 있음.
- 다운로드된 파일을 실행하면 Windows에 R이 설치됨.

4. R의 구성

4.1 파일

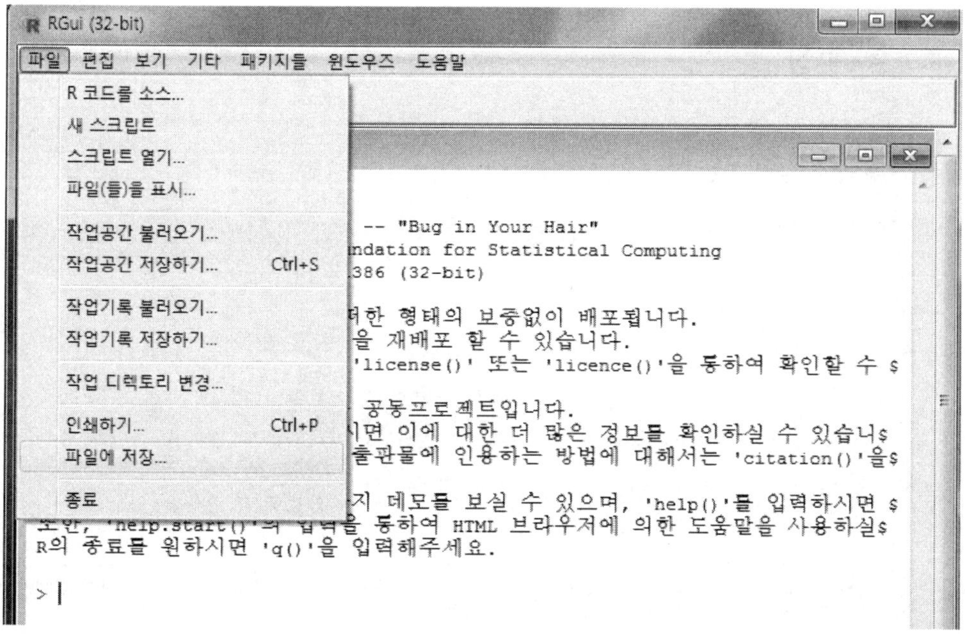

메뉴에 따른 기능은 다음과 같다.

메뉴	기능
R 코드 소스	저장된 R 명령문을 R 에디터 창에 불러와 자동 실행
새 스크립트	새로운 R 프로그램을 입력할 에디터 창을 염
스크립트 열기	저장된 R 명령문을 R 에디터 창에 불러오지만 자동 실행은 안함
파일(들)을 표시	R 파일을 선택하여 새 창에 염
작업공간 불러오기	저장된 작업환경에 대한 객체를 불러옴
작업공간 저장하기	현재의 작업환경의 객체를 확장자 .Rdata인 텍스트 파일로 저장함
작업기록 불러오기	R 콘솔 화면의 프로그램 이력을 불러옴
작업기록 저장하기	R 프로그램 구동 후 작업된 모든 프로그램 이력을 확장자 .History인 텍스트 파일로 저장함
작업 디렉터리 변경	R 프로그램의 작업 디렉터리를 변경함
인쇄하기	화면의 내용을 출력함
파일에 저장	R 콘솔 화면의 출력 결과를 포함한 모든 내용을 텍스트 파일로 저장함
종료	R 프로그램을 종료함

4.2 편집

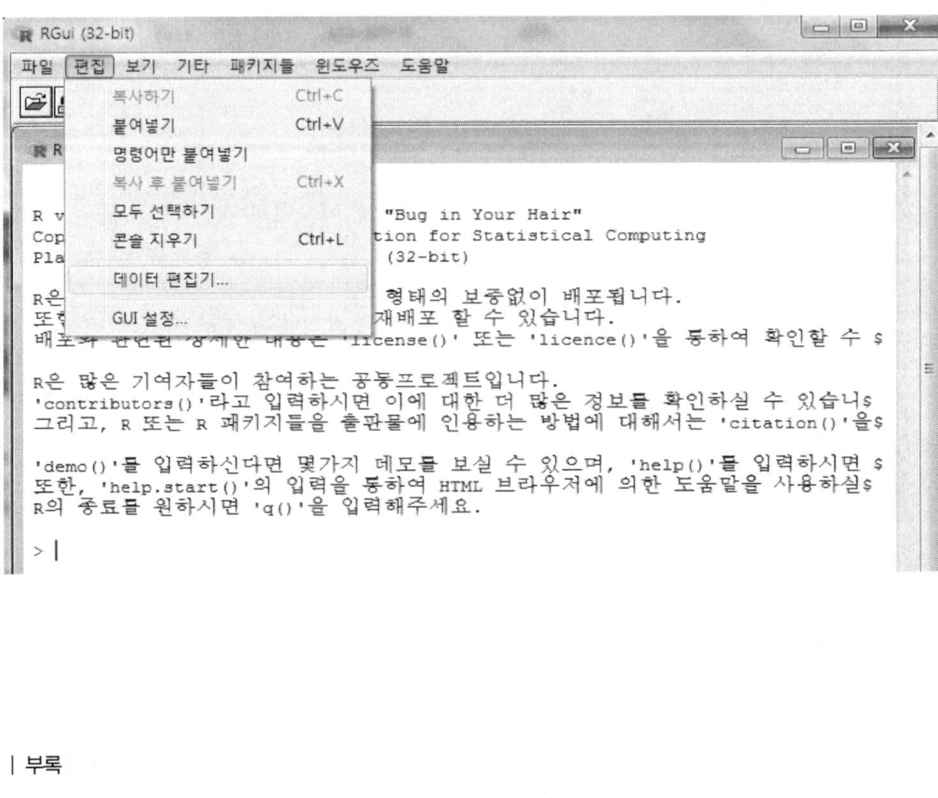

메뉴에 따른 기능은 다음과 같다.

메뉴	기능
복사	지정한 내용을 복사함
붙여넣기	복사된 내용을 붙여 넣음
명령어만 붙여넣기	지정한 내용 중 R 프로그램 명령어만 붙임
복사 후 붙여넣기	지정한 내용을 복사한 후 현재 커서가 위치한 곳에 붙임
전부 선택	화면 전체를 선택함
콘솔 지우기	현재 R 콘솔 화면의 내용을 모두 지움
데이터 편집기	기존의 정의된 자료를 에디터 창을 열어 나타냄
GUI 선택	화면의 크기와 색, 글꼴 모양 등 R 프로그램의 사용자 환경을 정의함

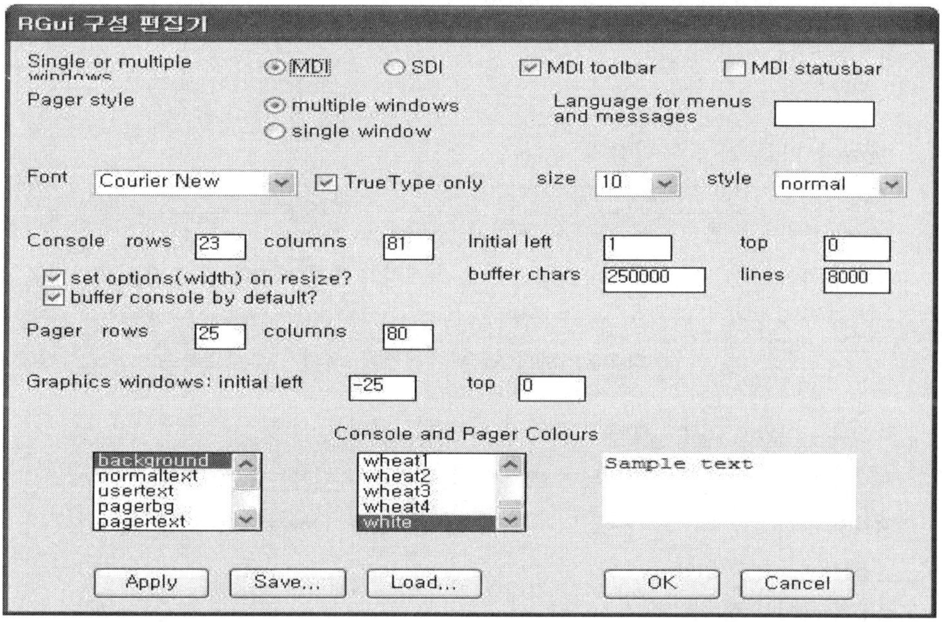

4.3 패키지

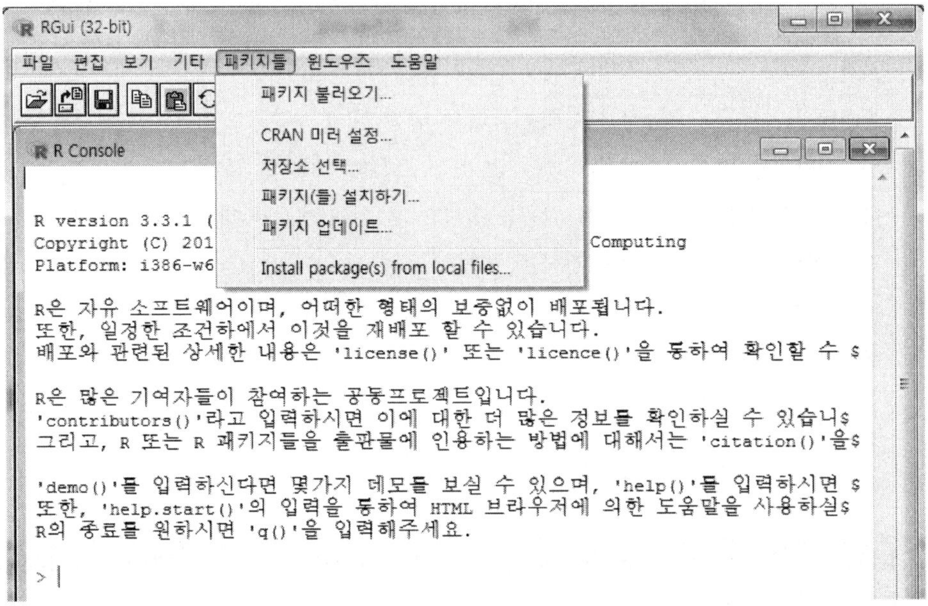

메뉴에 따른 기능은 다음과 같다.

	기능
패키지 불러오기	R 프로그램의 기본 패키지와 추천 패키지 중 불러올 패키지를 선택
CRAN 미러 사이트 설정	다운로드하지 않은 패키지에 대해 다운로드함
다운로드 사이트 선택	분류된 패키지 다운로드 사이트 선택
패키지 인스톨	나열되는 패키지 중 인스톨을 원하는 것을 선택
패키지 갱신	다운로드 패키지 중 인스톨을 원하는 것을 선택
로컬에 있는 zip 파일로부터 패키지 설치	zip 파일 형태의 패키지를 선택하여 인스톨

4.4 도움말

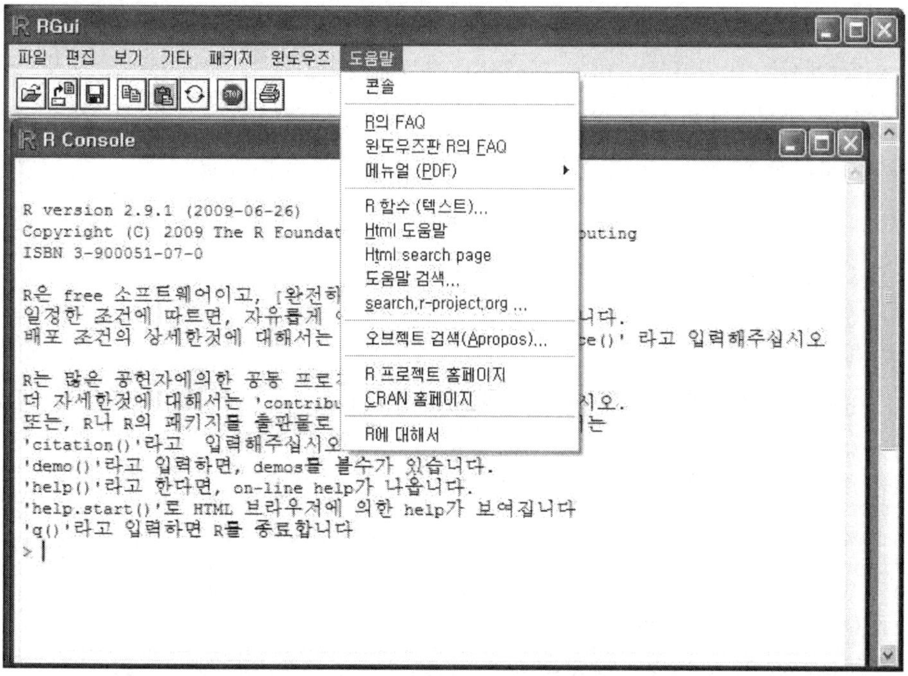

메뉴	기능
콘솔	R 콘솔 화면의 편집기능과 관련된 도움말
R의 FAG	html 형식의 R FAQ 화면
R for Windows FAQ	window 버전 형식의 R FAQ 화면
PDF 매뉴얼	pdf 형식의 매뉴얼 파일
R 함수들(텍스트)	입력된 함수에 대한 텍스트 형식의 도움말
html 도움말	주제별로 구분된 html 형식의 도움말
도움말 검색	주어진 단어를 포함하는 도움말
search.r-project.org	search.r-project.org의 웹사이트를 통해 주어진 단어 검색
객체 검색	주어진 단어를 포함한 객체를 화면에 출력
R 프로그램 홈페이지	웹페이지 http://www.r-project.org를 엶
CRAN 홈페이지	홈페이지 http://www.cran.r-project.org를 엶
R에 대하여	R 프로그램 정보를 나타냄

5. 행렬

이 절에서는 회귀분석을 하기 위해서는 행렬(matrix)과 같은 테이블을 생성해서 행렬 연산을 수행하여야 한다. 따라서 R에서의 기본적인 행렬의 생성과 계산하는 명령어를 살펴보고자 한다.

5.1 행렬의 정의

(1) 행렬 만들기

```
제목없음 - R 편집기
matrix(c(1,2,3,4,5,6,7,8,9), nrow=3)       # nrow를 사용하여 행의 수 지정
matrix(c(1,2,3,4,5,6,7,8,9), ncol=3)       # ncol를 사용하여 열의 수 지정
matrix(c(1,2,3,4,5,6,7,8,9), nrow=3, byrow=T) # byrow=T 를 이용하여 원소를
                                              위쪽 행부터 배열
```

(2) 행렬의 행과 열에 명칭을 부여

```
제목없음 - R 편집기
matrix(c(1,2,3,4,5,6,7,8,9), nrow=3, byrow=T,
        dimnames=list(c("R1","R2","R3"),c("C1", "C2", "C3")))
                                         # 행과 열에 변수 이름 부여
```

5.2 행렬 내 데이터 액세스

행렬의 각 요소는 '행렬이름[행 인덱스, 열 인덱스]'로 접근할 수 있다. 이때 인덱스는 벡터의 경우와 마찬가지로 1부터 시작한다. 예를 들면, X[1,2]는 X 행렬의 1행과 2열의 원소를 액세스할 수 있고, X[1:2,]는 1,2행 모두의 열을 액세스할 수 있다.

5.3 행렬의 연산

행렬에 스칼라를 곱하거나 나누는 연산은 '*'나 '/'를 사용한다. 행렬 X, Y에 대해서 행렬들의 전치행렬은 't( )', 행렬 곱은 'X%*%Y', 역행렬은 'solve( )'로 구할 수 있다.

6. 회귀분석 예제 풀이

본 R 프로그램은 버전 3.3.1로 작성되었으며 되도록 회귀분석 라이브러리 함수를 이용하여 프로그램하였다. 따라서 일일이 프로그램하는 번거로움 없이 결과를 해석하는 방법을 택하였다. 그리고 자료는 텍스트 파일로 작성하여 주로 불러들이는 과정을 이용하였다.

부록 III

분포표

1. 정규분포표

$$\alpha = \Pr(Z \geqq z_0) = \int_{z_0}^{\infty} \frac{1}{\sqrt{2\pi}} e^{-\frac{x^2}{2}} dx$$

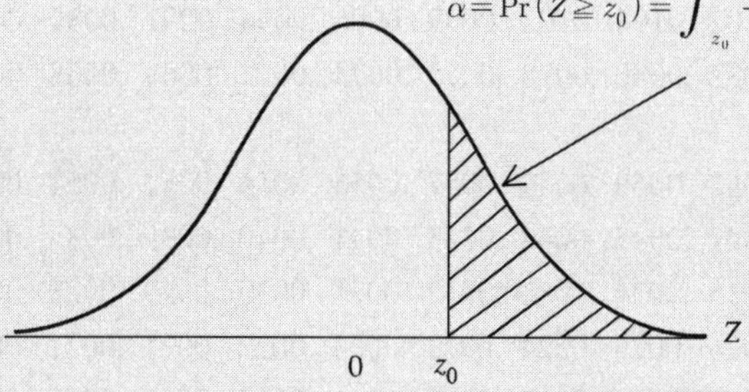

z_0	z_0의 소수점 2자리									
	.00	.01	.02	.03	.04	.05	.06	.07	.08	.09
0.0	.5000	.4960	.4920	.4880	.4840	.4801	.4761	.4721	.4681	.4641
0.1	.4602	.4562	.4522	.4483	.4443	.4404	.4364	.4325	.4286	.4247
0.2	.4207	.4168	.4129	.4090	.4052	.4013	.3974	.3936	.3897	.3859
0.3	.3821	.3783	.3745	.3707	.3669	.3632	.3594	.3557	.3520	.3483
0.4	.3446	.3409	.3372	.3336	.3300	.3264	.3228	.3192	.3156	.3121
0.5	.3085	.3050	.3015	.2981	.2946	.2912	.2877	.2843	.2810	.2776
0.6	.2743	.2709	.2676	.2643	.2611	.2578	.2546	.2514	.2483	.2451
0.7	.2420	.2389	.2358	.2327	.2296	.2266	.2236	.2206	.2177	.2148
0.8	.2119	.2090	.2061	.2033	.2005	.1977	.1949	.1922	.1894	.1867
0.9	.1841	.1814	.1788	.1762	.1736	.1711	.1685	.1660	.1635	.1611

z_0	z_0의 소수점 2자리									
	.00	.01	.02	.03	.04	.05	.06	.07	.08	.09
1.0	.1587	.1562	.1539	.1515	.1492	.1469	.1446	.1423	.1401	.1379
1.1	.1357	.1335	.1314	.1292	.1271	.1251	.1230	.1210	.1190	.1170
1.2	.1151	.1131	.1112	.1093	.1075	.1056	.1038	.1020	.1003	.0985
1.3	.0968	.0951	.0934	.0918	.0901	.0885	.0869	.0853	.0838	.0823
1.4	.0808	.0793	.0778	.0764	.0749	.0735	.0722	.0708	.0694	.0681
1.5	.0668	.0655	.0643	.0630	.0618	.0606	.0594	.0582	.0571	.0559
1.6	.0548	.0537	.0526	.0516	.0505	.0495	.0485	.0475	.0465	.0455
1.7	.0446	.0436	.0427	.0418	.0409	.0401	.0392	.0384	.0375	.0367
1.8	.0359	.0352	.0344	.0336	.0329	.0322	.0314	.0307	.0301	.0294
1.9	.0287	.0281	.0274	.0268	.0262	.0256	.0250	.0244	.0239	.0233
2.0	.0228	.0222	.0217	.0212	.0207	.0202	.0197	.0192	.0188	.0183
2.1	.0179	.0174	.0170	.0166	.0162	.0158	.0154	.0150	.0146	.0143
2.2	.0139	.0136	.0132	.0129	.0125	.0122	.0119	.0116	.0113	.0110
2.3	.0107	.0104	.0102	.0099	.0096	.0094	.0091	.0089	.0087	.0084
2.4	.0082	.0080	.0078	.0075	.0073	.0071	.0069	.0068	.0066	.0064
2.5	.0062	.0060	.0059	.0057	.0055	.0054	.0052	.0051	.0049	.0048
2.6	.0047	.0045	.0044	.0043	.0041	.0040	.0039	.0038	.0037	.0036
2.7	.0035	.0034	.0033	.0032	.0031	.0030	.0029	.0028	.0027	.0026
2.8	.0026	.0025	.0024	.0023	.0023	.0022	.0021	.0021	.0020	.0019
2.9	.0019	.0018	.0017	.0017	.0016	.0016	.0015	.0715	.0014	.0014
3.0	.00135									
3.5	.000 233									
4.0	.000 031 7									
4.5	.000 003 40									
5.0	.000 000 287.									

2. *t* 분포표

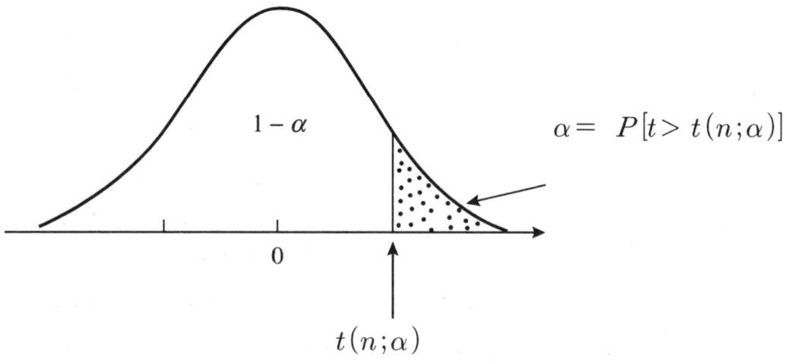

df \ Pr	.25	.10	.05	.025	.010	.005	.001
1	1.000	3.078	6.314	12.706	31.821	63.657	318.31
2	.816	1.886	2.920	4.303	6.965	9.925	22.326
3	.765	1.638	2.353	3.182	4.541	5.841	10.213
4	.741	1.533	2.132	2.776	3.747	4.604	7.173
5	.727	1.476	2.015	2.571	3.365	4.032	5.893
6	.718	1.440	1.943	2.447	3.143	3.707	5.208
7	.711	1.415	1.895	2.365	2.998	3.499	4.785
8	.706	1.397	1.860	2.306	2.896	3.355	4.501
9	.703	1.383	1.833	2.262	2.821	3.250	4.297
10	.700	1.372	1.812	2.228	2.764	3.169	4.144
11	.697	1.363	1.796	2.201	2.718	3.106	4.025
12	.695	1.356	1.782	2.179	2.681	3.055	3.930
13	.694	1.350	1.771	2.160	2.650	3.012	3.852
14	.692	1.345	1.761	2.145	2.624	2.977	3.787

df \ Pr	.25	.10	.05	.025	.010	.005	.001
15	.691	1.341	1.753	2.131	2.602	2.947	3.733
16	.690	1.337	1.746	2.120	2.583	2.921	3.686
17	.689	1.333	1.740	2.110	2.567	2.898	3.646
18	.688	1.330	1.734	2.101	2.552	2.878	3.610
19	.688	1.328	1.729	2.093	2.539	2.861	3.579
20	.687	1.325	1.725	2.086	2.528	2.845	3.552
21	.686	1.323	1.721	2.080	2.518	2.831	3.527
22	.686	1.321	1.717	2.074	2.508	2.819	3.505
23	.685	1.319	1.714	2.069	2.500	2.807	3.485
24	.685	1.318	1.711	2.064	2.492	2.797	3.467
25	.684	1.316	1.708	2.060	2.485	2.787	3.450
26	.684	1.315	1.706	2.056	2.479	2.779	3.435
27	.684	1.314	1.703	2.052	2.473	2.771	3.421
28	.683	1.313	1.701	2.048	2.467	2.763	3.408
29	.683	1.311	1.699	2.045	2.462	2.756	3.396
30	.683	1.310	1.697	2.042	2.457	2.750	3.385
40	.681	1.303	1.684	2.021	2.423	2.704	3.307
60	.679	1.296	1.671	2.000	2.390	2.660	3.232
120	.677	1.289	1.658	1.980	2.358	2.617	3.160
∞	.674	1.282	1.645	1.960	2.326	2.576	3.090

3. χ^2 분포표

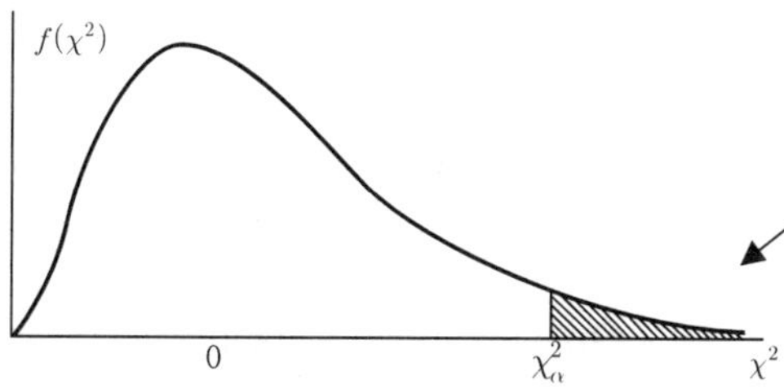

$$\alpha = P(\chi^2 \geq \chi^2_\alpha) = \int_{\chi^2_\alpha}^{\infty} f(\chi^2)d\chi^2$$

$$= \int_{\chi^2_\alpha}^{\infty} \frac{1}{2^{\frac{n}{2}}\left(\frac{n}{2}\right)} (\chi^2)^{\frac{n}{2}-1} e^{-\frac{\chi^2}{2}} d\chi^2$$

n	.25	.10	.05	.025	.010	.005	.001
1	.03157	.03628	.02393	.0158	.0642	.148	.455
2	.0201	.0404	.103	.211	.446	.713	1.386
3	.115	.185	.352	.584	1.005	1.424	2.366
4	.297	.429	.711	1.064	1.649	2.195	3.357
5	.554	.752	1.145	1.610	2.343	3.000	4.351
6	.872	1.134	1.635	2.204	3.070	3.528	5.348
7	1.239	1.564	2.167	2.833	3.822	4.671	6.346
8	1.646	2.032	2.733	3.490	4.594	5.527	7.344
9	2.088	2.532	3.325	4.168	5.380	6.393	8.343
10	2.558	3.059	3.940	4.865	6.179	7.267	9.342
11	3.053	3.609	4.575	5.578	6.989	8.148	10.341
12	3.571	4.178	5.226	6.304	7.807	9.034	11.340
13	4.107	4.765	5.892	7.042	8.634	9.926	12.340
14	4.660	5.368	6.571	7.790	9.467	10.821	13.339
15	5.229	5.985	7.261	8.547	10.307	11.721	14.339
16	5.812	6.614	7.962	9.312	11.152	12.624	15.338
17	6.408	7.255	8.672	10.085	12.002	13.531	16.338
18	7.015	7.906	9.390	10.865	12.857	14.440	17.338
19	7.633	8.567	10.117	11.651	13.716	15.352	18.338
20	8.260	9.237	10.851	12.443	14.578	16.266	19.337
21	8.897	9.915	11.591	13.240	14.445	17.182	20.337
22	9.542	10.600	12.338	14.041	16.314	18.101	21.337
23	10.196	11.293	13.091	14.848	17.187	19.021	22.337
24	10.856	11.992	13.848	15.659	18.062	19.943	23.337
25	11.524	12.697	14.611	16.473	18.940	20.867	24.337
26	12.198	13.409	15.379	17.292	19.820	21.792	25.336
27	12.879	14.125	16.151	18.114	20.703	22.719	26.336
28	13.565	14.847	16.928	18.939	21.588	23.647	27.336
29	14.256	15.574	17.708	19.768	22.475	24.577	28.336
30	14.953	16.306	18.493	20.599	23.364	25.508	29.336

n	.30	.20	.10	.05	.02	.01	.001
1	1.074	1.642	2.706	3.841	5.412	6.635	10.827
2	2.408	3.219	4.605	5.991	7.824	9.210	13.815
3	3.665	4.642	6.251	7.815	9.837	11.345	16.266
4	4.878	5.989	7.779	9.488	11.668	13.277	18.467
5	6.064	7.289	9.236	11.070	13.388	15.086	20.515
6	7.231	8.558	10.645	12.592	15.033	16.812	22.457
7	8.383	9.803	12.017	14.067	16.622	18.475	24.322
8	9.524	11.030	13.362	15.507	18.168	20.090	26.125
9	10.656	12.242	14.684	16.919	19.679	21.666	27.877
10	11.781	13.442	15.987	18.307	21.161	23.209	29.588
11	12.899	14.631	17.275	19.675	22.618	24.725	31.264
12	14.011	15.812	18.549	21.026	24.054	26.217	32.909
13	15.119	16.985	19.812	22.362	25.472	27.688	34.528
14	16.222	18.151	21.064	23.685	26.873	29.141	36.123
15	17.322	19.311	22.307	24.996	28.259	30.578	37.697
16	18.418	20.465	23.542	26.296	29.633	32.000	39.252
17	19.511	21.615	24.769	27.587	30.995	33.409	40.790
18	20.601	22.760	25.989	28.869	32.346	34.805	42.312
19	21.689	23.900	27.204	30.144	33.687	36.191	43.820
20	22.775	25.038	28.412	31.410	35.020	37.566	45.315
21	23.858	26.171	29.615	32.671	36.343	38.932	46.797
22	24.939	27.301	30.813	33.924	37.659	40.289	48.268
23	26.018	28.429	32.007	35.172	38.968	41.638	49.728
24	27.096	29.553	33.196	36.415	40.270	42.980	51.179
25	28.172	30.675	34.382	37.652	41.566	44.314	52.620
26	29.246	31.795	35.563	38.885	42.856	45.642	54.052
27	30.319	32.912	36.741	40.113	44.140	46.963	55.476
28	31.391	34.027	37.916	41.337	45.419	48.278	56.893
29	32.461	35.139	39.087	42.557	46.693	49.588	58.302
30	33.530	36.250	40.256	43.773	47.962	50.892	59.703

4. Durbin-Watson 검정의 상한과 하한

표본의 수 n	유의수준 α	p = 독립변수의 수									
		1		2		3		4		5	
		d_L	d_U	d_L	d_U	d_L	d_U	d_L	d_U	d_L	d_U
	.01	.81	1.07	.70	1.25	.59	1.46	.49	1.70	.39	1.96
15	.025	.95	1.23	.83	1.40	.71	1.61	.59	1.84	.48	2.09
	.05	1.08	1.36	.95	1.54	.82	1.75	.69	1.97	.56	1.21
	.01	.95	1.15	.86	1.27	.77	1.41	.63	1.57	.70	1.74
20	.025	1.08	1.28	.99	1.41	.89	1.55	.79	1.70	.70	1.87
	.05	1.20	1.41	1.10	1.54	1.00	1.68	,90	1.83	.79	1.99
	.01	1.05	1.21	.98	1.30	.90	1.41	.83	1.52	.75	1.65
25	,025	1.13	1.34	1.10	1.43	1.02	1.54	.94	1.65	.86	1.77
	.05	1.20	1.45	1.21	1.55	1.12	1.66	1.04	1.77	.95	1.89
	.01	1.13	1.26	1.07	1.34	1.01	1.42	.94	1.51	.88	1.61
30	.025	1.25	1.38	1.18	1.46	1.12	1.54	1.05	1.63	.98	1.73
	.05	1.35	1.49	1.28	1.57	1.12	1.65	1.14	1.74	1.07	1.83
	.01	1.25	1.34	1.20	1.40	1.15	1.46	1.10	1.52	1.05	1.58
40	,025	1.35	1.45	1.30	1.51	1.25	1.57	1.20	1.63	1.15	1.69
	.05	1.44	1.54	1.39	1.60	1.34	1.66	1.29	1.72	1.23	1.79
	.01	1.32	1.40	1.28	1.45	1.24	1.49	1.20	1.54	1.16	1.59
50	.025	1.42	1.50	1.38	1.54	1.34	1.59	1.30	1.64	1.26	1.69
	.05	1.50	1.59	1.46	1.63	1.42	1.67	1.38	1.72	1.34	1.77
	.01	1.38	1.45	1.35	1.48	1.32	1.52	1.28	1.56	1.25	1.60
60	.025	1.47	1.54	1.44	1.57	1.40	1.61	1.37	1.65	1.33	1.69
	.05	1.55	1.62	1.51	1.65	1.48	1.69	1.44	1.73	1.41	1.77
	.01	1.47	1.52	1.44	1.54	1.42	1.57	1.39	1.60	1.36	1.62
80	.025	1.54	1.59	1.52	1.62	1.49	1.65	1.47	1.67	1.44	1.70
	.05	1.61	1.66	1.59	1.69	1.56	1.72	1.53	1.74	1.51	1.77
	.01	1.52	1.56	1.50	1.58	1.48	1.60	1.45	1.63	1.44	1.65
100	.025	1.59	1.63	1.57	1.65	1.55	1.67	1.53	1.70	1.51	1.72
	.05	1.65	1.69	1.63	1.72	1.61	1.74	1.59	1.76	1.57	1.78

5. F 분포표

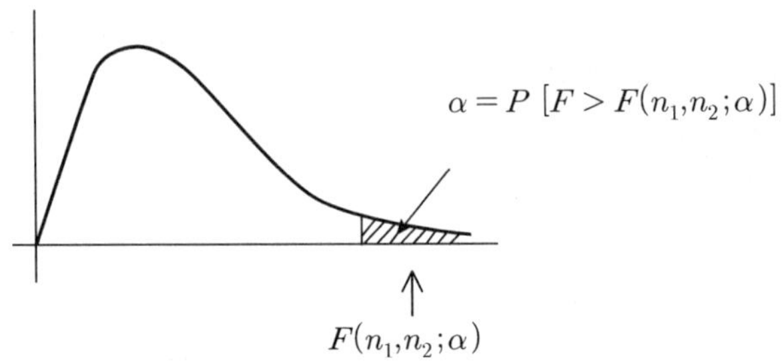

분모의 자유도 (n_2)	Pr	분자의 자유도 (n_1)										
		1	2	3	4	5	6	8	10	20	40	∞
1	.25	5.83	7.50	8.20	8.58	8.82	8.98	9.19	9.32	9.58	9.71	9.85
	.10	39.9	49.5	53.6	55.8	57.2	58.2	57.4	60.2	61.7	62.5	73.3
	.05	161	200	216	225	230	234	239	242	248	251	254
2	.25	2.57	3.00	3.15	3.23	3.28	3.31	3.35	3.38	3.43	3.45	3.48
	.10	8.53	9.00	9.16	9.24	9.29	9.33	9.37	9.39	9.44	9.47	9.49
	.05	18.5	19.0	19.2	19.2	19.3	19.3	19.4	19.4	19.4	19.5	19.5
	.01	98.5	99.0	99.2	99.2	99.3	99.3	99.4	99.4	99.4	99.5	99.5
	.001	998	999	999	999	999	999	999	999	999	999	999
3	.25	2.02	2.28	2.36	2.39	2.41	2.42	2.44	2.44	2.46	2.47	2.47
	.10	5.54	5.46	5.39	5.34	5.31	5.28	5.25	5.23	5.18	5.16	5.13
	.05	10.1	9.55	9.28	9.12	8.10	8.84	8.85	8.79	8.66	8.59	8.53
	.01	34.1	30.8	16.5	28.7	28.2	27.9	27.5	27.2	26.7	26.4	26.1
	.001	167	149	141	137	135	133	131	129	126	125	124
4	.25	1.81	2.00	2.05	2.06	2.07	2.08	2.08	2.08	2.08	2.08	2.08
	.10	4.54	4.32	4.19	4.11	4.05	4.01	3.95	3.92	3.84	3.80	3.76
	.05	7.71	6.94	6.59	6.39	6.26	6.16	6.04	5.96	5.80	5.72	5.63
	.01	21.2	18.0	16.7	18.0	15.5	15.2	14.8	14.5	14.0	13.7	13.5
	.001	74.1	61.3	56.2	53.4	51.7	50.5	49.0	48.1	46.1	45.1	44.1

분모의 자유도 (n_2)	Pr	분자의 자유도 (n_1)										
		1	2	3	4	5	6	8	10	20	40	∞
5	.25	1.69	1.85	1.89	1.89	1.89	1.89	1.88	1.88	1.88	1.88	1.87
	.10	4.06	3.78	3.62	3.52	3.45	3.40	3.34	3.30	3.21	3.16	3.10
	.05	6.61	5.79	5.41	5.19	5.05	4.95	4.82	4.74	4.56	4.46	4.36
	.01	16.3	13.3	12.1	11.4	11.0	10.7	10.3	10.1	9.55	9.29	9.02
	.001	47.2	37.1	33.2	31.1	29.8	28.8	27.6	26.9	25.4	24.6	15.8
6	.25	1.62	1.76	1.79	1.79	1.79	1.78	1.77	1.77	1.76	1.75	1.74
	.10	3.78	3.46	3.18	3.18	3.11	3.05	2.98	2.94	2.84	2.78	2.72
	.05	5.99	5.14	4.76	4.53	4.39	4.15	4.15	4.06	3.87	3.77	3.67
	.01	13.7	10.9	9.78	9.15	8.75	8.10	8.10	7.87	7.40	7.14	6.88
	.001	35.5	27.0	23.7	21.9	20.8	20.0	19.0	18.4	17.1	16.4	15.8
7	.25	1.57	1.70	1.72	1.72	1.71	1.71	1.70	1.69	1.67	1.66	1.65
	.10	3.59	3.26	3.07	2.96	2.88	2.83	2.75	2.70	2.59	2.54	2.47
	.05	5.59	4.74	4.35	4.12	3.97	3.87	3.73	3.64	3.44	3.34	3.23
	.01	12.2	9.55	8.45	7.85	7.46	7.19	6.84	6.62	6.16	5.91	5.65
	.001	29.3	21.7	18.8	17.2	16.2	15.5	14.6	14.1	12.9	12.3	11.7
8	.25	1.54	1.66	1.67	1.66	1.66	1.65	1.64	1.63	1.61	1.59	1.58
	.10	3.46	3.11	2.92	2.81	2.73	2.67	2.59	2.54	2.42	2.38	2.93
	.05	5.32	4.46	4.07	3.84	3.69	3.58	3.44	3.35	3.15	3.04	2.93
	.01	11.3	8.65	7.59	7.01	6.63	6.37	6.03	5.81	5.36	5.12	4.86
	.001	25.4	18.5	15.8	14.4	13.5	12.9	12.0	11.5	10.5	9.92	9.33
9	.25	1.51	1.62	1.63	1.63	1.62	1.61	1.60	1.59	1.56	1.55	1.53
	.10	3.36	3.01	2.81	2.69	2.61	2.55	2.47	2.42	2.30	2.23	2.16
	.05	5.12	4.26	3.86	3.63	3.48	3.37	3.23	3.34	2.94	2.83	2.71
	.01	10.6	8.02	6.99	6.42	6.06	5.80	5.47	5.26	4.81	4.57	4.31
	.001	22.9	16.4	13.9	12.6	11.7	11.1	10.4	9.89	8.90	8.37	7.81
10	.25	1.49	1.60	1.60	1.59	1.59	1.58	1.56	1.55	1.52	1.51	1.48
	.10	3.29	2.92	2.73	2.61	2.52	2.46	2.38	2.32	2.20	2.13	2.06
	.05	4.96	4.10	3.71	3.48	3.33	3.22	3.07	2.98	2.77	2.66	2.54
	.01	10.0	7.56	6.55	5.99	5.64	5.39	5.06	4.85	4.41	4.17	3.91
	.001	21.0	14.9	12.6	11.3	10.5	9.92	9.20	8.75	7.80	7.80	6.76

분모의 자유도 (n_2)	Pr	분자의 자유도 (n_1)										
		1	2	3	4	5	6	8	10	20	40	∞
12	.25	1.46	1.56	1.56	1.55	1.54	1.53	1.51	1.50	1.47	1.45	1.42
	.10	3.18	2.81	2.61	2.48	2.39	2.33	2.24	2.19	2.06	1.99	1.90
	.05	4.75	3.89	3.49	3.26	3.11	3.00	2.85	2.75	2.54	2.43	2.30
	.01	9.33	6.93	5.95	5.41	5.06	4.82	4.50	4.30	3.86	3.62	3.36
	.001	18.6	13.0	10.8	9.63	8.89	8.38	7.71	7.29	6.40	5.93	5.42
14	.25	1.44	1.53	1.53	1.52	1.51	1.50	1.48	1.46	1.43	1.41	1.38
	.10	3.10	2.73	2.52	2.39	2.31	2.24	2.15	2.10	1.96	1.89	1.80
	.05	4.60	3.74	3.34	3.11	2.96	2.85	2.70	2.60	2.39	2.27	2.13
	.01	8.86	6.51	5.56	5.04	4.69	4.46	4.14	3.94	3.51	3.27	3.00
	.001	17.1	11.8	9.73	8.62	7.92	7.43	6.80	6.40	5.56	5.10	4.60
16	.25	1.42	1.51	1.51	1.50	1.48	1.48	1.46	1.45	1.40	1.37	1.34
	.10	3.05	2.67	2.46	2.33	2.24	2.18	2.09	1.03	1.89	1.81	1.72
	.05	4.49	3.63	3.24	3.01	2.85	2.74	2.59	2.49	2.28	2.15	2.01
	.01	8.53	6.23	5.29	4.77	4.44	4.20	3.89	3.69	3.26	3.02	2.75
	.001	16.1	11.0	9.00	7.94	7.27	6.81	6.19	5.81	4.99	4.54	4.06
18	.25	1.41	1.50	1.49	1.48	1.46	1.45	1.43	1.42	1.38	1.35	1.32
	.10	3.01	2.62	2.42	2.29	2.20	2.13	2.04	1.98	1.84	1.75	1.66
	.05	4.41	3.55	3.16	2.93	2.77	2.66	2.51	2.41	2.19	2.06	1.92
	.01	8.29	6.01	5.09	4.58	4.25	4.01	3.71	3.51	3.08	2.84	2.57
	.701	15.4	10.4	8.49	7.46	6.81	6.35	5.76	5.39	4.49	4.15	3.67
29	.25	1.40	1.49	1.48	1.46	1.45	1.44	1.42	1.40	1.36	1.33	1.29
	.10	2.97	2.59	2.38	2.25	2.16	2.09	2.00	1.94	1.79	1.71	1.67
	.05	4.35	3.49	3.10	2.87	2.71	2.60	2.45	2.35	2.12	1.99	1.84

분모의 자유도 (n_2)	Pr	분자의 자유도 (n_1)										
		1	2	3	4	5	6	8	10	20	40	∞
	.01	8.10	5.85	4.94	4.43	4.10	3.87	3.56	3.37	2.94	2.69	2.42
	.001	14.8	9.95	8.10	7.10	6.46	6.02	5.44	5.08	4.29	3.86	3.38
30	.25	1.38	1.45	1.44	1.42	1.41	1.39	1.37	1.35	1.30	1.27	1.28
	.l0	2.88	2.49	2.28	2.14	2.05	1.98	1.88	1.82	1.67	1.57	1.46
	.05	4.17	3.32	2.92	2.69	2.53	2.42	2.27	2.16	1.93	1.79	1.62
	.01	7.56	5.39	4.51	4.02	3.70	3.47	3.17	4.98	2.75	2.30	2.01
	.001	13.3	8.77	7.05	6.12	5.53	5.12	4.58	24	3.49	3.77	2.59
40	.25	1.36	1.44	1.42	1.40	1.39	1.37	1.35	1.33	1.28	1.24	1.19
	.10	2.84	2.44	2.23	2.09	2.00	1.93	1.83	1.76	1.61	1.51	1.38
	.05	4.08	3.23	2.84	2.61	2.45	2.34	2.18	2.78	1.84	1.69	1.51
	.01	7.31	5.18	4.31	3.83	3.51	3.29	2.99	2.80	2.37	2.11	1.80
	.001	12.6	8.25	6.60	5.70	5.13	4.73	4.21	3.87	3.IS	2.73	2.23
60	.25	1.35	1.42	1.41	1.38	1.37	1.35	1.32	1.30	1.25	1.21	1.15
	,10	2.79	2.39	2.18	2.04	1.95	1.87	1.77	1.71	1.54	1.44	1.29
	.75	4.00	3.15	2.76	2.53	2.37	2.25	2.10	1.99	1.75	1.59	1.39
	.01	7.08	4.98	4.13	3.65	3.34	3.12	2.82	2.63	2.20	1.94	1.60
	.00l	12.0	7.76	6.17	5.31	4.76	4.37	3.87	3.54	2.83	2.41	1.59
120	.25	1.34	1.40	1.39	1.37	1.35	1.33	1.30	1.28	1.22	1.18	1.10
	.10	2.75	2.35	2.13	1.99	1.90	1.82	1.72	1.65	1.48	1.37	1.19
	.05	3.92	3.07	2.68	2.45	2.29	2.17	2.02	1.91	1.66	1.50	1.25
	.0l	6.85	4.79	3.95	3.48	3.17	2.96	2.66	2.47	2.73	1.76	1.38
	.001	11.4	7.32	5.79	4.95	4.42	4.04	3.55	3.24	2.53	2.11	1.54
70	.25	1.32	1.39	1.37	1.35	1.33	1.31	1.28	1.25	1.19	1.14	1.70
	.10	2.71	2.30	2.08	1.94	1.85	1.77	1.67	1.60	1.42	1.30	1.00
	.05	3.84	3.00	2.60	2.37	2.21	2.10	1.94	1.83	1.57	1.39	1.00
	.01	6.63	4.61	3.78	3.32	3.02	2.80	2.51	2.32	L88	1.79	1.00
	.001	10.8	6.91	5.42	4.62	4.10	3.74	3.27	2.76	2.27	1.84	1.00

연습문제 해답

1.1 $A+B=\begin{bmatrix}2 & 9\\3 & 9\\5 & 9\end{bmatrix}$ $A-B=\begin{bmatrix}0 & -1\\1 & 1\\1 & 3\end{bmatrix}$ $AC=\begin{bmatrix}23 & 14 & 1\\31 & 22 & 2\\39 & 30 & 3\end{bmatrix}$

$AB'=\begin{bmatrix}21 & 17 & 14\\27 & 22 & 19\\33 & 27 & 24\end{bmatrix}$ $B'A=\begin{bmatrix}9 & 21\\22 & 58\end{bmatrix}$

1.2

$$A^{-1}=\begin{bmatrix}\frac{1}{2} & 0 & 0 & 0\\0 & \frac{1}{4} & 0 & 0\\0 & 0 & \frac{1}{2} & -\frac{1}{2}\\0 & 0 & -\frac{1}{4} & \frac{3}{4}\end{bmatrix}$$

1.3 $r(A)=r(A')=r(A'A)=r(AA')=3$

1.4 1) $AB=\begin{bmatrix}22 & 17 & 26\\2 & -3 & 16\\46 & 31 & 68\end{bmatrix}$ $BA=\begin{bmatrix}40 & 5 & 35\\22 & -1 & 13\\62 & 4 & 48\end{bmatrix}$

따라서 $AB\neq BA$

2) $r(A)=r(A')=r(A'A)=2$

3) $r(AB)=r(A)=r(B)=2$

$r(A+B)=3 < r(A)+r(B)=4$

1.5 $|A|=0$, $|B|=0$, $|AB|=0$이므로

$|AB|=|BA|=|A||B|$, $|A|=|A'|=0$

$tr(A)=5$, $tr(B)=9$, $tr(AB)=87$, $tr(BA)=87$,

$tr(A+B)=14$, $tr(A-B)=-4$이므로

$tr(AB)=87=tr(BA)$

$tr(A+B)=14=tr(A)+tr(B)$

$tr(A-B)=-4=tr(A)-tr(B)$

1.6 $CC'=\begin{bmatrix}1 & 0\\0 & 1\end{bmatrix}=I$

1.7 $A=\begin{bmatrix}2 & -1 & 1\\ 1 & 4 & -2\\ 2 & 2 & 1\end{bmatrix}$ $X=\begin{bmatrix}x_1\\ x_2\\ x_3\end{bmatrix}$ $b=\begin{bmatrix}2\\ -1\\ 0\end{bmatrix}$이라 놓으면,

$$X=A^{-1}b=\begin{bmatrix}0.8666\\ -0.6668\\ -0.4000\end{bmatrix}$$

1.8

1) $AA=\begin{bmatrix}\frac{1}{3} & \frac{1}{3} & \frac{1}{3}\\ \frac{1}{3} & \frac{1}{3} & \frac{1}{3}\\ \frac{1}{3} & \frac{1}{3} & \frac{1}{3}\end{bmatrix}$이므로 A는 멱등행렬이다.

2) $tr(A)=\frac{1}{3}+\frac{1}{3}+\frac{1}{3}=1=r(A)$

1.9

$$A=\begin{bmatrix}6 & 2 & 1 & \frac{1}{2}\\ 2 & 3 & 0 & 1\\ 1 & 0 & 1 & 0\\ \frac{1}{2} & 1 & 0 & 1\end{bmatrix} \qquad \frac{\partial y'Ay}{\partial y}=\begin{bmatrix}12y_1+4y_2+2y_3+y_4\\ 4y_1+6y_2+2y_4\\ 2y_1+2y_3\\ y_1+2y_2+2y_4\end{bmatrix}$$

1.10 $y'Ay=(y_1, y_2, y_3)=\begin{bmatrix}1/3 & 1/3 & 1/3\\ 1/3 & 1/3 & 1/3\\ 1/3 & 1/3 & 1/3\end{bmatrix}\begin{bmatrix}y_1\\ y_2\\ y_3\end{bmatrix}=\frac{1}{3}(y_1+y_2+y_3)^2,$

(y_1, y_2, y_3)은 y의 값들이 동시에 0이 아닌 모든 값에 대하여 $y'Ay \ge 0$이므로 양반정치이다.

1.11 $J=\begin{bmatrix}1 & 1 & \cdots & 1\\ 1 & 1 & \cdots & 1\\ \vdots & \vdots & \cdots & \vdots\\ 1 & 1 & \cdots & 1\end{bmatrix}$이라고 놓으면,

1) $A=\frac{J}{n^2}$ 2) $A=I$ 3) $A=I-\frac{J}{n}$

2.1 1) $S = \{(0,0),(0,1),(1,0),(1,1)\}$ 2) $P(A) = \frac{3}{4}$

2.2 1) $E(X-1) = 24$, $Var(X-1) = 5$

2) $E(-2X) = -48$, $Var(-2X) = 20$

3) $E(3X+6) = 78$, $Var(3X+6) = 45$

2.3 1) 34명 2) 0.1587

2.4 0.0475

2.5 0.5

2.6 (28.765 , 30.435)

2.7 (1794.12, 30.435)

2.8 H_0: $\mu = 12.70$ H_1: $\mu \neq 12.70$

검정통계량 $t_0 = \frac{\overline{x} - \mu}{s/\sqrt{n}} = 1.5$

2.9 H_0: $\mu = 300$ H_1: $\mu \neq 300$

검정통계량 $z_0 = \left| \frac{\overline{x} - \mu}{\sigma/\sqrt{n}} \right| = 4.0$

2.10 H_0: $\mu_A = \mu_B$ H_1: $\mu_A < \mu_B$

검정통계량 $z_0 = \frac{\overline{x} - \overline{y}}{\sqrt{\frac{\sigma_1^2}{n_1} + \frac{\sigma_2^2}{n_2}}} = -6.364$

3.1 2) $\hat{y}=15.84-0.128x$ 5) $r=-0.948$

6) $\hat{y}=9.965$ 7) $SSE=2.78$

8) $SSE=9.961$

3.2 2) $b_1=4.43$, $b_0=66.215$

3) x가 1단위 증가할 때 y는 4.43배 만큼씩 증가한다.

4) $\hat{y}=110.515$ 5) 0.899

3.3 1) $r_{xy}=0.757$ 2) $\hat{y}=-143.652+3.756x$ 3) $MSE=8.234$

3.4 2) $b_1=1.15$, $b_0=10.1$ 3) $\hat{\sigma}=0.8404$

4) $r_{xy}=0.908$ 5) $x \fallingdotseq 4.96$, 약 $x=5$

3.5 2) $b_1=24.502$, $b_0=11.45$ 4) $\hat{y}=109.858$

6) $r_{xy}=0.995$

3.6 2) $\hat{y}=9.27273+1.43636\,x$

3) $MSE=2.35960$

4) $r_{xy}=0.95626$

3.7 1) $b_1=0.55$, $b_0=0.32$

2) $r_{xy}=0.832$

3.8 2) $\hat{y}=-1.88453+0.23507\,x$

3) $r_{xy}=0.86266$

5) $r_{xz}=0.99917$

3.9 1) $r_{xy}\equiv-2.795$(r의 범위 밖)

2) $b_1=-62.5$, $b_0{}'=\bar{y}=60$

$\hat{y}=b_0{}'+b_1(x-\bar{x})=\bar{y}+b_1(x-\bar{x})=60-62.5(x-\bar{x})$

3) $\hat{y} = 97.5$

3.10 $\frac{SSE}{\sigma^2}$은 $\chi^2_{(n-2)}$ 분포를 하므로 $E\left(\frac{SSE}{\sigma^2}\right) = n-2$이고

따라서 $E(MSE) = E\left(\frac{SSE}{n-2}\right) = \sigma^2$

3.11 1) $SSE = \sum(y_i - b_0 - b_1 x_i)^2$

$$= \sum y_i^2 - 2b_0 \sum y_i - 2b_1 \sum x_i y_i + b_0(nb_0 + b_1 \sum x_i) + b_1(b_0 \sum x_i + b_1 \sum x_i^2)$$

$$= \sum y_i^2 - b_0 \sum y_i - b_1 \sum x_i y_i$$

2) $SSE = \sum(y_i - b_0 - b_1 x_i)^2 = \sum[(y_i - \bar{y}) - b_1(x_i - \bar{x})]^2$

$$= \sum(y_i - \bar{y})^2 - \frac{[\sum(x_i - \bar{x})(y_i - \bar{y})]^2}{\sum(x_i - \bar{x})^2}$$

3) $SSE = \sum(y_i - \bar{y})^2 - \frac{[\sum(x_i - \bar{x})(y_i - \bar{y})]^2}{\sum(x_i - \bar{x})^2}$

$$= \left[\sum y_i^2 - \frac{(\sum y_i)^2}{n}\right] - \frac{\left[\sum x_i y_i - \frac{\sum x_i y_i}{n}\right]^2}{\sum x_i^2 - \frac{(\sum x_i)^2}{n}}$$

4.1 1) β_0의 95% 신뢰구간 (13.8959, 17.7997)

β_1의 95% 신뢰구간 (−0.1706, −0.0852)

2) β_1이 −0.1726과 −0.0874 사이에 포함될 확률은 95%이다.

3) ① $H_0 : \beta_1 = 0 \quad H_1 : \beta_1 \neq 0$ (양측검정)

② $\alpha = 0.05$

③ $t_0 = \frac{b_1 - \beta_1}{\sqrt{\frac{MSE}{\sum(x_i - \bar{x})^2}}} = \frac{-0.13}{0.0174} = -7.4713$

④ $|t| > t(6, 0.025) = 2.447$

$t < -2.447$ 또는 $t > 2.447$

⑤ $t_0 = -7.4713 < -2.447$ 이므로 귀무가설이 기각된다.

따라서 $y = \beta_0 + \beta_1 x + \epsilon$에서 $\beta_1 \neq 0$ 이므로 시간당 평균온도는 석탄소비량 y에 영향을 미친다고 할 수 있다.

5) 분산분석표

요인	제곱합	자유도	제곱평균	F_0
회귀	22.9808	1	22.9808	53.69
잔차	2.5679	6	0.4279	
계	25.5487	7		

6) (10.130, 11.312)

7) (9.0146, 12.4274)

8) 예측구간이 추정된 회귀직선 $\hat{y_0}$로부터 생기는 오차와 새로운 관측값에 기인되는 오차 모두에 영향을 받기 때문에 μ_{y,x_0} 신뢰구간이 y_0의 예측구간보다 항상 작다는 것을 알 수 있다.

9) $R^2 = 0.8995$, $r = -0.95$

r은 상관계수로서 x와 y가 음의 상관관계를 가졌는데 가졌다는 것을 알 수 있으며 R^2을 결정계수로서 표본으로부터 추정된 회귀선이 표본관측값에 거의 적합함을 알 수 있다.

4.2 β_0의 95% 신뢰구간 (8.225, 10.3204)

β_1의 95% 신뢰구간 (1.1050, 1.7676)

$\mu_{y,x}$의 95% 신뢰구간 (12.1459, 15.0341)

4.3 1) β_0의 95% 신뢰구간 (8.2617, 11.9383)

β_1의 95% 신뢰구간 (0.7167, 1.5833)

2) $x_0 = 2$ (11.5438, 13.2562)

$x_0 = 3$ (12.9446, 14.1554)

$x_0 = 4$ (14.2058, 15.1942)

$x_0 = 5$ (15.2446, 16.4554)

$x_0 = 6$ (16.1438, 17.8562)

3) $x_0 = 2$ (10.6182, 14.1818)

$x_0 = 3$ (11.8741, 15.2259)

$x_0 = 4$ (13.0610, 16.3390)

$x_0 = 5$ (14.1741, 17.5259)

$x_0 = 6$ (15.2182, 18.7818)

4) 분산분석표

요인	제곱합	자유도	제곱평균	F_0
회귀	26.45	1	26.45	37.45
잔차	5.65	8	0.7062	
계	32.1	9		

4.4 1) (13.9261, 16.9375)

2) 151.69

3) ① $H_0 : \beta_1 = 0 \quad H_1 : \beta_1 \neq 0$ (양측검정)

② $\alpha = 0.05$

③ $t_0 = 23.6294$

④ $|t| > t(8, 0.025) = 2.306$

$t < -2.306$, $t > 2.306$

⑤ $t_0 = 23.6294 > 2.306$ 이므로 귀무가설이 기각된다.

따라서 하루에 접수되는 고장제품의 수는 고장제품을 수리하는 데 드는 시간에 영향을 미친다고 할 수 있다.

4.5 분산분석표

요인	제곱합	자유도	제곱평균	F_0
회귀	14666.03	1	14666.03	588.40
잔차	210.114	8	26.2643	
계	14876.114	9		

4.6 1) $R^2 = 0.5734$, $r^2 = 0.5734$ $\therefore R^2 \fallingdotseq r^2$

2) ① $H_0 : \beta_1 = 0$ $H_1 : \beta_1 \neq 0$ (양측검정)

② $\alpha = 0.01$

③ $t_0 = 3.288$

④ $|t| > t(8, 0.005) = 3.3555$

$t < -3.355$, $t > 3.355$

⑤ $t_0 = 3.288 < 3.355$ 이므로 귀무가설 채택

따라서 A회사의 주가는 종합주가지수에 영향을 미치지 않는다고 말할 수 있다.

3) (42.3856, 186.2880)

4) $x_0 = 670$ (214.575, 218.6925)

5) 분산분석표

요인	제곱합	자유도	제곱평균	F_0
회귀	2178.756	1	2178.756	10.75
잔차	1621.243	8	202.655	
계	3800.000	9		

4.7 $x = 210$, $(98.26, 196.94)$

$x = 213$, $(98.93, 191.17)$

$x = 216$, $(97.71, 197.29)$

$x = 219$, $(100.48, 197.42)$

$x = 221$, $(100.99, 197.51)$

4.8 1) 신뢰구간 (52.9140, 79.5101)

검정 ① $H_0 : \beta_0 = 0$ $H_1 : \beta_0 \neq 0$ (양측검정)

② $\alpha = 0.05$

③ $t_0 = 11.4766$

④ $|t| > t(8, 0.025) = 2.306 \rightarrow t < -2.306$, $t > 2.306$

⑤ $t_0 = 11.4766 > 2.306$ 이므로 귀무가설 기각

2) 신뢰구간 (3.0904 , 5.7701)

검정 ① $H_0 : \beta_1 = 0$ $H_1 : \beta_1 \neq 0$ (양측검정)

② $\alpha = 0.05$

③ $t_0 = 7.6248$

④ $|t| > t(8, 0.025) = 2.306 \rightarrow t < -2.306,\ \ t > 2.306$

⑤ $t_0 = 7.6248 > 2.306$이므로 귀무가설 기각

3) 분산분석표

요인	제곱합	자유도	제곱평균	F_0
회귀	1619.27	1	1619.27	58.14
잔차	222.82	8	27.85	
계	1842.09	9		

4) $R^2 = 0.8790$

5) (106.6139, 114.4261)

6) (97.7445, 123.2952)

7) $x_0 = 8$, $(97.3247, 105.9953)$

$x_0 = 9$, $(102.1929, 109.9871)$

$x_0 = 10$, $(106.6229, 114.4171)$

$x_0 = 11$, $(110.6147, 119.2853)$

$x_0 = 12$, $(114.2837, 124.4763)$

4.9 1) β_0의 신뢰구간 (3.6844, 19.2437)

β_1의 신뢰구간 (22.7822, 26.4221)

2) β_0 검정

① $H_0 : \beta_0 = 0 \quad H_1 : \beta_0 \neq 0$ (양측검정)

② $\alpha = 0.05$

③ $t_0 = 3.33$

④ $|t| > t(9, 0.025) = 2.262 \rightarrow t < -2.262,\ \ t > 2.262$

⑤ $t_0 = 3.33 > 2.262$이므로 귀무가설 기각

β_1 검정

① $H_0 : \beta_1 = 0 \quad H_1 : \beta_1 \neq 0$ (양측검정)

② $\alpha = 0.05$

③ $t_0 = 30.58$

④ $|t| > t(9, 0.025) = 2.262 \rightarrow t < -2.262,\ t > 2.262$

⑤ $t_0 = 30.58 > 2.262$이므로 귀무가설 기각

3) 분산분석표

요인	제곱합	자유도	제곱평균	F_0
회귀	199919	1	19919	935.15
잔차	191.70	9	21.30	
계	20111	10		

4) $E(y|x_0)$ 신뢰구간 (106.7207, 113.0252)

y_0의 예측구간 (98.9671, 120.7788)

5) $E(y|x_0)$ 신뢰구간

$x_0 = 1$, (29.90, 42.22)

$x_0 = 3$, (81.7145, 88.8269)

$x_0 = 5$, (130.7535, 138.1868)

$x_0 = 7$, (177.2334, 190.1257)

y_0 예측구간

$x_0 = 1$, (23.94, 48.18)

$x_0 = 3$, (74.24, 96.30)

$x_0 = 5$, (123.39, 145.55)

$x_0 = 7$, (171.40, 195.94)

6) $R^2 = 0.9905$

5.1 1) $\hat{y} = -1.8845 + 0.2350x$

요인	제곱합	자유도	제곱평균	F_0
회귀	6.0785	1	6.0785	26.18
잔차	2.0896	9	0.2322	
계	8.1681	10		

2) $\hat{z}=-2.689+0.196x$

요인	제곱합	자유도	제곱평균	F_0
회귀	4.2206	1	4.2206	5384.94
잔차	0.007	9	0.0007	
계	4.231	10		

3) ① (0.131, 0.3388)

② (0.1901, 0.201)

4) $R^2=0.744,\quad r_{xy}=0.863$

5) $R^2=0.998,\quad r_{xz}=0.999$

6) 2)의 경우가 결정계수가 크므로 더 잘 적합하다.

5.2 3) 2)의 경우가 더 잘 적합하다.

5.3 1) 3.5749

2) 1.158

3) x에 대한 MSE가 $\log_{10}x$에 대한 MSE보다 크므로 $\log_{10}x$가 더 바람직한 추정이라 볼 수 있다.

5.4 2) 분산분석표

요인	제곱합	자유도	제곱평균	F_0
회귀	69897	1	69897	30.21
잔차	9255.91	4	2313.97	
계	79153	5		

3) $R^2=0.8831$

5) $\hat{y}=295.12\times 1.07^x$

$R^2=0.828$

5.6 2) $\hat{y}=146.86-14.24x$

요인	제곱합	자유도	제곱평균	F_0
회귀	16749	1	16749	57.47
잔차	2331.40	8	291.42	
계	19081	9		

$f_0 = 57.49 > F(1.8; 0.05) = 5.32, H_0$ 기각

3) $R^2 = 0.8778$

5.8 비선형모형 $y = \beta_0 e^{\beta_1 x}$

$\hat{y} = 5.26 - 0.2257x$이고 비선형 추정식 $\hat{y} = 193.088e^{-0.2257x}$ $R^2 = 0.9639$. 비선형모형이 더 적합하다.

5.9 2) $\hat{y} = 109 - 1.075x$, $R^2 = 0.756$

요인	제곱합	자유도	제곱평균	F_0
회귀	2773.5	1	2773.5	21.7
잔차	894.5	7	127.79	
계	3668	8		

5.10 1) 5.9의 2)와 동일

2) SSPE = 134 (df=6)

SSLF = 760.5 (df=1)

$F_0 = 34.053 > F_{0.05}(1,6) = 5.99$이므로 $\alpha = 0.05$에서 H_0를 기각한다.
즉, 선형이 아니다.

5.11 1) SSPE=100 (df=4)

SSLF=91.70166 (df=5)

$F_0 = 0.7336 < F_{0.05}(5,4) = 6.26$이므로 $\alpha = 0.05$에서 H_0를 기각할 수 없다.
즉, 가정된 회귀직선이 x와 y의 관계를 잘 설명한다고 할 수 있다.

5.12 1) $\hat{y} = 5 - 0x$, β_1의 신뢰구간$= (-2.734,\ 2.734)$

2) $\hat{y}=3.398-0.3347x$

5.14 3) $d=0.576$, 2보다 작고 0에 가까우므로 양의 자기상관이 존재한다.

6.1 2) $\hat{y}=814.13+2.34x$

3) 분산분석표

요인	제곱합	자유도	제곱평균	F_0
회귀	784019887.7	1	874019887.7	4057.35
잔차	2898512.3	15	193234.15	
계	786918400	16		

$\hat{y}=0.4041x, F_0=4057.35>F(1.15;0.05)=4.54,\ H_0$ 기각

즉, $\beta_1\neq 0$이다. 모형은 적합하다.

6.2 2) $\hat{y}=0.40141x$, $R^2=0.9972$

분산분석표

요인	제곱합	자유도	제곱평균	F_0
회귀	319.84395	1	319.84395	3212.54
잔차	0.89605	9	0.09956	
계	320.74000	10		.

$F_0=3212.54>F_{0.05}(1.9)=3.26,\ H_0$ 기각

x는 y에 영향을 미친다.

3) $R^2=0.9929\ \ \hat{y}=-0.1684+0.4117x$

6.3 1) $\hat{y}=13.621-0.0798x$

2) β_0의 신뢰구간$=(12.418,14.824)$

3) β_1의 신뢰구간$=(-0.10160,-0.05806)$

4) β_0와 β_1의 공동신뢰구간
$\beta_0=(12.416,14.824), \beta_1=(-0.1249,-0.0347)$

6.4 1) 검정통계량 $F_0 = 1.6447 < 3.63 = F_{0.05}(2,16)$, H_0 기각할 수 없다. 남, 여 회귀모형은 같다.

2) $t_0 = 1.6867 < 2.92 = t_{0.01}(16)$, H_0 기각할 수 없다. 두 회귀선의 기울기는 다르지 않다.

3) 남자 $R^2 = 0.9719$

여자 $R^2 = 0.9166$

축소모형 $R^2 = 0.93644$

6.5 1) 남: $\hat{y} = 14.176 + 14.824x$, 여: $\hat{y} = 15.63 + 12.76x$

3) $t_0 = 0.786 < t_{0.025}(28) = 2.048$, H_0 채택

4) $F_0 = 0.4062 < 3.49 = F(2,28; 0.05)$, H_0 채택. 두 회귀선은 동일

6.6 1) $$\frac{SSR}{\sigma^2} = y'\left(\frac{X(X'X)^{-1}X' - \frac{J}{n}}{\sigma^2}\right)y = y'\frac{A}{\sigma^2}y$$

$$\therefore \frac{SSR}{\sigma^2} \sim \chi'^2(1, \beta_1^2 \Sigma(x_i - \bar{x})^2 / 2\sigma^2)$$

2) $$\frac{SSE}{\sigma^2} = y'\left(\frac{I - X(X'X)^{-1}X'}{\sigma^2}\right)y = y'\frac{B}{\sigma^2}y$$

$$\therefore \frac{SSE}{\sigma^2} \sim \chi'^2(n-2, 0) = \chi^2(n-2)$$

6.7 $E(SSR) = E(y'Ay)$, 여기서 $A = X(X'X)^{-1}X' - \frac{J}{n}$

$$= \sigma^2 tr(A) + \mu' A\mu \ (\because \ V = I\sigma^2)$$

$$= \sigma^2 + \beta_1^2 \Sigma(x_i - \bar{x})^2$$

$E(SSE) = E(y'By)$, 여기서 $B = I - X(X'X)^{-1}X'$

$$= \sigma^2 tr(B) + \mu' B\mu$$

$$= (n-2)\sigma^2$$

6.8 $E(SSE) = E\left(y'\left[I-\frac{J}{n}\right]y\right)$

$$= \sigma^2 tr\left[I-\frac{J}{n}\right] + \mu'\left[I-\frac{J}{n}\right]\mu$$

$$= (n-1)\sigma^2 + {\beta_1}^2 \Sigma (x_i - \bar{x})^2$$

$$E(SSR) + E(SSE) = \sigma^2 + \beta_1^2 \Sigma (x_i - \bar{x})^2 + (n-2)\sigma^2$$

$$= (n-1)\sigma^2 + \beta_1^2 \Sigma (x_i - \bar{x})^2 = E(SST)$$

6.10 $\frac{SSR}{\sigma^2} = y'\left(\frac{X(X'X)^{-1}X' - \frac{J}{n}}{\sigma^2}\right)y = y'\frac{A}{\sigma^2}y$

$\frac{SSE}{\sigma^2} = y'\left(\frac{I - X(X'X)^{-1}X'}{\sigma^2}\right)y = y'By$ 라고 놓으면,

$AVB = 0$이므로, SSR/σ^2과 SSE/σ^2은 독립이다. $(V = \sigma^2 I)$

따라서 $F_0 = \frac{MSR}{MSE} = \frac{\frac{SSR}{\sigma^2}/1}{\frac{SSE}{\sigma^2}/(n-2)} = F'(1, n-2; \lambda)$

여기서 $\lambda = {\beta_1}^2 \Sigma (x_i - \bar{x})^2 / 2\sigma^2$인데 $\beta_1 = 0$이면 $\lambda = 0$이므로

$F_0 = \frac{MSR}{MSE} \sim F(1, n-2)$

7.1 1) $\begin{bmatrix} 9 & 37.2 \\ 37.2 & 155.48 \end{bmatrix}$

2) $\begin{bmatrix} 10.04 & -2.40 \\ -2.40 & 0.58 \end{bmatrix}$

3) $\begin{bmatrix} 23.3 \\ 97.24 \end{bmatrix}$

4) $\begin{bmatrix} 0.24 \\ 0.013 \end{bmatrix}$

7.2 1) $\hat{y} = 39.33333 + 4.25x_1 + 4.083x_2$

2) $MSE = 3.22222$

3) $Var(b_0) = 308.33$, $Var(b_1) = 6.25$, $Var(b_2) = 4.166$

4) 76.916

7.4 2) $\hat{y}=13.108737-0.090014x_1+0.082495x_2$

4) $SSE=0.6737$, $MSE=0.13475$

5) $MSE=13.24113$, $SSE=66.2056$

7.5 1) $\hat{y}=9.6457+0.4499\,x_1-0.1187\,x_2$

2) $Var(b_0)=343.9435$, $Var(b_1)=0.1872$, $Var(b_2)=0.1379$

7.6 1) $\hat{y}=3.97264+0.57138\,x_1$

2) $\hat{y}=28.41065-0.45788\,x_2$

7.7 1) $r_{x_1y}=0.8143$, $r_{x_2y}=0.7698$, $r_{x_1x_2}=0.6138$

2) $\hat{y}=6.1914+1.0722\,x_1$, $SSE=299.344$

3) $\hat{y}=30.5714+3.6428\,x_2$, $SSE=361.56$

4) $\hat{y}=6.6205+0.722\,x_1+2.0416x_2$, $SSE=195.427$

5) 299.344, 361.56, 195.427

7.8 1) $\hat{y}=-101.4058+3.7768\,x_1$

2) $\hat{y}=-4.64828-1.3171\,x_2$

3) $\hat{y}=-94.5520+2.8015\,x_1+1.0726x_2$

7.9 1) $\hat{y}=-5.72439+0.32467\,x_1+0.40916\,x_2+0.32319x_3$

2) $\hat{y}=-32.94913+0.51138\,x_1+0.66726\,x_3$

7.10 1) $\hat{y}=13.96481-1.91705x_1-0.54147x_2$

8.1 1) $\hat{y}=35.335854+0.204751\,x_1+2.550632\,x_2$

2) $Var(b_0)=8.9997475\,\sigma^2$ $Var(b_1)=0.0006376\,\sigma^2$

$Var(b_2) = 0.0207997\sigma^2$

3) b_1 : 1℃ 온도 증가에 따른 인장강도의 변화

b_2 : 1 분의 시간 증가에 따른 인장강도의 변화

4) $b_1 \pm t(n-k-1;\alpha/2)\sqrt{C_{11}MSE} = 0.204751 \pm t(7;0.025)$

$\sqrt{(0.0006376)(261.7688714)} = 0.204751 \pm (2.365)(0.408537)$

$\therefore \quad -0.761439 < \beta_1 < 1.170941$

$b_2 \pm t(n-k-1;\alpha/2)\sqrt{C_{22}MSE} = 2.5 \pm t(7;0.025)$

$\sqrt{(0.0207997)(261.7688714)} = 2.550632 \pm (2.365)(2.3339212)$

$\therefore \quad -2.9690916 < \beta_2 < 8.0703556$

5) 분산분석표

요인	제곱합	자유도	제곱평균	F_0
회귀	3060.31885	2	1530.15945	5.85
잔차	1832.38215	7	261.76888	
계	4892.70100	9		

$F_0 = 5.85 > F(2,7;0.05) = 4.74$, H_0 기각

6) $x_1 = 200$, $x_2 = 20$에서 $\hat{y} = 127.2987$

$\hat{y} \pm t(n-k-1;\alpha/2)\sqrt{x'(X'X)^{-1}x \cdot MSE}$

$$= 127.2987 \pm t(7;0.025)\sqrt{(0.141963)(261.7688714)}$$
$$= (113.7330728, 140.8647273)$$

7) 검정통계량

$$t_0 = \frac{q'b}{\sqrt{q'(X'X)^{-1}q \cdot MSE}} = \frac{-2.355}{\sqrt{0.02792 \times 261.7688}} = -0.87106$$

$|t_0| = 0.8710 < 2.365 = t_{0.025}(7)$, H_0 채택

8) $x_1 = 240$, $x_2 = 30$ 에서 $\hat{y} = 160.9951$

$\hat{y} \pm t_{0.025}(7)\sqrt{x'(X'X)^{-1}x \cdot MSE} = (134.7210, 187.2692)$

8.2 1) 분산분석표

요인	제곱합	자유도	제곱평균	F_0
회귀	2747.53927	1	2747.53927	10.25
잔차	2145.16173	8	268.14522	
계	4892.70100	9		

2) $\hat{y} = 6.62935 + 0.60239x_1$

3) $R^2 = 0.5616$

8.3 1) $Var(b_0) = 0.6776,\ \ Var(b_1) = 0.00018,\ \ Var(b_2) = 0.00045$

2) (10.90910, 15.30838)

3) (−0.12620, −0.05383)

4) (0.02594, 0.13905)

5) $E(y_0) = 10.3331$ (9.8949, 10.7713)

6) $y = 10.3331$ (9.2927, 11.3735)

7) 분산분석표

요인	제곱합	자유도	제곱평균	F_0
회귀	24.87502	2	12.43751	92.30
잔차	0.67373	5	0.13475	
계	25.54875	7		

8) $R^2 = 0.9736$

8.4 1) ① $y = \beta_0 + \beta_1 x_1 + \epsilon \ \rightarrow\ \hat{y} = 6.18985 + 1.07223x_1$

요인	제곱합	자유도	제곱평균	F_0
회귀	588.92252	1	588.92252	19.67
잔차	299.23748	10	29.93275	
계	888.25000	11		

② $y = \beta_0 + \beta_2 x_2 + \epsilon \ \rightarrow\ \hat{y} = 30.57143 + 3.64286x_2$

요인	제곱합	자유도	제곱평균	F_0
회귀	526.39286	1	526.39286	14.55
잔차	361.85714	10	36.18571	
계	888.25000	11		

③ $y=\beta_0+\beta_1x_1+\beta_2x_2+\epsilon \rightarrow \hat{y}=6.55305+0.72204x_1+2.05013x_2$

요인	제곱합	자유도	제곱평균	F_0
회귀	692.82261	2	346.41130	15.95
잔차	195.42739	9	21.71415	
계	888.25000	11		

2) $R_1^2=r_1^2=0.6630$, $R_2^2=r_2^2=0.5926$, $R_{12}^2=r_{12}^2=0.7800$

$\rightarrow 0.5926 < 0.6630 < 0.7800$

3) R_{12}^2 의 결정계수 값이 0.78로 가장 크므로 가장 타당하다고 할 수 있다.

8.5 1) 분산분석표

요인	제곱합	자유도	제곱평균	F_0
회귀	122	2	61	7.18
잔차	68	8	8.5	
계	190	10		

2) $R^2=0.6421$

3) 분산분석표

요인	제곱합	자유도	제곱평균	F_0
회귀	116.08182	1	116.08182	14.13
잔차	73.91818	9	8.21313	
계	190.00000	10		

4) 분산분석표

요인	제곱합	자유도	제곱평균	F_0
회귀	98.32727	1	98.32727	9.65
잔차	91.67273	9	10.18586	
계	190.00000	10		

8.6 분산분석표

요인	제곱합	자유도	제곱평균	F_0
회귀	2618.97935	2	1309.48968	151.70
잔차	43.16065	5	8.63213	
계	2662.14000	7		

$R^2 = 0.9838$

8.7 1) $\hat{y} = 4.91667x_1 + 2.33333x_2 - 3.5x_3$

2) $\hat{y} = 10.28571 + 1.678757x_1 + 1.57143x_2 - 1.21429x_3$

3) $R(\beta_2 | \beta_0, \beta_1, \beta_3) = 11.52381$, $F_0 = 7.3333 < F_{0.05}(1,2) = 18.5$, H_0 채택

4) $F_0 = 3.6931 < 19.0 = F_{0.01}(2,2)$, H_0 채택

8.8 1) $\hat{y} = 15.04167 + 1.29167x_2 - 0.37500x_3$

2) $\hat{y} = 11.3333 + 1.41667x_1 - 0.16667x_3$

3) $\hat{y} = 11.5 + 1.375x_1 + 1.16667x_2$

8.9 $R_{23}^2 = 0.3440$, $R_{13}^2 = 0.4094$, $R_{12}^2 = 0.7349$

8.10 1) $\hat{y} = 0.375 + 9.25\,x_1 + 5.375\,x_2$

2) $\hat{y} = 27.25 + 9.25\,x_1$

요인	제곱합	자유도	제곱평균	F_0
회귀	171.125	1	171.125	4.13
잔차	248.75	6	41.458	
계	419.875	7		

3) $\hat{y}=23.5+5.375x_2$

요인	제곱합	자유도	제곱평균	F_0
회귀	231.125	1	231.125	7.35
잔차	188.75	6	31.45833	
계	419.875	7		

4) $\hat{y}=0.63841\,w_1+0.74193\,w_2$

6) $W'W=\begin{bmatrix}1 & r_{12}\\ r_{12} & 1\end{bmatrix}=\begin{bmatrix}1 & 0\\ 0 & 1\end{bmatrix}$

$\rightarrow$ $r_{12}=0$: 상관계수가 0이므로 x_1과 x_2 사이에 상관이 존재하지 않는다.

8.14 1) ① $y=\beta_0+\beta_1x_1+\beta_2x_2+\epsilon$ 가정

$\rightarrow$ $\hat{y}=24.81871+0.26184\,x_1+0.61282\,x_2$ $\quad(R^2_{12}=0.7623)$

② $y=\beta_0+\beta_1x_1+\beta_3x_3+\epsilon$ 가정

$\rightarrow$ $\hat{y}=-32.94913+0.51138\,x_1+0.66736\,x_3$ $\quad(R^2_{13}=0.7491)$

③ $y=\beta_0+\beta_2x_2+\beta_3x_3+\epsilon$ 가정

$\rightarrow$ $\hat{y}=15.37371+0.86077\,x_2+0.06637\,x_3$ $\quad(R^2_{23}=0.7263)$

2) $i=1$ $\quad(-0.38260\,,\,1.03194)$
$i=2$ $\quad(-0.82566\,,\,1.64398)$
$i=3$ $\quad(-1.10347\,,\,1.74985)$

8.15 1) 분산분석표

요인	제곱합	자유도	제곱평균	F_0
회귀	70.61300	2	35.30650	45.54
잔차	3.10128	4	0.77532	
계	73.71429	6		

$F_0 = 45.54 > F_{0.05}(2,4) = 6.94,\ H_0:\ \beta_1 = \beta_2 = 0$ 기각

2) $R(\beta_0) = 302.2857 \qquad R(\beta_1, \beta_2 \mid \beta_0) = 70.613$

$R(\beta_1 \mid \beta_0) = 15.8793 \qquad R(\beta_2 \mid \beta_0) = 70.0147$

3) $R(\beta_1 \mid \beta_2, \beta_0) = 0.5983$

검정통계량 $F_0 = \dfrac{0.5983}{0.775} = 0.77$

$F(1,4;0.05) = 7.71 > 0.77$이므로 H_0 채택

4) $R(\beta_2 \mid \beta_1, \beta_0) = 54.7336$

검정통계량 $F_0 = \dfrac{54.7336}{0.7753} = 70.59$

$F(1,4;0.05) = 7.71$이므로 $\alpha = 0.05$에서 H_0 기각

$F(1,4;0.01) = 21.2$이므로 $\alpha = 0.01$에서 H_0 기각

8.16 1) $\chi^2(n-k-1)$

2) $\chi'^2\left(k+1, \dfrac{1}{2}\beta' X' X\beta\right)$

3) $Q_1 = y'[I - X(X'X)^{-1}X]y$

$= \{[I - X(X'X)^{-1}X']y\}'\{[I - X(X'X)^{-1}X']y\}$

$Q_2 = y'X(X'X)^{-1}X'y = [X(X'X)^{-1}X'y]'[X(X'X)^{-1}X'y]$

그런데 $[X(X'\boldsymbol{X})^{-1}X']I[I - X(X'\boldsymbol{X})^{-1}X']' = 0$이므로 $[X(X'\boldsymbol{X})^{-1}X']$와 $[I - X(X'X)^{-1}X']$는 독립이다. 따라서 Q_1과 Q_2는 독립이다.

4) Q_1과 Q_2는 독립이고, $Q_1 \sim \chi^2(n-k-1)$, $Q_2 \sim \chi^2(k+1)$이므로

$$\frac{Q_2/(k+1)}{Q_1/(n-k-1)} \sim F(k+1, n-k-1)$$

8.17 $E(SSE) = E[y'\{I - X(X'X)^{-1}\}y] = E(y'By)$ 라 놓으면

$E(y'By) = \sigma^2 tr(B) + \beta' X' BX\beta$ 이고

$tr(B) = tr[I - X(X'X)^{-1}X']$

$= tr(I) - tr[X(X'X)^{-1}X'] = n - k - 1$ 이며

$X'BX = X'[I - (X'X)^{-1}X']X = 0$ 이므로 $E(SSE) = (n-k-1)\sigma^2$

따라서 $E(MSE) = E(SSE)/(n-k-1) = \sigma^2$

9.2 1) $\hat{y} = 1.633 - 1.23218x + 1.49455x^2$

2) $F_0 = 361.974 > F_{0.05}(1,7) = 5.59$, H_0 기각

3) $t_0 = 601.64 > t_{0.025}(7)$, H_0 기각

9.3 2) $\hat{y} = -1.17143 + 1.10476x$

요인	제곱합	자유도	제곱평균	F_0
회귀	51.26095	1	51.26095	64.63
잔차	4.75905	6	0.79317	
계	56.02000	7		

3) $\hat{y} = 1.31071 - 0.38452x + 0.16548x^2$

요인	제곱합	자유도	제곱평균	F_0
회귀	55.86119	2	27.93060	879.37
잔차	0.15881	5	0.03176	
계	56.02000	7		

5) $\hat{y} = 0.63571 + 0.31775x - 0.01861x^2 + 0.01364x^3$

요 인	제곱합	자유도	제곱평균	F_0
회귀	55.97165	3	18.65722	1543.35
잔차	0.04835	4	0.01209	
계	56.02000	7		

6) $R_1^2 = 0.9150$, $R_2^2 = 0.9972$, $R_3^2 = 0.9991$

9.4 1) $\hat{y}=6.1898+1.0722x_1$,

$F_0 = 19.67 > F(1,10;0.05) = 8.96$, H_0 기각

2) $F_0 = 4.78 < F(1,9;0.05) = 5.12$, H_0 채택

3) $F_0 = 0.01 < F(1,8;0.05) = 5.32$, H_0 채택

4) 1)의 1차 다항회귀모형이 적합하다.

9.6 1) $\hat{y}=3171.530-243.886\,x_1+46.866\,x_2+4.385\,x_1^2-0.164\,x_2^2-1.130\,x_{12}$

$F_0=0.91 < F(1,4;0.05)=7.71$, H_0 채택

3) 분산분석표

요인	제곱합	자유도	제곱평균	F_0
회귀	356.09009	5	71.21802	24.73
잔차	11.51912	4	2.87978	
계	367.60921	9		

4) $\hat{y}=-86.2261+4.2447x_2$

5) $R^2=0.9687$

9.7 1)

$\beta_0=(-4790.99502,11134),\beta_1=(-832.91748,345.14495),\beta_2=(-116.83020,210.56283),$
$\beta_{11}=(-5.965568,14.73615),\beta_{22}=(-1.82203,1.49455),\beta_{12}=(-4.41506,2.15456))$

3) $\hat{y}=1782.67495-115.14628\,x_1-6.40931\,x_2+1.89245\,x_1^2+0.23893\,x_2^2$

분산분석표

요인	제곱합	자유도	제곱평균	F_0
회귀	353.46183	4	88.36546	31.23
잔차	14.14738	5	2.82948	
계	367.60921	9		

4) $R^2=0.9615$

9.8 1) $\hat{y}=102.77221+4.49326x_1+6.02545x_2+0.03580x_1^2+0.16445x_2^2-0.01962x_{12}$

9.9 1) $\hat{y} = -19.80667 + 29.20000\, x_1 + 3.32000\, x_2$

2) $\hat{y} = -23.40667 + 31.00000\, x_1 + 3.77000\, x_2 - 0.22500\, x_1 x_2$

10.1 $\hat{y} = 35.16 - 0.24\, x$

요인	제곱합	자유도	제곱평균	F_0
회귀	119.08	1	119.08	45
잔차	15.88	6	2.65	
계	134.96	7		

10.2 $\hat{y} = 39.76136 - 0.30368\, x_1 + 15.43382\, x_2$

요인	제곱합	자유도	제곱평균	F_0
회귀	1305.51176	2	652.75588	86.95
잔차	97.59762	13	7.50751	
계	1403.10938	15		

10.4 1) 두 개의 구간으로 나눈다. $x_p = 3.8$

2) $\hat{y} = 99.33 - 12.76\, x_1 - 9.17\, x_2$

3) H_0 기각

10.5 1) $\hat{y} = 4.24 - 0.013\, x$

$Var(\beta_0) = 27.89\, \sigma^2$ $\quad Var(\beta_1) = 0.0004\, \sigma^2$

2) $Var(\beta_0) = 4.73\, \sigma^2$ $\quad Var(\beta_1) = 0.001\, \sigma^2$

10.6 1) $\hat{y} = \dfrac{\exp(-27.15 + 7.801\, x)}{1 + \exp(-27.15 + 7.801\, x)}$

2) $\dfrac{\exp(4.21)}{1 + \exp(4.21)} = 0.98$

11.1 $F_0 = \dfrac{MSR}{MSE} = \dfrac{1803.3}{0.78} = 2311.92$

11.2 a) x_2일 때 $R^2 = 0.6736$

x_1, x_3일 때 $R^2 = 0.9969$

x_1, x_2, x_3일 때 $R^2 = 0.9970$

b) x_2일 때 $MSE = 77.0170$

x_1, x_3일 때 $MSE = 0.7568$

x_1, x_2, x_3일 때 $MSE = 0.7786$

c) x_2일 때 $C_p = 2250.012$

x_1, x_3일 때 $C_p = 2.3462$

x_1, x_2, x_3일 때 $C_p = 3.9615$

11.5 1) 분산분석표

요인	제곱합	자유도	제곱평균	F_0
회귀	61602	3	20534	8.11
잔차	27854	11	2532.13913	
계	89456	14		

$F_0 = 8.11 > F(3,11;0.05) = 3.59$, H_0 기각

2) $\hat{y} = 395.68622 - 25.01686x_1$

3) $\hat{y} = 395.68622 - 25.01686x_1$

4) $\hat{y} = 395.68622 - 25.01686x_1$

5) $P = 1$일 때 $C_p = 1.8530$ x_1 선택

$P = 2$일 때 $C_p = 2.3190$ x_1, x_2 선택

$P = 3$일 때 $C_p = 4.0000$ x_1, x_2, x_3 선택

6) $P = 1$일 때 $R_{ap}^2 = 0.6082$ x_1 선택

$P = 2$일 때 $R_{ap}^2 = 0.6262$ x_1, x_2 선택

$P = 3$일 때 $R_{ap}^2 = 0.6037$ x_1, x_2, x_3 선택

참고문헌

1. 염준근외 3; 확률 및 통계학 입문, 법문사, 1987.
2. 염준근외 1; 통계학, 자유아카데미, 1994.
3. 박성현; 회귀분석, 민영사, 1998.
4. Belsley, D.A., Kuh, E. and Welsch, R.E ; Regression Diagnostics, John Wiley & Sons, Inc., New York, 1980.
5. Cook, R.D. and Weisburg, S.; Residuals and Influence in Regression, Chapman and Hall, 1982.
6. Draper, N.R. and Smith, H.; Applied Regression Analysis John Wiley & Sons, Inc., New York, 1998.
7. Graybill, F.A.; Introduction to Liner Statistical Models, Vol. 1, McGraw-Hill, Inc., New York, 1961.
8. Hald,A.; Ststistical Theory with Engineering Applications. New York, Wiley, 1952
9. Hogg, R.V and Craig, A.T.; Introduction to Mathematical Statistics, Macmillan Co, 1970.
10. Montgomery, D.C. and Peck, E.A.; Introduction to Linear Regression Analysis, 1982.
11. Neter, J. Wasserman, W. and Kutner, M.H.; Applied Linear Statistical Models, R.D. Irwin, Inc., 1996.
12. Rao, C.R.; Linear Statistical Inference and Its Applications, John Wiley & Sons, Inc., New York, 1973.
13. SAS/STAT Guide for Personal Computers, SAS inst., 1985.
14. Searle, S.R.; Liner Models, John Wiley & Sons, Inc., New York, 1971.
15. Seber, G.A.F.; Liner Regression Analysis, John Wiley & Sons Inc., New York, 1977.

찾아보기

| 저자 소개 |

염준근
서울대학교 통계학 박사
현) 동국대학교 통계학과 명예교수

김대경
동국대학교 통계학 박사
현) 전북대학교 통계학과 교수

장인홍
한양대학교 수학과 통계학 박사
현) 조선대학교 컴퓨터통계학과 교수

SAS와 R을 활용한
선형회귀분석 제3판

| 저　　자　염준근 · 김대경 · 장인홍
| 발 행 인　김지영
| 발 행 처　자유아카데미
| 주　　소　경기도 파주시 회동길 37-42
파주출판도시
| 전　　화　031-955-1321
| 팩　　스　031-955-1322
| 홈페이지　www.freeaca.com
| 전자우편　main@freeaca.com(대표)
editor@freeaca.com(편집)
crm@freeaca.com(영업)
| 등　　록　제406-2003-017호, 1980. 7. 12
| 제3판1쇄　2017년 2월 28일 발행
| 제3판2쇄　2020년 8월 31일 발행
| 정　　가　35,000원

저자와의
협의하에
인지생략

ISBN 979-11-5808-124-9　93310